PREPARANDO OS PROFESSORES PARA UM MUNDO EM TRANSFORMAÇÃO

D221p	Darling-Hammond, Linda.

Darling-Hammond, Linda.
    Preparando os professores para um mundo em
transformação : o que devem aprender e estar aptos a fazer /
Linda Darling-Hammond, John Bransford ; tradução: Cristina
Fumagalli Mantovani ; revisão técnica: Luciana Vellinho
Corso. – Porto Alegre : Penso, 2019.
    xxvi, 480 p. : il. ; 25 cm

    ISBN 978-85-8429-179-3

    1. Ensino. 2. Pedagogia – Prática. 3. Professores –
Formação. I. Bransford, John. II. Título.

CDU 37

Catalogação na publicação: Karin Lorien Menoncin – CRB 10/2147

PREPARANDO OS PROFESSORES PARA UM MUNDO EM TRANSFORMAÇÃO

O QUE DEVEM APRENDER E ESTAR APTOS A FAZER

Linda DARLING-HAMMOND
John BRANSFORD

Tradução:
Cristina Fumagalli Mantovani

Revisão técnica:
Luciana Vellinho Corso
Professora associada da Faculdade de Educação da Universidade Federal do Rio Grande do Sul (UFRGS).
Mestre em Educação pela Universidade de Flinders, Austrália.
Doutora em Educação pela UFRGS.

Porto Alegre
2019

Obra originalmente publicada sob o título *Preparing teachers for a changing world: what teachers should learn and be able to do*, 1st edition

ISBN 9780787996345 / 0787996343

Gerente editorial
Letícia Bispo de Lima

Colaboraram nesta edição:

Coordenadora editorial
Cláudia Bittencourt

Capa
Márcio Monticelli

Imagem da capa
©shutterstock.com / Sasin Paraksa, a man using digital tablet with global network connection technology hologram. Element of this image are furnished by NASA - Imagem

Preparação de originais
Lisandra Cássia Pedruzzi Picon

Leitura final
Camila Wisnieski Heck

Editoração
Kaéle Finalizando Ideias

Reservados todos os direitos de publicação, em língua portuguesa, à
PENSO EDITORA LTDA., uma empresa do GRUPO A EDUCAÇÃO S.A.
Av. Jerônimo de Ornelas, 670 – Santana
90040-340 – Porto Alegre – RS
Fone: (51) 3027-7000 – Fax: (51) 3027-7070

SÃO PAULO
Rua Doutor Cesário Mota Jr., 63 – Vila Buarque
01221-020 – São Paulo – SP
Fone: (11) 3221-9033

SAC 0800 703-3444 – www.grupoa.com.br

IMPRESSO NO BRASIL
PRINTED IN BRAZIL

Autores

COPRESIDENTES DO COMITÊ

John Bransford
University of Washington

Ingressou, em 2003, na University of Washington, onde obteve os títulos de professor de educação e professor catedrático James W. Mifflin. Antes, foi professor centenário˙ de psicologia e educação e co-diretor do Centro de Tecnologia de Aprendizagem da Vanderbilt University. Seus primeiros trabalhos, da década de 1970, incluem investigação nas áreas da aprendizagem humana, memória e resolução de problemas, e ajudaram a moldar a "revolução cognitiva" na psicologia. Autor de sete livros e centenas de artigos e apresentações, é reconhecido internacionalmente por seus estudos em cognição e tecnologia. Desenvolveu e testou, com seus colaboradores, programas inovadores com ferramentas interativas de computador, videodisco, CD-ROM e internet, entre eles as séries premiadas de programas de matemática *Jasper Woodbury Problem Solving Series*, *The Scientists in Action Series* e *Little Planet Literacy Series*.

Linda Darling-Hammond
Stanford University

Professora de educação Charles E. Ducommun da Stanford University, onde desempenha, desde 1998, a função de mentora do Programa de Formação de Professores, é codiretora do Stanford Educational Leadership Institute. Na função de professora William F. Russel da Teachers College, da

*O título de professor centenário foi criado durante a Campanha do Centenário (1977-1981) na Vanderbilt University para designar professores com distinção em suas disciplinas.

Columbia University, foi diretora executiva e fundadora da National Commission for Teaching and America's Future, cujo relatório *What matters most: teaching for America's future*, de 1996, foi um importante catalisador de mudanças políticas voltadas ao aprimoramento da qualidade do ensino e da formação de professores. Também foi presidente da American Educational Research Association (AERA). Entre suas mais de 200 publicações, estão *Teaching as the learning profession* (organizado com Gary Sykes), que venceu, em 2000, o Outstanding Book Award pelo National Staff Development Council, e *The right to learn*, que venceu, em 1998, o Outstanding Book Award pela AERA.

MEMBROS DO COMITÊ

James Banks
University of Washington

Professor catedrático Russell F. Stark e diretor do Centro de Educação Multicultural da University of Washington. Foi presidente da AERA e do National Council for the Social Studies (NCSS). Como especialista em Educação Multicultural e Estudos Sociais, publicou livros como *Handbook of research on multicultural education, second edition*. Também é editor da *Multicultural Education Series*, publicada pela Teachers College Press, e membro do Board of Children, Youth and Families do National Research Council, do Institute of Medicine of the National Academy of Sciences e da National Academy of Education. Recebeu o Distinguished Career Research Award in Social Studies, do NCSS, em 2001, e o Social Justice in Education Award, da AERA, em 2004.

Joan Baratz-Snowden

American Federation of Teachers

Diretora de assuntos educacionais da American Federation of Teachers (AFT). Seu trabalho inclui supervisionar a assistência e os serviços do departamento aos seus membros, bem como divulgar ao público as políticas da AFT sobre questões como padrões e avaliações, leitura, qualidade dos professores e reformulação de escolas para alcançar melhores resultados. Foi vice-presidente de Política de Educação e Reforma e de Avaliação e Pesquisa do National Board for Professional Teaching Standards (NBPTS), onde suas responsabilidades incluíam abordar questões políticas relacionadas à criação de um ambiente escolar mais eficaz para o ensino e a aprendizagem, e aumentar a quantidade de candidatos de alta qualidade à profissão docente. Também dirigiu a Education Policy Research and Services Division da Educational Testing Service (ETS), e sua pesquisa sobre políticas examinou o impacto e o uso de testes padronizados em escolas, faculdades e universidades em relação a docência e outras profissões.

David Berliner

Arizona State University

Professor regente de educação da Arizona State University. Foi presidente da AERA, da Divisão de Psicologia Educacional da American Psychology Association e membro da National Academy of Education. É coautor, com Nathaniel Gage, de *Educational psychology*, já em 6ª edição, e também autor e coautor de mais de 150 livros, artigos de periódicos e capítulos acadêmicos.

Marilyn Cochran-Smith

Boston College

Professora de educação e diretora do Programa de Doutorado em Currículo e Ensino da Lynch School of Education, da Boston College. Foi presidente da AERA e é editora do *The Journal of Teacher Education*, além de coeditora da *Practitioner Inquiry Series*, publicada pela Teachers College Press. É copresidente do Painel de Consenso sobre Formação de Professores da AERA e membro do Conselho Consultivo da Carnegie Foundation's Academy for the Scholarship of Teaching and Learning. Entre suas publicações premiadas está *Inside/outside: teacher research and knowledge*.

James Comer

Yale University

Bacharel em Educação pela Indiana University, graduado em Medicina pela Howard University, Mestre em Saúde Pública pela University of Michigan, com treinamento em Psiquiatria pela Yale University School of Medicine's Child Study Center. É professor Maurice Falk de psiquiatria infantil do Child Psychiatry, do Yale University Child Study Center, e reitor da Yale's School of Medicine. Concentrou seus estudos no desenvolvimento infantil como forma de melhorar as escolas. Suas iniciativas para o suporte ao desenvolvimento saudável dos jovens são reconhecidas em todo o mundo. Fundou o School Development Program, em 1968, com o objetivo de promover a colaboração de pais, educadores e comunidade para a melhoria do desempenho social, emocional e acadêmico das crianças. Seu conceito de trabalho em equipe foi aplicado ao ambiente educacional em mais de 500 escolas em todos os Estados Unidos.

Frances Degen Horowitz

City University of New York

Líder educacional reconhecida nacionalmente. Além de renomada psicóloga desenvolvimentista, é presidente do Centro dos Graduados da City University of New York. Em 2004, foi eleita membro da American Academy of Arts and Sciences, ocupando diversos cargos de liderança em organizações educacionais. Aclamada por sua pesquisa, sobretudo em desenvolvimento e comportamento infantis, é autora de mais de 120 artigos, capítulos, monografias e livros, e suas palestras e ensinamentos a levaram a Israel, China e América Central e do Sul. Frequentou o Antioch College, graduando-se bacharel em Filosofia em 1954. Mestre em Ensino Fundamental pela Goucher College, trabalhou como professora de escola primária antes de concluir, em 1959, o doutorado em Psicologia do Desenvolvimento na University of Iowa.

Sharon Derry

University of Wisconsin-Madison

Professora de psicologia educacional da University of Wisconsin-Madison. Doutora em Psicologia Educacional pela University of Illinois, tem especialização em Cognição e Ensino e Métodos Quantitativos/Avaliativos. É uma das principais pesquisadoras do Wisconsin Center for Education Research e gerencia vários projetos de pesquisa financiados pelo governo federal que investigam métodos para melhorar a aprendizagem de professores por meio de usos inovadores de novas mídias e tecnologia da internet. Publicou nos periódicos *American Educational Research Journal*, *Journal of Educational Psychology*, *Review of Educational Research*, *Educational Psychologist*, *International Journal of Human-Computer Studies*, *Journal of AI in Education*, entre outros, bem como em livros e anais de conferências. É organizadora de livros sobre tópicos relacionados à tecnologia e novas mídias na educação e colaboração interdisciplinar em pesquisa. Recebeu diversos prêmios por distinção em pesquisa – um deles no início de sua carreira – da American Psychological Association, e o prêmio Vilas Associate, da University of Wisconsin-Madison.

Emily Feistritzer

National Center for Education Information

Presidente e *chief executive officer* (CEO) do National Center for Alternative Certification (NCAC) e residente e fundadora do National Center for Education Information (NCEI), uma organização de pesquisa privada e não partidária, em Washington, especializada em pesquisas e análise de dados, onde conduziu vários estudos nacionais e estaduais, entre eles pesquisas sobre professores, administradores escolares, presidentes de conselho escolar, secretarias estaduais de educação, faculdades universitárias de educação, distritos escolares locais, bem como indivíduos interessados em se tornar professores. Escreveu livros sobre educação, incluindo várias edições de *Alternative teacher certification: a state by state analysis* (2004); *The making of a teacher: a report on teacher preparation in the U.S.* (1999); *Profile of troops to teachers* (1998); *Profile of teachers in the U.S.* (1996, 1990 e 1986); *Who wants to teach?* (1992); e *Teacher crisis: myth or reality?* (1986). Também é editora e fundadora da Feistritzer Publications, que publica informativos independentes, como o *Teacher Education Reports*, que cobre todos os aspectos da profissão docente, quinzenalmente.

Evelyn Jenkins-Gunn

Pelham Memorial High School

Aposentou-se recentemente após mais de 30 anos ensinando língua inglesa e jornalismo na Pelham Memorial High School. Atualmente é presidente do Conselho de Regentes da University John Carroll. Consultora e líder de *workshops*, já se apresentou em conferências profissionais em âmbito nacional e regional, e também é acadêmica e membro da Carnegie Academy for the Scholarship of Teaching and Learning. Recebeu inúmeros prêmios, entre eles o Outstanding Educator Award da *Scholastic Magazine*, o Education Award da New Rochelle National Association of the Advancement of Colored People (NAACP), o Outstanding Secondary Teacher Award da Alliance of Young Writers e a medalha 2000 da John Carroll University Alumni. É certificada pelo Professional Teaching Standards e foi uma das seis professoras que apareceram em um programa de televisão do canal PBS intitulado "No Greater Calling".

Edmund Gordon

Teachers College, Columbia University

Professor emérito de psicologia da Yale University, professor Richard March Hoe de psicologia e professor emérito de educação da Teachers College, fundou o Institute for Urban and Minority Education (IUME) da Teachers College, em 1973. Saiu da Teachers College e foi para Yale, onde atuou como professor John M. Musser de psicologia, retornando à Teachers College após sua aposentadoria em 1991. Desde então, atuou como conselheiro do presidente, curador e reitor interino antes de reassumir a direção do IUME. Recentemente, o IUME implementou uma série de iniciativas de pesquisa e divulgação destinadas a compreender o desenvolvimento educacional, psicológico e social de estudantes urbanos e de minorias. Além dessa iniciativa, está envolvido no planejamento de uma série de atividades destinadas a proporcionar oportunidades educacionais e econômicas à comunidade do Harlem. Também dedica-se a um projeto de pesquisa sobre os correlatos do alto rendimento acadêmico, a fim de descrever e documentar como pessoas provenientes de populações com histórico de baixo desempenho conseguem demonstrar alto desempenho e obter sucesso.

Pamela Grossman

Stanford University

Professora de língua inglesa da Escola de Educação da Stanford University, leciona para futuros professores dos anos finais do ensino fundamental e do ensino médio no Stanford Teacher Education Program. Seus interesses de pesquisa incluem o conteúdo e os processos de formação de professores, a conexão entre o conhecimento profissional e a preparação profissional no ensino e outras profissões, o ensino da língua inglesa nas escolas de anos finais do ensino fundamental e de ensino médio e o papel do conteúdo disciplinar no ensino médio. Seus projetos de pesquisa mais recentes incluem um estudo em grande escala das rotas para o ensino nas escolas de Nova York (com Susanna Loeb, Don Boyd, Hamilton Lankford e Jim Wyckoff) e um estudo do ensino da prática em programas de preparação profissional para a prática docente, o clero e a psicologia clínica. Foi vice-presidente da Division K – Teaching and Teacher Education – da AERA.

Cris Gutierrez
Los Angeles Unified School District

Professora acadêmica e educadora da paz. Trabalhou, durante 22 anos, como professora, treinadora, conselheira e orientadora de adolescentes de origens diversas. Ajuda os jovens a refletirem profundamente e agirem de forma humana e criativa, fazendo com que enxerguem a atividade acadêmica como ferramenta para autocompreensão, para que contribuam para a comunidade e a democracia, criando, assim, uma cultura de não violência. Além de lecionar estudos sociais e língua inglesa para o ensino médio na academia interdisciplinar Humanitas, da Thomas Jefferson High School, é cofundadora do Los Angeles Small Schools Collective e compartilha a liderança da equipe de *design* da Civitas (uma escola pública de ensino médio "compacta", aberta em 2006, onde aprendizagem, ensino, erudição e ativismo se convergem). Trabalha em prol da abolição do armamento nuclear e do fim das guerras.

Carol Lee
Northwestern University

Professora associada de educação e políticas sociais do Learning Sciences Program da School of Education and Social Policy and of African-American Studies, da Northwestern University. Sua pesquisa aborda a educação urbana, o apoio cultural para o letramento, o discurso de sala de aula e o *design* de ensino, sendo também focada na criação de um currículo de apoio a problemas de alfabetização baseado no capital cultural de alunos pertencentes a minorias étnicas e linguísticas. É autora de *Signifying as a scaffold for literary interpretation* e de *Finding their blooming in the midst of the whirlwind*, e coorganizadora de *Vygotskian perspectives on literacy research*. Foi professora nos ensinos fundamental e médio e em faculdade comunitária por 21 anos, sendo fundadora de uma escola privada e uma escola cooperativa. Foi presidente da National Conference on Research in Language and Literacy e participa ativamente do National Council of Teachers of English e da AERA.

Lucy Matos
New Visions for Public Schools

Fundadora da Ella Baker School, escola de educação infantil e ensino fundamental situada no Julia Richman Educational Complex. Veterana do sistema escolar de Nova York, fundou, com Deborah Meier e outros seis professores, a Central Park East 1 Elementary School, tornando-se, mais tarde, sua diretora. Essas escolas serviram de modelo para as iniciativas de reestruturação nacional. Além de seu trabalho nos ensinos fundamental e médio, lecionou uma ampla gama de temas, como governança escolar, envolvimento dos pais, desenvolvimento do currículo e o papel em evolução das mulheres latinas em posições políticas. Trabalha como mentora de diretores que estão em seu primeiro ano com a New Visions e a New York Leadership Academy, e como mentora da Knowledge Works Foundation. Atua no conselho da Starfish Theaterworks, cujo trabalho principal é treinar professores por meio do seu programa Guiding Voices, cujo objetivo é melhorar a alfabetização dos alunos mediante escrita e teatro.

Luis Moll
University of Arizona

Professor do Departamento de Língua, Leitura e Cultura e diretor assistente de assuntos acadêmicos da College of Education da University of Arizona. Sua pesquisa enfoca abordagens socioculturais para o desenvolvimento infantil e educação, alfabetização e aprendizagem bilíngue. Sua pesquisa mais recente é um estudo longitudinal do desenvolvimento da alfabetização bilíngue em crianças. Em 1998, foi eleito membro da National Academy of Education. Suas publicações incluem: *Vygotsky and education* e *Funds of knowledge: theorizing practices in households, communities, and classrooms.*

Arturo Pacheco

University of Texas at El Paso

Diretor do Center for Research on Education Reform da University of Texas em El Paso (UTEP) e professor de pesquisa educacional da El Paso Electric. Atuou no corpo docente e foi reitor da College of Education da University of California, em Santa Cruz, e da Stanford University. Na UTEP, liderou uma reestruturação completa do programa de formação de professores em um modelo clínico baseado em campo junto a seus colegas em escolas parceiras. Também atuou em diversos conselhos nacionais e iniciativas de reforma associadas à reforma da formação de professores, entre eles a American Association of Colleges of Teacher Education, o National Board for Professional Teaching Standards e o Education Trust. É coautor de *Centers of pedagogy: new structures for educational renewal* (2000) e de diversos artigos e capítulos sobre reforma da formação de professores e do ensino superior, como *Meeting the challenge of high quality teacher preparation: why higher education must change* (2000), palestra proferida na 2000 American Association for College Teachers of Education (AACTE).

Anna Richert

Mills College

Professora de educação da Mills College, em Oakland, Califórnia, onde dirigia os programas Teachers for Tomorrow's Schools Credential e MA. Seus interesses de pesquisa se concentram na aprendizagem de professores em *preservice** e em serviço, incluindo a consideração das concepções de conhecimento que orientam o trabalho de aprendizagem do professor, as condições que dão suporte a eles nas escolas e nas instituições de formação de professores e os resultados desse conhecimento para professores iniciantes e experientes. Em seu trabalho atual sobre a pedagogia da formação de professores, estuda como várias estratégias pedagógicas oferecem oportunidades particulares de aprendizagem para professores iniciantes. Está envolvida, na Carnegie Foundation for the Advancement of Teaching, em um projeto que investiga o potencial dos registros da prática de ensino da educação básica como "textos" para a formação de professores. Devido a sua crença de que a aprendizagem do professor deve estar no centro da

reforma escolar, atua ativamente em uma variedade de iniciativas de reforma escolar locais e nacionais.

Kathy Rosebrock

University of San Francisco e Novato Unified School District

Professora assistente da formação de professores da University of San Francisco e coordenadora de Beginning Teacher Support and Assessment (BTSA) do Novato Unified School District. Ex-professora dos anos iniciais do ensino fundamental, continua trabalhando em estreita colaboração com alunos do ensino fundamental e professores em São Francisco e no condado de Marin. É coordenadora do California Reading Initiative Project e do School Reform Literacy Coach nos distritos de escolas unificadas de São Francisco e Pittsburgh, por meio do Bay Area Writing Project da University of California, Berkeley. É certificada pelo National Board em Educação Infantil desde 1996. Foi a professora do ano do condado de Marin em 2003.

Frances Rust

New York University

Professora do Departamento de Ensino e Aprendizagem da New York University. Venceu, em 1985, o Outstanding Dissertation Award da AERA; em 1998, o Teachers College Outstanding Alumni Award e o Association for Teacher Educators 2001 Award por Distinção em Pesquisa na Formação de Professores. Sua pesquisa e sua prática docente enfocam a formação de professores e a pesquisa de professores. Seus livros mais recentes são *Taking action through teacher research*, organizado com Ellen Meyers, *Guiding school change: new understandings of the role and work of change agents*, organizado com Helen Friedus, e *What matters most: improving student achievement*, uma publicação de pesquisa de professores organizada com Ellen Meyers como parte de seu trabalho como consultora do Teachers Network Policy Institute.

Alan Schoenfeld

University of California, Berkeley

Professor Elizabeth e Edward Conner de educação e professor afiliado de matemática da University of California, Berkeley. É vice-presidente da National Academy of Education, membro da American Association for the Advancement of Science e ex-presidente da AERA. Consultor sênior da Educa-

---

* N. de T.: Ver nota da p. XXII.

tion and Human Resources Division da National Science Foundation, é conselheiro sênior de conteúdo da What Works Clearinghouse. Sua pesquisa aborda reflexão, ensino e aprendizagem, com ênfase em matemática, concentrando-se na natureza da resolução de problemas matemáticos e em como avaliá-los, na tomada de decisão dos professores, em questões de equidade e em maneiras de preencher as lacunas entre pesquisa e prática educacional. Atua como voluntário nas escolas públicas de Berkeley.

Lorrie Shepard
University of Colorado, Boulder

Professora de metodologia de pesquisa e avaliação e reitora da School of Education da University of Colorado, Boulder. Sua pesquisa é centrada em psicometria e no uso indevido de testes em ambientes educacionais, incluindo teoria da validade, configuração-padrão e modelos estatísticos para detectar o viés dos testes. Seus estudos de avaliação do uso de testes abordam a identificação de dificuldades de aprendizagem, o mapeamento de prontidão para o jardim de infância, a repetição de ano escolar, a testagem de professores e os efeitos dos testes de responsabilização de alto risco. Publicou *Flunking grades: research and policies on retention*, com M. L. Smith, e *Methods for identifying biased test items*, com G. Camilli. Seu interesse atual é o uso das avaliações em sala de aula para dar suporte ao ensino e à aprendizagem.

Lee Shulman
The Carnegie Foundation for the Advancement of Teaching

Oitavo presidente da The Carnegie Foundation for the Advancement of Teaching, um centro de políticas cuja missão é "realizar e executar tudo o que for necessário para encorajar, defender e dignificar a profissão docente". Tornou-se o primeiro professor emérito Charles E. Ducommun de educação e professor emérito de psicologia (por cortesia) da Stanford University após se tornar professor de psicologia educacional e educação médica da Michigan State University. É ex-presidente da AERA e da National Academy of Education e recentemente se tornou membro da American Academy of Arts & Sciences. Sua pesquisa e sua produção escrita focam o estudo da prática docente e da formação de professores, o crescimento do conhecimento entre os professores de *preservice*, a avaliação do ensino e

a educação médica, entre outros tópicos. Seus estudos mais recentes enfatizam a importância do "ensino como propriedade da comunidade" e o papel central de bolsas de estudo de ensino e aprendizagem no suporte às mudanças necessárias nas culturas do ensino superior.

Catherine Snow
Harvard University

Professora Henry Lee Shattuck da Harvard Graduate School of Education. Realiza pesquisas sobre aquisição de primeira e segunda línguas e desenvolvimento da alfabetização em crianças monolíngues e bilíngues. Presidiu o comitê que produziu o relatório *Preventing reading difficulties in young children* (1998), do National Research Council, e o grupo de estudo que produziu *Reading for understanding: toward an R&D program in reading comprehension* (2002). É ex-presidente da AERA e membro da National Academy of Education. Sua pesquisa enfoca as origens sociointerativas das habilidades de linguagem e alfabetização, as maneiras como as habilidades de linguagem oral se relacionam com a alfabetização, o desenvolvimento da alfabetização em estudantes da língua inglesa e as implicações das pesquisas sobre desenvolvimento de linguagem e letramento.

Guadalupe Valdés
Stanford University

Professora Bonnie Katz Tenenbaum de educação da Stanford University. É professora de língua espanhola e portuguesa. Atua na área de linguística aplicada, com grande parte de seu trabalho concentrada no bilinguismo inglês-espanhol dos latinos nos Estados Unidos e na descoberta e descrição de como duas línguas são desenvolvidas, usadas e mantidas por indivíduos que se tornam bilíngues em comunidades de imigrantes. Seu trabalho recente inclui os livros *Learning and not learning english* e *Expanding definitions of giftedness: young interpreters of immigrant background*. Também publicou *Bilingualism and testing: a special case of bias* e *Con respeto: bridging the distance between culturally diverse families and schools*.

Kenneth Zeichner
University of Wisconsin-Madison

Professor Hoefs-Bascom de educação de professores e reitor associado da School of Education da University of Wisconsin-Madison. Foi pesquisador sênior do National Center for Research on Teacher Education/Teacher Learning da Michigan State University. Recebeu, em 2002, o prêmio Margaret B. Lindsey de pesquisa em formação de professores da American Association for College Teachers of Education (AACTE), e, em 1982 e 1993, o AACTE Award por excelência em redação profissional. Co-presidiu o painel da AERA sobre pesquisa em formação de professores, foi vice-presidente da AERA (Division K) de 1996 a 1998 e membro do conselho de administração da AACTE de 1997 a 2000. Publicou inúmeros trabalhos sobre questões de formação de professores na América do Norte e do Sul, na Europa e na Austrália, tendo sido listado pelo Thomson Institute for Scientific Information (ISI) como um dos pesquisadores mais citados nas ciências sociais entre 1981 e 1999.

EQUIPE DO COMITÊ

Helen Duffy

Diretora do Committee on Teacher Education (CTE) desde agosto de 2003. Antes de ingressar no CTE, concluiu o doutorado pela University of California, Berkeley, onde recebeu uma bolsa UC All--Campus Consortium On Research for Diversity (UC ACCORD) para estudar uma iniciativa de extensão da University of California chamada High School Puente Project. Ensina língua inglesa e redação para os ensinos médio e superior e é coordenadora acadêmica do programa de formação de professores de inglês da University of California, Berkeley. Além de trabalhar para o CTE, esteve envolvida em um estudo de três anos sobre uma iniciativa de reforma da alfabetização escolar no Vale do Silício, na Califórnia. Seus interesses de pesquisa incluem educação no *preservice* e em serviço, reformas escolares que promovem a equidade e o acesso ao ensino superior e a alfabetização de adolescentes.

Karen Hammerness

Doutora em Psicologia Educacional pela Stanford University. Foi pesquisadora associada do CTE de fevereiro de 2001 a agosto de 2003, enquanto era bolsista de pós-doutorado da Stanford University School of Education. Sua pesquisa se concentra em práticas pedagógicas e práticas de formação de professores, bem como na experiência e nos ideais

dos professores. Quando da publicação desta obra, estava escrevendo um livro sobre a visão dos professores, chamado *Seeing through teachers' eyes: the role of vision in teachers' lives and work*, a ser publicado pela Teachers College Press.

Pamela LePage

Professora adjunta de educação especial e coordenadora do Special Education Program (SPED) da San Francisco State University. Antes de ser diretora do CTE da Stanford University, de agosto de 2001 a agosto de 2003, lecionou na George Mason University em um programa de mestrado inovador e interdisciplinar para professores. É Doutora em Educação Especial pela University of California, Berkeley e San Francisco, tendo antes lecionado educação especial por 11 anos. É autora de *Transforming teacher education: lessons in professional development* e *Educational controversies: toward a discourse of reconciliation*.

OUTROS COLABORADORES

Hanife Akar

Professora adjunta de currículo e ensino da Middle East Technical University (METU). É graduada em Ensino da Língua Inglesa pela Anadolu e iniciou sua carreira docente na faculdade de ciências políticas da Ankara University. Tem um diploma da Cambridge University Royal School of Arts para professores estrangeiros de língua inglesa e mestrado e doutorado em Desenvolvimento Curricular e Ensino pela METU, Peru. Foi pesquisadora visitante na Polônia e na Stanford University's School of Education. Em 2002, recebeu um Complementary Doctorate Award pela Turkish Science Academy (TUBA). Sua pesquisa e seus interesses centram-se na formação de professores, na gestão da sala de aula, na avaliação curricular e na análise de políticas.

Kelly Lyn Beckett

Mestra em Recursos Naturais e Ciências Ambientais pela University of Illinois at Urbana-Champaign, onde se especializou em Educação Ambiental. Quando da publicação deste livro, estava concluindo o doutorado em Ciência da Aprendizagem na University of Wisconsin-Madison e era membro do Spencer Doctoral Research Program.

Sua pesquisa se concentra em ambientes de aprendizagem baseados em tecnologia para o pensamento ecológico e ambiental. Seu atual projeto, Ecology 2020, utiliza as práticas e tecnologias profissionais de planejadores urbanos como modelo para um programa pós-escola, no qual alunos do ensino médio estudam ecologia urbana, criando planos de renovação para os bairros onde vivem.

George Bunch

Professor adjunto de educação da University of California, Santa Cruz. É Doutor em Linguística Educacional pela Stanford University, tendo recebido um Spencer Dissertation Fellowship e um Dissertation Grant da AERA. Suas áreas de interesse incluem segunda língua, aquisição e bilinguismo, o estudo da linguagem acadêmica e a preparação de professores do ensino *mainstream* para trabalhar com estudantes com diversidade linguística. Tem artigos e capítulos publicados na *Issues in Teacher Education*, no *Teachers of English to Speakers of Other Languages (TESOL) Journal* e em *Content-based language instruction in K-12 settings*, publicado pelo TESOL. Leciona em cursos de preparação de professores da Stanford e da University of California, Santa Cruz, e é professor experiente de inglês como segunda língua e de estudos sociais em toda a educação básica.

Lou-Ellen Finn

Professora com 35 anos de experiência docente na área de ciências dos anos finais do ensino fundamental. Atua como professora de sala de aula, líder de equipe e coordenadora de currículo em uma grande escola pública urbana. Após se aposentar da prática docente, trabalhou como coordenadora de desenvolvimento profissional para o Center for Learning Technologies in Urban Schools da Northwestern University, onde dava suporte aos professores em unidades científicas dos anos finais do ensino fundamental ricas em tecnologia e baseadas em projetos. Quando da publicação deste livro, fazia parte de uma equipe de *design* curricular da Northwestern que estava desenvolvendo um currículo de três anos em ciências para os anos finais do ensino fundamental por meio de uma bolsa da National Science Foundation e vários outros parceiros universitários. Tem publicações em periódicos para professores, como o *Educational Leadership* e o *Middle-Ground*, e apresentou trabalhos na reunião anual da AERA e na convenção da National Science Teachers Association.

Miriam Gamoran Sherin

Professora adjunta de ciências da aprendizagem da School of Education and Social Policy da Northwestern University. Seus interesses incluem o ensino e a aprendizagem de matemática, a cognição de professores e o uso de vídeo para a aprendizagem de professores. Seus artigos recentes foram publicados em *Cognition and Instruction, Teaching and Teacher Education* e *Journal of Mathematics Teacher Education*. Em 2001, recebeu uma bolsa de pós-doutorado da National Academy of Education e, em 2002, foi premiada com um subsídio de carreira pela National Science Foundation. Em 2003, recebeu o Kappa/Delta/Pi American Educational Research Association Division K Award por suas realizações em pesquisas sobre ensino e formação de professores em início de carreira.

Louis Gomez

Professor Aon de ciências da aprendizagem e de ciências da computação da Northwestern University e vice-presidente de ensino e aprendizagem da Teachscape. É um dos codiretores do Center for Learning Technologies in Urban Schools, patrocinado pela Nacional Science Foundation (NSF), uma parceria entre as escolas públicas de Chicago e de Detroit, a University of Michigan e a Northwestern University. Seu principal interesse é o trabalho com as comunidades escolares para criar currículos, desenvolvimento profissional e outros arranjos sociais que deem suporte à melhoria escolar por meio das comunidades de prática dentro e fora da escola. Antes de ingressar na faculdade em Northwestern, foi diretor de Human-Computer Systems Research da Bellcore, em Morristown, New Jersey. Além do suporte da NSF, seu trabalho de aperfeiçoamento escolar teve o apoio das fundações MacArthur, Joyce e Spencer. Também recebeu o Spencer Mentor Award por dar suporte ao crescimento intelectual dos estudantes de pós-graduação.

Jacqueline Griesdorn

Professora adjunta de pesquisa em ciências da aprendizagem da School of Education and Social Policy da Northwestern University. Seus interesses incluem o desenvolvimento profissional de professores, a reforma de pequenas escolas e métodos de amostragem experiencial (ESM). Doutorou-se em Fundamentos, Políticas e Liderança pela Curry School of Education em Charlottesville, Virginia, em 1999. Trabalhou, durante oito anos, diretamente com os docentes da escola e com os líderes distritais, planejando, projetando, implementando e avaliando as iniciativas de mudança escolar. Nos últimos três anos, trabalhou em parceria com o corpo docente de 11 universidades, administradores distritais e professores de Chicago na criação de disciplinas de desenvolvimento profissional em matemática e ciências para professores do ensino fundamental.

Morva A. McDonald

Professora adjunta de educação do Departamento de Currículo e Ensino da University of Maryland, College Park. É Doutora em Administração e Análise de Políticas pela Stanford University. Suas áreas de interesse incluem a formação e a preparação de professores para a diversidade, oportunidades de aprendizagem dentro e fora da escola para os alunos e educação urbana. Sua pesquisa recente, conduzida junto a uma equipe de pesquisadores da Stanford University e da State University of New York-Albany (SUNY-Albany), enfoca os diferentes caminhos na formação de um professor em Nova York e a compreensão do relacionamento entre a preparação dos professores e os resultados obtidos pelos alunos.

Nicholas Michelli

Reitor para formação de professores da The City University of New York do Office of Academic Affairs, e professor do Programa de Ph.D. em Educação Urbana do centro de pós-graduação da City University of New York (CUNY). É professor e reitor emérito da Montclair State University. É coautor de *Centers of pedagogy: new structures for educational renewal* e do capítulo sobre pensamento crítico e ensino superior da edição de 2001 da *Developing Minds* da Association for Supervision and Curriculum Development (ASCD). Além disso, escreveu,

com Tina Jacobowitz, um livro sobre renovação da formação de professores e coorganizou, com David Keiser, *Teacher education for democracy and social justice*. Também é assessor sênior e autor de uma nova série de livros didáticos para futuros professores publicada pela McGraw-Hill com foco em democracia, justiça social e pensamento crítico.

Peter Youngs

Professor adjunto do Departamento de Formação de Professores da Michigan State University. Seus interesses de pesquisa se concentram em políticas estaduais e distritais relacionadas a licenciamento, indução, desenvolvimento profissional e reforma escolar. Publicou artigos nos seguintes periódicos: *Educational Researcher, Educational Policy, Educational Administration Quarterly* e *Review of Educational Research*. Antes de ingressar no corpo docente da Michigan State, foi pesquisador associado da Stanford University e diretor associado da Performance Assessment for California Teachers (PACT).

Karen Zumwalt

Professora Edward Evenden de educação do Departamento de Currículo e Ensino da Teachers College da Columbia University. Foi reitora e vice-presidente de assuntos acadêmicos da Teachers College entre 1995 e 2000. Sua produção escrita e pesquisas se concentram em currículo e formação de professores. Seu capítulo sobre as implicações políticas da pesquisa do ensino para a formação de professores recebeu o primeiro Interpretive Scholarship Award da AERA, em 1983. Como membros do Panel on Teacher Education da AERA, ela e Elizabeth Craig concluíram uma extensa análise de pesquisas descrevendo o perfil dos professores – características demográficas e indicadores de qualidade – e seu impacto. É Doutora em Currículo e Filosofia pela University of Chicago, tendo lecionado em escolas públicas de Cleveland, Ohio, e Glencoe, Illinois. Iniciou sua preparação de professora na Harvard Graduate School of Education, onde fez estágio como estudante nas escolas públicas de Boston.

Agradecimentos

C omo toda realização colaborativa, este livro deve muito a vários profissionais e organizações. O comitê gostaria de reconhecer Joan Baratz Snowden, da American Federation of Teachers, que concebeu a ideia inicial e elaborou uma proposta para levá-la adiante. Ellen Lagemann, então presidente da National Academy of Education, trabalhou para iniciar o projeto, e Nel Noddings, sua sucessora, como presidente, forneceu apoio e assistência contínuos para concluí-lo com êxito.

Os principais membros da equipe da Academia, especialmente os diretores da NAE, Kerith Gardner e Amy Swauger, apoiaram o trabalho do comitê de inúmeras maneiras. Além disso, o comitê foi habilmente auxiliado pelos próprios diretores e funcionários, incluindo Ed Miech, Pamela LePage, Karen Hammerness e Helen Duffy, que o mantiveram organizado, marcaram reuniões, ajudaram a elaborar o esboço desta publicação e estiveram junto a subcomissões, autores e revisores até a conclusão do trabalho

Todos os membros do comitê contribuíram para esta publicação e revisaram suas muitas versões durante três anos. Além disso, um grupo de universidades parceiras – representando grandes e pequenas escolas de educação dos setores público e privado – forneceu importantes contatos ao comitê, o que embasou suas deliberações, além de possibilitar discussões e testes de ideias, reunir *feedback* e revisar e criticar os capítulos em produção. Somos gratos a estas pessoas e a suas universidades por nos apoiarem com suas contribuições: Nicholas Michelli, da City University of New York; Kassie Freeman, da Dillard University; Diana Quatroche e Tom Dickinson, da Indiana State University; Frances Rust, da New York University; Linda Darling-Hammond, da Stanford University; Michael Padilla, da University of Georgia; Arturo Pacheco, da University of Texas at El Paso; e Rosalind Hale, da Xavier University.

O comitê agradece a Robert Floden, Michael Fullan, Sonia Nieto e Seymour Sarason por revisões muito úteis, e a Maureen Hallinan, que habilmente atuou como moderadora do processo de revisão em nome da Academia.

O trabalho do Comitê foi financiado pelo U.S. Department of Education, sob número de subsídio R215U000018, e pela Ford Foundation, sob número de subsídio 1030-0468. Os diretores do projeto, Thelma Leenhouts, do Department of Education, e Joe Aguerreberre, da Ford Foundation, teceram comentários e deram sugestões perspicazes que ajustaram o foco do trabalho e melhoraram seus resultados. Embora estejamos agradecidos pelo apoio desses financiadores, esta obra não representa a política de qualquer uma das agências e os leitores não devem pressupor o apoio do governo federal ou da fundação.

Finalmente, agradecemos os esforços de muitos outros professores e educadores docentes que contribuíram para esta obra, revisando aspectos da publicação em andamento e, sobretudo, se envolvendo diariamente no trabalho do ensino e aprendizagem. Esperamos, acima de tudo, que este livro contribua para o seu importante trabalho.

Apresentação à edição brasileira – Fundação Lemann

Nas últimas décadas, o Brasil obteve grandes avanços na promoção do acesso à educação em larga escala. No entanto, ainda nos deparamos com um enorme desafio: mesmo frequentando a escola, os alunos não aprendem o que é esperado e não terminam a educação básica preparados para a vida e para o trabalho. Para dar conta dessa questão, é necessário que todo o sistema educacional tenha como principal foco a garantia da aprendizagem dos alunos, e que as mudanças educacionais não se deem apenas no nível da burocracia, mas cheguem, de fato, a cada sala de aula.

Foi buscando trazer ao Brasil referências que contribuíssem para essa missão que nós, da Fundação Lemann, junto ao Instituto Península, decidimos traduzir para o português a obra *Preparando os professores para um mundo em transformação*, de Linda Darling-Hammond e John Bransford.

O livro argumenta que um aspecto relevante para a promoção da aprendizagem dos alunos é a colaboração, no âmbito de uma comunidade educacional a serviço de seus estudantes, em que os profissionais da educação não apenas compartilham e aprimoram conhecimentos para o exercício de sua prática como também se responsabilizam pelo aprendizado como objetivo final de seu trabalho.

A obra entende a docência como profissão, pois requer conhecimentos e competências específicos – e complexos – para ser exercida e, como tal, pode ser aprendida e constantemente aperfeiçoada. Além disso, defende que a valorização da carreira envolve políticas públicas e a oferta de cursos de formação inicial e continuada verdadeiramente capazes de apoiar os professores no aprimoramento de suas práticas.

Nesse contexto, coerência é a palavra-chave. De acordo com o livro, os programas que preparam os professores de maneira mais efetiva são aqueles em que o currículo clínico dialoga com o currículo acadêmico, a abordagem pedagógica é consistente e há uma visão clara do profissional que se quer formar.

No contexto brasileiro, ainda temos um longo caminho a percorrer. No entanto, importantes avanços vêm acontecendo com a discussão de um referencial para a formação docente e a implementação da Base Nacional Comum Curricular. Criar clareza sobre quem é o aluno e o professor que se pretende formar é o primeiro passo para promover a coerência e, em última instância, a *qualidade* do sistema educacional, para, assim, garantir a todo aluno brasileiro o direito a uma educação transformadora, que lhe permita atingir seu pleno potencial.

Apresentação à edição brasileira – Instituto Península

Para melhorar a qualidade da educação brasileira um ponto é essencial: o professor. Ele é a peça-chave para a transformação que queremos em nosso país. Porém, para alcançarmos a qualidade almejada, temos que valorizá-lo e fazer com que sua formação garanta tanto o conhecimento técnico-pedagógico como o prepare para os desafios contemporâneos.

A jornada do professor passa pelo domínio do conteúdo, pelo conhecimento do contexto em que sua comunidade escolar está inserida e sobre quem são aqueles estudantes que estão sentados a sua frente, ou seja, suas histórias de vida, suas emoções e seus limites. A universidade ainda não cumpre o papel de formar o docente para essa prática: temos educadores que chegam à sala de aula sem saber lidar com o que vai além da disciplina que dominam, em descompasso com o que o mundo pede. É preciso criar uma conexão com o aluno para estimular seu interesse e fazer com que a didática acompanhe seu ritmo ou, então, todos os esforços serão em vão.

Linda Darling-Hammond, professora emérita da Stanford University, que é referência mundial em políticas educacionais, e John Bransford, da University of Washington, defendem que docentes que têm a prática inserida em sua formação inicial desenvolvem com maior eficácia a habilidade de enxergar além de sua própria perspectiva, atravessando a fronteira que os separa dos alunos e sendo capazes de criar didáticas que alcancem diferentes perfis de estudantes. Em *Preparando os professores para um mundo em transformação*, eles reúnem uma série de especialistas com diferentes recomendações para a elaboração de um currículo de formação para professores. Os direcionamentos incluem estratégias para práticas em aula, com exemplos de programas alinhados às necessidades e realidades dos alunos, às demandas de cada matéria e aos propósitos sociais da educação.

Se queremos fortalecer a profissão que é a chave para a transformação que o Brasil necessita, além da revisão da formação inicial, é preciso investir em políticas públicas de incentivo e formação continuada de professores. Precisamos estimular mecanismos de apoio durante o início da docência, bem como a progressão atrelada ao desenvolvimento profissional.

A proposta deste livro é ajudar a redesenhar esse futuro, com a missão de aproximar o Brasil da implementação de estratégias de ensino que se mostraram eficientes em salas de aula ao redor do mundo, levando em consideração as características da nossa realidade. E o trabalho do Instituto Península caminha em sintonia com esse pensamento. É essencial que o professor se desenvolva de uma forma mais completa, para se conectar com seus alunos e promover experiências que se aproximem de suas realidades. Acreditamos que, assim, estaremos promovendo uma mudança significativa na educação em nosso país.

Boa leitura a todos!

Heloisa Morel
Diretora executiva do Instituto Península

Prefácio

Todas as profissões, em algum momento de seu desenvolvimento, trabalharam de modo a chegar a um consenso sobre os elementos-chave de um currículo educacional profissional: os elementos preparatórios básicos para todos que ingressam nessa profissão. Na medicina, isso aconteceu na virada do século XX, após a publicação do famoso *Relatório Flexner*, que criticava a qualidade desigual da educação médica. Logo em seguida, houve esforços para criar um currículo comum para a educação jurídica. Campos como a engenharia e a arquitetura voltaram-se para esse trabalho em meados do século XX. Nas últimas duas décadas, a docência começou a codificar a base de conhecimento para a prática profissional, bem como os padrões para o trabalho dos profissionais dessa área.

Enquanto isso, houve grandes avanços na compreensão da aprendizagem e das práticas de ensino que a apoiam. Nos últimos dois anos, a National Academy of Education, por meio de seu Committee on Teacher Education (CTE), vem considerando as implicações do que o campo aprendeu a respeito da aprendizagem e do ensino efetivos, bem como da aprendizagem dos professores, sobre o currículo de formação de professores.

Este livro é o resultado do trabalho do CTE. Ele descreve os principais conceitos e estratégias para embasar a preparação inicial do professor, seja em contextos tradicionais ou não tradicionais. Destina-se principalmente àqueles que são responsáveis pela preparação de professores: reitores e membros do corpo docente em programas universitários, bem como funcionários municipais e docentes em escolas cooperativas ou programas alternativos. Um volume resumido, mais curto, é destinado aos formuladores de políticas, bem como aos profissionais. O CTE escolheu a leitura como tema para tal iniciativa, porque já existe um corpo substancial de pesquisa sobre como os alunos aprendem a ler e um consenso cada vez maior sobre a prática profissional do ensino precoce da leitura, sobre o qual o currículo de formação de professores poderia ser elaborado.

Este trabalho foi desenvolvido a partir de muitas outras realizações. Em 1989, a American Association of Colleges for Teacher Education publicou um importante documento chamado *Knowledge base for the beginning teacher* (*Base de conhecimento para o professor iniciante*; REYNOLDS, 1989), seguido pelo *Teacher educator's handbook* (*Manual do professor educador*; MURRAY, 1995). O National Board for Professional Standards (NBPTS), estabelecido em 1987, aprimorou as pesquisas sobre aprendizagem e ensino no sentido de desenvolver padrões que articulem o que professores experientes devem saber e ser capazes de fazer. Além disso, o Interstate New Teacher Assessment and Support Consortium (INTASC), um consórcio de agências estaduais de educação, instituições de ensino superior e órgãos educacionais nacionais, desenvolveu modelos de padrões e de avaliação para licenciamento de professores iniciantes que se baseiam no mesmo corpo de pesquisa. Juntas, essas realizações criam um *continuum* de expectativas que abrangem desde os professores novatos até aqueles com níveis de prática mais avançados.

Esses padrões se tornaram muito difundidos. Eles foram incorporados aos padrões de validação da formação de professores do National Council for the Accreditation of Teacher Education, e, de acordo com uma pesquisa recente, a maioria das instituições de formação de professores usa esses padrões nacionais e estaduais para fundamentar a elaboração de seus programas e a mensuração dos resultados da formação de professores (SALZMAN; DENNER; HARRIS, 2002).

As recomendações aqui reunidas baseiam-se nessas iniciativas de padronização profissionais e em importantes compilações de pesquisa, tais como o Relatório de 1999 do National Research Council, *How people learn* (*Como as pessoas aprendem*), que fornece uma visão abrangente sobre o que é conhecido na área de aprendizagem; os vários *Handbooks of research on teaching* (*Manuais de pesquisa do ensino*) patrocinados pela American Educational Research Association (RICHARDSON, 2001); e o *Handbook of research on teacher education (Manual de pesquisas sobre a formação de professores)*, patrocinado pela American Educational Research Association (COCHRAN-SMITH *et al.*, 2008). Essas compilações ajudaram a desenvolver estruturas conceituais para sintetizar o conhecimento sobre a aprendizagem, o ensino e a aprendizagem dos professores.

Embora este livro tenha se beneficiado enormemente do trabalho que o precedeu, ele é diferente dessas outras realizações de duas maneiras: em primeiro lugar, procura embasar o currículo para a formação de professores, levando em consideração o quanto o saber sobre a *aprendizagem* e o *ensino dos alunos* deve nortear o que os professores têm a oportunidade de aprender. Em segundo lugar, ele considera evidências emergentes sobre a *aprendizagem dos professores* e a formação de professores para sugerir algumas das estratégias que podem ajudar novos docentes a compreender esse conteúdo de forma mais eficaz. Ele não desenvolve novos padrões ou

apresenta listas de todas as coisas que os professores devem saber. Em vez disso, inclui recomendações de como o conhecimento considerado essencial para professores novatos pode ser incorporado ao currículo inicial de formação de professores. Também não tenta cobrir todo o conteúdo curricular que se supõe ser desejável em programas de *preservice*.* Em vez disso, concentra-se no conteúdo considerado essencial com base em forte consenso profissional e em evidências de pesquisa. A ênfase principal está na preparação de professores para o aprendizado futuro como profissionais. Isso está refletido em seu título: *Preparando os professores para um mundo em transformação*.

As recomendações desta obra foram desenvolvidas por meio de consenso profissional e acadêmico com base em pesquisas sobre aprendizagem, ensino, aprendizagem de professores e formação de professores. Além de considerar as experiências de comitês de normas, organizações profissionais e grupos de pesquisa para articular a base de conhecimento, também nos fundamentamos no conhecimento e na experiência dos membros do CTE. Além disso, realizamos revisões nas pesquisas relacionadas a aprendizagem, desenvolvimento, avaliação e outras áreas de domínio específicas à educação infantil – bem como sobre como os professores aprendem – como base para fazer sugestões sobre o currículo. Examinamos os programas de educação de professores e os componentes curriculares (conteúdo programático, tarefas e avaliações) e examinamos essas ideias junto a pesquisadores e profissionais ligados à formação de professores.

Processos semelhantes foram usados na elaboração de currículos em outras áreas profissionais, como direito e medicina. Por exemplo, para obter as informações necessárias so-

---

* N. de R. T.: Um curso ou programa de estudos em que os professores em formação devem obter certificação antes de começar a ensinar formalmente nos Estados Unidos.

bre qual conteúdo pertence ao currículo de uma faculdade de medicina, seus elaboradores revisaram a literatura relevante, consultaram especialistas e coletaram informações de acadêmicos e profissionais sobre práticas e problemas atuais (KERN *et al.*, 1998; MANDIN; DAUPHINEE, 2000). Como em outras profissões, também nos baseamos nas experiências e concepções curriculares de programas específicos de formação profissional. Como os contextos da instrução didática são bastante variados, examinamos uma gama mais ampla de programas bem-estabelecidos, da mesma forma que o fez a profissão jurídica, ao basear grande parte de seu currículo no currículo da Harvard Law School (HARVARD LAW SCHOOL, 1936; LAGEMANN, 1983), ou a profissão médica, ao basear grande parte da elaboração de seu currículo no modelo desenvolvido na Johns Hopkins University no início do século XX (LAGEMANN, 1983; MILLER, 1980; O'MALLEY, 1970). Desde então, muitas escolas de direito e de medicina em todo o país estiveram envolvidas em esforços de elaboração e avaliação curricular que também fornecem paralelos ao nosso trabalho (JOUGHIN; GARDINER, 1996; MANDIN; DAUPHINEE, 2000; MANDIN *et al.*, 1995; MARSTON; JONES, 1992; UNIVERSITY OF MICHIGAN LAW SCHOOL, 1959; WATSON *et al.*, 1998).

O CTE é composto por um grupo diversificado de pesquisadores, além de professores e professores formadores, cuja experiência perpassa a ciência da aprendizagem; a psicologia do desenvolvimento; a linguística; disciplinas como matemática, inglês, ciência e história; e a formação de professores. Para nortear e fundamentar seu trabalho, o CTE colaborou com oito universidades: City University of New York, Dillard University, Indiana State University, New York University, Stanford University, University of Georgia, University of Texas at El Paso e Xavier University. Os contatos de cada instituição desempenharam um papel fundamental no fornecimento de *feedback* embasado. Como parte de suas responsabilidades, eles levaram o trabalho do comitê de volta a suas universidades e conduziram seminários de grupos focais fornecendo *feedback* sobre (1) o que os novos professores precisam saber, (2) como os programas educacionais podem ajudar os candidatos a cultivar esse conhecimento, (3) como esse conhecimento relaciona-se ao desenvolvimento profissional ao longo da carreira para professores e (4) como essa informação pode ser mais útil em vários contextos de formação de professores que também levem em conta fatores complexos, como as estruturas de licenciamento que regem a profissão docente e as diversas regulamentações educacionais.

Foi feito um grande esforço para produzir esta publicação, de modo que possa ser usada por aqueles que estão dedicados ao trabalho de formação de professores, bem como por aqueles que estão projetando políticas para apoiar esse trabalho. Esperamos que ela antecipe o dia esperado por Lee Shulman ao sugerir que: "Aqueles que podem, fazem, e aqueles que entendem, ensinam".

Sumário

Introdução

John Bransford
Linda Darling-Hammond
Pamela LePage

Para um amante da música, que assiste a um concerto da plateia, é fácil acreditar que um regente tem um dos trabalhos mais simples do mundo. Ali está ele, agitando os braços ao ritmo da música, e a orquestra produz sons gloriosos, aparentemente de maneira bastante espontânea. Escondidas da plateia – especialmente de um iniciante na música – estão as habilidades do maestro: de ler e interpretar todas as partituras ao mesmo tempo, tocar vários instrumentos e entender as capacidades de muitos outros, organizar e coordenar as partes díspares, motivar e comunicar-se com todos os membros da orquestra. Da mesma forma que a regência parece um mero aceno de mão para os não iniciantes, o ensino parece simples do ponto de vista dos alunos, que veem uma pessoa falando e escutando, distribuindo apostilas e dando tarefas. Invisíveis a ambas as *performances* se encontram os muitos tipos de conhecimento, planos invisíveis e os movimentos nos bastidores que permitem que um professor intencionalmente transfira um grupo de alunos de um conjunto de entendimentos e habilidades para outro bem diferente no espaço de muitos meses.

Diariamente, os professores tomam decisões complexas que dependem de vários tipos de conhecimento e discernimento e que podem envolver resultados de alto risco para o futuro dos alunos. Para tomar boas decisões, eles devem estar cientes das muitas maneiras pelas quais a aprendizagem do aluno pode se desdobrar no contexto do desenvolvimento, nas diferenças na aprendizagem, nas influências linguísticas e culturais e nos temperamentos, interesses e abordagens individuais à aprendizagem. Além do conhecimento fundamental sobre essas áreas de aprendizagem e desempenho, os professores precisam saber como tomar as medidas necessárias para coletar informações adicionais que permitam fazer julgamentos mais fundamentados sobre o que está acontecendo e quais estratégias podem ser úteis. Acima de tudo, os professores precisam manter o que é melhor para a criança no centro de sua tomada de decisões. Isso soa como um ponto simples, mas é um assunto complexo que tem profundas implicações no que acontece com e para muitas crianças na escola.

A importância de preparar professores para exercer um julgamento confiável sob uma base sólida de conhecimento é cada vez mais importante na sociedade contemporânea. Os padrões de aprendizagem encontram-se mais altos do que nunca, pois os cidadãos e os trabalhadores precisam de mais conhecimento e habilidade para sobreviver e ter sucesso. A educação é cada vez mais importante para o sucesso de indivíduos e nações, e há evidências crescentes de que, entre todos os recursos educacionais, as habilidades dos professores são fatores especialmente importantes para a aprendizagem dos alunos (p. ex., ver FERGUSON, 1991a; RIVKIN; HANUSHEK; KAIN,

2000; WRIGHT; HORN; SANDERS, 1997). Além disso, as demandas sobre os professores estão aumentando. Eles precisam não apenas ser capazes de manter a ordem e fornecer informações úteis aos alunos, mas também ser cada vez mais eficazes de modo a permitir que um grupo diversificado de alunos aprenda matérias cada vez mais complexas e desenvolva uma gama mais ampla de habilidades. Enquanto, nas décadas anteriores, os professores preparavam apenas uma pequena minoria para o trabalho intelectual mais ambicioso, hoje se espera que preparem praticamente todo e qualquer aluno para um raciocínio de alto nível e para habilidades de desempenho, antigamente reservados apenas a alguns.

Para atender às expectativas com as quais os professores agora se deparam, eles precisam de um novo tipo de preparação – uma que permita ir além de "cobrir o currículo", para realmente possibilitar a aprendizagem para aqueles alunos que aprendem de maneiras muito diferentes. Os programas preparatórios de professores precisam considerar as demandas das escolas de hoje em consonância com a crescente base de conhecimento sobre aprendizagem e ensino se quiserem trazer suporte aos educadores no cumprimento dessas expectativas. Esta publicação foi desenvolvida em resposta a este desafio: resumir o que se entende sobre como as pessoas aprendem e quais estratégias de ensino amparam altos níveis de aprendizagem e examinar quais abordagens para a preparação de professores podem ajudá-los a adquirir esse conjunto de conhecimentos e habilidades.

O objetivo de preparar professores que estejam capacitados para auxiliar todo e qualquer aluno a atingir seu maior potencial levanta algumas questões importantes, por exemplo:

1. Que tipos de *conhecimento* os professores eficazes precisam ter sobre suas áreas de conteúdo e sobre os processos de aprendizagem e desenvolvimento de seus alunos?

2. De que *habilidades* os professores precisam para proporcionar experiências de aprendizagem produtivas a um conjunto diversi-

ficado de alunos, para fornecer *feedback* informativo sobre as ideias dos alunos e para avaliar criticamente as próprias práticas de ensino e melhorá-las?

3. De que *compromissos* profissionais os professores precisam para ajudar cada criança a ter sucesso e continuar a desenvolver os próprios conhecimentos e habilidades, tanto como indivíduos quanto como membros de uma profissão como um todo?

Sabendo muito bem que são necessários muitos anos de experiência para desenvolver uma *expertise* sofisticada, concentramo-nos especialmente na preparação de novos professores. Entendemos que os educadores constroem continuamente novos conhecimentos e habilidades na prática ao longo de suas carreiras, em vez de adquirir um conjunto finito de conhecimentos e habilidades em sua totalidade antes de entrarem em sala de aula. O objetivo dos cursos preparatórios de professores (*preservice*), então, é fornecer a eles as ideias centrais e uma vasta compreensão do ensino e da aprendizagem, o que dá força para seu desenvolvimento posterior. Essa perspectiva vê a capacidade dos professores não como um depósito fixo de fatos e ideias, mas como: "[...] uma fonte criadora de conhecimento e habilidades necessárias para a instrução [...]" (COHEN; BALL, 1999, p. 6). Um objetivo importante desta publicação é ajudar os professores a se tornarem "especialistas adaptativos" preparados para uma aprendizagem eficaz ao longo da vida que permita aumentar continuamente seus conhecimentos e habilidades (p. ex., ver HATANO; INAGAKI, 1986; HATANO; OURA, 2003). Os capítulos posteriores exploram com mais detalhes o conceito de especialização adaptativa conforme é aplicada ao ensino.

Além de preparar os professores para que aprendam ao longo de suas vidas, procuramos descrever os entendimentos iniciais de que eles necessitam para servir adequadamente os *primeiros* alunos ensinados por eles. Acreditamos que esses alunos, assim como todos os outros, têm direito a um bom ensino e não podem perder um ano de escolaridade para um professor que é ineficaz ou que aprende por tentativa e erro em seu trabalho. Isso é de fundamental importância, porque os professores iniciantes – e aqueles que estão despreparados – são desproporcionalmente designados para ensinar estudantes das classes mais baixas, que mais precisam de professores qualificados para ter sucesso (NATIONAL COMMISSION ON TEACHING AND AMERICA'S FUTURE, 1996).

Portanto, os professores iniciantes precisam ter um domínio de ideias e habilidades críticas e, igualmente importante, a capacidade de refletir, avaliar e aprender com seu ensino para que este melhore de modo contínuo. Acreditamos que isso seja mais provável se o conhecimento essencial para professores novatos puder ser: "[...] organizado conceitualmente, representado e comunicado de um modo que encoraje os iniciantes a criar uma compreensão profunda do ensino e da aprendizagem [...]" (BARNES, 1989, p. 17). Embora nos concentremos no mapa conceitual de que os novatos precisam para começar a navegar pelo cenário da sala de aula, esperamos que as informações contidas nesta publicação também sejam úteis para professores veteranos. Um dos nossos principais objetivos é sugerir estruturas para ajudar os professores a organizar seus conhecimentos e seus pensamentos para que possam acelerar sua aprendizagem ao longo de suas carreiras.

Este relatório não se destina exclusivamente aos programas tradicionais de formação de professores organizados para estudantes do ensino superior. Suas recomendações são para programas de preparação inicial de qualquer tipo, entre os quais programas alternativos elaborados para docentes em meio de carreira e outros que se preparam para programas de pós-bacharelado baseados em universidades ou em distritos escolares.* Embora as características do programa e a qualidade va-

riem muito entre as diversas abordagens contemporâneas ao ensino, elas não se dividem nitidamente entre as categorias usadas com frequência para descrevê-las. Tanto os chamados programas "tradicionais" como os "não tradicionais" podem variar de, pelo menos, rudimentar a altamente coerente e eficaz. Muitos programas que os Estados classificaram como "alternativos" fornecem uma forte preparação, que tem a vantagem adicional de conectar os candidatos aos distritos que querem e precisam contratá-los (p. ex., ver NATIONAL COMMISSION ON TEACHING AND AMERICA'S FUTURE, 1996). Muitos programas de graduação "tradicionais" também encontraram maneiras de fornecer uma forte preparação para o ensino, às vezes dentro dos parâmetros habituais de quatro anos ou acrescentando mais um ano de estudo e treinamento clínico (p. ex., ver KOPPICH, 2000; MERSETH; KOPPICH, 2000; MILLER; SILVERNAIL, 2000; ZEICHNER, 2000). Nosso foco não está no formato, na extensão ou no local da formação de professores, mas em sua substância: o que os futuros professores precisam aprender e como podem obter mais capacidade para aprendê-lo.

O CONTEXTO DO ENSINO

Se a melhoria na educação é o objetivo, não é suficiente apenas preparar bons professores e mandá-los para as escolas. Se é esperado que os educadores sejam eficazes, eles devem trabalhar em contextos nos quais possam usar o que sabem. Por exemplo, podem vir a conhecer bem os alunos e suas famílias; trabalhar com outros professores para proporcionar um currículo coerente e bem-fundamentado; analisar e orientar o progresso dos alunos usando avaliações ricas em informação; e usar textos e materiais que apoiem a aprendizagem consciente. Infelizmente, devido à miscelânea de políticas, à abundância de tomadores de decisão concorrentes e ao *design* fragmentado das escolas-modelo, essas condições não estão presentes em muitas, talvez na maioria, das escolas dos Estados Unidos.

---

* N. de R. T.: Nos Estados Unidos, as escolas públicas pertencem não ao distrito (município) em si, mas a distritos escolares, que são governados independentemente por conselhos escolares.

Muitos analistas observaram que há pouquíssima relação entre a organização da escola norte-americana típica e as exigências de um ensino e aprendizagem sérios (DARLING-HAMMOND, 1997; ELMORE, 1996; GOODLAD, 1984; SARASON, 1993; SIZER, 1984). Diferentemente das escolas em muitos outros países, as escolas dos Estados Unidos normalmente não são organizadas para manter os alunos com os mesmos professores por mais de um ano ou para proporcionar um tempo maior para que os professores planejem e estudem juntos. Além disso, os sistemas nos quais as escolas estadunidenses se situam raramente fornecem orientação curricular coerente que inclua suporte para que os docentes desenvolvam aulas sofisticadas e estratégias de ensino. E, diferentemente daqueles que frequentam escolas na maioria dos outros países industrializados, alunos e educadores de relativamente poucas escolas dos Estados Unidos são orientados por avaliações desafiadoras que exigem a apresentação e a defesa de ideias e a produção de trabalhos que demonstrem como eles podem investigar, reunir e avaliar as evidências, o raciocínio e a resolução de problemas. Por fim, as escolas estadunidenses estão lutando tanto para superar vestígios da discriminação social e educacional quanto para desenvolver modelos de organização e métodos de ensino que tenham sucesso em fornecer acesso a materiais curriculares desafiadores para toda a gama de alunos, em vez de racioná-los a um pequeno subconjunto deles.

Diante desses desafios da escolaridade contemporânea, seria ingênuo sugerir que simplesmente formar professores mais capacitados consegue, por si só, mudar de forma considerável os resultados da educação. Devemos atender simultaneamente a ambos os lados da moeda da reforma: melhores professores e melhores sistemas. As escolas precisam continuar se transformando para criar as condições dentro das quais um ensino e uma aprendizagem poderosos possam ocorrer, e os educadores devem estar preparados para fazer parte desse processo de transformação.

Embora as mudanças necessárias no sistema estejam além do que se espera que os docentes efetuem individualmente, há pelo menos três maneiras como a formação de professores implica o apoio às reformas necessárias no sistema. Em primeiro lugar, trabalhar em comunidades de aprendizagem profissional é peça-chave para transformar uma cultura escolar. Por isso, defendemos que o currículo de formação de professores deve ajudá-los a aprender como melhorar suas práticas como membros de tais comunidades colaborativas (p. ex., ver FULLAN, 1993a; LIEBERMAN, 1988; LOUIS; KRUSE, 1995; MCLAUGHLIN; TALBERT, 2001). Em segundo lugar, se os futuros professores apoiarem uma educação mais equitativa e poderosa para seus alunos, eles precisarão desenvolver um forte senso de propósito moral e entender o processo de transformação nas organizações, para que possam contribuir de forma construtiva para a reforma escolar (FULLAN, 1993b). Em último lugar, os programas de formação de professores devem considerar como eles podem se engajar em parcerias com escolas e distritos que trabalham para transformar a educação e o ensino em conjunto. Dessa forma, os futuros educadores estarão preparados para as escolas das quais necessitam para ensinar de forma eficaz e poderão aprender em primeira mão como trabalhar e desenvolver contextos que darão suporte à aprendizagem de todos os seus alunos.

Além da padronização

Não é uma tarefa simples especificar o que os educadores bem-sucedidos precisam saber e ser capazes de fazer. Como acontece com todas as profissões, inclusive a medicina, o direito e o clero, não existe uma única fórmula padronizada para o sucesso. Não há um jeito certo de se comportar como professor. Alguns professores eficazes são carismáticos, enquanto outros são mais distantes. Alguns são emocionais, enquanto outros são reservados. Alguns apresentam um comportamento severo, enquanto outros são mais carinhosos. Há muitas maneiras diferentes como os profissionais de sucesso podem transitar e ainda serem altamente eficazes. Dentro dessa variação, no entanto, existem tipos comuns de práticas que se baseiam na compreensão compartilhada de como promover a aprendizagem dos alunos. Por exemplo, um estudo recente com 92 professores de ensino fundamental e médio altamente eficazes constatou que eles variam em seus estilos, mas têm muitas estratégias de ensino em comum (ver "Práticas comuns entre professores altamente eficazes").

Práticas comuns entre professores altamente eficazes

Com financiamento da The Lyndhurst Foundation, a Public Education Foundation está estudando 92 professores do ensino fundamental e médio identificados como altamente eficazes no Condado de Hamilton, Tennessee. Todos esses educadores tiveram alunos cujas notas médias por três anos se encontravam nas 25% superiores entre todos os professores do Condado no Tennessee Value Added Assessment System (Sistema de Avaliação de Valor Agregado do Tennessee – TVAAS) ou, se não tivessem um histórico de TVAAS por três anos, foram designados como altamente eficazes com base em outro indicador apropriado. Os professores foram entrevistados, pesquisados e observados ao longo de um ano. Embora esses educadores tivessem idades, origens e personalidades diferentes, os pesquisadores descobriram que eles "apresentavam um retrato incrivelmente similar" do ensino eficaz – que reflete muitos dos elementos do ensino descritos nesta publicação. Por exemplo (CARTER, 2003):

- As expectativas para os alunos eram claramente ditas, e as tarefas do ano anterior dos alunos exemplares foram exibidas como modelos do que deveriam produzir.

- Os trabalhos dos alunos estavam exibidos por toda a parte: dentro da sala de aula, fora da porta e pelo corredor.

- Os professores não ficavam parados enquanto davam aula: circulavam por toda

a sala e monitoravam todas as atividades realizadas.

- As atividades em pequenos grupos eram muitas, e praticamente inexistia o arranjo tradicional de mesas em fileiras.

- A presença de altos níveis de "discurso de ensino": os alunos eram incentivados a fazer perguntas, discutir ideias e comentar declarações feitas pelo professor e por outros alunos.

- A organização das salas de aula e das aulas em si era evidente. Os materiais eram facilmente acessíveis quando necessário, e nenhum tempo de aula era desperdiçado por falta de preparação.

Em qualquer profissão, há elementos-chave que definem o que significa ser um profissional, começando com o juramento ético feito pelos membros dessas profissões com vistas ao bem-estar de todos os seus clientes. Assim, uma parte fundamental de ser um professor profissional é o compromisso de ajudar todos os alunos a serem bem-sucedidos. Os educadores que honraram tal compromisso demonstraram que é realmente possível ajudar todos os alunos a obter sucesso, mesmo em áreas como matemática, física e ciência da computação, em que as desigualdades são de longa data (ver "Suporte ao desempenho dos alunos em cálculo"). Mas foi preciso muito trabalho para que esses professores fossem bem-sucedidos. E eles precisavam de mais do que um desejo básico de ter sucesso. Eles precisavam ter conhecimento e habilidades, além de acesso a outros profissionais, para poder cumprir seus compromissos, em vez de simplesmente tentar e fracassar.

Suporte ao desempenho dos alunos em cálculo

O trabalho de Uri Treisman na Berkeley Mathematics Workshop e no Emerging Scholars Program na University of Texas em

Austin é um exemplo de projeto que ajudou alunos de minorias a obter sucesso em cálculo universitário. Com base em um estudo que encontrou uma forte correlação entre sucesso em matemática e participação em grupos de estudo, Treisman e seus colegas elaboraram um programa que refletia a crença de que os alunos, se recebessem a direção e o apoio necessários, poderiam desenvolver uma compreensão coletiva de conceitos matemáticos complexos (GARLAND, 1993). Em seus primeiros trabalhos na University of California, Berkeley, Treisman observou que os estudantes americanos asiáticos, afro-americanos e latinos apresentavam diferentes taxas de sucesso em cálculo, embora fossem todos altamente motivados, tivessem famílias que apoiavam sua educação e estivessem bem-preparados em âmbito acadêmico. Treisman constatou que os asiáticos que tiveram sucesso em cálculo formavam grupos de estudo informais por meio dos quais desenvolviam uma compreensão colaborativa dos problemas que estudavam e tornavam pública sua compreensão conceitual da matemática complexa. No entanto, por terem encontrado instituições hostis, a tendência para os estudantes afro-americanos era de separar suas vidas acadêmica e pessoal e resolver as tarefas acadêmicas por conta própria (GARLAND, 1993).

Em resposta a essas descobertas, Treisman criou oficinas para os alunos, incluindo ensino suplementar intensivo, criação de grupos de estudo comunitários, orientação para a universidade e aconselhamento acadêmico vinculado às sessões de estudo. As oficinas ofereciam um local seguro para os alunos tornarem públicos seus conhecimentos sobre matemática e desafiarem seus conhecimentos matemáticos trabalhando rigorosamente em problemas difíceis. De acordo com Treisman, a transferência dos programas de apoio estudantil dos centros de tutoria em geral para os departamentos acadêmicos "desmarginaliza"

o suporte acadêmico. Em vez de os alunos verem os monitores apenas no dia anterior a um teste, a oficina era uma parte central e contínua da participação dos alunos na disciplina e incluía aconselhamento acadêmico regular. O aconselhamento acadêmico era uma característica crítica do modelo, abordando alguns dos impedimentos estruturais à persistência (GARLAND, 1993).

Mais de 150 programas baseados no modelo de Treisman agora podem ser encontrados em instituições de todo o país. Um estudo do modelo da oficina de matemática da California State Polytechnic University (Pomona) constatou que o modelo da oficina melhorou muito o desempenho de mulheres e de estudantes latinos em ciências, matemática e engenharia na disciplina de cálculo (BONSANGUE; DREW, 1995). Os participantes da oficina obtiveram notas 0,6 ponto a mais na média do que seus colegas que não participaram. As mulheres alcançaram as notas mais altas entre todos os grupos étnicos e gênero. Sucesso semelhante foi encontrado no programa Emerging Scholars da University of Texas em Austin. Entre 1988 e 1993, menos de 33% dos estudantes afro-americanos e latinos que não participaram desse programa obtiveram um "A" ou "B" em cálculo, e apenas metade daqueles com pontuação matemática de 600 ou mais no Scholastic Assessment Test (SAT)* alcançaram tais notas. Em contraste, 90% dos participantes do Emerging Scholars Program obtiveram "A" ou "B" em cálculo (BONSANGUE; DREW, 1995; GARLAND, 1993).

Uma análise dos programas para preparação de professores indica que há grande variabilidade na informação ensinada aos professo-

---

* N. de R. T.: O SAT é um teste padronizado amplamente utilizado para admissão nas faculdades dos Estados Unidos. Pode-se atingir, no máximo, 800 pontos em matemática.

res e nos métodos como isso é feito (GOODLAD, 1984; HOWEY; ZIMPHER, 1989; ZEICHNER; MELNICK; GOMEZ, 1996), além de como os graduados se sentem em relação à preparação para diferentes aspectos do ensino (DARLING-HAMMOND; CHUNG; FRELOW, 2002). Nosso objetivo é fornecer uma estrutura comum para o conteúdo curricular e para as pedagogias na formação de professores – uma estrutura que é útil para preparar os educadores com os conhecimentos, habilidades e compromissos que permitirão ajudar todos os alunos a serem bem-sucedidos. Não propomos um currículo único para todos os programas, nem oferecemos diretrizes inflexíveis para uma abordagem uniforme. Devido ao leque de diferentes instituições que servem missões distintas e diversos alunos em diferentes contextos, não se pode imaginar uma matriz curricular altamente específica que seja a mesma nos mínimos detalhes para cada instituição. No entanto, dado o *status* de pesquisa atual e o consenso nesse campo, conseguimos esboçar um conjunto de ideias centrais que são abordadas por todos os programas de maneira apropriada para seus alunos. Da mesma forma, seria impossível desenvolver recomendações curriculares para cada tipo de professor, área ou contexto. Em vez disso, abordamos considerações importantes que influenciam as decisões curriculares em todos os níveis de instrução, matérias das disciplinas e tipos de cenários de ensino. Por fim, o relatório inclui sugestões sobre pedagogias e estratégias de avaliação na formação de professores que parecem ajudar os futuros docentes a desenvolver as capacidades e disposições necessárias para ensinar crianças de forma eficaz e a desenvolver escolas que apoiem esse trabalho.

Buscas semelhantes em outras profissões

A busca que estamos iniciando é semelhante àquela anteriormente realizada em outras profissões, como medicina, direito e engenharia. Por exemplo, no início do século XX, as faculdades de medicina tinham vários sistemas de aprendizagem e algumas disciplinas universitárias com pouca concordância sobre o que era importante ensinar aos médicos ou como fazê-lo. A profissão médica começou a perceber a necessidade de estabelecer padrões para sua comunidade profissional e desenvolver um consenso sobre certos aspectos da educação médica. O Relatório Flexner (FLEXNER; PRITCHETT, 1910), um estudo das faculdades de medicina na América do Norte, conduzido por Abraham Flexner entre 1908 e 1910, documentou as inconsistências entre diferentes faculdades e indicou a necessidade de se desenvolver um forte consenso sobre uma boa educação médica. O relatório argumentou que, fundamentalmente, a educação médica eficaz deveria ser ancorada na pesquisa e no ensino das ciências, juntamente à instrução clínica sistemática em hospitais de ensino. Isso representou uma grande mudança em relação à maior parte do treinamento existente em faculdades de medicina da época.

Em sua introdução do Relatório Flexner, Henry Pritchett, presidente da Carnegie Foundation for the Advancement of Teaching, observou que, embora a ciência da medicina estivesse em crescimento, a maioria dos médicos não teve acesso a esse conhecimento por causa de uma grande disparidade na formação médica que receberam. Ele observou que,

> [...] sob as condições existentes, um paciente muito raramente recebe a melhor ajuda disponível no estado atual da medicina... [porque] um vasto exército de homens sem treinamento é admitido na prática da medicina, que não estão treinados nas ciências fundamentais para a profissão e sem experiência suficiente com as doenças [...] (FLEXNER; PRITCHETT, 1910, p. x).

Ele atribuiu esse problema ao fracasso de muitas universidades em avaliar e incorporar melhorias na educação médica a seus currículos (FLEXNER; PRITCHETT, 1910). A educação médica se transformou conforme um conjunto comum de ideias curriculares foi adotado e assumido pelos órgãos de validação, que aprovaram todos os programas, e foi incorporado aos requisitos de licenciamento utilizados para autorizar todos os candidatos à prática da profissão.

Outros campos, como engenharia, direito e arquitetura, também trabalharam para desenvolver um consenso sobre educação profissional no final do século XX. Ao fazê-lo, consideraram com quais conteúdos essenciais os estudantes deveriam se defrontar e que capacidades e disposições intelectuais deveriam desenvolver para pensar como um advogado, um engenheiro ou um médico e atender às necessidades de seus clientes. Novos campos, como a bioengenharia, estão se formando, e eles também estão na tentativa de trazer alguma consistência para a área, considerando o que os profissionais iniciantes precisam saber e ser capazes de fazer para ter sucesso (p. ex., ver HARRIS; BRANSFORD; BROPHY, 2002).

Processos como os descritos anteriormente resultaram em concepções curriculares que definem as principais áreas de compreensão em vários campos. Os estudantes de direito, por exemplo, estudam delitos, contratos, direito constitucional, procedimentos civis e criminais, e assim por diante, em faculdades de direito em todo o país (MARGOLIS; ARNONE; MORGAN, 2002). Estudantes de medicina estudam anatomia, fisiologia e ciências bioquímicas, bem como imunologia, patologia e diversas especialidades da prática. A maioria das profissões também usa o que se chama de pedagogias características. Na faculdade de direito, espera-se que os alunos leiam e analisem casos, e eles são apresentados ao método socrático ao responderem a perguntas e construírem argumentos. Nas faculdades de medicina, os métodos de casos e as rodadas clínicas são frequentemente usados, enquanto tipos específicos de projetos de *design* são encontrados em faculdades de engenharia.

Em outras profissões, esses entendimentos e práticas compartilhados evoluíram a partir de um consenso sobre o que os profissionais precisam saber e ser capazes de fazer se quiserem desfrutar do conhecimento que abrange toda a sua profissão e se tiverem o discerni-

mento diagnóstico e estratégico para atender às necessidades daqueles que servem. Se os docentes tiverem acesso ao conhecimento disponível para embasar sua prática, tal consenso também deverá se tornar uma realidade para a profissão docente.

UMA ESTRUTURA ORGANIZADORA

No Prefácio, mostramos que esta não é a primeira tentativa de explorar sistematicamente os tipos de conhecimento, habilidades e compromissos que capacitam a eficácia dos professores. Um importante precursor deste livro é um relatório produzido em 1989 pela American Association of Colleges for Teacher Education (AACTE), intitulado *The knowledge base for the beginning teacher* (*A base de conhecimento para o professor iniciante*; REYNOLDS, 1989). Este livro argumenta com cuidado sobre o que os professores precisam saber e por quê. Agora, 15 anos depois, novas evidências sobre ensino e aprendizagem já se acumularam, o que amplia essas descobertas. Além disso, quatro gerações do *The handbook of research on teaching* (*Manual de pesquisas sobre o ensino*) e três edições do *Handbook of research on teacher education* (*Manual de pesquisas sobre a formação de professores*) são acompanhadas por publicações especializadas, como o *The handbook of research on reading* (*Manual de pesquisas sobre a leitura*). Essas tentativas de coletar e codificar pesquisas trazem suporte à elaboração de padrões para o ensino por meio do National Board for Professional Teaching Standards, Interstate New Teacher Assessment e Support Consortium, que abrange 30 Estados, e de associações profissionais como os National Councils of Teachers of English and Mathematics. Esta publicação baseia-se em tais realizações anteriores e embarca na nova questão de como esse conhecimento, em conjunto com uma base crescente de conhecimento sobre como os *professores* aprendem, pode embasar o currículo da formação de professores.

Uma característica importante do presente relatório é sua tentativa de organizar a discussão em torno de uma estrutura conceitual que pode ajudar as pessoas a organizar a vasta quantidade de informação relevante para o ensino e a aprendizagem eficazes. A estrutura que usamos encontra-se na **Figura 1.1**. Ela destaca três áreas gerais de conhecimento, habilidades e disposições que são importantes para qualquer professor adquirir:

- Conhecimento dos **alunos** e como eles **aprendem e se desenvolvem** dentro dos contextos sociais.
- Concepções de **matriz e objetivos curriculares**: uma compreensão do assunto e habilidades a serem ensinadas à luz dos propósitos sociais da educação.

- Compreensão do **ensino** à luz do conteúdo e dos alunos a serem ensinados, conforme embasamento pela avaliação e pelo suporte dos ambientes de sala de aula.

A estrutura é uma reminiscência da noção de Dewey, esboçada em *The child and the curriculum* (*A criança e o currículo*), de que as necessidades da criança e as exigências curriculares são mediadas pelos professores (DEWEY, 1902). Também é semelhante à representação dada por Ball e Cohen do ensino como as interações entre professores, alunos e conteúdo, em ambientes que influenciam todos eles (BALL; COHEN, 1999). A estrutura fornece diferentes óticas sobre qualquer situação de en-

Figura 1.1 Uma estrutura para compreender o ensino e a aprendizagem.

sino que os docentes possam usar para refletir e melhorar sua prática.

Essas interações entre docentes, alunos e conteúdo são estruturadas por duas condições importantes para a prática: primeira, o fato de a docência ser uma profissão com certas expectativas morais e técnicas; e, segunda, o fato de que, nos Estados Unidos, a educação deve servir aos propósitos de uma democracia. Esta última condição significa que as escolas assumem o propósito de habilitar os jovens a participar integralmente da vida política, cívica e econômica em nossa sociedade. Isso também significa que a educação, incluindo a docência, tem como objetivo dar suporte ao acesso igualitário ao que a sociedade tem a oferecer. Conforme discutimos nesta publicação, tais metas para a educação influenciam o que os educadores precisam saber e ser capazes de fazer e o que se espera que a formação de professores venha a realizar.

A docência como uma profissão que serve a propósitos democráticos

Uma característica especialmente importante da **Figura 1.1** é sua ênfase no "ensino como profissão". É importante que os professores entendam seus papéis e responsabilidades como profissionais em escolas que devem preparar todo e qualquer aluno para a participação igualitária em uma sociedade democrática. Para esse fim, é útil que vejam pontos em comum com membros de outros grupos profissionais.

Características das profissões. Uma fonte útil de informações para examinar o conceito de "profissionalismo" vem do estudo *The preparation for the professions* (*A preparação para as profissões*), da Carnegie Foundation for the Advancement of Teaching, que atualmente estuda o direito, a engenharia, a docência e o clero. Com base em várias profissões, Shulman (1998a) sugeriu que todas as profissões apresentam seis lugares-comuns. São eles:

1. *Serviço à sociedade*, implicando um compromisso ético e moral com os clientes.

2. *Uma grande quantidade de conhecimento acadêmico* que forma a base do direito à prática.

3. *Envolvimento em ações práticas*, daí a necessidade de se promulgar o conhecimento na prática.

4. *Incerteza* causada pelas diferentes necessidades dos clientes e pela natureza não rotineira dos problemas, daí a necessidade de se desenvolver discernimento na aplicação do conhecimento.

5. *A importância da experiência* no desenvolvimento da prática, daí a necessidade de aprender pela reflexão sobre a prática e sobre seus resultados.

6. *O desenvolvimento de uma comunidade profissional* que agrega e compartilha conhecimento e desenvolve padrões profissionais.

A docência tem em comum com uma série de outras profissões o fato de que o trabalho serve aos outros, e, devido a sua importância social, ele deve ser feito com responsabilidade. Assim, a preparação deve ajudar os educadores tanto a entender quanto a ir além dos próprios conhecimentos e experiências pessoais a fim de trazer uma compreensão maior sobre os problemas de auxiliar os outros a aprender. Embora todas as profissões tenham uma quantidade de conhecimento acadêmico e um chamado social que formam a base do direito à prática, a ênfase e a autorização para essa prática diferem. A docência pode ser vista como um campo que se encontra na intersecção desses outros campos profissionais. Os educadores podem ser vistos como análogos aos clérigos, pois a docência tem elementos de uma vocação ou de um chamado e fortes conexões com valores e compromissos. Ao mesmo tempo, embora a docência possa ser um chamado, não se restringe a isso. Um ensino eficaz tem aspectos sistemáticos e de princípio, e há uma base de evidências ou conhecimentos verificáveis que dá suporte a esse trabalho. Nesse sentido, é como engenharia ou medicina. Assim como nesses campos, há aspectos da docência que são científicos, no sentido de que a pesquisa sobre práticas e resultados sugere alguns princípios que guiam os julgamentos que os profissionais devem fazer. Em outro nível, a docência é um organismo de tradição e experiência precedente e organizada. Nesse sentido, assemelha-se ao direito.

Para que os beneficiários da profissão sejam bem-assessorados, os professores também precisam ser capazes de trabalhar com outros colegas na criação de organizações que deem suporte à aprendizagem. Diferentemente de profissionais independentes, como arquitetos e contadores, que podem, se quiserem, pendurar uma plaqueta e praticar seu ofício, o trabalho dos educadores nas escolas é maior do que a soma das partes individuais. De modo similar às clínicas ou aos hospitais, onde um sistema para fornecer um bom serviço médico deve ser criado e as normas da prática profissional devem ser garantidas, as escolas que proveem ambientes saudáveis para a aprendizagem e o ensino demandam esforços comuns de todos os seus membros. Os professores devem ser capazes de funcionar como membros de uma comunidade de profissionais que compartilham conhecimento e compromissos, que colaboram de maneira a promover compreensão e habilidade e que trabalham juntos para criar uma matriz curricular e um sistema que sejam coerentes e que deem suporte aos alunos.

Todas essas características das profissões são importantes devido à complexidade do trabalho, o que exige que os profissionais saibam muito sobre como atingir suas metas junto aos clientes em situações imprevisíveis e não rotineiras, que sejam capazes de aplicar seu entendimento na prática e que possam continuar aprendendo com seus colegas e alunos sobre como enfrentar novos desafios. Em última análise, Palmer (1998) resume isso muito bem quando afirma que bons professores devem estar verdadeiramente presentes na sala de aula, engajados de forma profunda com suas disciplinas e seus alunos, e ser capazes de tecer uma rede intricada de conexões entre si, com suas disciplinas e seus alunos, para que os alunos possam aprender a tecer um mundo para si mesmos.

A importância social da docência. A importância de desenvolver uma profissão docente consistente foi reforçada por pesquisas recentes que demonstram a relevância da docência para a aprendizagem das crianças e para suas oportunidades de vida. Embora a sabedoria convencional tenha-se fundamentado por muitos anos em uma conclusão amplamente atribuída ao Relatório Coleman (COLEMAN *et al.*, 1966) – isto é, que as escolas fazem pouca diferença além das influências da situação socioeconômica –, novas evidências baseadas em dados e métodos analíticos sugerem que as escolas contribuem de forma significativa para o que as crianças aprendem e que os professores são uma parte importante daquilo que importa (FERGUSON, 1991a; FERGUSON; LADD, 1996; GREENWALD; HEDGES; LAINE, 1996; STRAUSS; SAWYER, 1986). Por exemplo, estudos recentes constataram que a designação de um professor a determinado aluno tem uma influência muito mais forte sobre o quanto ele aprende do que outros fatores como o tamanho e a composição da classe (p. ex., ver HANUSHEK; KAIN; RIVKIN, 1999; SANDERS; HORN, 1994; SANDERS; RIVERS, 1996; WRIGHT; HORN; SANDERS, 1997). Alunos que são designados ano após ano a vários professores altamente eficazes têm ganhos significativamente maiores em aproveitamento do que aqueles que são designados a professores menos eficazes. Além disso, a influência de cada docente tem efeitos que se refletem nos anos seguintes (SANDERS; RIVERS, 1996; Fig. 1.2).

Vários estudos constataram que diferenças nas qualificações dos professores nos distritos escolares podem explicar tanto a variação no desempenho dos alunos quanto o histórico ou o *status* socioeconômico deles (ver "A importância dos professores"). Os autores de um desses estudos enfatizaram a importância de investir nos professores como um meio de aumentar o sucesso do aluno, em especial para aqueles que se encontram educacionalmente em risco:

> Das influências potencialmente controláveis por políticas (qualidade do professor, quantidade de professores por meio da relação profes-

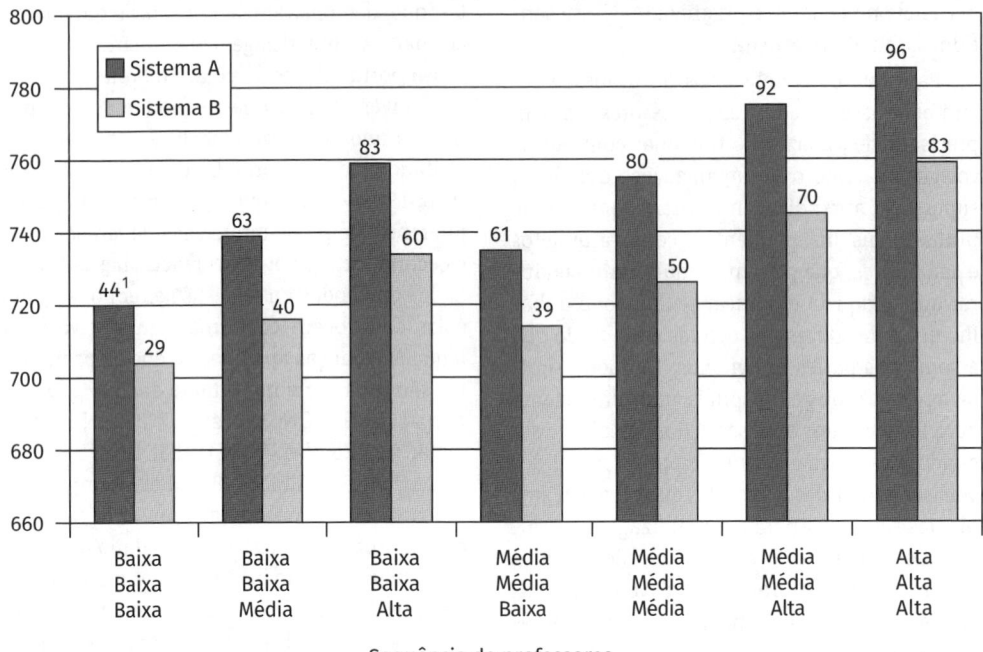

Pontuações nos testes de alunos (matemática do 5º ano)
versus nível de eficácia dos professores ao longo de três anos,
em dois sistemas escolares metropolitanos

Sequência de professores

Figura 1.2 Efeitos cumulativos da eficácia do professor.
Fonte: Sanders e Rivers (1996). Reimpressa com permissão.

sor-aluno e estoque de capital), nossa análise indica claramente que melhorar a qualidade dos professores dentro da sala de aula é mais importante para os alunos que estão sob maior risco educacional, aqueles propensos a repetir o ano, do que reduzir o tamanho da turma ou melhorar o estoque de capital por qualquer margem razoável que estaria disponível para os formuladores de políticas (STRAUSS; SAWYER, 1986).

A importância dos professores

Embora muitos pressuponham que o histórico dos alunos – como renda, educação dos pais e outros fatores familiares – seja o principal motivo para grandes diferenças no desempenho deles, alguns estudos constataram que a qualidade dos professo-

res pode ter um efeito igualmente importante.

Por exemplo, em uma análise de quase 900 distritos escolares do Texas, Ferguson (1991a) constatou que a *expertise* dos professores – pontuações em um exame de certificação, mestrado e experiência – explicava melhor a variação ocorrida entre os distritos em relação ao desempenho em leitura e em matemática dos alunos de 1 a 11 anos do que o *status* socioeconômico dos estudantes. Os efeitos foram tão significativos, e as variações na *expertise* dos professores tão grandes, que, após fixar-se a variável do *status* socioeconômico, as grandes disparidades de desempenho entre alunos negros e brancos foram quase inteiramente explicadas pelas diferentes qualificações de seus professores. Ferguson também constatou que cada dólar adicional gasto em educadores mais altamente qualificados gerou maiores aumentos no desempenho dos alunos do que usos menos educativamente focados dos recursos escolares.

Em um estudo similar no Alabama, Ferguson e Ladd (1996) verificaram que, juntas, a capacidade acadêmica, a educação e a experiência dos professores, quando combinadas com o tamanho das turmas, eram responsáveis por maior diferença prevista nos ganhos de desempenho dos alunos em matemática entre os distritos que pontuaram nos quartis superior e inferior do que a pobreza, a raça e a educação dos pais.

Outro estudo, na Carolina do Norte, constatou que, depois de fatores escolares e de histórico dos alunos, os professores tiveram uma influência surpreendentemente grande no desempenho dos alunos nos testes de competência estadual: um aumento de 1% na qualidade dos professores (conforme medido pelas pontuações do National Teacher Examination) foi associado a um declínio de 3 a 5% na proporção de alunos reprovados naqueles testes (STRAUSS; SAWYER, 1986). Os autores desses estudos concluíram que formuladores de políticas judiciosos deveriam prestar mais atenção ao investimento na qualidade dos docentes como forma de melhorar o desempenho do aluno.

Muitos tipos de conhecimento e experiência que os educadores têm parecem contribuir para esse efeito, entre os quais (1) a habilidade acadêmica e verbal geral dos professores, (2) o conhecimento do conteúdo da disciplina, (3) o conhecimento sobre ensino e aprendizagem, (4) a experiência de ensino e (5) o conjunto de qualificações medido pela certificação de professores, que normalmente inclui os fatores precedentes e outros (para análise, ver DARLING-HAMMOND, 2000a; RICE, 2003; WILSON; FLODEN; FERRINI-MUNDY,

2001;). Há, obviamente, muitos outros atributos importantes para o ensino, como entusiasmo, perseverança, flexibilidade e preocupação com as crianças (p. ex., ver SCHALOCK, 1979). E, como vamos discutir nas seções a seguir, há muitas práticas de ensino específicas influentes no desempenho do aluno que estão relacionadas ao que os educadores tiveram a oportunidade de aprender (p. ex., ver GOOD; BROPHY, 1994). Além disso, o contexto do ensino é importante para a eficácia do professor, incluindo fatores como tamanho da turma, tamanho e organização da escola, abordagens curriculares e oportunidades de colaboração entre docentes (HOWLEY, 1989; LEE; BRYK; SMITH, 1993; LEE; SMITH, 1993, 1995; NEWMAN; WEHLAGE, 1995).

As descobertas que corroboram a importância do conhecimento do educador são um motivo importante para tratar a docência como uma profissão, de modo que o conhecimento sobre aprendizagem e ensino efetivos seja confiavelmente disponibilizado para todos os praticantes por meio de uma formação profissional sólida e padrões de prática generalizados. Ser um profissional envolve o entendimento das obrigações sociais e legais do seu trabalho, incluindo tomar decisões fundamentadas no melhor interesse do cliente, com base em pesquisas e padrões de prática que se apliquem a toda a profissão. Esse compromisso de praticar com base no que é conhecido pela profissão como um todo, em vez de apenas em uma experiência pessoal, está ligado ao conceito de "prática baseada em evidências", o qual exige que profissionais estejam cientes da base de conhecimento atual em seu campo. Uma história verdadeira, incluída no prefácio da obra *Knowledge base for the beginning teacher* (*Base de conhecimento para o professor iniciante*), explica bem essa obrigação:

> Um fascinante processo judicial dos anos de 1930 envolve[u] *T.J. Hooper*, um rebocador. O *T.J. Hooper* e o navio que ele estava guiando tiveram problemas no Oceano Atlântico quando uma tempestade repentina começou. A tempestade danificou o navio e causou ferimentos

e perdas materiais a seus clientes, que imediatamente o processaram. Naquela época, a prática comum entre os rebocadores era obter informações sobre o tempo por meio de gestos manuais vindos da costa. Embora o rádio já tivesse sido introduzido, não era de praxe usá-lo. O *T.J. Hooper* não usava rádio, mas, se tivesse usado, o prático saberia do perigo e seria capaz de levar a embarcação do cliente ao abrigo, evitando, assim, danos materiais, à vida e à integridade física. O caso levantou a questão das responsabilidades do *T.J. Hooper*: o emprego da prática comum (p. ex., gestos manuais) era suficiente ou a situação exigia "tecnologia de ponta" (rádio)? Os tribunais determinaram que, quando questões importantes estiverem em jogo, a obrigação legal é usar tecnologia de ponta (GILHOOL, 1982 apud REYNOLDS, 1989, p. ix).

A prática de ponta reflete-se tipicamente nos padrões profissionais para os tipos de avaliação que se espera que os profissionais realizem para descobrir o que está acontecendo em uma situação, os dados que eles usam para embasar suas decisões e as estratégias que eles, então, empregam. Não se espera que sejam uniformes em todos os casos, mas que respondam às necessidades específicas dos clientes, cujas necessidades e circunstâncias são diferentes. A noção de prática baseada em evidências sugere que os profissionais estejam cientes de que estratégias tendem a ser produtivas ou improdutivas para atingir objetivos específicos, bem como quais modificações são necessárias para determinadas situações. Por exemplo, embora os médicos rotineiramente administrem vacinas, espera-se que eles não o façam em situações nas quais seus pacientes tenham certas alergias ou determinados problemas prévios de saúde. Os engenheiros podem usar certos protocolos-padrão para projetar tipos específicos de prédios, mas também se espera que eles saibam modificar essas abordagens genéricas para inclinações íngremes, regiões propensas a terremotos ou outras circunstâncias especiais. Uma professora pode ter um conjunto de estratégias para ensinar a maioria das crianças de 7 anos de idade a ler – estratégias baseadas

em fortes evidências sobre o que geralmente é eficaz para os objetivos que ela está buscando –, mas precisa saber como adaptar essas estratégias a alunos com dificuldades específicas de aprendizagem, àqueles que estão prontos para tarefas mais desafiadoras ou àqueles que não têm o conhecimento linguístico prévio ou vocabulário pressuposto para uma abordagem particular.

A base de evidências para a prática profissional inclui estudos experimentais de "tratamentos" ou intervenções específicos e investigações mais naturalistas sobre como determinadas doenças progridem, como terremotos de várias magnitudes afetam diferentes projetos de arquitetura e engenharia ou como as crianças aprendem em circunstâncias distintas. A pesquisa realizada por profissionais da área médica também é uma fonte de evidências para a prática. A observação cuidadosa e a coleta sistemática de evidências podem embasar tanto a própria prática quanto a dos outros. Na medicina, por exemplo, estudos de caso únicos em pacientes e observações de pequenas amostras de indivíduos aparecem regularmente na literatura profissional, fornecendo dados sobre problemas, tratamentos ou doenças que estão sendo documentados e explorados (ver "O uso de pesquisa e experiência clínica para desenvolver uma base de conhecimento profissional").

O uso de pesquisa e experiência clínica para desenvolver uma base de conhecimento profissional

Como em outras profissões, pesquisadores e profissionais da área médica reconhecem que métodos mistos de pesquisa servem a finalidades complementares na construção de uma base de evidências para a prática. Por exemplo, a edição de janeiro de 2002 do prestigiado *New England Journal of Medicine* incluiu estudos do progresso de uma amostra de oito pacientes que receberam transplantes cardíacos (QUAINI *et al.*, 2002) e de 53 crianças infectadas com *E.*

coli (CHANDLER *et al.*, 2002). Esses estudos não experimentais, que foram fundamentados em observações cuidadosas pelos profissionais da área médica, forneceram informações sobre as trajetórias distintas de diferentes pacientes com históricos de saúde diversos sob diferentes tipos de tratamentos. A mesma edição também incluiu um grande estudo correlacional com 750 mil mulheres norueguesas cujos resultados pós-parto foram examinados por meio de registros médicos, que forneceram medidas muito mais grosseiras de seus históricos de saúde (SKJAERVEN; WILCOX; LIE, 2002). Esse estudo descritivo sugeriu tendências a serem seguidas por estudos de pesquisa mais cuidadosamente controlados. A utilidade de qualquer um desses estudos está em sua contribuição para um corpo maior de trabalho a partir do qual se pode triangular as evidências. Uma base de evidências requer o desenvolvimento de muitas pistas convergentes para embasar a pesquisa, a prática e o discernimento profissionais.

É importante observar que, em todas as áreas, o discernimento clínico ainda desempenha um papel importante, que está relacionado à pesquisa baseada em evidências. Brown (1999, p. 9), um forte defensor da medicina baseada em pesquisa, adverte novos médicos:

> Embora os benefícios da prática baseada em pesquisa para os pacientes sejam lógica e intuitivamente convincentes, faltam evidências definitivas. É justo esperar que os métodos que produziram melhores resultados para os pacientes em pesquisas produzam melhores resultados para os pacientes quando incorporados à prática cotidiana. No entanto, existem razões pelas quais isso pode não se aplicar.

Essas razões incluem, entre outras coisas, o fato de que (1) os estudos tendem a mostrar que um tratamento é melhor do que o outro *em média*, entretanto, os resultados para determinado paciente podem diferir, dependendo de muitos outros fatores; (2) os resultados da pesquisa de um ambiente podem não se aplicar para diferentes situações e contextos; e (3) o perfil dos participantes da pesquisa em qualquer estudo pode ser diferente do perfil de um paciente em particular com o qual um profissional está trabalhando. A responsabilidade do profissional é conhecer a literatura e seus pacientes o suficiente para fazer o que é do melhor interesse desse paciente. Às vezes, isso significa *não* impor os resultados de um único estudo se ele não se aplicar ao caso em questão, mesmo que esse estudo tenha sido bem planejado.

Outros estudiosos concordam que:

> Os bons médicos utilizam tanto a experiência clínica individual quanto as melhores evidências externas disponíveis, e nenhuma delas é suficiente por si só. Sem experiência clínica, a prática corre o risco de se tornar tiranizada por evidências, pois mesmo uma excelente evidência externa pode ser inaplicável ou inadequada para um paciente individual. Sem as melhores evidências atuais, a prática corre o risco de se tornar rapidamente desatualizada, com prejuízo aos pacientes [...] (SACKETT *et al.*, 1996, p. 71).

Esses mesmos médicos acrescentam que "A medicina baseada em evidências não se restringe a ensaios randomizados e metanálises. Envolve mapear as melhores evidências externas para responder às nossas perguntas clínicas [...]" (SACKETT *et al.*, 1996, p. 72). Os docentes precisam estar preparados tanto para buscar e utilizar uma série de evidências atuais sobre a prática em suas áreas quanto para desenvolver conhecimento localizado sobre os próprios alunos como base para o exercício do discernimento profissional.

OBJETIVOS, CONTEXTOS E EVIDÊNCIAS

É especialmente importante que os docentes entendam que as evidências sobre a eficácia educacional devem ser avaliadas com relação a um número de variáveis que podem sofrer mudanças de acordo com as situações de ensino. Isso é ilustrado em um modelo desenvolvido por James Jenkins (**Fig. 1.3**). Ele ajuda os educadores a ver que a adequação do uso de determinados tipos de estratégias de ensino depende (1) da natureza do conteúdo a ser aprendido; (2) da natureza das habilidades, dos conhecimentos e das atitudes que os alunos trazem à situação; e (3) dos objetivos da situação de aprendizagem e as avaliações usadas para medir a aprendizagem em relação a esses objetivos. Um dos pontos importantes do modelo é que uma estratégia de ensino que funciona bem dentro de um grupo dessas variáveis pode funcionar muito mal quando esse grupo em geral é alterado. Todas as variáveis do modelo de Jenkins devem ser levadas em conta ao se analisar as evidências que sugerem que uma estratégia de ensino em particular é "boa" ou "ruim". Adaptamos o modelo ligeiramente para se adequar à discussão atual.

Uma tentativa de ensinar os alunos sobre veias e artérias pode ser usada para ilustrar as interdependências mostradas na estrutura de Jenkins. Imagine que a matéria a ser aprendida inclua um texto que afirma que as artérias são mais espessas e mais elásticas que as veias e que elas carregam sangue rico em oxigênio a partir do coração. As veias são menores, menos elásticas e levam o sangue de volta ao coração. Qual é a melhor maneira de ajudar os alunos a aprender essas informações? O modelo de Jenkins nos ajuda a ver como a resposta a essa pergunta depende de quem são os alunos, o que entendemos por "aprender" nesse contexto e como medimos o aprendizado que ocorre.

Se nosso objetivo fosse garantir que os alunos aprendessem certos fatos importantes sobre as artérias, uma estratégia seria usar técnicas mnemônicas. Por exemplo, pode-se ensinar os alunos a pensar sobre a frase: "A senhora *Artéria* tinha cintura *grossa*, então usava calças com um *elástico* na cin-

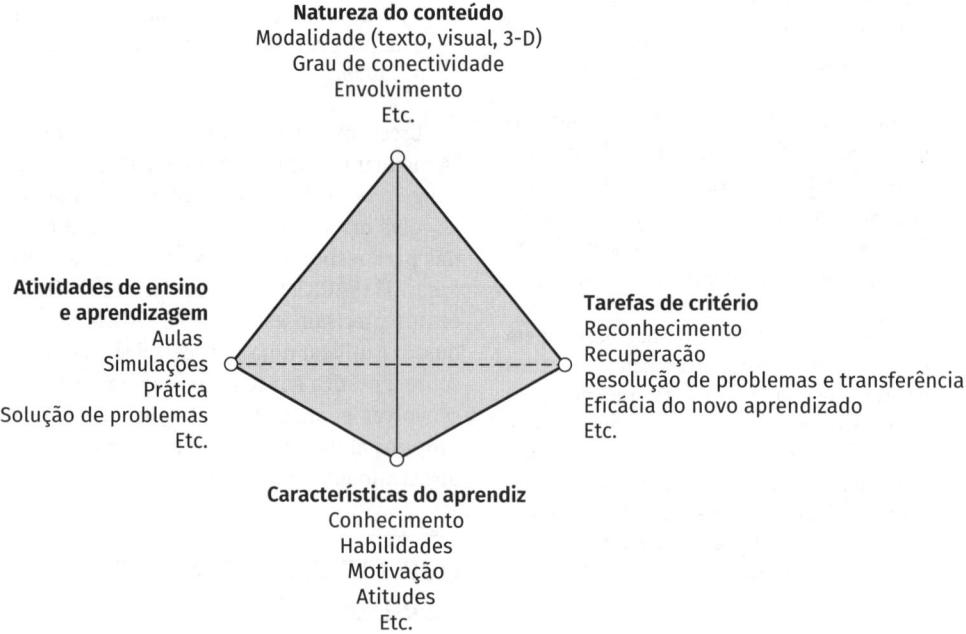

Figura 1.3 Modelo tetraédrico de Jenkins.
Fonte: Permissão concedida pela National Academies Press.

tura". A estrutura de Jenkins nos lembra de que a habilidade de usar essa técnica específica pressupõe tipos específicos de conhecimento e habilidades por parte dos alunos (p. ex., que eles entendam a língua em que o ensino se dá, que entendam conceitos como elasticidade, e assim por diante). Dada a disponibilidade desse conhecimento, técnicas mnemônicas como a que foi mencionada anteriormente "funcionam" para lembrar o conteúdo factual. Se forem solicitados a indicar características importantes das artérias (p. ex., que são grossas e elásticas), a afirmação precedente sobre a senhora Artéria pode ser útil. Vários estudos demonstram que a memória é aprimorada quando as pessoas são ensinadas a usar técnicas mnemônicas, em vez de simplesmente deixar que descubram sozinhas.

Imagine se mudarmos o objetivo de meramente relembrar o conteúdo factual para aprender com real entendimento. No contexto da estrutura de Jenkins, isso envolve uma mudança nos objetivos e avaliações da aprendizagem. Mudanças nos objetivos normalmente exigem uma alteração nas estratégias de ensino e aprendizagem.

Para aprender com real entendimento, os alunos precisam entender *por que* veias e artérias têm certas características. Por exemplo, as artérias transportam sangue do coração, sangue que é bombeado em jatos. Isso ajuda a explicar o motivo pelo qual elas precisam ser elásticas (para lidar com os jatos). Além disso, o sangue arterial precisa se deslocar para cima (para o cérebro) e também para baixo, de modo que a elasticidade das artérias proporciona uma vantagem adicional. Quando elas se contraem durante cada jorro, elas ajudam o sangue a fluir.

Aprender a entender essas relações, como por que as artérias são elásticas, deve facilitar a transferência subsequente. Por exemplo, imagine que se solicite que os alunos projetem uma artéria artificial. Teria que ser elástica? Os alunos que apenas memorizaram que as artérias são elásticas não têm uma maneira fundamentada de abordar esse problema. Os estudantes que aprenderam com compreensão conhecem as funções da elasticidade e, portanto, são mais livres para considerar possibilidades como uma artéria não elástica que tem válvulas unidirecionais (BRANSFORD; STEIN, 1993).

Esse exemplo ilustra como memorizar *versus* compreender representa diferentes objetivos de aprendizagem na estrutura de Jenkins e como as mudanças nesses objetivos exigem diferentes tipos de estratégias de ensino. Os detalhes de suas estratégias de ensino também precisam variar dependendo do conhecimento, das habilidades, das atitudes e de outras características que os alunos trazem para a tarefa de aprendizagem. Por exemplo, já observamos que alguns alunos (p. ex., aqueles nas séries mais iniciais) podem não saber o suficiente sobre bombeamento, jatos e elasticidade para aprender com real entendimento se forem simplesmente informados sobre as funções das artérias. Eles precisam de suporte especial, como simulações dinâmicas, que exibam essas propriedades.

A pesquisa que examina se "algo deu certo" deve levar em consideração cada uma das perspectivas da estrutura de Jenkins. Por exemplo, o conteúdo ensinado era algo que valia a pena o investimento de aprendizagem dos alunos? Quais foram os objetivos de aprendizagem? As avaliações foram consistentes com os objetivos? Quem estava sendo ensinado e como as estratégias de ensino poderiam ser modificadas para pessoas com diferentes conjuntos de habilidades e conhecimentos? Uma compreensão sofisticada das evidências e suas implicações para a prática é importante para o ensino eficaz. A estrutura de Jenkins ajuda a destacar algumas relações importantes que afetam o modo como as estratégias específicas de ensino e aprendizagem influenciam as habilidades de aprendizagem de cada indivíduo.

OBJETIVOS E EVIDÊNCIAS PARA AS NOSSAS RECOMENDAÇÕES

A estrutura de Jenkins é útil para explorar a aprendizagem tanto dos alunos quanto dos educadores. Nosso primeiro objetivo para este livro é sugerir o que se conhece sobre a *aprendizagem dos alunos e suas implicações para o conhecimento e as habilidades dos professores*. Em seguida, exploramos como ajudar os educadores a adquirir esse conhecimento de forma que sejam otimamente eficazes. Na essência, perguntamos:

- De que tipos de experiências as crianças necessitam para crescer, aprender e desenvolver confiança e competência para ter sucesso na vida?

- De que tipos de conhecimento os professores necessitam a fim de facilitar essas experiências para crianças e jovens?

- De que tipos de experiências os professores necessitam para desenvolver esses conhecimentos?

Este relatório não se concentra no que as instituições atuais geralmente oferecem, mas no que os *alunos* necessitam para que seus professores saibam se estão fazendo um trabalho responsável na orientação da aprendizagem deles.

As recomendações para a formação de professores discutidas nesta publicação representam o discernimento considerado de um grande número de profissionais experientes e de acadêmicos no campo da educação. Sempre que possível, vamos nos referir a pesquisas para dar suporte a nossas conclusões. Mas, assim como foi o caso nos primeiros dias de criação de novos programas na medicina, no direito, na engenharia e na bioengenharia (e, atualmente, ainda é assim em todos esses campos), nossas evidências que embasam a preparação de novos professores também vêm do consenso entre profissionais experientes e pesquisadores.

Na maioria das profissões, a pesquisa empírica não consegue vincular diretamente tudo o que os profissionais aprendem nos programas de preparação aos resultados dos clientes. Seria difícil encontrar uma pesquisa que examinasse se os médicos que fizeram um curso de fisiologia têm melhores resultados com seus pacientes do que aqueles que não fizeram. Da mesma forma, seria ótimo ter evidências diretas de que o fato de ser aprovado em um curso de biomecânica resulta em um número maior de graduados em bioengenharia bem-sucedidos. Porém, seria quase impossível excluir parcialmente os efeitos de um curso de biomecânica dos efeitos de outras áreas de aprendizagem em um conjunto complexo de práticas. Embora quase ninguém alegue que os bioengenheiros não devem estudar biomecânica ou que os médicos não devem estudar anatomia, o entendimento que eles obtêm nessas disciplinas não se traduz imediatamente em práticas bem-sucedidas. Em vez disso, a compreensão dos princípios da mecânica ou da maneira como as partes do corpo se unem torna-se útil ao estar atrelada a muitos outros tipos de conhecimento que, juntos, se traduzem em ações e decisões.

Situações semelhantes existem na educação. Seria muito útil ter evidência direta de que os professores se dão melhor ao promoverem a aprendizagem se compreenderem conceitos como a "zona de desenvolvimento proximal (ZDP)"* de Vygotsky (1978) ou questões de transferência e como ela é facilitada por certas abordagens ao ensino e à avaliação. Contudo, estudos cuidadosamente controlados que tentam conectar cada elemento curricular discreto a resultados finais provavelmente não seriam a maneira mais produtiva de gastar fundos de pesquisa. É mais provável que descubramos que os professores mais bem-sucedidos são aque-

---

* N. de R.T.: A distância entre o nível de desenvolvimento efetivo e o nível de desenvolvimento potencial de um aprendiz. Na zona de desenvolvimento proximal, estão aquelas aquisições que o aluno ainda não consegue resolver sozinho, necessitando da mediação do professor.

les que conseguem aplicar um conceito como a zona de desenvolvimento proximal para descobrir o quanto um aluno sabe e está pronto para aprender *e* que sabem como organizar uma experiência de aprendizagem estruturada atrelada ao nível de prontidão do aluno. É a combinação de vários tipos de conhecimento com habilidades práticas que diferencia os profissionais e dificulta o estudo das influências dos elementos discretos do conhecimento profissional. Nenhum conjunto único de ideias é suficiente para produzir o conjunto complexo e mutável de discernimento e atividades que os profissionais experientes demonstram.

Mesmo se tivéssemos evidências diretas para orientar todo e qualquer elemento de um programa de preparação profissional, os campos se transformam e novas percepções e interpretações substituem as antigas com frequência. Certamente, vemos isso na medicina: por exemplo, nos últimos anos, ouviu-se falar que os ovos eram prejudiciais aos níveis de colesterol e, depois, que eles não eram mais; promoveram-se os benefícios das terapias hormonais e, em seguida, algumas pesquisas encontraram efeitos prejudiciais, e assim por diante. Esperamos que nossos médicos saibam o suficiente para nos ajudar a interpretar esses estudos conforme se aplicam à nossa própria saúde. Da mesma forma, entre os principais compromissos e habilidades que os novos educadores precisam desenvolver está o hábito de verificar continuamente a base de evidências (tanto das próprias práticas quanto da literatura de pesquisa) para avaliar suas práticas e trabalhar constantemente para melhorá-las.

Além do consenso profissional, usamos quatro tipos de evidências de pesquisa para dar suporte às nossas recomendações (**Fig. 1.4**). São elas:

- Primeiro: a *pesquisa básica sobre como as pessoas aprendem*, tanto em geral quanto em áreas específicas, como linguagem, leitura ou matemática.

- Segundo: a análise das *influências de diferentes condições, incluindo estratégias espe-*

cíficas de ensino, sobre o que e como as pessoas aprendem.

- Terceiro: a análise de *que tipos de oportunidades de aprendizagem de professores estão associados às práticas de ensino que, por sua vez, influenciam a aprendizagem dos alunos.*

- Quarto: o exame de *como os professores aprendem* a se envolver em práticas que apoiam com sucesso o desenvolvimento e a aprendizagem do aluno.

Embora cada um desses tipos de pesquisa inclua linhas distintas de estudo, eles se baseiam um no outro conceitualmente. O que sabemos sobre como os alunos aprendem deve influenciar as práticas de ensino, e o que sabemos sobre práticas de ensino eficazes, bem como sobre a aprendizagem de professores, deve influenciar a formação de professores. Neste ponto, é justo dizer que as áreas dos segmentos mostrados no triângulo da **Figura 1.4** também se aproximam da profundidade de tais bases de pesquisa. Ou seja, há uma grande quantidade de pesquisas sobre como as pessoas aprendem (a base do triângulo) e uma quantidade substancial de pesquisas sobre quais condições e práticas de ensino apoiam o aprendizado produtivo dos alunos. Há uma quantidade menor de pesquisas sobre a relação entre as oportunidades de aprendizagem dos educadores e o que eles fazem na sala de aula, assim como o que seus alunos aprendem, e uma pequena, mas crescente, quantidade de pesquisas sobre como os professores aprendem a se envolver em tipos de práticas que as pesquisas sugerem ser mais bem-sucedidas para os alunos.

Na área de *pesquisa básica sobre aprendizagem*, por exemplo, encontram-se estudos que examinam processos como a atenção, o reconhecimento de padrões, a memória e a transferência. Todos esses processos estão envolvidos em todo e qualquer ato complexo, portanto suas relações também devem ser compreendidas. Por exemplo, há uma grande quantidade de pesquisas informativas que analisam mu-

Figura 1.4 Bases de pesquisa que dão suporte às recomendações na formação de professores.

danças nos processos cognitivos conforme as pessoas desenvolvem especialidade em áreas específicas (p. ex., física, xadrez, engenharia elétrica). Os iniciantes geralmente encontram novas tarefas que exigem muita atenção. Um grande esforço é necessário para que os iniciantes "funcionem" – em parte porque eles ainda não desenvolveram os esquemas de memória e de reconhecimento de padrões necessários para ajudá-los a lidar com a complexidade. Em contraste, os experientes aprendem a reconhecer padrões familiares com grande fluência e pouco esforço e adquirem esquemas mnemônicos que facilitam a memorização de informações que veem, leem ou ouvem (NATIONAL RESEARCH COUNCIL, 2000).

As pesquisas sobre processos básicos de aprendizagem também demonstram a diferença entre armazenar informações na memória com sucesso e poder recuperá-las e utilizá-las posteriormente. A memória de reconhecimento coloca menor demanda nos processos de recuperação – por isso, muitas vezes conseguimos reconhecer o nome de uma pessoa, livro ou filme, mesmo que não possamos gerá-lo por conta própria. No en-

tanto, a capacidade de gerar informações sem a ajuda do reconhecimento é muitas vezes extremamente importante, por isso os teóricos da aprendizagem prestam muita atenção aos processos que dão suporte a recuperação e utilização. Aprender como as ideias se conectam umas às outras e aplicá-las aos problemas do mundo real aumenta a probabilidade de que elas sejam lembradas e usadas posteriormente. Assim como vimos com as diferentes abordagens para aprender sobre artérias, o tipo de aprendizagem tem muito a ver com os usos dessa informação. Da mesma forma, os tipos de testes escolhidos para avaliar a aprendizagem precisam ser considerados no contexto de reconhecimento *versus* geração. Os testes de múltipla escolha estão mais próximos da memória de reconhecimento do que da memória generativa. Avaliações que exigem desempenho e aplicação colocam muito mais ênfase na geração e recuperação. Uma questão importante a ser considerada pelos educadores é se o reconhecimento é suficiente ou se os alunos precisam aprender a gerar informações quando atuam no mundo real.

Além de estudos sobre processos básicos de aprendizagem, há estudos que exploram *como práticas pedagógicas específicas promovem certos tipos de aprendizagem*. Uma quantidade substancial de pesquisas constatou, por exemplo, que os alunos são mais capazes de adquirir habilidades complexas quando seus professores os ajudam a entender os conceitos e padrões subjacentes que unem as ideias que estão estudando; fornecem modelos de como abordar a tarefa e analisar os problemas; realizam técnicas de *scaffolding** ou etapas estruturadas que dão suporte ao processo de aprendizagem; e treinam os alunos conforme eles aplicam seus conhecimentos às tarefas do mundo real. Além disso, os alunos se tornam mais proficientes quando seus professores os ajudam a aprender a avaliar e a ajustar a própria aprendizagem (ANDERSON, 1989; GOOD; BROPHY, 1994). Os professores que aprenderam a usar essas estratégias cognitivas produziram aumento na aprendizagem de seus alunos de habilidades complexas nas áreas de leitura (DUFFY; ROEHLER, 1987; PALINCSAR, 1989; PALINCSAR; BROWN, 1984), escrita (ENGLERT, 1989; ENGLERT; RAPHAEL; ANDERSON, 1992), resolução de problemas matemáticos (CARPENTER *et al.*, 1989; PETERSON; FENNEMA; CARPENTER, 1991; WOOD; SELLERS, 1996), ciências (OTTO; SCHUCK, 1983; RUBIN; NORMAN, 1992), entre outras.

Obviamente, uma justificativa importante para a existência de recomendações sobre o currículo da formação de professores é se há evidência de como os alunos aprendem e como a profissão docente pode apoiar essa aprendiza-

gem. Grande parte dessas pesquisas reforça os padrões de aprendizagem dos alunos desenvolvidos por associações de áreas de estudo e padrões de desempenho dos professores desenvolvidos por associações profissionais, tais como o National Board for Professional Teaching Standards. Os padrões para professores iniciantes fundamentados nessas pesquisas foram desenvolvidos por um grupo de mais de 30 Estados que compõem o Interstate New Teachers Assessment e Support Consortium e agora aparecem nos padrões de licenciamento e aprovação de programas da maioria dos Estados.

Os professores que compreendem como a aprendizagem ocorre são mais capacitados a selecionar e desenvolver uma matriz curricular que apoie, em vez de prejudicar, esse processo. A garantia de que os educadores tenham acesso ao que já se conhece sobre estratégias de ensino específicas que promovam uma aprendizagem mais produtiva fornece ferramentas extremamente importantes para o sucesso. No entanto, o fato de se ter uma noção do que os educadores devem saber e ser capazes de fazer não fornece aos formadores de professores tudo o que eles precisam saber para elaborar um conjunto de experiências de aprendizagem que irá garantir que essas habilidades sejam aprendidas. Na quantidade limitada de tempo disponível para a preparação de professores, há muitas questões e trocas que devem ser levadas em conta sobre quais são as formas mais produtivas de ajudar as pessoas a obter o entendimento necessário para ingressar na profissão e se tornarem professores responsáveis. Há uma quantidade crescente de pesquisas que auxiliam no embasamento dessas decisões, embora muitas perguntas devam ser respondidas por meio de uma combinação de evidências, discernimento profissional e consenso.

As pesquisas sobre a *relação entre a formação de professores, as práticas de ensino e o desempenho dos alunos* examinaram como vários tipos de preparação se relacionam com a aprendizagem dos alunos. No nível mais geral, por exemplo, vários estudos – conduzidos em sala de aula, escola, distrito e Estado – constataram que o desempenho dos alunos está re-

---

* N. de R. T.: No inglês, significa "suporte, andaime". No contexto educacional, refere-se à estratégia de ensino para auxiliar o aluno a alcançar um nível de aprendizagem mais sofisticado (dominar uma tarefa ou um conceito). O aluno recebe suporte personalizado dado por um professor ou instrutor com o propósito de auxiliá-lo a atingir seus objetivos durante o processo de aprendizagem (mediação, assessoramento, questionamento). É desejável que o *scaffolding*/suporte vá gradualmente diminuindo conforme o aluno se torna mais autônomo e desenvolve estratégias de aprendizagem mais eficientes.

lacionado de forma significativa ao fato de os professores estarem totalmente preparados ou serem certificados no campo em que ensinam, após outras variáveis características do professor e dos alunos serem mantidas fixas (p. ex., ver BETTS; RUEBEN; DANENBERG, 2000; DARLING-HAMMOND, 2000a; FERGUSON, 1991a; FETLER, 1999; FULLER, 1998, 2000; GOE, 2002; GOLDHABER; BREWER, 1998; HAWK; COBLE; SWANSON, 1985; STRAUSS; SAWYER, 1986). Embora essas descobertas sejam extremamente úteis ao sugerirem que o conhecimento dos educadores influencia a aprendizagem dos alunos, elas não fornecem discernimento suficiente para orientar decisões próprias do currículo de formação de professores, porque a certificação inclui uma ampla gama de requisitos gerais acadêmicos, pedagógicos e da área específica de estudo.

Estudos que analisam vários aspectos da preparação de professores são mais úteis. Alguns deles sugerem que o conhecimento sólido do conteúdo da disciplina, geralmente considerado primordial para o campo a ser ensinado, como a matemática ou a licenciatura em matemática, está associado à eficácia do professor (GOLDHABER; BREWER, 2000; WENGLINSKY, 2002). Outro estudo sugeriu que os mestrados em áreas relevantes, como matemática ou licenciatura em matemática, contribuem mais para a eficácia do professor do que os mestrados em áreas não relacionadas às de ensino dos professores (GOLDHABER; BREWER, 1998).

Novamente, embora útil, esse tipo de pesquisa apenas aborda de modo superficial muitas questões importantes sobre de quais tipos de conhecimento de conteúdo os educadores podem se beneficiar e como podem adquiri-los da melhor maneira. Por exemplo, a pesquisa de Liping Ma (1999) sobre como os professores do ensino fundamental aprendem a ensinar matemática na China – revisitando os fundamentos da aritmética, realizando um estudo profundo dos conceitos numéricos e apresentando suas aplicações concretas à pedagogia de sala de aula – representa uma alternativa à abordagem corriqueira nos Estados Unidos, que é de acumular disciplinas de matemática

de nível universitário que têm pouca relação com o currículo que será ensinado.

Outros estudos constataram que disciplinas sobre métodos de ensino de conteúdo são elementos igualmente importantes para a eficácia dos professores (ver "As disciplinas sobre métodos de ensino são importantes?"). Esses estudos sugerem a importância de aprender estratégias específicas para cada conteúdo para poder ensiná-lo. O fato de que essa pesquisa documentou os efeitos dos trabalhos realizados em tais disciplinas sobre métodos de ensino dentro de um campo de conteúdo sugere a importância potencial de ter uma oportunidade sustentada e profunda voltada a esse tipo de estudo específico para cada disciplina, em vez de uma abordagem genérica. De fato, a evidência de que os professores parecem ter-se beneficiado de fazerem um maior número de disciplinas sobre métodos de ensino em sua área de conteúdo sugere que a tradição de oferecer apenas uma disciplina sobre métodos de ensino em diversos programas de preparação pode ser inadequada. Isso é consistente com a evidência de que os educadores frequentemente necessitam de estudos mais aprofundados sobre métodos de ensino específicos para cada conteúdo, tanto nos cursos preparatórios para professores (*preservice*) quanto em suas carreiras, por quererem explorar de maneira concreta os detalhes das áreas específicas que estão ensinando – como ensinar a teoria dos limites em cálculo ou o conceito de valor real em aritmética, por exemplo – em vez de lidar com generalidades (BALL; COHEN, 1999). Esse tipo de descoberta também está em consonância com a evidência de que o desenvolvimento profissional baseado em estratégias específicas para cada conteúdo pode aumentar a eficácia dos professores (COHEN; HILL, 2000).

As disciplinas sobre métodos de ensino são importantes?

Usando dados sobre mais de 2.800 alunos do Longitudinal Study of American Youth (LSAY), David Monk (1994) constatou que a quantidade de trabalhos universitários que os professores de matemática e ciências tinham realizado dentro da sua área de conteúdo e em cursos de métodos de ensino focados em disciplinas estava positivamente relacionada com os ganhos de desempenho de seus alunos. Em matemática, disciplinas adicionais sobre métodos de ensino tiveram "[...] efeitos mais poderosos do que a preparação adicional na área de conteúdo [...]" (MONK, 1994, p. 142). Da mesma forma, Edward Begle (1979) encontrou, em sua análise das descobertas do National Longitudinal Study of Mathematical Abilities (Estudo Longitudinal Nacional de Habilidades Matemáticas), que o número de créditos que um professor tinha realizado em disciplinas de métodos de ensino em matemática estava correlacionado ainda mais fortemente com o desempenho estudantil do que o número de créditos de um professor que tinha realizado apenas disciplinas de matemática. Goldhaber e Brewer (2000) constataram que, após a certificação dos professores em conteúdo de matemática ou licenciatura em matemática, o efeito adicional dessa certificação completa no campo – medindo o valor agregado pelo treinamento pedagógico – era um forte preditor dos ganhos em desempenho dos alunos. As mesmas tendências eram verdadeiras em um grau um pouco menor no campo das ciências. Todos esses estudos sugerem que aprender *como* ensinar permite que os professores utilizem melhor seu conhecimento do que *o que* ensinar.

Algumas pesquisas analisaram como a preparação do professor influencia as práticas docentes e os resultados dos alunos. Por exemplo, pesquisas realizadas na década de 1960 constataram que docentes com maior treinamento em métodos de ensino de ciências eram mais propensos a usar técnicas de laboratório e discussões e enfatizar aplicações conceituais de ideias,

enquanto aqueles com menos treinamento em educação enfatizavam mais a memorização. Além disso, o trabalho dos professores no ensino de ciências foi significativamente relacionado com o desempenho dos alunos em tarefas que exigiam resolução de problemas e aplicações do conhecimento científico (PERKES, 1967). Em uma análise posterior de 65 estudos do ensino de ciências, Druva e Anderson (1983) apontaram que a eficácia docente, definida tanto pelas pontuações dos professores quanto pelo desempenho dos alunos, estava positivamente relacionada ao histórico dos professores em educação e em ciência.

Mais recentemente, Wenglinsky (2002) examinou as relações entre treinamento de professores, práticas de ensino e desempenho dos alunos usando dados da National Assessment of Educational Progress (Avaliação Nacional do Progresso Educacional – NAEP). Depois de deixar fixas as variáveis de características dos alunos e outras informações escolares, ele constatou que os alunos do 8º ano se saíam melhor nas avaliações de matemática da NAEP quando eram ensinados por professores com maior ou menor formação em matemática ou licenciatura em matemática, professores com mais treinamento durante os cursos preparatórios ou durante sua profissão sobre como trabalhar com diversas populações estudantis (treinamento em diversidade cultural, no ensino de alunos com proficiência limitada em inglês e no ensino de alunos com necessidades especiais) e professores com mais treinamento em como desenvolver habilidades de pensamento de ordem superior. Eles também se saíram melhor quando seus professores organizaram mais aprendizagem prática (trabalho com problemas do mundo real e uso de material didático de manipulação), enfatizando o pensamento de ordem superior. Da mesma forma, os alunos se saíram melhor nas avaliações científicas da NAEP quando seus professores tinham graduação em ciências ou licenciatura em ciências e mais treinamento em como desenvolver habilidades laboratoriais e como se envolver em mais aprendizagem prática. Em uma análise de caminho,* Wenglinsky concluiu que a preparação dos professores voltada a conteúdo e pedagogia parecia estar associada a práticas de ensino, que, por sua vez, influenciavam o desempenho. Ele também constatou que os efeitos combinados das variáveis de ensino que estudou – o histórico de conteúdo dos docentes, as oportunidades de aprendizagem profissional e as práticas específicas – superaram os efeitos do *status* socioeconômico dos alunos em seu desempenho. Isso sugere que os objetivos de igualdade que esboçamos no início deste capítulo são viáveis se pudermos descobrir como garantir que mais educadores tenham acesso a esses tipos de conhecimento.

Da mesma forma, uma pesquisa analítica do National Reading Panel (Painel Nacional de Leitura) do National Institute of Child Health and Human Development (Instituto Nacional de Saúde Infantil e Desenvolvimento Humano) concluiu que um conjunto de práticas de ensino identificáveis está fortemente associado a melhorias no desempenho de crianças na leitura. Tais práticas incluem o ensino sistemático da consciência fonêmica, leitura oral repetida guiada, ensino direto e indireto de vocabulário com atenção cuidadosa às necessidades dos leitores e uma combinação de técnicas de compreensão de leitura que incluem estratégias metacognitivas. O relatório concluiu que:

> Ensinar estratégias de compreensão leitora a alunos de todos os anos escolares é complexo. Os professores não apenas devem ter uma compreensão profunda do conteúdo apresentado no texto, mas também devem ter conhecimento substancial das estratégias em si, bem como de quais estratégias são mais eficazes para diferentes alunos e tipos de conteúdo e de como melhor ensinar e exemplificar o uso da estratégia... [Os dados dos estudos avaliados

sobre a formação de professores] indicaram claramente que, para que os professores usem as estratégias de forma eficaz, é necessário um ensino formal extensivo em compreensão leitora, preferivelmente começando no curso preparatório para professores (*preservice*) [...] (NATIONAL READING PANEL, 2000, documento *on-line*).

Estudos de práticas específicas para o ensino de compreensão leitora – por exemplo, ensino de estratégias explícitas (DUFFY *et al.*, 1987b; DUFFY; ROEHLER, 1989) e ensino recíproco (PALINCSAR; BROWN, 1987) – constataram que os educadores são capazes de aprender estratégias que permitem ensinar essas habilidades complexas de compreensão e que as práticas de ensino específicas adquiridas por meio da formação profissional capacitam os professores a melhorar os resultados da leitura dos alunos. Esses efeitos positivos do ensino de estratégias também foram encontrados em outras áreas, como na escrita (ver Cap. 7) e nas ciências (ver "A relação entre a pesquisa básica sobre aprendizagem e a pesquisa sobre o ensino e a formação de professores" e **Fig. 1.5**). Vale a pena observar que muitos desses estudos que utilizam projetos experimentais foram realizados durante as décadas de 1970 e 1980, quando o financiamento para pesquisa favoreceu esse tipo de investigação. Um recente ressurgimento do interesse em tais projetos de pesquisa estimulou novas investigações, que estão examinando uma ampla gama de estratégias de ensino e seus efeitos sobre a aprendizagem.

A relação entre a pesquisa básica sobre aprendizagem e a pesquisa sobre o ensino e formação de professores

Na ciência, a teoria da aprendizagem sugere que certos tipos de perguntas podem dar suporte ao pensamento estratégico por parte dos alunos, especialmente questões que peçam aos alunos que desenvolvam hipóteses, comparem, analisem e sin-

---

* N. de R.T.: Em inglês *path analysis*. Refere-se a um modelo de análise estatística utilizado para estabelecer as relações de dependência entre um conjunto de variáveis. Por meio desse modelo, é possível estimar a magnitude e a significância de relações causais entre as variáveis.

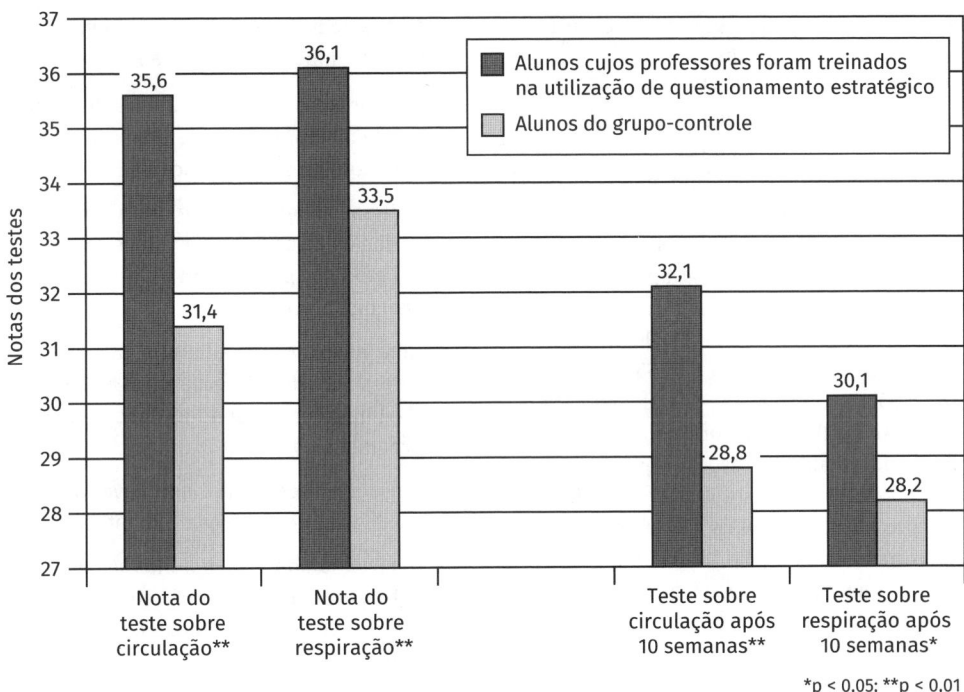

Figura 1.5 Desempenho de alunos cujos professores estavam preparados para usar o questionamento estratégico em ciências.
Fonte: Otto e Schuck (1983).

tetizem dados, avaliem possíveis soluções e saibam julgar o que encontraram. Para traduzir essa percepção entre formação de professores e práticas de ensino, os pesquisadores designaram aleatoriamente 90 alunos de três escolas de ensino médio rurais e seis professores de biologia para grupos de ensino de 15 estudantes cada. Metade dos docentes foi treinada em técnicas de questionamento por meio de discussão, exemplificação, análise de vídeos de ensino e planejamento instrucional com suporte de mentores. Eles foram observados enquanto ensinavam. Os observadores, que não sabiam quais docentes foram designados para qual grupo, constataram que os aqueles que receberam o treinamento fizeram menos perguntas retóricas e de gerenciamento e mais questões de ordem superior que lidavam com o pensamento es-

tratégico sobre coleta, análise e avaliação de dados. Os alunos ensinados por esses docentes não só aprenderam significativamente mais em testes após cada unidade como também retiveram muito mais do que aprenderam quando foram testados 10 semanas depois (OTTO; SCHUCK, 1983).

Por fim, a ***pesquisa sobre como os professores aprendem*** a se envolver em práticas de sucesso é, em muitos aspectos, a mais nova área de pesquisa. Embora exista um conhecimento fundamental sobre o desenvolvimento e a aprendizagem do professor que é paralelo à pesquisa básica de aprendizagem sobre a qual falamos anteriormente, muitas das aplicações desse conhecimento ainda estão sendo desenvolvidas (para uma análise, ver COCHRAN--SMITH; ZEICHNER, 2005). Assim, por exemplo, há evidências de que a aprendizagem dos docentes também pode seguir uma trajetória de desenvolvimento (BERLINER, 1994; FEIMAN-NEMSER, 1983; RICHARDSON; PLACIER, 2001), na qual a associação de princípios mais amplos a aplicações concretas ajuda os professores a entender mais profundamente e transferir o que eles estão aprendendo e também na qual a reflexão sobre essas tentativas é útil tanto para os docentes, ao aprofundar suas habilidades, quanto para os alunos (COCHRAN-SMITH; LYTLE, 1999a, 1999b; FEIMAN-NEMSER, 2001a; HAMMERNESS; DARLING-HAMMOND; SHULMAN, 2002; SHULMAN; SHULMAN, 2004). Descobrir como as oportunidades de aprendizado específicas e as práticas de formação de professores podem capitalizar essas percepções – e quais são os resultados – é, de certa forma, o tipo mais complexo de pesquisa, porque requer o acompanhamento não apenas do que e como os educadores aprendem, mas também de como eles usam o que aprenderam e com que efeito.

Como exemplo desse tipo de pesquisa emergente, um estudo recente examinou os resultados de programas dos cursos de preparação de professores (*preservice*) que tinham um foco intenso no ensino da leitura e compartilhavam características curriculares fundamentais. O estudo constatou que esses graduados eram mais capazes de construir ambientes de alfabetização ricos e envolventes, e eles promoviam com mais frequência ganhos no desempenho na leitura em sala de aula do que um grupo-controle de professores iniciantes (INTERNATIONAL READING ASSOCIATION, 2003; ver "Uma sólida formação de professores melhora o ensino da leitura").

Uma sólida formação de professores melhora o ensino da leitura

Pesquisadores da International Reading Association (2003) acompanharam 101 graduados de oito programas de formação de professores selecionados por darem uma forte ênfase no ensino da leitura. Entre os recursos do programa que foram identificados como importantes, estavam:

- Um currículo coeso que tratava de como os alunos aprendem a ler, bem como de estratégias de ensino eficazes

- Diversas experiências de campo relacionadas às disciplinas, nas quais excelentes modelos para ensino de leitura estavam disponíveis

- Uma visão clara da alfabetização, do ensino de qualidade e da preparação de qualidade embasando a elaboração do programa

- Um ensino responsivo adaptável às necessidades de diversos candidatos

- Uma comunidade de aprendizagem ativa entre corpo docente, professores mentores e estudantes que apoia normas compartilhadas de prática e aprendizagem contínua e melhorada

- Uma avaliação contínua dos candidatos e do programa para orientar a tomada de decisões

- Recursos suficientes atrelados à missão do programa

Os programas eram públicos e privados, grandes e pequenos, em comunidades por todos os Estados Unidos. Esses professores foram observados em várias ocasiões ao longo de três anos, assim como professores iniciantes de programas sem ênfase em alfabetização e professores diplomados em uma série de outros programas. Dados foram coletados sobre os ganhos de desempenho dos alunos em compreensão leitora nas salas de aula de um subconjunto desses docentes. Os pesquisadores constataram que os 101 educadores dos programas selecionados eram mais propensos a construir ambientes textuais de alta qualidade – usando maior variedade, qualidade e quantidade de livros infantis e outros textos em suas salas de aula. Além disso, os docentes dos oito programas selecionados tinham alunos que se envolviam de forma mais significativa com os textos e que apresentaram maior crescimento na compreensão leitora em um teste padronizado administrado no terceiro ano do estudo. Educadores iniciantes dos oito programas de formação de professores tiveram desempenho semelhante aos dos professores experientes: a maioria de seus alunos mostrou grandes ganhos, e poucos manifestaram pequenos ganhos em comparação ao grupo-controle dos educadores iniciantes, cujos alunos geralmente exibiam baixo desempenho (**Fig. 1.6**).

Por fim, alguns estudos começaram a investigar práticas específicas nos programas de formação de professores e avaliar suas influências em tipos peculiares de aprendizagem e prática dos candidatos. Uma análise recente de tais estudos considerou as pedagogias de formação de educadores desde o microensino e os vários tipos de experiências clínicas até o uso de simulações, casos de vídeo e outros métodos de caso (GROSSMAN, 2005). A análise apontou resultados que sugerem algumas orientações promissoras para a prática de formação de professores, bem como a necessi-

dade de maior consenso sobre medidas e métodos e maior alcance da pesquisa na prática.

Essa e outras pesquisas apontam que *a forma* como certas abordagens de formação de professores são utilizadas pode ser tão importante quanto a abordagem geral em si. Por exemplo, uma série de estudos recentes sobre o uso de métodos de caso na formação de professores estudou *se* e *como* os futuros professores aprenderam a analisar o ensino e a aprendizagem e como esse sucesso estava relacionado à pedagogia usada pelo corpo docente. Alguns desses estudos encontraram evidências de que, com *scaffolding* e *feedback* cuidadosos, bem como com o uso competente da literatura profissional, os candidatos a professores poderiam passar de perspectivas simplistas sobre as causas dos eventos em sala de aula para um entendimento muito mais especializado sobre como aspectos do ensino e dos alunos influenciavam o desenvolvimento da aprendizagem (GOODWIN, 2002; HAMMERNESS; DARLING-HAMMOND; SHULMAN, 2002; ROESER, 2002). Outros estudos documentaram como, sem um suporte específico ao ensino, a utilização de casos não conseguiu fazer os candidatos passarem decisivamente de ideias iniciantes para entendimentos mais maduros dos alunos e do ensino (LEVIN, 2002; WHITCOMB, 2002). Conforme adquiri-

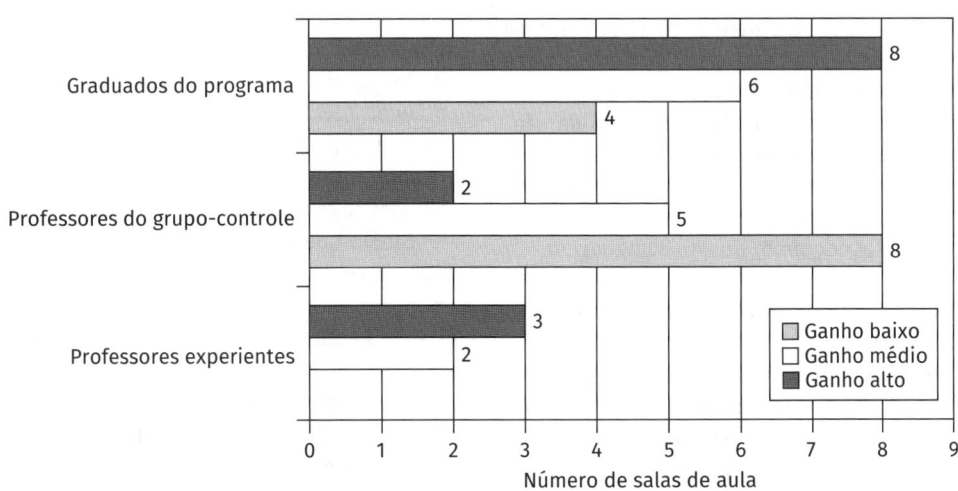

Figura 1.6 Ganhos no desempenho dos alunos em compreensão de texto por sala de aula.

Fonte: International Reading Association (2003). Reimpressa com permissão.

mos maior conhecimento dos efeitos de abordagens específicas à formação de professores sobre o conhecimento, as disposições e as práticas dos educadores, e conforme conseguimos seguir com esse processo até obter evidências sobre a aprendizagem dos alunos, o consenso sobre o que os professores devem saber e ser capazes de fazer deve estar cada vez mais correlacionado a uma conformidade de opiniões de como os educadores podem aprender a realizar tais coisas.

DOMÍNIOS DA APRENDIZAGEM DOS PROFESSORES

Voltando à **Figura 1.1**, descrevemos aqui as maneiras como o conhecimento dos *alunos*, as concepções do *currículo* e a compreensão do *ensino* podem embasar a formação de professores. Essas áreas da aprendizagem dos professores são elaboradas nos Capítulos 2 a 9.

Conhecimento dos alunos: entendendo o desenvolvimento e a aprendizagem em contextos sociais

A primeira área destacada na **Figura 1.1** envolve o conhecimento e as pressuposições dos professores sobre o desenvolvimento dos alunos em contextos sociais. Entender como as crianças se desenvolvem e aprendem, bem como o que aprenderam durante os primeiros anos e continuam a aprender fora da escola, é fundamental para um ensino eficaz. Especialmente, nos concentramos em como as pessoas aprendem, como as crianças se desenvolvem com o tempo e como elas adquirem e usam a linguagem.

Entendendo aprendizes e aprendizagem. Especula-se sobre como as pessoas aprendem há séculos. Com base em pesquisas dos últimos 30 anos, organizamos nossa abordagem dessa vasta literatura usando a estrutura do *How people learn* (HPL; *Como as pessoas aprendem*), apresentada em vários relatórios da National Academy of Sciences, incluindo o *How people learn: brain, mind, experience and school* (*Como as pes-*

soas aprendem: cérebro, mente, experiência e escola; NATIONAL RESEARCH COUNCIL, 2000) e o *How people learn: bridging research and practice* (*Como as pessoas aprendem: a união entre pesquisa e prática*, DONOVAN; BRANSFORD; PELLEGRINO, 1999). Como a **Figura 1.7** indica, a estrutura fornece uma diretriz para se pensar sobre a aprendizagem a partir do ponto:

* Do *aluno* e seus pontos fortes, interesses e preconceitos

* Dos *conhecimentos*, habilidades e atitudes que queremos que as pessoas adquiram e como podem fazê-lo de modo a transferir o que aprenderam

* Da *avaliação* da aprendizagem de modo a tornar visível o pensamento dos alunos e, por meio de *feedback*, orientar o aprendizado

* Da *comunidade* na qual a aprendizagem ocorre, tanto dentro como fora da sala de aula

Professores eficazes sabem como equilibrar todos os quatro componentes dessa estrutura. O conhecimento dos educadores sobre desenvolvimento infantil, linguagem, origens culturais e necessidades especiais é importante pois faz deles docentes *com foco no aluno*. No capítulo sobre aprendizagem, exploramos com mais detalhes como a conexão com o conhecimento e as experiências dos alunos ajuda-os a aprender. Além disso, se quiserem dar suporte à aprendizagem que prepara os alunos para a vida em um mundo complexo, os professores *centrados no conhecimento* devem prestar muita atenção ao que ensinam e por quê. Além das decisões sobre o que é ensinado, que podem ser guiadas por padrões nacionais, estaduais e locais, os educadores devem considerar como ensinar tópicos e ideias específicas da melhor forma. O conteúdo a ser aprendido molda o processo de aprendizagem consideravelmente, assim como crenças e experiências preexistentes de diferentes alunos. Entre outras coisas, os professores precisam ser capazes de antecipar o entendimento e os mal-entendidos dos alu-

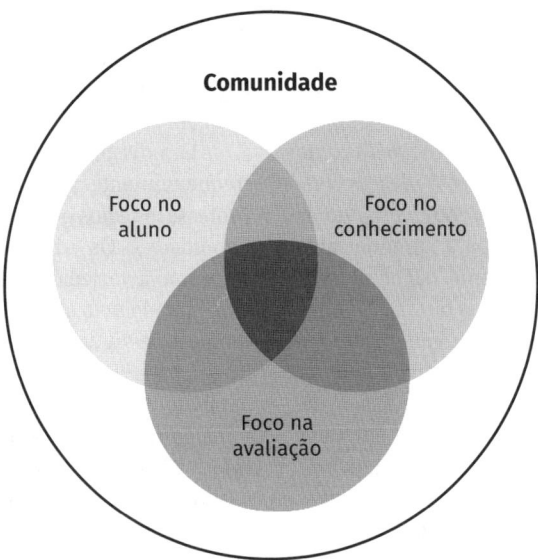

Figura 1.7 Estrutura HPL.

nos em áreas específicas, como frações, teoria das ondas, movimento planetário e fonética.

Professores eficazes conectam o *conhecimento* aos *alunos*, ao terem *foco na avaliação*. As avaliações, bem como o *feedback* que elas geram, são, na verdade, uma nova fonte de aprendizagem, e não apenas uma avaliação dela. Pesquisas em ciência cognitiva mostram que a *avaliação formativa*, a avaliação realizada durante o processo de ensino que torna o pensamento dos alunos visível e fornece *feedback* para uma análise de seus esforços, pode ser uma ferramenta poderosa para a aprendizagem.

Por fim, o processo de aprendizagem *é centrado na comunidade*, pois é influenciado pelas normas e modos de operação da comunidade em que ocorre. De certo modo, todo aprendizado é culturalmente mediado; isto é, surge da atividade cultural. Uma implicação importante dessa perspectiva é que é essencial fornecer um ambiente de suporte, rico e flexível, no qual as pessoas possam aprender umas com as outras. Ter redes sociais fortes dentro de uma sala de aula, dentro de uma escola e entre salas de aula e recursos externos traz uma série de vantagens para a aprendizagem. Os alunos aprendem de forma mais eficaz em contextos nos quais conseguem utilizar os recursos de seus pares e acreditam que seus esforços sejam importantes para o bem-estar do grupo. Os alunos também aprendem de forma mais eficaz quando os docentes se baseiam nos "conhecimentos prévios" existentes em suas comunidades e conectam suas experiências fora da escola com aquelas dentro da sala de aula.

Entendendo o desenvolvimento. Além de uma avaliação geral de como as pessoas aprendem, os professores precisam ser capazes de dar suporte ao desenvolvimento das crianças em muitos domínios que interagem entre si, entre os quais aspectos físicos, sociais, morais e linguísticos, além de cognitivos. Além disso, o desenvolvimento das crianças se desdobra em contextos sociais que influenciam o que elas experimentam e como elas respondem e dão sentido ao mundo a seu redor. Por conseguinte, uma compreensão profunda da diversidade é também extremamente importante para os professores. As salas de aula da maioria dos educadores hoje incluem alunos com uma ampla gama de históricos culturais, idiomáticos e raciais/étnicos, bem como experiências e interesses prévios. A heterogeneidade do conhecimento prévio nas salas de aula também aumentou muito, e isso apresenta desafios para os docentes.

Os professores precisam entender as progressões gerais do desenvolvimento, bem como as diferenças individuais nesse desenvolvimento, para que possam descobrir quando as crianças estão preparadas para aprender algo de maneira específica e como dar suporte a elas conforme assumem novas tarefas. Os educadores também precisam entender como o ensino pode dar suporte ao desenvolvimento. Além de compreender os estágios de desenvolvimento, um professor eficaz precisa entender o objetivo das tarefas atribuídas e ser capaz de observar os alunos cuidadosamente para avaliar sua prontidão e os recursos que eles trazem para essa atividade. Os docentes que são capazes de avaliar a "zona de desenvolvimento proximal" de uma criança conseguem criar tarefas que abordem os tópicos que a criança está pronta para aprender e podem fornecer o suporte necessário para a aprendizagem, que ajudará as crianças a enfrentar novos desafios com confiança e competência crescente. Com esse conhecimento, os educadores conseguem ajudar as crianças pequenas a continuarem se sentindo bem-sucedidas e inspiradas a aprender. Sem isso, eles podem impedir a aprendizagem imediata dessas crianças e colocar em risco o futuro sucesso delas.

O desenvolvimento e o uso da linguagem. Um aspecto especialmente importante do desenvolvimento dos aprendizes envolve a linguagem. Praticamente todo e qualquer aprendizado escolar ocorre por meio da linguagem. Não só as pessoas precisam adquirir habilidades linguísticas sólidas para se comunicar com outras pessoas, o próprio uso da linguagem permite que as pessoas adquiram conceitos e ideias e aprimorem seu pensamento. Os educadores precisam estar cientes de como a linguagem se desenvolve. Eles precisam se preocupar não apenas com o desenvolvimento das habilidades de comunicação geral dos alunos em sua primeira e segunda língua, eles preci-

sam ser capazes de ajudar os alunos a se envolverem no discurso acadêmico, isto é, usar a linguagem especializada das áreas de estudo que estão estudando.

Além disso, a língua falada pelas crianças frequentemente afeta as pressuposições dos professores e dos outros sobre os alunos e suas habilidades. Os educadores precisam entender como a variedade "não padrão" da língua-mãe falada pelo aluno evolui para, ao mesmo tempo que ajudam os alunos a aprender sua língua padrão, não passarem a ideia, de forma explícita ou implícita, de que a língua falada por alguns grupos de alunos é linguisticamente inferior à falada pelos demais. A maneira como os alunos falam deve ser respeitada como algo que eles aprenderam efetivamente enquanto cresciam, com o reconhecimento de que as diferenças linguísticas entre as crianças não são um sintoma de alguma incapacidade de aprender, mas uma base de informações linguísticas para falar, usar e construir.

Concepções de currículo: conteúdo, competências e propósitos sociais da escolaridade

Além de compreender os alunos como aprendizes em contextos sociais, a Figura 1.1 destaca uma segunda área de conhecimento profissional importante para o ensino: a compreensão do currículo, que permite aos educadores organizar os conteúdos das disciplinas e as habilidades que irão ensinar à luz dos objetivos que almejam. O foco aqui é as decisões sobre o que ensinar e por quê. Pressuposições sobre os propósitos sociais da escolaridade afetam essas decisões de maneira importante.

Na última década, foram desenvolvidas diretrizes sobre o que ensinar e por que ensinar por grupos envolvidos com o estabelecimento de padrões nacionais, estaduais e locais. Esses novos padrões são um reflexo dos propósitos transformadores da educação em nossa sociedade e das implicações que eles têm para o currículo. Está além do escopo desta publicação discutir todos esses padrões e áreas de conteúdo. No entanto, uma publicação complementar discute questões relacionadas à leitura, por causa de sua importância geral. Nosso foco está no que os professores eficazes precisam saber para interpretar esses padrões e diretrizes gerais, ponderar sobre como o ensino de tipos específicos de conhecimento e habilidades "se acumulam" ao longo do tempo, criar planos de aprendizagem objetivos e adaptá-los especificamente aos alunos ensinados por eles.

Desenvolvendo uma visão curricular. Mesmo quando os professores recebem textos e outros materiais para suas salas de aula, eles ainda devem elaborar um currículo em resposta a metas e padrões estabelecidos, necessidades particulares e experiências de aprendizagem anteriores de seus alunos e os recursos e demandas das comunidades. Eles devem tomar uma série de decisões curriculares, desde a avaliação e a seleção de materiais até a elaboração e o sequenciamento de tarefas, trabalhos e atividades para os alunos com base em suas necessidades de aprendizagem. Essas demandas sobre os docentes aumentaram com o advento de reformas baseadas em padrões que pressupõem que os professores usarão dados sobre a aprendizagem dos alunos para ajudá-los a adquirir habilidades que eles ainda não aprenderam ou que lutaram para aprender. Uma visão curricular para os educadores baseia-se em uma compreensão da aprendizagem e dos alunos, uma vez que estes se inter-relacionam com metas e objetivos educacionais, princípios de elaboração de ensino e com uma compreensão das opções e possibilidades de ensino.

Os professores precisam pensar sobre o conteúdo que ensinam em um contexto mais amplo, o que inclui uma compreensão dos objetivos sociais da educação, abrangendo as muitas funções da escola – acadêmica, profissional, social, cívica e pessoal –, que devem ser equilibradas nas salas de aula a cada dia. Em uma sociedade democrática, os educadores também devem avaliar suas decisões de ensino *versus* os objetivos de preparar os estudantes para serem participantes igualitários de uma sociedade interdependente. Um componente importante ao preparar estudantes para serem parte de uma democracia é permitir que eles vivenciem salas de aula e escolas democráticas. Isso inclui o compromisso de eliminar as disparidades de oportunidades educacionais entre os alunos, especialmente aqueles que foram mal-atendidos pelo nosso sistema atual. Também inclui oportunidades de aprendizagem ambiciosas e, na sociedade atual, o acesso igualitário às ferramentas tecnológicas de que os cidadãos necessitam para ter sucesso.

A compreensão do ensino: *design* de salas de aula que possibilitam que diversos alunos aprendam conteúdos desafiadores

A terceira área destacada na **Figura 1.1** envolve o ensino hábil, que permite que o currículo seja acessível aos alunos. O objetivo geral é ensinar de maneira a otimizar a aprendizagem para todos os alunos. Isso envolve motivar e organizar o trabalho dos alunos em contextos que ofereçam acesso a conteúdo desafiador e avaliações frequentes de seu progresso, incluindo *feedback* e oportunidades para revisar e melhorar. Pelo menos quatro áreas de conhecimento e habilidade são essenciais para esse processo: o desenvolvimento do conhecimento do conteúdo pedagógico nas disciplinas a serem ensinadas; o conhecimento de como ensinar alunos diversos; o conhecimento das avaliações; e uma compreensão de como gerenciar as atividades em sala de aula para que os alunos possam trabalhar de forma objetiva e produtiva.

O ensino do conteúdo da disciplina. Para tornar o conteúdo acessível aos alunos, os professores precisam de uma compreensão flexível do tema ligado à avaliação de como os alunos aprendem. Saber como os alunos entendem (e como, às vezes, entendem errado) assuntos específicos e ter um repertório de estratégias para ajudá-los a engajar ideias fundamentais para a disciplina é a essência do conhecimento do conteúdo pedagógico. Os docentes que entendem as dificuldades conceituais que os alunos geralmente têm com frações, metáforas ou a aceleração – e que sabem diagnosticar essas dificuldades e fornecer estratégias para superá-las – desenvolveram elementos do conhecimento do conteúdo pedagógico necessário para ensinar esses aspectos de suas disciplinas de forma eficaz. Para desenvolver essa compreensão do raciocínio e que os alunos têm do conteúdo da disciplina, os educadores precisam observar esses alunos e estudar os processos de aprendizagem dentro de determinado campo. Com essa compreensão, eles podem desenvolver um repositório de representações e outras estratégias para ensinar tópicos específicos à variedade de alunos que serão ensinados.

O ensino de alunos diversos. Os alunos, nas salas de aula de hoje, apresentam uma diversidade ampla de necessidades de aprendizagem que os professores precisam estar preparados para abordar. Parte desse processo é aprender como entender e atingir crianças com uma vasta gama de experiências de vida, comportamentos e crenças sobre si mesmas e sobre o que a escola significa para elas. Quando os professores desenvolvem uma "consciência sociocultural", eles entendem que as visões de mundo individuais não são universais, mas são muito influenciadas por experiências de vida, gênero, raça, etnia e classe social (BANKS, 1998; VILLEGAS; LUCAS, 2002a). Esse tipo de consciência permite aos educadores entender melhor como suas interações com os alunos são influenciadas por sua localização social e cultural e os ajuda a desenvolver atitudes e expectativas que dão suporte à aprendizagem – além de terem conhecimento de como incorporar essas culturas e experiências de seus alunos a sua prática docente. Além de construírem um currículo e um ensino culturalmente responsivos, os educadores precisam estar preparados para diferenças e deficiências na aprendizagem que são predominantes na sala de aula inclusiva. Eles precisam compreender como avaliar os pontos fortes e as dificuldades dos alunos, elaborar tarefas apropriadas e dar suporte e utilizar estratégias que permitam aos alunos aprenderem a orientar a própria aprendizagem.

A avaliação da aprendizagem. Se a tarefa central do ensino é capacitar os alunos com experiências, estilos de aprendizagem e pontos de partida muito diferentes para adquirir conhecimentos e habilidades de alto nível em comum, os professores devem ter à mão muitas ferramentas para entenderem o que os alunos pensam e adaptarem o ensino às necessidades deles. A avaliação é um elemento crucial do processo de ensino e aprendizagem. Além de elaborarem tarefas de desempenho bem pensadas e critérios de avaliação que irão orientar a aprendizagem dos alunos e revelar o que aprenderam, os professores precisam de um vasto repertório de estratégias de avaliação formativa. Essas estratégias precisam ser infundidas por todo o processo de ensino para tornarem o pensamento dos alunos visível conforme progridem no seu curso de estudos, de modo a dar-lhes *feedback* sobre o trabalho, orientando a análise de seu pensamento e desempenho, bem como a prática docente, de modo que seja responsiva ao que os alunos precisam saber e como aprendem. Ajudar os alunos a aprender a se autoavaliarem também é importante para a aprendizagem. Diversos estudos mostram que o desempenho melhora quando os alunos são encorajados a avaliar o próprio progresso em relação a padrões internalizados (LIN; LEHMAN, 1999; NATIONAL READING COUNCIL, 2000; WHITE FREDERICKSON, 1998). Por fim, os professores precisam aprender como usar padrões na elaboração de avaliações e como interpretar testes padronizados que seus alunos farão, de modo a tomar decisões apropriadas sobre a aprendizagem do aluno e sobre a própria prática docente.

O gerenciamento da sala de aula. Muitos professores iniciantes, especialmente aqueles que estão despreparados, concentram grande parte de sua preocupação no gerenciamento da sala de aula, sobretudo no que se refere ao que em geral é considerado como disciplina.* Organizar uma sala de aula é extremamente importante para poupar tempo valioso e criar um ambiente positivo para o ensino e a aprendizagem. No entanto, o gerenciamento eficaz da sala de aula se estende muito além das regras para a conduta e dos procedimentos para lidar com o mau comportamento. Pesquisas mostram que o gerenciamento eficaz da sala de aula começa com a criação de um currículo que seja significativo para os alunos e com um ensino envolvente e motivador. O gerenciamento de sala de aula é reforçado pela criação de comunidades de aprendizagem que fornecem aos alunos a oportunidade de trabalhar juntos de maneira produtiva e aprender em um ambiente psicologicamente seguro. É fundamental que os professores entendam o desenvolvimento infantil, a teoria da motivação e o gerenciamento de grupos como ponto de partida para a construção de um ambiente de sala de aula bem-sucedido. Além disso, os educadores que sabem estruturar atividades e interações para que sejam ordenadas, intencionais e baseadas em entendimentos comuns sobre o que fazer obtêm maior tempo de aprendizagem e mais oportunidades de sucesso para seus alunos, pois eles entendem o que é esperado deles. Com essas condições presentes, os professores encontrarão comportamentos menos problemáticos entre os alunos. No entanto, os educadores devem estar preparados com estratégias para ajudar os alunos a aprender e a reparar e restaurar o bom comportamento de forma respeitosa. Pesquisas na área da psicologia da mudança comportamental e sobre programas específicos de gerenciamento de sala de aula fornecem percepções para os professores sobre as escolhas produtivas que eles podem fazer. Por fim, as escolas devem ajudar os alunos a adquirir valores morais básicos, como honestidade, justiça, respeito pelos outros e responsabilidade. Discutimos como os educadores podem organizar a comunidade da sala de aula para dar suporte aos alunos na aprendizagem

desses valores, que são essenciais para a vida futura e para a sociedade como um todo.

A colaboração para a criação de escolas fortes. Ao longo dos capítulos, enfatizamos o quão importante é os professores adotarem uma perspectiva escolar como um todo, aprenderem a colaborar com seus pares e com os pais e estarem preparados para contribuir com reformas escolares que fortaleçam o ambiente de aprendizado para seus alunos.

ORGANIZAÇÃO GERAL

Os capítulos seguintes estão organizados em duas seções principais. Na primeira seção, usamos a estrutura da **Figura 1.1** para elaborar os conhecimentos, as habilidades e os compromissos que os professores iniciantes precisam ter para ajudar seus alunos a serem bem-sucedidos. Oito capítulos apresentam "conceitos fundamentais" para orientar o desenvolvimento do currículo. São eles: (1) aprendizagem, (2) desenvolvimento, (3) linguagem, (4) objetivos curriculares, (5) ensino do conteúdo das disciplinas, (6) ensinar para alunos diversos, (7) avaliação e (8) gerenciamento de sala de aula (ver Caps. 2 a 9).

Os "conceitos centrais" que identificamos estão relacionados à estrutura das áreas em estudo. Assim como o conceito de "consentimento mútuo" é fundamental para o estudo dos contratos no direito, as ideias de "transferência" e "conhecimento prévio" são essenciais para o estudo da aprendizagem e do ensino. Assim, organizamos nossa discussão em torno dos principais componentes em nosso entendimento de aprendizagem e ensino, e não em torno de listas de tópicos ou conjuntos de disciplinas. Como Bruner (1977, p. 31, grifo nosso) argumentou: "O currículo de uma disciplina deve ser determinado pela compreensão mais fundamental que pode ser alcançada dos *princípios subjacentes* que dão estrutura a esse assunto [...]". Isso torna uma disciplina mais compreensível porque (1) permite aos alunos generalizar e compreender informações poste-

---

* N. de R.T.: No sentido de regra de comportamento.

riores, ajudando-os a desenvolver um senso de trabalho da área como um todo; (2) auxilia a memória dos alunos, ajudando-os a entender como a informação se encaixa em uma área; e (3) motiva os alunos, fazendo-os focar no que mais vale a pena conhecer.

Além disso, as áreas de domínio usadas para definir os capítulos desta obra não necessariamente representam disciplinas. Na verdade, muitos dos principais conceitos em cada uma das áreas de domínio podem trespassar diversas disciplinas de um programa. Por exemplo, na New York University, os formadores de professores utilizam o desenvolvimento infantil como base para todo o programa. As áreas de domínio de conteúdo são integradas, e o currículo é conceituado em torno de um conjunto de perguntas e disciplinas "inquisitivas" que, muitas vezes, estão vinculadas a experiências de campo. Em muitos dos programas destacados neste relatório, os membros do corpo docente encontraram formas inovadoras de integrar e fornecer conteúdo essencial.

Nos capítulos sobre esses conceitos centrais, fornecemos alguns exemplos de estratégias utilizadas em programas de formação de professores que refletem abordagens ampla-

mente utilizadas e novos métodos promissores para ensinar essas ideias, muitas vezes em programas que foram considerados extraordinariamente eficazes. Esses exemplos são oferecidos de modo ilustrativo, mas não são necessariamente superiores a outras estratégias potenciais que não são discutidas aqui.

A segunda seção do livro usa a mesma estrutura básica, mas aplica-se a situações em que *novos professores* são os aprendizes. Muitos dos mesmos pressupostos sobre aprendizagem, desenvolvimento, avaliação e ensino são tão relevantes para os professores quanto para os alunos como aprendizes. Discutimos o que se sabe sobre desenvolvimento e aprendizagem de professores e exploramos questões curriculares e pedagogias promissoras na formação de professores que respondem ao que e como os docentes precisam aprender. Por fim, tratamos de questões do contexto político para a formação de educadores e questões de renovação e mudança institucional. Especialmente, concentramo-nos na necessidade de melhorar o contexto dentro do qual os programas de preparação de professores operam, para que eles, assim como seus alunos, estejam preparados para o sucesso.

As teorias da aprendizagem e seus papéis no ensino

John Bransford
Sharon Derry
David Berliner
Karen Hammerness
com Kelly Lyn Beckett

Uma descoberta perturbadora

Era 1h da manhã. Paul Nelson havia passado as últimas oito horas dando as notas dos exames finais dos seus alunos de astronomia do ensino médio. Este fora seu primeiro ano como professor, e ele estava exausto e angustiado porque grande parte das redações mostrava clara evidência de mal-entendidos por parte dos alunos.

A maioria dos alunos escreveu que as temperaturas no verão eram mais quentes do que as temperaturas no inverno porque a Terra estava mais perto do Sol no verão. Este fora um falso pressuposto que Paul havia discutido várias vezes em sala de aula. Ele havia mostrado a seus alunos um modelo do sistema solar e explicado que os verões eram mais quentes que os invernos por causa das mudanças nos ângulos da Terra e do Sol – não da distância entre a Terra e o Sol. Ele sabia que havia mencionado esse ponto por pelo menos três vezes distintas.

Paul se perguntou o que havia dado errado. Os alunos eram menos capazes do que ele havia imaginado? Eles não estavam prestando atenção, embora parecessem interessados no tema da astronomia? O fato de ter que colocar seus pensamentos por escrito foi o que causou seus maus resultados? Já que ele ensinaria essa disciplina no ano seguinte, haveria algo a fazer de forma diferente? E se sim, o que e por quê?

Variações dessa cena ocorrem frequentemente entre professores do ensino fundamental e médio, professores universitários, pessoas envolvidas em treinamento corporativo, entre outros profissionais. Muitas vezes, essas pessoas sentem que a informação fora apresentada com muito cuidado e clareza e ficam chocadas quando os alunos não conseguem se sair tão bem quanto esperavam. Foi culpa delas, culpa dos alunos, falha do currículo – um pouco de tudo? E o que é necessário para ajudar todos a ter mais sucesso na próxima vez?

As perguntas feitas por Paul Nelson e outros educadores que passam por dificuldades semelhantes envolvem questões sobre a natureza da aprendizagem humana. Todos nós fazemos pressupostos sobre a aprendizagem, quer percebamos ou não. Fazemos pressupostos sobre o que é importante que as pessoas aprendam (entender o papel da Terra no sistema solar – incluindo por que é quente no verão – parece ser algo que vale a pena saber), sobre quem pode aprender bem e por que e sobre estratégias eficientes para melhorar nossa própria aprendizagem, bem como estratégias para ajudar os outros. Consideram-se os pressupostos sobre aprendizagem como teorias tácitas (inconscientes) que afetam seu comportamento, mas as teorias tácitas geralmente permanecem sem comprovação. Ao tornar explícitas as teorias tácitas, pode-se pensar mais criticamente sobre elas. Isso nos permite melhorar ideias e pressupostos que podem ser parcialmente verdadeiros, mas longe de serem completos. Em casos como o vivenciado por Paul Nelson, as teorias explícitas da aprendizagem podem ajudar os educadores a repensar seus processos de ensino. Isso é o que as pessoas querem dizer quando declaram: "Não existe nada tão prático quanto uma boa teoria". O objetivo deste capítulo é fornecer uma maneira de pensar sobre a aprendizagem que possa ajudar os educadores a melhorar seus esforços para ensinar.

A ESTRUTURA DE *HOW PEOPLE LEARN* COMO UMA FORMA DE ORGANIZAR A REFLEXÃO

Organizamos nossa discussão em torno da estrutura do *How people learn* (*Como as pessoas aprendem* – HPL; consultar **Fig. 1.7**, no Cap. 1), que foi utilizado por um comitê da National Academy of Science para organizar o que se sabe sobre aprendizagem e ensino (NATIONAL RESEARCH COUNCIL, 2000). Os quatro componentes da estrutura podem ser utilizados para destacar áreas em que todos tendem a ter "miniteorias" (muitas vezes tácitas) sobre aprendizagem e ensino. Por exemplo, todos nós fazemos pressupostos sobre:

- O que deve ser ensinado, por que é importante e como esse conhecimento deve ser organizado (foco no conhecimento)

- Quem aprende, como e por que (foco no aluno)

- Que tipos de ambientes de sala de aula, escola e escola-comunidade melhoram a aprendizagem (foco na comunidade)

- Que tipo de evidência para a aprendizagem de alunos os professores, pais e outros podem usar para ver se realmente está ocorrendo uma aprendizagem eficiente (foco na avaliação)

Os professores devem aprender a equilibrar e integrar todos os quatro componentes da estrutura do HPL se quiserem ensinar de forma eficiente. Começamos discutindo cada componente separadamente e depois exploramos o equilíbrio que os professores eficientes devem orquestrar continuamente de modo a ajudar qualquer aluno a ter sucesso.

Foco no conhecimento

O aspecto "foco no conhecimento" da estrutura do HPL parece óbvio à primeira vista – tão óbvio que dificilmente requer discussão. As pessoas costumam dizer: "É claro que a aprendizagem envolve conhecimento (e habilidades, que aqui pressupomos também fazer parte desse conhecimento). O que mais é novo?". Ao analisarmos mais a fundo, no entanto, questões sobre a natureza do conhecimento são extremamente importantes e estão longe de ser óbvias. Por exemplo, é fácil cair na armadilha de supor que as escolas devem ensinar o que aprendemos conforme crescemos. No entanto, o mundo se transformou, e diferentes tipos de habilidades e conhecimentos são necessários para uma vida bem-sucedida e produtiva no século XXI. As pessoas também têm opiniões diferentes sobre os objetivos da educação e, portanto, sobre os tipos de assunto que vale a pena aprender. O capítulo sobre currículo (Cap. 5) aborda especialmente essas questões. Entre vários assuntos, discute-se como a tecnologia está transformando nosso mundo e como as pessoas precisam aprender a usá-la para ter sucesso.

Entendendo a natureza da *expertise*

Pesquisas na área da ciência da aprendizagem exploram a natureza das habilidades e do conhecimento subjacentes aos altos desempenhos, e essas pesquisas são importantes para se refletir sobre a elaboração de currículos eficientes. Por exemplo, sabemos que os *experts* percebem características de problemas e situações que podem escapar da atenção dos novatos (ver CHASE; SIMON, 1973; CHI; FELTOVITCH; GLASSER, 1981; DE GROOT, 1965). Eles, portanto, "começam a resolver problemas de um nível 'mais alto' do que os novatos" (DE GROOT, 1965). Isso tem várias implicações para o ensino, entre elas a necessidade de os professores definirem em que os alunos devem prestar atenção. Por exemplo, quando tentam ensinar por meio de vídeo, estudos de campo, estágios e outras experiências nas quais os alunos devem aprender por observação e participação, os professores precisam ajudar os alunos a organizar-se mentalmente à experiência de aprendizagem. Por exemplo, em relação aos vídeos: quando os professores mostram aos colegas ou aos alunos, muitas características desses vídeos serão óbvias para os *experts*, mas passarão despercebidas pelos novatos, a menos que essas características sejam destacadas e discutidas.

Além de "observar", a resolução de problemas e a memória são fortemente afetadas pelos conhecimentos e habilidades disponíveis para os *experts*. Por exemplo, de Groot (1985) mostrou a enxadristas mestres uma imagem de cinco segundos de um jogo de xadrez em andamento e, em seguida, removeu-a de suas vistas e pediu-lhes que reproduzissem o que tinham visto usando peças de xadrez. Os *experts* se saíram extremamente bem nessa tarefa – muito melhor do que os menos experientes no xadrez. Seria possível concluir que os *experts* se saíram melhor porque são "mais inteligentes" ou "têm memórias mais aprimoradas". Mas, ocorre que suas habilidades de lembrar estão intimamente ligadas ao seu conhecimento do xadrez.

Uma maneira de testar essa ideia foi colocar *aleatoriamente* peças de xadrez em um tabuleiro (CHASE; SIMON, 1973). Sob essas condições, o conhecimento dos *experts* em xadrez não é tão útil, porque eles são incapazes de detectar padrões significativos ou "porções" de informação. E, de fato, sob condições alea-

tórias, as diferenças na memória entre mestres no xadrez e jogadores menos experientes desapareceram (ver CHASE; SIMON, 1973).

Uma interessante variação desse experimento foi conduzida por Chi (1978). Ela comparou os desempenhos de memória de universitários e estudantes de 10 anos que jogavam xadrez com frequência. (Os universitários não eram jogadores de xadrez.) Quando ela pediu aos participantes que se lembrassem das sequências de números, os universitários se saíram melhor do que os estudantes de 10 anos. No entanto, quando solicitados a lembrar partes de um jogo de xadrez, as "habilidades" de memória se inverteram, e as crianças de 10 anos fizeram um trabalho muito melhor.

Uma ilustração da *expertise* e da memorização. Os estudos sobre xadrez estão entre os muitos que mostram que a *expertise* em uma área afeta a capacidade das pessoas de lembrar e resolver problemas (NATIONAL RESEARCH COUNCIL, 2000). Um componente importante desses estudos envolve a quantidade de esforço necessária para aprender e lembrar novas informações. Às vezes, somos capazes de aprender quase "sem esforço"; conseguimos depender de processos que são relativamente automáticos. Em outras ocasiões, nossa aprendizagem depende de estratégias explícitas que são muito mais trabalhosas (p. ex., ver HASHER; ZACKS, 1979). O grau em que uma tarefa de memória se ajusta aos nossos níveis atuais de *expertise* pode ter fortes efeitos na quantidade de esforço necessária para processá-la. Uma demonstração ilustrativa dos diferentes efeitos do processamento sem esforço na memória (dependendo do que nós, como alunos, já sabemos) é fornecida na seção "Memória, *expertise* e processamento sem esforço I".

Memória, *expertise* e processamento sem esforço I

As diferenças entre os processos com esforço e sem esforço são demonstradas pela seguinte experiência. Nesse exercício, não gaste mais do que quatro segundos lendo cada uma das frases a seguir e leia cada uma delas apenas uma vez. Mais importante, tente não usar estratégias sofisticadas, como gerar imagens elaboradas, ensaiar para si mesmo, e assim por diante. Estas são estratégias com esforço. Tente reagir a cada frase o mais naturalmente possível.

> John andou no telhado.
> Bill pegou o ovo.
> Pete escondeu o machado.
> Jim voou a pipa.
> Frank ligou o interruptor.
> Alfred construiu um barco.
> Sam bateu a cabeça no teto.
> Adam largou o emprego.
> Jay consertou a vela.
> Ted escreveu a peça.

Agora, tente responder às seguintes perguntas sem olhar para as sentenças anteriores.

> Quem construiu o barco?
> Quem pegou o ovo?
> Quem andou no telhado?
> Quem largou o emprego?
> Quem voou a pipa?
> Quem consertou a vela?
> Quem bateu a cabeça no teto?
> Quem escreveu a peça?
> Quem ligou o interruptor?
> Quem escondeu o machado?

A maioria das pessoas tem dificuldade em lembrar quem fez o que, apesar do fato de que cada afirmação é compreensível. Se você realmente abordasse essas frases de uma maneira relativamente "sem esforço", provavelmente se lembraria apenas de duas ou três no máximo. Para lembrar essas frases, você teria que usar estratégias sofisticadas e com muito esforço, como pensar em alguém que você conhece com um nome específico (p. ex., um amigo seu chamado John) e fazer uma imagem dele andando no telhado.

Frases semelhantes às apresentadas anteriormente se tornam muito mais fáceis de lembrar se nossa base de conhecimento puder fazer grande parte do trabalho para nós. Para ilustrar, passe aproximadamente quatro segundos lendo cada uma das frases a seguir. Como na tarefa anterior, não tente usar estratégias com esforço ou sofisticadas. Em vez disso, reaja a cada frase o mais naturalmente possível.

> Papai Noel andou no telhado.
> O Coelhinho da Páscoa pegou o ovo.
> George Washington escondeu o machado.
> Benjamin Franklin voou a pipa.
> Thomas Edison ligou o interruptor.
> Noé construiu um barco.
> Wilt Chamberlain bateu a cabeça no teto.
> Richard Nixon largou o emprego.
> Cristóvão Colombo consertou a vela.
> William Shakespeare escreveu a peça.

Agora, responda às seguintes perguntas sem olhar para trás na lista.

> Quem construiu o barco?
> Quem pegou o ovo?
> Quem andou no telhado?
> Quem largou o emprego?
> Quem voou a pipa?
> Quem consertou a vela?
> Quem bateu a cabeça no teto?
> Quem escreveu a peça?
> Quem ligou o interruptor?
> Quem escondeu o machado?

Esse experimento demonstrativo já foi usado muitas vezes (BRANSFORD; STEIN, 1993). Sem dúvida, é muito mais fácil lembrar do segundo conjunto de questões (sobre Nixon, Cristóvão Colombo, e assim por diante) do que do primeiro (sobre John, Robert, e assim por diante). O segundo conjunto foi elaborado para ativar o conhecimento que, sem muito esforço, permite uma série de elaborações que torna o problema de lembrar muito fácil de resolver. Por exemplo, você provavelmente não ouviu a afirmação exata de que "George Washington escondeu o machado", mas seu conhecimento de George Washington é rico o suficiente para gerar facilmente elaborações como: "Era o machado usado para derrubar a cerejeira – uma árvore que ele não deveria ter derrubado". Da mesma forma, para a frase "Richard Nixon largou o emprego", você provavelmente imaginou que o cargo era a presidência, que ele foi forçado a renunciar, e assim por diante. Por causa da riqueza de seu conhecimento, várias elaborações vêm à mente quase automaticamente.

Pode ter havido algumas pessoas na lista de "nomes conhecidos" que você não conhecia. As gerações mais jovens muitas vezes não conhecem Wilt Chamberlain, por exemplo (um pivô astro do basquete). Se você não conhecia alguns dos nomes, provavelmente percebeu que isso tornava o ato de lembrar mais difícil (BRANSFORD; STEIN, 1993).

A _expertise_ e a organização do conhecimento. Pesquisas sobre _expertise_ também trazem informações importantes sobre como o conhecimento deve ser organizado. O conhecimento dos _experts_ é muito mais do que uma lista de fatos desconexos sobre suas disciplinas. Em vez disso, seu conhecimento está interligado e organizado em torno de ideias importantes nas suas disciplinas. Essa organização do conhecimento ajuda os _experts_ a saber quando, por que e como os aspectos de seu vasto repertório de conhecimentos e habilidades são relevantes em qualquer situação específica (ver BRANSFORD; BROWN; COCKING, 1999; Cap. Dois). A organização do conhecimento afeta principalmente a forma como as informações são recuperadas.

Bruner (1977), um dos pioneiros da psicologia cognitiva e do desenvolvimento, defende o seguinte argumento sobre a organização do conhecimento:

> O currículo de uma disciplina deve ser determinado pela compreensão mais fundamental que pode ser alcançada dos princípios subjacentes que dão estrutura a essa disciplina. Ensinar tópicos ou habilidades específicas sem esclarecer seu contexto na estrutura fundamental mais ampla de um campo de conhecimento é antieconômico [...] Uma compreensão dos princípios e ideias fundamentais parece ser o caminho principal para a transferência adequada do treinamento. Entender algo como uma instância específica de um caso mais geral – que significa compreender uma estrutura mais fundamental – é ter aprendido não apenas algo específico, mas também um modelo para entender outras coisas semelhantes com as quais podemos nos deparar (BRUNER, 1977, p. 25, 31)

Os cursos são frequentemente organizados de modo que não conseguem desenvolver os tipos de estruturas de conhecimento interligado que dão suporte a atividades como o raciocínio efetivo e a resolução de problemas. Por exemplo, os textos geralmente apresentam listas de tópicos e fatos de uma maneira descrita como "um quilômetro de largura e um centímetro de profundidade" (ver NATIONAL RESEARCH COUNCIL, 2000). Isso é muito diferente de focar as "ideias duradouras de uma disciplina". Wiggins e McTighe (1998) argumentam que o conhecimento a se ensinar deve ser priorizado em categorias que vão desde "ideias duradouras da disciplina" até "coisas importantes para se saber e ser capaz de fazer" para "ideias que valem a pena mencionar". Refletir sobre essas questões e criar um conjunto de "ideias interligadas duradouras" são aspectos extremamente importantes do _design_ educacional.

A organização do conhecimento afeta as habilidades do processo, tais como as habilidades de refletir e resolver problemas. As conexões entre organização do conhecimento e habilidades de processo (p. ex., avaliar e elaborar experimentos) são ilustradas no experimento descrito na seção "Organização do conhecimento e solução de problemas".

Organização do conhecimento e solução de problemas

Um grupo de universitários recebeu um desafio pela internet antes de ir para a aula. As respostas ao desafio ajudam a demonstrar as relações entre organização do conhecimento e resolução de problemas. O desafio que eles receberam é descrito a seguir:

"Enquanto um grupo de biólogos compara dados de todo o mundo, eles observam que as rãs parecem estar desaparecendo em um número alarmante de lugares. Isso os preocupa profundamente, porque as rãs podem muito bem ser uma espécie indicadora de mudanças ambientais que podem prejudicar a todos nós. Os biólogos consideram várias hipóteses sobre o desaparecimento dessas rãs. Uma é a de que muita luz ultravioleta está atravessando a camada de ozônio.

Um grupo de biólogos decide testar as hipóteses da luz ultravioleta. Eles usam cinco espécies diferentes de rãs, com um número igual de machos e fêmeas. Metade das rãs recebe doses constantes de luz ultravioleta por quatro meses – este é o grupo experimental. A outra metade das rãs – o grupo-controle – está protegida para não receber luz ultravioleta.

No final dos quatro meses, os biólogos descobriram que não há diferença nas taxas de mortalidade entre as rãs nos grupos experimental e controle. Isso sugere que a luz ultravioleta provavelmente não é a causa do falecimento dessas rãs.

O que você acha dos experimentos e conclusões dos biólogos? Você gostaria de fazer alguma pergunta antes de aceitar as conclusões deles? Gostaria de propor alguma nova experiência?"

Os alunos responderam ao desafio postando respostas por escrito na internet antes de irem para a aula. Eles notaram vários pontos positivos sobre o experimento, como, por exemplo, que envolveu um projeto de controle experimental que incluiu diversas espécies de rãs, usado amostragem aleatória estratificada, e assim por diante. Os alunos também levantaram uma série de preocupações, por exemplo: "Talvez as doses de luz ultravioleta que foram utilizadas fossem muito fracas"; "Talvez a luz tenha sido fornecida por um tempo muito curto" (i.e., apenas quatro meses); "Talvez os pesquisadores não tenham esperado o suficiente para ver os efeitos da luz ultravioleta, então talvez devessem examinar a diferença no adoecimento entre os dois grupos em vez de comparar as taxas de mortalidade". Nenhum estudante questionou o fato de que apenas rãs adultas foram utilizadas no experimento (os materiais multimídia que faziam parte do desafio que os estudantes viam na internet mostravam claramente que as rãs eram todas adultas). Quando os alunos chegaram à sala de aula (lembre-se de que eles haviam respondido ao desafio na internet antes de assistir às aulas), o instrutor perguntou se uma falha poderia ter sido usar apenas rãs adultas em vez de tentar explorar os efeitos da luz ultravioleta em pontos potencialmente vulneráveis no ciclo de vida desses anfíbios. Todos os alunos perceberam imediatamente que a resposta era "sim" e afirmaram que todos haviam estudado ciclos de vida. No entanto, eles aprenderam sobre os ciclos de vida como exercícios isolados (p. ex., eles foram solicitados a memorizar os estágios do ciclo de vida de uma mosca ou um mosquito) e nunca haviam conectado essas informações a questões maiores, como a sobrevivência de uma espécie. Como consequência, a ideia de ciclos de vida nunca ocorrera no contexto de tentar resolver o problema anterior das rãs. Parafraseando Whitehead (1929), o conhecimento que era potencialmente importante para explorar o problema da rã tinha permanecido "inerte".

A sugestão de Bruner (1977, p. 25) que foi discutida anteriormente é muito relevante nesse contexto, ou seja, "[...] ensinar tópicos ou habilidades específicas sem esclarecer seu contexto na estrutura fundamental mais ampla de um campo de conhecimento é antieconômico... Uma compreensão dos princípios e ideias fundamentais parece ser o caminho principal para a transferência adequada do treinamento [...]". Os alunos da turma aprenderam todos os ciclos de vida, mas os professores e os textos não deixaram clara a importância dessas informações na estrutura mais ampla do campo de conhecimento.

A vinheta apresentada no início deste capítulo (sobre o professor de astronomia que ficou desanimado pelo fato de seus alunos ainda acreditarem que o verão na Terra era causado por sua distância do Sol) também é relevante nesse contexto. Se forem lembrados explicitamente, os alunos podem se recordar de ter visto uma demonstração de órbitas inclinadas. No entanto, seu pensamento sobre as estações provavelmente foi impulsionado por outro conhecimento que eles tinham disponível. Por exemplo, muitas experiências dão apoio à ideia de que a distância de uma fonte de calor afeta a temperatura. Quanto mais nos aproximamos de aquecedores, fogões, lareiras e outras fontes de calor, maior é o calor (NATIONAL RESEARCH COUNCIL, 2005).

Curiosamente, há também experiências em que podemos manipular a intensidade do calor alterando o ângulo de uma fonte de calor – apontando um secador de cabelo na cabeça de uma pessoa em diferentes ângulos, por exemplo. Mas sem a capacidade de controlar cuidadosamente a distância da cabeça ou das ferramentas para medir pequenas mudanças de temperatura (e sem alguma orientação que ajude as pessoas a pensar em fazer essa experiência), a relação entre calor e ângulo da fonte de calor pode facilmente ser esquecida.

Expertise e ensino

É especialmente importante que os professores entendam as informações sobre as relações entre *expertise* e habilidades de ensino. Por um viés positivo, os professores devem ter conhecimento de suas disciplinas para ensinar de forma eficiente. Considere o conhecimento sobre física elementar e máquinas simples (p. ex., alavancas, polias). Os professores que sabem muito sobre esse tópico podem criar ambientes de sala de aula nos quais os alunos experimentem máquinas simples e possam fazer perguntas sobre por que certas coisas aconteceram (p. ex.: "Por que essa maneira de usar a alavanca funcionou melhor do que aquela maneira?"). Os professores precisam de conhecimento considerável para responder a uma ampla gama de perguntas que surge a partir dos problemas com os quais os alunos se deparam. Os professores que não entendem física muito bem geralmente têm dificuldade em responder a essas perguntas. Eles podem, portanto, estar muito mais inclinados a seguir apenas o conjunto restrito de atividades do livro didático, no qual as respostas são fornecidas na edição do professor.

Entretanto, há um viés negativo em ter um grande conhecimento sobre o assunto. Às vezes, a informação torna-se tão intuitiva que os *experts* perdem de vista como era ser um novato. Em seus estudos com mestres do xadrez, de Groot (1965) observa como os mestres com frequência se mostravam incrédulos ao fato de que jogadores menos experientes não conseguiam ver características "óbvias" do tabuleiro que estavam "bem diante dos seus olhos" e que sinalizavam claramente qual seria o próximo movimento.

Nathan, Koedinger e Alibali (2001) e Nathan e Petrosino (2003) usam o termo *pontos cegos dos* experts para se referirem ao lado negativo do conhecimento do conteúdo. *Experts* muitas vezes ficam cegos ao fato de que muito do seu conhecimento do assunto passou de explícito para tácito e, portanto, pode ser facilmente ignorado na hora do ensino. Por exemplo, *experts* em física e engenharia podem não perceber que estão deixando de comunicar todas as informações necessárias para ajudar os novatos a aprender a construir os próprios diagramas de corpo livre (DCLs)* (BROPHY, 2001). A razão é que muitas decisões são tão intuitivas que os professores nem percebem que fazem parte de seu repertório.

Shulman (1987) explica que os professores eficientes precisam desenvolver "conhecimento de conteúdo pedagógico" que vai muito além do conhecimento do conteúdo de uma disciplina (ver também HESTENES, 1987). Isso inclui uma compreensão de como os novatos geralmente têm dificuldade quando tentam dominar um tópico e uma compreensão das estratégias para ajudá-los a aprender. O Capítulo 6 explora o conceito de conhecimento de conteúdo pedagógico em profundidade considerável.

Expertise adaptativa

Uma análise especialmente importante da *expertise* concentra-se nas diferenças entre "*experts* rotineiros" e "*experts* adaptativos" (HATANO; INAGAKI, 1986; HATANO; OURA, 2003). Tanto os *experts* rotineiros quanto os *experts* adaptativos continuam aprendendo ao longo de suas vidas. Os *experts* rotineiros desenvolvem um conjunto básico de competências que aplicam ao longo de suas vidas com eficiência cada vez maior. Em contraste, os *experts* adaptativos são muito mais propensos a alterar suas competências essenciais e expandir continuamente a amplitude e a profundidade de seus conhecimentos. Essa reestruturação de ideias, crenças e competências essenciais pode reduzir sua eficiência a curto prazo, mas torná-las mais flexíveis a longo prazo. Tais processos de reestruturação geralmente têm consequências emocionais que acompanham as percepções de que as crenças e práticas estimadas precisam ser alteradas.

A **Figura 2.1** mostra uma caracterização da *expertise* adaptativa que é relevante para se pensar sobre questões de aprendizagem e ensino (SCHWARTZ; BRANSFORD; SEARS, 2005).

---

* N. de R. T.: O diagrama de corpo livre (DCL) é uma ilustração gráfica usada em física e engenharia para visualizar as forças aplicadas, os momentos e as reações resultantes em um corpo (bloco, viga, etc.).

Schwartz, Bransford e Sears (2005) observavam que a dimensão horizontal da **Figura 2.1** enfatiza a eficiência; a dimensão vertical enfatiza a inovação. Às vezes, essas duas dimensões são caracterizadas como fins mutuamente exclusivos de *continuum* (p. ex., transferência consciente ou automática, PERKINS; SALOMON, 1989). No entanto, como existem diferentes processos envolvidos, eles não necessariamente excluem um ao outro. *Experts* adaptativos, por exemplo, encontram-se na parte alta para ambas as dimensões (p. ex., GENTNER *et al.*, 1997; HATANO; INAGAKI, 1986; WINEBURG, 1998). A *expertise* adaptativa é discutida como um "padrão-ouro para a aprendizagem" no HPL (NATIONAL RESEARCH COUNCIL, 2000).

Schwartz, Bransford e Sears (2005) observavam que

> a dimensão horizontal da **Figura 2.1** é a eficiência. Pessoas com alta eficiência conseguem rapidamente recuperar e aplicar com precisão conhecimentos e habilidades apropriados para resolver um problema ou entender uma explicação. Exemplos disso incluem *experts* que têm muita experiência com certos tipos de problemas; por exemplo, médicos que experienciaram muitos casos de doenças em muitas pessoas diferentes ou que frequentemente realizam um tipo específico de cirurgia. Eles podem diagnosticar e tratar um novo paciente de forma rápida e eficiente. Muitas estratégias de ensino são elaboradas para desenvolver tipos de eficiência que permitam que as pessoas ajam com fluência.

Schwartz, Bransford e Sears (2005) também observam o seguinte:

> Pesquisadores que estudam indivíduos e organizações aprendem muito sobre a promoção da eficiência. Em geral, é provável que a melhor maneira de ser eficiente seja praticar com tarefas e ganhar experiência com aulas e componentes de problemas importantes, para que eles se tornem "rotineiros" e fáceis de resolver mais tarde. A melhor maneira de garantir a transferência é "ensinar para isso", de modo que os problemas que as pessoas encontram em um teste ou em um ambiente cotidiano possam

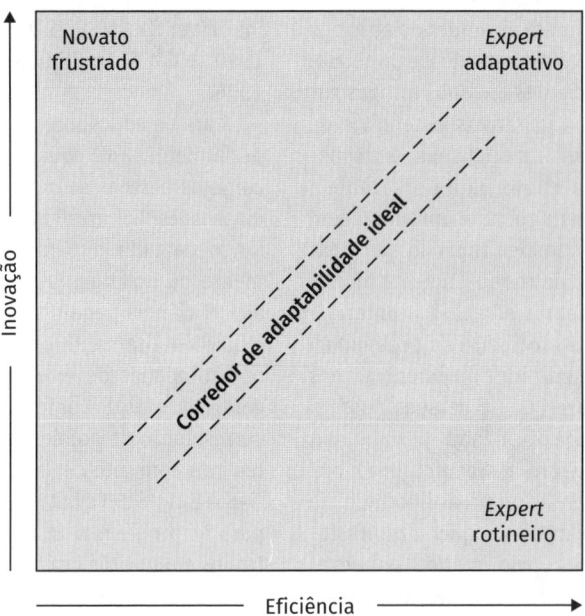

Figura 2.1 As dimensões da *expertise* adaptativa.

ser resolvidos com uma alta frequência por estarem muito próximos do que foi aprendido anteriormente. Os problemas de transferência essencialmente desaparecem se ensinarmos em contextos onde as pessoas precisem ter desempenho e se organizarmos experiências e ambientes para que comportamentos adequados sejam conduzidos pelo ambiente.

Existem maneiras de praticar a resolução de problemas que são excelentes do ponto de vista da eficiência. Tipos apropriados de prática ajudam as pessoas a transformar problemas não rotineiros, difíceis de resolver, em problemas rotineiros que possam ser resolvidos de maneira rápida e fácil. Em outras palavras, a prática orientada para a eficiência geralmente trata da "eliminação de problemas", e não da solução profunda e sustentada de problemas. Um problema é tipicamente definido como uma lacuna ou barreira entre a meta e seu estado atual (ver BRANSFORD; STEIN, 1993; HAYES, 1990; NEWELL; SIMON, 1972). Ao se preparar as pessoas para que os problemas que enfrentarão na vida sejam essencialmente problemas rotinei-

ros – ou, na pior das hipóteses, problemas de "quase transferência" –, a lacuna entre a meta e o estado atual ou é eliminada, ou é reduzida. Isso permite que as pessoas tenham um desempenho bastante eficiente.

Schwartz, Bransford e Sears (2005) continuam sua observação de que tudo isso funciona bem *desde que* os ambientes para os quais estamos preparando as pessoas sejam estáveis. No entanto, autores como Fullan (2001) e Valli (1995) argumentam que vivemos em um "mundo de águas turbulentas", no qual a mudança é a norma, e não a exceção. Como a eficiência é tão enfatizada em nossa sociedade limitada pelo tempo, ela tende a assumir o controle como uma forma primordial de avaliar o progresso. Mas há também desvantagens potenciais de uma ênfase exagerada na eficiência. Por exemplo, estudos mostram que a eficiência pode, muitas vezes, produzir comportamentos "funcionalmente fixos", que são problemáticos em novas situações (ver LUCHINS, 1942). Da mesma forma, Hatano e Inagaki (1986) discutem "*experts* rotineiros" que se tornam muito bons em resolver determinada série de problemas, mas não continuam aprendendo ao longo de suas vidas (exceto no sentido de se tornarem ainda mais eficientes em suas antigas rotinas). Esses pontos negativos potenciais de uma ênfase exagerada na eficiência, em especial diante da mudança, tornam importante a tentativa de reconceitualizar a aprendizagem e a transferência como algo mais do que a capacidade de aplicar de modo eficiente as habilidades e os esquemas adquiridos anteriormente para a solução rotineira de problemas. O argumento não é eliminar a eficiência, mas complementá-la para que as pessoas possam se adaptar de maneira otimizada.

Schwartz, Bransford e Sears (2005) observam que a dimensão vertical ilustrada na **Figura 2.1** é a inovação. Ela requer um afastamento da eficiência, pelo menos temporariamente. Em geral, exige a capacidade de "desaprender" as rotinas anteriores (p. ex., desaprender a digitar com dois dedos para passar para um novo nível de eficiência de digitação). Também inclui a capacidade de "libertar-se" das crenças anteriores e tolerar a ambiguidade de ter que repensar suas perspectivas. O estudo de *experts* em história *versus* universitários mencionado anteriormente (WINEBURG, 1998) fornece uma boa ilustração da necessidade de resistir a explicações eficientes e dedicar um tempo para explorar as ideias com mais cuidado. Estratégias de ensino elaboradas de modo a facilitar a inovação são bem diferentes daquelas que apenas facilitam a eficiência.

A importância de resistir às ideias iniciais sobre um problema ou desafio foi discutida por Land, inventor da câmera Polaroid Land. Com ironia, ele descreveu os processos de inovação (e as percepções que os precederam) como envolvendo "a súbita cessação da estupidez". A "estupidez" vem da estruturação inicial dos problemas – estruturas que contêm pressupostos que "colocaram as pessoas dentro de uma caixa"* ou, mais tecnicamente, restringiram os espaços problemáticos nos quais elas traba-

lham (ver BRANSFORD; STEIN, 1993; HAYES, 1990; NEWELL; SIMON, 1972; WINEBURG, 1998).

Para os educadores, a **Figura 2.1** torna-se especialmente útil quando nos perguntamos como as pessoas se movem ao longo das duas dimensões. É improvável que o movimento ao longo de uma dimensão leve ao desenvolvimento da *expertise*. O treinamento dedicado à alta eficiência pode restringir a transferência a situações altamente semelhantes. Todavia, as oportunidades de se envolver em habilidades gerais, isentas de conteúdo, pensamento crítico ou resolução de problemas parecem proporcionar um conjunto de "métodos fracos" flexíveis (NEWELL; SIMON, 1972), ineficientes demais para os problemas de maior dimensão encontrados em muitas tarefas do mundo real.

Pesquisadores conjecturam que as pessoas tendem a se beneficiar mais de oportunidades de aprendizagem que equilibrem as duas dimensões permanecendo dentro do "corredor de adaptabilidade ideal", ou OAC** (SCHWARTZ; BRANSFORD; SEARS, 2005). Por exemplo, uma criança que não recebe nada além de treinamento em computação orientado para a eficiência em matemática pode muito bem realizar uma rotina específica com rapidez, mas esse tipo de experiência a levará a capacidades limitadas diante de novos problemas. O ensino equilibrado incluiria oportunidades para aprender com compreensão e desenvolver as próprias conjecturas matemáticas dos alunos, *além de* tornar-se eficiente em computação. O ensino que equilibra eficiência e inovação também deve incluir oportunidades para experimentar ideias e, no processo, experienciar a necessidade de alterá-las. Esses tipos de experiências muitas vezes exigem oportunidades de interação ativa com artefatos e pessoas para descobrir inconsistências e preconceitos que precisem de mais refinamento. É útil considerar quando e como as abordagens de ensino discutidas nesta publicação se encaixam no OAC.

---

* N. de T.: Referência à expressão *think outside the box*, ou seja, pensar criativamente.

** N. de R.T: Sigla referente ao termo em inglês *optimal adaptability corridor*.

Foco no aluno

A ótica do foco no aluno na estrutura do HPL sobrepõe-se ao foco no conhecimento (p. ex., a ideia de "conhecimento de conteúdo pedagógico" traz essa sobreposição), mas a ótica do foco no aluno nos faz pensar especificamente sobre os alunos em vez de apenas sobre o conteúdo de ensino. Quando os alunos entram na sala de aula, não conseguimos evitar de fazer pressupostos sobre eles. Alguns podem sentar-se em suas mesas e copiar tudo o que dissermos. Outros podem rabiscar, se espreguiçar ou olhar pela janela enquanto conversamos. Alguns podem usar uma linguagem (p. ex., "nós não *temo* nada") que pode ser facilmente interpretada como um sinal de "pouca educação" e talvez "habilidades de aprendizagem deficientes". Pressupostos sobre as capacidades dos alunos muitas vezes se tornam "profecias autorrealizáveis", que afetam como os professores interagem com os alunos e, portanto, o quão bem eles aprendem.

Os Capítulos 3 e 4 trazem informações importantes sobre a complexa tarefa de entender os alunos. O Capítulo 3 discute as teorias do desenvolvimento e como elas afetam o ensino e a aprendizagem. O Capítulo 4 aborda as teorias da linguagem e como seu uso (p. ex., dizer "*temo*", em vez de "temos") pode agir como um "marcador" que, inapropriadamente, condena alguns alunos ao fracasso na mente de seus professores. Muitos dos outros capítulos deste livro também tratam de questões que giram em torno de compreender os alunos e de engajar-se em ensino culturalmente relevante. Isso inclui aprender a aproveitar os pontos fortes dos alunos em vez de simplesmente ver os pontos fracos. Vários aspectos importantes de adotar o foco no aluno são abordados na seção seguinte.

Entendendo a natureza construtivista do saber

Uma abordagem para se refletir sobre os alunos é imaginar-se aplicando pré-testes e, em seguida, ficar espantado com o quanto eles *não sabem* sobre as habilidades ou tópicos que estamos ensinando. Se nosso foco for sobretudo o que os alunos não sabem, encontraremos muitas evidências de que eles realmente têm muito a aprender.

Uma abordagem diferente para entender os alunos foi enfatizada pelo famoso psicólogo suíço Jean Piaget. Ele argumentou que as crianças de todas as idades são exploradoras ativas de seus mundos. A complexidade do que elas conseguem entender é afetada pelo que elas já sabem e pelo seu nível de desenvolvimento (explicado mais detalhadamente no Cap. 3). No entanto, uma implicação importante de suas conclusões foi que mesmo as crianças pequenas são aprendizes ativos que exploram as expectativas sobre o mundo e como ele funciona. A teoria de Piaget enfatiza a *natureza construtivista do conhecimento*. Isso se refere à ideia de que todos nós ativamente tentamos interpretar nosso mundo com base em nossas habilidades, nossos conhecimentos e nossos níveis de desenvolvimento existentes. Observar os processos pelos quais os alunos tentam ativamente aprender é muito diferente de apenas testá-los sobre fatos ou habilidades e ver o que eles não sabem (por enquanto).

A natureza construtivista do conhecimento é bem ilustrada na história infantil *Fish is fish*, de Lionni (1970). *Peixe é peixe* é a história de um peixe que está interessado em aprender sobre o que acontece em terra, mas não pode explorar a terra porque só consegue respirar na água. Ele faz amizade com um girino, que se desenvolve em um sapo e, por fim, vai à terra. O sapo retorna ao lago algumas semanas depois e descreve as coisas que viu, como pássaros, vacas e pessoas. Enquanto o peixe ouve as descrições do sapo, ele imagina que cada um deles é parecido com um peixe. Ele imagina as pessoas como peixes que caminham sobre suas barbatanas; pássaros são peixes com asas; vacas são peixes com úberes. Essa história ilustra tanto as oportunidades criativas quanto os perigos inerentes ao fato de as pessoas construírem novos conhecimentos com base em seus conhecimentos atuais. Em termos de Piaget, o peixe *assimilou* as informações fornecidas pelo sapo às suas estruturas de conhecimento existentes. Em contraste com processos de assimilação, são processos de *acomodação*. Aqui, a crença ou o conceito central se alteram quando confrontados com evidências que induzem tais alterações.

Estudos feitos por Vosniadou e Brewer (1989) ilustram a assimilação ao estilo da história do *Peixe é peixe* no contexto do pensamento das crianças sobre a Terra. Eles trabalharam com crianças que acreditavam que a Terra era plana (porque isso se encaixava em suas experiências) e tentaram ajudá-las a entender que, na verdade, ela é esférica. Quando se fala que a Terra é redonda, as crianças muitas vezes a imaginam como uma panqueca, e não como uma esfera (VOSNIADOU; BREWER, 1989). Quando elas foram, então, informadas de que a Terra é redonda como uma esfera, interpretaram as novas informações sobre uma Terra esférica dentro de sua visão plana, imaginando uma superfície plana em forma de panqueca dentro ou em cima de uma esfera, com seres humanos em cima da panqueca. O modelo da Terra que elas desenvolveram – e isso as ajudou a explicar como elas poderiam ficar de pé ou andar sobre sua superfície – não se encaixava no modelo de uma Terra esférica. Tal como a história do *Peixe é peixe*, tudo o que as crianças ouviram foi incorporado em suas visões preexistentes.

A história do *Peixe é peixe* é relevante não só para crianças pequenas, mas para alunos de todas as idades. Por exemplo, universitários muitas vezes desenvolvem crenças sobre fenômenos físicos e biológicos que se encaixam em suas experiências, mas não se encaixam nos relatos científicos desses fenômenos. Esses preconceitos devem ser abordados para que eles alterem suas crenças (ver CONFREY, 1990; MESTRE, 1994; MINSTRELL, 1989; REDISH, 1996). É importante observar que o construtivismo é uma teoria do conhecimento, não uma teoria do ensino. Em particular, a adoção de uma teoria construtivista do conhecimento não implica que toda aprendizagem deva ser orientada para a descoberta e que o ensino direto deva sempre ser evitado (ver NATIONAL RESEARCH COUNCIL, 2000; SCHWARTZ; BRANSFORD, 1998). Em vez disso, implica que os professores devem levar em conta as concepções prévias dos alunos ao planejarem seu ensino, porque isso influenciará o que os alunos aprendem – para o bem ou para o mal – se o professor estiver ciente delas. O conceito de "construtivismo" é frequentemente entendido de forma errada – análogo ao entendimento do peixe sobre pássaros, vacas e pessoas.

Conectando-se ao conhecimento existente dos alunos. A história do *Peixe é peixe* ilustra como o conhecimento adquirido anteriormente pode levar as pessoas a entender de maneira diferente do que era a intenção. Outro aspecto de ter foco na aprendizagem é entender que o conhecimento adquirido anteriormente também pode fornecer um impulso poderoso para um novo aprendizado. Considere a afirmação: "O palheiro era importante porque o pano rasgou". A maioria das pessoas tenta dar sentido à afirmação, mas tem dificuldade em entendê-la. Agora, considere a mesma frase novamente, mas no contexto da informação sobre um "paraquedas". Para a maioria das pessoas, isso fornece uma pista que permite construir uma interpretação significativa da sentença. Se você pensar sobre a sua interpretação, você provavelmente pressupôs uma pessoa usando o paraquedas, saltando de um avião, pousando no palheiro, e assim por diante. Nenhuma dessas informações foi mencionada na frase, mas não precisava. Você as forneceu com base em seu conhecimento existente do mundo (ver BRANSFORD; JOHNSON, 1972; BUHLER, 1908).

O ideal é que o conteúdo ensinado na escola se baseie e se interligue com as experiências anteriores dos alunos, mas isso nem sempre é o caso. Uma história escrita em 1944 por Stephen Corey traz uma visão informativa de um exemplo de tais desconexões. Intitulado *Poor scholar's soliloquy* (*Monólogo do pobre estudioso*), a história é escrita sob a perspectiva de um aluno imaginário (vamos chamá-lo de Bob

– o "aluno problemático") que não é muito bom na escola e teve que repetir o 7º ano. Muitos poderiam rotular Bob como um aluno com baixa aptidão para aprender. Entretanto, quando se examina o que Bob é capaz de realizar fora da escola, desenvolve-se uma impressão muito diferente das suas habilidades.

Parte do monólogo descreve as preocupações dos professores de que uma das razões pelas quais Bob é um estudante problemático é que ele não é um bom leitor. Ele consegue decodificar letras e sentenças, mas não lê o tipo de livros aos quais os professores dão importância. Os livros favoritos de Bob incluem a *Popular Science*, a *Mechanical Encyclopedia* e os catálogos das lojas Sears e Wards. Bob usa seus livros para buscar objetivos significativos. Ele diz: "Não apenas sento e leio como fazem na escola. Uso meus livros quando quero descobrir alguma coisa, como sempre que minha mãe compra algo de segunda mão, procuro na Sears ou na Wards primeiro e digo a ela se ela está sendo enganada ou não".

Mais tarde, Bob explica a dificuldade em memorizar os nomes dos presidentes. Ele conhecia alguns deles, como Washington e Jefferson, mas havia 30 ao todo, e ele nunca acertava todos. A partir dessa informação, pode-se concluir que ele tem uma memória fraca. No entanto, Bob também fala sobre os três caminhões que seu tio possui e consegue descrever a potência e a relação entre as marchas de 26 caminhões norte-americanos diferentes, muitos deles a *diesel*. Então, ele diz: "É engraçado como esse *diesel* funciona. Comecei a contar à minha professora sobre isso na última quarta-feira na aula de ciências, quando a bomba que estávamos usando para fazer um vácuo em uma redoma de vidro ficou quente, mas ela disse que não viu o que um motor *diesel* tinha a ver com nosso experimento sobre a pressão do ar, então apenas fiquei quieto. Porém, as crianças pareciam interessadas".

Bob também discute sua incapacidade de resolver os tipos de problemas encontrados em seus livros didáticos. No entanto, ele ajuda seu tio a fazer vários tipos de planos complexos

quando viajam juntos. Ele fala sobre as faturas e cartas de cobrança que envia aos agricultores, cujos animais o tio carrega, e sobre como ele cometera apenas três erros em suas últimas 17 cartas – todos eles de vírgulas. Então, ele diz: "Eu gostaria de conseguir escrever sobre os temas da escola dessa maneira. O último que eu tive que escrever foi sobre 'O que um narciso pensa da primavera', e simplesmente não consegui desenvolver".

O monólogo de Bob é tão relevante hoje quanto nos anos de 1940. Ele destaca o fato de que muitos alunos parecem aprender efetivamente no contexto de atividades autênticas e reais, mas têm dificuldade com as tarefas mais artificiais exigidas na escola. Diversos pesquisadores exploraram os benefícios de aumentar o foco do ensino nos alunos, procurando ativamente por "recursos de conhecimento" nos lares e comunidades dos alunos, que podem atuar como pontes para ajudá-los a aprender na escola (ver LEE, 1995; MOLL; GONZALEZ, 2004; MOSES; COBB, 2001). Exemplos disso incluem ajudar os alunos a ver como as habilidades de carpintaria de seus pais se relacionam com a geometria; como atividades como andar no metrô podem dar um contexto para o entendimento da álgebra; como os padrões cotidianos da língua usados fora da escola em geral representam formas altamente sofisticadas de uso da língua que podem ser ensinadas nas aulas de literatura como uma disciplina acadêmica e, mesmo assim, não vinculadas às atividades fora do horário escolar dos alunos.

A história de Bob ilustra a importância de aprender mais sobre as histórias das pessoas como indivíduos. É motivador para os alunos saberem que os professores se importam com eles, mas o conhecimento de um professor sobre seus alunos pode afetar aspectos da aprendizagem mesmo além da motivação. Quanto mais sabemos sobre alguém, mais somos capazes de nos conectar com seus interesses e necessidades específicas e explicar as coisas de maneira que façam sentido para essa pessoa (ver "Como o conhecimento pessoal afeta a comunicação").

Como o conhecimento pessoal afeta a comunicação

Imagine jogar um jogo em que você ouve conceitos-alvo e tenta fazer alguém que você não conheça os dizer, fornecendo pistas, mas não dando respostas diretas. Por exemplo, em um estudo, uma participante recebeu o conceito-alvo "Corvette vermelho" e disse: "Um carro esportivo feito pela Chevrolet, que é da cor do fogo". Dado o conceito-alvo "videodisco", ela disse: "Um meio interativo para vídeo que saiu antes dos CD-ROMs e era muito maior em tamanho". Para o conceito-alvo "artêmia salina",* ela disse: "Vou passar esse. É muito difícil".

Considere a mesma competidora quando disseram que ela estava se comunicando com uma pessoa com quem ela trabalhara por mais de uma década e conhecia muito bem. Para "Corvette vermelho", ela disse: "O que Carolyn dirige – não se esqueça de dizer a cor". Para "videodisco", ela disse: "Onde nosso programa Jasper foi lançado quando saiu pela primeira vez" (Jasper era um programa interativo de videodisco). Para "artêmia salina", ela disse: "As coisinhas alaranjadas que estão nadando no aquário do meu escritório". Conhecer a pessoa com quem ela estava falando proporcionou vários atalhos para a comunicação que de outra forma não poderia ter ocorrido.

Criando pontes entre a experiência prévia e o conhecimento novo. Mesmo que os professores não saibam muito sobre cada aluno, eles podem incentivá-los a refletir sobre as experiências pessoais que já tiveram que sejam relevantes para um tópico que está sendo explorado. Por exemplo, Banks (2001b) discute uma técnica que ele usa em sua aula de edu-

cação multicultural para ajudar os futuros professores a entender melhor como as minorias se sentem marginalizadas pela sociedade. Ele não começa simplesmente dando uma palestra sobre minorias e marginalização, pois pode ser difícil para os estudantes não minoritários desenvolverem uma compreensão profunda e empática das questões simplesmente ouvindo uma palestra. Em vez disso, Banks (2001b) começa a trabalhar sobre esse tópico pedindo a seus alunos que escrevam um breve resumo de um momento em que se sentiram marginalizados por outro grupo. Ele observa que quase todos, seja de uma cultura minoritária, seja da cultura majoritária, tiveram uma experiência semelhante em algum momento de suas vidas. Depois de escrever suas breves redações, os alunos estão agora em uma posição melhor para entender o significado das questões que Banks (2001b) discute em sala de aula.

Outro exemplo de foco no aluno é ilustrado na seção "Conectando o conteúdo aos alunos". Esse relato de dois professores que abordaram o ensino de maneiras muito diferentes exemplifica como o "conhecimento de conteúdo pedagógico" (ver Cap. 6) – isto é, tornar o conhecimento do assunto acessível aos alunos – é desenvolvido pela junção de uma compreensão do conteúdo com uma compreensão das necessidades e perspectivas dos alunos. Levar em consideração as perspectivas do aluno desse modo integra os aspectos do ensino: foco no conhecimento e foco no aluno.

Conectando o conteúdo aos alunos

Dois novos professores de inglês, Jake e Steven, formados em universidades privadas de elite com experiência similar, começaram a ensinar *Hamlet* no ensino médio (GROSSMAN, 1990). Jake foi diretamente para a prática docente após se formar na faculdade com especialização em inglês. Steven passou um ano a mais após a faculdade em um programa de mestrado preparando-se para ensinar inglês.

---

* N. de R. T.: Um crustáceo de tamanho aproximado de 10 milímetros, amplamente utilizado para a alimentação de peixes.

Em sua prática, Jake passou sete semanas conduzindo seus alunos via uma *explication du texte*,* com foco nas noções de "reflexividade linguística" e nas questões do modernismo. Suas tarefas incluíram análises aprofundadas de monólogos, memorização de longas passagens e um trabalho final sobre a importância da linguagem em *Hamlet*. O modelo de Jake para esse ensino era a matéria estudada em seu curso de graduação. Houve pouca transformação de seu conhecimento, exceto para dividi-lo em porções que se encaixassem nos períodos de 50 minutos do dia escolar. A imagem de Jake sobre como os alunos responderiam foi a própria resposta como um estudante que amava Shakespeare e se deleitava em uma análise textual detalhada. Consequentemente, quando os alunos responderam de maneira menos empolgada, Jake não estava preparado para entender essa confusão: "O maior problema que tenho com o ensino, de longe, é tentar entrar na mentalidade de um aluno do 9º ano...".**

Pensando em como conectar os temas de *Hamlet* às experiências de seus alunos, Steven começou sua unidade sem mencionar o nome da peça. Para ajudar seus alunos a compreender o esquema inicial dos temas e questões da peça, ele pediu para imaginarem que seus pais haviam se divorciado recentemente e que sua mãe estava se relacionando com um novo homem. Esse novo homem substituiu o pai no trabalho, e "[...] há rumores de que seu pai foi trocado por ele [...]" (GROSSMAN, 1990, p. 24). Steven, então, pediu aos alunos que pensassem sobre as circunstâncias que poderiam deixá-los tão furiosos que pensariam em assassinar outro ser humano. Só depois

que os alunos contemplaram essas questões e escreveram sobre elas é que Steven apresentou a peça que iriam ler. Conforme descrito em Grossman (1990), os resultados dessas diferentes estratégias foram drasticamente distintos em termos de engajamento dos alunos e decorrente aprendizagem do texto.

Foco no aluno, metacognição e processos cognitivos básicos

Ter foco no aluno também envolve a consciência de alguns processos cognitivos básicos que impactam a aprendizagem de qualquer pessoa. Um ramo da psicologia chamado de "processamento da informação" (ver ATKINSON; SCHIFFRIN, 1968) explora vários desses processos. O trabalho dentro desses princípios torna-se especialmente benéfico para a educação quando é usado para auxiliar as pessoas a aprender sobre os processos cognitivos subjacentes às próprias habilidades de aprender e resolver problemas. Esse conhecimento é frequentemente chamado de "metacognição" (conhecimento sobre os próprios processos cognitivos; ver BROWN, 1997b; FLAVELL, 1976). Alguns professores são famosos por apresentarem a ideia de metacognição aos alunos dizendo: "Vocês são os donos e operadores do próprio cérebro. Mas ele veio sem um livro de instruções. Vale a pena aprender como ele funciona".

Atenção e fluência. Aprender sobre a atenção é uma parte importante para se tornar um aprendiz metacognitivo. Em primeiro lugar, conseguimos prestar atenção na informação de forma seletiva. Ao ler a sentença anterior, você provavelmente não prestou atenção na frequência com que a letra "e" ocorreu, mas você conseguiria fazer isso se quisesse. Em segundo lugar, nossa atenção é limitada; quando prestamos atenção em um conjunto de características (p. ex., se as palavras na sentença anterior contêm a letra "e"), sentimos falta de outras características (p. ex., o significado

---

* N. de R. T.: Método formalista francês de análise literária que permite uma resposta limitada e objetiva do leitor. Envolve a interpretação cuidadosa e detalhada de um texto.

** N. de R.T.: Etapa que corresponde ao 1º ano do ensino médio no sistema educacional brasileiro.

das sentenças; ver CRAIK; LOCKHART, 1972; HYDE; JENKINS, 1969). Existem restrições importantes sobre o quanto conseguimos prestar atenção em dado momento de tempo.

A quantidade de atenção que devemos dedicar a uma tarefa depende do quão experientes e eficientes somos ao fazê-la. Por exemplo, diferentemente de um motorista novato, um *expert* consegue dirigir um carro e continuar uma conversa ao mesmo tempo. Com o passar do tempo, dirigir se tornou "fluente" ou "automatizado" (altamente eficiente), o que libera a atenção para fazer outras coisas, como conversar com outros passageiros. Mas mesmo para o motorista experiente, condições climáticas intensas ou as circunstâncias do trânsito podem produzir demandas de atenção que impeçam a capacidade de conversar ao mesmo tempo ou, em alguns casos, até de ouvir o rádio.

Em contraste com os condutores experientes, um novato tem de prestar muita atenção a cada componente da condução – girar a direção o quanto for necessário, acionar o pedal do freio em vez do acelerador, usar as setas indicadoras de direção e mudar as marchas se o carro tiver câmbio manual. Durante as primeiras fases da aprendizagem, é quase impossível para o novato dirigir de forma eficiente e continuar uma conversa. Conforme a condução se torna mais automática ou fluente, a capacidade de multitarefa aumenta.

Diversos estudos exploram o conceito de demanda de atenção e sua relação com a fluência. Ao aprender a ler, por exemplo, o esforço para a alocação de atenção ao pronunciar palavras pode dificultar prestar atenção ao significado do que se está lendo. Ao aprender um novo *video game*, os alunos muitas vezes precisam dedicar toda a atenção ao jogo. Somente quando se tornam fluentes eles conseguem começar a conversar sobre eventos cotidianos ou sobre o que estão fazendo enquanto jogam.

As demandas de atenção que acompanham as tentativas de aprender algo novo querem dizer que todos os alunos devem passar por um período de "falta de jeito" enquanto tentam adquirir novas habilidades e conhecimentos.

O fato de as pessoas persistirem ou desistirem durante essas fases "desajeitadas" depende, em parte, dos pressupostos sobre as próprias habilidades. Algumas pessoas podem decidir "não sou bom nisso" e desistir de tentar antes que tenham uma chance de aprender efetivamente (ver DWECK, 1986). Wertime (1979) observa que uma parte importante do foco no aluno é ajudar os estudantes a aprender a persistir diante da dificuldade, aumentando sua "amplitude de coragem".

Memória de curto prazo. Estudiosos do processamento da informação também exploraram as diferenças entre as memórias de curto e de longo prazo. Se você procurar um número de telefone e atravessar a sala para discá-lo (p. ex., 146-277-4883), poderá decorá-lo enquanto caminha. Essa é uma maneira de manter as informações ativas na memória de curto prazo. No entanto, depois de discar as informações, você pode não se lembrar mais, porque elas não foram transferidas para a memória de longo prazo. Para alcançar a memória de longo prazo, você pode precisar decorar por um período mais longo ou usar estratégias especiais (p. ex., "a primeira parte, 146, se encaixa no aniversário do meu irmão (14/6)", e assim por diante).

Os pesquisadores se perguntam como o conhecimento sobre a necessidade de utilizar várias estratégias se desenvolve com a experiência. Considere o simples ato de decorar informações, como um novo número de telefone, para que você não o esqueça ao atravessar a sala para discá-lo. Nascemos com o conhecimento da necessidade de decorar ou ele se desenvolve com o tempo? (ver "Um estudo da 'metamemória'").

Um estudo da "metamemória"

Imagine que você e vários alunos da 1ª série participem de um experimento no qual são mostradas fotografias de sete objetos comuns, como carro, mesa, livro. Um pesquisador aponta para quatro das imagens (p. ex., livro, cachorro, árvore, mesa). Sua tarefa é aguardar 15 segundos (você não pode ver as fotografias durante esse tempo) e depois apontar para as imagens na mesma ordem. Depois de dar sua resposta, o pesquisador aponta para outra ordem do conjunto de fotografias, e você tenta lembrar dela. Esse procedimento é repetido por várias vezes. Para responder corretamente em cada uma delas, que estratégia você usaria?

A resposta a essa pergunta parece óbvia. A maioria dos adultos usa a estratégia de decorar mentalmente os nomes das imagens para si mesmos durante o período de 15 segundos entre apresentação e teste. Assim, eles podem dizer para si mesmos: "livro, cachorro, árvore, mesa; livro, cachorro, árvore, mesa", talvez enquanto imaginam esses objetos.

Um estudo clássico de Keeney, Cannizzo e Flavell (1967) mostra que as crianças mais novas nem sempre decoram, embora pareçam muito motivadas a se recordarem. Os pesquisadores deram uma tarefa como a descrita anteriormente para alunos do 1º ano. Um dos pesquisadores era treinado em leitura labial. Ele observava qualquer movimento sutil dos lábios que pudesse acompanhar as tentativas das crianças de decorar as informações. Apenas algumas das crianças mostraram sinais de decoração, e a decoração ajudou o desempenho delas. Aquelas que decoraram tiveram um desempenho melhor do que aquelas que não pareciam decorar.

Keeney, Cannizzo e Flavell (1967) também se perguntaram se era possível ensinar estratégias aos alunos do 1º ano que não decoravam espontaneamente. Eles descobriram que era possível ensinar isso e que, nas tarefas em que eles foram explicitamente lembrados de decorar, o desempenho da memória das crianças melhorou.

O experimento foi estendido para incluir testes adicionais, mas sem os lembretes explícitos para decorar em cada teste. Um grande número de crianças parou de usar estratégias de decoração, apesar do fato de parecerem motivadas a se recordar das informações. Elas aparentemente não entendiam que a decoração era necessária para se sair bem na tarefa de memória.

Armazenamento *versus* recuperação. Outro aspecto da metacognição envolve perceber a diferença entre armazenar informações na memória de longo prazo e ser capaz de recuperá-las. Ter o nome de alguém "na ponta da sua língua" é um bom exemplo dessas diferenças – está em algum lugar "na memória", mas você não consegue alcançá-lo e, portanto, não consegue gerar o nome (recuperá-lo). No entanto, muitas vezes você pode reconhecer o nome se alguém der várias opções e pedir para você escolher.

Diferentes tipos de testes colocam demandas distintas na recuperação. Os testes de múltipla escolha colocam menos ênfase na recuperação do que os testes dissertativos. Para realizar um teste dissertativo, as pessoas precisam criar esquemas de recuperação que possam ajudá-las a ter um desempenho eficiente. Se você estiver escrevendo sobre a história de diferentes países, por exemplo, pode ser útil pensar em um esquema de recuperação como "STEPS mais G",* que pode ajudá-lo a se lembrar de escrever sobre ciência naquela época, tecnologia, economia, política, sociologia e geografia. Sem algum tipo de esquema de recuperação, as pessoas que armazenaram uma grande quantidade de informações relevantes podem não conseguir recuperá-las no momento do teste.

Compreensão. Outro aspecto importante da metacognição envolve o monitoramento para ver se estamos compreendendo algo apropriadamente. Sem o monitoramento ativo, geralmente pensamos que entendemos, mas esta-

---

* N. de R.T.: Sigla para *science, technology, economics, political systems, social and religious practices, and geography*.

mos errados (lembre como o peixe interpretava vacas, pássaros, e assim por diante). A capacidade de monitorar a própria compreensão não é simplesmente uma habilidade geral, mas requer conhecimento que ajude as pessoas a perceber discrepâncias entre o que elas entendem no presente e o que elas precisam saber. Se você for detetive, por exemplo, conseguirá entender a seguinte declaração de um suspeito: "Visitei minha mãe ontem, e ela e suas amigas irão testemunhar que eu estava lá". Mas você também perceberá que precisa de mais informações – como a exata hora do dia em que a testemunha visitara sua mãe em comparação com a hora e o dia do crime.

Experts em várias áreas (p. ex., detetives criminais, engenheiros, professores, e assim por diante) desenvolvem organizações especializadas do conhecimento (geralmente chamadas de *scripts* e esquemas) que os ajudam a compreender, recordar e monitorar se todas as informações necessárias para determinados esquemas foram fornecidas (ver BLACK; BOWER, 1979; PICHERT; ANDERSON, 1977; SCHANK; ABELSON, 1975). Por exemplo, esquemas disponíveis para os detetives criminais ajudam-nos a perceber a importância de determinados tipos de informação e guiam sua busca por dados adicionais. Os detetives sabem que registros telefônicos e outros tipos de informações podem ser utilizados para verificar a precisão das declarações feitas.

É comum que os alunos iniciantes em um tópico não tenham experiência suficiente em tal área para desenvolver *scripts* e esquemas que os ajudem a fornecer padrões internos de monitoramento. Por isso, é importante "tornar seu pensamento visível" para que os professores e colegas possam ajudar nesse monitoramento. Já observamos esse aspecto no exemplo da história *Peixe é peixe*. Talvez o peixe pudesse ter sido um pouco mais metacognitivo e se esforçado para verificar suas interpretações. Mas, sem o conhecimento da variação potencial de criaturas no mundo, pode ser difícil para o peixe saber o que mais ele precisava conhecer ou perguntar.

Em outros casos, as pessoas podem ter conhecimento de padrões que permitam monitorar seu desempenho, mas não o fazem espontaneamente, a menos que seja solicitado de forma explícita. Estudos mostram que o "treinamento metacognitivo" pode ter efeitos poderosos em auxiliar os estudantes a aumentar suas habilidades de compreensão, monitorando o estado atual do que eles sabem e não sabem (ver PALINCSAR; BROWN, 1984; WHITE; FREDERICKSON, 1998).

Motivação. Ajudar os alunos a aprender a identificar o que os motiva também é uma parte importante de ter foco no aluno. Pesquisadores exploraram diferenças entre motivadores extrínsecos (notas escolares, dinheiro, doces, e assim por diante) e motivadores intrínsecos (querer aprender algo porque é relevante para o que realmente interessa). Pode haver uma combinação dos tipos de motivação. Por exemplo, podemos estar intrinsecamente interessados em aprender sobre alguns tópicos e *também* em receber recompensas extrínsecas (p. ex., elogios por um bom desempenho ou honorários). No entanto, algumas pesquisas sugerem que muita ênfase em recompensas extrínsecas pode minar a motivação intrínseca, porque as pessoas se acostumam demais com as recompensas externas e param de se esforçar quando elas são removidas (ver DECI, 1978; e Cap. 9).

Parece haver diferenças importantes entre os fatores inicialmente motivadores (o pressuposto de que aprender a andar de *skate* parece interessante) e fatores que *sustentam* nossa motivação em face da dificuldade ("Ah, aprender a andar de *skate* é mais difícil do que parecia"). O apoio da motivação social de colegas, pais e outros é uma característica especialmente importante que ajuda as pessoas a persistirem diante das dificuldades. Também é importante receber desafios que tenham tão somente o nível certo de dificuldade – não tão fáceis que sejam chatos e não tão difíceis que sejam frustrantes. Criar os tipos certos de "dificuldades gerenciáveis" para cada aluno em uma sala de aula constitui um dos principais desafios e requer "atos de malabarismo" avançados. (Uma investigação da literatura sobre motivação pode ser encontrada em DECI; RYAN, 1985; DWECK, 1986; STIPEK, 2002.)

Transferência. Aprender sobre nós mesmos como aprendizes também envolve refletir a respeito de questões de transferência – de aprendizagem de maneiras que nos permitam resolver novos problemas que possamos encontrar mais tarde. A mera memorização de informações geralmente não é suficiente para que ocorra transferência; em vez disso, ajuda também a entender o que estamos aprendendo. No Capítulo 1, discutimos as diferenças entre memorizar fatos sobre veias e artérias *versus* entender por que cada uma tem propriedades particulares (p. ex., por que as artérias precisam ser mais elásticas do que as veias). Aprender com compreensão claramente melhora a experiência (ver NATIONAL RESEARCH COUNCIL, 2000). Um estudo clássico sobre aprendizagem, compreensão e transferência é mencionado na seção "Aprendizagem para a transferência".

Aprendizagem para a transferência

Em um dos primeiros estudos que compararam os efeitos de aprender um procedimento *versus* aprender com compreensão, dois grupos de crianças praticaram o lançamento de dardos em um alvo debaixo d'água (descrito em JUDD, 1908; ver HENDRICKSON; SCHROEDER, 1941 para uma réplica). Um grupo recebeu uma explicação sobre a refração da luz, o que faz a localização aparente do alvo ser enganosa. O outro grupo só praticou o arremesso dos dardos, sem a explicação. Ambos os grupos se saíram igualmente bem na tarefa prática, que envolveu um alvo de 30 cm debaixo d'água. Mas o grupo que havia sido instruído sobre o princípio abstrato se deu muito melhor quando tiveram que transferir para uma situação na qual o alvo estava sob apenas

---

1 cm de água. Por terem entendido o que estavam fazendo, o grupo que havia recebido instruções sobre a refração da luz pôde ajustar seu comportamento à nova tarefa.

Um objetivo importante para a transferência é a flexibilidade cognitiva (ver SPIRO *et al.*, 1991). Os *experts* têm flexibilidade cognitiva quando conseguem avaliar problemas e outros tipos de caso em seus campos de *expertise* a partir de muitos pontos de vista conceituais, observando várias interpretações e perspectivas possíveis. Wiggins e McTighe (1998) argumentam que a compreensão de questões complexas envolve ser capaz de explicá-las de mais de uma maneira. Spiro *et al.* (1991) argumentam que a incapacidade de construir várias interpretações na análise de casos do mundo real pode ser o resultado do ensino que simplifica demais matérias complicadas. Há mais discussões sobre transferência a seguir.

Pressupostos sobre "inteligência". Um conjunto importante de pressupostos que podem ter efeitos importantes sobre a aprendizagem e a motivação envolve os pressupostos que as pessoas fazem sobre a inteligência – tanto a sua quanto a dos outros. Muitos norte-americanos e europeus cresceram acreditando que "inteligência" é algo herdado e que limita as habilidades para a aprendizagem. Na primeira metade do século XX, muitas escolas também aceitaram essa crença e, portanto, consideraram que muitos estudantes iriam fracassar.

Evidências mais recentes sugerem que não é produtivo tentar medir as habilidades das pessoas em uma única dimensão, como o quociente de inteligência (QI). Diversos pesquisadores argumentam que a capacidade dos indivíduos de serem cidadãos e trabalhadores produtivos é multidimensional, e não unidimensional (ver GARDNER, 1983; STERNBERG, 1985a). Também se argumenta que a capacidade humana é ilimitada, portanto as pessoas podem "aumentar" sua capacidade intelectual (ver PERKINS, 1992; RESNICK; NELSON-LEGALL, 1998). Como será discutido na seção seguinte, há evidências dos neurocientistas de que a aprendizagem não depende apenas da estrutura do cérebro, mas também influencia o desenvolvimento dele (ver NATIONAL RESEARCH COUNCIL, 2000). Uma implicação importante dessas proposições é que ninguém realmente conhece o limite superior da inteligência humana.

No geral, há um consenso crescente de que, embora possa haver diferenças individuais nas aptidões biológicas para aprender certas coisas (música, habilidades sociais, e assim por diante), a maior parte da inteligência funcional é aprendida e, portanto, também ensinável. As *crenças* que as pessoas têm sobre a inteligência são um fator importante que afeta o que elas conseguem aprender. Diversos pesquisadores mostraram que muitas crianças nos Estados Unidos (mas não necessariamente em muitos países asiáticos) passaram a acreditar que as realizações educacionais se devem mais à "aptidão" do que ao "esforço" (RESNICK; NELSON-LEGALL, 1998). Os estudantes que questionam as próprias aptidões acadêmicas (muitas vezes por causa de estereótipos sociais como "meninas não conseguem fazer cálculos matemáticos") são mais propensos a desistir quando sentem dificuldades (MUELLER; DWECK, 1998). Da mesma forma, até mesmo estudantes muito capazes, que chegam a pensar que a realização é uma função da habilidade, em vez do esforço, frequentemente desistem quando encontram uma tarefa difícil, acreditando que, se tiverem problemas, é porque são incapazes. Como observado anteriormente, isso é muito grave, porque os novatos em geral experimentam uma fase de "falta de jeito" quando estão aprendendo algo novo, e as crenças sobre a inteligência afetam as interpretações das pessoas sobre o porquê dessa fase desajeitada estar acontecendo com elas.

Pressupostos sobre o desenvolvimento cerebral. Pressupostos sobre inteligência estão frequentemente ligados a pressupostos sobre "eficiência cerebral". É um equívoco comum dizer que a inteligência dos indivíduos e o desenvol-

vimento cerebral são inteiramente predeterminados pela biologia. Na realidade, a educação e a experiência realmente ajudam a desenvolver o cérebro. Atividades físicas e mentais de vários tipos ajudam as pessoas a desenvolver sua capacidade de aprender, e o que os professores fazem consegue afetar o desenvolvimento cerebral, envolvendo os alunos em atividades que os auxiliem a desenvolver suas capacidades. Isso pode variar do tipo de programação neurológica que ocorre quando músicos praticam certos padrões de movimento físico ligados a sistemas simbólicos (leitura de partituras musicais) e quando os leitores praticam correspondências entre letra e som e aprendem estratégias de compreensão. Habilidades de aprendizagem podem ser desenvolvidas pelo acesso a um ambiente que estimule e use o cérebro (ver "Como os ambientes afetam o desenvolvimento cerebral").

Como os ambientes afetam o desenvolvimento cerebral

Um estudo pioneiro sobre o efeito do ambiente no desenvolvimento cerebral foi conduzido por Greenough, Juraska e Volkmar (1979). Eles estudaram ratos colocados em vários ambientes e os efeitos resultantes na formação de sinapses no cérebro desses ratos. Os pesquisadores compararam os cérebros de ratos criados em "ambientes complexos", contendo brinquedos e obstáculos, com aqueles abrigados individualmente ou em pequenas gaiolas sem brinquedos. Eles descobriram que ratos criados em ambientes complexos tiveram melhor desempenho em tarefas de aprendizagem, como aprender a andar em labirintos, e tinham de 20 a 25% mais sinapses por neurônio no córtex visual. Esse estudo sugere que o desenvolvimento do cérebro é "dependente da experiência", permitindo que os animais adquiram conhecimentos específicos dos próprios ambientes. Tais experimentos sugerem que "ambientes ricos" incluem aqueles que fornecem inúmeras oportunidades de interação social, contato físico direto com o ambiente e um conjunto variável de objetos para brincar e explorar (ROSENZWEIG; BENNETT, 1978 *apud* NATIONAL RESEARCH COUNCIL, 2000, p. 119). Da mesma forma, ambientes de sala de aula ricos proporcionam interações com os demais dentro da sala de aula e na comunidade, experiências práticas com o mundo físico e *feedback* frequente e informativo sobre o que os alunos estão fazendo e pensando.

Novos avanços da tecnologia estão permitindo aos cientistas ir além do estudo dos animais e explorar como os *humanos* processam informações. Em pesquisas emergentes sobre o cérebro, as tecnologias de imagem estão ajudando os cientistas a localizar áreas de atividade cerebral que constituem a base dos componentes cognitivos de uma tarefa; com a imagiologia, as áreas do cérebro "se acendem" sob condições variadas. Por exemplo, a atividade física cerebral durante a leitura difere para pessoas com dislexia e sem dislexia. Alguns pesquisadores confiaram nessas imagens para melhorar a compreensão de como ensinar alunos com esse transtorno de aprendizagem (BERNINGER; RICHARDS, 2002).

Embora a pesquisa sobre o cérebro humano esteja progredindo rapidamente, conexões diretas entre a ciência do cérebro e práticas de ensino específicas não são claras nesse ponto. Bruer (1997) argumenta que, por enquanto, os educadores devem confiar principalmente em pesquisas sobre cognição, desenvolvimento e práticas de ensino e ficar de olho em novos desenvolvimentos nas ciências neurológicas que tenham implicações nesses campos.

Foco na comunidade

A discussão anterior explorou uma série de questões relevantes para o foco no conhecimento e o foco no aluno. O foco na comunidade da estrutura do HPL está relacionado ao foco no conhecimento e ao foco no aluno,

mas concentra-se de forma especial na natureza social da aprendizagem, incluindo as normas e os modos de operação de qualquer comunidade da qual participamos. Por exemplo, algumas salas de aula representam comunidades nas quais é seguro fazer perguntas e dizer: "Não entendo isso, você pode explicar de uma maneira diferente?". Outros seguem a norma: "Não seja pego sem saber de algo". Vários estudos sugerem que, para terem sucesso, as comunidades de aprendizagem devem dar às pessoas a sensação de que os membros são importantes entre si e para o grupo, compartilhando a crença de que as necessidades dos membros são satisfeitas por meio do compromisso de trabalhar juntos (ALEXOPOULOU; DRIVER, 1996; BATEMAN *et al.*, 2000). Muitas escolas são lugares impessoais, e isso pode afetar o grau em que as pessoas se sentem parte ou alienadas de importantes comunidades de profissionais e colegas.

Foco na comunidade, produtividade e *expertise* distribuída

É fácil fazer uma interpretação rápida do estilo da história *Peixe é peixe* da parte da estrutura do HPL com foco na comunidade e pressupor que ela é, principalmente, um argumento para criar ambientes de sala de aula nos quais os alunos são ajudados a se sentirem bem, mas não necessariamente atrelados a altos padrões. É nesse ponto que o equilíbrio na estrutura do HPL desempenha um papel – todos os quatro componentes afetam a qualidade dos ambientes de aprendizagem. O mais importante para os propósitos atuais, a ideia de funcionar como uma comunidade ou equipe, vai muito além de simplesmente fazer todos se sentirem bem porque integram um grupo.

Se você já presenciou um desastre natural, como inundação, furacão ou tornado, sabe como é para as pessoas se unirem de maneira altamente produtiva. As atividades em equipe geralmente proporcionam laços semelhantes de destino compartilhado. Especialmente importante é o fato de que o ideal de ter foco na comunidade não significa que todos simplesmente concordem com os demais sobre tudo. As verdadeiras comunidades de aprendizagem aprendem umas com as outras e sabem como "discutir com elegância". Conforme as pessoas compartilham suas compreensões e seus raciocínios, elas ensinam umas às outras de várias formas. Não apenas as ideias são compartilhadas, mas os modos de argumentação, raciocínio e resolução de problemas também são exemplificados e compartidos. Isso ajuda os outros a desenvolver suas habilidades de raciocínio, bem como seu armazenamento de conhecimento. Além disso, as várias habilidades e interesses trazidos pelos membros de uma comunidade de aprendizagem oferecem acesso a *expertises* distribuídas que podem ser habilmente usadas para dar suporte à aprendizagem de todos os participantes dessa comunidade. Uma parte importante do gerenciamento da sala de aula envolve o desenvolvimento de uma comunidade de aprendizagem respeitosa baseada em argumentos, na qual os alunos se beneficiam do conhecimento e dos pontos de vista mutuamente (ver Cap. 9).

As preocupações de que muitas escolas são impessoais e precisam ser menores de modo a serem mais centradas no aluno e na comunidade também podem ser mal interpretadas como simplesmente um argumento para ajudar os alunos a se sentirem bem consigo mesmos. Isso é muito importante, é claro, mas há outras coisas envolvidas também. O jogo de comunicação discutido na seção "Como o conhecimento pessoal afeta a comunicação" (p. ex., ajudar alguém a adivinhar "Corvette vermelho" ou "artêmia salina") e a história anterior sobre Bob (o "aluno problemático" que aprendeu bem fora da escola) demonstra a importância da busca por "recursos de conhecimento" na vida dos alunos que possam ser elaborados para aumentar sua motivação e aprendizagem. Quanto mais sabemos sobre as pessoas, melhor conseguimos nos comunicar com elas e, assim, ajudá-las (e a nós mesmos) a aprender. E quanto mais elas sabem umas sobre as outras, melhor elas conseguem se comunicar como uma comunidade.

Vygotsky e o foco na comunidade

A importância de criar e manter comunidades de aprendizagem pode ser atribuída à teoria de Vygotsky, na qual cultura e interação humana desempenham um papel central nos processos de desenvolvimento. Anteriormente, discutimos Piaget, que apresentava a tendência a se concentrar em alunos individuais enquanto exploravam seus ambientes. As pessoas exploram individualmente, é claro. No entanto, Vygotsky (1978) enfatizou que a aprendizagem é altamente social e mediada pela própria cultura. Em seu livro *A formação social da mente* (*Mind in society*), ele argumentou que até mesmo o desenvolvimento do cérebro humano é influenciado pelas atividades da cultura na qual a pessoa está inserida. Como observado anteriormente, esses pressupostos sobre o cérebro – feitos há muitos anos – estão sendo confirmados pelos neurocientistas modernos. O cérebro não é estabelecido ao nascimento; em vez disso, desenvolve-se em função das atividades sociais em que as pessoas estão engajadas (ver NATIONAL RESEARCH COUNCIL, 2000).

Vygotsky (1978) também se concentrou na interseção entre os indivíduos e a sociedade por meio de seu conceito da zona de desenvolvimento proximal (ZDP). Ele definiu o nível da ZDP como a distância entre o nível real de desenvolvimento determinado pela resolução independente de problemas e o nível de desenvolvimento potencial determinado pela resolução de problemas sob orientação de adultos ou em colaboração com pares mais capazes (VYGOTSKY, 1978). O que as crianças conseguem fazer com a ajuda de outros é ainda mais indicativo de seu desenvolvimento mental do que o que conseguem fazer sozinhas (VYGOTSKY, 1978).

A ZDP redefine os pressupostos cotidianos sobre a "prontidão para aprender" das pessoas ao enfatizar os níveis superiores de competência. Esses limites superiores mudam constantemente com a crescente competência independente do aluno. O que uma criança consegue realizar hoje com assistência ela será capaz de realizar amanhã de forma independente, preparando-a, assim, para entrar em uma colaboração nova e mais exigente. Essas funções poderiam ser chamadas de "botões" em vez de frutos do desenvolvimento. O nível de desenvolvimento real caracteriza o desenvolvimento mental prospectivamente (VYGOTSKY, 1978). A ZDP é relevante tanto para o foco no aluno quanto para o foco na comunidade. Para o último, os professores devem saber balancear o fato de que, na maioria das salas de aula, diversas trajetórias de aprendizagem, ou ZDPs, devem ser levadas em conta (ver BROWN; CAMPIONE, 1994). Um exemplo é fornecido na seção "Estar ciente das diferentes trajetórias de aprendizagem".

Estar ciente das diferentes trajetórias de aprendizagem

Um grupo de pesquisa escreveu sobre uma importante lição que aprendeu, que é relevante para um aspecto da teoria de Vygotsky da ZDP (COGNITION AND TECHNOLOGY GROUP AT VANDERBILT, 1997). Os pesquisadores estavam observando um professor que tinha a reputação de ser excepcional, mas o que eles constataram deixou-os alarmados. O professor estava trabalhando com alunos do ensino médio em problemas matemáticos que eram motivadores, mas difíceis de resolver. Os estudantes geralmente trabalhavam em grupos, mas, com frequência, apresentavam sozinhos. Os problemas poderiam ser resolvidos de várias maneiras; um dos principais objetivos das apresentações era fazer os alunos explicarem por que haviam feito escolhas de estratégias específicas. Isso é muito diferente de simplesmente repetir os cálculos que foram usados para obter alguma resposta no final.

O que chocou o grupo de pesquisa foi o fato de que esse professor supostamente excelente elogiou o que era de forma evidente um desempenho não tão satisfatório de um aluno. A apresentação oral do aluno de sua solução matemática para o pro-

blema complexo foi *OK*, mas ele não deu nenhuma explicação de por que havia escolhido estratégias de solução específicas. Apesar disso, o professor elogiou o aluno, e a turma bateu palmas. O grupo de pesquisa ficou alarmado com o fato de os critérios do professor para um "bom trabalho" serem muito baixos, o que prejudicaria os alunos a longo prazo. Eles achavam que o professor sabia que o trabalho em matemática deveria se concentrar em explicações, mas evidentemente ele não sabia.

O acontecimento ocorreu na sexta-feira, e vários membros do grupo de pesquisa conversaram durante o fim de semana sobre como ajudar o professor. Eles não queriam ferir seus sentimentos, mas a aprendizagem dos alunos estava em jogo. Por fim, os pesquisadores decidiram perguntar ao professor, na segunda-feira, o que ele havia achado da lição de sexta-feira. A resposta dele foi: "Foi um dos destaques da minha carreira docente". Ele explicou que aquela fora a primeira vez em todo o ano (era início de maio) que o jovem que havia apresentado na sexta-feira tivera coragem de falar em aula. Com certeza seu desempenho não fora perfeito, e o professor preferia que ele tivesse dado explicações sobre sua solução, em vez de simplesmente recitar seus cálculos. Mas, no geral, seu desempenho foi uma grande vitória. O garoto contou a seus pais sobre isso, e eles ligaram para o professor para agradecer. A turma também percebeu que esse foi um grande acontecimento, e é por isso que eles aplaudiram.

O grupo de pesquisa aprendeu uma lição valiosa. Eles não sabiam o suficiente sobre o jovem para perceber que seu desempenho representava um verdadeiro progresso. Eles ouviram enquanto o professor explicava como ele construía cuidadosamente suas expectativas para os diferentes alunos, dependendo de onde eles começavam – ele não lecionava como se todos os alunos estivessem em uma linha de produção na qual se espera que todos os alunos façam a mesma coisa ao mesmo tempo. O professor levou a sério a ideia de que diferentes alunos requeriam diferentes tipos de suporte (*scaffolding*) para progredir. Ao mesmo tempo, o professor levou a sério a necessidade de todos os alunos atingirem altos padrões. Ele tinha certeza de que, até o final do ano, o jovem que falara pela primeira vez na sexta-feira seria capaz de explicar suas respostas além de simplesmente descrevê-las. Ele queria altos padrões para todos os seus alunos e percebeu que o tipo de cultura comunitária que desenvolveu na sala de aula era uma parte importante para ajudá-lo a alcançar seu objetivo.

Vários capítulos deste livro exploram questões relevantes para os aspectos dos ambientes de aprendizagem com foco na comunidade. Um deles é o Capítulo 9, "Gerenciamento da sala de aula", que ajuda a demonstrar como a construção dessa comunidade pode ser usada a serviço de conquistas mais significativas.

Em um nível mais amplo, ter foco na comunidade também significa ir além dos muros da escola para se conectar com as experiências extraescolares dos alunos, inclusive aquelas dentro de seus lares. Na estrutura do HPL (NATIONAL RESEARCH COUNCIL, 2000), uma análise do tempo passado na escola em um importante distrito escolar durante um ano letivo indicava que, mesmo com a assistência perfeita, os alunos passavam apenas 14% de seu tempo na escola. Grande parte da aprendizagem ocorre fora da escola, mas, muitas vezes, os professores não sabem como conectar esses tipos de experiências à aprendizagem escolar. Anteriormente, discutimos a história de Bob (o "aluno problemático"), relacionando-a com a ideia de procurar "recursos de conhecimento" existentes nas comunidades que podem ser trabalhados para ajudar os alunos a serem bem-sucedidos. Ajudar os alunos a construir redes sociais fortes dentro de uma sala de aula, dentro de uma escola e entre sala de aula e recursos externos

produz uma série de vantagens, que são discutidas mais detalhadamente nos Capítulos 3 e 9.

Foco na avaliação

Discutimos o foco no conhecimento, no aprendiz e na comunidade, e agora nos voltamos para o foco na avaliação. É fácil supor que a avaliação envolva simplesmente dar testes e notas aos alunos. Teorias de aprendizagem sugerem papéis para avaliação que envolvem muito mais do que simplesmente fazer testes e dar notas.

Em primeiro lugar, os professores precisam perguntar-se o que estão avaliando. Isso requer o alinhamento de seus critérios de avaliação com os objetivos de seus alunos (parte de ter foco no conhecimento) e a "prontidão" dos alunos em sala de aula (foco no aprendiz e na comunidade). Avaliar a memorização (p. ex., das propriedades das veias e artérias) é diferente de examinar se os alunos entendem por que veias e artérias têm várias propriedades (ver Cap. 1 para o exemplo das veias e artérias). Da mesma forma, avaliar se os alunos conseguem responder a perguntas sobre os ciclos de vida (p. ex., das rãs) é diferente de avaliar se irão recuperar espontaneamente essas informações ao tentar resolver problemas (observe o exemplo em "Organização do conhecimento e resolução de problemas" sobre as respostas dos alunos ao experimento da luz ultravioleta que usou rãs adultas). Também vimos anteriormente que o conhecimento sobre as ZDPs dos alunos pode ajudar os professores a decidir usar critérios diferentes para avaliar o progresso dos alunos. Por exemplo, na seção "Estar ciente das diferentes trajetórias de aprendizagem", discutimos o jovem que apresentou sua solução para a resolução de problemas de uma forma que não se encaixava nos padrões ideais de excelência, mas o professor aplaudiu porque sabia que essa era a primeira vez em todo o ano letivo que o aluno ousara falar diante da turma.

Em um nível mais geral, as questões sobre o que avaliar estão relacionadas às questões sobre o que os alunos precisam saber e ser capazes de fazer para ter uma vida plena depois de se formarem. Devido às rápidas mudanças na sociedade, essa é uma questão que precisa ser constantemente reconsiderada. Debates sobre testes padronizados incluem preocupações de que eles podem fazer o ensino "pender" em uma direção que é contraproducente para os alunos, porque alguns professores gastam a maior parte do tempo ensinando para testes, mas esses testes não avaliam a gama de habilidades, conhecimentos e atitudes necessários para vidas bem-sucedidas e produtivas no século XXI. O Capítulo 8, sobre avaliação, explora essa questão com mais detalhes.

Diferentes tipos e objetivos das avaliações

Um aspecto especialmente importante da ótica do foco na avaliação dentro da estrutura do HPL é sua ênfase em diferentes tipos de avaliações para objetivos distintos. Quando a maioria das pessoas pensa em avaliações, está considerando *avaliações somativas*. Essas avaliações incluem testes padronizados ao final do semestre, exames finais no final da disciplina e testes parciais ao final de cada unidade. As avaliações somativas aparecem de todas as formas: testes de múltipla escolha, questões discursivas, apresentações dos alunos, e assim por diante. Essas avaliações são muito importantes. Muitas vezes, elas revelam informações importantes das quais os professores gostariam de saber previamente. A vinheta no início deste capítulo sobre Paul Nelson, o professor de astronomia que descobriu que seus alunos ainda não entendiam conceitos importantes sobre a Terra e suas estações, fornece um exemplo desse aspecto. Paul achava que todos entendiam as aulas sobre o sistema solar e os sistemas da Terra, mas os testes discursivos traziam uma imagem diferente. Se ele soubesse antes o que os alunos estavam pensando, poderia ter retornado ao tópico e explorado sob uma perspectiva diferente. Agora era tarde demais. Os alunos fizeram os seus exames finais e terminaram a disciplina. Suas interpretações do tipo da história *Peixe é peixe* iriam segui-los para fora da sala de aula. A angústia de Paul poderia ter sido menor se ele tivesse usado as chamadas avaliações formativas. Elas são utilizadas com a finalidade de melhorar o ensino e a aprendizagem. Elas envolvem tornar o pensamento dos alunos visível *à medida que eles progridem na disciplina*, dando a eles *feedback* sobre o que pensam e oferecendo oportunidades de revisão.

A importância do *feedback* frequente foi enfatizada por uma das primeiras tradições de pesquisa nos Estados Unidos a estudar a aprendizagem – a tradição behaviorista. Foram grandes contribuintes para essa linha de pensamento J.B. Watson, Ivan Pavlov e B.F. Skinner. Eles buscavam leis universais de aprendizagem que pudessem ser aplicadas não apenas a indivíduos, mas a todas as espécies (ratos, pombos, macacos, humanos). Sua ênfase estava no papel do *feedback* positivo e negativo em ajudar os organismos a aprender a executar habilidades complexas.

Um dos primeiros colaboradores do movimento behaviorista foi Edward Thorndike, que ficou conhecido como "o pai da psicologia educacional". Sua famosa "lei do efeito" afirmava que as recompensas reforçavam as conexões entre determinadas condições de estímulo e determinados resultados. Quando as respostas eram recompensadas, a tendência era que elas se repetissem quando essas condições de estímulo aparecessem novamente.

Recompensas e punições trazem informações (*feedback*) sobre o quão "corretas" são as ações (respostas), e Thorndike (1968) enfatizou a importância do *feedback* para a aprendizagem. Em um inteligente estudo demonstrativo, Thorndike (1968) decidiu aprender a desenhar linhas com exatamente 10 cm de comprimento com os olhos vendados. Ele praticou por 3 mil vezes, mas nunca recebeu qualquer *feedback* sobre o quão perto cada tentativa estava. Sem *feedback*, ele não fez progresso. No primeiro dia de prática vendada, suas linhas variaram de 11 a 15 cm. No último dia, elas variaram de 10 a 14 cm – ainda muito longe de uma marca perfeita de 10 cm.

Thorndike (1968) concluiu que a prática não leva à perfeição, a menos que haja a oportunidade de *feedback*. Uma vez removida sua venda, ele melhorou muito rapidamente, porque recebeu um *feedback* que permitiu comparar seu comportamento a um padrão (uma linha de 10 cm). Hoje, a pesquisa em ciência cognitiva mostra que a avaliação formativa e o *feedback* que ela fornece são extremamente importantes para melhorar a aprendizagem (ver BLACK; WILLIAM, 1998). O Capítulo 8, sobre avaliação, fornece muito mais informações a respeito da importância da avaliação formativa para ajudar qualquer aluno a ter sucesso.

Avaliação e teorias de transferência

É igualmente importante que os professores compreendam as formas como as práticas de avaliação se relacionam com as teorias de transferência. Considere as avaliações somativas, por exemplo. Todos queremos garantir que elas forneçam uma indicação da capacidade dos alunos de realizar algo diferente de simplesmente "fazer testes". O ideal é que as avaliações dos professores sejam preditivas do desempenho dos alunos em situações cotidianas assim que eles saem da sala de aula.

Uma forma de analisar esse problema é olhar os testes como tentativas de prever as habilidades dos alunos de *transferir* as situações da sala de aula para as situações do dia a dia. Diferentes maneiras de pensar sobre a transferência têm implicações consideráveis ao se pensar sobre avaliação. Uma teoria de "aplicação direta" e uma metodologia dominante que Bransford e Schwartz (1999) chamam de "solução de problemas em isolamento" (SPS – *sequestered problem solving*) é fundamental para as abordagens tradicionais de transferência. Assim como os júris são frequentemente colocados em isolamento para protegê-los da possível exposição a informações "contaminadoras", os participantes de experimentos são isolados durante os testes de transferência. Não existem oportunidades para que demonstrem suas habilidades para aprender a resolver novos problemas buscando ajuda de outros recursos, como textos ou colegas, recebendo *feedback* e obtendo oportunidades para revisar. Com o

paradigma SPS, existe uma teoria que caracteriza a transferência como a capacidade de aplicar diretamente a aprendizagem anterior a um novo cenário ou problema. Chamamos isso de teoria de transferência de aplicação direta (AD). Alguns argumentam que a metodologia de SPS e a teoria de transferência de AD que a acompanha são responsáveis por grande parte do pessimismo sobre as evidências da transferência (BRANSFORD; SCHWARTZ, 1999).

Uma visão alternativa que reconhece a validade dessas perspectivas também amplia a concepção de transferência, incluindo uma ênfase na "preparação para a aprendizagem futura" (PAF) das pessoas. Aqui, o foco muda para a avaliação das habilidades das pessoas em aprender em ambientes ricos em conhecimento. Quando as empresas contratam novos funcionários, elas não esperam que eles já tenham aprendido tudo o que precisam para uma adaptação bem-sucedida. Elas querem pessoas que consigam aprender e esperam que elas façam uso de recursos (p. ex., textos, programas de computador e colegas) para facilitar essa aprendizagem. Quanto mais preparadas estiverem para a aprendizagem futura, maior será a transferência (em termos de velocidade e qualidade dessa nova aprendizagem). Exemplos de formas de PAF são explorados em Schwartz e Bransford (1998), Bransford e Schwartz (1999) e Spiro *et al.* (1987).

É importante enfatizar que a preparação para a perspectiva de aprendizagem sobre transferência não pressupõe a existência de um conjunto de habilidades gerais de aprendizagem que sejam isentas de conteúdo. A literatura especializada (ver BRANSFORD; BROWN; COCKING, 1999) mostra de forma clara como as estratégias e o conhecimento são altamente interdependentes. Broudy (1977, p. 12) fornece um exemplo: "O conceito de infecção bacteriana conforme estudado na biologia pode estar presente mesmo se apenas uma noção básica da teoria e dos fatos que a sustentam puder ser lembrada. No entanto, somos informados de culturas em que tal conceito não faria parte do esquema interpretativo [...]".

A ausência de uma ideia de infecção bacteriana pode ter um forte efeito na natureza das hipóteses das quais as pessoas fazem uso para explicar várias doenças e, portanto, afetar suas habilidades de aprender mais sobre as causas da doença por meio de pesquisas e estudos e as estratégias utilizadas para resolver novos problemas. A aquisição de conhecimento diferenciado é crucial para a aprendizagem futura (ver BRANSFORD; BROWN; COCKING, 1999; SCHWARTZ; BRANSFORD, 1998; SPIRO *et al.*, 1987). Quanto mais esse conhecimento for adquirido com compreensão, maior a probabilidade de que a transferência apropriada ocorra.

O uso exclusivo de avaliações estáticas pode mascarar os ganhos de aprendizagem de muitos alunos, bem como dissimular as vantagens de aprendizagem que os vários tipos de experiências educacionais fornecem (BRANSFORD; SCHWARTZ, 1999). A associação do trabalho em avaliação somativa às teorias de transferência pode nos ajudar a superar as limitações de muitos testes existentes. Um exemplo da diferença entre avaliações de aprendizagem e transferência do tipo SPS *versus* PAF é dado na seção seguinte.

Avaliações de transferência do tipo SPS *versus* PAF

Foi dado a grupos de alunos do 5º ano e de universitários o problema de implementar um plano de recuperação estadual para proteger águias-de-cabeça-branca (BURGESS *apud* BRANSFORD; SCHWARTZ, 1999). Nenhum dos alunos havia estudado planos de recuperação para águias previamente. O estudo foi concebido para ver se a experiência educacional geral dos universitários seria transferida para resolver o problema. Tanto os universitários quanto os alunos do 5º ano deram soluções muito inadequadas para o problema. Usando um método direto de medir transferência, é evidente que as experiências educacionais gerais dos universitários não se transferiram para resolver o problema. No entanto,

ao medir a transferência como preparação para a aprendizagem futura, as experiências educacionais dos universitários foram transferidas. Os pesquisadores pediram aos dois grupos que gerassem perguntas sobre questões importantes que precisariam investigar para desenvolver um plano de recuperação efetivo. As diferenças entre os universitários e os alunos do 5º ano foram convincentes. As perguntas do 5º ano concentravam-se mais em águias individuais (p. ex., o que elas gostam de comer? Que tamanho têm? Em que tipo de árvores vivem?). As perguntas investigativas dos universitários se concentraram mais na relação entre as águias e seu hábitat (p. ex., em que tipos de ecossistemas as águias conseguem viver? Que tipos diferentes de *experts* são necessários para conduzir os planos de recuperação? Outros animais precisam ser recuperados de modo a recuperar essas águias?). Assim, por meio dessa segunda medida da transferência, parece que os universitários utilizaram seu conhecimento prévio de outras aulas de zoologia ou biologia para ajudar a moldar sua aprendizagem futura sobre um tópico a ser investigado. Vários estudos adicionais mostram que as medidas de transferência PAF podem revelar as vantagens de muitos tipos de experiências educacionais que permanecem relativamente invisíveis quando avaliadas do ponto de vista da SPS (ver BISWAS; SCHWARTZ; BRANSFORD, 2001; SCHWARTZ; MOORE, 1998; SCHWARTZ *et al.*, 1999).

A ESTRUTURA DO HPL EM AÇÃO

Discutimos todos os quatro componentes da estrutura do HPL, mas observamos anteriormente que a aprendizagem ocorre de maneira mais eficiente quando todos os quatro componentes se encontram em equilíbrio. Subvalorizar um ou mais dos componentes pode dificultar o sucesso de todos os alunos. Por exemplo, os professores podem ser excessivamente centrados no aluno e na comunidade, mas não conseguem enfatizar a aquisição de conceitos e habilidades importantes (foco no conhecimento) de que os alunos precisam para uma vida de sucesso. E, se os professores não voltarem o foco à avaliação (especialmente no uso de avaliações formativas), eles podem deixar de perceber que os alunos não estão tendo o progresso adequado até o final do ano letivo, quando já é tarde demais para ajudar.

A estrutura do HPL se torna uma poderosa ferramenta conceitual para professores quando utilizada para analisar a qualidade de vários ambientes de aprendizagem. Com isso em mente, imagine-se observando um professor de inglês do ensino médio que esteja ensinando uma unidade sobre histórias e poesia que exploram temas da natureza e da ecologia. Ele havia instruído seus alunos a ler vários textos sobre a natureza e a selecionar e decorar um deles para recitar em voz alta à turma. Um dos alunos, Henry, escolhe o seguinte trecho do livro *Pensar como uma montanha* (*Sand county almanac*), de Leopold (1990):

> Eu agora suspeito que, assim como um rebanho de cervos vive com medo mortal de seus lobos, o mesmo acontece com uma montanha que tem medo mortal de seus cervos. E talvez por uma boa causa, pois enquanto um macho adulto exterminado por lobos pode ser substituído em dois ou três anos, as pastagens de uma montanha, exterminadas por um excesso de cervos, podem sumir por várias décadas. Assim ocorre com as vacas. O vaqueiro que elimina os lobos de suas pastagens não percebe que ele está assumindo o trabalho do lobo de aparar seu rebanho para se ajustar ao tamanho das pastagens. Ele não está pensando como uma montanha. Por isso, temos enxurradas e rios lavando o futuro para dentro do mar [...].

Suponha que Henry recite esse trecho sem falhas e que o professor e a classe aplaudam. Como a estrutura do HPL pode nos ajudar a pensar mais profundamente sobre esse acontecimento?

Foco no conhecimento

A adoção dessa ótica chama a atenção para questões sobre o que deve ser ensinado e por quê. É possível que essa tarefa estivesse em um livro didático e o professor a tenha ensinado simplesmente porque ela foi elaborada para ser "a próxima lição". Teoricamente, refletiu-se bastante sobre a decisão de que essa unidade merecia ser ensinada. Provavelmente, o professor consultou os padrões nacionais, estaduais e distritais para sua disciplina e alinhou seu ensino a esses padrões. E talvez o professor até tenha planejado colaborar com um professor de ciências para que ambos pudessem se concentrar em questões de ecologia a partir de diferentes pontos de vista (evidências científicas com literatura e arte).

A ótica do foco no conhecimento tem implicações para outras óticas do HPL, como a avaliação. Por exemplo, podemos dizer que Henry aprendeu efetivamente e que, pelo menos para ele, a aula foi um sucesso? A resposta depende das metas dos professores para essa aula (que, para esse exemplo, vamos supor que sejam consistentes com os padrões distritais, estaduais e nacionais).

O principal objetivo pode ter sido ajudar os alunos a aprender a executar ideias, memorizando-as e externalizando-as de maneira poderosa, emocional (p. ex., em vez de monótona). Este pode ser um objetivo válido e importante para os alunos, e, sob tal perspectiva, Henry se saiu muito bem. Os objetivos podem ser diferentes, no entanto. Por exemplo, o professor pode querer que todos os alunos desenvolvam uma compreensão profunda dos trechos que estão recitando. Com base no desempenho de Henry, conforme delineado até agora, não está claro se ele entende o que memorizou.

Foco na avaliação

A ótica do foco na avaliação da estrutura do HPL se concentra em maneiras como diferentes objetivos de ensino e aprendizagem afetam o que os professores fazem para avaliar o progresso. Se o objetivo for um desempenho dramático de recitação, os professores irão analisar os critérios para o sucesso que são diferentes daqueles que sinalizam a aprendizagem com compreensão. E, se ambos são importantes, os dois precisam ser representados nos critérios de avaliação.

Suponha que o professor queira um bom desempenho oral *mais* uma compreensão profunda do que os alunos leram. No caso de Henry, o professor pode dizer: "Bom trabalho, Henry. Agora diga à turma o que você acha que isso significa". Imagine Henry olhando para o professor por alguns segundos e depois dizendo: "Os lobos são importantes. Isso é tudo o que consigo pensar". Considerando o objetivo do professor de que os alunos entendam e atuem, a resposta de Henry não é a ideal. Se o professor trata esse evento como uma avaliação somativa, ele pode simplesmente atribuir uma nota a Henry (talvez um "C" ou "D") e passar para o próximo aluno. Teoricamente, esse evento é uma avaliação formativa, e o objetivo do professor é ajudar Henry a melhorar suas habilidades para compreender a história. Para fazer isso, o professor deve considerar a ótica do foco no aluno e na comunidade da estrutura do HPL.

Foco no aluno

Essa ótica da estrutura do HPL concentra a atenção em alunos individuais e em seus pontos fortes, interesses e necessidades especiais. O conhecimento do professor sobre Henry é muito importante para ajudar a definir sua ZDP, o que, por sua vez, ajudará o professor a escolher novos objetivos de aprendizagem e procedimentos de ensino que otimizarão a aprendizagem de Henry.

É possível que Henry seja parecido com o menino discutido na seção "Estar ciente das diferentes trajetórias de aprendizagem", que nunca antes se atreveu a falar em sala de aula. Naquele caso, o professor sabia que a tentativa do menino de dizer qualquer coisa diante da turma foi um grande avanço. No caso de Henry, no entanto, vamos supor que ele está acostumado a conversar em sala de aula e o professor acha que ele tem potencial para entender mais profundamente o que leu.

A seguir, apresentamos um exemplo de como o professor poderia trabalhar com Henry:

PROFESSORA (P): Então, Henry, o que você acha que Leopold está dizendo aqui?

HENRY (H): Eu não sei. Isso não faz nenhum sentido para mim, na verdade.

P: Tudo bem. Bem, o que você sabe sobre a superpopulação? (Isso representa uma tentativa de ver se Henry já sabe algo que o professor pode usar para ajudar sua compreensão.)

H: Eu sei que é ruim. (Isso sugere que Henry sabe alguma coisa sobre o conceito de superpopulação.)

P: Leopold está falando sobre superpopulação nessa passagem? (Isso representa uma tentativa de fazer Henry usar o conhecimento existente para interpretar a situação presente – semelhante ao exemplo usado anteriormente do "paraquedas" para entender "O palheiro era importante porque o pano rasgou".)

H: Sim, está! Ele está falando sobre como muitos cervos podem destruir a encosta de uma montanha, e é isso que a superpopulação pode fazer. (Isso representa um daqueles momentos tipo "lâmpada acesa" em que a aplicação do conhecimento adquirido anteriormente [superpopulação] fornece uma percepção em um novo contexto.)

P: Então, o que você acha que Leopold estava dizendo quando disse que os vaqueiros não estavam "pensando como uma montanha"? (Isso representa uma tentativa do professor de ajudar Henry a vincular sua nova visão à parte mais metafórica da passagem; por exemplo, pedir aos vaqueiros que pensem como uma montanha.)

H: Bem, eu nunca pensei nisso dessa maneira, mas ele está nos dizendo que as populações precisam ser mantidas sob controle ou nosso mundo pode acabar como a encosta daquela montanha. É uma espécie de orientação para nós e de como devemos viver.

Se ensinar fosse sempre tão fácil assim, todos se regozijariam. Mas mesmo essa situação ilustra a complexidade do ato de malabarismo da professora. Para serem eficientes, os professores precisam tomar decisões a cada momento com base em suas avaliações contínuas dos níveis atuais de compreensão dos alunos e suas ZDPs. Para usar a terminologia de Piaget, o questionamento do professor permitiu que Henry *assimilasse* o significado da passagem da obra de Leopold (1990), incorporando a ideia a um esquema já existente: "superpopulação". Isso ajudou Henry a dar o próximo passo, que era expandir seu esquema existente (o que para Piaget seria um exemplo de *acomodação*, em vez de pura assimilação), visualizando a superpopulação a partir da perspectiva de uma montanha, e não apenas da perspectiva dos seres humanos. Em geral, quanto mais o professor conhece Henry, melhor ele pode orientar o ensino para que, no fim, Henry aprenda a interpretar histórias e poemas em vez de apenas recitá-los.

Para essa lição em particular, o professor pode ou não adotar objetivos adicionais, dependendo do quanto conhece Henry. O objetivo ilustrado anteriormente era fazer perguntas que ajudassem Henry a entender uma história em particular. Um objetivo mais a longo prazo pode ser ajudar Henry a aprender a fazer perguntas que o ajudem a desenvolver a capacidade de entender uma grande variedade de histórias, não apenas essa. Uma estratégia de ensino bem-sucedida chamada de "ensino recíproco" demonstrou ajudar os alunos a aprender a fazer as próprias perguntas sobre histórias, em vez de dependerem de questões específicas que seus professores fizeram sobre uma história que leram (PALINCSAR; BROWN, 1984). Para isso, os professores precisam ajudar os alunos a desenvolver as habilidades de autoavaliação da própria compreensão, para que eles nem sempre tenham que confiar em alguém para fazer perguntas que permitam decidir se

entenderam adequadamente (ver BARRON *et al.*, 1998; BROWN; CAMPIONE, 1994, 1996).

Foco na comunidade

A vinheta envolvendo Henry não nos fornece informações muito explícitas sobre os aspectos com foco na comunidade dentro da sala de aula e da escola em que o exemplo ocorreu. No entanto, existem razões para suspeitar que as normas da sala de aula se desenvolveram no sentido de os colegas de turma respeitarem os esforços uns dos outros para perceberem que, às vezes, aprender é difícil para todos. O fato de o professor fazer uso de perguntas para dar a Henry uma oportunidade de avaliação formativa e revisão sugere que isso pode ter-se estabelecido como uma norma na sala de aula – e é muito importante para criar um clima de aprendizagem compartilhada, além de respeito pela aprendizagem. Nem todas as salas de aula são assim. A famosa cena do filme *Curtindo a vida adoidado* (*Ferris Bueller's Day Off*) na qual o ator Ben Stein discursa em um tom monótono, enquanto os alunos lutam comicamente para ficarem acordados, é apreciada pelo público porque as pessoas se lembram de muitas salas de aula como essa.

Outro nível do foco na comunidade que não é visível na vinheta anterior envolve o senso de comunidade entre professores colegas e outros adultos na escola como um todo. Quando os professores se relacionam e aprendem uns com os outros, eles proporcionam modelos que ajudam a dar suporte à aprendizagem dos alunos e conseguem compartilhar seus conhecimentos entre si para melhorar a qualidade geral do ensino (ver MCLAUGHLIN; TALBERT, 2001). Por fim, as relações entre os educadores e os pais e membros da comunidade são muito importantes. Observamos anteriormente que, para um ano letivo, um aluno com frequência escolar perfeita passa apenas cerca de 14% de seu tempo na escola. A forma como os alunos passam o tempo fora da escola é extremamente importante para seu desenvolvimento geral, e isso afeta seu sucesso acadêmico. Quanto mais professores puderem trabalhar com os outros para desenvolver a boa vontade e os recursos intelectuais da comunidade, mais sucesso eles terão. Nesse caso, isso pode incluir trazer *experts* da comunidade para falarem sobre problemas de superpopulação ou outras questões relacionadas aos tópicos que estão sendo explorados em sala de aula. Fazer os membros da comunidade serem a plateia da apresentação do aluno – uma plateia que faça perguntas – pode ser um evento especialmente poderoso para os alunos, *desde que* os professores tenham criado um número suficiente de ciclos de avaliação e revisão para permitir que os alunos façam um bom trabalho.

Questões motivacionais

Equilibrar todos os quatro aspectos da estrutura do HPL ajuda na motivação, bem como na aprendizagem. Se os alunos souberem que estão aprendendo conteúdos e habilidades que serão importantes na vida, isso é motivador. Se as disciplinas se interligarem aos seus interesses e pontos fortes e se seus preconceitos forem desafiados, isso é motivador (DWECK, 1989). Se os alunos receberem *feedback* frequente que permita a percepção de seu progresso na aprendizagem e da oportunidade de fazer ainda melhor, isso é motivador. E se os alunos sentirem que são uma parte valiosa de comunidades de aprendizagem vibrantes e de "alto padrão" – no âmbito da sala de aula, da escola e da comunidade como um todo –, isso também é motivador.

Teorias de aprendizagem e preparação de professores

Novas informações sobre aprendizagem, ensino e transferência são tão relevantes para a preparação de novos professores quanto para a educação de alunos desde a educação infantil até o ensino médio. Por exemplo, simplesmente ter futuros professores memorizando fatos sobre como ensinar é tão limitador quanto apenas fazer os alunos memorizarem fatos sobre as descobertas dos cientistas. Assim como os estudantes das ciências precisam experimentar os processos de investigação envolvidos na descoberta e o teste de ideias relevantes às ciências, os futuros professores precisam experienciar o que é aprender em ambientes que sejam consistentes com os princípios de aprendizagem (ver NATIONAL RESEARCH COUNCIL, 2005). De fato, aprenderem da maneira que se espera que ensinem pode ser a forma mais poderosa de formação dos professores. A maioria das pessoas tende a ensinar conforme foi ensinada. Isso significa que os programas de formação de professores podem se beneficiar da exploração de o quão consistentes suas disciplinas e programas são em relação ao que se sabe sobre como as pessoas aprendem (ver Cap. 10, no qual a aprendizagem do professor é abordada, para um tratamento mais aprofundado dessas questões).

Uma visão da *expertise* na docência

Um dos principais objetivos de qualquer programa profissional é ajudar os alunos a começar a se verem como profissionais em desenvolvimento, em vez de simplesmente como alunos cujo principal objetivo é obter boas notas (ver a discussão dos seis "lugares-comuns" de todas as profissões no Cap. 1). O argumento aqui não é que boas notas não sejam importantes. Em vez disso, o argumento é que os futuros professores precisam fazer mais do que simplesmente focarem as notas. Eles precisam ter uma visão clara do que significa ter uma motivação profissional e intrínseca para obter sucesso, de modo que possam monitorar seu progresso e fazer as correções necessárias. Sem uma visão clara dos objetivos e responsabilidades finais de um profissional, a reflexão metacognitiva necessária para avaliar o progresso é difícil, se não impossível, de se alcançar.

Muitos programas de formação de professores estão adotando a ideia de "*expertise* adaptativa" como o padrão ideal para ser um profissional. Discutimos a ideia desse conceito no início deste capítulo e a diferenciamos da experiência rotineira (ver HATANO; INAGAKI, 1986). A **Figura 2.1** fornece duas dimensões de *expertise* (eficiência, inovação) que são muito úteis para ajudar no desenvolvimento de uma concepção do que significa ser um profissional. *Experts* adaptativos conseguem balancear eficiência e inovação. Ajudar os futuros professores a alcançar esse equilíbrio pode ser muito benéfico: pode orientar a "aprendizagem para toda a vida", necessária para ajudar qualquer um dos seus alunos a ter êxito.

A dimensão da eficiência na **Figura 2.1** é um "ímã" para novatos. Iniciantes em quase todas as áreas frequentemente querem instruções passo a passo sobre como fazer as coisas de forma eficiente, e futuros professores não são exceção. Iniciantes aprendendo a pescar ou velejar querem aprender o que devem fazer o mais rápido possível. Da mesma forma, os professores iniciantes querem aprender como gerenciar a sala de aula; como organizar o currículo e as avaliações formativas e somativas alinhadas com as políticas e os padrões locais e nacionais; como ensinar frações; como gerenciar o trabalho em grupo; como atribuir notas de forma justa; como equilibrar o trabalho árduo exigido de um professor com uma vida doméstica de qualidade; e assim por diante. Em muitos casos, os recém-chegados a uma área solicitam uma dose substancial de técnicas sobre "como fazer" e estão muito menos interessados em teoria e explicação sobre os "porquês" e os "quando" das estratégias que são ensinadas.

Pesquisas sobre transferência fornecem percepções importantes sobre a preparação com foco em "eficiência pura". Na seção "Aprendizagem para transferência", por exemplo, discute-se o experimento de Judd (1908) sobre jogar dardos em alvos embaixo d'água. Os iniciantes tiveram que aprender a lançar dardos de forma eficiente para que acertassem seus alvos. As taxas iniciais de aprendizagem foram tão rápidas para o grupo "apenas vá lá e faça" quanto para o grupo que foi ajudado a entender os princípios de refração da luz que criam deslocamentos visuais na percepção do alvo submerso. A vantagem de aprender sobre o deslocamento visual se sobressaiu apenas quando a profundidade do alvo submarino foi alterada e as pessoas precisaram adaptar sua aprendizagem anterior. Uma

vez que o mundo está se transformando rapidamente e que essa mudança continuará a impactar objetivos educacionais e estratégias de ensino, os futuros professores precisam entender como o desejo natural de "apenas me diga o que fazer" não será útil para desafios que eles irão enfrentar. Conforme observado anteriormente, a eficiência é muito importante; caso contrário, somos dominados pela novidade. Mas a eficiência também é insuficiente se quisermos nos adaptar.

A dimensão da inovação na **Figura 2.1** representa a necessidade de ir além das habilidades e estratégias orientadas para a eficiência já existentes de modo a adaptar-se a novas situações. Costuma-se dizer que a inovação "favorece a mente preparada", portanto aprender com compreensão pode dar suporte à inovação e à adaptação (p. ex., ver a discussão anterior em relação à JUDD, 1908). Observamos anteriormente que a inovação em geral envolve o "desapego" de ideias e suposições estimadas. Os formadores de professores devem ajudar os futuros docentes a se prepararem para esse tipo de tarefas.

Uma maneira importante de preparar os professores para a inovação é ajudá-los a desenvolver habilidades investigativas que deem suporte a maneiras de observar a aprendizagem do aluno e de se adaptar adequadamente. Muitos dos capítulos deste livro enfatizam a investigação. A investigação representa uma forma muito diferente de aprender do que simplesmente memorizar fatos sobre estratégias de ensino e aprendizagem sem entender por que e quando elas são relevantes.

Outra maneira de preparar os professores para se tornarem *experts* adaptativos é ajudá-los a explorar onde as diferentes teorias de aprendizagem se enquadram nas dimensões eficiência e inovação. Por exemplo, muitas pessoas contrastam Thorndike (um behaviorista que enfatizou a aprendizagem por tentativa e erro e a eficiência) e Dewey (um progressista que gostava de projetos e descobertas) e discutem sobre quem está certo. Um modo alternativo de pensar sobre essa questão é assumir que uma escolha não exclui a outra. O trabalho de Thorndike se concentra principalmente na dimensão da eficiência da **Figura 2.1**, e o de Dewey está mais próximo da dimensão da inovação. Uma conjectura explorada atualmente por cientistas da aprendizagem diz que é o equilíbrio entre esses dois trabalhos que sustenta a *expertise* adaptativa (ver SCHWARTZ; BRANSFORD; SEARS, 2005).

O preparo dos professores para a compreensão e o suporte à aprendizagem

Uma parte importante da preparação de professores é ajudar as pessoas a se familiarizarem com conceitos técnicos que dão suporte à compreensão – conceitos como avaliação somativa *versus* avaliação formativa, testes normativos *versus* baseados em critérios, conhecimento de conteúdo pedagógico, conhecimento rotineiro *versus* adaptativo, teoria behaviorista *versus* teoria piagetiana, e assim por diante. Entretanto, pesquisas sobre aprendizagem mostram que as pessoas precisam de muito mais do que fatos (p. ex., conhecimento declarativo) se o objetivo é ajudá-las a agir e refletir de maneira responsável. Há uma série de estratégias que os educadores desenvolveram para ajudar os professores dos cursos preparatórios a compreender e ser capazes de aplicar cuidadosamente as ideias e os conceitos importantes sobre aprendizagem discutidos neste capítulo, e estas emulam as estratégias que as pesquisas descobriram ser úteis no desenvolvimento da aprendizagem dos *alunos* – estratégias que desenvolvem a capacidade dos professores de serem *experts* adaptativos, levando em consideração aspectos não rotineiros do contexto na tomada de decisões de ensino sólidas.

Com certeza, os professores podem se beneficiar de algum ensino direto sobre os diversos princípios de aprendizagem que podem ser altamente generalizáveis, como muitos dos que descrevemos neste capítulo. Ao mesmo tempo, no entanto, os professores também precisam saber que as teorias gerais de aprendizagem,

embora forneçam diretrizes para a construção de ambientes de aprendizagem eficientes, não conseguem resultar em uma única receita para ser utilizada em qualquer situação. Uma das principais características da teoria moderna de aprendizagem é que os ambientes ideais de aprendizagem devem ser adaptados às metas de aprendizagem específicas, às origens e ao conhecimento prévio dos alunos e aos contextos nos quais a aprendizagem ocorre. Assim, os professores não apenas precisam entender os princípios básicos de aprendizagem, mas também devem saber como usá-los criteriosamente para atender a diversos objetivos de aprendizagem em contextos nos quais os alunos apresentam diferentes necessidades.

O trabalho dos professores não é diferente daquele dos engenheiros construindo uma ponte, que devem não apenas entender os princípios da física necessários para estruturas de segurança e os truques do ofício (p. ex., como bloquear a água para que se consiga derramar fundações de cimento); eles devem levar em conta a natureza do terreno, o comprimento total da ponte, os usos aos quais ela se destina e quanto peso ela deve suportar, a natureza dos materiais disponíveis para a construção, a estética do *design* preferido pela comunidade envolvida e se há terremotos, inundações ou outros eventos naturais comuns à área. Como os engenheiros, os professores precisam aprender a avaliar a saliência de muitas condições diferentes que influenciam a aprendizagem e a potencial eficácia de diferentes estratégias de ensino conforme eles tomam decisões sobre o que fazer em determinadas instâncias.

Para tanto, os professores precisam desenvolver um mapa conceitual do domínio das influências na aprendizagem (incluindo influências contextuais e impactos de diferentes estratégias de ensino) e meios para avaliar como eles podem operar em instâncias específicas. A estrutura do HPL traz uma maneira de organizar um mapa conceitual como esse. Existem, claro, outros também. O importante é que os professores aprendam não apenas os fatos distintos sobre teorias de aprendizagem específicas, mas uma estrutura para o campo como um todo. Eles também precisam de habilidades analíticas para interpolar entre eventos específicos de ensino e aprendizagem altamente contextualizados e teorias gerais que podem ser úteis para interpretá-los e fornecer orientações sobre como proceder.

Entre as pedagogias específicas que os formadores de professores implementaram para ajudar os docentes a compreender a aprendizagem em relação ao ensino, estão as análises da aprendizagem por meio da observação cuidadosa dos alunos e do seu trabalho, análises das tentativas dos professores novatos de ensinar e a autorreflexão sobre a própria aprendizagem. Cada vez mais, essas estratégias requerem que os professores examinem o ensino *sob a ótica da aprendizagem*, em vez de simplesmente pedirem aos professores que implementem comportamentos discretos de ensino, escolhidos a partir de princípios teóricos ou de estudos sobre práticas que, às vezes, estão correlacionados com o desempenho dos alunos.

Pesquisas frequentemente descobrem que estratégias utilizadas com sucesso em um contexto têm menos sucesso em outros, ou que abordagens empregadas em excesso ou específicas se mostram muito menos eficientes, ou que a combinação de estratégias é importante, não apenas uma única tática por si só. Por exemplo, o grau de estruturação ou tipo de *scaffolding* ideal para tarefas de aprendizagem dependem, em parte, da experiência e da familiaridade prévias dos alunos. A maneira como os professores *combinam* a aprendizagem orientada para a investigação e o ensino direto é importante para a compreensão, e não eles isolados. E as representações que os professores escolhem serão mais eficientes se utilizarem o conhecimento prévio dos alunos. É fundamental que os professores compreendam essas contingências. Pedagogias de formação de professores que tratam realmente de como a aprendizagem acontece e como o ensino afeta de fato a aprendizagem de diferentes alunos contrastam com a era "tecnicista" mais antiga da formação de professores, em que o ensino

era visto como a implementação de rotinas e fórmulas para o comportamento, sem resposta a características distintas tanto de alunos ou de objetivos curriculares (DARLING--HAMMOND, 2001a). Exemplos de algumas dessas pedagogias emergentes são fornecidos na discussão a seguir.

O desenvolvimento de uma estrutura conceitual para a análise da aprendizagem e do ensino

Uma forma importante de os educadores de professores ajudarem os docentes novatos a compreender e avaliar alguns dos fatores complexos em jogo no ensino e na aprendizagem é envolvê-los na análise do ensino e da aprendizagem. Os futuros professores podem examinar videoteipes de docentes, amostras de trabalhos dos alunos, planos de ensino, avaliações e outros materiais de sala de aula para acompanhar mais de perto a natureza, o foco e o caráter da aprendizagem que demonstram.

Para dar sentido à aprendizagem, é útil que os futuros professores desenvolvam uma estrutura conceitual de influências na aprendizagem, a fim de identificar e questionar seus pressupostos sobre a aprendizagem, tanto no geral quanto em instâncias específicas, bem como de organizar o próprio processo de investigação. Uma abordagem para o desenvolvimento dessas habilidades foi implementada na Vanderbilt University por um grupo de instrutores interessados em aplicar a teoria e a tecnologia da aprendizagem à preparação de professores (PT3* GROUP AT VANDERBILT, 2003). O projeto AMIGO** faz uso das quatro óticas da estrutura do HPL como base para módulos de aprendizagem baseados em tecno-

---

* N. de R.T.: PT3 – *Preparing Tomorrow's Teachers to Use Technology* (Preparar os futuros professores para usar tecnologia).

** N. de R.T.: Acrônimo – A (*anchored*: ancorada), M (*modular*: modular), I (*inquiry*: inquérito, interrogação), G (*generate*: gerar), O (*ownership, originality and organizational*: posse/propriedade, originalidade e organizacional).

logia que são organizados em torno de desafios que desencadeiam um processo de investigação para os futuros professores. Os módulos são elaborados de modo a tirar proveito do que se sabe sobre como as pessoas aprendem por meio de questionamentos guiados e, ao mesmo tempo, ensinam os alunos sobre como as pessoas aprendem. Um objetivo é ajudar os alunos a aprender a equilibrar todas as quatro óticas simultaneamente quando refletem sobre o processo de aprendizagem e a elaboração do ensino, fazendo eles estudarem essas ideias e as experimentarem (ver "O desenvolvimento de uma estrutura conceitual para o ensino e a aprendizagem").

O desenvolvimento de uma estrutura conceitual para o ensino e a aprendizagem

No curso do HPL, criado pelo projeto AMIGO, o objetivo é que os futuros professores analisem situações de aprendizagem e integrem o conhecimento por meio das quatro óticas da estrutura – considerações sobre conhecimento, alunos, comunidade e avaliação – no desenvolvimento de respostas para a prática docente. Os desafios – perguntas do tipo: "Como um teste pode se tornar um presente?" e "O que faremos com Bob?" (ver a discussão anterior neste capítulo) – são a base para os alunos identificarem primeiro seus pensamentos iniciais, que são publicados na internet, e então usar recursos disponíveis *on-line* (leituras, videoclipes e áudio de *experts* e professores, simulações, sugestões de atividades práticas) para desenvolver uma compreensão mais profunda do assunto e depois a autoavaliação dessa compreensão (por meio de testes fornecidos ou redações que recebem *feedback*.) Quando se sentirem prontos, os estudantes "irão a público" com uma redação ou uma apresentação sobre o que aprenderam. Ou podem elaborar os próprios desafios para os outros tentarem resolvê-los. Os estudan-

tes comparam seus pensamentos às ideias iniciais. Eles também podem contestar as respostas uns dos outros de modo a criar uma comunidade mais ampla de aprendizagem que forneça acesso a várias perspectivas sobre o tópico.

Pesquisas foram conduzidas sobre os resultados de um desses cursos, ministrados *on-line* e de forma presencial, utilizando 35 módulos desenvolvidos para acompanhar a estrutura do HPL do National Research Council (2000). Os objetivos do curso eram ajudar os alunos a aprender a analisar o ensino e a aprendizagem utilizando a estrutura a fim de avaliar o ensino dos outros, bem como elaborar e avaliar o próprio ensino. As estratégias do curso incluíam investigações utilizando os recursos *on-line* e outras buscas realizadas pelos estudantes, bem como minipalestras *on-demand* em sala de aula ou na internet que os instrutores elaboraram para responder às perguntas dos alunos e necessidades de aprendizagem que surgiram em suas postagens para os desafios e conversas de classe na internet.

As comparações "antes e depois" das respostas iniciais e posteriores aos desafios forneceram evidências substanciais de aprendizagem dos alunos ao longo do curso. O mais interessante foi a análise dos alunos sobre sua aprendizagem. Observe o que uma aluna escreveu sobre o desafio "teste como um presente":

> Rever minha resposta inicial a esse desafio foi ótimo, porque acho que isso realmente mostra o quanto progredi em um semestre no que diz respeito à minha compreensão... Eu escrevi: "Como um teste pode ser positivo? Eu não sei..." Isso é muito empolgante, porque aprendi muito sobre avaliação formativa e tenho muitas ideias sobre "testes". Estar nesse curso realmente me fez questionar qual é a função de um teste. Em parte, é responsabilizar professores e alunos, mas, além disso e mais importante, é dar aos alunos

a oportunidade de crescer. Testes podem ser empolgantes; eles podem ser "amigos" do aluno, por assim dizer. O desafio fez a pergunta: "Como um teste pode ser um presente?". Minhas respostas agora são: "Ao dar aos alunos testes ou avaliações formativas. Ao proporcionar aos alunos oportunidades de revisar e melhorar seu raciocínio, eles são ajudados a identificar problemas e a contemplar o próprio progresso, o que é estimulante e vale a pena". (PT3 GROUP AT VANDERBILT, 2003, p. 114).

A perspectiva da futura professora sobre o que ela faria para melhorar a aprendizagem de seus alunos refletia o que acabara de experimentar no desenvolvimento e refinamento das próprias ideias.

Em outro exemplo de como as análises de situações de aprendizagem podem ser utilizadas para reforçar o desenvolvimento de uma estrutura conceitual, futuros professores da Stanford University assistem a vídeos de salas de aula contrastantes e são convidados a escrever uma análise deles, utilizando as quatro óticas da estrutura do HPL. Eles examinam como cada sala de aula trata do conhecimento, dos alunos, da comunidade e da avaliação no processo de ensino e como isso influencia a aprendizagem. Enquanto assistem aos vídeos, os professores-alunos precisam tomar notas cuidadosas sobre as interações que observam (no estilo das anotações de campo utilizadas em pesquisa), como a configuração da sala de aula, anotando as citações diretas do professor e das crianças. Essas anotações de campo compreendem suas percepções e observações. Os professores-alunos são, então, convidados a fazer considerações sobre o que observaram à luz de cada elemento da estrutura. Como o professor organiza o *conhecimento* a ser adquirido para que seja acessível? De que maneiras o professor envolve os interesses dos *alunos* e se conecta a seus conhecimentos, experiências e ideias anteriores? Como o professor constrói uma *comunidade* dentro da sala de aula? Como

o professor *avalia* o que os alunos sabem e estão aprendendo? Por fim, os professores-alunos devem avaliar a forma como o professor utiliza o *scaffolding* no processo de aprendizagem. Que medidas específicas o professor toma para garantir que os alunos sejam capazes de compreender o material a ser aprendido?

A conclusão dessa tarefa ajuda os futuros professores a analisar cuidadosamente as interações específicas entre os alunos e o professor. Por exemplo, em uma tarefa que utilizou videoteipes de um professor japonês de matemática do Third International Mathematics and Science Study (TIMSS), os professores observam a minuciosa seleção de um problema de geometria, desafiador e autêntico, para a turma que coloca questões matemáticas de forma eficiente (foco no conhecimento), bem como a forma como o professor envolve os alunos, utilizando os seus nomes e interesses pessoais, quando solicita sugestões para o problema (foco no aprendiz). Muitas vezes, futuros professores escrevem sobre a forma como os alunos são estimulados a trabalhar juntos para resolver o problema e observam o quão confortáveis eles parecem ao chegar ao quadro para apresentar sua abordagem particular ao problema diante de seus colegas (foco na comunidade). Muitos professores-alunos escrevem sobre as maneiras como as apresentações de diferentes soluções pelos alunos tornam o pensamento matemático visível para os outros (para o professor e outros colegas), e alguns reconhecem as formas como essa abordagem realmente reflete os valores da comunidade matemática acadêmica, que são o debate, a discussão e a demonstração de métodos (foco no conhecimento). Por fim, muitos observam as maneiras como a ênfase do professor na discussão pública e na avaliação de uma variedade de soluções dos alunos permite que ele examine continuamente o pensamento e a compreensão atuais de seus alunos (foco na avaliação).

Quando solicitados a aplicar a estrutura do HPL dessa forma em várias ocasiões, ela se torna uma ferramenta que permite que futuros professores entendam melhor o que dá suporte ao aprendizado e como elaborar o ensino. Esse tipo de tarefa ajuda os novos professores a começar a pôr ideias em prática e a desenvolver a própria estrutura conceitual para organizar ideias-chave sobre a aprendizagem – em vez de simplesmente memorizar elementos desconectados que permanecem como abstrações.

A verificação da aprendizagem em relação ao ensino

Muitas vezes, as análises de ensino se concentram mais no que os professores *fazem* do que no que os alunos *aprendem*. Nos últimos anos, há muito mais ênfase em pedir aos professores que avaliem o trabalho dos alunos e aprendam juntos, de modo que consigam entender os resultados do ensino e refletir sobre o que precisaria mudar para alcançar resultados mais sólidos. Alguns formadores de professores começaram a tirar proveito de tais abordagens ao elaborarem tarefas que requerem que futuros professores coletem evidências sobre a aprendizagem do aluno e as examinem em relação às práticas docentes. Uma dessas estratégias pede que os professores-alunos coletem três tipos diferentes de evidências sobre a aprendizagem dos alunos usando métodos diferentes – por exemplo, um teste ou uma redação formal, uma redação livre sobre o que o aluno acredita ter aprendido, uma entrevista sobre o material ou uma apresentação em que o aluno é solicitado a aplicar o conteúdo a um novo problema. Os professores-alunos devem, então, comparar o que pode ser inferido desses diferentes métodos, sobre o que o aluno pareceu ou não ter aprendido ou entendido, e considerá-los em relação ao tipo de prática docente experimentado pelo aluno.

Esse tipo de avaliação refinada da aprendizagem em relação ao ensino levanta questões sobre o processo de aprendizagem e o aprendiz individual, a natureza das diferentes avaliações e o que elas revelam ou ocultam, os tipos de conhecimento buscados e alcançados e o contexto da aprendizagem. Tais questões podem, então, ser exploradas com mais detalhes e integradas a discussões sobre teoria da aprendizagem e elaboração do ensino. Além disso, esse tipo de estratégia sensibiliza os possíveis professores aos muitos aspectos da aprendizagem, do ensino e da avaliação que podem fazer a diferença nos resultados de seus esforços.

Alguns formadores descobriram que pedir aos professores que escrevam casos sobre ensino e aprendizagem pode ser particularmente útil. A redação de casos pode focar os professores na coleta de evidências de aprendizagem, o que os leva a começar a articular e entender "o que é" (ou não) a aprendizagem para seus alunos e para o conteúdo da sua disciplina. A redação de casos também pode ser particularmente útil ao auxiliar novos professores a analisar como contextos e abordagens de ensino influenciam a aprendizagem na própria prática.

A título ilustrativo, futuros professores, cursando uma disciplina sobre princípios de aprendizagem para o ensino na Stanford University, escrevem um "caso curricular" no qual detalham os acontecimentos de um segmento de aprendizagem (pode ser uma lição ocorrida ao longo de um dia ou de vários dias) e o analisam à luz da teoria da aprendizagem (para detalhes, ver HAMMERNESS; DARLING-HAMMOND; SHULMAN, 2002). O aspecto mais crítico para a capacidade dos novatos de produzir um caso poderoso é o uso de evidências de aprendizagem juntamente a leituras e discussões sobre teoria da aprendizagem. Para o caso, os professores-alunos não devem apenas descrever o que fizeram e disseram como professores, mas também devem se concentrar em como *seus* alunos responderam e o que aprenderam, individual e coletivamente. Eles devem incluir evidências substanciais da aprendizagem do aluno, que podem ser na forma de amostras do trabalho desse aluno (redações, folhas de problemas, relatórios de laboratório, e assim por diante), transcrições de discussões em sala de aula, citações de alunos e até descrições da linguagem corporal e outros comportamentos de seus alunos. Os professores-alunos analisam essas evidências após descreverem o contexto da aprendizagem, os alunos a quem ensinam, seus objetivos e intenções e suas ações de ensino, de modo a considerar a relação entre o que esperavam, o que fizeram e o que os alunos aprenderam (ou não aprenderam, conforme o caso).

Muitas vezes, esse exercício cria uma epifania comum sobre o processo de aprendizagem, em que os professores-alunos veem muitos dos princípios de aprendizagem que vêm estudando em ação. Por exemplo, uma professora de ciências escreveu seu caso curricular a respeito de uma unidade sobre evolução e se concentrou na dificuldade de ajudar seus alunos do ensino médio a superar as concepções lamarckistas da evolução. Ela observou que, no primeiro dia desse tópico, os comentários dos alunos pareciam indicar que eles entenderam imediatamente a teoria de Darwin. No entanto, um teste sobre esse conceito (assim como os comentários que ela gravou em uma discussão posterior) ilustrou que equívocos e mal-entendidos sobre a evolução ainda dominavam a turma, mesmo entre alguns de seus alunos mais talentosos. A autora do caso ficou desapontada e intrigada – se eles entendiam a teoria de Darwin (mesmo rindo de algumas das interpretações de Lamarck a respeito da evolução), então por que eles foram tão mal no exame?

Ao analisar as evidências de aprendizagem que coletou para o caso, ela conseguiu identificar as maneiras como o conhecimento prévio dos alunos e as explicações do senso comum interferiram no novo conhecimento disciplinar que haviam encontrado na aula (uma tradução sofisticada do mesmo problema de aprendizagem da história do *Peixe é peixe* que discutimos anteriormente neste capítulo). Usando ideias-chave da disciplina de aprendizagem, entre as quais avaliação contínua, metacognição e conhecimento prévio, ela foi capaz de identificar algumas estratégias que poderia utilizar no futuro para levar seus alunos a explicações mais teoricamente sólidas e a um entendimento mais concreto e profundo de evolução. Por exemplo, ela discutiu como poderia ter usado uma rápida avaliação inicial por escrito para determinar o quanto os alunos entendiam depois do primeiro dia e para testar a crescente

compreensão deles. Essa avaliação provavelmente teria revelado alguns dos mal-entendidos e equívocos que ela não encontrara até mais tarde. Ela também sugeriu que uma avaliação somativa diferente (questões discursivas, em vez do teste que ela usara) também teria levado seus alunos a serem mais articulados sobre as diferenças entre as duas teorias. Ela argumentou que, se pedisse aos alunos para comparar e contrastar as teorias por escrito, eles poderiam ter conseguido tratar das distinções mais sutis, mas importantes (bem como algumas das maneiras como a teoria de Lamarck é intuitivamente atraente), e ser mais abrangentes e cuidadosos na apresentação das teorias.

É importante enfatizar que esses casos foram o resultado de uma reflexão cuidadosa e da análise ao longo de vários rascunhos, incluindo *feedback* de colegas e instrutores e diversas "conferências" nas quais os professores-alunos discutiram interpretações emergentes. Pesquisas que analisaram os casos escritos para a disciplina demonstraram que, por meio do processo de redação de casos, os professores-alunos passaram de generalizações ingênuas sobre a aprendizagem de seus alunos (os alunos não "entenderam"; os alunos não tentaram o suficiente; os professores precisariam de mais tempo) para interpretações baseadas em teoria, mais especializadas, do processo de aprendizagem (HAMMERNESS; DARLING-HAMMOND; SHULMAN, 2002). Por meio dessas análises de caso, os professores-alunos puderam fazer distinções sobre a natureza da aprendizagem, "como ela é" e como apoiá-la e avaliá-la – compreensão fundamental para ajudar os futuros professores a pensar em aprender em termos muito mais complexos do que apenas uma "lâmpada acesa" na cabeça dos alunos.

O desenvolvimento da metacognição ao refletir sobre a aprendizagem

Experiências como a escrita de casos e análises da aprendizagem podem se tornar ainda mais eficientes se os professores-alunos também tiverem a oportunidade de pensar e refletir sobre as próprias experiências de aprendizagem. Novos professores que tinham pouca experiência com crianças ou já se encontravam em funções relacionadas com o ensino antes de entrarem na formação de professores podem se beneficiar ainda mais de tais experiências. Refletir sobre a própria aprendizagem também pode ajudar os novos professores a darem o primeiro passo para tornar explícitos seus pressupostos sobre o ensino e a aprendizagem – uma etapa fundamental – para depois examiná-los criticamente, conforme discutimos neste capítulo.

Na San Jose State University, em um curso sobre aprendizagem, a primeira tarefa de um formador de professores requer que os futuros professores descrevam uma experiência de aprendizagem bem-sucedida (dentro ou fora da escola) e uma experiência de aprendizagem menos exitosa e contrastem as duas. Eles são solicitados não só a descrever essas experiências como também a analisá-las para identificar características-chave de boas experiências de aprendizagem, bem como de experiências mais ruins. Em muitos programas, como base para as reflexões escritas, pode-se fazer aos professores-alunos perguntas como as seguintes: "Em geral, que condições de aprendizagem e estratégias de ensino permitem a você aprender mais efetivamente? Pense em um momento específico no qual você tentou aprender alguma coisa, mas sentiu que não poderia entendê-la profundamente ou tornar-se proficiente. Qual foi a natureza da situação de aprendizagem? O que impediu sua aprendizagem? Como você se sentiu? Você consegue imaginar o que lhe faria aprender de forma mais eficiente? Agora pense em um momento no qual você aprendeu com sucesso algo que foi especialmente desafiador. Qual era a natureza do conteúdo ou habilidade que você estava tentando aprender? O que dificultou? O que finalmente lhe permitiu ter sucesso em dominar essas ideias ou habilidades difíceis?".

Se os alunos tiverem a oportunidade de identificar algumas das principais características de boas experiências de aprendizagem na própria história educacional, eles estarão mais preparados para entender o que aprendem em seu programa de preparação de professores sobre a aprendizagem. Conceitos da ZDP podem ser mais bem assimilados quando os próprios professores-alunos pensam em como, por exemplo, aprenderam a consertar carros com o pai ao longo de vários anos. Conceitos como a metacognição têm mais poder quando os professores, por exemplo, têm a chance de escrever sobre como a oportunidade de discutir os pontos fortes e fracos de sua escrita com um mentor os ajuda a aprender a escrever bem. E, por sua vez, os professores-alunos geralmente conseguem avaliar melhor a natureza das experiências de aprendizagem positivas para os próprios alunos depois de terem a oportunidade de ser metacognitivos sobre suas experiências.

Além disso, os cursos preparatórios de professores podem ser ainda mais eficientes se incluírem oportunidades de monitoramento da própria aprendizagem em suas disciplinas de modo a ajudar os professores-alunos a avaliar como a reflexão sobre a própria aprendizagem pode facilitar uma maior compreensão. Por exemplo, tanto no curso da estrutura HPL da Vanderbilt como no curso de *Princípios da aprendizagem*, em Stanford, os estudantes foram solicitados a escrever uma reflexão sobre a própria aprendizagem depois que concluíram um desafio ou escreveram um caso de currículo. Isso permitiu que eles obtivessem mais percepções sobre a própria aprendizagem e dessem *feedback* aos instrutores sobre o que foi útil, o que poderia ser mais útil e o que mais eles gostariam de aprender.

Já que as experiências pessoais de aprendizagem dos futuros professores trazem previsões eficientes das próprias práticas de ensino, as maneiras como os formadores de professores exemplificam práticas produtivas para a aprendizagem são extremamente importantes. Os professores-alunos podem refletir sobre o que encontraram, propositalmente ou não, e tirar conclusões implícitas dessa experiência. Muitas vezes, os professores reclamavam, no passado, a respeito da preparação ou do desenvolvimento profissional em que um instrutor os orientava sobre a necessidade de usar técnicas de aprendizagem cooperativa ou os testava nos princípios de avaliação formativa e somativa sem oferecer oportunidades de *feedback* construtivo e revisão. Ao longo do programa de formação de professores, e especialmente nas disciplinas sobre aprendizagem, é crucial que os professores-alunos sejam solicitados a aprender de maneira que reflitam sobre o que estão sendo ensinados acerca de como as pessoas aprendem.

O conhecimento interligado e a coerência do programa

A discussão sobre *expertise* na primeira parte deste capítulo enfatizou a importância de um conhecimento interligado organizado em torno de "ideias centrais" das disciplinas. Por exemplo, observamos que o conceito de ciclos de vida pode ser aprendido como um conjunto de fatos isolados (p. ex., os alunos memorizam o ciclo de vida de algum organismo) ou como princípios organizadores que dão uma base para a reflexão sobre uma variedade de questões, inclusive maneiras de evitar que espécies se tornem ameaçadas, maneiras de intervir para controlar pragas, e assim por diante. Livros como o *Planejar para a compreensão* (WIGGINS; MCTIGHE, 1998) trazem orientações importantes para "trabalhar de trás para a frente", identificando primeiro as ideias duradouras de uma disciplina e depois escolhendo estratégias particulares para ensino e avaliação (ver também BRUNER, 1977).

Os programas de preparação de professores precisam considerar questões de conhecimento interligado no nível da elaboração do conteúdo de uma disciplina individual e no nível da elaboração de programas inteiros

de estudo (incluindo a integração entre disciplinas universitárias e experiências em sala de aula). A segunda questão é referida muitas vezes como "coerência do programa" e representa um desafio para todo e qualquer programa profissional. Especialmente importante é o grau em que os *alunos* são capazes de entender como tudo se encaixa, não apenas o corpo docente. Esse conjunto de questões é discutido em mais detalhes no Capítulo 11.

CONSIDERAÇÕES FINAIS

Conceitos de aprendizagem (inclusive ideias sobre transferência) são fundamentais para qualquer tentativa de melhorar a educação. Todos têm suas teorias sobre aprendizagem, embora muitas vezes permaneçam tácitas. Fazemos suposições sobre o que é importante aprender, quem pode aprender, como ajudar as pessoas a aprender e como avaliar a aprendizagem. Ao tornarem teorias tácitas explícitas, os professores conseguem avaliar continuamente seus pressupostos e se desenvolver no decorrer de suas carreiras.

Os conceitos e teorias deste capítulo trazem uma maneira de começar a refletir sobre a aprendizagem. Ao explorarem essas ideias centrais, os futuros professores conseguem aprender a identificar muitas formas de evidências de aprendizagem, entender como avaliar e, por fim, com apoio, compreender como reconhecer e colocar em prática as características das salas de aula que melhor dão suporte aos tipos de aprendizagem que eles procuram. Preferencialmente, as conceitualizações sobre a aprendizagem também fornecem uma base para interligar todas as áreas importantes de *expertise* que os professores precisam desenvolver para ajudar qualquer aluno a ter sucesso.

Formação de professores em práticas apropriadas para o desenvolvimento

Frances Degan Horowitz
Linda Darling-Hammond
John Bransford
com James Comer, Kathy Rosebrock, Kim Austin e Frances Rust

B ons professores entendem o que qualquer aluno pode confirmar: ensinar não é só falar, e aprender não é apenas ouvir. Professores eficazes são capazes de descobrir não só o que eles querem ensinar, mas também como fazê--lo de modo que os alunos possam entender e utilizar essas novas informações e habilidades. Além disso, eles sabem para que os alunos estão prontos e o que precisam aprender; assim, escolhem tarefas que são produtivas e organizam essas tarefas de forma a construir a compreensão do aluno. Por fim, eles monitoram o crescimento e o progresso dos alunos para que consigam compreender suas necessidades específicas e mantê-los envolvidos com a escola, aprendendo produtivamente e crescendo como cidadãos cooperativos e conscientes, com capacidade para integrar a sociedade. Para conseguir tudo isso, os educadores precisam entender o desenvolvimento das crianças e como ele influencia e é influenciado pela aprendizagem. Uma base de conhecimento sobre o desenvolvimento infantil é essencial para o planejamento do currículo; do desenvolvimento, do sequenciamento e da cadência das atividades; do diagnóstico das necessidades de aprendizagem do aluno; da organização da sala de aula; e do ensino de competências sociais e acadêmicas.

Qualquer pessoa que tenha passado algum tempo em sala de aula sabe que um professor não consegue progredir sem envolver os alunos no processo de aprendizagem, e isso não é tão simples como pode parecer. Citando apenas um exemplo, um observador de uma aula bem-sucedida do ensino fundamental verá as crianças atentas e propositalmente envolvidas em diversas tarefas de aprendizagem: medindo a profundidade da água em uma piscina, ouvindo a história de um livro na biblioteca, contando materiais manipulativos para resolver um problema aritmético e escrevendo ou relatando uma história sobre o recente passeio até o zoológico. Com todas essas atividades, o educador sabe o que cada criança está fazendo, o que a criança entende a respeito daquele domínio específico e o que precisa ser trabalhado para que haja progresso em sua aprendizagem. Embora as atividades em sala de aula possam parecer desconectadas, para desenvolver esse tipo de prática, são necessários muito conhecimento e habilidade, o que não é imediatamente aparente para o observador casual ou novato.

Um professor em seu primeiro ano de docência, com uma prévia carreira de sucesso em advocacia, colocado em uma sala de aula de uma escola urbana de ensino médio com baixo desempenho após um breve programa de preparação de verão, encontrou o mesmo problema que muitos novatos encontram: quando perguntado sobre o que era mais desafiador naquele primeiro ano, o professor disse:

"As crianças ficarem quietas e prestarem atenção". Ele não ficou para um segundo ano de ensino. Outra professora, na metade de sua carreira, que não teve treinamento educacional, renunciou em seu segundo dia. "As crianças até que eram legais", ela disse, "mas estavam correndo para todos os lados. Não tinha como ensiná-las qualquer coisa que fosse se eu não conseguisse fazer elas se sentarem. Eu não sabia o que fazer" (HEGARTY, 2001). Entender em que parte do desenvolvimento a criança se encontra é fundamental para o educador desenvolver tarefas de aprendizagem apropriadas e que envolvam os alunos – tarefas interessantes e desafiadoras. Tarefas inadequadas para o desenvolvimento não só geram o fracasso acadêmico dos estudantes como também minam a motivação e encorajam o comportamento disruptivo.

Um professor com boa compreensão do desenvolvimento e da aprendizagem da criança tem maiores chances de ser mais eficaz em sala de aula. Dados recentes mostram que novos professores que fizeram cursos de aprendizagem e desenvolvimento também são duas vezes mais propensos a permanecer na profissão docente (NATIONAL COMMISSION ON TEACHING AND AMERICA'S FUTURE, 2003). Isso provavelmente acontece porque o maior sucesso vem da capacidade de adaptar materiais de ensino apropriados para o desenvolvimento, bem como lições que atendam às necessidades dos alunos. Essas habilidades são fatores críticos na capacidade do professor em gerenciar uma sala de aula. O desafio para o advogado que virou professor era "como manter as crianças quietas". Quando um educador não consegue criar tarefas envolventes para o nível desenvolvimental de seus alunos, o resultado é uma sala de aula caótica na qual não haverá aprendizagem ou sucesso.

Os educadores que entendem o desenvolvimento e como dar suporte a ele obtêm resultados drasticamente diferentes daqueles que não entendem (ver "Aprendendo a odiar matemática" e "Implementando uma sala de aula de matemáticos"). Este capítulo descreve como o conhecimento dos professores sobre o desenvolvimento permite que eles sejam eficazes na seleção e no desenvolvimento de tarefas apropriadas, orientando o processo de aprendizagem e mantendo a motivação das crianças em aprender.

Aprendendo a odiar matemática

Ela estava no 1º ano e já estava aprendendo a odiar a matemática. Fora a única matéria em que ela não tinha ido bem. De fato, a aula a fazia chorar. Seus pais, ambos profissionais bem-sucedidos, ouviram pela primeira vez a notícia de que sua filha estava indo mal na aula de matemática em uma reunião com a professora no final de apenas dois meses de escola. A educadora comentou que a criança havia tirado "D", mas que ela havia dado "C", porque a criança inicialmente tinha sido nivelada no grupo avançado de matemática. A professora se perguntou se não seria sensato colocar a criança em um grupo de matemática de nível inferior.

A mãe, uma cientista afro-americana conhecida e muito bem-sucedida, objetou, percebendo que o fracasso em matemática e a sensação de incompetência nesse assunto resultariam em opções severamente reduzidas dali a 10 anos. Os pais disseram que trabalhariam com a criança e veriam o que poderiam fazer. Isso ocorreu em uma quinta-feira. Na tarde da segunda-feira seguinte, quando a mãe visitou a escola na semana da Educação Americana, a professora relatou que a criança, que não havia terminado seu trabalho de matemática em um momento anterior, não apenas terminara o trabalho cedo como também havia feito quase tudo corretamente. Essa criança passou de um conceito insatisfatório para o conceito "A" em apenas quatro dias.

A professora queria saber o que a mãe havia feito. A mãe respondeu: "Dei-me conta de que havia apenas alguns fatores que poderiam explicar seu fraco desempenho em matemática: ou ela não conhecia os fatos; ou ela não sabia como expressar os fatos da maneira em que foram apresentados; ou ela não sabia como expressar os fatos no tempo dado". A mãe havia descoberto que a filha não estava conectando a quantidade de tempo alocada para a tarefa com o que ela tinha que fazer. Assim, a mãe usou um cronômetro para ajudar a filha a entender a relação entre o tempo designado e a conclusão da tarefa.

Um professor que escutou a explicação da mãe disse: "É claro que muitas crianças com a idade para estar no 1º ano ainda não desenvolveram a noção de tempo e distância". Anos depois, refletindo sobre esse incidente, a mãe questionou se talvez o fato de a professora não ter chegado a essa conclusão e não a ter aplicado de forma correta se deve a uma compreensão inadequada dos fatores desenvolvimentais que poderiam explicar o fracasso da criança, às expectativas sobre habilidades de aprendizagem em crianças afro-americanas, a uma falta de motivação ou de capacidade de fazer a análise diagnóstica que revelaria o problema de aprendizagem que a criança estava vivenciando ou a uma combinação de todos esses fatores.

Essa história real dá uma pequena amostra do que um professor eficaz precisa saber sobre o desenvolvimento infantil e como ele deve ser capaz de aplicar esse conhecimento para ajudar as crianças a aprender e a crescer. Além de compreender os estágios desenvolvimentais, um professor eficaz precisa entender os componentes das tarefas que ele propõe e o que elas exigem, bem como ser capaz de observar os alunos, avaliando cuidadosamente não apenas o que eles sabem, mas como eles aprendem e realizam essas tarefas. Com tal conhecimento, os docentes conseguem ajudar as crianças pequenas a continuar sentindo-se vitoriosas, inspirando-as a aprender. Sem isso, a aprendizagem imediata da criança pode tra-

var, ameaçando seu sucesso futuro. Um educador que não entende o desenvolvimento pode concluir, como a professora fez inicialmente, que um estudante que encontra dificuldades não está aprendendo ou talvez não tenha sequer capacidade de aprender.

Em contraste com essa situação, aqui está uma história de um professor novato que entende o desenvolvimento, demonstrando como esse entendimento pode fazer a diferença na vida dos alunos na escola.

Implementando uma sala de aula de matemáticos

Em uma manhã de primavera, pouco antes da última semana de aula, enquanto muitos estudantes estavam apenas matando tempo, na sala de aula de Jean Jahr, 28 alunos do 2º e 3º anos estavam intensamente envolvidos na resolução de um problema matemático. Professora em seu primeiro ano de docência, graduada pela Bank Street College, Jean leciona na P.S. 234, uma escola pública de ensino fundamental da cidade de Nova York. A turma de estudantes, multirracial e multilíngue, trabalha em pequenos grupos para solucionar um mesmo problema. Algumas crianças usam calculadoras; outras não. Algumas desenham grupos de números; outras desenvolveram uma exibição gráfica para seu problema. Ao terminar, todos os alunos levam suas soluções para a área de reunião acarpetada e sentam-se em frente ao quadro. Jean começa lendo o problema com o grupo: "Em setembro, cada pessoa da sala de aula 113 trouxe uma resma (um pacote) de folhas de papel de Xerox. Existem 500 folhas de papel em uma resma. Existem 28 crianças na turma 113, quantas folhas de papel existem ao todo?".

A professora abre a discussão com um convite: "Vamos falar sobre como vocês resolveram o problema de diferentes maneiras e por que vocês decidiram usar a maneira escolhida". Nos 20 minutos seguintes, os alunos mostraram, desenharam e discutiram sete estratégias diferentes usadas para resolver o problema. Jean os questiona para extrair detalhes sobre suas estratégias de solução e frequentemente recapitula o que os alunos dizem. Com paciência e uma cuidadosa escolha de palavras na hora de fazer comentários, ela ajuda cada membro do grupo a entender os processos de reflexão dos colegas. Quando a sessão se aproxima do final, ela pergunta se todos entenderam as diferentes soluções apresentadas. Três crianças de um grupo parecem estar com dúvidas e levantam as mãos. Jean pede para uma das garotas vir para a frente e apresentar a "própria maneira" de resolver a questão. A professora e as outras crianças assistem pacientemente, analisando o processo de reflexão das meninas. De repente, o rosto de Jean se ilumina ao ver o que elas fizeram. Sua resposta esclarece o processo de reflexão: "Ah, é assim que vocês fizeram! Eu queria saber se vocês tinham usado agrupamentos de 10, mas vocês usaram um padrão totalmente diferente. Vocês consideraram como se houvesse 30 crianças e então subtraíram as mil folhas que seriam trazidas pelas duas crianças adicionais ao número total. Vocês arredondaram para um número maior e então subtraíram. Uau! Entendi. Deixe-me ver se consigo mostrar esse sistema aos outros".

A menina fica satisfeita quando a professora mostra o sistema "dela" e de seu grupo. Quando todo mundo parece ter entendido, Jean pergunta: "Alguém lembra de onde esse problema veio?". Uma menina levanta a mão e diz: "Essa era minha dúvida há muito tempo".

"Você está certa", respondeu a professora. "Você questionou sobre isso durante a primeira semana de aula, quando foi pedido a todos que trouxessem uma resma de papel para o ano. Você viu todas aquelas resmas de papel empilhadas na frente

da sala de aula e queria saber quantas folhas de papel tínhamos. Eu lhe disse que nós faríamos essa conta mais tarde, mas que, naquele momento do ano, era difícil descobrir, porque vocês tinham muito que aprender sobre agrupamento e adição de números grandes. Mas agora todos vocês já sabem fazer isso e de muitas maneiras diferentes."

Outra criança recapitula, observando: "Isso significa que usamos 14 mil folhas de papel este ano". Jean diz: "Você entendeu!". O problema permanece no quadro durante o dia, junto às várias soluções dos alunos.

A prática dessa professora no seu primeiro ano de docência demonstra que ela entende como organizar aulas que dão suporte ao desenvolvimento de modo que as crianças pequenas estejam produtivamente envolvidas com trabalhos que tenham algum significado. Ela cria tarefas baseadas na própria experiência das crianças e as ajuda a usar uma variedade de ferramentas para sustentar a resolução de problemas, desde materiais manipulativos e desenhos até gráficos e calculadoras. Por meio de observação cuidadosa e diagnóstico, ela descobriu quais ferramentas e maneiras diferentes de prestar assistência ajudam os alunos a progredir em suas tarefas. Ela organizou a tarefa de modo que os alunos tivessem diferentes pontos de entrada, promovendo o diálogo em sala de aula e mostrando uma variedade de soluções para garantir que todos entendessem a resposta e o processo. A professora alavanca a aprendizagem das crianças por meio de estruturas para atividades, acesso aos colegas, perguntas para orientar a reflexão dos alunos e criação de oportunidades para as crianças desenvolverem habilidades sociais e cognitivas. Ela ouve e observa cuidadosamente para conseguir entender o raciocínio dos alunos, incentivando-os a assumir riscos e compartilhar suas ideias para que ela também seja capaz de compreendê-los ao longo da explicação. Além disso, a professora faz questão de que o esforço dos alunos seja reconhecido, estimulando, assim, o desenvolvimento contínuo da autoconfiança e da motivação. Mais adiante, veremos como sua formação em desenvolvimento infantil e no conhecimento de conteúdo pedagógico foram fundamentais para a realização dessas atividades.

Como descrevemos neste capítulo, o desenvolvimento infantil está fortemente ligado à aprendizagem de muitas maneiras. Professores novatos devem entender que saber sobre o desenvolvimento é fundamental para ser um docente eficaz e que ser um docente eficaz é essencial para o progresso significativo da criança nos caminhos necessários para um desenvolvimento saudável e para tornar-se uma pessoa plenamente educada em uma sociedade democrática. Neste capítulo, são abordados cinco temas principais:

1. **A importância da *perspectiva desenvolvimental.*** Quando o desenvolvimento do estudante é o foco das decisões da prática docente, os professores planejam de acordo com as necessidades de seus alunos e dão suporte a sua progressão ao longo de várias rotas desenvolvimentais – físicas, sociais, emocionais, cognitivas, linguísticas e psicológicas. Eles entendem que essas dimensões interagem entre si e, além disso, sabem que os alunos apresentam diferentes necessidades desenvolvimentais. Embora existam muitos aspectos comuns ao processo desenvolvimental, as etapas fundamentais em cada uma dessas dimensões não ocorrem necessariamente na mesma idade para todas as crianças, nem o desenvolvimento em diferentes instâncias ocorre uniformemente para uma mesma criança. Embora as escolas norte-americanas sejam organizadas por ano, e em menor grau por idade, idade e ano são indicadores muito imprecisos de desenvolvimento. Em qualquer nível de ensino, geralmente há um intervalo de dois ou três anos de idade, com um espaço ainda maior de habilidades e estágios desenvolvimentais. Entender as

rotas e progressões desenvolvimentais é extremamente importante para o ensino ideal para cada criança.

2. **A inevitabilidade das *diferenças individuais* no desenvolvimento.** É importante que os docentes compreendam profundamente as diversas formas em que o desenvolvimento de uma criança pode evoluir e até parecer "fragmentado", desviando-se da norma em algumas áreas, mas ainda dentro ou próximo da faixa de desenvolvimento normal. Como observado no Capítulo 2, professores eficazes têm foco no aluno e no conhecimento e usam a avaliação para entender o que seus alunos precisam. Quanto melhor eles entenderem os intervalos de variabilidade no desenvolvimento e as áreas em que suporte adicional é necessário, mais preparados eles estarão para contribuir com a aprendizagem de seus alunos.

3. **As interações entre *desenvolvimento, conhecimento e aprendizagem.*** Contrastando com as visões anteriores de desenvolvimento como um conjunto de estágios biologicamente relacionados que determinam de forma clara o que os alunos conseguem fazer, a pesquisa atual mostra que o desenvolvimento, o conhecimento e a aprendizagem estão relacionados entre si. A crença mais antiga de que o desenvolvimento prossegue em um ritmo fixo que determina a "prontidão" das crianças para a aprendizagem não é mais aceita pelos teóricos atuais do desenvolvimento. Em vez disso, a pesquisa demonstra como a aprendizagem pode afetar o desenvolvimento, e vice-versa. Estudos mais recentes mostram que, além de sua idade ou aparente "estágio", o conhecimento prévio e a experiência que as pessoas têm com um conteúdo específico afetam a sofisticação de seu pensamento. Portanto, a mesma pessoa pode pensar de modo abstrato em uma área do conhecimento e de modo muito mais concreto em outra. A relação entre desenvolvimento e nova aprendizagem também é im-

portante para a compreensão. O conceito de Vygotsky da zona de desenvolvimento proximal (ZDP) traz uma estrutura para dar suporte à aprendizagem e ao desenvolvimento de cada criança.

4. **O foco dos *contextos culturais* no desenvolvimento.** O fato de que a aprendizagem afeta o desenvolvimento (e vice-versa) e de que tanto aprendizagem como desenvolvimento estão profundamente enraizados em contextos culturais demanda que os professores entendam e avaliem a variedade de maneiras como as experiências das crianças podem diferir e sejam capazes de enxergar e trabalhar os pontos culturais mais fortes se quiserem ajudar os alunos a ter sucesso.

5. **Estratégias para ajudar os futuros professores a adquirir *expertise* em desenvolvimento.** Observamos, no Capítulo 2, sobre aprendizagem, que "saber" a respeito de uma área, isto é, ser capaz de apresentar fatos sobre ela, não é o mesmo que ser capaz de usar esse conhecimento para resolver problemas importantes no mundo real. Isso é tão verdadeiro para os docentes quanto para os alunos. Os educadores de futuros professores descobriram uma série de maneiras para ajudá-los a aprender a ir além do simples "pensar sobre" o desenvolvimento e a ser capazes de "pensar e agir de forma desenvolvimental" conforme ensinam.

A IMPORTÂNCIA DA ADOÇÃO DE UMA PERSPECTIVA DESENVOLVIMENTAL

Para entender e dar suporte à aprendizagem dos alunos, o professor deve ser capaz de adotar uma "perspectiva desenvolvimental". Isso inclui a compreensão de que o desenvolvimento ocorre ao longo de várias dimensões diferentes – física, social, emocional, cognitiva e linguística, entre outras – e de que o desenvolvimento, ao longo dessas dimensões, embora seguindo algumas progressões comuns, não necessariamente ocorre na mesma idade para cada criança ou ao mesmo tempo para a mesma pessoa. Uma metáfora útil na reflexão sobre o desenvolvimento é o termo "rotas" desenvolvimentais, pois transmite a noção de movimento ao longo dessas várias dimensões em direção a um conjunto de metas importantes.

Progressão ao longo das rotas desenvolvimentais

No centro da prática eficaz, encontra-se a capacidade do professor de identificar em que ponto a criança se encontra em seu desenvolvimento e como dar suporte à aprendizagem dentro da ZDP (discutida na próxima seção). Para conseguir isso, um educador deve compreender as progressões gerais do desenvolvimento, bem como a aprendizagem individual. Teorias sobre estágios desenvolvimentais como a de Piaget, que propunha haver grandes mudanças no desenvolvimento em idades específicas, foram desafiadas por aqueles que acreditam que o desenvolvimento é mais contínuo e mais individual, além de mais específico em contextos e áreas de conteúdo em particular (FLAVELL, 1994; SIEGLER, 1998). Está cada vez mais claro que a educação consegue dar suporte ao desenvolvimento: as crianças conseguem *tornar-se* prontas a pensar e realizar tarefas mais complexas se oportunidades e orientação para desenvolver essas habilidades forem fornecidas. Dentro de alguns parâmetros, o professor não precisa simplesmente *esperar* que as crianças "estejam prontas". Ele pode criar uma sala de aula que atenda às crianças na fase em que se encontram, identificando o que elas querem e precisam aprender, auxiliando-as ao longo do percurso desenvolvimental.

A ideia de rotas abrange os processos dinâmicos do desenvolvimento físico, sociointerativo, emocional, cognitivo, linguístico e ético-moral, que interagem dando suporte ao crescimento da criança. Conforme Comer *et al.* (1996b, p. 18):

O desenvolvimento equilibrado, ou maturidade, é caracterizado por fortes ligações entre todas as rotas desenvolvimentais. Essa metáfora das conexões entre rotas nos permite explicar simultaneamente a complexidade do desenvolvimento e a urgência de prestar atenção a todos os aspectos do desenvolvimento.

Assim como em qualquer sistema, um subdesenvolvimento que ocorra em uma das rotas afeta o todo. Isso significa que os professores precisam participar do desenvolvimento ao longo de todas essas rotas e procurar oportunidades para dar suporte ao crescimento em áreas em que é necessária maior atenção. Além disso, é importante entender que cada uma dessas rotas se desenvolve dentro do contexto social e cultural específico da criança, podendo contribuir para as diferenças individuais entre as crianças. Entender o desenvolvimento requer não apenas um senso da "criança como um todo", mas também da "criança como um todo desenvolvendo-se em contextos específicos".

Um professor ciente do desenvolvimento sabe, por exemplo, como o conhecimento prévio e as experiências culturais da criança embasam o que ela sabe e como ele pode abordar novas ideias e tarefas. O educador também deve entender o valor de permitir que as crianças explorem o mundo físico com o uso de seus sentidos e desenvolvam habilidades físicas, como equilíbrio, corpo e percepção espacial; ritmo e consciência temporal; bem como atividades musculares finas, tanto para o próprio bem quanto pelo fato de que essas habilidades dão suporte a outras habilidades acadêmicas, entre as quais leitura, escrita e compreensão de como os princípios físicos operam no mundo, servindo, desse modo, como alicerce para a matemática e a ciência. Esse professor saberá que um currículo que encoraje a criança a aprender ativa e concretamente – observando, coletando informações, descrevendo, contando, manipulando e usando o que elas estudaram – mais tarde será a base do pensamento abstrato que se baseia nesses entendimentos concretos.

Um professor ciente do desenvolvimento sabe que, para a maioria dos alunos, ensinar leitura precocemente no jardim de infância (p. ex., ajudar os alunos a esclarecer o conceito de palavras e letras e explorar relações entre símbolos e sons) difere do ensino de leitura em séries iniciais posteriores (p. ex., usar estratégias metacognitivas para melhorar a compreensão, integrando leitura e escrita mais amplamente, estendendo o conhecimento das convenções de escrita e ortografia). O educador também entende que alguns alunos ainda precisam aprender habilidades que outros já dominam e sabe como diagnosticar e direcionar o ensino e a assistência de acordo com essas necessidades. Um professor ciente do desenvolvimento sabe que, conforme os alunos progridem em sua compreensão dentro de certo domínio, eles se tornam cada vez mais capazes de procurar padrões, pensar com abstração e contingência e gerenciar muitas variáveis de maneira mais complicada. Esse professor está preparado para ajudar os alunos a se envolver nessa progressão em direção ao raciocínio sistemático e ao pensamento simbólico.

As rotas interagem entre si. Diferentes rotas desenvolvimentais *interagem* e influenciam umas às outras e têm importantes implicações no ensino. Por exemplo, entender a progressão geral do *desenvolvimento cognitivo* e as variações exibidas pela criança em âmbito individual ajuda o professor a estruturar, sequenciar e dar andamento ao ensino, escolhendo estratégias que provavelmente serão mais eficazes. Entender o *desenvolvimento da linguagem*, inclusive as maneiras como a aquisição da linguagem está relacionada ao desenvolvimento cognitivo e aos contextos culturais, ajuda o professor a escolher materiais e estratégias de ensino que darão suporte à proficiência da linguagem das crianças e ao uso crescente da linguagem acadêmica (o Cap. 4 explora o desenvolvimento da linguagem em detalhes). A compreensão do *desenvolvimento social*, inclusive o desenvolvimento de habilidades sociais, é essencial para que o educador implemente uma sala de aula na qual os alunos consigam trabalhar juntos e permaneçam motivados. Essas habilidades precisam ser ensinadas por meio de exemplificação, treinamento e reforço, porque nem sempre surgem espontaneamente.

A compreensão de um professor sobre as *rotas psicológicas e emocionais* permite estruturar as experiências de sala de aula de modo a maximizar tanto a aprendizagem da matéria da disciplina como o desenvolvimento do autoconceito positivo, não com elogios vazios, mas com suporte e observação do desenvolvimento da competência, reforçando-se, assim, a crença de que a realização de esforços resultará no aumento da proficiência. Isso é crítico porque pesquisas indicam que, se um aluno não desenvolve uma boa percepção de seu desempenho acadêmico (p. ex., acreditando que mesmo com esforço ele não conseguirá ter sucesso nas tarefas escolares), ele pode deixar de se esforçar nesse domínio para proteger sua autoestima global, desenvolvendo uma postura "largada" ou de oposição à escola (HARTER, 1990; TATUM, 1999). Uma criança que é socialmente insegura e não quer se envolver em discussões em sala de aula por medo de ser ridicularizada por conseguinte deixa de desfrutar da experiência de conseguir expressar seus pensamentos e receber o *feedback* que irá ajudá-la a desenvolver suas ideias. O professor deve dar *feedback* de forma a tranquilizar o aluno e ajudá-lo a aprender estratégias que o apoiem na tomada de riscos (p. ex., anotar ideias antes de falar em voz alta; preparar ideias de antemão) para que ele possa superar seus medos, beneficiando-se, assim, de outras oportunidades de aprendizagem.

Uma parte importante do desenvolvimento social inclui também o desenvolvimento da reflexão e da ação *moral*: a capacidade de respeitar os direitos dos outros e de agir pelo interesse do próximo, assim como de si mesmo. Os professores precisam compreender os padrões associados ao desenvolvimento de conceitos de justiça e bem-estar social e as maneiras como o ensino pode ajudar a dar suporte ao desenvolvimento do caráter e da capacidade de participar de uma comunidade de sala de aula, bem como de uma sociedade democrática.

Uma compreensão das diferentes rotas desenvolvimentais e suas interações não é apenas essencial para o ensino eficaz da criança individualmente, mas é fundamental para o emprego de um gerenciamento de sala de aula sensato. Além do fato de que crianças devem ser ensinadas a tornarem-se membros de uma comunidade social, crianças entediadas ou que recebem tarefas que não conseguem realizar são o ponto de partida perfeito para salas de aula fora de controle – salas de aula onde pouca aprendizagem acontece. O ensino que promove um ambiente de sala de aula construtivo – no qual as crianças possam trabalhar bem umas com as outras e as tarefas sejam apropriadas e promovam a aprendizagem – depende do conhecimento sobre desenvolvimento. Um exemplo de tal ambiente foi ilustrado na vinheta anterior a respeito da professora Jean Jahr.

Macro e microelementos das rotas. O termo *rotas* transmite a noção de movimentos em direção a um conjunto de objetivos importantes. Em um nível geral (macro), as crianças progridem do ponto A para o B e para o C. No entanto, em um nível micro, sabemos que o desenvolvimento nem sempre é caracterizado pelo progresso linear e quantitativo. Em vários pontos do desenvolvimento, existem espirais nas quais o comportamento da criança parece retroceder antes de seguir em frente. Há também transições qualitativas que envolvem uma reorganização ou nova integração de habilidades funcionais após as quais o indivíduo opera em um ambiente qualitativamente diferente (COLE; COLE, 1993). Reconhecer esses microprocessos, enquanto se compreende as rotas gerais e progressões do desenvolvimento, é muito importante para o ensino eficaz. Por exemplo, professores que não percebem que um ganho em um nível pode envolver o "retrocesso" em outro podem pensar que seu trabalho tenha sido ineficaz, quando, na verdade, estão no caminho certo (ver "Ganhos em nível macro podem significar retrocessos em nível micro").

Ganhos em nível macro podem significar retrocessos em nível micro

Em algum momento de seu desenvolvimento linguístico, as crianças aprendem a falar no tempo passado adicionando um marcador linguístico como "*-ed*" (p. ex., "*We 'looked' at that book yesterday*"), o que já é um avanço em relação a: "*We look yesterday*". No entanto, progressos nesse nível também incluem, frequentemente, *generalizações* do uso de uma regra onde ela não se aplica, o que faz parecer que a criança está cometendo erros que não cometia anteriormente. Por exemplo, elas podem começar a dizer "*We 'goed' yesterday*", apesar de já terem usado anteriormente a palavra *went* (forma correta do passado de "*go*"). Existem muitos exemplos do que parece ser um "retrocesso" que ocorre quando as crianças estão aprendendo e se desenvolvendo. Os professores precisam diferenciar erros que são apenas generalizações momentâneas, as quais, na verdade, são sinais saudáveis de novas aprendizagens, daqueles que sinalizam que as crianças estão realmente com problemas de aprendizagem e precisam de ajuda para encontrar o caminho certo.

Questões de prontidão. Uma compreensão da progressão do desenvolvimento e de como diferentes rotas desenvolvimentais progridem e interagem é particularmente importante para ajudar os professores a avaliar a "prontidão" das crianças para uma nova aprendizagem. Por exemplo, aprender a ler envolve desenvolvimento biológico e cognitivo. As habilidades visuais das crianças (incluindo binocularidade e rastreamento) devem ter amadurecido antes que elas consigam se concentrar de forma confortável e rastrear letras relativamente pequenas. Isso pode ocorrer entre as idades de 4 e 8 anos, geralmente em torno dos 6 ou 7 anos de idade. Nesse ponto, as crianças geralmente apresentam um senso bem-desenvolvido de correspondência um para um e conseguem compreender símbolos, o que facilita a decodificação do texto (COLE; COLE, 1993).

Professores preparados compreendem ainda que o desenvolvimento das crianças ao longo de várias rotas pode interagir de diversas maneiras que afetam a prontidão para tarefas específicas. Por exemplo, uma criança de 7 anos com um pequeno atraso no desenvolvimento motor pode apresentar dificuldade em escrever. Ela também pode ter dificuldade com certos conceitos visuais e espaciais até que o professor a envolva em pequenas tarefas motoras que ajudem a desenvolver suas habilidades físicas. Isso também irá capacitá-la a se envolver em outros tipos de aprendizagem acadêmica. Se as dificuldades forem graves, um professor com conhecimento do desenvolvimento pode encorajar essa criança a usar um computador em vez de um lápis ao escrever, de modo a não retardar o desenvolvimento de habilidades expressivas de linguagem escrita, enquanto a criança lida com habilidades motoras finas.

Diferenças no desenvolvimento neurológico, dentro e fora dos limites do que é considerado "normal", também são importantes para medir a prontidão. As crianças conseguem processar informações de diferentes modalidades (p. ex., visual, auditiva e cinestésica) de forma eficaz, e algumas delas, com mais diferenças de processamento, precisam de adaptações no ensino para aprenderem o conteúdo efetivamente. Um professor eficaz garante que uma criança com dificuldades auditivas receba informações importantes de forma escrita para que possa continuar aprendendo bem o conteúdo, enquanto também desenvolve as habilidades para decodificar a parte auditiva. No final, o objetivo do ensino eficaz é mover cada criança ao longo de cada uma das rotas desenvolvimentais, tanto quanto possível naquele momento, com o objetivo final de ajudar o indivíduo a atingir os níveis de competência e funcionamento adultos esperados pela sociedade.

Diferenças individuais

Ao navegar por essas rotas desenvolvimentais, existe uma enorme variabilidade normal entre crianças da mesma idade. Os professores precisam entender a gama de diferenças normais que existe entre as crianças dentro da sala de aula, apesar de serem todas da mesma idade. Além disso, os educadores devem estar cientes da variabilidade interna de cada criança. Para algumas crianças, o desenvolvimento pode ser bastante desigual, mais avançado em uma área e menos em outra. Entender essas variações entre crianças, bem como em uma mesma criança, é fundamental para capacitar um professor a moldar experiências de aprendizagem apropriadas ao desenvolvimento de cada aluno.

Caminhos individuais ao desenvolvimento

Estudos sobre desenvolvimento mostram que as pessoas têm muito em comum conforme crescem. No entanto, o professor precisa perceber que em um grupo de crianças da mesma idade com desenvolvimento típico, cada criança alcançou sua idade por meio de um caminho único ao desenvolvimento influenciado por fatores biológicos, socioeconômicos, além de circunstâncias e experiências sociais e educacionais. Na sala de aula, onde a experiência de vida das crianças varia consideravelmente, é óbvio que também se deva esperar grande variabilidade nos diferentes domínios do desenvolvimento. Mesmo em salas de aula onde a história de vida das crianças seja relativamente homogênea, ainda há considerável variabilidade no desenvolvimento devido a diferenças individuais no estilo de aprendizagem, reações emocionais para o sucesso e o fracasso, autoconfiança, temperamento, socialização e experiências anteriores. Por exemplo, há uma faixa de 2 a 5 anos de idade durante a qual apenas 50% das crianças conseguem demonstrar as tarefas piagetianas de conservação: crianças de 6 a 9 anos demonstram conservação de massa, crianças de 4 a 9 anos conseguem demonstrar conservação do comprimento, crianças de 7 a 9 anos de idade conseguem demonstrar conservação de área, e crianças de 8 a 10 anos, conservação de peso (SROUFE *et al.*, 1992).

Embora a variabilidade no desenvolvimento normal seja geralmente compreendida pelos professores nos primeiros anos do ensino fundamental, talvez ela seja tão grande quanto – mas em geral menos reconhecida – nos anos da adolescência, oferecendo desafios especiais àqueles que ensinam nos anos finais do ensino fundamental e no ensino médio. Uma ampla variabilidade no desenvolvimento físico e no desenvolvimento de características sexuais é mais evidente, mas também existem grandes diferenças no desenvolvimento cognitivo e social entre indivíduos de 12 a 16 anos. Diferenças de altura e maturação física, com a significação cultural associada a essas características, têm consequências no autoconceito, na autoestima e na autoconfiança. Diferenças no desenvolvimento cognitivo e nas habilidades sociais têm consequências para o progresso acadêmico quando os alunos se deparam com ambientes escolares mais fragmentados e impessoais, com expectativas mais rígidas de aprendizagem e como ela deve ser dominada e evidenciada (ECCLES *et al.*, 1993). Essas diferentes trajetórias desenvolvimentais interceptam-se com as tarefas desenvolvimentais dos adolescentes na sociedade norte-americana – expectativas com respeito a independência, competência e construção de identidade de gênero, sexualidade, raça e cultura, entre outros fatores. A mistura dessas trajetórias desenvolvimentais em uma turma de adolescentes demanda que os professores do ensino fundamental e ensino médio sejam necessariamente confrontados com uma ampla gama de necessidades relacionadas ao desenvolvimento.

O professor novato precisa entender como as diferenças individuais se manifestam e podem ser empregadas em benefício da aprendizagem. Por exemplo, crianças com um curto intervalo de atenção precisam de tarefas e atividades com um ritmo diferente do que crianças com um intervalo de atenção mais longo. Crianças com baixa autoestima podem ter um maior impacto emocional quando rodam nas tarefas ou obtêm avaliações mais baixas do que as crianças com alta autoestima. A criança que é menos confiante pode aprender de forma mais eficaz em um contexto educacional elaborado para ter uma progressão mais lenta, garantindo-se, assim, um melhor desempenho, enquanto a criança mais confiante, mesmo com o mesmo nível de habilidade, pode ficar entediada com essa estratégia de ensino. O professor pode dar diferentes tipos de *feedback* a crianças com níveis de autoconfiança distintos.

Em geral, não é incomum que o desenvolvimento em um domínio esteja à frente ou atrás do desenvolvimento em outros domínios. Por exemplo, o desenvolvimento da linguagem de uma criança pode ser um pouco avançado em relação ao nível desenvolvimental motor em determinada idade. Um aluno pode ser capaz de resolver um problema matemático em sala de aula com facilidade, porém ter menos habilidade para resolver um problema pessoal no parque. Indivíduos apresentam crescimento desigual em suas rotas desenvolvimentais. Assim como os jardineiros entendem que as plantas de um jardim saudável não florescem simultaneamente ou na mesma estação, os professores precisam aprender a ver seus alunos como indivíduos multidimensionais – não "inteligentes" ou "lentos" ou "tímidos", mas como indivíduos complexos que demonstram níveis variáveis de crescimento (SPRINTHALL, 1989).

Desenvolvimento fragmentado

O conceito de *desenvolvimento fragmentado* refere-se às condições em que o desenvolvimento desigual entre domínios é bastante marcado e excede a variação normal. O desenvolvimento fragmentado é um desafio especial para o ensino eficaz, pois os acertos para que haja experiências de aprendizagem em uma área desenvolvimental podem estar em um nível muito diferente do que em outro nível desenvolvimental. Por exemplo, uma criança com habilidades avançadas em aptidão numérica pode

apresentar um atraso significativo em aptidões linguísticas. Uma criança com habilidades avançadas em linguagem verbal pode ter mais dificuldade em leitura ou produção escrita. Se essas diferenças são muito acentuadas, elas podem sinalizar deficiências de aprendizagem que exigem diagnóstico e assistência especial. Seja esse caso ou não, os alunos necessitam de intervenção atenta e focada na área em que o desenvolvimento esteja atrasado. Professores que têm habilidades diagnósticas e capacidade de individualizar conseguem agrupar os alunos em diferentes grupos e dar suporte personalizado para diferentes tarefas, garantindo que eles obtenham o ensino de que necessitam sem os efeitos negativos da autorrotulação.

Entre os casos mais desafiadores de desenvolvimento fragmentado, estão aqueles nos quais a criança tem habilidades cognitivas significativamente avançadas, mas cujo desenvolvimento emocional ou social é de uma criança muito mais jovem. Nesse caso, o professor precisa saber como promover o desenvolvimento emocional ou social necessário. Ele precisa compreender as possíveis estratégias a serem empregadas para ajudar a criança a aprender a administrar emoções, comportar-se de um modo socialmente aceito e compreender as expectativas e os sentimentos dos outros.

Outro caso muito desafiador de desenvolvimento fragmentado é quando uma criança com o desenvolvimento físico normal é cognitivamente atrasada. Em muitos casos, quando identificadas, tais crianças podem necessitar de serviços educacionais especiais. Se identificadas ou não, com o advento do *mainstreaming*,* a maioria dessas crianças será educada na sala de aula habitual. Para que o aluno continue a progredir, o professor precisa saber como adaptar as tarefas para que ele possa

---

* N. de R.T.: Nos Estados Unidos, a prática de *mainstreaming* significa que a escola coloca alunos com necessidades especiais em salas de aula com seus colegas que não têm deficiências, tendo como critério suas habilidades. O objetivo é facilitar a inclusão e evitar a discriminação desses alunos.

ter sucesso e continuar aprendendo ao longo da própria trajetória desenvolvimental. Não há muita pesquisa ou prática em lidar com o desenvolvimento fragmentado para guiar um educador novato na elaboração de práticas de ensino eficazes que reflitam um entendimento das diferenças individuais normais. Nessas circunstâncias, a consulta com *experts* pode ser útil. O professor novato bem-preparado é capaz de entender quando é necessário consultá--los e como acessar essa *expertise*.

Um exemplo de desenvolvimento fragmentado e as implicações na tomada de decisões educacionais sobre um aluno são discutidos na seção "Desenvolvimento fragmentado e decisões educacionais". Esse exemplo mostra como pressuposições sobre abordagens de ensino produtivas para os alunos devem ser examinadas em relação às demandas cognitivas reais e outras demandas de um ambiente, bem como ao suporte que este oferece para a aprendizagem.

Desenvolvimento fragmentado e decisões educacionais

Uma estudante dos anos finais do ensino fundamental estava tendo dificuldades na escola. Testes revelaram que ela apresentava um problema no processamento da linguagem que excedia os intervalos de variabilidade típica. Especificamente, sua capacidade de repetir frases da memória de curto prazo depois de ouvi-las era um problema: ela conseguia se lembrar de frases que eram apenas cerca de metade do tamanho daquelas de crianças em desenvolvimento típico. No entanto, sua memória de curto prazo para informação visual estava acima do normal.

Por causa de seus problemas de aprendizagem, os coordenadores da escola deciditram colocá-la em disciplinas mais básicas em vez de mais complexas. Por exemplo, havia uma disciplina de biologia que envolvia muita experimentação prática e trabalho de laboratório, além do conteúdo típico da matéria em nível básico. Na escola, os coordenadores estavam convencidos de que o nível básico era tudo o que ela teria capacidade de fazer e matricularam-na nele.

Um amigo da família da aluna era um cientista líder em aprendizagem e desaprovou essa decisão imediatamente. O conteúdo do nível básico era quase todo verbal – os alunos liam textos e ouviam palestras, focando precisamente as áreas nas quais a menina tinha problemas de processamento. O nível "avançado" oferecia uma variedade de experiências visuais e táteis, nas quais a garota poderia aplicar seu potencial.

Por fim, decidiram colocar a garota no curso "avançado", e ela se saiu bem, passando com um "C". Não havia possibilidade de criar um grupo-controle e comparar as *performances* da garota nos dois ambientes. Mas é válido ressaltar que o raciocínio do cientista foi considerável ao tentar corresponder os pontos fortes dos alunos a maneiras específicas como as matérias são ministradas. Só porque algo é "avançado" não significa necessariamente que torne a aprendizagem mais difícil. Oportunidades para aprendizagem prática que visam a uma maior compreensão conceitual frequentemente tornam a aprendizagem mais significativa e, nesse sentido, "mais fácil", tanto para alunos que têm dificuldades de aprendizagem quanto para os que estão se desenvolvendo normalmente.

Interações entre desenvolvimento, conhecimento e aprendizagem

A prontidão dos alunos para aprender certos tipos de informação de determinadas maneiras destaca uma questão que é especialmente importante para os professores entenderem: quais são as relações entre desenvolvimento, conhecimento e aprendizagem? Diferentemente das visões desenvolvimentais anteriores, isto é, de que os educadores só precisam esperar que isso "aconteça" em determinadas idades ou estágios, há evidências crescentes de que, quando as crianças experimentam diferentes contextos e aprendem novos conteúdos, suas capacidades desenvolvimentais são aprimoradas. Assim como o ensino dá suporte ao desenvolvimento das crianças, a capacidade delas para aprender de novas maneiras também é apoiada.

COMO O CONHECIMENTO PRÉVIO E A EXPERIÊNCIA DÃO SUPORTE AO DESENVOLVIMENTO

Um modelo do desenvolvimento que emergiu dos primeiros trabalhos de Piaget é o de que existem estágios desenvolvimentais específicos que determinam o que as pessoas geralmente pensam de qualquer tipo de assunto. O trabalho de Piaget (discutido brevemente no Cap. 2) teve uma influência profunda e importante na reflexão sobre o desenvolvimento das crianças. Ele aplicou entrevistas clínicas bem-estruturadas que investigaram o que os alunos pensam dos eventos cotidianos e como seu raciocínio muda. Um exemplo é fornecido na seção "Um exemplo do trabalho de Piaget sobre desenvolvimento e pensamento".

Um exemplo do trabalho de Piaget sobre desenvolvimento e pensamento

Uma criança vê um adulto pegar dois jarros idênticos, cada um preenchido com a mesma quantidade de água. Um jarro é usado para encher um copo (um copo alto e estreito); o outro jarro é usado para encher um copo mais curto e mais grosso. Os dois copos contêm a mesma quantidade de água? Os adultos dizem que sim. As crianças com cerca de 5 anos de idade costumam dizer que não e pegar o copo cujo nível da água é maior. Entretanto, alguns meses depois, essa mesma criança pode começar a responder como um adulto. O que aconteceu que causou essa mudança?

As descobertas de pesquisa de Piaget levaram-no a desenvolver a "teoria dos estágios", que propunha importantes mudanças qualitativas no desenvolvimento conforme as crianças amadureciam. O primeiro estágio envolve o desenvolvimento sensório-motor, seguido pelo pensamento pré-operacional, depois pelo pensamento operacional concreto, quando as crianças são capazes de entender conceitos como a conservação da matéria, e, por fim, o pensamento formal operacional ou abstrato.

A teoria dos estágios de Piaget é frequentemente interpretada pressupondo-se que o nível desenvolvimental atual da pessoa determina o que ela pensa de qualquer assunto importante. Estudos recentes mostram que o conhecimento das pessoas sobre um assunto também afeta a sofisticação de seu pensamento; assim, a mesma pessoa pode pensar de modo abstrato sobre uma área de conhecimento e de modo muito mais concreto sobre outra. Em geral, as habilidades de pensamento e raciocínio das crianças dependem do quão estão familiarizadas com o conteúdo que está sendo apresentado e das experiências que tiveram em relação a ele (DONALDSON, 1978; FLAVELL, 1994; SIEGLER, 1998).

Para ilustrar o fato, pesquisadores descobriram que crianças de até 4 anos entendem a conservação se elas conseguirem manipular materiais e discutir seu raciocínio com alguém que já entenda o conceito (FIELD, 1987; MAYER, 1992). Alunos mais velhos do ensino fundamental conseguem aprender a resolver problemas lógicos envolvendo ideias hipotéticas se forem ensinadas as estratégias adequadas para a resolução de problemas (LEE, 1985) e também conseguem separar e controlar variáveis se forem dadas as instruções sobre como fazê-lo (METZ, 1995). Todavia, adolescentes e adultos conseguem pensar concretamente sobre áreas nas quais são inexperientes (BYRNES, 1988; KUHN et al., 1995; PASCA-RELLA; TERENZINI, 1991) e ainda ser capazes de usar o pensamento de ordem superior em áreas nas quais eles têm mais conhecimento (GIROTTO; LIGHT, 1993; SCHLIE-MANN; CARRAHER, 1993). De Lisi e Staudt (1980), por exemplo, descobriram que os universitários eram mais propensos a demonstrar raciocínio operacional formal em tarefas relacionadas à área que estavam estudando, mas não em outras tarefas. Ormrod (2003, p. 33) observa que: "[...] os alunos conseguem demonstrar pensamento operacional em um domínio de conteúdo enquanto pensam mais concretamente em outro [...]".

Em um nível macro, as caracterizações gerais do desenvolvimento de Piaget são verdadeiras. O desenvolvimento geralmente segue uma progressão do pensamento egocêntrico para o pensamento que leva em consideração múltiplas perspectivas, desde um comportamento mais reflexivo até atividades mais direcionadas a objetivos, do raciocínio baseado em regras ao raciocínio mais contingente, multifacetado. Com o tempo e com o devido suporte, as crianças desenvolvem habilidades para generalizar e manipular informações, atuar em seu ambiente e aprender com isso de forma cada vez mais objetiva. No entanto, como descrevemos, crenças anteriores sobre os detalhes do que as crianças conseguem ou não fazer em diferentes idades parecem ter sido generalizadas em excesso. Dada a chance de se refletir sobre conteúdo familiar e experiências, as crianças em idade pré-escolar são capazes de exibir um pensamento que não é inteiramente egocêntrico, além de conseguirem refletir sobre o próprio pensamento em menor grau. Além disso, as operações formais não parecem ser apenas competência dos anos da adolescência (CASE, 1992; FELDMAN, 1980; SIEGLER; RICHARDS, 1982). E a capacidade de utilizar habilidades cognitivas de ordem superior depende das experiências que as crianças tiveram, bem como de sua idade ou estágio biológicos.

Estudos sobre a capacidade dos adolescentes de se envolverem em pensamentos que exi-gem o controle de variáveis em experimentos ilustram as interações entre conhecimento e "níveis" desenvolvimentais. Em um estudo, foi mostrada uma fotografia de quatro crianças pescando de quatro maneiras diferentes a alunos de 13 anos de idade (PULOS; LINN, 1981). Cada criança na fotografia exibe uma postura diferente, uma maneira distinta de segurar sua vara de pesca e usa diversos tipos de isca, entre outras variáveis. Os alunos foram informados de que: "Essas quatro crianças vão pescar todas as semanas, e uma criança, Herb, sempre pega mais peixes. As outras crianças perguntam-se o porquê". Os alunos que tinham experiência em pescar eram mais capazes de separar e controlar as múltiplas variáveis nessa situação do que aqueles sem experiência. Da mesma forma, algumas evidências de operações formais geralmente aparecem antes em ciências físicas do que em matérias como história e geografia; os alunos muitas vezes têm dificuldade em pensar em ideias abstratas e hipotéticas na história e na geografia, inclusive durante os anos do ensino médio (LOVELL, 1979; TAMBURRINI, 1982). Essas diferenças estão provavelmente relacionadas com a quantidade de experiências concretas que os alunos têm, bem como com a maturação de seu desenvolvimento.

Um dos maiores papéis do ensino é construir um depósito de experiências para os alunos, por meio do qual eles consigam construir sua capacidade cognitiva. Um professor habilidoso entende que, ao propor uma tarefa para os alunos, deve se perguntar se eles têm uma base de experiências na qual fundamentar sua reflexão e seu raciocínio. Se alguns não tiverem essa base, o educador deve estar preparado para demonstrar, explicar ou dar outras oportunidades para os alunos adquirirem o conhecimento experiencial de que necessitam para obter sucesso. Muitos professores excelentes, como Jean Jahr em nosso exemplo anterior, escolheram problemas que surgem da experiência de seus alunos, para que eles possam utilizar o que sabem para entender o problema e pensar em soluções. Estratégias de ensino como essas têm grande relação com as habilidades de pensamento de ordem superior: se e como elas ocorrem. As crianças precisam ter muitas oportunidades de exploração e prática que as ajudem a entender conceitos numéricos, fenômenos físicos e o uso da linguagem. Da mesma forma, elas precisam ser desafiadas com problemas que incentivem e deem suporte ao raciocínio lógico e ao pensamento contingente (NATIONAL RESEARCH COUNCIL, 2000; KAMII; HOUSMAN, 2000). Quando a educação baseada nesses fatores não está presente, muitas pessoas não conseguem desenvolver essas habilidades de pensamento mais sofisticadas.

Como o ensino pode dar suporte ao desenvolvimento

Vimos como a capacidade dos alunos de pensar em diferentes "níveis de sofisticação desenvolvimental" é afetada pelo conhecimento prévio dos tópicos explorados. Também é possível que os docentes organizem o conhecimento de modo a dar suporte ao progresso desenvolvimental da reflexão. O professor e psicólogo russo Lev Vygotsky focou especialmente na maneira que novos ensinamentos (não apenas o conhecimento previamente existente) incentivam de fato o desenvolvimento. Em uma série de estudos, Vygotsky e seus colegas realizaram experimentos envolvendo narrativas dos alunos. Em geral, a capacidade dos alunos de contar histórias complexas e bem-estruturadas melhorou com a idade. No entanto, os estudos constataram que a complexidade da história também dependia fortemente da natureza do conhecimento que os alunos foram auxiliados a *adquirir* sobre as histórias que eles estavam contando. Por exemplo, em um conjunto de tarefas, os alunos foram auxiliados a organizar conceitos científicos e depois tiveram que contar uma história usando esses conceitos. As histórias que eles criaram eram mais coerentes e complexas do que as histórias sobre as quais eles foram convidados a falar a respeito de uma série de ocorrências naturais, conceitos que as crianças teriam encontrado fora da escola, mas que não teriam

sido necessariamente auxiliadas a organizar de maneira ideal. Com base nesse estudo e outros, Vygotsky conjecturou que a estruturação de uma tarefa por um adulto poderia ajudar as crianças a alcançar níveis que não seriam possíveis sem esse suporte. Notamos, no Capítulo 2, que o conceito da ZDP fornece informações importantes sobre a questão da "prontidão" e sua relação com ensino eficiente. "A diferença entre o que uma criança consegue fazer sozinha e o que ela consegue fazer com alguma mentoria é a zona de desenvolvimento proximal [...]" (GAGE; BERLINER, 1998, p. 112). A aprendizagem efetiva ocorre quando a distância entre o ponto em que o aluno se encontra em seu desenvolvimento (em termos de compreensão e conhecimento) e a compreensão necessária para a nova aprendizagem é pouca o suficiente para promover a nova aprendizagem por meio da assistência ao aluno, porém grande o suficiente para ser um desafio, em vez de apenas uma tarefa entediante. Um professor que leciona fora da ZDP de um aluno em um domínio específico promove poucos novos aprendizados, ou porque a lição proporciona muito pouco desafio, ou porque é tão complexa para a criança que está totalmente fora de alcance.

Vygotsky argumentou que escolher tarefas que atendam a necessidade das crianças no estágio em que se encontram – e que aumentem gradativamente seu desempenho – estimula o *desenvolvimento* cognitivo, bem como a aprendizagem. "Tarefas que as crianças não conseguem fazer individualmente, e sim com a ajuda de outros, invocam funções mentais que se encontram atualmente em processo de desenvolvimento [...]" (BERK; WINSLER, 1995, p. 26). Vygotsky (1978) enfatizou que o desenvolvimento cognitivo é baseado na linguagem, símbolos culturais e ferramentas, bem como no estímulo da aprendizagem por professores e cuidadores. Ele incentivou os educadores a avaliar em que ponto os alunos se encontram em determinado domínio, o que eles entendem e as experiências que tiveram para indicar como, com ajuda, os alunos conseguem avançar para outro nível dentro de sua ZDP.

Essa assistência, quando cuidadosamente ofe-
recida, fornece suporte suficiente para permitir um progresso constante na compreensão e
é chamada de *scaffolding*. A analogia é em relação a andaimes que são erguidos em torno de
um edifício, permitindo que os trabalhadores,
a partir dessas plataformas, alcancem alturas e
atinjam objetivos que de outra forma seria impossível ou muito difícil de se alcançar.

Trabalhando na ZDP. Um professor que entende a ZDP sabe valorizar como avaliar e dar
suporte à prontidão para a aprendizagem,
como usar essa prontidão para desafiar uma
criança a aprender e, como resultado, permitir que a criança progrida no seu desenvolvimento. Reconhecer a prontidão de aprendizagem da criança exige que o docente entenda os
tipos de experiências anteriores que a criança
teve com as ideias, os conceitos ou as habilidades envolvidos. As experiências e o nível atual
de desempenho da criança determinam os tipos de oportunidades de aprendizagem que
fornecerão mais benefícios para ela. Os professores devem ser capazes de observar uma
criança para detectar sinais do desenvolvimento de prontidão e ajudá-la a estar pronta
para novas realizações em cada rota e domínio desenvolvimentais. Esse é o significado
completo do ensino "apropriado ao desenvolvimento". Ele envolve a consciência do ponto
em que os alunos se encontram no processo de
desenvolvimento e de como tirar vantagem de
seu grau de prontidão, bem como promover a
prontidão desenvolvimental, em vez de apenas
esperar que o aluno esteja pronto.

A ZDP provou ser um conceito intuitivamente atraente para ajudar os professores a
compreender o sequenciamento adequado
das experiências de aprendizagem e a distância apropriada para a tentativa de aproximar o
ponto no qual a criança se encontra e o que é razoável esperar que ela aprenda a seguir. A noção de ZDP ajuda os educadores a compreender
o tamanho do passo que uma criança pode dar
na aprendizagem de tarefas guiadas de modo a
progredir em seu desenvolvimento. Por exem-

plo, se uma criança sabe somar números, não
é um passo muito grande até o ensino da subtração, mas pode ser um passo muito grande
sair direto do conhecimento da simples adição
à tentativa de ensinar divisão. Além de identificarem o conceito apropriado que deve ser
ensinado em seguida, os professores também
precisam dar a quantidade certa de assistência ou *scaffolding* ao processo de aprendizagem,
oferecendo orientação suficiente para permitir
que um aluno entenda como ele consegue raciocinar em cima de um problema sem oferecer
ajuda demais, o que pode atrapalhar o aluno ao
tentar resolver o problema sozinho.

**Levando em conta as diferenças individuais
de prontidão.** Muito do conhecimento incorporado no desenvolvimento curricular e no
sequenciamento de tarefas das matérias acadêmicas básicas, especialmente nas séries iniciais, foi desenvolvido considerando-se o papel
das progressões normais do desenvolvimento e
da ZDP no ensino eficaz. A disponibilidade de
materiais-padrão curriculares e materiais já
testados anteriormente que incorporam esses
princípios pode ser muito útil para o professor
novato. Contudo, nem todos os currículos são
organizados efetivamente de modo a promover
o desenvolvimento. Além disso, mesmo materiais de ensino bem-desenvolvidos não substituem a avaliação individualizada que o professor deve fazer em sala de aula, se este pretende
selecionar materiais curriculares adequados e
usá-los de forma apropriada e eficaz para cada
criança.

É muito importante perceber que a ZDP
pode variar amplamente entre um grupo de
crianças com idades e habilidades semelhantes. O tamanho da ZDP de um aluno para um
tipo específico de aprendizagem – ou seja, a
"largura da faixa" do que um estudante consegue alcançar a partir do que ele sabe hoje sobre um domínio até um novo entendimento
– vai variar dependendo do ponto em que a
criança se encontra em seu desenvolvimento,
bem como do que ela teve a oportunidade de
aprender anteriormente e das estruturas cog-

nitivas e esquemas disponíveis para a criança (BROWN; REEVE, 1987). Peculiaridades individuais, inclusive fatores emocionais relacionados à autoestima e à autoconfiança, fatores cognitivos relacionados a estilos de aprendizagem e características que envolvem o intervalo de atenção, são apenas algumas das diferenças que afetam a ZDP e precisam ser levadas em consideração pelo professor que está determinado a ensinar todas as crianças de uma turma de forma eficaz.

Ajustando "andaimes" à criança. Observamos que o termo *scaffolding* é frequentemente usado para descrever o suporte que pode ajudar a criança a alcançar os limites superiores de suas ZDPs. O "andaime" pode ser ajustado à criança pelo menos por meio de duas maneiras: (1) estruturando tarefas e ambientes de aprendizagem para que as demandas sejam apropriadamente desafiadoras, e (2) ajustando a quantidade de intervenção adulta em resposta às necessidades e habilidades atuais da criança (BERK; WINSLER, 1995). As tarefas podem ser estruturadas a partir das escolhas e orientações que são dadas às crianças e da sequência na qual os problemas conseguem ser segmentados e definidos. A intervenção de um adulto pode ocorrer quando o professor circula pela sala, dando assistência individual para os alunos, ou quando descobre um erro cometido por toda a turma e conduz uma discussão geral para resolver o problema. Um objetivo importante do sistema de *scaffolding* é promover a autorregulação, abandonando gradualmente o controle e a ajuda fornecidos aos alunos. Isso significa dar à criança tempo para lidar com problemas e intervir apenas quando ela não consegue progredir. A aprendizagem e a autorregulação são maximizadas quando os professores fazem perguntas abertas que encorajam as crianças a participar do processo de resolução de problemas de maneira significativa (DIAZ; NEAL; AMAYA-WILLIAMS, 1990; GONZALEZ, 1994; ROBERTS; BARNES, 1992).

Exemplos da diferente sensibilidade dos professores em relação às ZDPs das crianças foram relatadas no início deste capítulo, com dois cenários sobre o ensino. O primeiro cenário mostrou o que acontece quando um educador não é sensível ao processo de aprendizagem da criança, desconhecendo os "andaimes" necessários para dar suporte ao desenvolvimento dos alunos – por exemplo, ajuda para entender como avaliar o tempo na realização de exercícios cronometrados. O segundo cenário forneceu uma ilustração da sensibilidade de um professor para várias ZDPs entre seus alunos. Quando a professora Jean Jahr incentivou seus alunos a pedir ajuda um para o outro, além de uma variedade de ferramentas (desenho, materiais manipulativos, calculadoras e *displays* gráficos) na resolução do problema de matemática em que estavam trabalhando, ela usou uma estratégia que permitiu que alunos em diferentes ZDPs obtivessem acesso aos vários tipos de assistência de que precisavam para compreender a nova situação. Quando ela pediu aos alunos que compartilhassem sete soluções diferentes para o problema, explicando seu raciocínio ao resolvê-lo, ela aprofundou ainda mais o desenvolvimento cognitivo da turma, permitindo aos alunos falar sobre seu processo de pensamento, construindo, assim, uma compreensão conceitual, tanto para os que apresentavam quanto para os que ouviam. Outro exemplo da sensibilidade do professor em relação à ZDP de um aluno foi relatado no Capítulo 2, no qual um educador aplaudiu com entusiasmo as contribuições feitas por um aluno que anteriormente não demonstrava autoconfiança suficiente para se expressar em sala de aula, adaptando, assim, seu *feedback* para dar suporte ao aluno exatamente no ponto em que ele se encontrava no desenvolvimento dessa habilidade.

No Capítulo 2, observamos que os professores também podem usar as experiências das crianças estrategicamente ao incentivarem mais ainda seu desenvolvimento. Por exemplo, se um aluno já sabe muito sobre determinado assunto porque faz parte de sua experiência em casa ou na comunidade, esse conhecimento prévio pode ser a base para a realização de uma tarefa escrita. Desse modo, o desenvolvimento de habilidades de escrita consegue ser promovido pela disponibilidade imediata de "recursos de conhecimento" sobre o tema em questão (MOLL; GREENBERG, 1990). O professor pode ajudar o aluno a desenvolver a reflexão e a capacidade de registrar detalhes sobre o tópico, fazendo perguntas que levam o aluno a escrever uma narrativa elaborada. Assim, a experiência e o desenvolvimento em uma área podem ser usados estrategicamente para promover o desenvolvimento em outra.

Os professores também podem promover o desenvolvimento observando atentamente os alunos para ver o que eles conseguem fazer sem ajuda e, em seguida, fornecer auxílio estratégico para que eles alcancem o próximo nível de uma habilidade – por exemplo, ao observarem que um aluno tem noções de medição linear básica e, em seguida, ajudá-lo a aprender a medir e calcular perímetros de objetos diferentes. Para outro aluno, em uma ZDP diferente nesse domínio, o tipo de assistência necessário pode ser o ensinamento de medidas básicas antes de aprofundar o assunto em questão. Os professores podem construir experiências para seus alunos que preenchem os fundamentos necessários para uma compreensão mais abstrata. Por exemplo, quando alunos do 7º ano expressam sua confusão sobre o porquê de dois terços, quatro sextos e oito doze avos serem equivalentes, um professor pode usar objetos concretos como pedaços de *pizza*, tortas ou colar de contas para demonstrar como frações com diferentes denominadores podem ser iguais (ORMROD, 2003).

Moldando "andaimes" à disciplina. Ao entenderem as estruturas fundamentais e ideias-chave das disciplinas, *além de* compreenderem o desenvolvimento, os professores conseguem dar suporte à aprendizagem de forma mais eficaz. O conceito de Bruner (1977, p. 33) de um "currículo espiral" baseia-se na ideia de que: "[...] qualquer disciplina pode ser ensinada de alguma forma intelectualmente honesta para qualquer criança em qualquer estágio desen-

volvimental [...]". Um conceito fundamental pode ser ensinado em uma ocasião e depois revisitado com maior profundidade mais tarde. Por exemplo, embora a maioria dos alunos geralmente não esteja pronta para manipular diversas variáveis até a infância tardia ou o início da adolescência, o professor pode introduzir alguns conceitos iniciais de álgebra para os anos iniciais, usando objetos concretos em vez de representações abstratas de números como "x" e "y". Pesquisadores descobriram que, quando professores simplificam as instruções e a abordagem de uma tarefa apropriadamente, elas podem ser desempenhadas por estudantes mais novos (ver CASE, 1998; GELMAN, 1979; SIEGLER, 1998) e que a taxa de sucesso dos alunos em uma tarefa pode estar relacionada à complexidade das instruções dadas (BODEN, 1980). Os docentes conseguem ajudar os alunos a se preparar para compreender ideias mais complexas ao fornecerem uma base que seja apropriada ao nível de prontidão desenvolvimental dos alunos.

Existem muitos exemplos de como os professores podem dar suporte ao desenvolvimento da reflexão de crianças e adolescentes. Por exemplo, analogias e modelos a partir da experiência existente dos alunos podem ser veículos poderosos para abrir caminho para conceitos complexos. A pesquisadora e professora Deborah Ball ajuda os alunos a entender o conceito de números negativos por meio da introdução da maquete de um edifício. Números positivos são representados pelos andares acima do solo, e números negativos são representados pelos andares abaixo do solo. A maquete é usada na introdução de convenções de adição e subtração envolvendo números inteiros e permite que os alunos façam observações como: "[...] qualquer número abaixo de zero mais o mesmo número acima de zero é igual a zero [...]" (BALL, 1993, p. 381 *apud* NATIONAL RESEARCH COUNCIL, 2000, p. 168). Ball pede que seus alunos considerem perguntas como: "Quantas maneiras possíveis existem para uma pessoa chegar ao terceiro andar?". Usar maneiras eficientes de introduzir e lidar com conceitos sofisticados faz parte do que significa ensinar de maneira apropriada para o desenvolvimento.

Educadores podem ajudar os alunos a redigir por meio de questões que funcionam como andaimes para dar suporte a formas de escrita mais sofisticadas: "Meu ponto principal é...", "Um exemplo disso seria...", "A razão de eu pensar assim é que..." e "Podemos relacionar o fato com..." (SCARDAMALIA; BEREITER, 1985; ORMROD, 2003). Ao fornecerem exemplos e orientações sobre como atingir certos tipos de reflexão e desempenho, os professores podem dar suporte aos alunos no desenvolvimento de habilidades mais sofisticadas. Com o tempo, essas habilidades são internalizadas, e os alunos mostram-se capazes de regular a própria reflexão sobre as tarefas dadas. A sala de aula de Jean Jahr fornecia muitos desses exemplos (ver "A utilização de "andaimes" na orientação do trabalho dos alunos em sala de aula").

A utilização de "andaimes" na orientação do trabalho dos alunos em sala de aula

Na sala de aula de Jean Jahr, o trabalho das crianças é exibido em paredes, quadros de avisos e prateleiras, junto a cartazes feitos pelo professor que listam informações relacionadas ao trabalho que está em andamento. Perto da biblioteca de aula e dos materiais de escrita, por exemplo, três pôsteres diferentes apresentam perguntas que orientam os alunos em relação aos padrões de redação esperados para o desenvolvimento de conteúdo, padrões de escrita e objetivos pessoais como escritores.

O cartaz sobre desenvolvimento de conteúdo contém as seguintes questões:

- O começo do texto apresenta o assunto?
- A ordem em que escrevi faz sentido?
- Usei exemplos e detalhes para criar uma imagem na mente do leitor?
- A minha história faz sentido?

O cartaz sobre padrões de escrita contém as seguintes questões:

- Verifiquei a ortografia correta das palavras?
- Usei letras maiúsculas e minúsculas corretamente?

O cartaz sobre ser escritor em uma comunidade de escritores contém as seguintes questões:

- Estou disposto a compartilhar meu texto?
- Ouço os outros, compartilho e dou *feedback* útil?
- Estou disposto a revisar meu trabalho?
- Consigo dizer por que escolhi este texto para publicação e o que mais gosto a respeito dele?

Esses lembretes fornecem modelos de interação social, bem como orientação para a aprendizagem e o desempenho. Observando Jane no trabalho que desenvolve, fica claro que ela se importa igualmente com a qualidade do trabalho de seus alunos e a qualidade de sua experiência como aprendizes em uma sala de aula que dê suporte ao desenvolvimento.

Tirando proveito dos interesses desenvolvimentais dos alunos. Os professores também podem aproveitar os interesses desenvolvimentais dos alunos como uma maneira de aumentar a motivação para as tarefas da escola. Por exemplo, já que as crianças entre as idades de 8 e 12 anos gostam de imitar o que os adultos fazem, como ser bombeiro, médico, e assim por diante, os professores podem organizar aspectos curriculares em torno desses interesses e usá-los como um trampolim para áreas de desenvolvimento de habilidades. Na adolescência, os alunos estão particularmente interessados em questões filosóficas e questões de justiça social. Esses interesses e habilidades emergentes podem ser aproveitados em sala de aula. Por exemplo, em estudos sociais, os alunos podem se envolver em debates, aproveitando suas necessidades de resolverem e discutirem suas opiniões, podendo incentivá-los a aprender maneiras sistemáticas de reunir e organizar evidências, desenvolvendo, assim, a argumentação lógica.

O exemplo a seguir ("O uso do conhecimento do desenvolvimento do adolescente no ensino de história") mostra como a professora do ensino médio Elizabeth Jensen prepara seus alunos para entenderem os debates entre os federalistas e os antifederalistas. Como ela entende o desenvolvimento do adolescente, ela sabe que pode tirar proveito do interesse deles em experimentar e debater ideias. Ela também sabe que é improvável que seus alunos entendam esses debates a menos que ela crie experiências que permitam o conflito dos fundamentos filosóficos deles em primeiro lugar. Portanto, quando planeja suas lições, ela leva em consideração esses fatores.

O uso do conhecimento do desenvolvimento do adolescente no ensino de história

[Elizabeth Jensen] sabe que seus jovens alunos de 15 e 16 anos não conseguem entender as complexidades dos debates federalistas sem primeiro entenderem que essas discordâncias estavam enraizadas em concepções fundamentalmente diferentes da natureza humana – um ponto destacado em dois parágrafos no livro didático de história. Em vez de começar o ano com uma unidade sobre a descoberta e a exploração europeias, como dita o livro, ela começa com uma conferência sobre a natureza do ser humano. Alunos de história do 3º ano do ensino médio leram trechos da obra de filósofos (Hume, Locke, Platão e Aristóteles), líderes de Estado e revolucionários (Jefferson, Lenin, Gandhi) e tiranos (Hitler, Mussolini), apresentando e defendendo essas visões diante de seus colegas. Seis semanas depois, quando chega a hora de estudar a ratificação da Constituição,

essas figuras agora familiares – Platão, Aristóteles e outros – são convocadas a se reunir para serem cortejadas por grupos acalorados de federalistas e antifederalistas. É a compreensão de Elizabeth Jensen do que ela quer ensinar e do que os adolescentes já sabem que lhe permite criar uma atividade que ajude os alunos a perceber o domínio que os aguarda: decisões sobre a Constituição, rebeliões, federalismo, escravidão e a natureza do governo (WINEBERG; WILSON, 1991 *apud* NATIONAL RESEARCH COUNCIL, 2000).

Essas estratégias desenvolvimentais exigem abordagens diferentes à formação de professores. Por exemplo, pesquisadores constataram que os docentes tinham que aprender a pensar de maneiras diferentes durante as discussões dos textos, a fim de empregar técnicas de questionamento responsivo, usando perguntas elaboradas para ajudar seus alunos a fazer conexões e entender relações. Em vez de simplesmente decidirem se uma resposta estava certa ou errada, os professores tinham que refletir sobre o significado do que a criança dissera e pensar em como prestar assistência quando uma criança não entendia ou estava tendo problemas em estabelecer uma conexão (GALLIMORE; DALTON; THARP, 1986). Essa capacidade de resposta à reflexão das crianças é desenvolvida por meio de observação atenta e do conhecimento de estratégias de ensino para provocar uma reflexão mais sofisticada.

Entendendo e expandindo a prontidão

Pesquisas com foco nas questões levantadas por Piaget e Vygotsky fornecem maior percepção sobre os aspectos relacionados à prontidão. Dentro de alguns parâmetros, a prontidão pode ser encorajada, mas os estágios de aprendizagem e crescimento necessários para consolidar a compreensão não devem ser ignorados. Por exemplo, a pesquisa descobriu que crianças que trabalham com materiais manipulativos e objetos concretos para desenvolver uma compreensão dos números e dos princípios científicos apresentam ganhos maiores na compreensão avançada do que aquelas convidadas a memorizar informações ou aprender algoritmos sem um fundamento sólido em operações concretas (KAMII; HOUSMAN, 2000).

Da mesma forma, a importância dos jogos, que oferecem oportunidades concretas de aprendizagem na primeira infância, foi confirmada em estudos longitudinais de larga escala como suporte do desenvolvimento acadêmico, bem como do crescimento social e emocional. Um estudo comparou 50 pré-escolas cuja pedagogia era baseada no brincar com 50 pré-escolas recém-abertas cuja pedagogia era mais acadêmica, na província de North Rhein-Westphalia, na Alemanha. Equipes de pesquisadores de duas universidades diferentes constataram que, na idade de 10 anos, as crianças oriundas de pré-escolas com programas baseados no brincar tiveram desempenho significativamente superior aos das crianças de pré-escolas com programas acadêmicos em seus primeiros anos de aprendizagem. As crianças que tinham frequentado pré-escolas com programas baseados no brincar não apenas se encaixavam melhor social e emocionalmente na escola como também eram cognitivamente mais avançadas em leitura, matemática e outros assuntos testados, bem como em criatividade e inteligência, técnica e expressão oral. Em ambientes de aprendizagem baseados no brincar ou em experiências, os alunos ocupam-se com exploração, descoberta e interação social na prática – incluindo a discussão e experimentação de ideias que constroem uma base para a aprendizagem posterior (EWART; BRAWN, 1978; TIETZE, 1987; WINKELMAN *et al.*, 1979).

Suporte ao desenvolvimento social e emocional. Uma compreensão da prontidão e de como ela pode ser expandida também é importante para os aspectos sociais, emocionais e morais do desenvolvimento. Com orientação social apropriada, as crianças conseguem adotar a perspectiva dos outros e considerar suas intenções. Por meio da exemplificação, do ensino explícito e das oportunidades para explorar as consequências de diferentes comportamentos e sistemas sociais, elas se tornam mais capazes de cooperar com os outros e entender conceitos como justiça e reciprocidade. Os professores precisam entender que *essas habilidades são aprendidas* e devem ser explicitamente ensinadas em vez de inferidas. Por exemplo, quando o comportamento das crianças difere das normas ou expectativas de sala de aula, é importante que os educadores expliquem e demonstrem o comportamento desejado em vez de meramente punir os alunos sem explicação. Esse ensinamento social, longe de desviar dos objetivos da sala de aula, resulta em maior sucesso acadêmico, já que as crianças conseguem trabalhar juntas e aprender umas com as outras (COMER *et al.*, 1996b). Muitas crianças também precisam ser ensinadas a expressar seus sentimentos e preocupações, reconhecer as opiniões e sentimentos dos outros, bem como lidar com suas frustrações produtivamente. Tais habilidades dão suporte a sua capacidade de perseverar diante de dificuldades e de resolver problemas que possam surgir sem perder o controle ou desistir.

Suporte ao desenvolvimento da identidade. As crianças também desenvolvem um senso de si mesmas, incluindo o tipo de pessoa que elas imaginam e querem ser, e um senso de identidade que determina não só como elas se sentem sobre si mesmas, mas também o que elas percebem ser importante para suas vidas e digno do seu esforço. Os autoconceitos que as crianças desenvolvem em vários domínios (p. ex., acadêmico, social e interpessoal, físico, e assim por diante) direcionam seu investimento de tempo e esforço (HARTER, 1988). Os alunos que têm uma visão positiva de si mesmos e de suas capacidades são mais propensos a ter sucesso acadêmico, social e físico (ASSOR; CONNELL, 1992; MA; KISHOR, 1997; PINTRICH; GARCIA, 1994; YU; ELDER; URDAN,1995). Aqueles que se veem como "bons alunos" e a inteligência como algo que pode ser desenvolvido (em vez de algo que é inato e imutável) são mais propensos a se concentrar na tarefa que receberam, a tentar uma gama de estratégias de aprendizagem e a perseverar quando frustrados por problemas desafiadores.

Professores, pais e outros membros da comunidade contribuem para a autoestima dos alunos e as percepções das próprias habilidades (HARTER, 1988, 1996; HARTUP, 1989; RYAN; LYNCH, 1989). Quando os adultos depositam altas expectativas, encorajam os alunos conforme buscam atividades desafiadoras, elogiam realizações específicas e criam um clima de *feedback* útil, os alunos demonstram mais confiança no que eles podem alcançar (ECCLES *et al.*, 1989; ECCLES, 1983; HARRIS; ROSENTHAL, 1985; MARSH, 1990). Quando os professores demonstram respeito pelos seus alunos e tratam seus problemas, interesses, opiniões e pontos de vista com importância, eles os ajudam a se enxergar como contribuintes valiosos para a escola e para a sociedade (KATZ, 1993). Vimos como isso acontece na prática no exemplo dado anteriormente, no qual a professora Jean Jahr encorajara em voz alta todos os seus alunos, pedindo para compartilharem suas soluções publicamente, afirmando que suas ideias eram importantes, procurando entender uma solução intrigante para que ela pudesse explicar para a turma e dando crédito ao aluno por ter colocado o problema em primeiro lugar. Ela incentivou os alunos a trabalhar juntos para darem *feedback* útil um ao outro. Como consequência, seus alunos claramente se viam como colaboradores úteis para a sala de aula e como aprendizes confiantes de matemática. Assim como Jean, os professores precisam entender como as mensagens sociais e o próprio comportamento podem influenciar no desenvolvimento de um senso de identidade positivo e um autoconceito acadêmico que dará suporte ao esforço contínuo na escola.

Os professores de adolescentes devem estar cientes das maneiras como os autoconceitos tornam-se mais diferenciados entre domínios (p. ex., competência escolar *versus* apelo romântico) (HARTER, 1998), bem como das mudanças críticas na autoestima que podem ocorrer no início da puberdade, especialmente nas meninas (SIMMONS; BLYTH, 1987). Os docentes podem ajudar seus alunos a desenvolver uma autoimagem positiva, identificando os pontos fortes de cada um, demonstrando diferentes caminhos para o sucesso e reconhecendo seu progresso (ROSENHOLTZ; SIMPSON, 1984a, 1984b). Pesquisas sobre tentativas de dar suporte ao desenvolvimento psicológico dos adolescentes e às conexões com a escola encontraram resultados positivos quando os programas envolviam uma reflexão sistemática sobre suas experiências – por exemplo, discutir biografias ou manter diários escritos. Os alunos também apresentam experiências positivas quando têm oportunidades de obter papéis responsáveis, similares aos da vida real, como trabalho em dupla, aconselhamento em dupla ou voluntariado na comunidade (SPRINTHALL, 1989). O mais crucial é o desenvolvimento da autoestima por meio do suporte à competência crescente (CHAPMAN; TUNMER; PROCHNOW, 2000; LERNER, 1996).

Constatou-se que o desenvolvimento de identidades raciais e culturais fortes e positivas contribui para a obtenção de resultados escolares positivos para alunos de grupos de minorias raciais/étnicas (SPENCER; MARKSTROM-ADAMS, 1990), permitindo que eles tenham uma noção saudável de si mesmos, concentrando-se em realizações positivas e demonstrando resiliência em ambientes hostis. Sem esse tipo de identidade forte, fundamentada em socialização racial positiva, bem como em oportunidades de confiança, muitas crianças que experimentam a estigmatização racial desenvolvem uma "identidade racial reativa" – uma identidade oposta à escola para se proteger da rejeição ou de mensagens negativas sobre sua identidade ou seu grupo (SPENCER; DOBBS; SWANSON, 1988).

Professores conscientes em relação ao desenvolvimento incentivam o sólido desenvolvimento da identidade, proporcionando oportunidades iguais para todos os alunos. Eles são sensíveis a mensagens sociais e expectativas que os alunos recebem da mídia e da sociedade e reforçam a percepção de si mesmos dos alunos, ajudando-os a encontrar e desenvolver áreas de competência. Eles dão aos alunos oportunidades crescentes de tomar decisões e agir com responsabilidade dentro da escola e da comunidade.

Quando as crianças recebem suporte e orientação adequados ao longo de cada uma das rotas desenvolvimentais, elas aprendem a usar suas capacidades cognitivas crescentes para se ocupar de tarefas cada vez mais complexas e raciocinar com independência. Elas se tornam mais conscientes e adeptas socialmente, bem como aprendem como reconhecer e gerenciar suas emoções. Da mesma forma, elas reconhecem sua força e seus interesses como rotas para a aprendizagem e o desenvolvimento de uma identidade saudável e apresentam uma capacidade crescente de pensar e agir com ética e em sintonia com os outros.

CONTEXTOS CULTURAIS E DESENVOLVIMENTO

Os pesquisadores passaram a entender que o desenvolvimento humano é fortemente social, não algo que ocorre seguindo um cronograma biológico predefinido, e é uma função do contexto cultural de cada pessoa. Cada vez menos nas salas de aula dos Estados Unidos, o professor encontra um grupo racial, étnica e linguisticamente homogêneo de crianças. Em muitos casos, o educador tem um histórico cultural diferente de muitas ou da maioria das crianças de uma sala de aula. O professor novato precisa estar bem preparado para trabalhar em um ambiente culturalmente heterogêneo e compreender a relevância de diversos contextos culturais nas questões desenvolvimentais. Além disso, o docente deve entender como as próprias perspectivas, baseadas na cultura, influenciam suas percepções e expectativas.

A aprendizagem em contextos culturais diversos

O conceito de cultura inclui os muitos contextos sociais que habitamos simultaneamente: família, história, comunidade, localização geográfica, designações de raça e etnia, língua, fortes filiações de interesses, religião, gênero e orientação sexual. Cada um desses fatores, individualmente ou em combinação, consegue moldar comportamentos, expectativas de interação social e visões sociais ou individuais do que é possível para si mesmo e para os outros se envolverem ou alcançarem. A cultura não é apenas um pano de fundo da aprendizagem, mas, como argumenta Rogoff (2003), o desenvolvimento é o processo de aprendizagem das ferramentas e tarefas de uma cultura particular. Em outras palavras, os objetivos do desenvolvimento são determinados pela cultura. Assim, os professores não devem apenas estar cientes das diferenças, mas também do que é importante aprender e de como a aprendizagem ocorre em diferentes culturas. Rogoff (2003, p. 284) observa que: "[...] aprender é um processo de transformação da participação em atividades comunitárias [...]". Essas atividades incluem aquelas que ocorrem tanto em sala de aula quanto em casa e na comunidade. Quando a perspectiva cultural do professor é muito diferente daquela das crianças de sua sala de aula, ele deve fazer grandes esforços para aprender sobre os contextos culturais que as crianças trazem consigo para a sala de aula.

O que é valorizado ou enfatizado no desenvolvimento em um contexto cultural pode ser diferente do que é valorizado ou enfatizado em outro. Os estilos de colaboração de adultos (*experts*) e crianças (novatos) também podem variar com respeito à maneira como o desenvolvimento linguístico, cognitivo, emocional, físico e social é promovido. A menos que o professor seja sensível à variedade de abordagens à comunicação, os diferentes estilos de comunicação social e emocional podem causar mal-entendidos. Por exemplo, em alguns grupos, as crianças são ensinadas a conversar livremente com adultos; em outros, as crianças são ensinadas a mostrar respeito, sem falar com adultos. Dentro de alguns contextos, o questionamento é encorajado como uma forma de discurso; em outros, não é. Diferenças de linguagem e nuanças complexas do uso da linguagem em contextos culturais diferentes podem representar desafios para um ensino eficaz (ver "Falar em sala de aula: um caso de diferenças culturais").

Falar em sala de aula: um caso de diferenças culturais

Um fonoaudiólogo que trabalha em uma escola inuíte* no norte do Canadá pediu a um diretor – que não era inuíte – que compilasse uma lista das crianças que tinham problemas de fala e de linguagem na escola. A lista continha um terço dos alunos da escola, e, ao lado de vários nomes, o diretor escreveu: "Não fala em sala de aula".

O fonoaudiólogo consultou um professor inuíte local para tomar conhecimento de como cada criança se comportava em sua língua nativa. O educador olhou para as anotações do diretor e disse: "Crianças inuítes bem-educadas não devem falar em sala de aula. Elas devem aprender apenas olhando e ouvindo". Quando o fonoaudiólogo perguntou ao professor sobre uma criança pequena que estudava na escola, muito falante, e parecia ao pesquisador não inuíte ser muito brilhante, o professor disse: "Você acha que ela pode ter um problema de aprendizagem? Algumas dessas crianças que não têm inteligência tão alta têm problemas para frear a si mesmas. Elas não sabem quando devem parar de falar [...]" (CRAGO, 1988, p. 219 *apud* NATIONAL RESEARCH COUNCIL, 2000, p. 146).

Exemplos de mal-entendidos culturais são abundantes. Nieto (2000) observa que muitas crianças porto-riquenhas se expressam de modo não verbal quando não entendem algo, enrugando seus narizes. Quando os alunos não respondem verbalmente à pergunta "Você entendeu?", um professor novato pode erroneamente supor que eles entenderam. Da mesma forma, Shirley Brice Heath descobriu que crianças afro-americanas de uma comunidade sulista que ela estudara não respondiam a perguntas óbvias, às quais os alunos supunham que o professor sabia a resposta. Perguntas como "Qual é a cor do prato?" e "Quantos dedos eu tenho?", que eram comuns em muitas casas de famílias brancas de classe média, não faziam parte de sua experiência, em que perguntas eram feitas apenas quando realmente não se sabia a resposta. O resultado foi que eles não respondiam a perguntas tão óbvias, e os professores supuseram que eram alunos menos capazes (HEATH, 1983).

Quando alunos vivenciam um conjunto de normas e expectativas drasticamente diferente em casa e na escola, podem surgir limitações difíceis de serem superadas, a menos que o professor facilite conexões dentro e fora da sala de aula. O conhecimento do educador sobre como fazer os alunos sentirem-se confiantes em sala de aula e como ajudá-los a entender e respeitar as normas que lá operam importa muito para a capacidade de dar suporte à aprendizagem dos alunos. Da mesma forma, sua capacidade de criar experiências de aprendizagem culturalmente responsivas, incluindo escolha dos conteúdos, representações e formas de discurso que se conectem às experiências do aluno, vai ajudar a criar pontes entre ele e o material acadêmico. Pesquisas trazem muitos exemplos de práticas culturalmente específicas que influenciavam positivamente o desempenho dos alunos. Por exemplo, Katherine Au descobriu que, quando os professores incorporaram padrões de comunicação que se assemelhavam à maneira que famílias havaianas contavam histórias em casa, além de incluírem experiências domésticas dos alunos como parte da discussão dos materiais de leitura, os níveis de desempenho na leitura

---

* N. de T.: Os membros da nação indígena esquimó, que preferem ser chamados assim em vez de esquimós.

de seus alunos nativos havaianos se elevaram (AU, 1980). A professora e pesquisadora Lee (1995) demonstrou um ganho de aprendizagem substancial após incorporar os estilos linguísticos e pontos fortes que seus estudantes afro-americanos traziam para a sala de aula (p. ex., ironia, duplo sentido, sátira e metáforas) (LEE, 1995). Ao explicitar o conhecimento tácito dos alunos, ela os ajudou a fazer conexões entre a própria língua e a literatura que eles estavam analisando.

Pesquisadores observaram que o *background* cultural e as experiências do professor podem influenciar as expectativas desenvolvimentais e comportamentais dele em relação às crianças em sala de aula, que variam de como ele faz perguntas e espera que elas respondam a como ele estrutura as tarefas de aprendizagem. Poucos americanos escapam dos efeitos perniciosos do racismo sutil e do sexismo na sociedade, que, por sua vez, influenciam os objetivos desenvolvimentais que os professores estabelecem para as crianças. Frequentemente, a norma é encontrar baixas expectativas desenvolvimentais em relação às crianças de outras etnias, que acabam tornando-se profecias autorrealizáveis, com consequências negativas para o desenvolvimento dessas crianças. Os educadores podem tratar os alunos de maneira diferente na sala de aula a menos que estejam cientes dessas suposições que estão fazendo. Por exemplo, pesquisadores descobriram que os docentes muitas vezes têm expectativas mais baixas, olham menos nos olhos e criticam com mais frequência as crianças de outras etnias do que as crianças brancas (BROPHY; GOOD, 1974; WANG; LINDVALL, 1984). Da mesma forma, expectativas mais baixas em relação a estudantes do sexo feminino e mensagens negativas sutis sobre seu desempenho podem levá-las ao medo do sucesso (HANSEN, 1977). A formação de professores precisa capacitar docentes a examinar essas hipóteses e desenvolver práticas compensatórias que permitam que qualquer aluno se desenvolva em um ambiente de respeito e incentivo.

A ESCOLA COMO CONTEXTO CULTURAL

É importante também que os educadores percebam que as escolas têm culturas que podem ser desenvolvidas de maneira saudável ou não e que o trabalho de um professor em sala de aula pode ser muito mais eficaz se representar valores e normas compartilhados por toda a escola. Como James Comer *et al.* (1996b, p. xvii) demonstraram em seu Programa de Desenvolvimento Escolar, "[...] uma escola estimulante, desafiadora e solidária possui um ambiente que proporciona o que as crianças precisam para serem saudáveis, completas e bem-sucedidas [...]". Esse programa, que ajuda os educadores a aprender como incorporar princípios do desenvolvimento infantil em todos os aspectos de seu trabalho, bem como envolver pais e comunidades como parceiros na educação, melhorou consideravelmente o desempenho dos alunos em escolas urbanas que não exibiam boa *performance*. Tratando a escola como um sistema ecológico, Comer *et al.* (1996b) observam que os comportamentos e atitudes de todos os adultos na escola – desde os professores e funcionários administrativos até auxiliares, conselheiros, funcionários da cantina e pais – criam um contexto poderoso que molda os comportamentos, atitudes e realizações dos alunos. Esses comportamentos incluem não apenas aqueles voltados para a criança em sala de aula, mas também aqueles entre todos os membros da comunidade em torno da escola:

> A criança aprende com as interações que ocorrem no ambiente escolar, inclusive interações entre os adultos dentro do prédio e as conexões entre casa e escola. Por exemplo, é óbvio que o tratamento que os pais dão aos funcionários da escola tem impacto sobre como os alunos percebem a escola e a educação em geral. O processo de aprendizagem das crianças envolve o ambiente em geral e inclui tanto as interações intencionais e com um objetivo quanto as improváveis, aparentemente uma observação ou um gesto inconsequente. As crianças aprendem observando como seus colegas são disciplina-

dos, ouvindo por acaso como os adultos interagem uns com os outros na escola, por meio do contato com produtos escritos e outros produtos culturais e, especialmente, por meio de adultos importantes para elas e que se interessam por elas (HAYNES *et al.*, 1996, p. 44-45).

Mudar as interações desse sistema é essencial para modificar os resultados do comportamento dos estudantes. Se todos os adultos trabalharem juntos na criação de normas para dar suporte às expectativas das crianças – que sirvam de modelo para ensinar aos alunos um conjunto consistente de comportamentos, no desenvolvimento de autoidentidades positivas e no suporte ao desenvolvimento das crianças –, o ambiente na escola será de grande suporte para seu desenvolvimento e aprendizagem. Como Anson *et al.* (1991, p. 74) observam: "Quanto maior o número e a heterogeneidade de adultos endossando valores mútuos, metas e expectativas para uma criança, mais provavelmente a criança internalizará esses mesmos objetivos como parte do próprio sentido de identidade [...]".

Em vez de esperarem que o aluno se adapte ao ambiente, aqueles que utilizam um modelo ecossistêmico avaliam também o ambiente em si, identificando o que precisa ser alterado para o desenvolvimento saudável do aluno. Ao pesquisarem os anos finais do ensino fundamental, Eccles *et al.* (1993) evidenciaram que muitos dos problemas observados nos pré-adolescentes são, na verdade, o resultado de um "ambiente de palco" desajustado – ou seja, o *design* de muitas escolas de anos finais do ensino fundamental e médio está fora de sincronia com as necessidades de desenvolvimento dos alunos. Enquanto o que eles mais precisam são o desafio intelectual, oportunidades para expressar opiniões e participar nas decisões, relacionamentos construtivos e afirmação no desenvolvimento de competências e identidade, muitos adolescentes são colocados em estruturas departamentalizadas, grandes e impessoais, nas quais as regras são mais rígidas, sua participação é menos requisitada, os trabalhos escolares são menos envolventes, os alunos são menos conectados aos adultos e

seu senso de identidade está sob ataque. Ambientes mais personalizados, que permitem que os alunos participem mais e assumam mais responsabilidade, resultam em maiores realizações e criação de um vínculo mais forte com adultos e com a instituição acadêmica.

Em muitos casos, os professores identificam que o ambiente escolar nas escolas que ensinam não foi concebido para dar suporte aos alunos e promover seu desenvolvimento de forma saudável. Nesses casos, eles precisam entender quais são os recursos de um ambiente saudável e como trabalhar em colaboração com seus colegas para desenvolver as mudanças que permitem que seu trabalho com os alunos tenha sucesso.

Em suma, professores eficazes precisam ter um sólido entendimento de como se dá um desenvolvimento normal, sabendo apreciar as variações dentro desse desenvolvimento e dando significado a ele dentro de diferentes contextos culturais, além de ter a habilidade de empregar o conceito da ZDP para fins de ensino. Preparar um indivíduo para ser um professor eficaz requer que esse educador desenvolva sua capacidade de avaliar os próprios pressupostos e comportamentos, tenha ferramentas para aprender sobre as origens culturais e experiências das crianças em sala de aula e desenvolva práticas equitativas e culturalmente sensíveis. Discutiremos algumas dessas práticas no Capítulo 7, na seção "Os desafios do ensino de alunos diversos". Preparar um professor para ser um membro que contribua com uma escola apoiadora também significa ajudá-lo a entender como o desenvolvimento de crianças e adolescentes se molda pelo ambiente em geral e como esse ambiente deve ser conscientemente moldado pelos esforços de todos os membros da comunidade escolar.

O preparo dos professores novatos para promover salas de aula e escolas adequadas ao desenvolvimento

Uma base sólida de desenvolvimento é essencial para um bom ensino. Isso ajuda o professor a criar cenários que permitam aos alunos aprender como se comportar e interagir socialmente, gerenciar suas emoções de forma produtiva e se envolver objetivamente na criação de oportunidades de aprendizagem em grupo que promovam o progresso cognitivo. O conhecimento do desenvolvimento da criança também é essencial para que um professor possa selecionar e criar tarefas que levem em conta o intervalo de atenção do aluno, a prontidão para o desenvolvimento e a individualização do ensino das tarefas quando necessário. A compreensão do desenvolvimento é essencial para possibilitar ao educador avaliar e entender como as crianças pensam, bem como sua prontidão para determinados tipos de atividades de aprendizagem. Professores que conhecem o desenvolvimento da criança dão orientação estratégica e assistência dentro das ZDPs do aluno, acomodando diferenças individuais e elevando todas as crianças em direção a um melhor desempenho. Por fim, o conhecimento do desenvolvimento e a avaliação dos contextos culturais são fatores essenciais para permitir que o professor trabalhe em cooperação com as famílias, criando um vínculo entre o lar da criança e currículo.

Em muitos aspectos, o conhecimento do desenvolvimento está para um professor como o conhecimento de anatomia e fisiologia está para um médico. Ele fornece a compreensão subjacente de como as crianças funcionam – como elas pensam, se comportam, crescem e aprendem –, o que permite ao professor desenvolver habilidades de diagnóstico que guiem e interpretem o comportamento das crianças enquanto planeja atividades ao mesmo tempo para a turma e para o indivíduo.

Pesquisas sobre um conjunto extraordinariamente bem-sucedido de programas de formação de professores apontaram que muitos deles têm trabalhos acadêmicos particularmente abrangentes sobre o desenvolvimento da criança e do adolescente vinculados de forma estrita a um trabalho clínico que estimula a observação da criança e a análise da aprendizagem dentro e fora do ambiente escolar

(DARLING-HAMMOND, 2000b; DARLING-HAMMOND; MACDONALD, 2000; MILLER; SILVERNAIL, 2000; SNYDER, 2000; ZEICHNER, 2000). Curiosamente, esses programas têm em comum abordagens muito semelhantes – algumas delas surgiram por meio de estudos da criança pioneiros, como os de Maria Montessori, Jean Piaget, John Dewey e Lucy Sprague Mitchell – que se tornaram cada vez mais difundidas em outros programas. Essas abordagens enfatizam a observação sistemática de crianças e seu desenvolvimento, estudos de caso de crianças e análises da produção e da aprendizagem dos alunos, utilizando ferramentas e tarefas de avaliação do desenvolvimento e da aprendizagem. Alguns também incluem estudos da família e da comunidade ou entrevistas com a família que ajudam professores novatos a entender os contextos de desenvolvimento de seus alunos.

Essas oportunidades estão geralmente embutidas nas disciplinas sobre desenvolvimento humano por toda a vida, de modo a permitir uma compreensão geral dos problemas relacionados à trajetória de vida, às rotas e trajetórias desenvolvimentais. Além dessas disciplinas introdutórias gerais, há um forte foco no estudo do desenvolvimento da criança e do adolescente, na análise da diversidade cultural e da sua relação com o ensino eficiente, bem como nas oportunidades de observação em sala de aula em vários anos escolares. Por fim, na maioria desses programas, professores novatos têm como experiência prévia várias oportunidades para estágio e práticas de ensino em diversos anos escolares.

Exemplos de currículos

Um desses programas mais bem avaliados é o da Bank Street College, em Nova York, onde se formou Jean Jahr, a excelente professora em seu primeiro ano de docência mencionada no início deste capítulo. Vários estudos constataram que os educadores avaliam muito bem sua preparação na Bank Street, assim como os diretores que empregam esses professores (DARLING-HAMMOND; MACDONALD,

2000; DARLING-HAMMOND; CHUNG; FRE-LOW, 2002), e os educadores lá graduados são conhecidos por serem ótimos. Professores e empregadores atribuem esses pontos fortes a uma compreensão profunda e ao respeito pelas crianças promovidos no programa de formação de professores, bem como a uma capacidade de diagnosticar os pontos fortes e a prontidão dos alunos e suas necessidades, além da compreensão de como construir um currículo que promova a aprendizagem a partir de diferentes pontos de partida, levando em conta os contextos culturais das crianças.

Jean atribuiu grande parte de sua prática a uma sequência de três disciplinas sobre desenvolvimento infantil cursadas na Bank Street College e às perspectivas de desenvolvimento infundidas na maioria das disciplinas, incluindo cursos de pedagogia de conteúdo em matemática, alfabetização, ciência, estudos sociais e artes. As três disciplinas sobre desenvolvimento incluem: *Desenvolvimento Infantil* (uma disciplina para professores de crianças pequenas e outra para professores de crianças mais velhas e adolescentes), *Estudo de Crianças por meio da Observação e Gravação* e *Interação entre Famílias, Crianças e Professores*. Juntas, essas disciplinas têm foco nas crianças, em como elas crescem e aprendem e nas as influências dos fatores sociais no seu desenvolvimento, bem como na maneira como os professores conseguem utilizar o conhecimento dos pontos fortes e necessidades dos alunos para tomar decisões sobre currículo, ensino e avaliação – e para se comunicar com as famílias sobre a vida escolar e familiar de seus filhos. Todas essas disciplinas abordam explicitamente as preocupações com a diversidade na aprendizagem e nas culturas, incluindo as exceções que, em geral, são tratadas apenas em cursos de formação especiais em outros lugares. Jean declarou em uma entrevista:

A disciplina de Desenvolvimento Infantil foi útil (para minha prática) porque lemos Piaget e começamos a pensar sobre o que é apropriado para uma criança e o que não é. O que você pode razoavelmente esperar em diferen-

tes idades? E essa é realmente a questão ao ensinar em uma sala de aula combinada de segundo e terceiro anos... O e G [observação e gravação] foram muito úteis em termos de uma postura em relação às crianças. Foi uma enorme quantidade de trabalho, mas valeu a pena. Uma das melhores coisas que você pode fazer é observar a criança de perto e tentar entender por que ela está fazendo o que está fazendo (DARLING-HAMMOND; MACDO-NALD, 2000, p. 41, 44).

Essa compreensão é reforçada por uma extensa experiência clínica na Bank Street School for Children, uma escola PK-8* local, onde os professores-alunos passam por praticamente todas as salas de aula, e em outras escolas parceiras que servem como modelo de prática apropriada para o desenvolvimento. Assim como outros educadores novatos da Bank Street, Jean atribui sua capacidade de avaliar a aprendizagem e dar suporte ao progresso de cada aluno à consistência de sua experiência nas disciplinas, no aconselhamento e nas experiências de campo na Bank Street. Por exemplo, as estratégias utilizadas por Jean na solução de um problema de matemática complexo foram adquiridas na disciplina de Matemática para Professores, na qual os docentes muitas vezes começavam uma aula trabalhando em pequenos grupos na resolução de um mesmo problema e, em seguida, demonstravam uns aos outros as diferentes maneiras como solucionaram o problema. Depois de os grupos apresentarem suas soluções, a turma discutia as diferentes habilidades utilizadas na solução dos problemas e como eles ensinariam aos alunos essas habilidades.

O programa Developmental Teacher Education (DTE) da University of California, em Berkeley, é mais um dos programas de formação de professores considerado exemplar dentro dessa mesma categoria de estudos (SNYDER, 2000). O DTE oferece uma série de

---

* N. de R.T.: Escola que admite alunos desde a pré-escola (*kindergarten*) até o 8º ano do ensino fundamental.

quatro disciplinas do tipo seminários* sobre desenvolvimento humano, usando métodos clínicos para avaliar os níveis de desenvolvimento cognitivo e amostras de linguagem falada e escrita de crianças para a avaliação do desenvolvimento da linguagem. Cada seminário está ligado a disciplinas de métodos de ensino e a um dos vários estágios curriculares mediante a sobreposição de tarefas e experiências. Questões sobre cultura, contexto e diversidade são levantadas ao longo dessas disciplinas. Como em vários outros programas com forte foco no desenvolvimento, duas pedagogias particularmente poderosas moldam a aprendizagem desenvolvimental: o uso da observação sistemática de crianças e o uso de estudos de caso de crianças.

A observação sistemática de crianças

A observação de crianças é amplamente utilizada para ajudar os candidatos a professores a aprender a examinar e avaliar o desenvolvimento e a aprendizagem da criança, com cuidado e detalhe suficientes, para a orientação do ensino. Os professores-alunos são levados a observar características específicas de desenvolvimento e comportamento das crianças, as quais eles precisam compreender de modo a orientar o ensino por meio da gravação criteriosa de conceitos específicos de desenvolvimento e das leituras. Às vezes, essas observações estão ligadas a tarefas específicas (p. ex., tarefas piagetianas que avaliam o desenvolvimento cognitivo) que o professor-aluno dá aos estudantes para analisar suas respostas, com o objetivo de aprender a perceber como as crianças respondem dentro de diferentes domínios. Às vezes, o professor-aluno conduz entrevistas com os estudantes ou coleta amostras de trabalho (escrito ou de linguagem oral) para avaliar sua aprendizagem sobre conceitos específicos ou seu raciocínio sobre determinadas tarefas. Observar e colher amostras em diferentes domínios do conhecimento ajuda o professor a entender que não se pode encontrar um "estágio geral de desenvolvimento" dentro de um domínio ou assunto específico.

Essas experiências ajudam os futuros educadores a começar a pensar em como identificar a ZDP dos alunos em diferentes tipos de tarefas como um guia para seu ensino posterior. Na Bank Street College, uma das primeiras a implementar a abordagem observacional, a disciplina de Observação e Gravação, popularmente conhecida como "O e G", foi identificada por alunos, graduados e pelo corpo docente como de grande importância para futuros professores aprenderem a observar atentamente as crianças. O curso foi desenvolvido para aprimorar as habilidades dos educadores na busca de evidências e, ao mesmo tempo, permitir a consideração dos pressupostos culturais e pessoais do próprio professor em relação às crianças para que ele possa observá-las e entendê-las de forma mais clara e precisa:

> Quase todos "observam" as crianças informalmente, mas o que "vemos" e lembramos é influenciado pelo que estamos procurando, o que esperamos ver e o que acreditamos sobre a natureza e as capacidades das crianças. Nossas observações das crianças também são influenciadas por nossos próprios valores e sentimentos. Nesta disciplina nós iremos trabalhar para melhorar a consciência de nossas próprias suposições culturais e pessoais ao observarmos as crianças. Nesse processo, trabalharemos para desenvolver maior sensibilidade em relação a nós mesmos como observadores, à linguagem que usamos e aos dados que escolhemos prestar atenção. O objetivo é desenvolver um estilo pessoal de observação e gravação que seja preciso, vívido e sem julgamento, que será útil no nosso trabalho com crianças e famílias. O horário da aula será utilizado para apresentar, discutir e praticar técnicas de observação. Às vezes, vamos utilizar filmes e fitas de vídeo em sala de aula a fim

---

* N. de R.T.: Normalmente, as disciplinas são classificadas como *lectures* (palestras) – com foco no professor, em que o professor fala e os alunos ouvem e fazem perguntas – ou *seminars* (seminários) – com foco no aluno, em que são realizados debates, discussões e apresentações.

de termos experiências em comum de observação e discussão (DARLING-HAMMOND; MACDONALD, 2000, p. 43).

Os futuros professores podem estudar como os alunos respondem a tarefas específicas de aprendizagem a fim de descobrir como ensinar dentro da ZDP. Por exemplo, uma tarefa inicial para candidatos a professor do Developmental Teacher Education na UC Berkeley diz:

> Selecione duas tarefas de aprendizagem do currículo da sua sala de aula, as quais os alunos entenderão em níveis diferentes. Com base nessas duas tarefas, entreviste três crianças a fim de investigar os diferentes níveis de compreensão usando o método de Piaget e sua teoria do desenvolvimento como base para a interpretação. O foco dessa tarefa é avaliar a dificuldade das tarefas em termos de nível de raciocínio operacional necessário para seu domínio. Faça um relatório incluindo uma descrição clara das tarefas, um resumo dos procedimentos de entrevista e das respostas de cada criança, bem como das conclusões sobre o nível de compreensão de cada criança e o nível de raciocínio necessário para o domínio total da tarefa (SNYDER, 2000, p. 113).

Uma abordagem semelhante é usada no Wheelock College, outro programa de extraordinário sucesso na formação de professores do ensino fundamental (MILLER; SILVERNAIL, 2000). A observação aguçada é encorajada por meio de perguntas orientadas, e a compreensão do desenvolvimento à luz da literatura é alcançada por meio de leituras específicas que são a base das óticas da interpretação. Em uma das tarefas de observação, por exemplo, depois de lerem sobre diferentes teorias do crescimento físico e cognitivo em crianças pequenas e examinarem as descobertas sobre o desenvolvimento motor, os professores-alunos devem observar e registrar pelo menos dois eventos comportamentais de uma criança e analisar os eventos da forma apresentada a seguir:

> O objetivo do estudo é compreender as habilidades físicas da criança que está sendo analisada. Ao analisar o comportamento da criança escolhida para o estudo, pense no que você aprendeu sobre teoria e pesquisa do desenvolvimento físico. Ao analisar os registros de eventos comportamentais, utilize as informações sobre teoria e pesquisa do desenvolvimento físico discutidas por Cole e Cole (1993) e por Poest *et al.* (1990), bem como outros materiais. Aqui estão algumas perguntas a serem feitas ao iniciar sua análise:
>
> • O que a locomoção da criança e a coordenação motora dos grandes músculos mostram sobre seu desenvolvimento perceptivo-motor? O que o comportamento da criança e sua fala revelam sobre sua consciência a respeito de corpo, tempo, espaço e direção, bem como pistas visuais e auditivas? Como o nível de controle dos grandes músculos da criança influencia sua interação com objetos e outras pessoas? (ver COLE; COLE, 1993; POEST *et al.*, 1990).
>
> • O que os movimentos finos da mão da criança e a coordenação dos pequenos músculos mostram sobre seu desenvolvimento perceptivo-motor?
>
> • A criança parece estar se desenvolvendo "normalmente" em seu domínio físico em comparação com outras crianças da mesma idade e do mesmo sexo? Se sim, como as habilidades físicas da criança diferem do que seria esperado para uma criança mais jovem e para uma criança mais velha? (MILLER; SILVERNAIL, 2000).

Esses tipos de disciplinas e tarefas ajudam os educadores a desenvolver habilidades de observação e capacidade de interpretar dados de desenvolvimento que eles precisam para criar tarefas que atendam as crianças no estágio em que se encontram, acompanhando-as ao longo dos trajetos desenvolvimentais e em direção à maximização de suas habilidades.

Estudos de caso de crianças

Outra abordagem comum é a elaboração de estudos de caso de crianças, nos quais o candidato a professor atua como pesquisador. O estudo de caso é utilizado para ajudar os educadores a aprender a aplicar conhecimentos de desenvolvimento, aprendizagem, motivação e comportamento a crianças específicas, dentro do contexto familiar, escolar e comunitário. Muitos programas de formação de professores envolvem a participação dos alunos por meio da condução de estudos de caso de crianças e adolescentes, ajudando-os a relacionar teorias de aprendizagem e desenvolvimento com a observação na prática. O objetivo de tais estudos de caso é examinar a aprendizagem e o desenvolvimento do aluno criticamente de modo a identificar pontos fortes, progressos em seu desenvolvimento, influências importantes e necessidades. Coletar e analisar dados para o estudo de caso – a partir de observações, entrevistas, registros e análises do trabalho do aluno – ajuda os docentes a desenvolver suas habilidades de observação e documentação e sua capacidade de analisar como as crianças aprendem e como podem receber o suporte específico em seu processo de desenvolvimento.

Na Bank Street College, a principal tarefa da disciplina de Observação e Gravação é um estudo individual da criança com o propósito de: "[...] desenvolver uma conscientização da sua singularidade, a relação do comportamento específico com seu desempenho em geral e as implicações para a aprendizagem [...]" (DARLING-HAMMOND; MACDONALD, 2000, p. 43). Esse relatório é desenvolvido ao longo de vários meses a partir de diversas tarefas, entre as quais observações curtas semanais por escrito sobre a criança na escola; um artigo que examina a criança dentro do contexto de seus pares ou do grupo; um estudo de nível de idade elaborado para analisar a criança em relação à teoria do desenvolvimento; e observações e interpretações sobre a criança como aprendiz e membro de uma comunidade de aprendizagem.

Os instrutores revisam as observações semanais e fornecem *feedbacks* elaborados de modo a encorajar o uso cauteloso de evidências e sugerir teorias desenvolvimentais e interpretações que ajudam o professor a entender o que ele está observando. Ferramentas específicas de coleta de dados incluem uma variedade de técnicas que o professor deve ser capaz de utilizar na própria prática, como um registro constante do andamento da leitura em voz alta das crianças; observações do uso da linguagem por elas em diferentes contextos; uma série de trabalhos desenvolvidos por elas; gravações das respostas delas mediante desempenho sob demanda em tarefas específicas; e observações não estruturadas das crianças brincando ou interagindo com outras crianças. Os professores-alunos devem revisar toda a documentação, triangular evidências para dar suporte aos seus pressupostos, fazer recomendações para o ensino ou estudos mais aprofundados e usar conhecimentos teóricos para fundamentar suas recomendações.

Nesse tipo de caso, a narrativa explica com exemplos detalhados a reflexão, a aprendizagem, as interações, as crenças, as preocupações e as aspirações da criança. Em algumas instâncias, estudos de casos de crianças podem ser a base para avaliar a melhor forma de lidar com uma criança com dificuldades. Como alguns casos médicos, versões escritas de tais estudos codificam o que é feito pelos professores quando avaliam um aluno usando várias ferramentas de evidência, desenvolvem abordagens para atender as necessidades da criança e examinam os resultados.

Um exemplo vívido desse tipo de estudo analítico de caso de crianças é sobre Akeem, um aluno do 3º ano que foi parar na sala de aula da professora Susan Gordon, em uma escola de ensino fundamental de Nova York, depois de ter sido expulso de outra escola por ter arremessado uma mesa em um professor (DARLING-HAMMOND; ANCESS; FALK, 1995). O caso começa descrevendo os frequentes surtos de Akeem, suas tentativas de interromper as aulas e seu mau humor e comportamento agressivo constantes. O estudo descreve os esforços de Gordon para documentar, por meio de muitas ferramentas de observação e avaliação, exatamente quando os surtos ocorriam, descobrindo, assim, que o mau comportamento de Akeem era derivado de determinados tipos de tarefas acadêmicas, especialmente aquelas que envolviam leitura ou escrita. O caso fornece uma descrição detalhada dos esforços de Susan, com seus colegas, para descobrir que tipos de tarefas Akeem poderia fazer bem, fornecendo oportunidades para aproveitar seus pontos fortes e desenvolver estratégias que abordassem suas necessidades específicas de alfabetização.

Como os médicos, que utilizam uma variedade de testes para descobrir a origem de um problema e seu conhecimento da fisiologia e da etiologia da doença para desenvolver estratégias de tratamento, Susan Gordon e seus colegas utilizaram sua compreensão do desenvolvimento e uma gama de ferramentas para avaliar os pontos fracos de Akeem, bem como seus pontos fortes, a fim de desenvolver uma abordagem que pudesse lidar com os primeiros e trabalhar os últimos. Ao pôr em prática seu conhecimento sobre desenvolvimento, Susan suspeitava que os surtos de Akeem eram a expressão de um desconforto mais básico. Ela observou de perto o que Akeem fazia quando tinha opções disponíveis para determinar quais eram seus interesses e habilidades e, então, conduziu avaliações das habilidades de leitura dele – análise de erros ao ler em voz alta,* exercícios de compreensão e avaliação de suas estratégias de leitura – para descobrir o que ele conseguia ou não fazer e como ele abordava a tarefa da leitura. Como entendeu o que estava interferindo no desempenho de Akeem, Susan permitiu que ele trabalhasse em centros de aprendizagem prática, que desenvolveram suas habilidades artísticas e para construir máquinas e maquetes. Ela buscou livros e desenvolveu tarefas escritas baseadas nos interesses de Akeem, ao mesmo tempo que ensinava ao menino estratégias de leitura sistematicamente. Conforme o caso se desenrola, Akeem começa a desenvolver desenhos arquitetônicos e cria histórias em quadrinhos sofisticadas para as quais ele mais tarde elabora anotações, transformando-as em livros. Akeem passa a ser reconhecido pelos colegas por suas habilidades artísticas e mecânicas e começa a ganhar

status na sala de aula; ele passa a participar das atividades em sala de aula com mais entusiasmo e menos perturbação; e, o mais importante de tudo, com o treinamento específico de uma professora cada vez mais informada, ele aprende a ler e a escrever. O caso segue até que Akeem termina o ensino médio, apresentando um sólido desempenho acadêmico, participação quase perfeita e admissão em uma escola especializada em artes.

Esse tipo de caso, que ilustra a prática especializada embasada no desenvolvimento, fornece aos docentes novatos um exemplo de como coletar evidências sobre a aprendizagem e o comportamento dos alunos por meio de um conhecimento profissional mais amplo; como diagnosticar as necessidades de aprendizagem; e como construir um conjunto de estratégias de ensino que aborde essas necessidades. Quando os novatos constroem os próprios estudos de caso de crianças, eles se envolvem em tipos de pensamento diagnóstico semelhantes e na integração da informação sob muitas perspectivas: cognitiva, social, emocional e física. Tais análises de casos são mais poderosas quando estão diretamente ligadas ao estudo do desenvolvimento, para que os professores-alunos tenham uma base de entendimento sobre o que estão observando. O processo de construção de casos permite que os docentes novatos aprendam a aplicar o conhecimento teórico em exemplos concretos, e o caso completo fornece uma base para avaliar a capacidade de fazê-lo.

O processo do desenvolvimento na escola

Todos os programas que discutimos aqui tratam o ensino como uma atividade colaborativa e fazem uso de uma variedade de estratégias para ajudar os futuros professores a aprender a planejar e resolver problemas junto a seus colegas. Isso inclui tarefas que exigem que os docentes novatos trabalhem juntos no planejamento e na implementação do currículo e das lições, além de avaliarem a prática dos outros. Também inclui a alocação de professores em escolas onde o corpo docente trabalha em conjunto e onde eles

---

* N. de R.T.: Técnica chamada de *miscue analysis*, que envolve a leitura em voz alta e recontagem do texto, em busca de erros qualitativos e quantitativos.

conseguem ver, na prática, como profissionais resolvem problemas e buscam transformações nas escolas que operam de forma colaborativa. Tal preparação permite que os novos educadores sejam membros de uma comunidade escolar e desenvolvam competências para participar da criação de uma cultura escolar que seja favorável para o desenvolvimento da criança. Nos melhores casos, os professores novatos são preparados em escolas que têm um forte foco no desenvolvimento e solicitados a examinar aspectos da abordagem da escola, para que eles possam observar como tal foco funciona em toda a escola e quais práticas satisfatórias se destacam também fora da sala de aula. Por fim, nesses e em outros programas, são oferecidas aos professores novatos oportunidades de considerar os processos de transformação e reforma da escola e de participar de deliberações na universidade e na escola sobre mudanças necessárias para a criação de ambientes que deem suporte às crianças. Dessa forma, eles desenvolvem uma noção de seu papel como profissionais ao se tornarem professores que ajudam a moldar o ambiente escolar, bem como a própria sala de aula.

CONSIDERAÇÕES FINAIS

O objetivo central da educação formal é permitir o desenvolvimento de *qualquer* criança, para que todas consigam ocupar o seu lugar na sociedade adulta com as competências necessárias para contribuir positivamente como membros de suas comunidades. O futuro da criança é o único fator em jogo quando o professor recebe a responsabilidade de ajudar os alunos a progredir em seu desenvolvimento. Portanto, enfatizamos a preparação sólida de professores novatos sob uma perspectiva de desenvolvimento bem-fundamentada a serviço desse objetivo. Esses educadores devem ser capazes de escolher experiências de aprendizagem, materiais e estratégias de ensino que sejam utilizados estrategicamente para atingir os alunos, independentemente da fase em que se encontram dentro de suas ZDPs, promovendo, assim, o desenvolvimento das competências de que as crianças necessitam e ajudando-as a construir identidades fortes como aprendizes. De modo a desenvolverem tarefas apropriadas e darem suporte aos alunos na progressão ao longo das rotas de desenvolvimento, os professores devem observar as crianças e ser capazes de analisar a aprendizagem dos alunos dentro do contexto do desenvolvimento, traduzindo o que eles observam em abordagens do currículo, estratégias e gerenciamento de sala de aula. Tanto no ensino fundamental quanto no médio, os professores mais preparados em relação ao desenvolvimento são os que têm a maior probabilidade de obter sucesso na promoção do crescimento e da aprendizagem das crianças que ensinam.

Aumentando o desenvolvimento da(s) linguagem(ns) dos alunos

Guadalupe Valdés
George Bunch
Catherine Snow
Carol Lee
com Lucy Matos

Existem diferentes maneiras de analisarmos e enxergarmos as crianças que ensinamos. Uma perspectiva prevalente é ver as crianças em idade escolar com diversos déficits, carências e problemas. Normalmente, somos aconselhados a começar cada novo ano letivo diagnosticando problemas em nossos alunos e fornecendo experiências elaboradas para erradicar esses problemas. Diagnosticar, prescrever e tratar são termos médicos que sugerem que vemos a criança como um organismo doente e com mau funcionamento. Mas, na área da linguagem, a criança é um organismo extraordinariamente saudável que continuará a florescer no rico ambiente que oferecemos. Não estamos tentando livrar a criança dos "problemas" da linguagem, mas aperfeiçoar seu notável desenvolvimento contínuo da linguagem.

(LINDFORS, 1987, p. 25)

OS MUITOS USOS DA LINGUAGEM

Todos os professores, independentemente do histórico linguístico de seus alunos, estão direta e intimamente envolvidos com a linguagem. Não importa que matérias lecionem e se trabalham com alunos da educação infantil, do ensino fundamental ou do ensino médio, os professores usam a linguagem de várias maneiras em todas as suas atividades de ensino.

Embora eles possam não estar cientes disso, a maioria dos educadores usa a linguagem habilmente para chamar a atenção dos alunos, para apresentar informações, enfatizar pontos específicos, provocar discussões, elogiar, solicitar respostas, explicar e, às vezes, repreender. Professores diferentes, é claro, usam a linguagem de forma diferente, mas todos os educadores qualificados são capazes de comunicar mensagens diretas e muito sutis aos alunos sobre sua aprendizagem e seu comportamento.

Para os professores mais experientes, entretanto, o uso da própria linguagem é completamente inconsciente. Eles raramente analisam as estratégias que usam para transmitir significados específicos e obter as reações e respostas desejadas. Poucos percebem as escolhas que fazem ao usar estratégias específicas para transmitir tom ou opinião, e ainda menos deles se lembram de como adquiriram essas estratégias. Para muitos docentes, a linguagem só se torna assunto de discussão quando há suspeita de que ela seja a causa subjacente dos problemas dos alunos. Os professores são, portanto, incapazes de analisar o que é normal em diferentes estágios do desenvolvimento da linguagem e o que é característico de todas as crianças ou apenas de algumas. Eles podem, de fato, "diagnosticar erroneamente" as condições das crianças e fornecer tratamento para "doenças" inexistentes.

Neste capítulo, argumentamos que a compreensão de como a linguagem funciona na própria vida dos professores e na vida de alunos que parecem *não* ter "problemas" de linguagem é essencial para capacitar os docentes a dar suporte efetivo ao crescimento de qualquer aluno na linguagem acadêmica – a linguagem utilizada nas escolas para aprender, falar e escrever sobre assuntos acadêmicos. Portanto, evitamos propositalmente começar este capítulo com uma discussão sobre o que os educadores precisam saber sobre "aqueles alunos" para os quais a linguagem parece ser um problema. Em vez disso, apresentamos o tipo de informação sobre o uso e o desenvolvimento da linguagem que ajudará os professores a examinar primeiro o emprego da própria linguagem, bem como seus pontos de vista sobre formas específicas de falar e escrever. Em seguida, vamos debater a respeito das implicações do que eles aprenderam sobre alunos de diversas origens linguísticas. Sugerimos que tal verificação forneça aos docentes percepções importantes sobre como a linguagem varia dentro e fora da escola e sobre os tipos de diferenças de linguagem que parecem importantes dentro da escola.

Em nossa opinião, é importante que os professores percebam a linguagem e prestem atenção às características presumidas das conversas do dia a dia, mesmo antes de iniciarem o estudo da estrutura da linguagem ou da linguística. Observar a linguagem, mesmo quando ela parece transparente, é essencial para educadores comprometidos em dar suporte às competências intelectuais gerais e específicas dos alunos de todos os níveis escolares. Para ilustrar as complexidades do uso da própria linguagem, que os professores podem desconhecer, começamos este capítulo apresentando um professor de matemática fictício chamado John. Damos exemplos das maneiras como ele fala com diferentes pessoas com propósitos distintos e descrevemos as várias situações e interações por ele selecionadas a partir de um repertório de escolhas possíveis (ver "A linguagem na vida de um professor").

Depois da vinheta e da nossa discussão sobre John, apresentamos a base de conhecimento que os professores devem ter sobre o desenvolvimento da linguagem de seus alunos antes e depois da escola, primeiro focando crianças de famílias monolíngues e depois crianças cujas famílias falam línguas diferentes da língua dominante de ensino. Então, discutimos as maneiras como o desenvolvimento do letramento compara-se e contrasta-se com o desenvolvimento da linguagem oral e demonstramos como o foco na aprendizagem da língua valorizada pela escola é particularmente crucial. Ao longo deste capítulo, destacamos as implicações em sala de aula da compreensão (ou não) dos educadores da natureza do uso e do desenvolvimento da linguagem. Concluímos com um resumo das "grandes ideias" essenciais para os professores compreenderem as implicações em sala de aula para cada um desses temas e exemplos de como a formação de professores e o desenvolvimento profissional podem ajudar os docentes a obter tais entendimentos.

A linguagem na vida de um professor

John é um jovem professor de ensino médio de Boston de origem italiana e polonesa. Ele cresceu falando apenas inglês, mas, como sua avó viveu com sua família durante a maior parte de sua infância, ele também entende um pouco de italiano. Nos últimos cinco anos, John ensina matemática em Tupelo, Mississippi, a cidade natal de sua esposa, Alice. Nos últimos dois anos, ele também treina o time de futebol da escola.

Nesta seção, seguimos John durante uma manhã típica e escutamos suas conversas com familiares e amigos. Nosso objetivo é perceber os muitos tipos diferentes de inglês que John ouve e usa dentro e fora da escola.

Às 6h, John acorda com o alarme do rádio. Como de costume, ele está programado para a estação de rádio pública local.

Levemente atordoado, John reconhece os inconfundíveis trejeitos do apresentador do *talk show* e seu sotaque do Meio-Oeste: "Bom dia e bem-vindo ao programa. O presidente revelou uma proposta que facilitaria a remoção de árvores e a derrubada de florestas vulneráveis a incêndios. Uma estratégia de prevenção de incêndios, a iniciativa das florestas saudáveis, aumentaria a quantidade de extração de madeira em terras públicas. Os convidados de hoje são todos especialistas em gestão florestal...".

John sorri quando Alice resmunga para ele e o repreende em seu suave sotaque sulista: "Querido, já é ruim o bastante acordar com um professor do norte. Você não consegue acordar com algo um pouco menos sério?". Distraidamente, ele aperta os botões das outras estações pré-gravadas. Alice resmunga de novo quando ouve uma série de sons da era espacial ecoar e dar espaço aos efeitos especiais de uma voz eletronicamente aprimorada: "Descubra QUAL TOCA AGORA! QUAL É A PRÓXIMA! O QUE HÁ DE NOVO! Aqui na sua única escolha para ouvir os últimos *hits*". John, então, muda para a reportagem do tráfego matinal, lida por um locutor que soa como se tivesse nascido e se criado lá mesmo no Mississippi.

"Isso soa mais como você e seus parentes, não é?" ("Now thats sounds more like you and your kinfolk, don't it?), brinca, com seu melhor sotaque sulista, exagerando sua imitação do sotaque do Mississippi. Sabendo que fará Alice implorar para que volte à rádio pública, John coloca na estação do *shock jock*,* transmitida em Nova York. O apresentador, em uma discussão estridente com um ouvinte ao telefone, xinga-o com insultos como "Ei, gênio, por

que você não está no trabalho?" e "Você é o homem mais idiota com quem já conversei nos últimos tempos". A assistente do anfitrião ri enquanto o ouvinte fica sem palavras por um momento, tentando se recompor para conseguir responder.

Alice murmura: "Você venceu, mas ainda é sua vez de atender o bebê", quando um choro alto vem do quarto ao lado.

John suspira e se alonga por um momento antes de pular da cama. "Estou indo, aguente aí" ("I'm coming little fella"), ele grita."Mamãe está sendo preguiçosa, mas aqui vem o papai. Aguente aí. Papai está indo." O bebê Matthew encontra-se em pé no berço, o rosto coberto de lágrimas e esfregando os olhos. Ele é alto para 18 meses, mas ainda não começou a falar. "AAAAAH", ele chora, enquanto estende os braços para ser pego. "Bom dia para você também, Matt. Sim, papai teve um sono muito bom. Obrigado por perguntar." Matt responde chorando "Baaaaahhhh" impacientemente e esticando os braços mais uma vez. John continua sua conversa com Matthew, enquanto habilmente remove o pijama do menino, troca a fralda molhada e começa a prepará-lo para outro dia com a babá. "Você está tentando dizer 'urso', Matt?", John pergunta. "Sim, o ursinho estava ali a noite toda. O *ussinho* ama o Matt. Dê um abracinho nele."

Após 45 minutos, John finalmente se dirige para a Long Acres Middle School. A escola está a uma curta distância de carro, mas hoje John está com pressa e fica um pouco irritado quando o celular toca. Ele espera que não tenha esquecido alguma coisa em casa.

"Olá?" (A voz de John parece impaciente quando ele coloca os fones de ouvido.)

"Ei, John, é o Sam."

"Ei, cara, que aconteceu?" (John grita devido à ligação ruim.)

"Bem, é sobre o jogo de *squash* que a gente tinha programado para esta tarde."

---

* N. de T.: Um *disc jockey* ou locutor de rádio que entretém os ouvintes fazendo piadas de gosto duvidoso e que estende o limite do comportamento social aceitável na forma de ações que aumentam a popularidade da estação de rádio.

John faz uma pausa e diz dramaticamente: "NEM me diga que 'cê' não vai conseguir ir!".

"Bem, eu 'tô' atolado num projeto no trabalho... Se eu não terminar nesta semana, o chefe vai me comer vivo."

John repreende: "Olha só, se 'cê' tem medo de perder para mim DE NOVO, apenas me diga – você não tem que inventar alguma desculpa esfarrapada sobre o seu chefe e algum projeto no trabalho".

Sam responde rapidamente: "Cara, do jeito que eu tenho jogado, 'cê' deve agradecer o seu anjo da guarda por 'cê' não ter que jogar contra mim hoje... NÃO ia ser bonito". (Ambos riem.)

John, um pouco mais sério, diz: "Olha só, me ligue quando o seu tal projeto estiver terminado".

"Eu ligo." ("Will do.")

"Até mais, cara."

"Até."

John desliga, sorri e continua a dirigir. A caminho do escritório principal para verificar sua correspondência, a primeira pessoa que John encontra é a diretora assistente da escola, Roberta Johnson, uma afro-americana de 40 e poucos anos. John a cumprimenta profissionalmente, mas com um tom brincalhão (quase paquerador), enquanto ele verifica sua caixa de correio:

"Bom DIA, senhora Johnson!"

"Bom dia, senhor Carlucci", ela responde, sorrindo.

"Oh, senhora Johnson, a propósito, quais as chances da gente conseguir essa agenda revisada hoje para as atividades de volta às aulas da semana que vem?"

"Para você, senhor Carlucci, qualquer coisa. E, se a fotocopiadora ainda estiver quebrada, vou copiá-la à mão para todos os 25 professores", acrescenta sarcasticamente a diretora assistente, mas ainda sorrindo.

"Entendo, obrigado por resolver isso", responde John.

"O prazer é meu. Tenha um ótimo dia, senhor Carlucci."

"Você também", John sorri, quando começa a caminhada pelo corredor até a sala de aula.

Há vários alunos reunidos em volta de sua porta, obviamente desacostumados a estar na escola a essa hora. John cumprimenta a todos com um "Bom dia, madrugadores, estarei com vocês em um momento!". Ele destranca sua sala, acende as luzes, joga sua correspondência sobre uma pilha já grande de papéis em sua mesa, abre as persianas e diz alegremente (mas em uma falsa brincadeira): "*OK*, seus bobos, entrem aqui e ACORDEM!". Os alunos, todos do time de futebol, caminham juntos, seguidos por outros que acabam de chegar. Conforme os alunos se sentam e conversam silenciosamente (alguns apenas sentados olhando para o espaço, outros de cabeça baixa), John prepara um projetor de vídeo e uma tela e, então, com uma voz muito mais séria, começa o encontro: "*OK*, pessoal, vamos assistir a alguns filmes nesta manhã e falar sobre o que aconteceu na semana passada. Mas, antes disso, vamos começar com o básico. Há regras a serem seguidas. Você tem que segui-las na vida; você vai ter que segui-las no futebol". (Um garoto se inclina e sussurra algo para outro.) "E eu vou te dizer uma coisa, claro. O próximo que falar, eu vou deixar no banco pelos próximos três jogos. Em qualquer fase da vida, você tem que ouvir e seguir as regras e as ordens. Isso faz parte da vida. *OK*, agora vamos ver o que aconteceu na semana passada."

Depois de analisarem o filme sobre a derrota vergonhosa da semana passada e discutirem jogadas e estratégias específicas, John decide terminar com uma nota positiva: "Agora, a próxima semana. Eu vejo vocês fazendo muito progresso. Quando chegarmos ao campo, vocês serão muito bons jogadores de futebol, porque estou vendo muito progresso. Mas temos muito trabalho a fazer antes disso. Vejo vocês depois da escola. Jones e Anderson, preciso falar com vocês antes de irem para a aula".

Assim que a maioria dos membros da equipe sai da sala, 4 ou 5 jogadores afro--americanos se agrupam em torno de Frank Jones e Jamal Anderson. Frank e Jamal começaram a se engajar em uma demonstração de habilidade verbal que é conhecida como "The Dozens". Jamal começa apresentando o desafio inicial no jogo do ritual de insultos dizendo: "Sua mãe é tão gorda que, quando ela senta em uma moeda de 25 centavos, ela fica com duas moedas de 10 e uma de 5". Enquanto a plateia uiva de tanto rir, Frank responde: "Sua mãe é tão velha que, quando ela lê a Bíblia, ela relembra suas histórias". O grupo de espectadores ri novamente.

John, ouvindo a conversa dos meninos, maravilha-se com a rapidez da perspicácia deles. Ele sabe, no entanto, que deve interromper essa forma de jogo competitivo prolongado que pode continuar até que o público determine quem será o vencedor do jogo. Rompendo o aglomerado com um rosto severo e apontando para a porta, ele diz para Frank e Jamal: "Eu só queria que vocês soubessem quanta liderança vocês mostraram durante aquele jogo, mesmo quando estávamos perdendo. Bom trabalho".

Poucos minutos depois, quando John cumprimenta seus alunos que chegam para o primeiro período, ele volta a ser um John alegre e divertido. "'Dia', Ana, li um ótimo artigo com seu nome ontem à noite!"

"Ei, Zack, bem-vindo de volta. Espero que você esteja se sentindo melhor." ("...Hope you're feeling better.")

"Olá, Sharon e Charisse..."

A campainha final toca. "Bom dia, senhoras e senhores. Espero que todos estejam prontos para um ótimo dia de matemática! Peguem sua lição de casa e vamos começar." Os alunos reclamam, bem-humorados. São 8h30, e John está pronto para começar o dia como professor.

Uma análise cuidadosa do modo como John usou a linguagem até esse ponto destaca muitos aspectos sobre os quais os professores podem não ter pensado de maneira aprofundada, mas que apresentam implicações consideráveis para a aprendizagem de seus alunos. Primeiro, notamos que John ouve, compreende e usa muitos tipos diferentes de inglês. No rádio, não são apenas os sotaques que diferem, mas também estilos e "regras" para o que é aceitável dizer, com o contraste entre a rádio pública e o *shock jock* sendo talvez o mais extremo. Com seu filho, John mantém uma conversa unilateral na qual fala de si mesmo na terceira pessoa ("Papai está indo") e usa conversa de bebê ("ussinho") e repetição, práticas que obviamente evitaria com adultos. John usa a linguagem de maneira diferente para falar com a esposa, com a diretora assistente, com o time de futebol e com seus alunos regulares. E ele emprega a linguagem de maneira diferente para propósitos diferentes, mesmo quando fala com a mesma pessoa. Por exemplo, sua saudação muito direta e amigável à diretora assistente é seguida por um pedido um tanto sarcástico e muito indireto para ela fazer algo ("quais as chances da gente conseguir essa agenda revisada hoje para as atividades de volta às aulas da semana que vem?") e, então, um pedido de desculpas igualmente indireto, mas muito mais educado ("Entendo [...]").

Uma vez que os professores pensem sobre a natureza da variação da linguagem na própria fala e na fala daqueles com quem eles interagem regularmente, não será uma surpresa que seus alunos também usem variações de linguagem dependendo de com quem estão conversando ou do contexto da interação. Alguns linguistas referem-se a essas diferenças como *registro*. Outros preferem pensar nelas como estilos especializados do discurso usados para realizar determinados tipos de tarefas (p. ex., ensinar uma turma, motivar um time de futebol, fazer um discurso público, apresentar provas perante um tribunal). O que está claro é que estilos ou registros apropriados para falar em uma situação não são necessariamente apropriados para falar em outra. John escolhe tipos muito diferentes de linguagem para transmitir simpatia e camaradagem a cada pessoa ou grupo com quem está interagindo. Por exemplo, John e sua esposa usam termos de intimidade ("querido"), mas também sarcasmo moderado ("você venceu"). Ao falar com a diretora assistente, ele utiliza cumprimentos formais, mas sua entonação e linguagem corporal demonstraram que essa não era uma troca formal. Com Sam, John usa a linguagem para demonstrar sua amizade tanto pela maneira como ele se dirige ao amigo ("Ei, cara, que aconteceu?") como pelo fingimento de brincadeira em acusar seu amigo de inventar uma desculpa esfarrapada para se livrar do jogo. John mostra camaradagem de diferentes maneiras com seu time de futebol (usando a linguagem normalmente "rígida" de um técnico) e seus alunos (como com a diretora assistente, uma combinação de características formais mostrando respeito e características pessoais indicando um relacionamento mais próximo). Ao falar com sua turma, John primeiro estabelece cordialidade, adotando um estilo de "líder de torcida" para cumprimentar os alunos, e, então, autoridade, discursando para a classe com "senhoras e senhores" e emitindo um comando direto: "Peguem sua lição de casa". A **Tabela 4.1** resume o uso da linguagem feito por John durante uma única manhã.

O que pode não ser muito aparente nos exemplos transcritos do discurso de John é que o inglês dele também é diferente do inglês falado por seus colegas professores no Mississippi. O inglês varia de região para região na pronúncia e no uso de palavras e expressões específicas. Além disso, varia dependendo do *status* social e da etnia. Um advogado do Mississippi fala de maneira muito diferente de um caubói do Texas, e uma avó branca dos Apalaches não soará como uma polida matrona da alta sociedade nova-iorquina. Os dialetos sociais, diferentemente dos dialetos regionais, também variam na estrutura gramatical. Habitantes das áreas rurais de todas as partes dos Estados Unidos, por exemplo, poderiam dizer "Ele num veio" e "pode ser que eu possa", expressões raramente ouvidas na maioria das áreas urbanas.

Como a maioria dos outros falantes de inglês, John provavelmente não está ciente de que os julgamentos sobre características consideradas incorretas ou fora do padrão são julgamentos sociais, e não linguísticos. Como Wolfram, Adger e Christian (1999, p. 11) apontam:

> O valor dado a certa maneira de dizer algo está intimamente associado a identidade cultural e *status* social das pessoas que dizem isso dessa maneira. A avaliação não é uma decisão individual; é a avaliação de diferentes grupos feita pela sociedade, incluindo seus modos de falar. Conforme somos socializados, aprendemos essas atitudes, às vezes inconscientemente, às vezes por meio de regulamentos e regras expressos, assim como aprendemos o comportamento alimentar.

Examinar tais julgamentos pode ajudar os professores a evitar o envio da mensagem, de forma explícita ou implícita, de que a língua falada por certos grupos de alunos é, de algum modo, inferior àquela falada por outros. Como vimos anteriormente, Alice brinca com John sobre ter que acordar ouvindo o discurso dos "nortistas", e John, por sua vez, ridiculariza o inglês do Mississippi ao tentar imitar um sotaque sulista. Curiosamente, ele também usa uma característica não padronizada em sua imitação: "Isso soa mais como você e seus parentes, não é? ("don't it ?"). Isso sugere que, para John, o discurso do Mississippi soa menos "correto" do que o seu. Embora a construção , "don't it ?" seja encontrada no discurso não padronizado da maioria das regiões, e, portanto, é provável que seja ouvida tanto em Boston quanto no Mississippi, John finge que esse não é o caso. Embora John provavelmente concordasse que o efeito comunicativo de "don't it" e "doesn't it"?" seja semelhante, ele associa o primeiro ao que é socialmente inaceitável ou incorreto.

Por fim, a partir das interações de John com a senhora Johnson e com seu aluno Jamal, vimos exemplos de inglês-padrão afro-americano, bem como de inglês vernáculo afro-americano. Como é o caso da variedade de inglês de John, o discurso de Johnson e Jamal varia de acordo com uma variedade de fato-

Tabela 4.1

Uso da linguagem feito por John

Situação	Características da linguagem
Zomba de sua esposa, Alice	• Imita formas verbais coloquiais do Sul (p. ex., "Don't it?") • Imita o sotaque sulista (Mississippi)
Fala com o bebê Matthew	• Fala sobre si mesmo na terceira pessoa ("Papai está indo") • Usa pronúncia típica da linguagem oral informal (fellA em vez de fellOW) • Usa "conversa de bebê" ("ussinho")

Conversa com um amigo no telefone	• Usa o estilo "masculino" informal caracterizado por:
	  1. Linguagem elíptica ("Will do.") ("Later man.")
	  2. Agressão de brincadeira e autoengrandecimento

Interage com a diretora assistente	• Exagera a saudação-padrão educada ("Bom DIA") • Usa o formato de pergunta para fazer uma solicitação indireta ("quais as chances de conseguirmos essa agenda revisada hoje para as atividades de volta às aulas da semana que vem?") • Usa estrutura gramatical típica da linguagem oral informal ("quais as chances da gente conseguir"*versus* "quais as chances de conseguirmos") • Usa pronúncia típica da linguagem oral informal para uma única palavra ("cê") • Usa uma resposta informal extraída da tradição afro-americana de chamada e resposta ("Entendo")
Conduz a reunião do time	• Usa pronúncia típica da linguagem oral informal ("tô", "cê") • Usa linguagem levemente profana para enfatizar ("O que diabos aconteceu?")
Dirige-se a Frank e Jamal	• Usa pronúncia típica da linguagem formal-padrão ("Eu só queria que vocês soubessem") • Utiliza principalmente estruturas gramaticais típicas da língua • Usa linguagem elíptica no fechamento ("Bom trabalho!" *versus* "Vocês fizeram um bom trabalho")

Cumprimenta os alunos individualmente quando eles entram em aula	• Utiliza estilo informal, caracterizado por:
	  1. Pronúncia típica da linguagem oral informal ("'Dia', Anna")
	  2. Linguagem elíptica ("Hope you're feeling better.")

Dirige-se à turma inteira	• Usa estilo formal, que é caracterizado por:
	  1. Pronúncia cuidadosa ("Bom dia")
	  2. Estrutura gramatical-padrão ("Espero que todos estejam prontos...")
	  3. Comando direto

res, entre os quais o contexto cultural e étnico dos falantes envolvidos na interação. Como Smitherman (2000) apontou, o estilo verbal afro-americano ou negro varia do que ela chama de estilo sagrado sulista (associado à tradição da igreja negra) a um estilo secular urbano e nortista, um produto tanto de suas raízes sulistas quanto das experiências únicas dos afro-americanos mais do centro da cidade. O discurso da senhora Johnson ao participar de uma situação socialmente sensível em que ela interage sobretudo com colegas brancos é bem diferente de como ela fala quando cercada por amigos próximos afro-americanos. Da mesma forma, Jamal, que é um aluno avançado, muitas vezes exagera nas nuanças de *hip-hop* em sua fala enquanto troca insultos verbais com seus parceiros. Ele sabe claramente quais características utilizar em seu vestuário, comportamento e na linguagem para manter sua posição entre outros estudantes afro-americanos.*

Em uma única manhã na vida de John, podemos aprender muito sobre a linguagem. Como alguns estudiosos sugeriram (ver AUSTIN, 1975), os falantes usam habilmente a linguagem para realizar ações específicas por meio de palavras. Por exemplo, eles aprovam, discordam, pedem desculpas e solicitam; e eles o fazem direta ou indiretamente. Ao se apresentarem em público, as pessoas estão engajadas no que outros acadêmicos (GOFFMAN, 1959) chamam de "gerenciamento da impressão". Elas cuidadosamente selecionam, dentro de um amplo repertório de estilos de fala (GUMPERZ, 1982), o melhor estilo para o propósito em questão. Bell (1984) referiu-se ao processo de selecionar a melhor linguagem para situações e interações específicas como "*design* para o público".

O repertório de fala de John, em especial, ilustra dois fatos muito importantes que os professores precisam saber sobre a linguagem (seja do inglês, do espanhol, do chinês ou de qualquer outra língua): primeiro, essa linguagem varia conforme as origens regionais e sociais; não há falantes com um estilo único. Como adultos, a maneira como falamos com

um amigo próximo, a maneira como falamos em um tribunal e o modo como falamos com uma criança pequena não são os mesmos. Mais importante, porém, se a linguagem das crianças pequenas é influenciada pela linguagem dos adultos, que, por sua vez, varia de acordo com a área geográfica e os fatores culturais, ela também é influenciada pela forma como os vários adultos ao seu redor usam a linguagem de forma diferente para objetivos e situações diferentes. Como vimos em uma única manhã da vida de John, há diferentes maneiras como as pessoas transmitem significado, mesmo quando estão falando sobre a mesma coisa. Além de variarem a linguagem de acordo com o propósito interpessoal, para fazer as coisas de forma eficaz e eficiente com indivíduos que usam uma variedade específica da linguagem, as pessoas diversificam sua linguagem para se apresentar de maneiras como querem ser vistas (ou, mais precisamente, "ouvidas") em situações particulares. Essas escolhas na variedade da linguagem podem ser evidentes (p. ex., evitando conscientemente o uso de linguagem obscena perto de crianças ou sendo mais educado com pessoas mais velhas) ou tão sutis que o falante pode não estar ciente (p. ex., a tendência de levemente modificar nosso discurso, tanto na escolha de palavras quanto na pronúncia, em direção àquele de alguém com quem estamos conversando e de quem gostamos e respeitamos). A linguagem também é um aspecto de identidade (ECKERT, 1989; GEE, 1990; NORTON, 2000). As escolhas no uso da linguagem, como vimos no caso de Jamal, podem sinalizar categorias amplas às quais as pessoas desejam demonstrar sua lealdade ou podem representar atos momentâneos de "controle de imagem" (GOFFMAN, 1959).

A LINGUAGEM ANTES DA ESCOLA E DENTRO DELA

Os professores precisam entender que a linguagem, diferentemente da maioria dos assuntos escolares, envolve as crianças a partir do momento em que elas nascem. Os adultos

---

* Segundo Smitherman (2000), o estilo oral dos jovens afro-americanos faz parte de uma complexa e rica tradição que inclui ditados folclóricos, interações verbais e rituais culturais que envolvem a fala. Os *rappers* contemporâneos, por exemplo, baseiam-se nas qualidades retóricas tradicionais do discurso afro-americano, entre as quais linguagem exagerada, mímica, afirmações proverbiais, trocadilhos e jogos de palavras, espontaneidade e improvisação, metáfora, fanfarrice, indireção e semântica tonal. Nas palavras de Smitherman (2000, p. 217), "Um *rap* negro pode [incluir] uma, todas ou qualquer combinação delas. Os *rappers* devem ser hábeis em ler as vibrações de seu público e da situação, pois o trabalho preciso depende do que é dito a quem e sob quais condições [...]". Para informações adicionais sobre a língua afro-americana, ver Baugh (1999, 2000), Morgan (1998), Mufwene *et al.* (1998) e Smitherman (2000).

falam uns com os outros enquanto seguram e alimentam bebês, cuidam e acompanham suas vidas cotidianas. Como vimos no caso do bebê Matthew, em algumas culturas e em algumas famílias, os adultos falam diretamente até mesmo com bebês recém-nascidos. Eles mantêm supostas conversas em que agem como se o bebê tivesse opiniões e pudesse responder a perguntas. Em outras famílias e em outras culturas, os adultos não podem tratar as crianças como parceiros conversacionais. Esses adultos, no entanto, terão expectativas claras sobre quando as crianças começam a entender o que é dito, que tipo de linguagem deve ser utilizado com elas e que tipo de linguagem irão produzir primeiro.

A partir dos antropólogos, que estudam a linguagem do mundo inteiro, e dos psicolinguistas, que estudam a aquisição da primeira língua, sabemos que todas as crianças sadias, e até mesmo a maioria das crianças com deficiência, adquirem a capacidade de usar a linguagem. Os pais se envolvem em atos comunicativos com seus filhos que dão foco ao significado, e as crianças começam a "adquirir" a linguagem a partir da quantidade de contribuições que as cercam. Embora consigam inicialmente produzir sons não utilizados pelos adultos a sua volta, durante o primeiro ano de vida, as crianças começam a restringir o balbucio para que soe como a língua de seus pais e perdem a capacidade de ouvir distinções sonoras que não carregam significado na língua de seus pais. Aos 2 a 3 anos de idade, as crianças começam a desenvolver a capacidade de se comunicar com as pessoas ao seu redor, usar palavras aprendidas com adultos, formar novas palavras que se encaixam nos padrões permitidos pela linguagem de seus pais e criar frases novas, frases que nunca ouviram antes. Como a linguagem é extraordinariamente complexa, os psicolinguistas não têm total consenso sobre como ocorre o processo de aquisição da primeira língua. Alguns linguistas enfatizam a capacidade notável que as crianças têm de extrair as regras da língua em questão ou das línguas faladas a sua volta a partir da contribui-

ção variada e imperfeita que ouvem. Mesmo em lares de pais altamente estudados, as crianças podem ouvir afirmações que nem sempre são bem formadas de acordo com as regras da gramática formal. Elas provavelmente ouvirão várias versões de "conversa de bebê", isto é, discurso modificado para acomodar suas supostas necessidades. Elas também ouvirão o discurso elíptico cotidiano que caracteriza as conversas íntimas. De alguma forma, talvez extrapolando as informações, ou talvez os próprios esforços para usar a linguagem para comunicar mensagens importantes, as crianças pequenas adquirem vocabulário (algumas estimativas sugerem que alunos do 1º ano saibam de 5 mil a 12 mil palavras diferentes) e gramática (i.e., como as frases na língua são formadas e quais palavras existem e podem ser criadas na língua) e começam a aprender as regras de comunicação sociolinguísticas e pragmáticas dentro de suas comunidades para saber o que dizer e não dizer, como ser educadas e como conseguir que os outros satisfaçam suas necessidades.

Embora nem tudo o que as crianças ouvem seja relevante para a aquisição da linguagem, as formas como a linguagem é utilizada em determinadas famílias e em determinadas comunidades são de suma importância na aquisição da linguagem. Uma criança do Mississippi e uma criança de Boston adquirem os sotaques dos adultos e das crianças com quem elas interagem. A criança do Mississippi não vai soar como se fosse de Nova York, e a criança de Boston não vai parecer que cresceu no sul do Texas. De modo semelhante, como Heath (1983) diz, a criança que cresce na comunidade ou família na qual é dada ênfase na informação aprende a exibir informações. Da mesma forma, a criança cujos pais e irmãos usam uma linguagem mais sofisticada da escola e corrigem todos os usos estigmatizados (p. ex., "Não diga 'a gente foi', diga 'nós fomos'") crescerá preocupada com o que sua família considera correção e incorreção. Em comparação, uma criança cujos pais e membros da comunidade se importam mais com a eficácia de um indivíduo em pensar sozinho para se defender quando provocado por outras pessoas pode estar muito menos preocupada com normas de correção escolar do que com expressividade verbal. É importante enfatizar, no entanto, que as comunidades de fala e as famílias dentro das *mesmas* comunidades de fala também diferem nas maneiras como usam a linguagem. Famílias da mesma classe social, assim como da mesma origem racial e educacional, socializam seus filhos no uso de vários gêneros de fala (narrando, provocando) em diferentes idades e modos. A estrutura desses gêneros, além disso, pode diferir tanto quanto as condições sob as quais o gênero pode ser invocado.

Um crescimento substancial parece ocorrer na linguagem das crianças durante um período muito curto, embora alguns estudiosos (p. ex., AITCHISON, 1996 *apud* BIALYSTOK, 2001) argumentem que a aquisição da linguagem leva até 20 anos, com os primeiros cinco anos dedicados a adquirir a estrutura básica, os próximos cinco a dominar a gramática complexa e os 10 últimos a adquirir um vocabulário rico. Quando começam a falar, as crianças normalmente comunicam suas intenções usando palavras isoladas (p. ex., *"up"* com um gesto para pedir para ser pega, *ué* para pedir ajuda para encontrar algo, *auau* ou *mimi* para direcionar a atenção do ouvinte para um cachorro ou gato). Elas se movem gradualmente para a fala combinatória inicial, na qual essas mesmas intenções são expressas com enunciados mais longos e complexos (p. ex., "Me pega", "Onde tá bolinho?", "Lá o auau"). Algumas crianças mais velhas frequentemente produzem formas (p. ex., "Nós foi", "Nós deu") que são diferentes daquelas produzidas por adultos ou usam palavras e expressões de maneiras que diferem consideravelmente do uso-padrão para adultos (p. ex., "Não me põe espinafre!"). Tais usos inventivos ocorrem em crianças de 3 a 4 anos de idade, que normalmente já usaram formas corretas (p. ex., "Fomos", "Demos", "Não me dá espinafre", "Não põe espinafre no meu prato") e estão tentando integrar novas formas que encontraram. Assim, eles sugerem que as crianças são processadores ativos da linguagem que ouvem e tentam gerar regularidades nela.*

Em todos os casos, as crianças acabam adquirindo as regras gramaticais e sociolinguísticas usadas pelos adultos e demais crianças ao seu redor. Assim, uma criança branca do sul, cujos pais falam um vernáculo rural e usam a forma "done" para marcar uma ação ou evento concluído (p. ex., "I done told you not to mess up" ["Eu já disse para não estragar"]), irá adquirir essa regra quando internalizar a estrutura gramatical do inglês e também usará "done" para marcar a ação concluída. Ela também pode adquirir "fixin'" para expressar o que está prestes a ser feito ou acontecer ("It's fixin' to rain" ["Está resolvendo chover"]). Nos Apalaches, uma criança cujos pais usam um prefixo "a" com -ing irá produzir frases como "He was a-comin' home" ("Ele estava voltando para casa") ou "He's a-laughin' at you" ("Ele está rindo de você"). Da mesma forma, uma criança cujos familiares são falantes de inglês vernáculo afro-americano (AAVE – *African American Vernacular English*) e que usam "be" habitual (p. ex., "Everyday he be tired" ["Todos os dias ele está cansado"]) para falar sobre uma ação ou condição que ocorre habitualmente internalizará essa regra para produzir sentenças como: "By the time I go get my momma, it be dark" ("Quando eu for buscar minha mãe estará escuro) para dizer: "By the time I go get my momma, it is always dark" ("Quando eu vou buscar minha mãe, está sempre escuro"). A criança, em vez de produzir inglês incorreto, está usando os recursos gramaticais do AAVE para expressar significados que outras variedades de inglês expressam de forma diferente.**

Os professores devem reconhecer que, quando as crianças chegam à escola aos 5 anos, elas já adquiriram a habilidade de usar a linguagem de maneira importante e eficaz dentro de suas famílias e comunidades. No entanto, os professores também devem perceber que apenas as crianças cujas famílias usam a lingua-

---

* Exemplos extraídos de Lindfors (1987).

** Exemplos adaptados de Wolfram, Adger e Christian (1999) e Smitherman (1986).

gem de maneiras semelhantes às utilizadas na escola adquiriram as regras para usar essa linguagem. Essas crianças podem já ter aprendido como responder a perguntas que requerem informações (p. ex., "Como se chama um filhote de vaca, Johnny?"). Elas já podem saber distinguir uma pergunta verdadeira (p. ex., "Você trouxe dinheiro para o almoço hoje?") de um pedido educado (p. ex., "Você não quer guardar seus brinquedos agora e se preparar para o recreio?"). Outras crianças que não tiveram experiência com os vários significados diferentes que as perguntas têm em ambientes escolares precisarão aprender novos mapeamentos de formas de intenções comunicativas, tanto para interpretar corretamente as perguntas da escola quanto para decidir se devem responder a essas perguntas. As crianças também diferem em quão verbais elas são. As crianças que são mais verbais costumam ser recompensadas pelas escolas se elas se adaptam às normas e são punidas se usarem suas habilidades verbais de outras maneiras, enquanto as contribuições de crianças não tão verbais muitas vezes passam despercebidas.

Nos Estados Unidos, as escolas muitas vezes valorizam as variedades específicas do inglês adquiridas por determinado grupo da população, sobretudo as das famílias que tradicionalmente eram em grande parte brancas e de classe média e média alta. Embora as escolas raramente falem de forma aberta sobre esses valores, logo fica claro para os alunos que as diferentes formas de falar são avaliadas de diferentes maneiras, e os alunos recebem quase de imediato a mensagem clara de que têm um "problema" com a linguagem ou de que não sabem falar "corretamente". As crianças que vêm de comunidades da classe trabalhadora e que chegam à escola falando variedades vernaculares de inglês podem adquirir as regras para falar na escola da mesma maneira que adquiriram as regras para falar em seus lares e comunidades, assim como crianças que chegam à escola falando outro idioma que não o inglês e acabam adquirindo essa língua. No entanto, essa aquisição leva tempo, e elas podem

manter muitas características de suas variedades domésticas de idioma. As crianças de Boston não soam como crianças do Mississippi até que estejam entre as crianças do Mississippi por um período de tempo e queiram soar como crianças do Mississippi.

O ponto importante para os professores é que o inglês que as crianças de Boston adquirem não é um inglês do Texas falho, e sim o inglês de Boston, uma variedade regional muito diferente e legítima da língua. Da mesma forma, as crianças cujas variedades de inglês têm regras que não são idênticas às regras da variedade linguística-padrão utilizada na escola não estão falando uma língua defeituosa. Pelo contrário, elas estão falando de forma competente uma variedade legítima de inglês que também tem regras estritas para a comunicação de significados e que é utilizada em interações cotidianas pelos adultos em suas casas e comunidades. As crianças que chegam à escola sem falar a língua da escola não devem ser culpadas. Seria o mesmo que criticar uma criança que cresceu falando japonês por não falar alemão (LOS ANGELES UNIFIED SCHOOL DISTRICTE; LEMOINE, 1999; LEMOINE, 2002).

A AQUISIÇÃO DE MAIS DE UMA LÍNGUA

Conforme descrito anteriormente, em famílias monolíngues de língua inglesa, os alunos adquirem uma ou mais variedades de inglês e, ao longo do tempo, um repertório de registros e estilos consistentes com aqueles com quem interagem. Em tais famílias, as crianças precisam de apenas uma língua para se comunicar com os que estão ao seu redor. Em outras famílias e em muitas comunidades, as crianças precisam de mais de uma língua para se comunicar com todas as pessoas que são importantes para elas. Elas podem ter pais com um histórico de linguagem diferente e avós e outros parentes que só falam a língua de seus países de origem. Na família de John, por exemplo, uma avó de língua italiana sempre falava com seus netos em italiano, embora, no final de sua vida, ela entendesse um pouco de inglês. Como resultado, John ainda consegue entender o italiano do cotidiano, embora não consiga ler ou escrever em italiano. Nos Estados Unidos, é cada vez mais comum os professores se depararem nas suas salas de aula com alunos de famílias cujas línguas faladas são outras que não o inglês. Na discussão a seguir, delineamos o conhecimento necessário para que os educadores entendam o desenvolvimento da linguagem de alunos de diversas origens linguísticas.

Em algumas famílias, especialmente entre profissionais de classe média que chegam aos Estados Unidos na idade adulta, muito tempo e atenção são dedicados ao desenvolvimento das duas línguas das crianças. Por exemplo, pais cuja língua materna é o francês, altamente qualificados, fluentes em inglês, conseguem planejar de forma cuidadosa maneiras de expor seus filhos tanto ao inglês quanto ao francês. Eles podem decidir utilizar somente o francês com o filho, mas contratar uma babá que fale inglês ou decidir que cada um dos pais usará um idioma diferente com o filho para qualquer interação. Para esses pais, o bilinguismo é visto como um bem valioso, e eles pressupõem que qualquer pessoa instruída seja, por definição, bilíngue. Como é o caso de outros pais de classe média, esses pais bilíngues fornecem livros e vídeos em dois idiomas, em vez de apenas um. Eles também podem viajar para a França ou para o Canadá anualmente para expor a criança a exemplos genuínos da língua materna. Para tais crianças de classe média, a transição para uma escola em que apenas o inglês é falado é normalmente indolor. Como as crianças já falam inglês, elas geralmente passam despercebidas entre crianças monolíngues de classe média que falam inglês. De fato, para evitar o estigma associado ao bilinguismo em muitas escolas, os pais de crianças bilíngues privilegiadas podem omitir à escola a informação sobre o uso de uma língua não inglesa em casa.

No caso das famílias imigrantes da classe trabalhadora, a situação é muitas vezes bem diferente. Muitas pessoas que vão para os Estados Unidos, especialmente de países muito pobres, têm pouquíssima educação formal. Elas não falam inglês e mudam-se para bairros onde estão apenas em contato com outros imigrantes, muitos dos quais também falam pouco inglês. Elas trabalham em empregos nos quais têm pouco contato com pessoas que falam inglês e pouca oportunidade de adquirir o idioma a partir de interações comuns. Embora consigam se matricular em aulas de inglês em suas comunidades, essas aulas geralmente são superlotadas e ensinadas por voluntários inexperientes. Por causa de seu isolamento geográfico e econômico, tais pessoas frequentemente fazem pouco progresso na aprendizagem da língua. Em comparação com os profissionais altamente qualificados da classe média, os imigrantes da classe trabalhadora não elaboram, em casa, um currículo de línguas para seus filhos. Eles simplesmente utilizam sua língua materna com seus filhos, e é essa língua que seus filhos adquirem.

Nas famílias em que não há falantes de inglês, como parentes que vivem nos Estados Unidos há muitos anos ou irmãos mais velhos que já começaram a adquirir o inglês na escola, as crianças permanecem monolíngues no idioma local até chegarem à escola. Na maioria das escolas, os alunos que chegam sem nenhum conhecimento do inglês, seja no ensino fundamental, seja no ensino médio, apresentam os maiores desafios. Essas crianças deveriam, teoricamente, ter acesso ao currículo para evitar um atraso acadêmico irremediável enquanto se encontram no processo de adquirir o inglês. Infelizmente, as escolas têm poucas opções. Quando há poucas crianças, elas costumam ser colocadas em turmas comuns com colegas que falam inglês e receber o suporte que for possível por parte da escola. Os professores que trabalham com essas crianças recém-chegadas muitas vezes se desesperam porque percebem que sua formação e seu treinamento não os prepararam para ajudar as crianças a desenvolver o inglês rapidamente ao mesmo tempo que estão aprendendo outro assunto.

Quando há muitas crianças imigrantes na mesma escola, a responsabilidade de trabalhar com elas é deixada principalmente nas mãos de especialistas em idiomas (i.e., professores de inglês como segunda língua [ESL – *English as a second language*] e professores de disciplinas que ministram aulas especiais elaboradas para simplificar a língua para esses alunos). Infelizmente, em muitas dessas escolas, os alunos de língua inglesa passam a maior parte de seus dias isolados entre outros alunos de inglês. Eles têm poucas oportunidades de interagir com falantes fluentes de inglês na escola, onde a maioria das interações é com o professor e a proporção de alunos para falantes nativos é de 30 para 1, ou em suas comunidades, nas quais eles interagem principalmente com outras famílias imigrantes. Muitas crianças progridem muito pouco ao aprender a falar de forma fluente em tais circunstâncias, mesmo quando são ensinadas exclusivamente em inglês. A situação torna-se ainda mais complexa quando estudantes imigrantes mais velhos chegam à escola nos últimos anos sem o mesmo nível de letramento ou exposição ao ambiente escolar em sua língua nativa do que seus colegas, devido ao número limitado de horas escolares diárias em seus países de origem, a escolaridade interrompida e a outros obstáculos sociais, políticos e econômicos.

Em famílias nas quais são falados tanto o inglês quanto a língua materna, as crianças começam a adquirir o inglês em casa. Elas podem chegar à escola falando e entendendo um pouco de inglês. Em comparação com as crianças que cresceram em lares de língua inglesa, no entanto, o inglês que as crianças imigrantes levam para a escola (mesmo quando parecem se comunicar razoavelmente bem nas interações interpessoais) ainda pode ser limitado. Suas duas ou mais línguas não se desenvolvem de maneira exatamente paralela. Em vez disso, suas línguas são funcionalmente especializadas. Elas usam uma delas para conversar com certas pessoas em determinados contextos e a outra para realizar outras funções e conversar com outras pessoas sobre outros tópicos. Como o desenvolvimento da língua reflete o uso da língua, as crianças imigrantes não são idênticas aos filhos monolíngues de qualquer língua, que a utilizam para todos os propósitos e em todos os contextos. Assim como os monolíngues, os bilíngues também têm um amplo repertório de linguagem, bem como estilos e registros que usam para diferentes tipos de interação. No caso dos bilíngues, todavia, esse repertório inclui estilos e registros nas duas línguas.

Embora a abordagem de muitos dos desafios descritos anteriormente possa estar fora do controle de professores individuais, uma compreensão da natureza do desenvolvimento de mais de uma língua *pode* ajudar os educadores a começar a entender e a responder às necessidades de seus alunos. Infelizmente, a profissão docente perpetuou vários mitos sobre estudantes bilíngues. Na verdade, nos Estados Unidos, o próprio termo *bilíngue* é frequentemente usado como um eufemismo para pessoas *desfavorecidas*. Embora a pesquisa tenha claramente estabelecido as vantagens cognitivas do bilinguismo por mais de 40 anos (PEALE; LAMBERT, 1962), as crenças sobre déficits bilíngues ainda persistem, assim como noções não realistas sobre bilíngues "perfeitos", que muitas vezes se acredita serem dois indivíduos monolíngues em um. Poucos seres humanos alcançam essa perfeição, mas a maioria dos aprendizes da língua inglesa, se tiver as oportunidades necessárias para adquirir o inglês e aprender *por meio* do inglês, consegue desenvolver sólidas habilidades acadêmicas em sua segunda língua.

Assim como o processo de aquisição da primeira língua, o processo de aquisição da segunda língua é complexo e, em muitos aspectos, pouco compreendido. Diferentemente dos estudantes da língua materna, que acabam se tornando indistinguíveis dos falantes nativos da mesma origem social e étnica, o ponto final para muitos aprendizes da segunda língua não é necessariamente a proficiência nativa. No entanto, muitos falantes de inglês como segunda língua que soam como não nativos são falantes de inglês dominantes, capazes de completar tarefas comunicativas desafiadoras em inglês e de aprender e desenvolver-se intelectualmente por meio do inglês.*

O LETRAMENTO ANTES DA ESCOLA E DENTRO DELA

Assim como aprendem que a língua falada pode ser utilizada de forma diferente para fins distintos dentro da mesma língua, as crianças na maioria das comunidades também aprendem desde cedo que a comunicação envolve mais do que a linguagem oral. No entanto, os professores precisam ter em mente que, diferentemente da linguagem oral, o letramento escrito não é uma característica humana universal. De fato, embora os humanos tenham usado a linguagem oral por dezenas de milhares, senão centenas de milhares, de anos, foi apenas nos últimos milhares de anos que eles utilizaram a escrita, e só muito mais recentemente as pessoas recorreram a formas especiais de leitura e escrita para a educação formal (GEE, 1993; HALLIDAY, 1993).

A palavra *letramento* apresenta significados diferentes para pessoas diferentes. Algumas pessoas pensam que o letramento é a habilidade mais básica de ler e escrever palavras e frases simples. Para outras, o letramento é sinônimo de um tipo particular de leitura e escrita comumente ensinado na escola. No entanto, nenhuma definição é suficiente. Ao

mesmo tempo que o letramento é mais do que simplesmente ler palavras e escrever letras, ele muitas vezes toma formas muito diferentes das praticadas nas escolas.

A antropóloga Shirley Brice Heath (1986) usa o termo *eventos de letramento* para descrever uma ampla gama de interação das crianças com o texto. De acordo com Heath (1986), os eventos de letramento podem incluir práticas tão diversas quanto contar histórias para dormir, ler embalagens de cereais, observar sinais de trânsito, assistir a anúncios na TV e seguir instruções para jogos e brinquedos comprados em lojas. Gee (1990) define o letramento não apenas como formas escritas, mas também orais, nas quais as pessoas controlam "usos secundários da linguagem", que envolvem todas as maneiras como as pessoas se comunicam com instituições sociais além da família: escolas, locais de trabalho, lojas, escritórios governamentais, empresas e igrejas. Em uma visão ainda mais ampla do letramento, alguns argumentam que, na era tecnológica atual, o letramento não se limita à linguagem. Nessa visão, não existe "letramento", mas "multiletramentos" (NEW LONDON GROUP, 1996). Além da linguagem oral, esses multiletramentos incluem significados visuais (imagens, *layouts* de página, formatos de tela); significados de áudio (música, efeitos sonoros); significados gestuais (linguagem corporal, sensualidade); significados espaciais (espaços ambientais, espaços arquitetônicos); e significados multimodais, que envolvem combinações de todas as linguagens citadas.

No entanto, independentemente da definição exata de letramento utilizada, não há dúvida de que (1) o letramento, assim como a linguagem, é com frequência experimentado primeiro em casa e, (2) também como a linguagem, não há um modo "natural" de se alfabetizar. Como diz Heath (1986, p. 97), "[...] as formas de se extrair algo dos livros são parte do comportamento aprendido tanto quanto as formas de comer, sentar, jogar e construir casas [...]". Mas esses "comportamentos aprendidos" são aprendidos de maneiras muito diferentes daquelas como as matérias são frequentemente ensina-

---

* Muita confusão sobre o papel da primeira língua na formação de professores de inglês foi gerada por iniciativas recentes de educação anti-imigração e antibilíngue por todos os Estados Unidos. A educação de alunos que não falam a língua da sociedade é um esforço complexo que envolve tomar decisões difíceis sobre fornecer acesso ao currículo durante o período em que eles estão adquirindo o inglês. Os seguintes trabalhos fornecem informações sobre a educação de crianças de minorias linguísticas em geral: Arias e Casanova (1993), August e Hakuta (1997, 1998) e Valdés (2001).

das na escola. Como Gee (1990) aponta: "Não se aprende a ler textos do tipo X de maneira Y, a menos que alguém tenha tido experiência em contextos nos quais os textos do tipo X são lidos de maneira Y [...]" (GEE, 1998, p. 43).

Tal como a aquisição da linguagem oral, as crianças que crescem em diferentes comunidades podem estar expostas a práticas de letramento muito diferentes. Em seu famoso estudo no qual comparou as práticas de letramento de famílias em três comunidades próximas nas Carolinas,*Heath (1983, 1986) demonstrou diferenças potenciais nas práticas de letramento, mesmo dentro de uma mesma área geográfica. Já com 6 meses de idade, filhos de famílias brancas de classe média de Maintown prestavam atenção em livros, reconheciam perguntas sobre livros e viviam em quartos decorados com personagens de livros. A partir do momento em que conseguiam falar, essas crianças eram estimuladas a se engajar em conversas sobre livros e personagens de livros, mesmo quando estavam no "mundo real", e depois dos 2 anos contavam histórias imaginárias e transformavam pessoas reais e eventos em histórias fictícias. Aos 3 anos de idade, as crianças também já sabiam ouvir e esperar como espectadores quando os adultos liam para elas, e crianças em idade pré-escolar sabiam que livros e atividades relacionadas a livros eram entretenimento e anunciavam suas próprias narrativas factuais e de ficção.

As práticas de letramento eram diferentes para as crianças em Roadville, a comunidade da classe trabalhadora branca que Heath (1986) estudara. Os pais dessa comunidade escolheram livros que enfatizavam as rimas infantis, a aprendizagem do alfabeto, as histórias da Bíblia e os animais e orientavam os filhos a repetir e a responder a perguntas factuais sobre o conteúdo dos livros. As crianças aprenderam a ver "histórias" como relatos factuais da vida real ou como contadas a partir de um livro. Em Roadville, de acordo com Heath (1986, p. 111), "[...] qualquer relato ficcional de um evento

real é visto como uma *mentira*; a realidade é melhor que a ficção [...]".

No bairro da classe trabalhadora negra estudado por Heath (1986), os eventos de letramento eram diferentes daqueles em qualquer uma das duas comunidades brancas. Em contraste com as casas repletas de ficção dos berçários de Maintown ou o ambiente de contação de histórias de Roadville, os bebês em Trackton:

> [...] saem do hospital para um ambiente quase inteiramente humano... Os bebês estão no colo enquanto acordados, às vezes enquanto dormem, e geralmente dormem na cama com os pais até que tenham cerca de 2 anos de idade... Eles comem e dormem no meio da conversa humana e do barulho da televisão, do aparelho de som e do rádio. Encapsulados em um mundo quase totalmente humano, eles estão no meio de constante comunicação humana, verbal e não verbal [...] (HEATH, 1986, p. 112).

As crianças em Trackton cresceram no meio de adultos lendo uma variedade de materiais (jornais, correio, a Bíblia e outros textos relacionados à igreja, boletins políticos e comunitários, avisos da escola aos pais e propaganda), mas não houve leitura de materiais específicos para crianças, exceto os da escola dominical, e adultos não liam regularmente para as crianças, seja durante o dia, seja na hora de dormir. Os tipos de perguntas que os adultos faziam às crianças também eram bem diferentes daqueles feitos em bairros de brancos. Em vez de perguntas que extraíam informações que os adultos já conheciam, eles faziam perguntas analógicas que pediam comparações às crianças, como "Com o que isso se parece?", bem como pedidos genuínos de informações não conhecidas por adultos, como "Onde você pegou isso?", "O que você quer?" e "Como você fez isso?" (HEATH, 1986, p. 115). As maneiras como as crianças contavam histórias também eram diferentes. As crianças pré-escolares em Trackton quase nunca ouviram histórias de "Era uma vez", porque o pressuposto era o de que o público em si seria capaz de entender o contexto com as pistas adequa-

---

* N. de T.: Carolina do Norte e Carolina do Sul.

das na história. Também em contraste com o letramento nas comunidades brancas, uma criança não tinha a palavra para contar uma história inteira, já que a contação de histórias era um empreendimento competitivo: "Todo mundo em uma conversa pode querer contar uma história, então apenas os mais agressivos vencem [...]" (HEATH, 1986, p. 116).

Os modos diferenciais de usar a linguagem oral que o trabalho de Heath (1986) apresenta constituem um aspecto do que veio a ser chamado de *letramento emergente* – as muitas práticas e capacidades de crianças em idade pré-escolar que podem ser vistas como pontos iniciais da trajetória em direção à leitura e à escrita convencionais. Além de usarem a linguagem oral de maneira "letrada", algumas crianças chegam à escola sabendo muito sobre letras e são capazes, por exemplo, de recitar o alfabeto, reconhecer a maioria das letras e escrever muitas delas. Algumas crianças mostraram muita prática em escrever os próprios nomes e talvez também em "escrita de faz de conta" (p. ex., fazer uma lista de compras com a mãe, escrever "notas de agradecimento", dar nome às suas produções artísticas) e até mesmo na invenção da ortografia de uma palavra. Essas crianças têm experiências que estão bem mapeadas junto às expectativas dos professores da pré-escola e do 1º ano, enquanto outras podem ter adquirido práticas emergentes de letramento que são intrigantes para seus professores (p. ex., não manusear livros por medo de sujá-los, escrever apenas palavras que saibam soletrar corretamente, copiando em vez de escreverem histórias, lendo por memorização em vez de foneticamente). Os usuários mais proficientes no letramento, como os usuários proficientes de idiomas, têm muitos modos diferentes de interagir com textos – recitação para alguns textos, interpretação expressiva para outros, leitura por diversão ou para propósitos sérios, leitura de alguns textos para obter informações e de outros para avaliar as opiniões dos escritores, leitura de alguns para orientação sobre ação e de outros para orientação sobre opiniões. Todas as crianças chegam à escola com a compreensão e capacidade de participar apenas de um subconjunto dessas atividades de letramento; a escola destina-se a garantir que todos saiam com o conjunto completo.

Os professores também precisam saber que as capacidades adicionais de letramento emergentes desenvolvidas por algumas crianças antes da escola e por outras somente na pré-escola ou no 1º ano incluem a compreensão de que as letras representam sons, o que pressupõe o entendimento de que as palavras podem ser analisadas em unidades menores de som. Nos Estados Unidos, a noção de que as palavras *dog, log, fog, sog, bog, cog, hog* e *jog* têm dois sons em comum e um som diferente representa uma enorme percepção. Essa percepção é fundamental para tirar proveito da alfabetização pelo método fônico e para descobrir a natureza do sistema alfabético. É uma percepção que pode ser ensinada às crianças, ou que algumas podem descobrir por conta própria, particularmente se tiverem muitas palavras em seu vocabulário para trabalhar. Aprender a ler no 1º e 2º anos com sucesso requer juntar a percepção de que as letras representam sons com a capacidade de analisar corretamente os sons dentro das palavras, reconhecer letras de forma confiável, lembrar como os diferentes sons são escritos, acessar o significado das palavras e fazer tudo isso de forma rápida e sem esforço. Saber ler de forma bem-sucedida nos anos finais do ensino fundamental e no ensino médio significa ser capaz de ler textos complexos com palavras novas e, além disso, aprender com os textos. Isso pressupõe não apenas uma boa leitura no nível primário, mas um amplo conhecimento de vocabulário e considerável conhecimento de como as coisas funcionam no mundo. (Para saber mais sobre o que os professores precisam saber sobre a leitura, ver SNOW; GRIFFIN; BURNS, 2005).

O trabalho de Heath (1986), com o trabalho de outros professores, mostra que as práticas de letramento em *todas* as comunidades têm vantagens potenciais distintas para envolver-se na aprendizagem dentro da escola e, mais tarde, na vida. Por exemplo, no estudo de Heath (1986), as crianças negras da classe trabalhadora de Trackton, quando *iniciaram* a escola, já tinham as habilidades narrativas recompensadas nas séries primárias *superiores*, incluindo raciocínio analógico sofisticado e uma compreensão das maneiras como a narrativa pode estar relacionada ao brincar (HEATH, 1986). No entanto, tradicionalmente, as escolas dos Estados Unidos valorizam um conjunto relativamente restrito de práticas de letramento, em geral as das famílias brancas de classe média. Por exemplo, de acordo com Heath (1986), as crianças de Trackton viram-se punidas nas primeiras séries quando não estavam acostumadas a dar nomes a formas, cores, tamanhos e números; responder a perguntas das quais os adultos sabem claramente a resposta; e participar de outros eventos de letramento que alguns alunos praticam quase desde o nascimento.

O que os educadores precisam entender é que não existe um tipo de letramento universal ou "natural", que as escolas muitas vezes valorizam apenas uma parte restrita de todas as práticas de letramento potencialmente eficazes para a aprendizagem e que os alunos levam para a escola apenas as práticas de letramento às quais foram expostos em casa e em suas comunidades. Na sala de aula, tal compreensão é essencial para os professores perceberem que (1) os alunos não são cognitiva ou linguisticamente deficientes apenas porque não dominam um conjunto particular de práticas de letramento às quais não foram expostos, e que, (2) se as escolas decidem continuar a preferir certas práticas de letramento em relação a outras, é responsabilidade dos educadores ajudar a criar condições necessárias para promover o desenvolvimento dessas práticas.

PRÁTICAS DE LINGUAGEM E LETRAMENTO FORA DA ESCOLA

Embora as práticas de letramento comecem em casa e sejam desafiadas ou defendidas pela escola (ou ambas as opções), os professores precisam entender que uma ampla variedade de práticas de letramento continua a se desenvolver ao longo da vida das crianças fora da escola (HULL; SCHULTZ, 2001). Assim que o filho de John, Matthew, começar a estudar, ele também poderá, em casa ou em outro lugar, navegar na internet, comunicar-se por *e-mail* e participar de jogos de computador que requeiram letramento bastante sofisticado e desafiador. Ele pode decidir escrever um diário, uma poesia ou até mesmo fazer grafite. Ele provavelmente participará de atividades em clubes e organizações religiosas, cada cenário com as próprias práticas de letramento. Cada vez mais, ele participará do serviço comunitário, seja como voluntário, seja para cumprir os requisitos de graduação da escola ou do Estado. Algumas crianças, especialmente aquelas oriundas de comunidades religiosas e de imigrantes, frequentam a escola no sábado ou à noite, às vezes em outros idiomas além do inglês. Muitas crianças mais velhas têm empregos de meio período, seja para ganhar uma renda extra para si mesmas, seja para ajudar suas famílias, e algumas auxiliam seus pais em empresas familiares até tarde da noite, limpando o escritório e entregando o jornal de manhã cedo. Para os alunos que estão aprendendo inglês, essas atividades são oportunidades especialmente importantes de aprender o idioma, seja para desenvolver seu inglês, seja para manter a língua materna, no caso de alunos ingleses nativos, pois eles também aprendem mais sobre a língua.

Claramente, a escola não se torna o único lugar em que os alunos "fazem" o letramento. De fato, muitos estudos documentam como as crianças que têm dificuldade *dentro* da escola podem simultaneamente ter sucesso usando o letramento *fora* da escola em diversos contextos. Por exemplo, pesquisas mostram que os estudantes que estão passando por dificuldades na escola gastam horas aprendendo e obtendo sucesso em jogos de computador que exigem interação com informações complicadas e ricas em texto, e pelo menos um caso foi documentado de um aluno com diagnóstico de déficit de atenção que passou uma noite inteira aprendendo como decifrar um código de computador para trapacear em um jogo (GEE, 2003a). Os pesquisadores descreveram como crianças de 9 a 11 anos em um centro comunitário de um bairro afro--americano usaram uma multa como um evento de letramento por meio da "[...] solução de problemas, análise da multa e busca de estratégias para lidar com isso [...]" e, assim, "[...] recorrer a várias estratégias de letramento e discurso de modo a encontrar uma maneira de expor sua influência – experimentando cenários, estudando o artefato para informações e diretrizes, enumerando e questionando opções [...]" (KNOBEL, 1999 *apud* HULL; SCHULTZ, 2001, p. 593-594). Heath, Soep e Roach (1998) descreveram como os alunos de um programa de artes com base na comunidade "[...] se envolvem ... na aprendizagem, tanto na sua como na dos outros, por meio de projetos altamente participativos que englobam a escuta, a escrita e a leitura, bem como habilidades e estratégias matemáticas, científicas e sociais [...]" (HULL; SCHULTZ, 2001, p. 595).

Estar ciente das diversas práticas de letramento em que os alunos participam fora da escola pode ajudar os professores (1) a imaginar maneiras alternativas para os alunos terem acesso ao conteúdo e demonstrar conhecimento do conteúdo e (2) criar as condições sob as quais os alunos são capazes de desenvolver habilidades de letramento que estão utilizando em outros lugares de modo a aprender e usar a linguagem dominante da escola.

ACRESCENTANDO A LINGUAGEM VALORIZADA NA ESCOLA

Na escola, os alunos que não cresceram usando linguagem e letramento valorizados pelas escolas deparam-se com dois desafios: (1) acessar conteúdo e demonstrar o que aprenderam desse conteúdo e (2) acrescentar a linguagem e o letramento valorizados pela escola ao seu repertório. Para criar um contexto no qual a linguagem que os alunos trazem para a escola possa ser melhorada, os professores devem entender o suficiente sobre a própria linguagem em si de modo a reconhecer as maneiras como seus alunos já são extraordinariamente saudáveis. Eles também devem ter uma maior consciência dos tipos de demandas de linguagem que são trazidos aos alunos pelo processo de ensino e aprendizagem para que possam ajudar a criar as condições sob as quais esses alunos terão acesso ao conteúdo essencial do ensino e às oportunidades para desenvolver a linguagem usada na escola para falar e escrever sobre esse conteúdo.

Nesta seção, oferecemos um breve panorama dos tipos de demandas de linguagem que as escolas apresentam aos alunos e concluímos com algumas sugestões de maneiras como os alunos podem ser ajudados a desenvolver o que chamaremos de inglês escolar. Na maioria das salas de aula, por exemplo, os alunos precisam:

- Compreender as explicações e apresentações das regras, rotinas e procedimentos da sala de aula e da escola
- Compreender explicações e apresentações de informações sobre o assunto
- Responder a perguntas sobre explicações e apresentações
- Fazer perguntas sobre explicações e apresentações
- Compreender e participar de discussões em sala de aula
- Trabalhar em grupos pequenos
- Compreender textos e materiais
- Completar trabalhos escritos com base em explicações e materiais em forma de texto
- Completar projetos
- Demonstrar aprendizagem por meio de apresentações orais
- Demonstrar aprendizagem por meio de testes escritos

Embora existam muitas diferenças em relação ao nível de escolaridade e aos conteúdos das disciplinas nas maneiras como os alunos devem participar do que chamamos de "discussões de turma", os tipos de linguagem que eles precisam desenvolver para participar dessas discussões são descritos na **Tabela. 4.2.**

Tabela 4.2

Exigências de linguagem produzidas em discussões de turma

Tipo de interação	Demandas de linguagem
Grande grupo, discussão mediada pelo professor: • Alunos se revezam ao falar (turnos breves) • Alunos se revezam ao falar (turnos longos)	Os alunos devem: • Seguir os tópicos em discussão • Fazer autosseleção (pedir a vez para falar) • Exibir informações • Expressar opiniões • Concordar ou discordar de outros

Assim que um professor identifica o que os alunos devem fazer com a linguagem, ele pode analisar as maneiras como eles podem ser mais bem auxiliados no desenvolvimento da linguagem apropriada. As regras sobre decidir se vai falar ou se vai pedir a vez, por exemplo, são muito limitadas na maioria das salas de aula. Alguns educadores permitem que os alunos se deem a vez, enquanto outros exigem que os alunos levantem as mãos e recebam permissão antes de poderem ter a vez. Concedida a permissão, os alunos devem (1) chegar ao ponto e oferecer sua contribuição e (2) usar um registro e um estilo considerados apropriados ou corretos no contexto escolar. Em muitas salas de aula, os professores gastam muito tempo ensinando os alunos a se dar a vez e lembrando-os de fazê-lo em diferentes momentos. Da mesma forma, é possível para os educadores dar exemplos de maneiras de expressar opiniões ou discordar de outras, típicas de discussões acadêmicas ou intelectuais (p. ex., "Não tenho certeza se concordo com Charles. Eu diria que há outra perspectiva"). Esperar que os alunos aprendam e exibam as regras sociolinguísticas para participar de tais discussões aumenta seu desenvolvimento da linguagem escolar em geral (ver "Na sala de aula: dando exemplos de linguagem de discussões acadêmicas"). No entanto, tal prática pode não ter como resultado a eliminação de todo e qualquer vestígio das próprias variedades vernaculares ou de aprendiz da língua inglesa. Um falante nativo de inglês poderia muito bem dizer "Eu diria que ele fez isso de propósito" ("I would ar-

gue that he done did that on purpose"), e um aluno de inglês como segunda língua ainda poderia dizer: "Eu diria que ela me explicasse a lição" ("I would argue that she explain me the lesson"). Dependendo do tempo de que o professor dispõe para focar na forma, ele pode querer abordar esses detalhes. No entanto, alguns estudiosos reforçam que, havendo uma participação sustentada aceitável em tais discussões, nas quais existem outros alunos presentes que usam formas padronizadas, tanto os falantes de variedades vernaculares quanto os aprendizes da língua inglesa irão lentamente adquirir e começar a usar essas formas também. Esses estudiosos (BROWN, 1997a; BROWN; CAMPIONE, 1994, 1996; BROWN; PALINCSAR; ARMBRUSTER, 1994; RUTHERFORD, 1995) também sugerem que se pode ensinar a esses alunos que cientistas, matemáticos e historiadores falam de maneiras específicas sobre seus assuntos. Os estudantes afro-americanos do centro da cidade que trabalharam com Brown, por exemplo, apresentaram de forma empolgada os resultados de suas investigações científicas usando aproximações aceitáveis de apresentações das quais eles próprios haviam participado.

Na sala de aula: dando exemplos de linguagem de discussões acadêmicas

A senhora Jones leciona no 5º ano em uma escola primária que atende a diversidade em Nova York. Em sua sala de aula estão principalmente estudantes afro-americanos, que, como falantes do AAVE, usam características de linguagem que diferem daquelas empregadas por muitos estudantes brancos. Jones entende que crianças de diferentes origens usam diferentes tipos de linguagem para diferentes tipos de propósitos. Seu objetivo não é fazer seus alunos pararem de falar AAVE, mas ajudá-los a desenvolver outras formas de linguagem. Uma das metas da senhora Jones é que seus alunos se envolvam em discussões científicas em uma variedade de cenários: com parceiros em aulas de laboratório, em pequenos grupos de discussão e em discussões com a turma inteira. A senhora Jones percebe que, para muitos alunos do 5º ano, independentemente da variedade de inglês que eles falam, a linguagem esperada em ambientes científicos muitas vezes emprega um vocabulário e uma organização de frases diferentes, com os quais os alunos podem não estar familiarizados. Para expandir o repertório de linguagem acadêmica de seus alunos e promover os tipos de discussões com os quais Jones acredita que os cientistas "reais" se envolvem, ela mesma usa essa linguagem e incentiva os alunos a usá-la também. Para ajudar os alunos a fazê-lo, ela coloca cartazes ao redor da sala, cada um com frases que podem ser usadas para fins específicos. A senhora Jones discute com os alunos as maneiras como a linguagem especializada é usada em uma variedade de ambientes com os quais os alunos podem estar familiarizados, entre eles política, religião, publicidade e esportes. Os alunos são encorajados a usar a linguagem das frases científicas e adicionar novas quando elas são encontradas em discussões em aula ou em leituras. A seguir, são apresentados alguns exemplos dos cartazes confeccionados pela senhora Jones.

Expressando uma opinião

Minha hipótese é a seguinte _____ .
Suponho que na minha opinião _____ .
Parece-me que _____ .

Relatando resultados de um experimento

Ficamos surpresos ao descobrir que _____
_____ .

Previsivelmente, observamos que _____
_____ .

Nossos resultados indicam que _____
_____ .

Solicitando elaboração e esclarecimento

Você poderia falar mais sobre isso?

Em outras palavras, você acha que _____
_____ .

Você poderia me dar um exemplo disso?

Discordando

Realmente não concordo porque _____
_____ .

Vejo isso de outra maneira.

Minha compreensão dos resultados é diferente.

Relatando o que um parceiro ou membro do grupo compartilhou

_____ me explicou que _____ .

_____ salientou que _____ .

_____ enfatizou que _____ .

Fonte: Adaptado de Kinsella e Feldman (2003).

Letramento nas disciplinas

Conforme os alunos progridem em suas carreiras escolares, as necessidades de usar a linguagem na comunicação oral e escrita, bem como de compreendê-la, particularmente em textos escritos, tornam-se mais especializadas. Na educação básica, essas questões se concentram no currículo da escola de ensino médio. Embora muitos pressuponham que a preparação adequada em leitura e escrita nas séries dos anos fundamentais irá estabelecer as bases para o sucesso futuro, as tendências de avaliação na leitura da National Assessment of Edu-

Tabela 4.3

Porcentagem de jovens de 17 anos que atingem o padrão

	Afro-americanos	Latinos	Brancos
Entendem informações complicadas	17	24	46
Aprendem a partir de material especializado	1	2	8

Fonte: United States Department of Education Office for Civil Rights (1999) e Education Trust (2003).

cational Progress (NAEP)* indicam o contrário. Nas tarefas de leitura mais difíceis, aquelas que exigem a compreensão de textos complexos, a maioria dos alunos de 17 anos de idade se sai muito mal, como ilustrado na **Tabela 4.3**.

Os registros da linguagem das disciplinas acadêmicas e os tipos de eventos de fala típicos do trabalho escolar dessas disciplinas são com frequência distintos e distantes das experiências cotidianas dos estudantes, independentemente de classe social ou etnia. Eles representam desafios distintos para falantes nativos de inglês ao longo dos limites da língua definidos por etnia, classe social e região. Esses desafios podem ser ainda maiores para os estudantes de inglês, pois são certamente agravados por preparação insatisfatória em leitura, redação e compreensão formal da gramática da língua.

Com a expressão "gramática da língua", não nos referimos à compreensão de questões como concordância verbo-nominal de maneiras definidas pela prescrição do inglês acadêmico. Essas prescrições categorizam o uso do verbo "to be" ("ser") habitual, por exemplo, por falantes de inglês afro-americano (como em "he be there all the time" ["ele está lá o tempo todo"]), como inglês incorreto. Em vez disso, entendemos que as sentenças em inglês, independentemente da variedade do inglês, envolvem palavras únicas ou grupos de palavras que

nos dizem de quem ou do que estamos falando (o assunto); a ação, passiva ou ativa, realizada pelo sujeito (o predicado); a palavra ou palavras que respondem à pergunta "o que?" depois do predicado ["John joga o quê?"] (o objeto direto); e a palavra ou palavras que respondem à pergunta "a quem?" ou "a quê?" [John joga a bola *a Mary*]. Outras palavras individuais ou grupos de palavras podem ser colocados em torno de qualquer uma dessas partes centrais (sujeito, predicado, objeto, objeto indireto) para responder a questões como: que tipo, qual ou quantos (adjetivos); ou até que ponto, como (advérbios) ou onde (preposições). E, por fim, as relações entre agrupamentos sujeito-predicado ou agrupamentos sujeito-objeto-predicado podem ser expressas por meio de palavras que definem a natureza do relacionamento (porque, embora, se, depois, antes – conjunções) [Cheguei à festa atrasada *porque* a babá não tinha chegado].

Por exemplo:

(sujeito) Lincoln (predicado) assinou (objeto direto) a Proclamação de Emancipação.

(sujeito) John (predicado) deu (objeto direto) a bola (objeto indireto) a Maria.

Isso certamente soa como uma aula de gramática potencialmente chata e irrelevante. No entanto, a capacidade de ler textos complexos muitas vezes requer que o leitor consiga utilizar esse conhecimento para dar sentido à leitura. Nas aulas de história, os alunos devem ser capazes de ler documentos como a *Declaração da Independência*, ou documentos ori-

---

* N.de R.T.: Avaliação padronizada, de larga escala, que busca medir a qualidade, a equidade e a eficiência da educação norte-americana. É aplicada no 4º, no 8º e no 12º anos (alunos de 10, 14 e 18 anos, respectivamente) e inclui as áreas de leitura, escrita, matemática e ciências.

ginais que capturem os debates políticos entre as primeiras colônias dos Estados Unidos sobre como o poder seria distribuído entre os estados na recém-estabelecida nação (como *O federalista*), ou narrativas em primeira pessoa de africanos escravizados que eram importantes para a comunicação do movimento abolicionista (como *A autobiografia de Frederick Douglass*). Todo o parágrafo inicial da *Declaração de Independência* é uma frase. Há pouca pesquisa para sugerir que os alunos, mesmo nas melhores escolas de ensino médio, aprendem a ler esses textos ou que alunos de famílias brancas mais afluentes aprendem a lidar com esses textos mediante conversas de jantar, leitura conjunta de livros de histórias ou visitas a museus.

Se o leitor for capaz de compreender tais textos sozinho, com base em uma rica compreensão do conteúdo no qual o texto é baseado e uma longa história pessoal de leitura de tais documentos, ele não precisará elaborar a partir dos tipos de conhecimento técnico da gramática que descrevemos. Os significados irão fluir razoavelmente. No entanto, se o leitor não tem um conhecimento extensivo declarativo ou proposicional sobre o tópico, ou se não tem muito histórico de leitura de tais textos, então definitivamente precisa de tal conhecimento metalinguístico como uma das ferramentas em seu *kit* de compreensão de leitura. Infelizmente, esse é o caso de muitos estudantes que entram no ensino médio, especialmente em escolas urbanas e rurais de comunidades de baixa renda. Esse problema torna-se exacerbado quando os professores presumem, talvez por causa de baixos escores de compreensão de leitura em avaliações padronizadas de habilidades básicas, que alguns alunos não têm a capacidade de lidar com tais textos. Esses pressupostos estão frequentemente enraizados em vários equívocos: (1) a crença de que alunos que falam uma língua nacional ou uma variedade de línguas que não o inglês acadêmico não têm os recursos linguísticos para dar início a tais esforços intelectuais; (2) a crença de que os alunos que ingressam no ensino médio como leitores com dificuldade só conseguem lidar com textos de linguagem muito simples (em termos de estrutura de vocabulário e sentença); (3) a crença de que os tipos de conhecimento metalinguístico que descrevemos só podem ser entendidos intuitivamente; e (4) a crença de que o conhecimento da gramática inglesa é, na melhor das hipóteses, útil apenas para melhorar a composição escrita.

Vamos ilustrar como um leitor pode usar um conhecimento formal de gramática da língua inglesa para entender um texto complexo de ciências, que representa o tipo de documento mais fundamental que os estudantes do ensino médio devem ser capazes de compreender e que devem ter muitas oportunidades de ler e examinar.

A seleção a seguir foi retirada de *A origem das espécies*, de Charles Darwin. É possível argumentar que esse texto, e outros semelhantes, traz um conhecimento sobre o qual a participação no debate cívico contemporâneo em tal sociedade democrática poderia se basear. Os padrões da American Association for the Advancement of Science (AAAS) na ciência recomendam que os alunos do ensino médio consigam ler e entender tais documentos de origem fundamental em ciências. Essa única sentença do texto é usada para demonstrar o quão complexas e especializadas são as demandas linguísticas para dar sentido a essa sentença, sem falar em uma parte significativa do texto ou do texto como um todo:

> Nós temos boas razões para acreditar, como mostrado no primeiro capítulo, *que* mudanças nas condições de vida trazem uma tendência ao aumento da variabilidade; e, *nos casos precedentes*, as condições mudaram, e *isso* seria manifestamente favorável à seleção natural, proporcionando uma melhor chance de ocorrência de variações vantajosas [...] (DARWIN, 1999, p. 55, grifo nosso).

Nessa única sentença, o conhecimento da estrutura da sentença e da semântica é necessário para entender que

- a palavra *que* indica que o que segue é o mesmo que "acreditamos";

- o substantivo plural *condições* remonta à referência anterior às "condições de vida".

O sujeito é "nós". O predicado é "temos boas razões para acreditar". A palavra *que* sinaliza um objeto expresso como uma oração, que diz ao leitor no que é que temos boas razões para acreditar. O argumento que está sendo feito oferece uma proposição ("Nós temos boas razões para acreditar [...] que mudanças nas condições da vida trazem uma tendência ao aumento da variabilidade"). O argumento é complexo porque é linguisticamente truncado. Seus detalhes não são explicitamente declarados na sentença, mas pressupõem conhecimento prévio extenso. O argumento aplica a proposição a um conjunto de casos ("nos casos precedentes, as condições mudaram"). Em seguida, ele articula uma segunda proposição, que é uma consequência da primeira proposição, ou seja, as mudanças nas condições de vida "seriam manifestamente favoráveis à seleção natural". Em seguida, ele passa a oferecer uma garantia tanto para a primeira como para a segunda proposição – que as mudanças nas condições de vida são favoráveis à seleção natural, "propiciando uma melhor chance de ocorrência de variações vantajosas". Além disso, ao ser capaz de deduzir as duas proposições, o exemplar e o garantidor das alegações têm significado apenas se o leitor também entender os significados especializados dos termos *condições de vida, variabilidade* e *seleção natural* no tópico da evolução no domínio da biologia.

Além das questões de estrutura de sentença exigidas para compreender textos complexos das disciplinas, os alunos também enfrentam problemas de vocabulário. Nas ciências, literatura, história e matemática, as palavras assumem significados especializados bastante diferentes da linguagem informal cotidiana. A maioria dos alunos terá dificuldade de entender o que está envolvido nesses termos de vocabulário especializado se não tiverem experiências extensas, autênticas e ricas em linguagem, comparáveis, em muitos aspectos, aos tipos de experiências de que as crianças necessitam para aprender sua língua nativa. Isso inclui uma quantidade prolongada de tempo, oportunidades para se apropriar dos significados de experiências que são familiares e oportunidades para brincar com a linguagem de maneiras que provavelmente demonstrarão os mesmos tipos de "erros" que crianças pequenas cometem ao deduzir as regras de sua primeira língua. Em ciências e matemática, é possível que os alunos que falam uma língua de origem latina, como espanhol, português ou francês, tenham maior acesso a termos nas ciências e na matemática com raízes latinas. No entanto, os educadores precisariam ajudar os alunos a explicitar tais conexões.

Os problemas que identificamos até agora tendem a ocorrer dentro de textos. No entanto, para entender as afirmações gerais ou alegações em potencial feitas em um texto, o leitor também precisa compreender a estrutura da argumentação em cada uma dessas matérias. Os alunos precisam entender como essas estruturas de argumentação são adotadas, como são usadas e qual a sua finalidade no texto lido. Também devem aprender a comunicar, oralmente e por escrito, o que eles entendem e quais as posições que assumem nesses argumentos. Argumentos que os alunos criam devem refletir as normas das matérias. Essas normas das matérias para argumentação podem não ser singulares. Por exemplo, no estudo da literatura, várias teorias da crítica literária valorizam diferentes fontes para justificar alegações sobre o que um leitor pensa que um texto está tentando comunicar. Entretanto, o raciocínio dentro de uma matéria não é sinônimo do tipo de argumentação cotidiana com o qual a maioria de nós se envolve na mesa do jantar.

Os problemas de letramento disciplinar no ensino médio são reais e representam grandes dificuldades para muitos alunos. No entanto, há o desafio adicional de os professores entenderem como ensinar os alunos a compreender e superar esses problemas. Em muitos aspectos, o processo de aprender a entender as maneiras, às vezes obtusas, como a linguagem é usada em textos das disciplinas e as formas especializadas de raciocínio refletidas em diferentes matérias é muito parecido com a aprendizagem de uma segunda língua. Alguns argumentam que a aprendizagem do discurso acadêmico envolve questões de identidade e requer muitas oportunidades com suporte à prática de maneira autêntica. Isso sugere a necessidade de uma abordagem pedagógica relativamente consistente em todo o currículo do ensino médio, que permita aos alunos experimentar esses novos papéis, receber *feedback* e experienciar os tipos de falhas e adaptações da linguagem que todos os estudantes de uma segunda língua vivenciam. Não estamos argumentando que os estudantes do ensino médio atingirão o nível de *experts* nas formas de usar a linguagem das disciplinas que, por exemplo, os profissionais dessas disciplinas alcançam. No entanto, se os alunos do ensino médio tiverem acesso a textos como *O federalista*, o "Discurso da casa dividida" de Lincoln ou *A autobiografia de Frederick Douglass* para envolver-se em debates cívicos da história desse país; se lerem os trabalhos de Toni Morrison, William Faulkner e Sandra Cisneros para lidar com os dilemas da condição humana expressos por esses autores; se lerem Darwin e os evolucionistas que o seguiram para tomar as próprias posições em relação ao criacionismo ou evolução e as próprias perspectivas sobre como a ciência tem sido e pode ser usada para fins sociais, então as escolas devem preparar os alunos com as ferramentas necessárias e os tipos de argumentação que os cercam de modo a se engajarem nesses textos.

Assim como não se pode aprender a usar uma segunda língua na fala cotidiana em contextos reais simplesmente memorizando vocabulário e aprendendo pronúncias corretas e uma gramática descritiva (p. ex., quando usar "*vouz*" e quando usar "*tu*" em francês), os alunos não conseguem aprender as "segundas línguas" das disciplinas por meio da memorização mecânica de regras.

Espera-se que os professores atuantes e em preparação atendam aos padrões acadêmicos das matérias ensinando os alunos sobre os modos de raciocínio, as formas de usar a linguagem e a resolução de problemas que são característicos de cada matéria. No ensino médio, a disciplina é normalmente ministrada por especialistas que têm experiência com o conteúdo da disciplina, mas pouco treinamento formal nas demandas de leitura e escrita de suas disciplinas e ainda menos treinamento formal nas formas sistemáticas para adquirir essas habilidades de leitura e escrita que estão intimamente ligadas a questões de aquisição de linguagem e socialização da linguagem. Conforme mencionado nas seções anteriores deste capítulo, a literatura apresenta um forte argumento para as demandas de linguagem de leitores e escritores emergentes e novatos nos anos iniciais do ensino fundamental. No entanto, há ainda menos representação dessas questões para alunos mais velhos na literatura e muito pouco nas disciplinas necessárias àqueles que estão treinando para se tornarem especialistas no conteúdo dessas disciplinas para o nível médio (MOORE *et al.*, 1999; ALVERMANN; MOORE 1991).

No campo do ensino da segunda língua, os estudiosos frequentemente falam de "interlíngua" ou "variedades aproximadas" para abordar as características da fala dos aprendizes em diferentes pontos na aquisição dessa língua. Analisar a linguagem dos alunos nessa perspectiva se torna útil, pois existe uma expectativa subjacente de mudança ao longo do tempo. O aluno é visto como estando temporariamente em um estágio específico de desenvolvimento. Para muitos educadores, a mudança de visão das crianças como tendo um conjunto de déficits e problemas para jovens engajados no notável processo de desenvolvimento da linguagem irá envolver essa mesma perspectiva. Essa perspectiva de desenvolvimento da linguagem também levará os professores a perceber que os alunos precisam de oportunidades para ouvir e usar o máximo possível da variedade de linguagem valorizada pelas escolas. Os alunos precisam ser colocados em situações em que têm exposição máxima às conversas acadêmicas de nível mais alto que acontecem nas escolas, em vez de serem retirados delas enquanto seus "problemas" são "tratados".

O TRABALHO COM APRENDIZES DA LÍNGUA INGLESA

Ao trabalharem com aprendizes da língua inglesa (que, às vezes, também são referidos como alunos bilíngues, falantes não nativos de inglês, proficientes limitados em inglês [LEP], estudantes de ESL e estudantes de inglês para falantes de outras línguas [ESOL]), é essencial que os educadores saibam que um único rótulo geralmente se refere a alunos que são muito diferentes uns dos outros em termos de proficiência em inglês. Por exemplo, os estudantes de inglês podem ser alunos recém-chegados que têm muito pouco conhecimento do idioma. Esses alunos são descritos na Tabela 4.4 como bilíngues incipientes. O termo *aprendiz da língua inglesa* também pode ser usado para se referir a alunos intermediários de inglês que conseguem compreender um pouco do idioma, mas que são limitados em sua produção da língua. As características desses estudantes são descritas na Tabela 4.4 como bilíngues ascendentes. Por fim, o termo *aprendiz da língua inglesa* é, infelizmente, também usado para se referir a bilíngues funcionais fluentes que não são idênticos aos falantes nativos, mas que estão, basicamente, além do estágio de "aprendizagem". Esses indivíduos, descritos na Tabela 4.4 como bilíngues completamente funcionais, assim como estudantes monolíngues de língua inglesa, continuarão a crescer em seu desenvolvimento do inglês, mas já adquiriram altos níveis de proficiência no idioma.

Normalmente, os estudantes que são bilíngues incipientes não devem ser colocados em disciplinas *mainstream* (matemática, ciências, estudos sociais) nas quais os professores devem atender às suas necessidades, bem como às necessidades dos monolíngues ou dos bilíngues mais avançados. Dar a esses alunos acesso ao currículo requer treinamento especial. Ins-

truções especialmente concebidas, nas quais o conteúdo é combinado com a linguagem, por vezes referidas como "instrução acolhida" ou "instrução acadêmica especialmente concebida em inglês" (SDAIE), são geralmente recomendadas apenas para alunos que estão no nível intermediário de aprendizagem da língua. Quando confrontados com um ou dois bilíngues incipientes em suas salas de aula, os educadores devem insistir para que a escola forneça suporte adicional a esses alunos tanto no conteúdo quanto no idioma. Esse suporte pode incluir a língua nativa, centros para recém-chegados administrados por pessoal treinado e programas de imersão de duas vias ou outras opções (ver GENESEE, 1999, para uma descrição de uma variedade de opções). Práticas paliativas em que os professores pedem a outros alunos para traduzir materiais ou instruções para alunos recém-chegados raramente são eficazes em dar aos alunos acesso real ao conteúdo. Os alunos solicitados a traduzir podem não fazer um trabalho adequado de comunicar o que é essencial. Igualmente importante, os alunos solicitados a traduzir muitas vezes se distraem da própria aprendizagem.

Ao trabalharem com alunos dos anos finais do ensino fundamental, aqueles rotulados na Tabela 4.4 como bilíngues ascendentes, a tarefa mais importante para os docentes é determinar exatamente quanto material de sala de aula os alunos conseguem entender. Em vez de confiar em pontuações padronizadas de testes, eles devem realizar avaliações informais de seus alunos aprendizes da língua inglesa (ELL – *English language learner*) para ver se conseguem seguir uma explicação de aula, entender as instruções em uma planilha, ler tarefas no tempo alocado, e assim por diante. Uma vez que tenham essa informação, os professores podem refletir sobre os pontos fortes e fracos das lições para ELLs de vários níveis de proficiência no idioma e elaborar maneiras de fornecer maior acesso à lição sem comprometer o acesso ao conteúdo acadêmico e à linguagem. O maior obstáculo dos educadores envolve o planejamento de formas de avaliar o

Tabela 4.4

Características dos alunos conhecidos como estudantes da língua inglesa

Bilíngues incipientes	Bilíngues ascendentes	Bilíngues completamente funcionais
Compreendem muito pouco inglês falado.	Geralmente compreendem o inglês oral. Podem ter dificuldade para entender as explicações do professor sobre tópicos desconhecidos.	São como nativos em sua compreensão do inglês oral.
Compreendem muito pouco inglês escrito.	Podem ter dificuldade em compreender o inglês escrito em livros didáticos, bem como em outros materiais. Têm limitações no vocabulário acadêmico e técnico.	Alunos bem-preparados não têm problemas em compreender a maioria dos materiais escritos em inglês. Alunos em risco (assim como falantes de inglês monolíngues em risco) que têm dificuldade em leitura apresentam déficits de leitura, e não de linguagem.
Produzem muito pouco inglês oral.	Produzem inglês influenciados pela sua primeira língua. Às vezes, pode ser difícil de entender. Podem ter dificuldade em expressar opiniões, explicar declarações, desafiar outras pessoas.	Produzem inglês oral sem esforço. Conseguem realizar apresentações e trabalhar efetivamente em grupos. Conseguem desafiar, contradizer, explicar, e assim por diante. Traços da primeira língua podem ser detectados em seu sotaque ou escolha de palavras.
Produzem muito pouco inglês escrito.	A produção escrita pode conter muitos "erros" que dificultam o foco dos professores nas ideias dos alunos. A conclusão de tarefas e testes por escrito leva mais tempo.	Dependendo da experiência anterior dos alunos com a escrita, a produção escrita pode conter erros típicos de escritores básicos monolíngues. As disfluências que refletem a influência da primeira língua ainda podem estar presentes.

conhecimento do aluno de modo que os ELLs não sejam punidos por suas limitações na produção oral e escrita em inglês. Os docentes devem entender que os erros do aluno persistem por algum tempo. Como os alunos têm a oportunidade de interagir com mais falantes de inglês, bem como aprender inglês, esses erros irão desaparecer lentamente. Mais ensino na gramática inglesa não necessariamente ajuda esse processo de forma significativa. Em vez de se concentrarem nos erros, os professores devem enfatizar as formas de falar e escrever na sala de aula ou na disciplina e oferecer muitos exemplos de linguagem escrita e falada que os alunos possam imitar.

No caso de bilíngues funcionais fluentes, os educadores precisam ser especialmente cuidadosos. Eles podem fazer algumas suposições sobre esses alunos sem ter tempo para descobrir a respeito de sua escolaridade e preparação anteriores. Se esses alunos tiverem problemas acadêmicos, é importante que os docentes não pressuponham automaticamente que tais problemas se devem à aquisição incompleta do inglês. Como é o caso de outros alunos despreparados que são falantes nativos de inglês, quando os bilíngues funcionais fluentes têm dificuldade para ler, eles precisam de correção na leitura. Se tais estudantes são escritores básicos e não receberam ensino na organização de textos ou na revisão da própria escrita, eles precisam de instrução nessas áreas. Além disso, mesmo bilíngues funcionais bem-preparados e fluentes exibirão características não nativas em seu inglês escrito e falado. Isso não significa que eles devam ser enviados de volta à categoria ESL ou às salas de aula especiais. É de responsabilidade dos educadores em sala de aula ajudar qualquer aluno a se tornar um leitor e escritor mais aprimorado, especialmente no que se refere à matéria a ser ensinada (ver "Na sala de aula: suporte ao desenvolvimento da escrita dos alunos").

O conselho mais importante que pode ser dado aos professores que têm estudantes de língua inglesa em suas salas de aula é que, com algum esforço e atenção, é perfeitamente possível incorporar ELLs no nível intermediário e em classes de *mainstream*. O que precisa ser lembrado é que existem muitas diferenças de experiência e preparação entre os alunos de inglês. Os educadores devem fazer um esforço especial para reconhecer os pontos fortes e fracos desses alunos. Os professores muitas vezes descobrem que, ao contribuírem para o desenvolvimento da linguagem dos ELLs (p. ex., fornecendo modelos de boas narrativas, explicando como escrever um relatório de laboratório, demonstrando uma boa apresentação de sala de aula, dando instruções sobre déficits de leitura de palavras), eles também incentivam o desenvolvimento da linguagem acadêmica dos estudantes monolíngues em suas salas de aula.

Na sala de aula: suporte ao desenvolvimento da escrita dos alunos

Martinez ensina estudos sociais a alunos do 7º ano de uma comunidade predominantemente latina em uma escola dos anos finais do ensino fundamental no centro da Califórnia. Alguns dos alunos latinos de Martinez, bem como o próprio Martinez, vêm de famílias que moram na Califórnia há várias gerações e falam apenas inglês. Alguns alunos nasceram nos Estados Unidos, depois que seus pais emigraram do México, e usam predominantemente o espanhol em casa. Outros alunos nasceram no México ou em El Salvador e viveram e frequentaram a escola nos Estados Unidos por vários anos. Por causa de suas diversas origens, os alunos de Martinez estão em níveis diferentes de proficiência em inglês, desde falantes monolíngues em inglês até alunos que ainda estão no processo de aquisição do idioma. No entanto, nessas aulas regulares, todos os alunos conseguem utilizar o inglês oral para se comunicar com seus colegas e participar de discussões.

Usar o inglês para escrever em estudos sociais, no entanto, é muito mais desafiador para os alunos de Martinez. Embora ele não seja professor de inglês, Martinez valoriza a capacidade dos alunos de escrever uma redação expositiva persuasiva e assume a responsabilidade pelo desenvolvimento de seus alunos como escritores de estudos sociais. Assim como Martinez entende que escrever é uma habilidade que não é necessariamente aprendida com a linguagem oral, ele compreende que nem todos os erros de escrita de seus alunos são uma característica da aquisição de uma segunda língua. Muitos problemas encontrados tanto por seus alunos monolíngues como por alunos de segunda língua são os mesmos enfrentados por todos os escritores inexperientes de textos expositivos, como a dificuldade em manter tempos verbais consistentes ao longo de uma redação ou o uso de referências pronominais vagas. Ele reconhece outros erros como possíveis características da aquisição da segunda língua, como a dificuldade dos alunos em usar os artigos corretamente ou o emprego incorreto consistente de formas verbais específicas. Martinez também percebe que, embora seja importante abordar os erros gerais de redação e os específicos do desenvolvimento da segunda língua, nenhum tipo de erro diminui a capacidade de seus alunos de escrever redações eficazes de estudos sociais.

O que realmente diminui a capacidade de seus alunos de escrever redações eficazes de estudos sociais é a falta de contato com os tipos de redações expositivas cada vez mais esperados dos alunos do final do ensino fundamental, como os que exigem que os alunos comparem e contrariem os fenômenos sociais, construam argumentos persuasivos sobre crenças políticas ou expliquem eventos históricos. Martinez percebe que, a menos que consigam ler e analisar modelos dos tipos de textos que devem escrever, seus alunos não serão capazes de escrevê-los. Portanto, no início de qualquer tarefa que exija um novo tipo de escrita de estudos sociais (comparação e contraste, persuasivo, explicativo, e assim por diante), Martinez mostra aos alunos um exemplo de redação do tipo que eles irão escrever. Ele provoca comentários dos alunos sobre o que eles notam a respeito da organização do texto e destaca aspectos importantes, como parágrafos introdutórios, sentenças de tópicos e a organização dos argumentos de apoio. Martinez distribui uma rubrica que os alunos usarão para guiar a própria escrita, e os alunos avaliam a redação-modelo com base nessa rubrica. Em seguida, Martinez lidera a turma escrevendo um pequeno parágrafo juntos. Os alunos fazem sugestões, e Martinez escreve no retroprojetor enquanto a turma discute as sugestões, edita-as e cria em conjunto um parágrafo de exemplo. Com essa exposição a um modelo, uma rubrica e a prática com a turma, os alunos ficam livres para começar a construir suas redações individuais.

A linguagem como um ato de identidade

Os professores também devem lembrar que a língua é um ato de identidade, ou seja, mesmo com seus esforços de boa-fé e um ambiente de apoio para desenvolver variedades adicionais de linguagem, os alunos não conseguem incorporar automaticamente novas variedades de linguagem em seus repertórios linguísticos. Um grande número de fatores influencia a forma como os alunos escolhem usar ou não a variedade de linguagem valorizada nas escolas a qualquer momento. Especialmente em idades precoces, a maioria dos alunos deseja agradar seus professores e ser vista como bons alunos, mas os alunos também podem resistir às normas da linguagem escolar ou decidir que preferem manter a solidariedade com amigos que não usam a linguagem da maneira que as escolas exigem. Os alunos usam a linguagem de maneira sofisticada, tanto para trabalhar dentro das normas da linguagem escolar quanto para resistir a elas, às vezes fazendo as duas coisas simultaneamente. Na verdade, às vezes os alunos usam a linguagem da escola para resistir às próprias normas que ela representa, como quando um membro da turma zomba do discurso disciplinar do diretor ou quando os falantes do AAVE usam o "inglês-padrão" para "tirar sarro" de certos professores. E, como vimos anteriormente, o desenvolvimento da linguagem dos alunos continua a ser influenciado ao longo de seus anos escolares, por experiências tanto em casa como em outros lugares fora da escola.

Esta seção argumentou que adicionar a linguagem da escola a outras formas de linguagem que os estudantes usam envolve muito mais do que aprender determinado vocabulário ou dominar as estruturas gramaticais do inglês. Isso não significa, obviamente, que os docentes estejam em desvantagem por entenderem os aspectos mais formais da linguagem. Especialmente porque a linguagem acadêmica precisa ser adquirida por quase todos por meio da leitura, pode ser muito útil ajudar os alunos com estratégias para compreender os textos que estão lendo, inferir significados para palavras usadas em tais textos e refletir sobre as formas gramaticais encontradas neles (FILLMORE; SNOW, 2002; SNOW; GRIFFIN; BURNS, 2005). Além disso, entender um pouco de gramática e discurso pode ser de grande valia para analisar e melhorar a escrita dos alunos.

Melhorando o desenvolvimento da linguagem dos alunos: um resumo das grandes ideias

Todos os professores, não importa as matérias que ensinam, estão engajados no processo de melhorar o desenvolvimento contínuo da linguagem de seus alunos. Neste capítulo, apresentamos uma série de grandes ideias que são básicas para o entendimento dos professores sobre as diferenças na linguagem.

- Os falantes de inglês, assim como os falantes de todas as outras línguas do mundo, usam muitas variedades ou dialetos diferentes, dependendo de suas origens regionais e da classe social. Mesmo em salas de aula com apenas falantes de inglês monolíngues, os professores encontram alunos que falam de forma diferente, uns em relação aos outros e ao professor. Com um conhecimento básico de variação de linguagem regional e de classe, os educadores são capazes de entender que tais diferenças são um resultado natural do desenvolvimento da linguagem humana, e não um "problema" a ser corrigido.

- Os dialetos do inglês conhecidos como "inglês-padrão" também variam. Os falantes de inglês-padrão de diferentes partes do país (p. ex., Geórgia, Kansas, Boston, Nova York) e do mundo (p. ex., Irlanda, Austrália) utilizam uma linguagem-padrão que reflete sua origem regional, principalmente na pronúncia e no vocabulário, mas, em alguns casos, na estrutura gramatical também. Na sala de aula, o fato de o idioma de um aluno em particular ser diferente do idioma do professor ou de outros alunos não significa que ele esteja falando inglês "abaixo do padrão" ou "fora do padrão". Os educadores que compreendem que há variação entre as formas de inglês-padrão apresentam menor probabilidade de alienar seus alunos, tentando alterar seus próprios dialetos-padrão.

- As crianças chegam à escola como falantes competentes das variedades faladas em suas casas e comunidades. Na sala de aula, não existe um aluno que não esteja desenvolvido na própria língua nativa (embora possa haver alunos que não desenvolveram o letramento em sua língua nativa). Os professores que entendem a natureza do desenvolvimento da linguagem têm menos probabilidade de ver seus alunos como deficientes.

- Assim como os falantes de todas as outras línguas, os falantes de inglês usam muitos registros e estilos diferentes de inglês em suas vidas cotidianas. Esses estilos e registros compõem o seu repertório de fala, e os falantes utilizam esse repertório para realizar diferentes tipos de atividades comunicativas. Na sala de aula, isso significa que todos os alunos usam a linguagem de maneira diferente de acordo com o contexto. Professores que entendem a natureza da variação dos registros podem se concentrar em expandir o repertório dos alunos para incluir os estilos de várias convenções acadêmicas, como um trabalho escrito ou uma apresentação oral, sem esperar que os alunos abandonem estilos apropriados para outros contextos, como colaborar com um colega, buscar conselhos de um professor ou socializar com um amigo.

- Para a maioria das crianças, melhorar a sua linguagem na escola envolve ajudá-las a expandir seus repertórios linguísticos de modo a adquirir as formas de falar e escrever na escola para discutir ideias, entender textos e demonstrar sua aprendizagem. Na sala de aula, isso significa que os alunos que vêm de origens de língua e letramento diferentes daqueles dominantes nas escolas precisam de oportunidades para modelagem, prática e *feedback* no uso da linguagem para fins acadêmicos de maneira consistente com as expectativas escolares.

O preparo dos professores

Como argumentamos ao longo deste capítulo, sem uma compreensão das grandes ideias sobre a linguagem, os professores futuros e atuais podem tomar decisões que, inconscientemente, prejudicam muito as crianças e suas oportunidades de aprender. Professores que não entendem as diferenças dialetais enviam a mensagem para toda a turma de que crianças de certas origens não falam tão bem quanto as outras, ou, pior ainda, que elas não sabem pensar tão bem. Professores que não entendem as muitas variações de linguagem que todo falante é capaz de produzir podem criticar ou até mesmo punir os alunos por usarem linguagem ou variedades de linguagem que podem ser completamente apropriadas ao contexto em que estão sendo empregadas. Professores que não entendem que os alunos expandem seu repertório escolar ouvindo e usando a linguagem da escola podem segregar alguns deles da própria linguagem necessária para desenvolver esse repertório. Professores que não entendem as demandas de linguagem exclusivas das disciplinas que estão ensinando não são capazes de ajudar os alunos a aprender maneiras apropriadas de conversar ou escrever sobre o que estão aprendendo em uma disciplina em questão.

Se os docentes quiserem ver a língua como uma preocupação central de seu ensino, e não como um requisito "extra" para lidar com "aqueles alunos" fora do *mainstream*, então a educação linguística dos professores deve ser integrada ao longo de sua formação docente e suas experiências de desenvolvimento profissional. A linguagem deve tornar-se uma das vertentes básicas da preparação de professores, paralelamente aos cursos tradicionais de formação sobre desenvolvimento humano e ensino e aprendizagem. Além disso, uma compreensão da linguagem que permite que os professores atuem como comunicadores, educadores, avaliadores, seres humanos instruídos e agentes de socialização (FILLMORE; SNOW, 2002) deve ser cuidadosamente inserida em outras áreas de preparação de professores, incluindo domínios de conhecimento e habilidade que deem suporte direto ao en-

sino do conteúdo. De preferência, uma vertente linguística deveria integrar o programa necessário para todos os candidatos a professores. Tal vertente incluiria uma disciplina introdutória especialmente embasada em linguística, com foco nas questões e preocupações centrais ao ensino e à aprendizagem nas escolas e que seja elaborada de forma cuidadosa para apoiar a compreensão dos alunos sobre o desenvolvimento da linguagem oral e leitura e escrita. A vertente linguística também seria cuidadosamente entrelaçada nas disciplinas existentes no currículo, de diversas maneiras.

Nas seções a seguir, incluímos sugestões para uma disciplina assim, um exemplo de um projeto de sala de aula que teve sucesso em ajudar os alunos a refletir sobre a linguagem, uma lista de textos úteis e uma breve discussão das maneiras como as informações sobre linguagem podem ser úteis se entrelaçadas a disciplinas existentes no currículo.

A DISCIPLINA DE LINGUÍSTICA INTRODUTÓRIA

Uma disciplina introdutória para professores será preferencialmente ministrada dentro de escolas de formação de professores ou ensinada em um departamento de linguística, por indivíduos que entendam bem a prática da educação e que também entendam os principais problemas enfrentados pelos educadores nas escolas estadunidenses. Tal disciplina poderia começar com uma introdução contendo análise e discussão da linguagem, abordando questões como o que significa conhecer uma língua e como a linguagem é utilizada na vida cotidiana. Então, as unidades básicas da linguagem seriam introduzidas, incluindo o sistema de som (fonologia), a estrutura das palavras (morfologia) e a estrutura das orações (sintaxe). A segunda metade desse curso cobriria a aquisição da primeira e da segunda língua, a variação da linguagem e a relação entre linguagem e letramento.

Esses tópicos são muito semelhantes aos abordados em todas as introduções à linguística. A diferença é que, ao cobrir cada tópico, as aplicações dos problemas linguísticos que surgem com o ensino e a aprendizagem são feitas de forma direta. Ao ensinarem o sistema de som, por exemplo, os professores aplicam imediatamente o que aprenderam ao papel da consciência fonológica na leitura, bem como às diferenças regionais de pronúncia e "sotaque" entre os falantes não nativos do inglês. Da mesma forma, ao aprenderem sobre a sintaxe, eles aprendem a diferença entre as orações gramaticais (aquelas geradas pelas regras internas da gramática) e as noções de boa gramática escolar e consideram como as regras sintáticas são semelhantes e diferentes entre os idiomas. Ao estudarem a morfologia, eles consideram como a estrutura das palavras é importante no ensino.

Esses mesmos conceitos básicos são ressaltados no estudo da aquisição da primeira língua quando os futuros professores examinam o desenvolvimento da gramática em crianças sob diferentes estágios de aquisição. Eles também examinam o desenvolvimento da primeira língua em casa e na escola. Concentrando-se na variação de linguagem, eles são encorajados a entender por que as pessoas, inclusive, falam de maneira diferente em momentos diferentes com pessoas diferentes e refletem sobre os estilos de fala e escrita que caracterizam as comunidades discursivas das quais fazem parte. Eles consideram as implicações da variação da linguagem para o ensino. Ao estudarem a aquisição da segunda língua – o processo de se tornar bilíngue –, os futuros professores consideram os processos de aprendizagem da língua nas interações cotidianas e nas salas de aula e estudam os diferentes processos de aprender a falar, ler e escrever em uma segunda língua, examinando as implicações para o ensino da segunda língua a alunos. De preferência, um curso introdutório para professores abarcaria projetos de curso, como o incluído no Gathering Language Samples, que exige que os alunos examinem a língua cuidadosamente.

Exemplo de projeto da disciplina

O seguinte projeto de classe intitulado "Gathering Language Samples" (Recolhendo Amostras de Linguagem) foi implementado com sucesso em grupos de professores de inglês iniciantes que se inscreveram na disciplina 245B, ministrada na University of California, Berkeley, por Guadalupe Valdés em 1991.

Recolhendo amostras de linguagem

O objetivo de reunir amostras de linguagem é aumentar a conscientização de como a linguagem funciona. Para o seu projeto de aula, você pode escolher gravar (sempre com a permissão dos falantes) qualquer tipo de interação de linguagem que ocorra naturalmente em um ambiente específico. Preferencialmente, você deve se concentrar em um tipo de linguagem em particular. Por exemplo, ao realizar sua rotina de ensino, você pode se perguntar como soa enquanto ensina em comparação a como soa quando fala com seus amigos. Portanto, você gravaria a si mesmo ensinando e interagindo com amigos. Da mesma forma, você pode ficar intrigado com a variedade de inglês falada por alguns de seus alunos ou por seus colegas professores. Você pode pedir permissão para registrá-la sob uma série de condições que preservem a naturalidade de sua fala. Você é livre para gravar o que e quem quiser. O importante é que você se aproxime de algum aspecto da linguagem que despertou seu interesse. Exemplos de tipos de interações e linguagens que você pode gravar são:

1. Linguagem infantil

   Você tem um(a) filho(a) que agora está adquirindo a linguagem? Registre sua interação ou a interação de outra pessoa com a criança. Registre atividades diferentes e situações diferentes. Coloque um gravador perto da cama quando seu(sua) filho(a) estiver adormecendo.

2. Discurso do adolescente

Você está intrigado com as gírias usadas pelos adolescentes? O quão criativas elas são? Como são usadas para excluir ou incluir? Grave seus alunos. Converse comigo sobre como você pode fazer isso.

3. Variedades regionais

Você se interessou em como pessoas de diferentes lugares falam? Grave um falante de uma variedade que parece ser diferente da sua.

4. O inglês falado por falantes não nativos de inglês

Você já tomou conhecimento das características especiais do inglês dos falantes que estão aprendendo o idioma? Grave um falante que esteja no processo de aquisição da língua inglesa.

5. Jargão profissional

Você está ciente dos grupos especiais de pessoas que usam jargões? Grave entusiastas do *jazz*, fãs de beisebol, entre outros, falando sobre seus interesses distintos.

Os tipos de linguagem e interação que você pode gravar são quase ilimitados. Por exemplo, você pode gravar:

- Conversa entre amigos próximos (conversa telefônica, fofoca)
- Conversa na sala de aula
  1. Professor com aluno
  2. Professor com o grupo
  3. Aluno com aluno
- Conversa na escola
  1. Conversa com o diretor
  2. Professor com professor

Transcrição e análise

Para o seu projeto, selecione uma parte ou um segmento da sua amostra (aproxima-damente 15 minutos de interação gravada). Transcreva, isto é, digite um segmento da sua gravação gravada palavra por palavra. Você deve usar a ortografia regular do inglês-padrão para escrever o que você ouve na fita. Você pode desejar, no entanto, transcrever as nuanças de certos tipos de recursos (fala rápida, fala casual, sotaques sulistas e afins), modificando a ortografia regular dos itens em questão.

Por exemplo, você pode transcrever um discurso casual de adolescente da seguinte maneira:

1. Tom: Whatcha' doin' Tom? (O que você está fazendo, Tom?)

2. Pete: Nuttin' (nothing). (Nada)

3. Tom: Ya gonna? (Vai?)

4. Pete:　　　Wha? (Quê?)

5. Tom:　　　　Go to the game? (Vai ao jogo?)

Observe que, nesse exemplo, uma interrupção foi indicada no enunciado de Tom na linha 3, dividindo esse enunciado com o da linha 4, mas isso é bem elaborado. A regra que você deve seguir é decidir se determinado recurso é central para sua análise. Por exemplo, se você estiver interessado em interrupções, certamente desejará mostrar onde e quando elas ocorrem.

Examine sua amostra (especialmente o segmento transcrito) e use as informações discutidas em sala de aula, descreva o que está acontecendo, o que você ouve, por que, o que isso significa e quais implicações isso pode ter para o ensino e a aprendizagem.

Textos e recursos sugeridos

Ao ministrar um curso introdutório de linguística para professores, a escolha dos textos é especialmente importante e provavelmente incluiria tipos de textos como os seguintes:

Textos apropriados para um curso introdutório de linguística para professores

Uma introdução à linguística acessível aos iniciantes:

Linguistics for non-linguists: a primer with exercises (PARKER; RILEY, 1999)

Textos que descrevem a linguagem das crianças:

Children's language and learning (LINDFORS, 1987)
Language and learning: the home and school years (PIPER, 2002)
The language of children and adolescents: the acquisition of communicative competence (ROMAINE, 1984)
Ways with words: language, life and work in communities and classrooms (HEATH, 1983)

Textos que abordam questões educacionais sobre as diferenças e os dialetos da língua inglesa:

English with an accent (LIPPI-GREEN, 1997)
Out of the mouths of slaves (BAUGH, 1999)
Talking and testifying (SMITHERMAN, 1986)
Standard English: the widening debate (BEX; WATTS, 1999)
Dialects in schools and communities (WOLFRAM; ADGER; CHRISTIAN, 1999)
English for your success: a language development program for African American Children, Grades Pre-K–8: a handbook of successful strategies for educators (LOS ANGELES UNIFIED SCHOOL DISTRICT; LEMOINE, 1999)

Textos que abordam questões educacionais sobre aquisição de segunda língua e falantes de outros idiomas além do inglês:

How languages are learned (LIGHTBOWN; SPADA, 1999)

Second language acquisition (ELLIS, 1997)
Educating language-minority children (AUGUST; HAKUTA, 1998)
The power of culture: Teaching across language difference (BEYKONT, 2002)
Learning and not learning English: Latino students in American schools (VALDÉS, 2001)
Teaching by principles: an interactive approach to language pedagogy (BROWN, 2001)

Textos que abordam outros aspectos da linguagem importantes para os professores:

Language myths (BAUER; TRUDGILL, 1998)
Using language (CLARK, 1996)
Introducing language awareness (VAN LIER, 1995)
Linguistics for teachers (CLEARY; LINN, 1993)

Outros recursos:

American tongues [gravação de vídeo] (KOLKER; ALVAREZ; HOLLIDAY, 1986)
Language policy in schools: a resource for teachers and administrators (CORSON, 1999)

Interligando a consciência da linguagem em outras vertentes curriculares

Uma disciplina como a anteriormente esboçada fornece aos educadores uma base sólida que eles podem utilizar para dar suporte às competências gerais intelectuais e da matéria de todos os seus alunos. Esse conhecimento fundamental, no entanto, deve ser reforçado por uma exploração contínua da linguagem em outras disciplinas básicas, bem como em disciplinas com foco em áreas específicas. Por exemplo, em uma disciplina sobre desenvolvimento infantil, pode ser incluída uma unidade ou um módulo ou mesmo uma série de leituras sobre o papel da linguagem no crescimento cognitivo ou sobre o papel da linguagem no desenvolvimento de habilidades acadêmicas. Em uma disciplina sobre os fundamentos sociológicos da educação, pode-se incluir materiais que examinem o significado simbólico da linguagem (ver BOURDIEU; THOMPSON, 1991). Uma disciplina sobre teoria da aprendizagem pode observar de forma explícita que a maioria das teorias de aprendizagem existentes se baseia na investigação de indivíduos monolíngues e convida os alunos a considerar as implicações desse fato, considerando que a maioria da população mundial fala mais de um idioma. Por fim, uma disciplina de avaliação poderia incluir, entre outros tópicos, os problemas levantados pelo uso de testes padronizados com populações de língua não inglesa (VALDÉS; FIGUEROA, 1994), as dificuldades em torno da medição da linguagem (AUGUST; HAKUTA, 1997) e a importância de levar em conta a diferença de linguagem ao se desenvolver avaliações em sala de aula.

No caso de aulas com foco no currículo e no ensino em áreas específicas, a linguagem deve receber atenção clara. É importante que os alunos façam conexões entre o que aprenderam na disciplina introdutória sobre as comunidades do discurso e a comunidade do discurso específica da qual eles, como profissionais e como professores de assuntos específicos, fazem parte. Eles devem examinar como suas disciplinas em particular (matemática, ciências, estudos sociais) usam a linguagem e devem se tornar conscientes de que as formas de falar e escrever nessas disciplinas – além do vocabulário especializado usado na disciplina – exigem bastante dos alunos. Por exemplo, como Gee (2003b) aponta, há diferenças linguísticas óbvias que facilitam a escolha das duas afirmações a seguir mais apropriadas para uma classe científica: "As mariposas, com certeza, variam muito em relação ao seu crescimento" ou "O crescimento das mariposas exibe uma quantidade significativa de variação". Não é suficiente, no entanto, que os professores aprendam as diferenças linguísticas entre as duas afirmações. Eles também devem entender que qualquer uma das duas afirmações

parece científica, porque se aplica não apenas às ações dos falantes (p. ex., observando as mariposas), mas também porque atrai as atividades, as normas e os valores de uma comunidade de discurso particular, nesse caso a comunidade discursiva dos biólogos. Para que os estudantes consigam soar como biólogos, eles devem (1) entender como as funções comunicativas da biologia correspondem às práticas sociais da biologia e (2) se ver como parte de uma "comunidade de prática" biológica (LAVE; WENGER, 1991). Para os educadores, as discussões sobre as implicações do uso da língua em suas disciplinas em particular fazem mais sentido não como parte de uma "disciplina adicional" em uma agenda já superlotada, mas como integradas ao currículo e a práticas de ensino em sua área de especialização.

Os professores devem tornar-se conscientes desses usos particulares da linguagem e ser ensinados a levá-los ao nível de consciência de seus alunos. Ao se prepararem para ensinar matemática, por exemplo, devem se empenhar em examinar as demandas feitas pela matemática orientada para a reforma na proficiência da linguagem das crianças. Como Moschkovich (1999a) aponta, em tais salas de aula, não é mais suficiente que os alunos adquiram vocabulário técnico, leiam e compreendam seus livros didáticos e desenvolvam estratégias para entender os problemas. Agora, espera-se que os alunos "[...] participem de práticas de discurso matemático verbal e escrito, como explicar processos de solução, descrever conjecturas, provar conclusões e apresentar argumentos [...]" (MOSCHKOVICH, 1999a, p. 6). De forma evidente, para terem sucesso em tais salas de aula, *todas* as crianças devem receber apoio aos seus esforços para participar do discurso da matemática, e todos os professores devem estar preparados para sustentar o desenvolvimento da linguagem matemática *e* do desenvolvimento conceitual.

Os professores do ensino fundamental e médio, quer ensinem inglês, quer ensinem estudos sociais, matemática, ciências ou todas as matérias básicas escolares, devem estar preparados para criar comunidades de aprendizagem do tipo descrito por Brown (BROWN, 1997a, 1997b; BROWN; CAMPIONE, 1994, 1996; BROWN; PALINCSAR; ARMBRUSTER, 1994). Essas comunidades incluem estruturas de atividades que dão suporte a pesquisas, crianças que ensinam crianças e o compartilhamento de informações. Elas levam em conta a centralidade do discurso nas comunidades de prática e a importância da *expertise* distribuída na aquisição do conhecimento de conteúdo aprofundado. Para criarem essas comunidades, os professores precisam entender como as práticas de linguagem e discurso medeiam a aprendizagem em suas salas de aula e as maneiras como tais práticas podem incluir e excluir crianças em particular. De preferência, os futuros professores devem ter a oportunidade de observar e ajudar nas salas de aula que exemplifiquem essas estratégias, bem como de analisar salas de aula com uma variedade de práticas e resultados.

Além do estágio supervisionado, outra forma de desenvolver esse tipo de compreensão aplicada é exemplificada na University of Massachusetts, Amherst, onde a ênfase nas práxis no processo de aprendizagem para educadores envolve professores de *preservice* em várias colaborações com professores praticantes. Em uma variedade de disciplinas, os educadores realizam projetos para melhorar a aprendizagem de estudantes de línguas minoritárias. Por exemplo, em uma disciplina de teste e avaliação, um grupo de professores em formação e em serviço trabalhou para desenvolver formas culturalmente responsivas de preparar alunos com diversidade linguística para o teste padronizado estadual obrigatório. Outro grupo trabalhou com docentes e alunos em uma escola local para atender às necessidades acadêmicas e sociais de estudantes cambojanos que não estavam tendo sucesso no trabalho acadêmico. Na disciplina *Ensino de Turmas Heterogêneas*, os educadores trabalharam em equipes com profissionais de escolas locais para elaborar currículos para salas de aula linguisticamente diversas, entre as quais escolas que atendem alunos

falantes de hmong, russo e espanhol que tiveram dificuldades diversas de linguagem e letramento, resultando em diferentes problemas para o ensino (GEBHARD *et al.*, 2002).

Dentro dos programas de formação de professores, a atenção à linguagem não pode ser limitada a disciplinas de conteúdo e pedagogia destinadas a professores de literatura e linguística ou mesmo a disciplinas obrigatórias de leitura nas áreas de conteúdo desenvolvidas para professores do ensino médio. Para que os novos educadores se dediquem à linguagem de forma consistente ao longo de suas carreiras, eles precisam receber exemplos de uma consciência consistente da linguagem de seus instrutores. Os novos professores somente se tornarão conscientes das demandas de linguagem feitas por seu currículo em particular se forem guiados por membros da própria disciplina na análise dos tipos de linguagem receptiva e produtiva que normalmente são tomados como certos no ensino regular. Devem, portanto, ser convidados por seus instrutores a constantemente problematizar a linguagem e examinar os tipos de proficiência orais e escritos necessários para que seus alunos (1) acessem livros didáticos e outros materiais escritos; (2) compreendam as explicações do professor; (3) participem efetivamente das discussões em grupo; e (4) demonstrem o que eles (os alunos) aprenderam nas aulas, nas avaliações em sala de aula e nas avaliações formais. Como as exigências de idioma são exclusivas para cada disciplina e currículo, isso só pode ser feito no contexto do trabalho dos alunos em sua área de especialização. A preparação do ensino de matemática, inglês ou ciências também deve envolver a compreensão do que se considera como linguagem "certa" em determinadas aulas para fins particulares. Os professores-alunos só conseguem estar preparados para melhorar o que Lindfors (1987, p. 25) chamou de "[...] notável desenvolvimento continuado da linguagem das crianças [...]" se uma vertente de linguagem forte e bem-planejada for significativamente entrelaçada em cada aspecto de sua experiência educacional docente.

Metas e objetivos educacionais: o desenvolvimento de uma visão curricular para o ensino

5

Linda Darling-Hammond
James Banks
Karen Zumwalt
Louis Gomez
Miriam Gamoran Sherin
Jacqueline Griesdorn
Lou-Ellen Finn

Tendo crescido dentro de escolas, a maioria dos adultos compartilha a mesma experiência de enxergar o ensino pelos olhos de uma criança. Assim como a visão de um membro da plateia assistindo a um regente de orquestra (ver Cap. 1), a visão da criança em relação ao ensino pode produzir uma imagem altamente simplificada do que significa ensinar, focada nos aparatos superficiais das palestras, discussões e tarefas sem uma análise do conhecimento e do planejamento que embasam uma prática especializada. Para os leigos, é fácil acreditar que sabemos quase tudo que é importante sobre a escolarização: sabemos ensinar porque vimos professores ensinando por muitos anos. Entendemos as crianças porque já fomos crianças e temos filhos. Sabemos o conteúdo da educação básica porque cursamos as matérias obrigatórias na escola.

No entanto, quando os alunos entram na prática docente, eles descobrem rapidamente que os verdadeiros mistérios dessa prática eram ocultos para eles quando crianças. Eles nunca estiveram envolvidos no planejamento intensivo que é necessário para um dia de aula, quanto mais várias semanas e meses. Eles nunca tiveram que estabelecer relações com crianças e pais que não falavam a língua deles. Eles nunca tiveram que trabalhar com colegas que tinham perspectivas, opiniões e personalidades muito diferentes das deles.Os futuros professores logo descobrem que o fato de terem sido capazes de aprender matemática rapidamente, ou aprender a ler sem perceber, não significa que todas as outras crianças farão o mesmo. Por uma variedade de razões, o que eles aprenderam sobre o conteúdo escolar não é suficiente para orientar suas decisões curriculares como educadores, até porque o currículo escolar se transforma constantemente. Quando muitos de nós estávamos no ensino fundamental, a União Soviética ainda era um poder unificado, e naves espaciais ainda não haviam aterrissado em outros planetas. Além disso, a estrutura curricular – ou seja, como os principais conceitos e ideias se conectam e contribuem para uma sólida compreensão de uma disciplina – geralmente não é óbvia para os alunos quando eles estão estudando. Por fim, o "currículo oculto" da sala de aula (ANYON, 1980) – como os educadores criam condições que possibilitam ou não certos tipos de aprendizagem e a construção da identidade para os alunos – muitas vezes é invisível para alunos e professores iniciantes.

Neste capítulo, vamos abordar o que os professores precisam saber para desenvolver um panorama que oriente seu trabalho: como ter clareza e objetividade sobre o que e como eles ensinam de modo a organizar o currículo formal e como influenciar o currículo informal da sala de aula levando em consideração os objetivos sociais da escolarização nos Estados Unidos, as crianças e o conteúdo que eles ensinam. Definimos currículo como as experiências de aprendizagem e as metas que o professor elabora para suas aulas – tanto em termos de planejamento quanto de ensino – levando em consideração as características dos alunos e do contexto de ensino (BEAUCHAMP, 1982; MACDONALD; LEEPER, 1965). Essa concepção de currículo inclui o *currículo formal*, que descreve tópicos ou conceitos a serem ensinados; o *currículo implementado*, que envolve as atividades, materiais e tarefas que os professores selecionam e desenvolvem e as interações que ocorrem entre educadores e alunos; além do *currículo oculto*, que tacitamente implementa os objetivos subjacentes e as percepções que as escolas e os professores definem para os alunos individualmente e em grupo.

Pressupomos que, nos Estados Unidos, essas metas curriculares sejam, ou deveriam ser, moldadas pelas exigências de preparação para a cidadania em uma sociedade democrática. Dadas as evidências substanciais de que as escolas reforçam frequentemente *status* sociais desiguais e expectativas diferenciais por meio da alocação de recursos e oportunidades de aprendizagem (DARLING-HAMMOND, 2001b; GAMORAN; BERENDS, 1987; OAKES, 1990), esse objetivo implica que professores sejam agentes de mudança (FULLAN, 1993b). Se todos os estudantes forem preparados para um compromisso democrático com a igualdade, docentes de muitas escolas terão de criar novas condições para uma aprendizagem que forneça acesso mais igual a um currículo desafiador e mais engajamento na tomada de decisão. Além disso, muitas das "regularidades da escolarização" (SARASON, 1990), entre as quais a fragmentação das experiências de aprendizagem dos alunos e a escassez de oportunidades para a colaboração dos professores, minam as con-

dições necessárias para um ensino sólido. Isso apresenta desafios adicionais para a transformação que os educadores devem estar preparados para enfrentar. Tais condições sugerem atenção às questões curriculares dentro e fora da sala de aula, entre as quais decisões sobre as experiências de aprendizagem a que os alunos têm acesso na escola como um todo.

Por fim, pressupomos que, na sociedade contemporânea, as expectativas e o uso de novas tecnologias desempenhem um papel importante tanto como meta quanto como um suporte ao currículo. O conceito de tecnologias envolve tanto o conjunto de ferramentas computacionais-padrão – incluindo processadores de texto, programas gerenciadores de apresentação e planilhas – quanto ferramentas de rede comuns: *e-mail*, navegadores de internet, áudio e videoconferência e *chats*.

Vamos nos concentrar no que os professores iniciantes precisam saber sobre a natureza da tomada de decisão curricular e do processo de planejamento curricular e em como estes são incorporados e embasados em contextos e objetivos sociais na educação. Acreditamos que uma perspectiva social sobre questões curriculares é importante por pelo menos três razões. Primeira, os amplos objetivos sociais da educação pública, ou seja, a preparação de uma cidadania para a vida em uma sociedade democrática, devem ser considerados como base para a tomada de decisão sobre o que é ensinado e como é ensinado. Segunda, a aprendizagem de sucesso está intimamente ligada aos contextos sociais dos ambientes de aprendizagem, entre os quais a escola, a sala de aula e a comunidade. Os educadores precisam ser capazes de negociar habilmente esses contextos para o bem das crianças, cumprindo, assim, com as responsabilidades exigidas pela profissão. E terceira, embora o conteúdo de formação de professores potencialmente incluso na abrangência do contexto social e seus objetivos (história, sociologia, filosofia, cultura e política) seja vasto e possa ser estudado ao longo de toda a carreira do professor, existem algumas informações específicas que são necessárias ao conhecimento dos educadores durante seu primeiro ano em sala de aula. Por exemplo, um professor precisa saber que, de acordo com a lei, todas as crianças têm o direito de receber educação e que as crianças, independentemente de seus desafios, têm o direito de ser educadas em um ambiente menos restritivo, onde consigam receber serviços adequados. Os educadores precisam estar cientes dessas e de outras políticas para que possam defender pais, filhos e condições que permitam que seu trabalho seja bem-sucedido.

A seguir, fornecemos exemplos de uma prática docente atenta às atividades curriculares e aos objetivos sociais em escolas de ensino fundamental e médio. Discutimos como os professores podem desenvolver uma visão curricular e as habilidades necessárias para o planejamento e a investigação curriculares. (As maneiras como os educadores aplicam esse conhecimento ao ensino de conteúdo disciplinar específico são aprofundadas no Cap. 6.) Discutimos o papel da tecnologia nas salas de aula contemporâneas e futuras, tanto como uma meta curricular quanto como um recurso para o planejamento curricular e para o ensino. Por fim, descrevemos abordagens de formação de professores que são produtivas para desenvolver o conhecimento, as habilidades e as disposições que descrevemos anteriormente.

POR QUE OS PROFESSORES DEVEM SE PREOCUPAR COM OS OBJETIVOS SOCIAIS DA EDUCAÇÃO?

Lewis Carroll, em *Alice no País das Maravilhas*, observou: "Se você não sabe onde está indo, qualquer estrada vai te levar até lá". O professor que não tem metas claras e objetivos bem-definidos provavelmente terá dificuldades em tomar decisões sensatas e consistentes sobre o que ensinar, quando e como. No entanto, os objetivos dos educadores devem ser desenvolvidos com base em mais do que os próprios interesses individuais.

O conhecimento da história educacional dos Estados Unidos é importante para que os professores compreendam os objetivos sociais mais amplos da educação, além das próprias experiências pessoais e pontos de vista. Isso inclui debates sobre os objetivos da educação e perspectivas sobre as políticas atuais que moldam as metas contemporâneas. Ao longo de mais de dois séculos, esses debates incluem questões como: quais crianças terão acesso à educação e quais não terão? Quais alunos devem se preparar para a faculdade e quais devem ser preparados para profissões que não exijam formação acadêmica? Até que ponto o currículo deve ter como objetivo a transmissão de fatos ou enfatizar o desenvolvimento do pensamento crítico e habilidades de investigação que permitam aos alunos buscar conhecimento por si mesmos? Será que as salas de aula devem desenvolver habilidades de interação social e colaboração, além de conquistas individuais? Os alunos devem ser estimulados ou autorizados a aprender em alguma língua que não seja o inglês?

Essas questões são de natureza educacional e política e são decididas de várias maneiras, por meio de decisões políticas federais, estaduais e locais que governam as ofertas escolares, o conteúdo curricular e, nos Estados Unidos, as designações dos alunos para várias escolas e programas, entre outras coisas. Questões sobre quem decide o que os alunos devem aprender são fundamentais para o desenvolvimento do currículo, e os docentes devem compreender os contextos em que essas decisões são tomadas, bem como suas implicações. Os professores devem entender que o currículo não é estático, mas continuamente negociado, bem como que seu papel como profissionais é trazer uma compreensão de como as diferentes decisões afetam a aprendizagem do aluno, sua identidade e suas futuras oportunidades educacionais. Há também várias funções diferentes da educação que merecem consideração. Em seu livro *A place called school* (*Um lugar chamado escola*), Goodlad (1984) identificou quatro objetivos das escolas: acadêmico, profissionalizante, social e cívico e pessoal. A função acadêmica envolve o desenvolvimento de habilidades intelectuais e conhecimento; a função profissionalizante prepara o indivíduo para o trabalho; a função social prepara o indivíduo para ser cidadão; e a função pessoal enfatiza o desenvolvimento do indivíduo. Todos esses objetivos são fortemente endossados por membros da sociedade americana – em maior e menor extensão em diferentes comunidades e em momentos diferentes – e estão incorporados nas políticas e práticas que continuam a governar as escolas. Decisões sobre currículo, ensino e escolarização devem ser tomadas levando-se em consideração todos esses objetivos.

É esperado que os professores busquem objetivos gerais comuns para educação, incluindo, no contexto de hoje, novos padrões de aprendizagem e estruturas curriculares adotados pelo Estado, bem como ensino que responda à cultura dos alunos e às suas experiências anteriores, suporte à aprendizagem de idiomas e adaptações necessárias para alunos com necessidades especiais. Além disso, esse conhecimento pode ajudar os educadores a entender as variadas perspectivas dos pais e membros da comunidade. Alguns enfatizam a preparação de seus filhos para o desempenho dentro de um mercado de trabalho competitivo. Outros, em especial, querem que seus filhos sejam ensinados a ser bons cidadãos para fazerem diferença no mundo. Outros, ainda, desejam que seus filhos se desenvolvam como indivíduos. Até mesmo um professor em seu primeiro ano de docência deve entender essas perspectivas e reconhecer como sua filosofia e visão pessoais sobre os objetivos da educação e suas obrigações profissionais se encaixam em expectativas societárias mais amplas. Os educadores também precisam de uma bússola moral que os oriente a cumprir com seus compromissos igualmente para todas as crianças. Isso requer uma consideração explícita de questões éticas que surgem no ensino.

Além da importância da igualdade de acesso à educação em uma sociedade democrática, os teóricos contemporâneos sustentam que a educação democrática em uma sociedade diversa como a nossa deve promover a igualdade cívica, a tolerância e a identificação, além de ajudar os alunos a desenvolver a capacidade de deliberar em seu discurso público (GUTMANN, 1999). Assim como filósofos e educadores, como Drachsler (1920) e Kallen (1924), argumentaram no início do século XX, estudiosos contemporâneos, como Kymlicka (1995) e Rosaldo (1997), afirmam que diversas sociedades precisam desenvolver a democracia cultural, permitindo que imigrantes e minorias sociais mantenham aspectos importantes das culturas e línguas de suas comunidades, integrando essas contribuições dentro dos ideais democráticos globais da nação. Isso possibilita a esses diferentes grupos a fidelidade e o compromisso com os ideais da nação e da propriedade no processo político. Isso também aumenta gradativamente os espaços culturais e intelectuais comuns compartilhados pelos cidadãos, já que vêm refletindo aspectos de cada vez mais membros da sociedade.

Como Parker (2003) observa, os democratas são criados, não nascidos. Nos Estados Unidos, uma tarefa importante das escolas públicas é educar os cidadãos para participarem de um estado-nação e uma sociedade com diversidade e democracia. Estados-nação democráticos tornam-se ameaçados quando seus cidadãos não têm o conhecimento, as atitudes e as habilidades para participar da cultura cívica e pública do estado nacional, ou quando são alienados porque não sentem que o estado-nação reflete seus interesses, experiências, esperanças e sonhos (BANKS, 1997, 2004). A preparação de cidadãos democráticos requer um currículo que conecte os alunos à sociedade, convidando-os para a cultura escolar, respeitando seu lar e as tradições de sua comunidade e, ao mesmo tempo, forjando uma cultura comum entre os diversos membros da comunidade escolar.

Com o intuito de alcançarem esses amplos objetivos sociais, os professores precisam aprender a selecionar e construir um currículo que (1) represente e se conecte com a vida e experiências dos alunos; (2) possibilite que os alunos desenvolvam hábitos participativos em uma comunidade diversa, começando pela própria sala de aula; (3) dê suporte a objetivos acadêmicos, profissionalizantes, cívicos e pessoais; e (4) sustente o sucesso equitativo. Para atingir esses objetivos, os formadores de professores podem recorrer a conhecimentos já utilizados no passado. Esse conhecimento inclui informações sobre os contextos sociais e objetivos da educação, as influências da cultura na aprendizagem e na escolarização e o desenvolvimento curricular, que abarca currículo, práticas pedagógicas e aprendizagem responsivos. Trataremos do assunto sobre esses conhecimentos neste e nos capítulos subsequentes.

AS RESPONSABILIDADES PROFISSIONAIS E O CONTEXTO DAS POLÍTICAS

Além do conhecimento sobre contextos e objetivos sociais, os professores precisam estar conscientes de uma série de políticas que definem seus direitos e obrigações com as crianças, e isso deve se refletir em seu pensamento curricular. Tais políticas visam proteger o bem-estar geral e os direitos educacionais das crianças – por exemplo, políticas relativas a abuso e negligência infantil ou às responsabilidades que envolvem a educação de alunos especiais – e definir aspectos do currículo, ensino, avaliação e responsabilidades profissionais que os professores devem implementar.

Embora possa ser tentador sugerir que essas muitas e variadas expectativas não devem ser uma preocupação para os professores iniciantes, não é ética nem legalmente aceitável dizer a uma criança com necessidades especiais, cujo novo professor não consegue implementar acomodações necessárias, que ele vai aprender a atender tais necessidades algum dia, muito tempo depois de a criança não ter sido aprovada ou de ter sido transferida para outra sala de aula. Tampouco é aceitável dizer

a um pai, que espera que seu filho do 3º ano aprenda os padrões distritais, que o novo professor não entendeu que o aluno deveria observar esses padrões e não sabia como desenvolver um currículo que possibilitaria que seus alunos do 3º ano aprendessem.

Cumprir as responsabilidades profissionais e aquelas definidas pelas políticas é muito mais complexo do que simplesmente aprender leis ou ler uma lista de expectativas em relação ao profissional. Exige conhecimento sobre a natureza das responsabilidades e o que se requer; habilidade para lidar com crianças, pais e outros profissionais na identificação e resolução de problemas; disposição para aceitar responsabilidades, ouvir com atenção, levar em consideração as perspectivas e julgar com cuidado. A importância de todas essas habilidades pode ser ilustrada com o exemplo de um professor que se confronta com a situação de proteger uma criança que está sofrendo abuso. Nessa situação, o professor deve primeiro conhecer os sinais de abuso para poder diagnosticar o problema. Ele deve ser capaz de resolver as considerações culturais que às vezes complicam as determinações sobre por que uma criança está se comportando de determinada maneira ou como deve ter sido o comportamento de seus pais. O educador deve conhecer as leis sobre abuso infantil do país e as políticas e procedimentos escolares em torno da denúncia de abuso. Também deve ter a coragem moral para levantar-se contra uma injustiça e denunciar o abuso. O professor também deve saber como trabalhar com outros profissionais e agências da comunidade, entre eles conselheiros, serviços de proteção à criança e tribunais. E, mais importante, ele precisa saber como interagir com crianças que podem estar sofrendo abuso, bem como com os pais que podem ser abusivos. Ele deve se abster de interações tendenciosas, o que poderia deixar uma criança (ou pai) com medo ou sem vontade de procurar ajuda no futuro.

Para cumprir muitos tipos de responsabilidades, os docentes precisam entender o contexto social das escolas como organizações:

como elas refletem e se relacionam com as comunidades nas quais estão inseridas e como operam como organizações com normas, expectativas, pessoas e estruturas que devem ser interdependentes, se os membros da escola realizarem seu trabalho de modo eficaz. Embora o conhecimento dos docentes sobre esses assuntos seja claramente importante para as crianças, esse entendimento também é importante para sua sobrevivência e o próprio sucesso como professores novatos. Quando esses educadores entram em uma sala de aula, se eles não entenderem o que é trabalhar com um grupo de crianças diversas, se eles se frustrarem com as dificuldades de negociação de uma burocracia, ou se apresentarem dificuldades em lidar com uma comunidade complexa de pais, colegas e administradores, eles provavelmente abandonarão a profissão. A maioria dos professores entra na profissão com boas intenções, compromissos morais e uma atitude de carinho com as crianças. Muitas dessas mesmas pessoas se encontram buscando outras carreiras quando não são capazes de lidar com os desafios dentro dos contextos sociais e políticos das escolas.

O primeiro passo para entender essas relações complexas é a consideração das metas e dos objetivos educacionais a partir de uma perspectiva *social* da comunidade local e da sociedade em geral, e não apenas de uma perspectiva pessoal. O segundo passo é entender o papel profissional em termos de expectativas do professor como um protagonista no processo social da educação. Isso implica responsabilidades para o ensino planejado e para o trabalho com colegas, o que se estende além da implementação de lições diárias em sala de aula.

POR QUE OS PROFESSORES DEVEM APRENDER SOBRE CURRÍCULOS?

As pessoas utilizam o termo *currículo* de muitas maneiras e muitas vezes encontram dificuldades em falar umas com as outras sobre a medida em que o currículo deve ser desenvolvido dentro ou fora de determinada sala de aula, porque elas têm diferentes definições em mente. Uma concepção comum de currículo é a de que ele se refere aos tópicos ensinados e aos livros ou materiais utilizados. No entanto, dois professores que utilizam o mesmo texto que abordam os mesmos tópicos podem ensinar coisas muito diferentes de maneiras também muito diferentes. Nossa concepção de currículo se estende além de uma coleção de livros didáticos, um currículo padrão específico ou uma guia curricular estadual ou local. Muito além desse guia formal de conteúdo, incluímos as decisões e adaptações que os educadores fazem para garantir que as ideias e habilidades que eles esperam ensinar estejam acessíveis aos alunos. Embora os docentes trabalhem ou não dentro de uma abordagem estrutural ou conjunto de materiais curriculares formais delineados por um estado ou distrito, esses recursos, não importa o quão útil sejam, não conseguem determinar tudo o que o professor realiza. Os materiais curriculares por si só não determinam como o educador consegue criar ambientes de sala de aula equitativos que deem suporte a todos os alunos, estabelecer conexões com o conhecimento prévio e as experiências desses alunos, escolher pontos de partida apropriados e sequências de atividades, desenvolver tarefas e avaliações para embasar a aprendizagem e orientar o ensino futuro e construir *scaffolding* para diferentes alunos, de acordo com suas necessidades.

Nem esses recursos curriculares mais amplos por si só conseguem resolver os objetivos concorrentes que os professores devem equilibrar em sala de aula. Por exemplo, os educadores devem se basear na própria visão curricular e na compreensão dos objetivos educacionais conforme lidam com as diferentes necessidades individuais de várias crianças em diferentes momentos; devem decidir entre os possíveis usos do tempo de ensino; devem utilizar estratégias para alcançar diversas metas, como o estímulo à independência da criança em contrapartida com a importância do suporte adequado quando o aluno tem dificuldades; devem lidar com a tensão contínua entre a investigação de ideias de forma mais profunda ou a cobertura mais ampla de um determinado terreno; e devem promover o desenvolvimento de habilidades sociais e acadêmicas. Essas metas e decisões são embasadas tanto por objetivos sociais mais amplos para a educação quanto por políticas sociais, como as que governam a educação conjunta, a educação de crianças com necessidades especiais e os direitos e responsabilidades de alunos e educadores.

Embora o estudo do currículo e seu desenvolvimento nem sempre tenham feito parte do currículo de formação de professores, por todas as razões que já discutimos, acreditamos que tal conhecimento é essencial para todos os educadores. Guias curriculares, livros didáticos e testes ajudam o professor a responder a um subconjunto de expectativas. No entanto, pela própria natureza, eles não conseguem ditar o currículo para uma turma específica, pois o que é ensinado deve se conectar à prontidão do aluno e aos seus interesses, bem como ao contexto da comunidade. Mesmo tópicos que são rotineiramente ensinados ou apresentados em livros didáticos requerem deliberação e desenvolvimento curricular. O ensino do conteúdo disciplinar precisa sempre ser infundido com uma perspectiva desenvolvimental e sensibilidade aos contextos sociais. Como um professor experiente observou:

> Nenhum autor de livro didático, desenvolvedor de currículo ou chefe de departamento consegue saber exatamente o que um professor em particular deve fazer dentro da sala de aula. O professor consegue saber, e o bom professor vai lá e faz. Diretrizes impostas pelo conteúdo disciplinar, pelo currículo obrigatório e pelos superiores devem ser moldadas para se adequarem à visão do que precisa ser feito e das necessidades dos alunos em sala de aula. O bom professor faz isso conscientemente, determinando prioridades e cumprindo-as (DORE, 1988 *apud* ZUMWALT, 1989, p. 174).

A capacidade de planejar o ensino para atender às necessidades dos alunos e às demandas de conteúdo, de modo a ter um objetivo que venha a "somar" ao desenvolvimento de habilidades importantes aos alunos, não é algo que a maioria das pessoas sabe fazer intuitivamente ou que consegue aprender a partir da experiência de sala de aula não orientada. Por exemplo, um estudo com professores experientes que não tiveram preparação formal prévia revelou que, entre as coisas que eles sentiram que aprenderam com o programa de pós-graduação que fizeram após vários anos de prática docente foram a habilidade de se envolver com o planejamento curricular; definir metas de longo prazo e organizar o ensino e a avaliação que dessem suporte a essas metas; avaliar, refletir e melhorar sua prática; e tomar decisões fundamentadas em estruturas teóricas úteis para o ensino e a aprendizagem (KUNZMAN, 2002, 2003). Muitos desses professores experientes falaram de sua prévia falta de visão de longo prazo sobre planejamento, como um deles, que admitiu: "Eu não tinha um panorama de onde minha turma precisava chegar: qual era o resultado final? Onde eu queria que a turma se encontrasse no final do semestre, tanto em termos de conteúdo quanto de habilidades desenvolvidas? Então, eu não conseguia trabalhar convincentemente em direção a esses objetivos". Outra professora descreveu seu antigo processo de planejamento:

> Eu costumava sentar e planejar as coisas, mas nunca [...] realmente pensei: "OK, o que é que quero que eles saibam? Como eles vão aprender isso? E como eu vou comprovar que eles entenderam? Eu nunca fiz esse tipo de coisa". Depois de um tempo, eu dizia: "Bem, é melhor eu fazer uma avaliação, ou um teste, ou talvez seja melhor fazer algum tipo de projeto". Você sabe o que quero dizer? É um sentimento meio que natural (KUNZMAN, 2003, p. 246).

Como outra professora observou sobre o que ela havia aprendido: "Você realmente precisa de um objetivo mais bem definido. Você realmente precisa saber para onde está indo [...] sabe, tentar olhar para o trabalho como um todo: 'Que resultado espero para este ano?'" (KUNZMAN, 2003, p. 246). De acordo com esses professores experientes, o programa de formação de professores ensinou a base do planejamento de uma lição e os elementos de ensino que uma lição deve abranger, bem como as habilidades mais complexas de planejamento temático em torno de uma questão central com extenso *scaffolding* envolvido de modo a atingir um objetivo definido para os alunos (KUNZMAN, 2002).

Professores bem-preparados desenvolvem uma noção de "para onde os alunos estão indo" e de como eles vão chegar lá. Eles são capazes de criar um currículo coerente que também é sensível às necessidades dos alunos e de construírem uma comunidade em sala de aula na qual o "currículo oculto" promove relações e aprendizagem equitativa. Eles refletem sobre os objetivos sociais da educação, assim como sobre a própria visão, integrando-os para que seus alunos consigam ter sucesso tanto fora da escola quanto dentro do ambiente de suporte da sala de aula. As vinhetas a seguir demonstram como duas jovens professoras, uma de língua inglesa do ensino médio formada pela University of Virginia, em Charlottesburg, Virgínia, e uma dos anos iniciais formada em Alverno College, em Milwaukee, Wisconsin, criaram um currículo – tanto o formal quanto o "oculto" – com objetivos bem-definidos e o implementaram com atenção à resposta de seus alunos.

Selena Cozart: foco na competência e na comunidade

Em uma ensolarada manhã de quarta-feira em abril, Selena Cozart, uma professora graduada pelo programa de formação de professores da University of Virginia, escuta atentamente as apresentações de seus alunos do 9º ano sobre os diferentes romances que cada grupo leu. A tarefa deles é compartilhar as ideias centrais com seus colegas de classe, que, por sua vez, são convidados a escrever um parágrafo resumindo o enredo do romance desconhecido. Os alunos têm toda a atenção de Selena. De-

pois do terceiro grupo fazer sua apresentação em formato de *talk show*, Selena dá um passo à frente. Imediatamente, é possível sentir que ela tem um claro senso de objetivo para seu trabalho com esses jovens, bem como um profundo respeito por todos deles. Encorajando-os a escrever seus parágrafos, ela gerencia várias outras tarefas ao mesmo tempo, entre as quais coletar livros, verificar trabalhos e treinar os alunos na escrita ao ler rapidamente os rascunhos e fazer comentários diretos e focados. Ela realiza essas tarefas com tranquilidade e bom humor, associados com uma firme expectativa de completar a tarefa. Essa é uma aula em que se espera que os alunos aprendam sobre os romances, sua estrutura e conteúdo. Os alunos parecem confortáveis falando em sala de aula, e Selena insiste em que não haja interrupções quando os alunos estiverem apresentando.

Selena explica que trabalhou duro para criar um "senso de comunidade" em sala de aula. Ela parece certa de seu papel e da estrutura da sala de aula necessários para alcançar seu objetivo. Permeando tal cultura e estrutura encontra-se a sensação de que a sala de aula é um lugar acolhedor, seguro e atencioso. Selena está em sintonia com seus alunos e pensa cuidadosamente sobre as necessidades de cada indivíduo. Ela enfatiza a importância de aulas com objetivos claros, mas também defende a importância de escolhas estruturadas, em que os alunos possam controlar sua aprendizagem. Por exemplo, embora todos devam ter um objetivo comum, ela permite que os alunos escolham seus grupos e parceiros, fornecendo opções por meio de tópicos escritos em papel e salientando que existem várias maneiras de alcançar um mesmo objetivo.

A paixão pessoal de Selena pela literatura é palpável e contagiante. Ela declara "Eu amo a linguagem", indicando que espera ajudar seus alunos a compartilhar sua paixão. Ela trabalha duro para comunicar seu conhecimento e amor pela literatura, para que seus alunos aprendam a apreciar a literatura e revisitá-la mais tarde em suas vidas. No entanto, ela também é rápida em reconhecer que os alunos precisam de mais do que paixão por determinado assunto ou gênero. Eles precisam de habilidades. Selena é inabalável em seu compromisso em ajudar seus alunos a adquirir habilidades suficientes para escrever bem e se comunicar claramente. Ela é muito clara com seus alunos em relação à necessidade dessas habilidades no "mundo real". No que diz respeito à crença na importância das habilidades básicas e na responsabilidade dos professores de ensiná-las, Selena afirma: "Ensino gramática, [mas] falamos sobre qual é o seu objetivo". Ela espera que seus alunos escrevam corretamente e diz para eles que escrever corretamente importa muito no mundo real, mas ela também ensina os alunos a corrigir e verificar seu trabalho utilizando dicionários, corretores ortográficos e tutores colegas e adultos. Seus ensinamentos exibem a influência de uma perspectiva filosófica clara e forte combinada com uma variedade de estratégias de ensino para alcançar seu objetivo.

Além dos próprios esforços para atuar em nome dos alunos, Selena também incentiva outras pessoas em sua escola a tomar decisões que irão melhorar as condições para os alunos. Ela participa ativamente de decisões políticas sobre alocação de recursos em seu departamento e tenta envolver outros professores em oportunidades de aprendizagem que ela identificou fora da escola. Durante uma discussão com seus colegas sobre a concessão de 2 mil dólares em tecnologia para seu departamento, ela encabeçou uma discussão sobre o que iriam fazer com o dinheiro e como iriam fazer isso. Nessa discussão, ela queria que os seus colegas estivessem conscientes do seu processo de tomada de decisão e suas implicações para os alunos. Selena não tem vergonha do poder da investigação e da obrigação que os professores têm

de questionar o que as decisões significam para os alunos.

Fonte: Adaptado de Merseth e Koppich (2000).

Berthina Johnson: o reforço da aprendizagem com conexões entre casa e sala de aula

Às 8h30, depois de um período informal de meia hora em que os alunos liam os muitos livros espalhados por toda a sala e se envolviam em uma recitação espirituosa do credo da escola, enfatizando o orgulho do próprio sucesso e do sucesso escolar e acadêmico, Berthina Johnson reúne seus 26 alunos do 1º ano no chão da sala em frente ao calendário. A Adams School está localizada em um dos bairros mais pobres de Milwaukee. Entre os 746 alunos da escola, cerca de 93% estão qualificados para o programa de café da manhã e almoço grátis,* e a escola tem uma taxa de mobilidade de 34%. Assim como sua professora, os 26 alunos da senhora Johnson são afro-americanos.

Após uma breve carreira no setor de seguros, Berthina se formou na Alverno College com diploma em pedagogia dos anos iniciais. Quase cada centímetro de espaço nas paredes de sua alegre sala de aula é usado para revisar e reforçar conceitos e palavras encontrados no mundo cotidiano dos alunos, com materiais coloridos relacionados a alfabeto, números, cores, formas, dias da semana e palavras básicas do vocabulário. Os vários locais de aprendizagem por toda a sala de aula oferecem oportunidades para as crianças trabalharem matemática e habilidades de leitura nos computadores, escreverem e desenharem

---

* N. de R.T.: Programa federal de alimentação assistida que funciona em escolas públicas, escolas privadas sem fins lucrativos e em instituições residenciais de assistência infantil. O programa objetiva oferecer alimentação nutritiva e balanceada para os alunos mais necessitados.

e ouvirem fitas cassete enquanto acompanham as histórias nos livros.

Um dos principais objetivos de Berthina para seus alunos do 1º ano é dar incentivo para que eles se tornem mais independentes e responsáveis por suas ações ao longo do ano. Durante toda a manhã, Berthina continuamente lembra seus alunos de que eles são do 1º ano, e não da educação infantil, portanto devem falar com frases completas, bem como assumir a responsabilidade pelo próprio comportamento. Ao longo da manhã, ela repete perguntas para a turma como lembretes de assuntos discutidos anteriormente e solicita uma resposta em coro da turma para questões como: "Como podemos nos tornar bons leitores?". A resposta, todas as vezes, é: "Lendo bons livros". Os alunos permanecem atentamente focados em suas atividades durante a manhã toda, e a turma é alegre e conversa de forma animada sobre os assuntos em que estão trabalhando.

Hoje, Berthina está revisando e reforçando com seus alunos conceitos sobre datas e o significado das palavras *ontem*, *hoje*, *amanhã* e *fim de semana*, além de conceitos de matemática básica sobre valores e contagem para a frente e para trás. O ritmo é rápido, e as expectativas são altas em relação ao sucesso dos alunos. Berthina faz uma pergunta após a outra, pedindo respostas individuais ou de todo o grupo. Se uma criança ou o grupo não responder a uma pergunta corretamente, ela encoraja as crianças até que elas consigam descobrir a resposta. Se os alunos respondem às perguntas de Berthina com frases curtas em vez de frases completas, ela insiste de forma amigável e solidária que eles respondam com frases completas.

Após terminar a lição sobre o calendário, a turma passa imediatamente para uma atividade de leitura. Os alunos recortam um boné (*cap*), pintam nele as letras "ap" e dentro colocam tirinhas de papel com consoantes e encontros consonantais, então

leem as palavras juntos em turma ou em duplas. Berthina encoraja as crianças a levar seus materiais para casa à noite e ler as palavras para outra pessoa. O resto da manhã é utilizado com problemas de matemática que envolvem o aprendizado de valores. Para um problema de adição, os alunos são convidados a desenhar uma imagem para mostrar como resolveram o problema. Dois alunos que resolveram o problema utilizando diferentes estratégias são solicitados a reproduzir seus desenhos no quadro e explicar ao resto da turma o que fizeram. Durante meia hora, quando os alunos têm liberdade para escolher trabalhar em qualquer um dos vários locais de aprendizagem em sala de aula, eles leem, trabalham nos computadores com jogos que fornecem prática em matemática e leitura, desenham ou ouvem audiolivros.

Durante todas as tarefas acadêmicas, Berthina está sempre muito atenta às tarefas individuais das crianças e às suas necessidades, criando um ambiente acolhedor e carinhoso com expectativas articuladas. Dois meninos se queixam de estarem mal e são consultados sobre se querem ir para casa (ambos decidem ficar), e uma menina reclama que seu olho está doendo. Outro menino, que está chorando porque não consegue encontrar o lápis, também requer alguns minutos de abraços e apoio. Vários pais entram na sala e falam com Berthina sobre diversos assuntos. Ela os acolhe calorosamente em sua sala e passa alguns minutos conversando com eles. Em suas respostas aos seus alunos durante toda a manhã, ela revela o conhecimento de todas as circunstâncias especiais envolvidas no contato com os pais e responsáveis das crianças. Em um caso, um irmão mais velho teve que ser contatado para buscar uma criança que estava doente. Em outros casos, Berthina entra em contato com os avós, tios, mãe ou pai da criança. Ela parece saber, em cada caso, quem precisa ser chamado.

Berthina tomou uma decisão consciente ao misturar "processo" e "orientações voltadas ao desenvolvimento de habilidades" em sala de aula, combinando locais de aprendizagem e livros com ensino específico de fonética e outras habilidades. De forma consistente com o foco de sua preparação em Alverno, ela se concentrou, em primeiro lugar, no que percebe despertar maior interesse em seus alunos. Além disso, de forma consistente com o foco do programa na Alverno College, Berthina é membro da equipe de avaliação do distrito escolar e está envolvida com o desenvolvimento do uso de portfólios para avaliar o trabalho de seus alunos. Por fim, como muitos dos outros graduados na Alverno College, Berthina permaneceu envolvida com o programa depois de sua formatura, orientando universitários que trabalham em sua sala de aula, além de dar palestras sobre seu método de ensino para os estudantes no *campus* da Alverno College.

Fonte: Adaptado de Zeichner (2000).

As duas jovens professoras têm objetivos claros sobre o que pretendem alcançar em suas turmas naquele ano em termos de conteúdo, hábitos comportamentais, comunicação e relações interpessoais. Elas colocam em prática esses objetivos por meio de atividades bem-escolhidas, que envolvem e reforçam de forma consistente uma variedade de exercícios diretos e indiretos, criando uma sinergia intencional entre as muitas coisas que os estudantes fazem. As professoras tomaram decisões conscientes sobre sua escolha de conteúdo e estratégias de ensino, considerando as necessidades de seus alunos, sempre tendo em mente as demandas de suas disciplinas e da sociedade. Suas salas de aula preparam os alunos para o mundo além da escola, desde a consciência do uso da linguagem até a competência no uso da informática. O currículo "oculto" enfatiza respeito, altas expectativas e suporte sólido para todos os alunos, bem como responsabilidade social e comunidade,

incluindo os pais como membros bem-vindos à sala de aula. Ambas as professoras assumem papéis mais amplos na escola para melhorar a qualidade do ensino para todos os alunos, desenvolvendo uma visão curricular com uma profunda avaliação dos contextos sociais dentro dos quais elas trabalham e dos objetivos mais amplos da educação.

O DESENVOLVIMENTO DE UMA VISÃO CURRICULAR PARA A PRÁTICA DOCENTE

Zumwalt (1989) sugere que o conhecimento inicial dos professores iniciantes sobre o currículo deve incluir uma compreensão de (1) diferentes visões curriculares e do que elas sugerem como objetivos educacionais e o papel do professor; (2) como desenvolver e executar planos curriculares que sejam coerentes e tenham alta probabilidade de sucesso; e (3) como tomar decisões sólidas e abordar questões que surgem referentes ao currículo. Sem esses entendimentos e habilidades, os professores iniciantes tendem a vacilar dia a dia, incapazes de desenvolver planos que "adicionem" a seus alunos, passando-os do ponto A para o ponto B de forma objetiva. Eles também são menos propensos a entender o que funciona ou não em sala de aula ou como lidar com problemas de maneira assertiva em vez de mera tentativa e erro.

A compreensão do currículo em termos de experiências de aprendizagem

A palavra "currículo" tem muitos significados. Para os leigos, o currículo compreende as disciplinas que os alunos devem estudar, como matemática, inglês e biologia, ou a lista de tópicos incluídos em uma disciplina ou conteúdo programático. Às vezes, as pessoas pensam sobre currículo como o livro didático ou guia curricular ou conjunto de habilidades medidas em um teste. Essas definições são todas legítimas em relação ao termo *currículo*; no entanto, na perspectiva do aluno, o que realmente acontece na sala de aula – o currículo na prática e como ele se desenrola – é o que constitui o conjunto real de experiências de aprendizagem do aluno. Por exemplo, um grupo de alunos pode estar matriculado em uma disciplina com o nome de Álgebra, para a qual a lista de tópicos em um guia curricular inclui funções não lineares. Há um capítulo sobre isso nas leituras obrigatórias. Todavia, se o professor levar apenas 30 minutos explicando funções não lineares, sem proporcionar oportunidades de prática e análise, o currículo na prática não é comparável com o que alguns outros alunos podem vivenciar em uma disciplina diferente, porém com o mesmo nome, utilizando o mesmo livro didático, em que o professor passa semanas no mesmo assunto. O que conta como currículo para os alunos é a aprendizagem, são as experiências que realmente ocorrem. Embora pareça estranho para quem não trabalha em escolas ou está estudando no momento, há evidências de que o que ocorre em diferentes salas de aula e escolas em disciplinas com nomes semelhantes é substancialmente diferente em conteúdo, ênfase e método (ver MCKNIGHT *et al.*, 1987).

Da mesma forma, *a maneira* como os educadores abordam o ensino de determinado tópico ou conteúdo influencia o currículo que os alunos vivenciam. Para alunos e docentes, currículo e ensino estão interligados. Além disso, a avaliação é também parte integrante de como o conteúdo é concebido, como o ensino é estruturado e como a aprendizagem se desdobra. Então, por exemplo, compare as experiências de dois grupos de estudantes de língua inglesa em salas diferentes, estudando o *Édipo rei* de Sófocles. Em um dos grupos, a professora atribui a leitura do livro como lição de casa, realiza dois dias de discussão sobre o livro em sala de aula, e os alunos executam um teste no livro que enfatiza esse novo vocabulário e os fatos sobre os personagens e detalhes do enredo. No outro grupo, a professora faz perguntas sobre o conteúdo do livro com um mês de antecedência, por exemplo: "Édipo foi vítima ou criador do próprio destino?". Ela começa a unidade

com um ensaio contemporâneo sobre *O complexo de Édipo*, relacionando esse termo comum ao que os alunos estão prestes a ler. Eles leem o livro durante duas semanas, combinando leituras diárias em voz alta com apresentações dramáticas da peça, com leitura noturna como tema de casa e um diário com questões guiadas sobre o texto. As perguntas fazem os alunos refletirem sobre aspectos do desdobramento dos personagens e do enredo relacionados aos tópicos de redação que estão por vir. A professora analisa esses diários ao longo das semanas para dar *feedback* e avaliar a compreensão dos alunos, a fim de ajustar sua prática, além de garantir que todos os alunos participem da conversa. Discussões em grandes e pequenos grupos abordam essas questões e as investigam mais profundamente. A turma também realiza um debate sobre a questão da responsabilidade de Édipo pelo próprio destino. Então, os alunos escrevem vários rascunhos sobre a questão escolhida a respeito do texto, com revisão feita por colegas e pela professora antes de escreverem a dissertação final sobre o livro.

Em relação ao que o professor faz para dar suporte à aprendizagem dos alunos de forma sistemática, ao que os alunos vivenciam e à compreensão e às habilidades que os alunos desenvolvem como resultado dessa atividade, essas salas de aula oferecem currículos muito diferentes. Tais diferenças curriculares têm implicações não apenas para os estudantes em relação ao conteúdo com os quais eles se deparam, mas também para o quanto a sala de aula produz resultados equitativos. Um *scaffolding* mais estruturado e os diversos modos de aprendizagem oferecidos na segunda sala de aula são mais propensos a produzir melhores resultados para uma maior quantidade de alunos, sustentando, assim, as metas de justiça social, bem como a aprendizagem objetiva de conteúdo.

Os novos educadores ficam frequentemente chocados ao saber que o que eles esperavam que os alunos fossem capazes de fazer como consequência do ensino não acontece magicamente quando apresentam um tópico.

Os futuros educadores precisam entender as inter-relações entre como eles *organizam* o que ensinam (além de técnicas ou estratégias específicas de ensino) e o que eles esperam realizar se quiserem que os alunos atinjam o resultado que se espera deles. A estratégia da segunda professora reflete um tipo de prática docente com um objetivo direcionado à produção de resultados significativos embutidos em uma avaliação de desempenho pela qual os alunos trabalham. Vários estudos constataram que essa estratégia de ensino produz resultados sólidos. Por exemplo, um estudo com mais de 2 mil estudantes em 23 escolas reestruturadas revelou um maior desempenho por parte dos alunos que passaram pelo ensino organizado em torno de avaliações de desempenho claras que exigem um pensamento superior, redações mais longas e um público-alvo para o trabalho dos alunos, que foram envolvidos de forma ativa na aprendizagem (NEWMAN; MARKS; GAMORAN, 1995). Um estudo de 820 escolas de ensino médio no National Education Longitudinal Study (NELS) também descobriu que os alunos das escolas com ênfase nesse tipo de ensino experimentaram maiores ganhos de desempenho em testes padronizados (LEE; SMITH; CRONINGER, 1995).

Decisões feitas explícita e implicitamente durante as fases de planejamento e interatividade da prática docente influenciam o que os alunos aprendem e são influenciadas pelas intenções do professor e pela visão sobre aprendizagem do aluno. Existem muitas visões concorrentes sobre aprendizagem e currículo dentro das escolas. A taxonomia de Bloom (BLOOM, 1956), por exemplo, articula muitos tipos de aprendizagem, desde o reconhecimento e a recordação de informação para análise até a síntese e a produção de ideias e *performances*. Embora todos esses tipos de aprendizagem sejam importantes, educadores, pais, legisladores, livros didáticos e testes dão ênfase a cada uma delas. Para avaliar materiais curriculares e conversar com outros profissionais e pais, os professores precisam estar familiarizados com as suposições que as pessoas

estão fazendo sobre objetivos e métodos educacionais quando discutem ideias curriculares.

Os docentes precisam ser capazes de determinar que tipos de aprendizagem estão implícitos em materiais e recomendações para o currículo e determinar se os objetivos serão provavelmente alcançados por meio de abordagens específicas ou materiais adotados. Eles também precisam avaliar as próprias estratégias: o professor está satisfeito apenas com o fato de que os alunos somente recordam as ideias sobre as quais leram ou ouviram falar, ou quer que os alunos sejam capazes de avaliar ideias, julgar e fazer uso de fatos, sintetizando uma variedade de tipos de evidências e, assim, produzindo argumentos, ideias e produtos como relatórios de pesquisa, críticas e experiências científicas? Os professores precisam entender como suas metas de ensino devem relacionar-se com as tarefas e avaliações que concebem, as atividades que planejam, os materiais que selecionam, o *feedback* que dão e as maneiras como interagem com os alunos. Como Zumwalt (1989, p. 175) observa:

> Decisões feitas explícita e implicitamente durante as fases de planejamento e interatividade da prática docente influenciam e são influenciadas pela visão do que se espera que os alunos aprendam. Quando alguém toma decisões para o ensino (p. ex., usar ensino em grupo na matemática; utilizar livros de leitura para praticar habilidades de componentes separadas; empregar os testes que acompanham os livros-texto de estudos sociais), a natureza do currículo para os alunos... é afetada. As escolhas de "como" são mais do que instrumentais; elas influenciam o currículo, muitas vezes de maneira profunda. Futuros professores precisam entender essa inter-relação se quiserem ser reflexivos sobre sua prática de ensino.

O planejamento curricular

Considerando que os professores são responsáveis por facilitarem que os alunos alcancem objetivos educacionais globais, e não apenas que "terminem o livro", os professores iniciantes devem ter conhecimento de um processo de planejamento que permita elaborar o currículo para além da aula em si. Essa expectativa tornou-se ainda mais pronunciada desde o advento dos padrões de aprendizagem na maioria dos Estados. Esses padrões articulam o que se espera que as crianças saibam e sejam capazes de fazer, mas não costumam definir como tais metas podem ser alcançadas. Os docentes precisam descobrir como organizar seu currículo em torno dos elementos de aprendizagem mais importantes implícitos nos padrões de ensino e configurar uma sequência sensata de atividades para seus alunos. Existe uma variedade de processos de planejamento curricular que pode servir como base, desde o modelo de Tyler (1950) com base em objetivos, que dominou grande parte do trabalho dos elaboradores de currículo e editores de livros didáticos por meio século, até a publicação de *Planejar para a compreensão*, de Wiggins e McTighe (1998), que descreve um processo de planejamento de ensino que permite que os professores "mapeiem de trás para a frente" a partir das metas desejadas até o desempenho almejado em atividades e elementos de *scaffolding* necessários para dar suporte ao progresso do aluno.

Essas e outras estratégias (ver BARNES, 1982; DOLL, 1982; EISNER,1985; POSNER; RUDNITSKY, 1982; WALKER; SOLTIS, 1997) são organizadas de acordo com os conceitos comuns geralmente aceitos sobre desenvolvimento curricular, que tratam a natureza do conteúdo disciplinar, os aprendizes, o contexto e o papel do professor (SCHWAB, 1973) no planejamento e na avaliação da prática docente. Esses quatro lugares-comuns são espaços reservados para áreas de conhecimento que embasam decisões. Para cada um dos lugares-comuns, há um conhecimento de base desenvolvido a partir de pesquisa e teoria que abrange muitas disciplinas e campos de estudo, como, por exemplo, psicologia desenvolvimental e cognitiva, linguística, sociologia, filosofia, entre outros. Compreender a tomada de decisão curricular em termos de lugares-comuns que influenciam continuamente uns aos outros ajuda os educadores a pensar sobre a

qualidade interativa das decisões curriculares – por exemplo, como melhor escolher e organizar o conteúdo para determinados alunos conforme o contexto da escola e da sala de aula e a natureza do papel do professor.

Os elementos do planejamento curricular. Além do conhecimento sobre conteúdo, aprendizes, contextos e práticas que esses lugares-comuns refletem, existem pelo menos três elementos inter-relacionados em qualquer processo de planejamento curricular que os futuros professores precisam conhecer: objetivos educacionais, experiências de aprendizagem e avaliações.

Em termos de *objetivos educacionais*, os professores iniciantes devem ter uma concepção sobre o que é importante estudar nas áreas de conteúdo que ensinam com base em necessidades sociais e expectativas, padrões de aprendizagem e pesquisas sobre os tipos de compreensões necessárias para a transferência e para a aprendizagem posterior. Eles devem ser capazes de definir e defender os objetivos que selecionam perante seus alunos, pais, colegas, administradores, bem como perante eles mesmos. E eles devem ser capazes de traduzir seus objetivos gerais em objetivos mais concretos que possam orientar lições individuais e unidades de estudo. Ao mesmo tempo, os educadores devem ser capazes de encontrar o "tamanho do grão" para os objetivos que planejam – que não seja um tão microscópico que banalize as habilidades a serem desenvolvidas, o que resultaria no "triunfo da técnica sobre o objetivo". Há evidências de que, quando os objetivos e as tarefas associadas são excessivamente restritivos e descontextualizados (p. ex., "os alunos são capazes de identificar determinado fonema com 80% de precisão" ou "os alunos conseguem recontar os primeiros cinco elementos da tabela periódica"), a aprendizagem das crianças não se soma ao conhecimento transferível (BRANSFORD; BROWN; COCKING, 1999). Da mesma forma, os docentes precisam saber desenvolver um nível apropriado de detalhes para o planejamento – fornecendo orientação para uma progressão coerente das atividades, o que não impede que o professor seja flexível diante das respostas dos alunos que indiquem a necessidade de ajustar ritmo ou estratégias para garantir que eles estejam entendendo. Algumas pesquisas, por exemplo, sugerem que os alunos aprendem menos quando o planejamento dos educadores é muito detalhado e rígido, e isso acontece quando o professor se concentra mais em seguir o plano do que em garantir que os alunos aprendam (DUCHASTEL; MERRILL, 1973; PETERSON; CLARK, 1978; YELON; SCHMIDT, 1973).

Nos exemplos citados anteriormente, as professoras Selena Cozart e Berthina Johnson demonstraram ser claras sobre seus objetivos educacionais, sendo capazes de explicar suas escolhas de metas e atividades para seus alunos e também de interligar seus objetivos mais fundamentais a um currículo informal, bem como a um currículo formal, por exemplo, ao ajudarem os alunos a desenvolver hábitos de comunicação, como falar usando frases completas ou revisar suas redações. Essas tarefas não eram apenas de determinado dia, mas infundidas de forma contínua nas expectativas cotidianas. Além disso, essas professoras trabalharam com outros colegas para desenvolver expectativas e práticas que se estendem além da sala de aula, criando um ambiente de experiência educativa mais coerente para os alunos ao longo de seus anos de escolarização. O foco nos objetivos educacionais na formação de professores ajuda os futuros docentes a aprender a criar experiências de aprendizagem coerentes e conectadas dentro e fora da sala de aula, bem como a avaliar as opções curriculares à luz do que os docentes e seus colegas estão tentando realizar.

O planejamento de *experiências de aprendizagem* para alcançar objetivos educacionais requer atenção à seleção e à organização de conteúdo e atividades – o que é frequentemente chamado de "escopo e sequência". Os professores devem decidir o que é importante incluir, de acordo com seus objetivos, e saber como tornar isso acessível a um grupo específico de alunos. Isso requer pensar em como passar aos

alunos um esquema ou mapa do domínio a ser estudado (NATIONAL RESEARCH COUNCIL, 2000), bem como planejar atividades específicas à luz dos níveis de prontidão dos alunos para os vários tipos de experiências de aprendizagem. Também exige consideração sobre os tipos de informações, demonstrações, modelos, oportunidades de questionamento, discussão e prática de que os alunos necessitam ao longo do tempo para entenderem conceitos específicos e desenvolverem habilidades específicas. Embora pesquisas tenham constatado que todos esses recursos do ensino conseguem dar suporte à aprendizagem, o processo de *design* instrucional requer que os docentes descubram o que os alunos devem fazer, quando, como e em que ordem.

Uma maior atenção na organização de elementos, princípios e estrutura é importante para evitar que um currículo seja apenas uma sequência de atividades interessantes (TYLER, 1950). Além disso, a análise das tarefas é importante para descobrir o conhecimento e as habilidades que são pré-requisitos e devem ser ensinados primeiro, se os alunos ainda não os tiverem adquirido. Essa análise deve orientar o *scaffolding* cuidadoso do processo de aprendizagem para garantir que os alunos tenham oportunidades explícitas para adquirir o conhecimento necessário e as habilidades sistemáticas (COLLINS; BROWN; NEWMAN, 1989). Também é importante conhecer diferentes maneiras de organizar o trabalho dos alunos (p. ex., discussão em pequenos grupos ou grande grupo, palestras, oportunidades de prática, ensino individualizado) e como gerenciá-los, com uma compreensão dos tipos de tarefas mais adequados para os tipos de estruturas organizacionais.

Os psicólogos cognitivos desenvolveram uma base de pesquisa sobre aprendizagem que traz novas percepções que podem ajudar os professores em muitos aspectos do *design* instrucional. Por exemplo, na escolha e no sequenciamento de atividades, estudos sugerem que as oportunidades de investigação na prática, com as explicações conceituais, são mais eficazes do que a aprendizagem por meio da descoberta ou o ensino direto isoladamente (Schwartz *et al.*, 1999).

Há uma consciência recente de que as avaliações também fazem parte das experiências de aprendizagem, já que ambas orientam os processos de ensino e aprendizagem – operacionalizando metas de aprendizagem e deixando claro os critérios para um bom desempenho –, fornecendo oportunidades de *feedback* sobre como os alunos podem melhorar sua aprendizagem. Há evidências de que a atenção à avaliação formativa com *feedback* concreto e específico, durante todo o processo de aprendizagem, aumenta o desempenho dos alunos (BLACK; WILLIAM, 1998). O planejamento de oportunidades estratégicas para esse *feedback* ao longo de uma sequência de atividades de aprendizagem, tarefas e avaliações cuidadosamente planejadas é de suma importância.

Por fim, os professores precisam saber *avaliar* suas decisões curriculares – de modo a coletar informações diagnósticas, formativas* e somativas** sobre o que funciona e como os alunos estão aprendendo em relação à variedade de metas diferentes para sua sala de aula. Eles precisam estar cientes das compensações que podem também ocorrer: por exemplo, uma ênfase exclusiva em aprender a lembrar de fatos aritméticos pode reduzir o tempo que os alunos levam para explorar conceitos numéricos subjacentes, o que resulta em incapacidade de avaliar se uma resposta prontamente lembrada ou solução algorítmica é sensata ou faz sentido. Já uma ênfase excessiva nos trabalhos em grupo, sem trabalho individual suficiente,

pode levar a informações diagnósticas inadequadas sobre os alunos e a aprendizagem e, então, resultados inexplicáveis em outras avaliações. Um foco em muitos tópicos diferentes também pode prejudicar a atenção adequada a algumas áreas críticas, que são fundamentais para muitas outras. E assim por diante. Para descobrir como decisões curriculares contribuem para os resultados observados pelos professores, eles devem ser capazes de coletar e analisar informações sobre seus alunos a respeito do que eles estão entendendo e em quais tópicos estão encontrando dificuldades por meio de avaliações informais em sala de aula, bem como testes padronizados.

O papel da tecnologia. Cada vez mais, os professores precisam ser capazes de considerar o papel da tecnologia ao planejarem um currículo. Apesar das expectativas iniciais de que a tecnologia iria transformar a prática de ensino e aprendizagem, o que ainda não se concretizou, começam a surgir evidências de que os investimentos recentes feitos por escolas e distritos escolares têm dado resultado (BECKER, 2001; RONNKVIST; DEXTER; ANDERSON, 2000). A maioria dos educadores tem acesso imediato a um computador e *e-mail* na escola (RONNKVIST; DEXTER; ANDERSON, 2000), 43% dos docentes de escolas dos anos iniciais do ensino fundamental relatam o uso frequente de computadores pelos alunos em suas salas de aula (BECKER, 2001). (No entanto, professores de disciplinas do ensino médio como inglês e estudos sociais relatam porcentagens muito menores: 24 e 12%, respectivamente.)

A tecnologia influencia o pensamento e o planejamento curricular de várias maneiras. Em primeiro lugar, o uso fluente de novas tecnologias é agora uma meta social para o currículo. Hoje, os alunos precisam utilizar uma variedade de tecnologias em suas vidas futuras como cidadãos trabalhadores, assim as escolas devem desempenhar um papel importante no preenchimento das lacunas desse conhecimento representado pela atual "divisão digital" entre o acesso em casa e na comunidade.

---

* N. de R.T.: São as avaliações realizadas durante o processo de ensino e envolvem o uso de várias ferramentas de avaliação: observação, conversa com alunos, portfólios, testes de desempenho, avaliações prévias de conhecimento, *feedback* dos professores e autoavaliação dos alunos. Ver Capítulo 8 –Avaliações.

** N. de R.T.: Referem-se às avaliações que geralmente são realizadas no final de uma unidade de ensino com a finalidade de atribuir notas ou conceitos para a certificação da proficiência do aluno. Ver Capítulo 8 – Avaliações.

Em segundo lugar, a tecnologia fornece um recurso para o desenvolvimento de currículos, já que permite que os professores encontrem e montem materiais e orientem seus alunos a fazê-los, enquanto estes assumem tarefas independentes. Com as redes de hoje, as escolas têm acesso a muito mais informações e muito mais pessoas do que jamais foi possível. Isso impõe necessidades adicionais de aprendizagem para os alunos de como localizar e analisar criticamente essa informação. Navegadores e a própria internet fornecem aos alunos e docentes acesso a informações localizadas em domínios da prática (SHULMAN, 1986). As redes sociais de hoje também possibilitam que os professores e os alunos se unam em comunidades de pessoas muito além das portas de sua escola. Com conferências síncronas e assíncronas, educadores e alunos podem juntar-se a diversas comunidades nos discursos desses domínios (NEW LONDON GROUP, 1996).

Em terceiro lugar, a tecnologia pode fornecer ferramentas analiticamente úteis em vários domínios da prática, como, por exemplo, ferramentas de simulação, modelagem e visualização em ciências e ferramentas de análise de texto na literatura. Tecnologias que permitem visualização e modelagem dinâmica, por exemplo, tornam possível para as escolas o uso de ferramentas que são as mesmas ou muito semelhantes àquelas que os profissionais utilizam no próprio trabalho (EDELSON; GORDIN; PEA, 1997). Essas ferramentas também trazem conceitos abstratos como *feedback* tangível e dinâmico para os alunos (JACKSON; KRAJCIK; SOLOWAY, 2000).

Por fim, a tecnologia fornece ferramentas que auxiliam na reflexão e na melhoria, entre as quais ferramentas de vídeo que permitem que professores e outras pessoas considerem e analisem sua prática pessoal e a prática dos outros. Aplicativos que estão prontamente disponíveis para os alunos, como ferramentas de autoria multimídia, permitem que os alunos mostrem o que eles sabem de várias formas que se estendem muito além do texto ou das apresentações feitas (MOTT; KLOMES,

2001). Essas ferramentas também são um caminho para a reflexão pública e concreta sobre o que os alunos sabem e o que os professores fazem. Elas permitem que os docentes mostrem aos alunos modelos de bom desempenho e deem suporte a avaliações formativas de aprendizagem em sala de aula. As ferramentas de vídeo também podem ajudar os professores a avaliar e melhorar seu currículo, juntando e agregando o trabalho dos alunos para que os educadores possam examiná-lo coletivamente, explorando análises curriculares que podem ser necessárias para aprimorar a *performance* dos alunos.

A tomada de decisão sobre o currículo

Pesquisas indicam que as escolhas curriculares tanto no âmbito de sala de aula quanto no âmbito escolar podem ser muito importantes para a aprendizagem dos alunos. Não só as disciplinas que os estudantes cursam influenciam sua *performance* geral (JONES, 1984; PELAVIN; KANE, 1990); o mesmo acontece com a natureza do conteúdo que eles estudam nas disciplinas, em termos de tópicos que são ensinados e a profundidade com que conceitos-chave são abordados (GAMORAN; BERENDS, 1987; GAMORAN; WEINSTEIN, 1995; MCKNIGHT *et al.*, 1987; LEE; SMITH; CRONINGER, 1995). Abordagens curriculares que tiram proveito do que foi aprendido a partir de pesquisas sobre aprendizagem e cognição promovem uma maior compreensão conceitual. Por exemplo, estudantes adquirem melhor habilidades complexas quando seus professores os ajudam a reconhecer padrões e desenvolver estratégias de automonitoramento, modelam o pensamento, dão suporte ao processo de aprendizagem e fornecem mentoria enquanto os alunos utilizam seus conhecimentos em uma variedade de aplicações práticas. Além disso, os alunos são mais capazes de generalizar e transferir conhecimento quando seus professores os ajudam a desenvolver a capacidade de avaliar e regular a própria aprendizagem, identificar padrões de transferência de conhecimento e gradualmente assumir mais independência em seu processo de aprendizagem (ANDERSON, 1989; GOOD; BROPHY, 1995). Constatou-se que abordagens curriculares embasadas nesses princípios desenvolvem nos alunos habilidades de ordem superior e maior compreensão conceitual em áreas da leitura (DUFFY *et al.*, 1987b; PALINCSAR; BROWN, 1984, 1987), escrita (ENGLERT; RAPHAEL, 1989; ENGLERT; RAPHAEL; ANDERSON, 1992), resolução de problemas matemáticos (CARPENTER *et al.*, 1989; FENNEMA; CARPENTER; PETERSON, 1989; WOOD; SELLERS, 1996) e ciências (OTTO; SCHUCK, 1983; RUBIN; NORMAN, 1992). Os educadores precisam entender os princípios subjacentes a tais abordagens de sucesso e ser capazes de avaliar como suas decisões curriculares provavelmente influenciarão o desempenho dos alunos.

Pesquisas sobre muitas décadas de reformas curriculares também demonstraram que os materiais curriculares não ensinam por si só. Mesmo currículos bem-desenvolvidos são muito mais eficazes quando ensinados por professores que entendem a maneira como se aborda o conteúdo, e os métodos de ensino que eles demandam são muito menos eficazes quando utilizados por educadores que não entendem (GOOD; BROPHY, 1995). Logo, os professores precisam fazer boas escolhas entre as opções curriculares e estudar e compreender profundamente as implicações para o ensino das escolhas que eles ou outras pessoas em suas escolas ou distritos fizeram.

Conhecer os tipos de materiais e recursos curriculares disponíveis em níveis específicos e para áreas específicas – e a capacidade de avaliar a utilidade deles para vários fins – é particularmente útil para educadores iniciantes. Os futuros professores devem estar cientes dos principais recursos em seu campo e daqueles que estão em uso localmente, sabendo como buscar recursos adicionais e avaliar de forma crítica o que está disponível. Por exemplo, se o programa de leitura Success for All (Sucesso para Todos), a abordagem do processo de escrita e o programa Integrated Mathematics

(Matemática Integrada) forem de conhecimento das escolas nas quais os graduados locais provavelmente irão dar aulas, a preparação inicial pode ser focada nesses programas, somada a alguns outros programas importantes em tal área, permitindo que os alunos examinem seus métodos, pontos fortes e pontos fracos perante diversos objetivos e as maneiras como eles podem ser adaptados e ampliados.

Os professores devem ser capazes de examinar esses tipos de materiais à luz dos padrões estabelecidos por seu Estado ou distrito, estruturas curriculares e avaliações para analisar até que ponto e de que forma estão alinhados ou determinar se existe um descompasso substancial entre o conteúdo e as habilidades incluídas nos materiais curriculares e aquelas que os alunos devem aprender. Os educadores também precisam entender as restrições profissionais e contextuais em suas decisões curriculares – restrições inerentes ao papel do professor (BUCHMANN, 1986). Elas incluem as expectativas da diretoria da escola e dos colegas profissionais, bem como de pais e alunos; os recursos acessíveis; o tamanho e a composição da turma; as obrigações curriculares estaduais ou municipais; o desempenho dos alunos nas avaliações; a diversidade de alunos e a obrigação profissional de dar suporte ao sucesso de todos eles.

Os docentes devem entender que há questões curriculares endêmicas (KLIEBARD, 1988; WALKER; SOLTIS, 1997) que derivam das dimensões éticas e de políticas inevitáveis na tomada de decisões sobre o currículo. A questão curricular fundamental "o que vale a pena saber?" é recorrente e muda ao longo do tempo e entre locais e diferentes alunos com diferentes objetivos. Sempre existem perguntas sobre qual conhecimento se torna parte do currículo, que tópicos e experiências serão representados e quem terá acesso aos diferentes tipos e formas de conhecimento (ANYON, 1981; BANKS, 1996). Entre os muitos problemas dos currículos, estão aqueles dilemas associados aos direitos do indivíduo *versus* os direitos da turma, a preferência por agrupamentos homogêneos *versus* heterogêneos, a compensação entre a ampla cobertura de tópicos *versus* o profundo domínio das ideias e habilidades centrais, as tensões entre a socialização das crianças em relação às normas comuns *versus* o desejo de individualismo, a importância relativa dos objetivos cognitivos *versus* objetivos afetivos, a utilidade de um currículo comum *versus* currículo diferenciado para alunos diversos, o cabo de guerra entre o controle local *versus* o controle estatal das decisões educacionais, entre muitos outros (ZUMWALT, 1989).

Outras preocupações curriculares em andamento envolvem como evitar a fragmentação, oferecer relevância e rigor, alcançar o equilíbrio entre os vários tópicos e abordagens ao ensino e à aprendizagem, lidar com questões de censura, gerenciar responsabilidades, abordar a influência de livros didáticos e testes e negociar o papel do professor em todas essas questões. O conhecimento de que esses dilemas são tensões duradouras que devem ser continuamente reengajadas, em vez de problemas que podem ser facilmente resolvidos por soluções simples, ajuda os novatos a contextualizar suas decisões e experiências, talvez a aliviar as frustrações que possam vivenciar e a pensar de forma produtiva sobre como abordar essas questões sob uma perspectiva mais geral.

Também é muito importante que os professores saibam avaliar, à luz da pesquisa sobre ensino e aprendizagem, as muitas recomendações concorrentes para o currículo e as inúmeras "modas" que vêm e vão na educação, de modo que eles possam ser tomadores de decisões profissionalmente embasadas sobre o que adotar e o que rejeitar entre as muitas ideias que eles deverão levar em consideração em suas escolas locais e do distrito.

O estudo do currículo proposto aqui é mais do que conhecimento; ao contrário, é uma maneira de pensar e lidar com as muitas bases de conhecimento descritas nesta publicação e com o "conhecimento prático pessoal" (CLANDININ, 1985) que os professores constroem para si mesmos enquanto interagem com os alunos, com o conteúdo disciplinar e com suas

comunidades locais. É uma combinação de conhecimento, habilidades e disposições sobre como criar um currículo e tomar decisões curriculares que possibilitem que os professores sejam profissionais responsáveis que aprendem com a própria prática docente.

Implicações para a formação de professores

Como os futuros professores podem desenvolver uma visão curricular para seu trabalho e aprender a fundamentá-la nas necessidades dos alunos, nas demandas curriculares e nos propósitos sociais para a educação? Deborah Ball sinalizou um aspecto central da seguinte questão:

> Como faço para criar experiências para os meus alunos que se conectem com o que eles sabem e se importam, mas que também transcendam o presente? Como faço para valorizar seus interesses e também conectá-los a ideias e tradições originadas a partir de séculos de exploração e invenção matemática? (BALL, 1993, p. 375).

Considerando que a maioria das escolas de educação reservou, em algum momento, disciplinas de elaboração curricular para alunos avançados de mestrado ou doutorado que planejavam se tornar *experts* em empresas de livros didáticos ou em escritórios centrais, os programas mais fortes hoje veem o desenvolvimento curricular como intrínseco ao processo de aprendizagem. Eles ajudam os futuros professores a avaliar, selecionar e organizar conceitos importantes do conteúdo disciplinar e apresentar esses conceitos para os alunos de maneira a resultar em uma aprendizagem profunda. Alguns oferecem disciplinas sobre desenvolvimento curricular; outros incorporam o planejamento curricular em disciplinas sobre métodos de ensino ou do tipo seminários. Uma ferramenta comum nessas disciplinas é o desenvolvimento de uma unidade curricular, que discutiremos na seção seguinte. Outra ferramenta emergente é o caso curricular ou de ensino.

Como já discutimos, para serem úteis, esses tipos de exercícios devem estar embasados no conhecimento sobre desenvolvimento, aprendizagem e linguagem, bem como no conhecimento do conteúdo a ser ensinado e nos métodos de ensino que provavelmente serão eficazes.

Bons programas de formação de professores geralmente incluem pelo menos três tipos de experiências de aprendizagem que preparam os educadores para desenvolver uma visão curricular. Eles incluem:

- A consideração dos objetivos e metas educacionais em geral e dentro das áreas de conteúdo, incluindo uma análise dos padrões de aprendizagem e ensino nacionais ou estaduais e como incorporá-los ao currículo.

- O aprendizado sobre *design* instrucional, incluindo o desenvolvimento de prática direcionada, implementação, reflexão e revisão de planos curriculares.

- A revisão e a avaliação de planos e materiais curriculares a partir das perspectivas da concepção de ensino, avaliação da implementação de outras iniciativas curriculares e estudo de pesquisas sobre currículo e sua implementação.

A consideração de metas e objetivos educacionais

Construindo um currículo inclusivo. Futuros professores precisam de oportunidades para considerar como eles vão dar suporte aos propósitos sociais da educação para o desenvolvimento de uma sociedade equitativa, na qual todos os cidadãos possam desenvolver seu potencial e contribuir ativamente. Além de aprender estratégias para ensinar alunos diversos com sucesso (ver Cap. 7) e incorporar um conteúdo que possibilite que os alunos se vejam representados nesse currículo (BANKS, 1996), isso requer uma noção das tendências históricas que definem a escolarização contemporânea e que influenciam a vida dos alunos. Disciplinas de fundamentos são com

frequência o momento em que os futuros professores lidam pela primeira vez com a história da educação e com os contextos sociais, políticos e legais contemporâneos que permeiam a vida escolar. É também muitas vezes o momento em que as questões de equidade são explicitamente abordadas, inclusive preocupações com temas como racismo, classicismo e sexismo, bem como as implicações do multiculturalismo, estendendo-se além de raça e etnia, envolvendo fatores culturais, tais como localização geográfica, normas e papéis familiares e aspirações dos pais para seus filhos.

Quando esse estudo está relacionado com as experiências em sala de aula dos alunos, ele pode servir como suporte a uma compreensão muito mais profunda dos propósitos educacionais. Na Bank Street College, por exemplo, os estudantes investigam essas questões nas disciplinas de fundamentos, enquanto também visitam uma variedade de escolas para considerar suas filosofias educacionais, como estas se manifestam no currículo e na prática docente e o que eles são capazes de alcançar como resultado. Os estudantes avaliam objetivos educacionais e resultados comparando a natureza do ensino e da aprendizagem em uma escola montessoriana, uma escola Waldorf, uma escola orientada a um currículo "de volta ao básico" e uma escola organizada em torno da pedagogia com foco na criança. Eles refletem sobre o currículo explícito e oculto de cada uma, bem como sobre sua acessibilidade e resultados para diferentes alunos. Isso permite que eles desenvolvam uma visão da escola como um todo, com práticas direcionadas a seus objetivos. Diferentemente do pressuposto de que as disciplinas básicas são "muito teóricas", muitos graduados da Bank Street citam tais disciplinas como um apoio para desenvolver uma ampla compreensão da escolarização, moldar uma filosofia pessoal e utilizar habilidades analíticas. Em um estudo do programa, um estudante explicou:

> Cursei uma disciplina de fundamentos que realmente me ensinou a pensar criticamente. Isso não fazia parte da minha experiência edu-

cacional anterior. Até eu ingressar na faculdade, tudo se resumia em "tenho que descobrir o que esse ou aquele professor quer e o que preciso fazer no exame para obter uma boa nota". Eu era bom nisso. Assim, essa coisa toda sobre refletir de um modo mais profundo sobre as questões filosóficas, sobre o que quero ensinar e por que e como isso será importante é novo para mim, coisas que aprendi por meio [da disciplina] de Fundamentos Sociais (DARLING-HAMMOND; MACDONALD, 2000, p. 49).

Uma professora iniciante nas escolas públicas de Nova York constatou que esse tipo de estudo foi crucial para sua sobrevivência, observando:

> As aulas de fundamentos foram muito úteis para mim e para os tipos de crianças com os quais estou lidando na minha escola. Há muitas crianças nessa escola que vivem em abrigos, elas têm muitas necessidades emocionais e comportamentais. Nessas aulas, estudamos muito sobre crianças que provêm desse tipo de ambiente e o efeito dele sobre elas, os tipos de educação aos quais elas respondem melhor, do que elas precisam e o que as ajuda. E essa disciplina de fundamentos me fez ter uma nova compreensão de como lidar com elas (DARLING-HAMMOND; MACDONALD, 2000, p. 50).

Na sala de aula dessa professora, os pesquisadores observaram 26 crianças de algumas das áreas mais desfavorecidas economicamente de Nova York envolvidas na resolução de problemas matemáticos por meio do uso de *multistep word problems** (problemas matemáticos que requerem vários passos para sua resolução), muitas vezes considerados apropriados para crianças mais velhas, lendo literatura infantil e estudando os autores de seus livros favoritos. A capacidade da professora de construir esse ambiente, acreditava ela, era função de o quão claros eram seus objetivos educacionais, de seu compromisso com uma educação equitativa e de alta qualidade e do conhecimento das crianças e de currículo que ela adquiriu em sua preparação no *preservice* (DARLING-HAMMOND; MACDONALD, 2000).

Por que ensinar as disciplinas? Além de elucidarem seu pensamento sobre fins educacionais em geral, os docentes precisam ser claros sobre o que estão tentando realizar em domínios de assunto específicos. Quando os alunos perguntam "Por que devemos aprender isso?", os professores precisam ser claros sobre a resposta que vão dar e devem estar preparados para organizar suas ações de forma a alcançar suas metas. Em muitos programas de formação de professores, uma das primeiras questões com que os futuros docentes se deparam em suas disciplinas de métodos de ensino de conteúdo é *por que* os alunos devem aprender ciências, ou matemática, ou língua inglesa, ou história, ou arte e por que um professor deve se preocupar em ensiná-las (discutiremos essas questões no Cap. 6).

Na University of Virginia, por exemplo, desde o primeiro dia na disciplina de Métodos de Ensino de Matemática, os alunos refletem sobre a natureza da matemática, por que a matemática é ensinada e o que significa ensinar matemática. Uma segunda atividade muitas vezes requer que os alunos pensem sobre "o que vale a pena saber?" como professor de determinada disciplina. Na aula de Ensino da Língua Inglesa de Selena Cozart, pediram a ela, como parte dessa tarefa, que listasse "o que você acha que precisa e/ou quer saber neste momento na sua preparação, a fim de criar uma sala de aula em que você e seus alunos obtenham sucesso". As respostas dos professores-alunos a essa tarefa levantam questões que orientam sua reflexão durante muitos meses e anos – por exemplo: "Como posso ser um professor focado em questionamento e investigação e ainda assim cobrir o currículo obrigatório?" ou "Qual é a melhor maneira de determinar o que é relevante para os meus alunos, especialmente se suas origens são diferentes da minha ou desconhecidas para mim?" (MERSETH; KOPPICH, 2000).

---

* N. de R.T.: Um *word problem* (problema de palavras) é um exercício matemático em que informações contextuais significativas sobre o problema são apresentadas como texto, e não como notação matemática.

Esses tipos de questões e reflexões iterativas ensinam um hábito mental que ajuda os professores a se concentrar em seus objetivos para a própria aprendizagem e a de seus alunos, levando a um tipo de prática docente claro e objetivo que vimos nas salas de aula de Selena e Berthina no início deste capítulo. O foco na pergunta "Por que estou ensinando o que estou ensinando?" também incentiva os educadores a avaliar continuamente até que ponto eles estão alcançando seus objetivos maiores conforme se envolvem no trabalho diário, no qual é tão fácil perder a noção das grandes ideias. Por fim, ela prepara o terreno para a compreensão de que a utilidade de qualquer lição, método ou técnica pode ser avaliada apenas em relação aos objetivos que um professor espera alcançar.

Incorporando padrões de aprendizagem. Um aspecto importante a se considerar sobre os objetivos educacionais é estudar os padrões nacionais e estaduais de aprendizagem dentro das disciplinas e incorporar esses objetivos de forma produtiva no planejamento curricular e nas avaliações.

Nas disciplinas de métodos de conteúdo, os professores-alunos estudam cada vez mais o currículo e os padrões de conteúdo promulgados por várias organizações nacionais (p. ex., National Council of Teachers of Mathematics, National Council of Teachers of English), bem como padrões estatais análogos, desenvolvem lições e unidades que refletem essas normas e avaliam o trabalho produzido pelas crianças em relação a padrões de conteúdo e desempenho. Esse processo ajuda os futuros professores a refletir sobre os objetivos específicos embutidos nos padrões em relação às ideias gerais de suas disciplinas e descobrir como tratá-las de forma significativa em sala de aula, em vez de apenas percorrer os tópicos de maneira superficial, o que não acrescenta nada à compreensão profunda e ao desempenho proficiente.

Os programas de formação de professores precisam, em especial, ajudar os futuros educadores a considerar como localizar as ideias mais importantes e geradoras entre os padrões – conceitos e habilidades que conectam muitas das ideias centrais das disciplinas, possibilitando que os alunos tenham um mapa daquele campo, que irá ajudá-los a entender muitos outros fatos e ideias. Isso é essencial para que os professores consigam descobrir o que enfatizar, qual deve ser a condição imprescindível para outras áreas de aprendizagem ou a chave para tornar acessíveis conceitos que, de outra forma, permaneceriam um mistério. De acordo com estimativas, se analisarmos os padrões de aprendizagem promulgados na última década, a quantidade de fatos e habilidades individuais propostos para que os alunos aprendam poderia ocupar uma vida inteira se eles fossem percorridos um por um (DARLING-HAMMOND, 1997). Os programas devem ajudar os professores a analisar os documentos-padrão para que consigam entender os conceitos principais e formas de investigação dentro de uma disciplina, de modo que os educadores consigam utilizar os padrões de forma produtiva e estratégica, enquanto conduzem uma investigação aprofundada dentro da sala de aula.

O *design* do currículo e do ensino

Colocar metas educacionais em prática requer um conhecimento sólido sobre *design* instrucional e planejamento curricular. Muitos programas utilizam o desenvolvimento de uma unidade curricular de várias semanas como peça central desse estudo, o que pode ser uma experiência significativa quando for criticada, revisada, ensinada e revisada novamente. A experiência é uma epifania para muitos estudantes. Um futuro professor já mais maduro, que estava no meio de uma transição de carreira em que era gerente, observou a respeito de uma disciplina sobre currículo da Bank Street, dizendo:

> O currículo era muito válido, porque eu nunca tinha visto esse caminho holístico onde você... consegue ensinar tudo de uma maneira conectada. Eu nunca soube disso. Esta foi uma experiência reveladora para mim. Ter

que elaborar um currículo realmente me ajudou a pensar em cada processo menor. Gostei muito dessa disciplina e, então, elaborei um novo currículo para minha dissertação orientada. Agora eu já consigo pensar em termos do panorama geral (DARLING-HAMMOND; MACDONALD, 2000, p. 53).

O treinamento de Berthina em planejamento curricular na Alverno College, assim como o da Bank Street College e de outras escolas de educação com forte ênfase no pensamento curricular, foi fundamentado não apenas no planejamento de unidades curriculares em torno de padrões de conteúdo, mas também em maneiras de conectar os interesses das crianças aos objetivos curriculares, articulando padrões claros de desempenho para a aprendizagem (ZEICHNER, 2000). Graduados da Alverno College descreveram várias vezes como eles sentiram que realmente aprenderam a conhecer seus alunos como pessoas completas para, em seguida, construir atividades de aprendizagem em salas de aula com base no que eles aprenderam. Uma professora graduada descreveu a um pesquisador como ela gerencia a interface entre os interesses da criança e o currículo obrigatório:

Esta unidade sobre o sistema solar surgiu porque estávamos estudando dinossauros. No estudo de dinossauros, as crianças se interessaram por cometas e asteroides porque elas aprenderam que talvez tenha sido assim que os dinossauros foram extintos. Elas ficaram tão interessadas no assunto que decidi planejar a unidade sobre o sistema solar. Então, primeiro descubro o que vai despertar seu interesse e, a partir daí, tento definir minhas metas. Tento encontrar maneiras de desenvolver todas as habilidades requeridas (ZEICHNER, 2000, p. 45).

As iniciativas explícitas do corpo docente da Alverno College para incluir no programa modelos dos tipos de práticas de ensino que ele espera que seus alunos considerem são outro fator que parece fortalecer as habilidades de planejamento curricular dos graduados. Por exemplo, critérios explícitos utilizados para

avaliar os desempenhos dos alunos nas várias habilidades que o currículo da Alverno College pretende desenvolver – e a ênfase na revisão contínua para atender aos padrões de desempenho – levam os graduados a utilizar essas práticas enquanto planejam o conteúdo programático para as próprias salas de aula. Assim como vimos na sala de aula de Berthina, outros graduados percebem que eles estavam preparados para "planejar de trás para a frente" o desenvolvimento de atividades de aprendizagem coerentes a partir de suas metas, incorporando previsões de análise e revisão de suas unidades:

Nossos professores nos dão critérios antes de fazermos algo. Quando temos um projeto ou uma visita a fazer ou algo assim, eles nos dão critérios: o que temos que fazer para completar a tarefa com sucesso. Tenho feito isso em sala de aula, avisando meus alunos sobre o que se espera deles antes de começar algo. Assim não há áreas nebulosas, eles sabem o que se espera deles.

Eles estão sempre perguntando como você poderia ter feito as coisas de forma diferente, como você poderia ter feito melhor ou que alterações você teria feito. Na Alverno, os professores sempre passam a bola pra os alunos. Eles estão me pedindo para ser apenas melhor e melhor e revisar e reavaliar constantemente (ZEICHNER, 2000, p. 48-49).

Um ponto-chave é que os tipos de currículo e práticas que são modelados em programas de formação de professores têm muito a ver com o que os graduados fazem nas próprias salas de aula. Outra influência importante na aprendizagem dos futuros professores em relação ao desenvolvimento curricular é o entendimento de que os objetivos escolares e contextos vão além da sala de aula, de processos de desenvolvimento e aprendizagem e da estrutura e objetivos das disciplinas. A importância de construir esses entendimentos deliberadamente, pouco a pouco, é sugerida pela sequência de disciplinas na University of Virginia, onde o desenvolvimento da visão curricular ocorre ao longo de vários anos, promovendo a obtenção pelos professores-alunos de uma ampla perspectiva sobre o que os alunos estão aprendendo na escola ao longo do tempo.

Iniciando no segundo ano, os alunos do programa de formação de professores participam de uma ampla variedade de estágios projetados para expô-los a muitos elementos que são parte da prática docente. Durante esse ano, todos os futuros professores, independentemente do ano que pretendem ensinar, acompanham tanto os anos iniciais quanto os anos finais do ensino fundamental, em uma variedade de cenários dentro de uma escola (inclusive salas de aula de educação regular e especial, biblioteca, centro de mídia e escritório do diretor), para terem uma noção das metas e objetivos da escola. Durante o primeiro ano, o foco das disciplinas e práticas é sobre o aluno de forma individual, e a experiência de campo requer que os alunos sirvam como tutores, muitas vezes dos alunos com necessidades especiais, ao mesmo tempo que concluem um estudo extensivo sobre crianças ou adolescentes, com metas para a criança individual. No último ano, as experiências de campo exigem que os alunos observem, descrevam e analisem os comportamentos de ensino e aprendizagem na sala de aula; desenvolvam e ensinem lições-modelo em sessões com colegas e na sala de aula; identifiquem e organizem um tema para uma unidade de ensino; elaborem a unidade e a ensinem em uma sala de aula. Esse trabalho de sala de aula é realizado de forma concomitante com uma sequência de duas disciplinas sobre métodos de ensino.

Mais tarde, os alunos leem as unidades elaboradas uns dos outros e identificam as áreas de melhoria: "Se você tivesse que revisar essa unidade, identifique de 3 a 5 coisas que você faria de maneira diferente". Com base nesse *feedback* e no *feedback* do instrutor, os alunos elaboram um plano de revisão do material, respondendo aos seguintes tipos de perguntas:

- O que mais gosto nessa unidade e quero manter?

- Quais são as principais mudanças conceituais que gostaria de fazer?

- Com base em minhas experiências de leitura e de sala de aula até hoje, quais são os conteúdos e estratégias de ensino que gostaria de incluir e onde posso incluí-los?

- Quais são os três objetivos que eu estabeleceria para criar uma unidade mais forte, isto é, que habilidades de planejamento quero melhorar?

Nesse processo reflexivo, os alunos têm seu trabalho avaliado de forma a estabelecer o hábito de criticar, perceber e revisar mais profundamente (MERSETH; KOPPICH, 2000).

A avaliação de planos e materiais curriculares

A avaliação das próprias iniciativas de desenvolvimento de um currículo, como os descritos anteriormente, esclarece muitas das características de um bom *design* instrucional sobre o qual futuros professores aprendem conforme aprendem a desenvolver um currículo. Elas incluem:

- Planejar tendo em mente uma meta final.

- Elaborar avaliações de desempenho claras e criteriosas.

- Acompanhar cuidadosamente o processo de aprendizagem das crianças com base em suas experiências, sua prontidão e seus pontos de partida.

- Criar perguntas e experiências envolventes que estimulem o interesse e a iniciativa, utilizando uma variedade de estratégias de ensino – entre as quais modelos, representações e pontos de entrada – que possibilitem conexões fortes para diferentes alunos.

- Incorporar muita prática e aplicação guiada de modo que ideias abstratas sejam trazidas para a realidade.

- Fazer uso de avaliações formativas e *feedback* estratégicos para orientar o processo de ensino e aprendizagem (WIGGINS; MCTIGHE, 1998).

Embora esses conceitos consigam ser entendidos de maneira abstrata, sua compreensão realmente acontece quando um professor iniciante os incorpora em uma unidade de ensino, ensinando e avaliando a aprendizagem resultante. Uma estratégia utilizada em um número crescente de programas de formação de professores é a análise do ensino e da aprendizagem do aluno a partir de uma unidade de ensino que o futuro educador elabora e conduz.

Às vezes, isso é feito por meio do desenvolvimento de um "caso de currículo" – uma análise profunda de um segmento de ensino e aprendizagem com foco em um objetivo educacional. Na Stanford University, por exemplo, os futuros professores escrevem um caso sobre o ensino de uma unidade curricular em que eles estavam tentando ensinar um conceito-chave, tópico ou problema que é fundamental para a disciplina, como o conceito de ironia em língua inglesa, a evolução em ciências ou o Pi em matemática. O processo de redação desse caso requer uma análise repetida do currículo e do contexto do aluno, das metas e atividades de ensino e da aprendizagem – tudo examinado à luz de uma série de leituras sobre a teoria da aprendizagem e com revisão contínua de colegas e instrutores sobre as interpretações emergentes. O uso do caso escrito combinado com consultas de casos é destinado a ajudar os alunos a evitar generalizações ingênuas sobre suas experiências para entendimentos mais sofisticados das conexões entre o que eles escolhem ensinar, como ensinam o material e o que os alunos aprendem – em suma, aprender a "pensar como um professor", fazendo perguntas produtivas sobre como a aprendizagem é moldada pelos alunos, conteúdo, contexto e decisões de ensino (HAMMERNESS; DARLING-HAMMOND; SHULMAN, 2002).

Dados de um estudo sobre os resultados desse processo sugerem que ele faz a maioria dos futuros professores abandonar as hipóteses simplistas sobre o ensino, partindo para um entendimento muito mais sistemático do que influencia a aprendizagem do aluno, apresentando evidências do que Berliner (1986) descreveu sobre a evolução do pensamento de um principiante ao pensamento de um *expert*. Como um estudante observou:

A experiência de escrever um caso acabou por ser uma experiência profunda. Quando terminei de ensinar a unidade em novembro, eu sabia que as lições precisariam de um certo ajuste... Conversei com meu professor sobre o que aconteceu e deixei por isso mesmo... ao escrever o caso, consegui entender muito melhor o que aconteceu. Meus olhos estavam abertos às implicações da distribuição de tempo, do sequenciamento de lições, do conhecimento prévio e da pré-avaliação e de fazer escolhas de momento para garantir o sucesso de uma lição. Se eu não tivesse escrito e reescrito o caso como fiz, não teria as percepções profundas que tenho... Antes de desenvolver meu estudo de caso, eu pensava que simplesmente adicionaria um dia ou dois e tentaria novamente... [mas] agora sei que tenho que me esforçar mais na minha avaliação do conhecimento prévio e conceitos e que não devo passar para um novo material até ter certeza de ter alcançado os objetivos que estabeleci no começo (HAMMERNESS; DARLING-HAMMOND; SHULMAN, 2002, p. 227).

Uma avaliação semelhante do currículo e dos resultados do ensino também pode ser incentivada por meio dos tipos de avaliação de portfólio de educadores iniciantes agora implementados em Estados como o Connecticut, que exige que professores iniciantes planejem e ensinem uma unidade de ensino e, em seguida, forneçam uma avaliação a respeito dela com base na aprendizagem do aluno e nas reflexões diárias sobre o que está acontecendo em sala de aula. (Ver também a discussão do portfólio da Performance Assessment for California Teachers [Avaliação de Desempenho para Professores da Califórnia – PACT] no Cap. 8.)

Por fim, é importante que os novos professores tenham oportunidades de aprender a avaliar e integrar materiais curriculares específicos ao ensino de formas apropriadas para as metas do educador, para o conteúdo em estudo e para os alunos em particular. Essas iniciativas parecem mais úteis quando permitem a aplicação de materiais na prática, e não apenas por meio de discussões abstratas. Há algumas evidências, por exemplo, de que mudanças substanciais na prática ocorrem quando os professores estão envolvidos na integração de materiais curriculares e unidades em seu ensino e refletem sobre os resultados dessas iniciativas uns com os outros como parte do ajuste fino de sua prática pedagógica (COHEN; HILL, 2000).

A infusão de tecnologia

Como observamos, a importância da tecnologia para os alunos de hoje e para os cidadãos de amanhã significa que infundir tecnologia na aprendizagem e no ensino é um objetivo instrucional, bem como uma ferramenta cada vez mais importante. Apesar de alguns analistas sugerirem que observadores constatariam que o trabalho dos professores no início dos séculos XX e XXI era fundamentalmente o mesmo (CUBAN, 1992, 1993), a maioria das salas de aula tem agora ferramentas tecnológicas disponíveis, e muitos educadores as estão utilizando. Para que ocorram grandes mudanças, os professores precisam incorporar as oportunidades da infraestrutura tecnológica emergente em seu pensamento curricular geral.

Se os educadores devem desenvolver uma visão curricular com relação ao uso da tecnologia para a aprendizagem, os programas de formação de professores precisam pensar sobre suas responsabilidades, incluindo a formação de profissionais de ensino letrados tecnicamente que tenham um conjunto de ideias sobre como seus alunos devem ser capazes de utilizar a tecnologia dentro de determinadas disciplinas. Como ocorre com o letramento geral encontrado na teoria, o letramento técnico requer o domínio geral e o domínio específico. No universo da prática docente, o domínio geral é provavelmente mais bem visto como uma compreensão profunda e viável do uso de ferramentas de produtividade-padrão para o trabalho de ensino. Os professores também precisam de uma série de domínios específicos no uso de recursos tecnológicos e ferramentas que se encontrem atreladas aos seus domínios específicos de *expertise*.

Os professores e os distritos escolares que os empregam devem ter a expectativa de que, quando os educadores comecem a trabalhar, eles já saibam como utilizar ferramentas de produtividade de *desktop*, incluindo processamento de texto, planilhas e outros aplicativos, como ferramentas gerais de pesquisa conectadas à prática docente. Muitos programas de formação de professores constataram que a melhor maneira de alcançar essa fluência é infundir o uso de tais ferramentas em todas as disciplinas no programa de formação de professores, exigindo o uso frequente de *e-mail*, pesquisas de informação, apresentações multimídia e análise de dados.

Além disso, as tecnologias atuais oferecem aos docentes e aos alunos a oportunidade de participarem de comunidades especializadas na prática. Dar a possibilidade de os alunos participarem dessas comunidades é um objetivo importante da educação. Por exemplo, tecnologias prontamente disponíveis, como aquelas para compor multimídia, visualização e pesquisas de banco de dados, são ferramentas importantes das disciplinas de conteúdo. Um componente central do domínio específico dos educadores é entender como usar as ferramentas técnicas da disciplina de maneiras que sejam consistentes com a comunidade de prática em geral. Como vários estudiosos observaram, as ferramentas utilizadas carregam informações importantes sobre as comunidades em que as pessoas trabalham (HUTCHINS; KLAUSEN, 1996).

Professores de química, por exemplo, devem entender e ser capazes de explicar como os químicos utilizam a visualização, que pode ser diferente do uso da visualização em biologia. Na mesma linha, os professores de estudos sociais exigem domínio técnico de ferramentas de banco de dados que permitem explorar documentos originais para argumentação na área das ciências sociais. O uso de *probeware** em biologia e de calculadoras de gráficos em matemática, bem como de ferramentas de linguagem baseadas em computador na língua inglesa e em outras línguas

---

* N. de R.T.: Refere-se a *hardware* e *software* educacionais que são usados para coleta, exibição e análise de dados em tempo real por meio de um computador.

do mundo, faz parte desse domínio técnico baseado na disciplina que possibilita que os docentes criem currículos em torno de ferramentas que fazem parte das comunidades de prática às quais seus alunos estão se juntando. Como consequência, os alunos devem dominar o uso de ferramentas que farão parte de seu repertório de longo prazo para a aprendizagem contínua.

Para que as instituições de preparação de professores tenham certeza de que estes saberão como utilizar as tecnologias que fazem parte das comunidades profissionais de prática, essas tecnologias também precisam ser introduzidas nas disciplinas pedagógicas de conteúdo que os professores cursam, de modo que eles utilizem as ferramentas dentro das próprias disciplinas, não apenas aprendendo sobre elas de modo abstrato. No desenrolar dessas iniciativas, as escolas de educação conseguem fornecer oportunidades para os educadores pensarem reflexivamente sobre os papéis que essas tecnologias desempenham como portais para um envolvimento mais profundo com as disciplinas.

Por fim, muitos distritos escolares, grandes e pequenos, utilizam a tecnologia da informação para as funções administrativas, que envolvem dados que fazem parte das operações do distrito escolar, incluindo listas de presença, notas e coleta de informações de desempenho em testes, desempenho em tarefas, portfólios e outras fontes. As escolas de educação devem preparar professores para utilizar dados de sistemas como esses para analisar o ensino e o desempenho dos alunos como base para o planejamento curricular. Em um mundo no qual os educadores em geral são tecnicamente fluentes, eles apresentam a capacidade de utilizar dados de sistemas distritais para analisar a própria prática e o desempenho do aluno e, talvez, para aprofundar essa análise, comparando as próprias práticas e o desempenho dos alunos em sala de aula com os de outros professores na sua escola e em todo o distrito escolar. A infraestrutura de tecnologia da informação nas escolas traz essa informação para os computadores dos educadores de forma rápida. Mas, para ser útil, os professores devem dominar essas técnicas para utilizar os dados de forma pedagógica.

Os docentes devem conseguir analisar dados sobre o progresso dos alunos em termos de diferentes áreas e qualidade de aprendizagem e, em seguida, considerar a relação dessa aprendizagem com o currículo e o ensino que eles elaboraram. Esse tipo de avaliação é estimulado por estratégias de formação de professores como as associadas ao sistema de amostragem de trabalho do Oregon, que solicita que educadores elaborem, coletem e analisem dados de pré e pós-avaliação dos alunos em relação a uma unidade de ensino criada e ensinada pelo professor (SCHALOCK, 1998).

Esse tipo de análise é um bom começo em direção à capacidade de conduzir uma sala de aula com maestria e discutir as melhorias curriculares necessárias em uma escola. Ainda mais importante, hoje em dia, com os sistemas educacionais baseados em padrões, os professores devem ter conhecimento de quais mudanças eles podem fazer de modo a conseguir organizar e dar instruções para fortalecer a aprendizagem de alunos individuais, grupos de alunos com desempenho insatisfatório ou da turma ou escola como um todo. Essa compreensão será o assunto do restante desta publicação. Quando os educadores tiverem essas ferramentas, os alunos poderão tirar proveito do tipo de visão curricular que sustenta o planejamento de sala de aula, aparentemente sem maiores esforços, que bons professores são capazes de conduzir.

O ensino do conteúdo da disciplina

Pamela Grossman
Alan Schoenfeld
com Carol Lee

O que os professores precisam saber sobre as disciplinas que ensinam? Várias versões dessa questão têm interessado educadores, legisladores e pesquisadores há muito tempo. Neste capítulo, começamos com o pressuposto, fundamentado em pesquisas, de que os professores devem ter um conhecimento profundo das disciplinas que ensinam (ver SHULMAN, 1987; WILSON; FLODEN; FERRINI-MUNDY, 2001). Especificamente, focamos a compreensão pedagógica do conteúdo da disciplina – ou conhecimento de conteúdo pedagógico –, que inclui, entre outras coisas, a capacidade de antecipar e responder aos padrões típicos de compreensão e incompreensão dos alunos dentro de uma área de conteúdo e a capacidade de criar diversos exemplos e representações de tópicos desafiadores que tornem o conteúdo acessível a uma ampla gama de alunos.

Elaboramos este capítulo em torno de um conjunto de perguntas que fornecem uma estrutura para o conhecimento de conteúdo pedagógico. Em seguida, respondemos a essas questões dentro das áreas de conteúdo da disciplina de matemática e língua inglesa/artes da linguagem como duas áreas ilustrativas. Uma discussão sobre o conhecimento de conteúdo pedagógico para o ensino da leitura é considerada em uma publicação separada (ver SNOW; GRIFFIN; BURNS, 2005). Acreditamos que qualquer programa de preparação de professores deva oferecer oportunidades para que os professores-alunos explorem essas questões nos próprios domínios. Tal argumento propõe desafios para a preparação de docentes dos anos iniciais em particular, na qual estão sendo instruídos para ensinar diversas disciplinas, um desafio que abordamos na conclusão deste capítulo.

A CENTRALIDADE DO CONTEÚDO NA PRÁTICA DOCENTE

Em seu ensaio *I, thou, and It* (*Eu, tu e isso*), Hawkins (1974) descreve a importância crítica do conteúdo na relação entre professor e aluno. O que distingue a prática docente de outras profissões de ajuda ou mesmo da parentalidade, argumenta ele, é a centralidade de um envolvimento comum entre o conteúdo da disciplina e a necessidade de o professor desenvolver uma atitude de respeito para com o aluno como um aprendiz desse conteúdo. Como Dewey (1902) já o tinha feito anteriormente, Hawkins (1974) defende a necessidade de os educadores se tornarem diagnosticadores dos interesses e ideias das crianças e envolverem os alunos em explorações do conteúdo da disciplina que ampliem o alcance de sua compreensão. Para responder de tal maneira, os professores precisam entender profundamente não apenas o conteúdo que são responsáveis por ensinar, mas também como representá-lo para alunos de todos os tipos (ver SHULMAN, 1987; WILSON; SHULMAN; RICHERT, 1987). Este capítulo defende a centralidade do conhecimento de conteúdo pedagógico no currículo de formação de professores e a necessidade de envolver os docentes em considerações explicitamente pedagógicas do conteúdo da disciplina. Começamos com exemplos de tarefas que ilustram um aspecto do conhecimento de conteúdo pedagógico: a capacidade de antecipar o pensamento do aluno dentro dos domínios da matemática e das artes da linguagem.

Um exemplo ilustrativo de conhecimento de conteúdo pedagógico

Que tipos de conhecimento são importantes para a prática docente? Imagine que você esteja ensinando alunos dos anos iniciais do ensino fundamental a trabalhar com frações. É hora de avaliar o que eles sabem.

Avaliando a compreensão dos alunos sobre frações

Qual das seguintes tarefas melhor avaliaria se um aluno consegue comparar frações corretamente? (Estes exemplos são tirados de SWAN; RIDGWAY, 2002).

1. Escreva essas frações em ordem de tamanho, da menor para a maior: 5/8, 1/4 e 11/16.

2. Escreva essas frações em ordem de tamanho, da menor para a maior: 5/8, 3/4 e 1/16.

3. Escreva essas frações em ordem de tamanho, da menor para a maior: 5/8, 3/4 e 11/16.

Você consegue explicar por que as duas tarefas que você não selecionou não são boas avaliações de compreensão dos alunos sobre as frações?

Vamos examinar o que seria necessário para professores, ou futuros professores, responderem a essa pergunta. É óbvio que eles precisariam conhecer a matemática relevante, da forma mais profunda e conectada possível (MA, 1999). Observe que há pelo menos duas maneiras de resolver cada um desses problemas, que serão ilustradas na tarefa 1. É possível resolver a tarefa convertendo as frações dadas em decimais e comparando-as. Fazer isso não é fácil – 11/16 não é uma fração "legal" de ser convertida –, mas a tarefa é simples, mesmo sem uma calculadora. A consciência de que isso representa uma maneira de trabalhar no problema é importante, porque alguns alunos podem abordá-lo dessa forma. Igualmente importante, converter frações em decimais pode ser uma técnica muito útil às vezes. Entretanto, é possível avaliar a tarefa comparando as próprias frações. Das três frações, apenas uma, 1/4, é menor que 1/2 (seu numerador é menor que a metade do denominador). Então, 1/4 é a menor. E depois? 5/8 é igual a 10/16, então 10/16 é menor que 11/16, logo 5/8 é menor que 11/16. Assim, a ordem é 1/4, 5/8 e 11/16.

Até aqui, tudo bem: existem pelo menos duas maneiras de resolver o problema que podem ser utilizadas pelos alunos. Mas a questão real para os professores diz respeito a como os seus alunos irão abordar o problema. Pesquisas mostram que muitos alunos que ainda precisam dominar frações se concentram apenas no número de partes, não em seu tamanho relativo. Dada a tarefa 1, esses alunos pensam da seguinte forma: "1/4 tem apenas uma parte, por isso é a menor; 5/8 tem cinco partes, então está no meio; e 11/16 tem onze partes, por isso é a maior". Observe que essa forma muito comum de raciocínio incorreto produz a resposta certa para a tarefa 1! Colocar a tarefa 1 no teste não revela os possíveis equívocos dos alunos.

Outro equívoco cometido por muitos alunos conforme eles aprendem frações é que "quanto menores as partes, menor a fração". Se os alunos sustentam essa concepção, eles atendem apenas ao denominador da fração.

Como 16 avos é menor que oitavos, que são menores que quartos, os alunos com esse equívoco raciocinam incorretamente e chegam à resposta correta para a tarefa 2. Em contraste, os alunos que utilizam qualquer forma de raciocínio incorreto recebem a resposta errada à tarefa 3 – e a resposta incorreta deles sugere por que eles erraram. Suas respostas à tarefa 3 fornecem informações de diagnóstico ao professor, que pode, então, trabalhar para esclarecer os equívocos dos alunos.

- Trabalhar com *sight words*** de alta frequência
- Praticar "ler para entender"
- Ensinar sobre padrões consoante-vogal--consoante (CVCe)
- Trabalhar os sons das consoantes
- Utilizar seu conhecimento prévio

Fonte: Este exemplo é extraído de Sheila Valencia, da University of Washington, que o desenvolveu como um dos vários itens elaborados para avaliar o conhecimento dos professores sobre o ensino da leitura.

A avaliação da compreensão do aluno em leitura antecipada

Imagine que você seja um professor do 2º ano trabalhando com um pequeno grupo de crianças em torno de um pequeno conto de fadas. Preocupado com a leitura de Juan, você o leva para um canto e pede que ele leia uma pequena parte do conto de fadas em voz alta para você. O texto original diz:* "Once upon a time, an old man and his wife lived in a little house in the woods. They were very poor. The man was going to cut wood for the fire. His wife gave him a little rice cake to take with him. It was the last bit of food they had."

Juan lê: "Once upon a time, an *ol* man and his *wif* lived in a little *hus* in the *wuds*. They were very poor. The man was going to cut *wud* for the *fir*. His *wif* gave him a little *ras cak* to *tak* with him. It was the last bit of f-f-f-food they had".

Como professor de Juan, quais dos seguintes itens seriam mais importantes para você focar durante o ensino?

A maioria dos professores consegue ler o conto de fadas dado aos alunos sem dificuldade. Mas apenas aqueles preparados para ensinar a leitura elementar talvez consigam avaliar a capacidade de leitura de Juan ao ouvi-lo ler. Tal compreensão requer conhecimento do desenvolvimento da leitura, das demandas do texto, dos repertórios específicos de estratégias e habilidades das crianças, e assim por diante. (Ver SNOW; GRIFFIN; BURNS, 2005.) Sem esse conhecimento, os docentes podem diagnosticar equivocadamente os erros das crianças ou utilizar estratégias de ensino ou *scaffolding* inapropriados, como incentivá-los a pronunciar palavras que são foneticamente irregulares, como "*two*", que são mais bem ensinadas como *sight words* de alta frequência. Com base nessa amostra da leitura de Juan, um professor experiente observa que esse breve segmento de texto está no nível de frustração de Juan para leitura e, portanto, é inadequado para leitura independente. O número e o tipo de erros que Juan comete dão suporte à necessidade de fornecer a ele um texto mais fácil. Embora seja difícil obter uma compreensão sólida dos pontos fortes e das necessidades de Juan a partir de um texto em seu nível de frus-

---

* N. de T.: "Era uma vez um homem idoso e sua esposa que moravam em uma pequena casa na floresta. Eles eram muito pobres. O homem foi cortar madeira para o fogo. Sua esposa deu um bolinho de arroz para que ele o levasse junto. Era a última porção de comida que eles tinham."

** N. de R.T.: As *sight words* (palavras de visão) são palavras de alta frequência na língua inglesa que as crianças pequenas são incentivadas a memorizar como um todo por meio da visão, para que consigam reconhecê-las automaticamente sem precisar usar estratégia para decodificá-las.

tração, professores habilidosos têm algumas percepções iniciais. O desempenho de Juan indica que ele não está lendo para entender. Na primeira frase, ele interpreta erroneamente várias palavras (*wife*, *woods*, *house*) e as substitui por palavras sem sentido (*wif*, *hus*). Isso sugere que ele não só tem dificuldade em decodificar essas palavras (que são todas decodificáveis) como não reconhece que elas não fazem sentido na sentença. Não parece que Juan monitore sua leitura ou use o contexto para reler o significado. Embora pareça que Juan ainda não tenha aprendido que a leitura deveria fazer sentido, essa conclusão é complicada pelo fato de que ele é um estudante da língua inglesa. A partir das informações fornecidas, não sabemos seu nível de proficiência em inglês e não temos como saber se as palavras que ele interpreta mal (*wife*, *house*, *fire*, etc.) fazem parte de seu vocabulário de escuta ou fala em inglês. Também é complicado pelo fato de que a passagem se encontra em seu nível de frustração,* em que ele interpreta mal muitas palavras, tornando mais difícil para ele usar o contexto para ajudar no seu automonitoramento, uma questão que o professor gostaria de explorar mais.

Um professor experiente também nota que muitas das palavras que Juan interpreta erroneamente são tipo CVCe. Palavras CVCe seguem o padrão de consoante, vogal, consoante, seguido de um silencioso "e". A generalização CVCe, familiar aos leitores mais experientes do inglês, é que palavras desse padrão (*wife*, *kite*, *bite*, *mate*, etc.) geralmente têm um som de vogal longo; sem o "e" no final, a vogal se torna curta (*bit*, *kit*, *mat*, etc.). Juan pronuncia os sons das consoantes de forma correta, mas pronuncia erroneamente as vogais mediais nessas palavras como sons vocálicos curtos. Ele ainda não aprendeu o padrão ortográfico que sinaliza um som de vogal longo, algo que poderia ser alvo de ensino.

---

* N. de R.T.: No sentido de oferecer dificuldade para o leitor, considerando suas habilidades para dar conta da demanda que a decodificação leitora oferece.

O caso geral ilustrado por exemplos

Voltamos agora à questão da compreensão pedagógica do conteúdo da disciplina. Conhecer o terreno do conteúdo da disciplina de várias maneiras é a base para o conhecimento de conteúdo pedagógico. Professores eficazes precisam ter competência no conteúdo da disciplina; eles precisam saber como resolver os problemas que propõem para os alunos e que existem várias abordagens para resolver muitos problemas. Mas tal competência não é suficiente. Fazer as escolhas certas como professor depende de saber que tipos de erros ou deslizes os alunos provavelmente farão, de ser capaz de identificar tais erros quando eles ocorrem e de estar preparado para lidar com as fontes dos erros dos alunos de maneiras que resultam na aprendizagem do aluno. Enfatizamos que tais erros ocorrem, não importa quão bom seja o ensino. Erros são parte da aprendizagem, e é por isso que "aprender com seus erros" é um ditado popular. Mas aprender com os erros muitas vezes requer que uma outra pessoa experiente – seja professor, seja pai ou amigo – forneça o *feedback* e a perspectiva necessários.

Os professores eficientes sabem muito mais do que suas disciplinas e mais do que "boas práticas pedagógicas". Eles sabem como os alunos costumam entender (e entender mal) suas disciplinas; eles sabem como antecipar e diagnosticar esses mal-entendidos; e eles sabem como lidar com tais equívocos quando surgem. Esse tipo de conhecimento foi denominado *conhecimento de conteúdo pedagógico* (SHULMAN, 1987). Tal conhecimento difere do conhecimento de habilidades genéricas de ensino, porque é específico do conteúdo. Saber a importância de "verificar a compreensão" no ensino não garante que os docentes sejam capazes de antecipar uma compreensão específica do aluno e mal-entendidos sobre frações ou palavras CVCe. Também não garante que os educadores saibam o que é compreensão sofisticada ou *performances* refinadas dentro do conteúdo da disciplina.

Os professores podem começar a desenvolver esse conhecimento, com as ferramentas e a predileção para continuar a desenvolvê-lo, na educação profissional, antes e depois da obtenção de seu diploma. Quando sabem o que procurar, eles desenvolvem mais esse conhecimento do trabalho, conforme ganham experiência a partir dos padrões de respostas dos alunos. Dessa maneira, começam a entender melhor o raciocínio e a compreensão do conteúdo da disciplina. Eles aprendem sobre padrões previsíveis na compreensão do aluno (que a ironia é difícil para os alunos compreenderem, por exemplo, ou que os alunos provavelmente não entenderão como explicar com maestria as diferenças sazonais), bem como a dar suporte ao movimento para uma compreensão mais disciplinar. Aprender sobre a compreensão dos alunos em relação ao conteúdo vai além do domínio do conteúdo e do senso comum da pedagogia; assim, merece atenção séria e sustentada no currículo de formação de professores.

Conhecimento do conteúdo da disciplina

O argumento de que os docentes precisam conhecer o conteúdo da disciplina que ensinam parece quase redundante, pois como podemos ensinar o que não entendemos? No entanto, a ligação entre o conhecimento do conteúdo e o desempenho da prática docente não é tão fácil de documentar. Em sua análise de pesquisas sobre formação de professores, Wilson, Darling-Hammond e Berry (2001) examinaram as evidências empíricas relacionadas ao conhecimento dos educadores sobre conteúdo da disciplina. Eles constataram que, embora vários estudos tenham encontrado uma relação entre a preparação dos professores em conteúdo da disciplina e o desempenho dos alunos (ver DARLING-HAMMOND, 2000a; GOLDHABER; BREWER, 2000; MONK, 1994), os achados de alguns estudos estão equivocados. Por exemplo, Goldhaber e Brewer (2000) descobriram que ter uma graduação em matemática era um preditor significativo do desempenho dos alunos em matemática, mas não em ciências. Monk (1994) encontrou relações geralmente

positivas entre o número de disciplinas que os professores tinham cursado em sua graduação em matemática e o desempenho de seus alunos. No entanto, essa relação não se tornou mais forte após certo número de disciplinas (cerca de cinco nesse estudo), ou seja, o fato de ter uma graduação em matemática não estava significativamente correlacionado com o desempenho dos alunos. Wilson, Darling-Hammond e Berry (2001) e colaboradores concluíram que, embora o conhecimento do conteúdo da disciplina de alguma forma seja importante, o campo precisa aprender mais sobre os tipos específicos de conhecimento do conteúdo da disciplina que são de fato relevantes para a prática docente.

O tipo de conhecimento de conteúdo que dá suporte a uma boa prática docente pode, em alguns casos, ser diferente daquele geralmente adquirido por indivíduos que buscam uma graduação em um campo de conteúdo. Por exemplo, o trabalho de Ma (1999) sobre professores especializados em matemática dos anos iniciais indica que tais docentes frequentemente têm uma organização mais rica e mais profunda do conhecimento do conteúdo da disciplina dos anos iniciais (chamada de "compreensão profunda da matemática fundamental") do que os matemáticos, porque seu conhecimento é organizado para o ensino. Nessa perspectiva, "mais matemática" não é uma receita suficiente para a preparação em conteúdo; o importante é o conhecimento de matemática relacionado ao ensino. Argumentamos que futuros professores precisam de, no mínimo, uma base sólida no conteúdo da disciplina que planejam ensinar e as ferramentas necessárias para continuar aprendendo sobre o conteúdo da disciplina ao longo de suas carreiras, um argumento que é consistente com a conclusão de que ter carga teórica durante a graduação em uma área de conteúdo é importante. Tais ferramentas incluem a compreensão de conexões profundas dentro do conteúdo da disciplina que embasam escolhas curriculares e pedagógicas, a compreensão de grandes ideias e padrões produtivos de reflexão dentro de uma disciplina e a compreensão de como o conhecimento é gerado dentro de um campo (ver BALL; BASS, 2000; MA, 1999).

Normalmente, os professores em potencial desenvolvem seu conhecimento sobre o conteúdo da disciplina dentro do componente de ciências humanas da preparação de professores, e não dentro do currículo profissional. Como esta publicação está fundamentalmente relacionada com o componente profissional do currículo de formação de professores, não abordaremos a preparação em conteúdo da disciplina dentro das ciências humanas. No entanto, também argumentamos que alguns aspectos da compreensão desse conteúdo são críticos para o conhecimento de conteúdo pedagógico e, portanto, merecem ser abordados nas disciplinas relacionadas ao ensino do conteúdo. Acreditamos também que os educadores continuam a aprender sobre o conteúdo por meio da prática docente e que eles merecem oportunidades contínuas de continuar a aprender dentro das disciplinas que ensinam.

O conhecimento de conteúdo pedagógico

O conhecimento de conteúdo pedagógico foi definido como:

> Os tópicos mais regularmente ensinados na área de conteúdo da disciplina, as formas mais úteis de representações dessas ideias, as analogias mais poderosas, ilustrações, exemplos, explicações e demonstrações – em poucas palavras, maneiras de representar e formular a disciplina de modo a torná-la compreensível para os outros. O conhecimento de conteúdo pedagógico também inclui uma compreensão do que facilita ou dificulta a aprendizagem de tópicos específicos; as concepções e preconceitos que estudantes de diferentes idades e origens trazem consigo para a aprendizagem dos tópicos e lições mais frequentemente ensinados (SHULMAN, 1986, p. 9-10).

Embora o termo em si tenha sido introduzido pela primeira vez por Shulman (1986), as ideias subjacentes ao conhecimento de conteúdo pedagógico não são novas. Dewey (1902), por exemplo, falou sobre a necessidade de "psicologizar o conteúdo da disciplina", para conectá-lo à experiência dos alunos. Em uma crítica deveras contundente da formação de professores, Conant (1963) observou a importância de ajudar os futuros professores a entender as disciplinas a partir de uma perspectiva mais pedagógica. Ele argumentou que, embora um físico consiga entender o conteúdo importante da física para ensinar, ou os conceitos que são mais centrais para o estudo do movimento, por exemplo, ele pode não ser capaz de afirmar se crianças de 10 anos são capazes de compreender esses conceitos.

Na análise das pesquisas sobre formação de professores mencionada anteriormente, Wilson, Darling-Hammond e Berry (2001) observaram que alguns estudos constataram que as disciplinas em educação eram tão importantes quanto as disciplinas de conteúdo. Por exemplo, Monk (1994) descobriu que "[...] as disciplinas de licenciatura em matemática contribuem mais para os ganhos dos alunos do que as disciplinas de bacharelado em matemática [...]" (WILSON; DARLING-HAMMOND; BERRY, 2001, p. 8). Wilson, Darling-Hammond e Berry (2001) e colaboradores destacaram que essa constatação provavelmente está relacionada à necessidade de os educadores desenvolverem conhecimento de conteúdo pedagógico em determinado conteúdo da disciplina, algo que é mais provável de ser abordado em disciplinas sobre métodos de ensino de conteúdo* do que em disciplinas sobre o conteúdo em si (ver GROSSMAN, 1990).

Uma estrutura para o conhecimento de conteúdo pedagógico

Neste capítulo, abordamos o conhecimento de conteúdo para a prática docente por meio de perguntas que estão no cerne do conhecimento de conteúdo pedagógico – que significa entender o conteúdo da disciplina com o objetivo de

---

* N.de R.T.: Como as disciplinas de didática nas diversas áreas do conhecimento, por exemplo.

Quadro 6.1 Questões que embasam as disciplinas de pedagogia de conteúdo específico

Q1. Como definimos o conteúdo da disciplina? Quais são os conceitos e processos centrais envolvidos no conhecimento do conteúdo da disciplina? De acordo com quem? Existem definições concorrentes do conteúdo da disciplina? Quais são as consequências de diversas definições do conteúdo da disciplina? Como padrões ou estruturas nacionais e estaduais definem o conteúdo e o que significa saber esse conteúdo?

Q2. Quais são os diferentes objetivos para o ensino do conteúdo da disciplina nas escolas públicas? Por que é importante para os alunos estudarem as disciplinas? Quais aspectos das disciplinas são mais importantes? Existem diferentes objetivos para ensinar o conteúdo da disciplina dependendo da idade dos alunos?

Q3. Como é a compreensão ou o desempenho em relação a esse conteúdo da disciplina? Quais são os diferentes aspectos de compreensão e desempenho? O que os alunos provavelmente entenderão sobre o conteúdo da disciplina em diferentes estágios de desenvolvimento? Como o conhecimento e a proficiência do aluno se desenvolvem? Como o ensino pode dar suporte ao desenvolvimento da compreensão e proficiência do aluno?

Q4. Quais são os principais currículos disponíveis para ensinar o conteúdo da disciplina? Quais definições das disciplinas estão inseridas nos materiais desse currículo? Como os currículos estão alinhados com os padrões nacionais e estaduais? Como eles são articulados por níveis de escolaridade? Como os professores podem usar materiais curriculares de forma eficaz para dar suporte à aprendizagem dos alunos?

Q5. Como os professores avaliam a compreensão e o desempenho do aluno dentro de um domínio de conteúdo da disciplina? Quais ferramentas são mais úteis para avaliar a competência do aluno? Como os professores utilizam os resultados dessas avaliações para embasar o ensino?

Q6. Quais são as práticas que caracterizam o ensino de conteúdos específicos? Que práticas e abordagens demonstraram ser eficazes na promoção da aprendizagem dos alunos? Existem práticas particularmente eficazes com grupos específicos de alunos? Que representações, exemplos e analogias são particularmente úteis para ajudar os alunos a compreender conceitos ou ideias específicos?

Fonte: Adaptado de Grossman (2002).

ensiná-lo a outras pessoas. Um dos objetivos da formação de professores é iniciar a investigação dessas questões e fornecer estruturas para ajudar os futuros educadores a elaborar respostas para tais questões. Mas os educadores, auxiliados pelo desenvolvimento profissional permanente, continuarão a gerar respostas cada vez mais refinadas e elaboradas para essas perguntas ao longo de suas carreiras. O papel da formação de professores não é fornecer respostas definitivas a essas perguntas, em especial considerando o prazo normalmente dado para a preparação do professor. Seu papel é ajudar os futuros docentes a começar a gerar respostas produtivas para es-

sas perguntas e fornecer as ferramentas intelectuais para eles continuarem a investigar tais questões ao longo de suas carreiras. O **Quadro 6.1** fornece um panorama dessas questões.

Esse conjunto de questões envolve tanto o conhecimento de conteúdo da disciplina quanto o conhecimento de conteúdo pedagógico, embora as perguntas se concentrem mais no segundo. Para responder a maioria dessas perguntas, os educadores precisam ter uma compreensão sólida do conteúdo da disciplina em si. Além disso, precisam entender os contextos políticos e educacionais mais amplos que ajudam a moldar nossas noções sobre o que significa conhecer e ensinar o conteúdo da disciplina, bem como elaborar a compreensão por parte de seus alunos. Mais importante, do ponto de vista desta publicação, essas seis perguntas fornecem os fundamentos para as disciplinas em pedagogia de conteúdo específico durante a formação de professores.

Embora as perguntas em si sejam gerais, as respostas a elas são diferentes para cada disciplina. Vamos abordar por um momento a primeira questão, que diz respeito à definição do conteúdo da disciplina e sua relação com os padrões de educação. Em nenhuma área de conteúdo existe um consenso absoluto. Por exemplo, na matemática, em âmbito nacional, há clareza e certo consenso em relação aos padrões, conforme representado pelos *princípios e padrões* do National Council of Teachers of Mathematics (2000). Os princípios e padrões definem e enfocam cinco padrões de conteúdo e cinco padrões de processo, demonstrando como eles servem como a parte central do currículo da educação básica. No entanto, a história não é assim tão simples. A maioria dos Estados também define as próprias estruturas e os próprios padrões, que podem ou não estar alinhados com aqueles em âmbito nacional. Na disciplina de língua inglesa, existem definições concorrentes sobre o conteúdo da disciplina. Debates sobre a definição desse conteúdo se espalham na iniciativa de criar padrões nacionais em quase todas as áreas temáticas. Mesmo as ciências, que parecem simples, não estão livres de controvérsia: o caminho para o desenvolvimento dos National Science Education Standards (Padrões Nacionais de Educação Científica) do National Research Council (1995) não foi de modo algum fácil, por apresentar argumentos sobre o ensino da ciência entre tradicionalistas preocupados principalmente com a aquisição de informações, de um lado, e agentes de reforma preocupados com a compreensão e o uso de pesquisa científica, de outro. Várias estruturas estaduais se alinham a um lado ou outro dessa controvérsia. Há também controvérsias sobre o conteúdo da ciência, por exemplo, tentativas de desacreditar o ensino da evolução ou elevar o *status* do cria-cionismo para que ele possa ser ensinado como "ciência da criação". Os estudos sociais talvez representem o caso mais extremo da dificuldade de definir o conteúdo da disciplina. Os estudos sociais, como disciplina escolar, são um casamento de muitas disciplinas distintas, entre as quais história, geografia, ciência política, economia, sociologia e até psicologia. Existem muitas definições concorrentes de estudos sociais, algumas das quais destacam a importância da história, enquanto outras enfatizam a centralidade da educação cívica. Essas definições conflitantes sobre conteúdo tornaram difícil para o campo o desenvolvimento de um conjunto comum de padrões.

Como esses exemplos sugerem, o conhecimento de conteúdo pedagógico é inerentemente específico às disciplinas. Por essa razão, exploraremos possíveis respostas a essas questões ao longo de dois domínios para ilustrar as dimensões específicas às disciplinas da investigação sobre tais questões e a necessidade subsequente de futuros professores examinarem-nas no contexto do conteúdo específico das disciplinas.

Respostas às perguntas nos domínios ilustrativos

Argumentamos que professores bem-preparados devem ser capazes de responder às perguntas do **Quadro 6.1** dentro do próprio domínio e que programas de formação de professores de alta qualidade podem ajudar futuros docentes a gerar respostas para essas questões que continuarão a ser refinadas por meio de sua experiência em sala de aula. Também reconhecemos que as respostas a essas perguntas são frequentemente um reflexo de julgamento profissional, e não de conclusões empíricas. Nenhum programa de pesquisa consegue responder à questão de por que seria importante para todos os alunos aprenderem ciências, embora a disciplina possa ser útil no desenvolvimento de uma melhor compreensão das crenças cotidianas dos alunos sobre fenômenos científicos.

Como observado anteriormente, não conseguiríamos abordar essas questões para toda a matriz curricular escolar em um breve capítulo. Assim, ilustramos os tipos de respostas que poderiam ser dados em duas disciplinas importantes: matemática e língua inglesa/ artes da linguagem, ao mesmo tempo que tentamos sugerir uma gama de respostas em outras disciplinas por meio de comentários preliminares ou conclusivos. Os docentes de cada campo precisam de oportunidades para continuar aprendendo e abordar as questões nas próprias áreas.

Q1. Como definimos o conteúdo da disciplina? Quais são os conceitos e processos centrais envolvidos no conhecimento do conteúdo da disciplina? De acordo com quem? Existem definições concorrentes do conteúdo da disciplina? Quais são as consequências de diversas definições do conteúdo da disciplina? Como padrões ou estruturas nacionais e estaduais definem o conteúdo e o que significa saber esse conteúdo?

Esse conjunto de questões encontra-se na intersecção entre o conhecimento do conteúdo da disciplina e o conhecimento do conteúdo pedagógico. Como a pesquisa sobre o conhecimento dos docentes a respeito do conteúdo da disciplina sugere, conhecer uma série de fatos dentro de um conteúdo é uma preparação menos intensa para a prática docente do que conhecer as grandes ideias e estruturas profundas das disciplinas (ver SCHWAB, 1964). Padrões emergentes nas disciplinas (incluindo matemática, inglês, ciências, artes, estudos sociais e suas disciplinas constituintes) enfocam conteúdo e *também* processo. Um aluno precisa conhecer as coisas e como fazer as coisas – como se envolver nas práticas da disciplina, incluindo aprender a explorar novos terrenos. Na maioria dos domínios de resolução de problemas, a competência inclui o conhecimento dos fatos, procedimentos e conceitos; a fluência nas estratégias; a habilidade no monitoramento e na autorregulação; e disposições e crenças consistentes com um envolvimento produtivo com a disciplina (ver GREENO; PEARSON; SCHOENFELD, 1997; SCHOENFELD, 1985).

As questões relativas à definição do conteúdo da disciplina e aos conceitos e processos centrais envolvidos no conhecimento do conteúdo da disciplina apontam para aspectos epistemológicos subjacentes às várias disciplinas e ao conteúdo da disciplina que ensinamos. Como os estudos sobre o conhecimento do conteúdo pelos professores sugere, o modo como os docentes definem o conteúdo da disciplina influenciará a forma como eles organizam tanto o conteúdo programático quanto o ensino. Em seu artigo sobre o ensino de estudos sociais, por exemplo, Wineburg e Wilson (1988) descreveram as diferentes maneiras como os educadores iniciantes organizam o conteúdo programático e rastreiam essa organização de volta ao seu curso de graduação. A graduação em antropologia, por exemplo, organizou seu curso em torno do conceito de cultura, enquanto a ciência política organizou seu curso em torno de uma exploração da história política. Grossman e Stodolsky (2000) descobriram que os professores de matemática tinham definições da disciplina bastante diferentes e que essas diferenças tinham consequências sobre como eles pensavam em ensinar a disciplina.

Exemplo de resposta: matemática. No âmbito nacional, os princípios e padrões do National Council of Teachers of Mathematics (2000) fornecem grande clareza e bastante consenso sobre os conceitos e processos centrais da matemática. Esse documento, cuja elaboração foi endossada por todas as principais sociedades matemáticas profissionais, define cinco padrões de conteúdo (números e operações; padrões e álgebra; geometria; medição; probabilidade e estatística) e cinco padrões de processo (resolução de problemas, raciocínio, comunicação, conexões e representação). Ele mostra como tais conceitos se desenrolam da educação infantil até o 3º ano do ensino médio. Atenção especial é dada aos conceitos centrais e mais difíceis e ao seu desenvolvimento ao longo do tempo. Todos os conceitos não são criados de forma igual: às vezes (dependendo da disponibilidade do aluno), algumas ideias têm mais peso no currículo do que outras.

A situação é, no entanto, mais complexa do que simplesmente dizer: "Há um consenso em torno dos princípios e padrões". Os anos de 1990 viram as guerras matemáticas, nas quais os defensores do "básico" – caracterizado em geral como a ênfase nas habilidades em processos computacionais e processuais – argumentavam fortemente contra a "reforma" – em geral caracterizada como o foco na compreensão de conceitos matemáticos e raciocínio, além de fatos e procedimentos. A maioria dos Estados tem os próprios padrões, estruturas e sistemas de avaliação. Dependendo de como essas estruturas foram desenvolvidas, elas podem estar mais ou menos alinhadas com as estruturas nacionais. Questões de alinhamento são críticas, pois os docentes precisam equilibrar o desejo de ensinar para a compreensão com o conhecimento de que seus alunos (e eles) provavelmente serão julgados pelas avaliações estaduais, que às vezes podem diferir substancialmente na ênfase. Negociar essas tensões exige um grau significativo de conhecimento curricular e habilidade de ensino.

Exemplo de resposta: língua inglesa/artes da linguagem. Professores da língua inglesa nos Estados Unidos não conseguem chegar a um consenso na definição do conteúdo da disciplina. Como Elbow (1990) pergunta com lampejo em seu livro sobre uma conferência de professores de inglês: *What is English?* (*O que é o inglês?*). Um dos desafios para os educadores iniciantes é entender as abordagens radicalmente diferentes que seus colegas podem adotar em relação ao conteúdo da disciplina, diferenças que geralmente residem em definições conflitantes do conteúdo da disciplina de artes da linguagem. Alguns argumentam que o campo do inglês está mais preocupado com a leitura de textos canônicos, ao passo que outros alegam que a definição apropriada tem mais a ver com o consumo e a produção de um conjunto muito mais amplo de textos. Outros, ainda, podem defender que o campo do inglês deve ser definido pelas habilidades envolvidas em ler, escrever, ouvir e falar. Dentro desses

vários componentes da disciplina, há teorias contrastantes sobre o que significa ler um texto representado por diferentes teorias literárias e diferentes teorias do que significa escrever.

A existência de concepções diversas e conflitantes sobre o conteúdo da disciplina tem consequências para o desenvolvimento de padrões comuns nos âmbitos nacional e estadual. Já que existem tais visões concorrentes, talvez é possível chegar-se a um consenso apenas em um nível razoavelmente alto de generalidade. Os padrões do National Council of Teachers of English (Conselho Nacional de Professores de Inglês), por exemplo, representam uma definição muito ampla do conteúdo da disciplina organizado em torno dos processos de leitura, escrita e comunicação, tudo no contexto da comunidade social. Esses padrões representam tanto uma teoria da aprendizagem de línguas quanto uma teoria do tema multidisciplinar da língua inglesa.

Dentro das artes da linguagem dos anos iniciais, as definições de conteúdo da disciplina são menos controversas, embora haja debates extraordinários sobre como ensiná-las. A maioria dos professores e pesquisadores dos anos iniciais do ensino fundamental concordaria com a importância da leitura e da escrita para o conteúdo nos contextos mais amplos de uso da linguagem e da comunicação. Há um consenso emergente sobre os padrões para o ensino de um programa de "alfabetização equilibrada", embora ainda haja variação em como as pessoas podem definir esse equilíbrio (ver SNOW; GRIFFIN; BURNS, 2005).

Q2. Quais são os diferentes objetivos para o ensino do conteúdo da disciplina nas escolas públicas? Por que é importante para os alunos estudarem as disciplinas? Quais aspectos das disciplinas são mais importantes? Existem diferentes objetivos para ensinar o conteúdo da disciplina dependendo da idade dos alunos?

Se o primeiro conjunto de perguntas foca a disciplina em si, o segundo conjunto enfoca o conteúdo das disciplinas escolares. Os futuros docentes podem pressupor que o que eles realizam como graduados em matemática em uma universidade é o mesmo que eles conseguem realizar em uma sala de aula do ensino médio. Mas os objetivos do ensino da matemática para todos os alunos das escolas públicas podem ser muito diferentes dos objetivos dos professores universitários de matemática, que estão tentando preparar os matemáticos do futuro. Esse conjunto de questões também envolve os tipos de padrões de conteúdo da disciplina produzidos por uma ampla gama de organizações profissionais.

Os professores precisam compreender um pouco da história de sua área de conteúdo, como ela foi e está sendo definida, a fim de entender as escolhas curriculares que eles precisarão fazer. A escolha de um livro, por exemplo, pode envolver o privilégio de uma definição particular do conteúdo da disciplina; os educadores devem tomar essas decisões de forma consciente. Para entender alguns dos debates que ocorrem nas escolas sobre o currículo, os futuros professores podem ter que explorar o histórico desses debates e como esse histórico repercute no currículo da escola.

Como parte dessas excursões históricas, os futuros educadores precisam investigar como diferentes objetivos para o ensino de um conteúdo de uma disciplina podem ser elaborados para diferentes grupos de estudantes. Por exemplo, os objetivos históricos para o ensino de matemática variaram de forma radical ao longo das diferentes *trilhas** no ensino médio, refletindo também diferenças sistemáticas no acesso a esse currículo escolar por raça e classe social. Por exemplo, os alunos em aulas de matemática em uma trilha mais avançada podem se engajar em solução de problemas da disciplina, enquanto alunos de "matemática de negócios" podem aprender a fazer o balanço de seu talão de cheques. Nas aulas de história, os alunos das trilhas mais avançadas podem ser solicitados a se engajar em uma interpretação

---

* N. de R.T.: A prática das "trilhas" (*tracking*) que ocorre nas escolas públicas norte-americanas designa os alunos para caminhos educacionais separados com base em seu desempenho acadêmico.

rigorosa das evidências históricas, enquanto os alunos das trilhas mais básicas podem se deparar com uma versão muito diferente da história. Pesquisas sobre o sistema de trilhas geralmente constatam que o desempenho dos alunos é mais uma função da grade curricular a que têm acesso do que de seu nível de habilidade prévia (para análises, ver GAMORAN; BERENDS, 1987; SLAVIN, 1990b). A educação profissional deve ajudar os alunos a questionar como diferentes objetivos para ensinar conteúdo de uma disciplina a diferentes grupos de alunos podem reforçar as desigualdades existentes e afetar o acesso ao ensino superior.

Exemplo de resposta: matemática. A compreensão dos objetivos do ensino e da aprendizagem da matemática está evoluindo. A matemática, outrora a província da "elite" ou "intenção universitária", agora é vista como necessária para uma série de objetivos, entre os quais (1) preparação para as crescentes demandas quantitativas dos locais de trabalho; (2) preparação para a cidadania letrada, uma vez que as questões sobre as quais os eleitores votam geralmente dependem da compreensão matemática ou científica; (3) capacidade de tomar decisões sobre a vida (sobre pagamentos de hipotecas, e assim por diante) que dependem de compreensão quantitativa; e (4) preparação para o ensino superior. Os cidadãos serão considerados deficientes se não tiverem essa compreensão.

Os princípios e normas argumentam que é possível preparar qualquer aluno para todos os objetivos há pouco mencionados, enquanto os alunos recebem uma base sólida nos cinco conteúdos e cinco padrões de processo definidos como centrais ao currículo.

Seria justo afirmar que os objetivos não mudam com a idade dos alunos, se pensarmos ao longo de um espectro de desenvolvimento. O objetivo é que os estudantes desenvolvam uma compreensão de todas essas ideias. Em diferentes idades, vários aspectos dessa compreensão são mais apropriados. Por exemplo, os alunos podem começar a examinar padrões desde cedo, codificando-os com símbolos (álgebra) mais tarde. Da mesma forma, eles podem começar a fazer argumentos fundamentados (p. ex., "É por isso que acho que é verdade") em uma idade precoce, mas só deve ser esperado que consigam produzir provas formais matematicamente corretas no ensino médio.

Exemplo de resposta: língua inglesa/artes da linguagem. Como Barnes, Barnes e Clarke (1984) ilustram, há essencialmente "versões do inglês" concorrentes operando nas salas de aula. Algumas dessas versões incluem (1) uma abordagem de habilidades básicas, na qual o objetivo principal é ensinar as habilidades de ler, escrever, falar e ouvir; (2) uma abordagem de crescimento pessoal, na qual o objetivo principal é ajudar os alunos a se desenvolver como seres humanos por meio do engajamento na leitura e na escrita; (3) uma abordagem da disciplina, em que o objetivo é preparar os alunos para se envolverem nas práticas de literatura e de escrita da disciplina; e (4) uma abordagem crítica de letramento, em que o objetivo é ajudar os alunos a utilizar o letramento para criticar o mundo ao seu redor. Cada uma dessas versões destaca aspectos particulares do conteúdo da disciplina e obscurece outros. A abordagem das habilidades básicas, por exemplo, apresenta a gramática, enquanto a abordagem do crescimento pessoal enfatiza os significados pessoais e pode minimizar a importância da gramática e das convenções. Esses diferentes objetivos se refletem nos materiais e padrões curriculares e têm variada importância ao longo da história da disciplina (APPLEBEE, 1974).

Uma das consequências de objetivos conflitantes para o ensino da língua inglesa é certa cacofonia nos departamentos. Os futuros professores precisam de oportunidades para investigar essas diferentes abordagens e suas consequências para o currículo e o ensino, bem como oportunidades para entender como os debates departamentais podem estar enraizados em diferentes crenças sobre os objetivos do ensino da língua inglesa. Outra consequência, como sugerido anteriormente, é que

os alunos em diferentes trilhas, que, com frequência, diferem por raça e classe social, podem encontrar versões bastante distintas do inglês (ver APPLEBEE, 1974; BARNES; BARNES; CLARK, 1984).

Existe um consenso sobre a necessidade de ensinar a leitura como uma disciplina por si só e também como um conjunto de habilidades que são críticas para a aprendizagem dentro do conteúdo de outras disciplinas (aprender a ler e ler para aprender). Há uma concordância emergente de que o ensino da leitura envolve ensinar os alunos a decodificar textos escritos e interpretá-los e reconhecer que parte da prática docente envolve o ensino da compreensão e estratégias de interpretação de texto por parte dos alunos, bem como estratégias metacognitivas para monitorar essa compreensão. A escrita também é vista como uma habilidade fundamental tanto dentro da disciplina quanto para dar suporte a um bom desempenho em outras áreas. Existe um consenso de que os alunos precisam aprender a escrever em diversos gêneros e para vários públicos. Os objetivos de ensinar gramática e as estratégias mais produtivas de utilização para esses fins são contestados tanto no ensino fundamental quanto no médio. Os professores do ensino fundamental e médio precisam igualmente de oportunidades para explorar como o ensino da gramática ajuda os alunos a aprender a ler e escrever e o quão diferentes as estratégias de ensino podem ser dependendo da proficiência em língua inglesa do aluno.

Q3. Como é a compreensão ou o desempenho em relação a esse conteúdo da disciplina? Quais são os diferentes aspectos de compreensão e desempenho? O que os alunos provavelmente entenderão sobre o conteúdo da disciplina em diferentes estágios de desenvolvimento? Como o conhecimento e a proficiência do aluno se desenvolvem? Como o ensino pode dar suporte ao desenvolvimento da compreensão e proficiência do aluno?

Esse conjunto de perguntas foca diretamente os alunos e sua compreensão. Para ensinar para a compreensão, os professores precisam ter uma noção de como ela se dá em um domínio específico de conteúdo da disciplina. O que significa entender literatura, por exemplo? Como você saberia se os alunos desenvolveram uma compreensão profunda ou superficial de um trabalho literário? O que os alunos devem ser capazes de dizer sobre os personagens, o enredo e o modo como o trabalho é construído? Como os estudantes abordariam o problema das frações que apresentamos na introdução deste capítulo? Que equívocos eles podem cometer sobre o tamanho relativo das frações? O que indica uma compreensão substancial da ciência? O aluno consegue enunciar uma lei ou um princípio, por exemplo? Ele consegue utilizá-lo para explicar um evento do "mundo real" ou resolver um problema? O aluno consegue raciocinar sobre causas prováveis ou consequências de eventos (p. ex., quais são as vantagens e desvantagens dos alimentos geneticamente modificados)? O que é um desempenho habilidoso em uma língua estrangeira? Os alunos precisam desenvolver fluência em vários registros em outro idioma para serem considerados proficientes?

As respostas a essas perguntas dependem tanto do conteúdo da disciplina quanto da idade dos alunos. Os estudantes estão cheios de ideias e têm experiências relevantes para o estudo de conteúdos de interesse em quase todas as idades, e seu conhecimento e sua experiência de base (assim como seu desenvolvimento cognitivo) se modificam substancialmente com o tempo. Por exemplo, as crianças mais novas são mais propensas a enfrentar desafios ao identificarem um tema em uma obra literária ou na análise de uma interpretação inicial. Qualquer que seja sua idade, os alunos não entram em nossas salas de aula como uma folha em branco ou recipientes vazios. Assim, é essencial que os professores determinem que tipos de compreensão da disciplina seus alunos já têm e que criem práticas de ensino que sejam apropriadas para o nível de conhecimento e desenvolvimento dos alunos.

Embora seja importante que os professores saibam as respostas possíveis que os alunos

teoricamente podem gerar para um problema de um conteúdo de disciplina, algumas pesquisas sugerem que é ainda mais importante que os docentes entendam as abordagens dos próprios alunos sobre o conteúdo em questão. Em seu estudo do conhecimento de conteúdo pedagógico dos professores do ensino fundamental em matemática, Peterson, Fennema e Carpenter (1991) criaram oportunidades para eles aprenderem sobre as várias estratégias para a abordagem da aritmética pelas crianças. Os autores descobriram que não era suficiente que os professores soubessem, teoricamente, que os alunos dos anos iniciais usam estratégias diferentes para a adição; em vez disso, a capacidade dos educadores de antecipar as estratégias de adição dos *próprios* alunos correspondeu ao desempenho desses alunos. Isso sugere que a formação de professores precisará fornecer ferramentas para a investigação constante da compreensão do aluno sobre o conteúdo da disciplina, de modo que os docentes continuem a desenvolver seus conhecimentos sobre os próprios alunos.

Exemplo de resposta: matemática. Documentos como os princípios e normas do National Council of Teachers of Mathematics (2000) ilustram os níveis almejados de compreensão, e uma literatura substancial, que inclui manuais como o *Handbook for research on mathematics teaching and learning* (*Manual de pesquisa no ensino e aprendizagem da matemática*; GROUWS, 1992), evidencia isso. Uma ideia-chave é a de que conhecimento e compreensão são *generativos*. Compreender a matemática significa ser capaz de reconhecer quando determinado tipo de matemática é útil para ajudar a entender ou analisar uma situação e usá-lo adequadamente. Isso vai muito além de conseguir fazer cálculos ou manipulações simbólicas. Por exemplo, um programa de ensino chamado de "ensino orientado pela cognição" (*cognitive guided instruction* – CGI) ajuda os professores a trabalhar com as muitas abordagens válidas para representar e solucionar problemas simples gerados por alunos, em vez de apresentar apenas uma abordagem canônica. Outras abordagens, tais como o "ensino com base em conceitos" (*conceptually based instruction* – CBI), o "suporte ao raciocínio estruturado decimal" (*supporting ten-structured-thinking* – STST) e o projeto de matemática com foco no problema (*problem-centered mathematics project* – PCMP), focam, também, visões ricas de matemática nas quais se misturam competências conceituais e de procedimento (para uma discussão sobre esses programas e outros, ver FENNEMA; ROMBERG, 1999). Os professores devem estar cientes dos programas de ensino e métodos de ensino focados no desenvolvimento de uma compreensão robusta.

Outra ideia-chave é a de que uma compreensão robusta surge quando se consegue ver os mesmos conceitos a partir de diversas perspectivas e representá-los e usá-los de várias maneiras, desenvolvendo redes conectadas de compreensão em vez de decorar fatos e procedimentos. Trabalhar a matemática é uma forma de dar sentido às coisas. Como consequência, os alunos devem aprendê-la como tal – engajando-se ativamente na solução de problemas, lidando com situações problemáticas em vez de apenas memorizar fórmulas e regras. Alguns programas de ensino, como o Algebra Project (Projeto Álgebra; MOSES; COBB, 2001), têm foco em fornecer aos alunos referências de experiências concretas como uma base a partir da qual constroem uma compreensão matemática mais abstrata. Compreender as conexões dentro da matemática (por meio de várias representações) e fora da matemática (para fenômenos do mundo real) são ambas partes essenciais de se lidar com ideias matemáticas (NATIONAL COUNCIL OF TEACHERS OF MATHEMATICS, 2000).

Uma ideia semelhante que é relativamente recente e importante é a de que se pode desenvolver e aguçar a compreensão da pessoa ao resolver problemas. Há alguns anos, pressupunha-se que era preciso primeiro "dominar" a matemática de forma substancial e depois "aplicá-la" a problemas. Entende-se agora que se pode dar aos alunos problemas com os quais

eles consigam lidar e que, se os problemas forem cuidadosamente escolhidos, os alunos desenvolvem ideias matemáticas enquanto trabalham nesses problemas.

A prontidão para o desenvolvimento e o crescimento da sofisticação de raciocínios acerca de um conteúdo são ideias muito importantes. Algumas dicas em relação a isso foram dadas na resposta à questão 2, sobre os objetivos de se ensinar o conteúdo da disciplina. Os princípios e padrões estabelecem sequências de conteúdo e processo que são consistentes com o crescimento do desenvolvimento – a ideia, por exemplo, de que a prova é a codificação de uma linha coerente de raciocínio, que pode começar com argumentos informais sobre por que algo faz sentido e o ponto em que tais argumentos são formalizados. Da mesma forma, há uma progressão em termos da complexidade do conteúdo. Os alunos do 3º ano conseguem fazer e explorar conjecturas sobre números inteiros, produzindo argumentos sensatos e razoáveis para suas alegações. Eles conseguem, com base na experiência, conjecturar que a soma de dois números ímpares é sempre um número par. Se eles definiram números ímpares como "números que têm uma sobra quando você tenta agrupá-los em pares", eles conseguem deduzir que dois números ímpares "representativos", digamos 5 e 7, devem somar um valor par porque a unidade "que sobra" no 5 e a unidade "que sobra" no 7 podem ser combinadas para formar um par. Anos mais tarde, como um exercício elementar de álgebra, eles conseguem codificar essa compreensão com uma prova, sendo o argumento central:

$$(2N + 1) + (2M + 1) = (2N + 2M + 2) = 2 (N + M + 1).$$

Mais tarde, esse tipo de argumento será um dos muitos em seu *kit* de ferramentas matemáticas que é utilizado para abordar uma ampla gama de problemas em muitas áreas de conteúdo.

Questões de "prontidão desenvolvimental" levantam discussões complicadas em relação aos currículos de matemática. Se supusermos que o currículo de matemática é, em essência, imutável e hierárquico, então o desejo de colocar os alunos para cursarem disciplinas para as quais eles estão "prontos" resultaria no sistema de trilhas mencionado anteriormente. Existem alternativas para esse tipo de abordagem. Uma opção é criar um conteúdo programático que contenha muitos problemas ricos ou situações-problema que possam ser trabalhados em níveis variados. Dadas as situações suficientemente ricas, alguns estudantes conseguiriam explorar padrões diretos, encontrando uma solução de forma indutiva; alguns conseguiriam atribuir símbolos à situação e derivar representações analíticas e soluções de problemas dentro dela; alguns conseguiriam generalizar os problemas e suas soluções. Isso pode ser considerado o equivalente curricular de dar aos alunos textos complexos que conseguem ser lidos e discutidos em vários níveis. (Para exemplos de tais abordagens em matemática e as consequências delas, ver BOALER; GREENO, 2000; HORN, 2003.)

Além disso, professores e currículos devem oferecer oportunidades de aprendizagem de matemática para estudantes da língua inglesa. Essa questão torna-se especialmente crucial, uma vez que os currículos incluem cada vez mais a modelagem e a discussão de situações complexas. Deve-se ter cuidado para não privar os estudantes da língua inglesa, e sim tirar proveito dos recursos linguísticos que eles trazem para a sala de aula. Fornecer diversas representações que ofereçam bastante suporte para o conteúdo torna-se especialmente importante para esses alunos (ver BRENNER, 1994; KHISTY, 1995; MOSCHKOVICH, 1999a, 1999b, 2002).

Exemplo de resposta: língua inglesa/artes da linguagem. Aqueles que optam por se tornar professores de língua inglesa são muitas vezes leitores e escritores ávidos. Parte do desafio da educação profissional é ajudar os futuros docentes a superar as próprias experiências como leitores e escritores e entender como um grupo de alunos diverso aprende a ler e a escrever. Um segundo desafio na área da leitura e escrita é ajudar os futuros professores a perceber que a compreensão nesses domínios envolve conhecimento procedimental, conceitual e estratégico. Aprender a escrever, por exemplo, pode ser conceituado como uma forma de solução de problemas, em que os alunos precisam entender os tipos de problemas propostos por uma tarefa de escrita em particular e como lidar com esses problemas. Entender o papel do público-alvo na composição requer tanto um conceito de público-alvo quanto um conjunto de habilidades e estratégias para a consideração desse público. Na área da leitura, os educadores precisam investigar as habilidades dos alunos para decodificar o texto: os tipos de estratégias que os alunos utilizam para interpretar os textos expositivos e narrativos, bem como suas abordagens para a interpretação de textos literários. Compreender a literatura significa muito mais do que a capacidade de decodificar e interpretar as palavras específicas, como qualquer leitor da Morrison (1992)* sabe.

Pesquisas na área da língua inglesa que investigaram a compreensão dos alunos documentaram algumas das maneiras como eles desenvolvem sua capacidade de ler e escrever com o tempo. Por exemplo, algumas pesquisas ilustram como os alunos passam de avaliações relativamente globais da literatura para uma compreensão mais refinada e analítica ao longo do tempo; outra pesquisa documenta a tendência dos alunos mais jovens de desenvolver uma interpretação fixa de um texto logo no começo, o que é difícil para eles reavaliarem, algo que leitores mais experientes fazem de forma natural; essa distinção também pode caracterizar diferenças entre leitores mais fracos e mais fortes. Outra linha de pesquisa ilustra a luta que os leitores em dificuldades travam em visualizar os detalhes de um texto literário; tais leitores precisam de mais ajuda para "entrar" em um texto e usar detalhes para construir uma imagem do mundo criada pelo au-

---

* N. de R.T.: As obras literárias de Toni Morrison, escritora estadunidense, são marcadas por seu engajamento na luta pela visibilidade dos afro-americanos por meio de uma linguagem repleta de especificidades que muitas vezes desafia a variante-padrão da língua inglesa.

tor (ver GROSSMAN, 2001, para uma análise dessa literatura). Ao investigar questões sobre a compreensão da literatura por parte dos alunos, os futuros professores devem ter a oportunidade de entrar no pensamento dos alunos sobre o texto e comparar os tipos de estratégias interpretativas utilizados por leitores habilidosos com os dos leitores menos experientes.

A leitura também varia de acordo com a natureza do texto; não lemos um jornal ou um livro didático da mesma maneira que lemos *House on Mango Street* ou um poema do Billy Collins.

Por essa razão, os professores precisam de oportunidades para explorar as demandas de leitura de diferentes tipos de textos (expositivos, narrativos, poéticos, e assim por diante) e os tipos de estratégias de leitura de que as crianças necessitam para ler tais textos com sucesso. Os educadores também precisam de oportunidades para explorar como os contextos culturais dos alunos afetam suas interações com os textos. Sabemos, por exemplo, que as crianças chegam à escola com diferentes experiências na interação com textos (HEATH, 1983). Sabemos também que o conhecimento prévio dos leitores afeta sua capacidade de compreender esse texto. Por exemplo, um leitor que não está familiarizado com a história da Índia e sua revolução acharia difícil compreender *Os filhos da meia-noite*, de Salman Rushdie, assim como um leitor que não tem conhecimento da escravidão acharia *Amada*, de Morrison (1992), ainda mais desafiador. Os alunos também podem responder a textos com base em suas identidades culturais ou raciais. Ensinar *As aventuras de Huckleberry Finn*, por exemplo, apresenta desafios pedagógicos particulares em relação à descrição de Jim* (ver BOOTH, 1988). Os professores precisam estar atentos ao conhecimento cultural e às identidades que os alunos trazem para as aulas de leitura e escrita e a como antecipar as maneiras como os estudantes podem se valer de tal conhecimento para aprender a ler e escrever textos complexos. Uma linha de pesquisa começou a explorar como se pode usar o conhecimento cultural dos alunos como um recurso para a compreensão de textos literários difíceis (ver LEE, 1995).

O trabalho de Lee (1995) em Cultural Modeling (Modelagem Cultural; 1995) demonstra a complexidade do conhecimento prévio na interpretação de textos literários. Lee (1995) projetou uma intervenção curricular que pretendia utilizar estratégias de *scaffolding*** em relação ao conhecimento retórico de adolescentes afro-americanos, falantes do inglês afro-americano, para dar suporte ao raciocínio literário de textos canônicos. Ela avaliou o conhecimento prévio dos alunos sobre o conhecimento cultural afro-americano relacionado a dois textos-alvo, *A cor púrpura*, de Alice Walker, e *Seus olhos viam Deus*, de Zora Neale Hurston. Ela também avaliou seu conhecimento sobre *signifying*, um gênero de conversa em inglês afro-americano que envolve insulto ritual caracterizado por alto uso de insinuações e linguagem figurativa, usando material próximo à experiência extraescolar dos alunos. (Ver "Desenvolvendo o conhecimento dos alunos por meio da Modelagem Cultural", que ilustra como uma professora no Projeto de Modelagem Cultural usou seu conhecimento acerca do conhecimento extraescolar dos alunos para evocar explicações literárias.)

Desenvolvendo o conhecimento dos alunos por meio da Modelagem Cultural

Os alunos receberam a letra da música de rap *The mask*, dos The Fugees. Em cada es-

---

* N. de R.T.: Um escravo negro. A história se passa no final do século XVIII.

** N. de R.T.: Estratégias de ensino usadas para desafiar os alunos a mover-se, progressivamente, em direção a uma maior compreensão de um conteúdo/habilidade. Os professores utilizam estratégias de apoio temporário com o intuito de ajudar os alunos a alcançar níveis mais elevados de compreensão e aquisição de habilidades que eles não seriam capazes de alcançar sem assistência. As estratégias de apoio vão, aos poucos, sendo removidas, e o professor fornece para o aluno mais responsabilidade sobre o processo de aprendizagem.

trofe da música, os personagens dizem que usam a máscara.

Professor: Certo, "My posse up town wear the mask, my crew in Queens wear the mask, stick up kids with Tommy Hill wear the mask."* Sobre quem ele está falando aqui?

Aluno 1: Então, eles estão tentando dizer que as crianças pequenas estão assaltando as pessoas também com máscaras? É isso que eles estão tentando dizer?

Professor: Eles realmente usam máscaras?

Aluno 2: Não. Bem, basicamente, eles tentam esconder sua verdadeira identidade. Mesmo que eles não tenham uma máscara, é como uma ilusão de certo modo, porque obviamente eles não andam por aí com uma máscara, mas eles andam por aí com esse disfarce, sabe, como algumas pessoas tentam e agem como se fossem durões, mas na verdade não são. E eles, sabe, isso não significa que eles sejam. Eles têm um disfarce, sabe, um escudo sobre eles; mas não é, é um escudo invisível.

Os estudantes aqui distinguiram entre o literal e o figurativo. Eles imputaram um tema literário arquetípico para explicar os estados internos dos personagens nas letras. Por meio do sequenciamento do ensino, os alunos primeiro irão eliciar seu conhecimento cultural, explicitando como a estrutura de seu raciocínio cotidiano mapeia os problemas da interpretação literária; com o tempo, eles poderão construir interpretações complexas de textos canônicos sem o *scaffolding* explícito por parte do professor.

Fonte: Adaptado de Lee (1995).

A pesquisa de Lee (1995) sugere que entender o significado do conhecimento cultu-

ral dos alunos para o ensino não é uma questão simples. Ao examinar as relações entre o conhecimento prévio dos alunos sobre os códigos sociais, seu conhecimento de significado e pontuações em pré e pós-testes de compreensão literária, Lee (1995, p. 90) observa que:

> [...] o conhecimento social prévio, por si só, não garante o tipo de interpretação dos textos que se busca nessa unidade de ensino. Argumento que o elo perdido aqui é o conhecimento do *significado* como um código ou estrutura para mapear uma posição literária em relação à interpretação da linguagem figurativa [...].

Tal compreensão pedagógica requer não apenas uma profunda compreensão de conteúdo disciplinar, como a concepção de Ma (1999) sobre a "profunda compreensão da matemática básica" que os professores mais graduados em matemática têm; também exige uma compreensão igualmente profunda do conhecimento, das experiências no mundo, das disposições e dos hábitos mentais que os alunos constroem por meio de sua história com a escolarização, bem como por meio de suas experiências fora da escola em suas famílias, comunidades e redes sociais. Com o intuito de aproveitar o conhecimento cultural dos alunos para dar suporte à aprendizagem, os professores devem pensar de forma crítica sobre como esse conhecimento mapeia as demandas do domínio acadêmico. Eles devem planejar a seleção dos textos e dar sequência com essa compreensão em mente. Eles devem ser suficientemente flexíveis na sua compreensão das relações entre conhecimento cultural e conhecimento de domínio específico** para reconhecer o que as manobras dos alunos revelam sobre sua compreensão dos problemas apresentados nos textos.

Na área da escrita, os futuros professores precisam explorar as diferentes demandas de uma variedade de tarefas de redação e como os alunos desenvolvem os recursos para atender a essas demandas. Como os alunos desenvol-

---

* N. de T.: "Minha galera da periferia usa a máscara, meu pessoal do Queens usa a máscara, crianças metidas vestindo Tommy Hil(figer) usam a máscara" (tradução livre).

** N. de R.T.: Referente a uma área específica de conhecimento.

vem uma compreensão do discurso acadêmico escrito que seja distinta do discurso falado? Como aqueles que ainda estão dominando o inglês falado conseguem se envolver em uma variedade de tarefas de redação? A pesquisa sobre a escrita fornece inúmeros pontos de partida para investigar o desenvolvimento da compreensão da escrita pelos alunos (ver SPERLING; FREEDMAN, 2001). Na área de artes da linguagem elementar, os futuros professores precisam entender como os alunos se desenvolvem como leitores ao longo do tempo. O uso de um inventário informal de leitura pode ajudar os docentes a identificar a proficiência dos alunos em decodificar e interpretar textos. Os educadores também podem investigar os tipos de estratégias metacognitivas utilizados por leitores habilidosos e as maneiras como eles empregam tais estratégias na leitura de diferentes tipos de textos. Como acontece em todos os níveis, os professores também precisam de oportunidades para avaliar a dificuldade relativa dos textos e a melhor maneira de combinar a dificuldade do texto com a capacidade de leitura. Esse conhecimento de como os jovens leitores leem – os tipos de estratégias que eles usam e seu desenvolvimento ao longo do tempo – é fundamental para os professores do ensino fundamental (ver SNOW; GRIFFIN; BURNS, 2005). Tais professores também precisam saber como os alunos se desenvolvem como escritores, a relação entre aprender a ler e aprender a escrever, as demandas de diferentes gêneros, assim como a maneira como os alunos conseguem entender essas demandas e como os alunos provavelmente entenderão diferentes componentes do processo de escrita.

Q4. Quais são os principais currículos disponíveis para ensinar o conteúdo da disciplina? Quais definições das disciplinas estão inseridas nos materiais desse currículo? Como os currículos estão alinhados com os padrões nacionais e estaduais? Como eles são articulados por níveis de escolaridade? Como os professores podem usar materiais curriculares de forma eficaz para dar suporte à aprendizagem dos alunos?

Os materiais curriculares são ferramentas profissionais poderosas, mas os professores precisam aprender a usá-los (BALL; COHEN, 1996; BALL; FEIMAN-NEMSER, 1988). Parte do conhecimento de conteúdo pedagógico envolve saber os tipos de ferramentas curriculares que estão disponíveis para ensinar um conteúdo específico da disciplina. Além de saberem o que está disponível, os docentes também devem saber criticar os materiais curriculares; que visões e objetivos para o ensino do conteúdo de uma disciplina estão embutidos nesses materiais curriculares? Por exemplo, que diferentes perspectivas sobre a biologia são representadas pelas diferentes versões do currículo do Biological Sciences Curriculum Study (Estudo do Currículo de Ciências Biológicas – BSCS) na ciência? Quais pressupostos os materiais curriculares fazem sobre o que os alunos já sabem? Os professores também devem ser capazes de criticar os materiais curriculares com vistas à precisão do conteúdo da disciplina sendo representado.

Exemplo de resposta: matemática. Houve uma mudança radical desde o início dos anos de 1990. Os currículos tradicionais, que predominavam antes disso, eram orientados para as habilidades básicas. Eles consistiam em pacotes da educação infantil até o 8º* ano com foco na aritmética, seguidos de um ano (9º ano)** de álgebra, um ano (10º ano)*** de geometria, um ano (11º ano)**** de álgebra avançada/trigonometria e um ano (12º ano)***** de introdução ao cálculo. Após a emissão dos primeiros padrões do NCTM em 1989, vários currículos de "reforma" ou "com base em padrões"

---

* N. de R.T.: Correspondente ao 9º ano do ensino fundamental brasileiro.

** N.de R.T.: Correspondente ao 1º ano do ensino médio brasileiro.

*** N. de R.T.: Correspondente ao 2º ano do ensino médio brasileiro.

**** N. de R.T.: Correspondente ao 3º ano do ensino médio brasileiro.

***** N. de R.T.: Correspondente aos cursos técnicos de nível médio brasileiro.

foram elaborados. Esses currículos se concentram muito mais em aplicações, contextos matemáticos, estatística e compreensão. Eles tendem a ser muito mais "práticos" nos anos iniciais, com materiais manipulativos. Eles tendem a não fracionar em áreas de conteúdo separadas (álgebra, geometria, trigonometria, e assim por diante) no ensino médio, como faziam os currículos tradicionais.

Esses currículos da reforma se mostraram controversos, porque muitas pessoas temiam que os estudantes fossem privados dos conhecimentos e habilidades essenciais encontrados nos currículos tradicionais. (Para uma discussão desses debates, ver SCHOENFELD, 2004.) No entanto, há muitas evidências que mostram que os novos currículos com base em padrões têm funcionado. Vários estudos de pequena e de larga escala indicam que os alunos nos currículos da reforma apresentam um desempenho em testes tradicionais de habilidades básicas tão bom quanto o dos alunos que cursam os currículos tradicionais, além de terem muito mais sucesso em testes de conceitos e resolução de problemas (ver ARC CENTER, 2002; RIORDAN; NOYCE, 2001; SCHOENFELD, 2002; SENK; THOMPSON, 2003). Os professores precisam estar cientes dessas reformas e suas implicações: o que são esses currículos novos e como eles diferem dos tradicionais, além de estarem cientes de que eles funcionam quando são ensinados corretamente e do que significa ensiná-los de forma correta. Com frequência, os novos currículos demandam práticas pedagógicas diferentes das que normalmente vêm sendo apresentadas em muitas salas de aula de matemática – por exemplo, o uso de trabalho em grupo e o emprego de problemas ou projetos estendidos. Os professores precisam desenvolver a facilidade de implementar e avaliar tais currículos, incluindo como examinar um conjunto mais amplo de resultados desejados para os alunos. Avaliações padronizadas que se concentram principalmente em procedimentos e na solução de exercícios rotineiros podem deixar de capturar aspectos da representação e resolução de problemas que são centrais para novos padrões e currículos (RIDGWAY *et al.*, 2000).

Exemplo de resposta: língua inglesa/artes da linguagem. Dentro das artes da linguagem básicas, as leituras básicas são uma parte tradicional do currículo, além de uma série de livros comerciais* destinados a diferentes anos. Mais recentemente, tem havido um número de programas de leitura padronizados (Open Court, CIRC) utilizados dentro do conteúdo programático para leitura nos anos iniciais. Os futuros professores precisam de oportunidades para explorar o que esses diferentes materiais curriculares oferecem para ensinar o leque de artes da linguagem, bem como suas potenciais limitações. Os futuros educadores também precisão de uma compreensão de como utilizar esses materiais curriculares para dar suporte à aprendizagem dos alunos. Professores do ensino fundamental geralmente têm uma série de recursos adicionais para ensinar outros componentes nas artes da linguagem, incluindo gramática e vocabulário, etc. Os educadores devem ter a oportunidade de estudar alguns materiais disponíveis, as orientações teóricas para o ensino da leitura a partir desses materiais e como utilizá-los para montar um programa equilibrado para a alfabetização. Conforme os materiais curriculares utilizados por alguns distritos se tornam mais prescritivos, os docentes precisam da oportunidade de analisar o que estão sendo solicitados a implementar e como o currículo dá ou não suporte ao leque de alunos em sua turma.

Na língua inglesa dos anos finais do ensino médio, embora existam livros didáticos para o ensino de vários componentes das artes da linguagem, os docentes geralmente dependem bastante de textos literários como base do currículo. Por essa razão, os futuros professores precisam de oportunidades para examinar a literatura recomendada e exigida para alunos

---

* N. de R.T.: São considerados livros comerciais (*trade books*) qualquer tipo de livro escrito e publicado com a intenção de venda ao público em geral, dos mais diversos assuntos, diferentemente dos livros-texto.

de diferentes idades e considerar as possibilidades curriculares dos textos literários para o ensino da leitura, literatura, escrita e linguagem. A literatura no currículo dos anos finais do ensino médio permaneceu relativamente estática ao longo do tempo (APPLEBEE, 1992), de modo que os futuros professores também precisam de oportunidades para pensar sobre as maneiras como o currículo de literatura reflete ou não a literatura contemporânea e a diversidade de seus alunos. Além disso, eles devem ter oportunidades de pesquisar o tipo de livros didáticos e materiais curriculares disponíveis para o ensino da escrita, da linguagem e da gramática e avaliar como eles podem utilizar esses materiais para dar suporte à aprendizagem dos alunos.

Parte do desafio no domínio da língua inglesa/artes da linguagem envolve aprender a coordenar uma variedade de materiais curriculares que abrangem uma série de áreas de modo a criar um conteúdo programático coerente para os alunos. Materiais curriculares que integram mais aspectos das artes da linguagem (o que GROSSMAN; THOMPSON; VALENCIA [2003] chamaram de "escopo dos materiais") provavelmente ajudarão os professores iniciantes a pensar sobre como integrar essas diferentes áreas de conteúdo em sala de aula. Por exemplo, alguns materiais curriculares se concentram apenas no ensino da escrita, de modo separado do ensino da literatura, enquanto outros integram o ensino da escrita e da literatura nas atividades de leitura e escrita. Estes últimos poderiam ajudar os alunos e os docentes a perceber que: "[...] a leitura e a escrita são atos complementares que permanecem inacabados até serem completados por seus recíprocos [...]" (SCHOLES, 1985, p. 20).

Q5. Como os professores avaliam a compreensão e o desempenho do aluno dentro de um domínio de conteúdo da disciplina? Quais ferramentas são mais úteis para avaliar a competência do aluno? Como os professores utilizam os resultados dessas avaliações para embasar o ensino?

Com o intuito de elaborar e melhorar seu ensino, os educadores precisam ter uma ideia do que os alunos já sabem dentro de determinado conteúdo da disciplina e do que aprenderam por meio do ensino formal. Embora haja conhecimento de avaliações que abranjam o conteúdo total da disciplina, tal como elaborar um teste de múltipla escolha ou criar uma rubrica de correção (ver Cap. 8), grande parte das avaliações aplicadas pelos professores realmente requer ferramentas específicas para cada conteúdo da disciplina. Na leitura antecipada, por exemplo, os docentes precisam ter ferramentas para avaliar as habilidades da alfabetização em desenvolvimento de seus alunos. Eles podem ter conhecimento de avaliações de leitura informais, que os ajudam a examinar as habilidades de decodificação dos alunos e sua fluência e compreensão na leitura. Por escrito, os professores precisariam saber como usar diferentes tipos de avaliações da escrita, desde avaliações holísticas de um texto até o uso de escalas analíticas. Tão importante quanto isso, eles precisam saber como utilizar essas informações para embasar seu ensino. Além de saberem como avaliar a aprendizagem dos alunos dentro de um conteúdo, os educadores também precisam saber como utilizar as avaliações para fornecer ensino que ajude os alunos a desenvolver habilidades e compreensão.

Exemplo de resposta: matemática. O exemplo do início do capítulo mostra como uma grande reflexão deve ser feita para avaliar a compreensão dos alunos sobre um tópico tão simples quanto colocar frações em ordem. Como esse exemplo ilustra, uma boa avaliação não apenas deve fornecer indicações precisas do que os alunos conseguem fazer, mas também revelar as dificuldades dos alunos e apontar para a fonte dessas dificuldades. O Capítulo 8 discute questões de avaliação em geral. Além desse conhecimento geral sobre avaliação, os professores de matemática precisam conhecer as especificidades da matemática, como discutido nas publicações produzidas pelo National Research Council (1993), por exemplo, e em materiais de desenvolvimento profissional como os pacotes da *Balanced Assessment* (*Avaliação Equilibrada*; 1999a, 1999b, 1999c, 1999d, 1999e, 1999f, 1999g, 1999h) nos seguintes níveis: anos iniciais do ensino fundamental, anos finais do ensino fundamental e ensino médio.

Exemplo de resposta: língua inglesa/artes da linguagem. O campo da leitura nesse domínio, na verdade, tem formas muito mais desenvolvidas de avaliação da leitura dos alunos do que da língua inglesa nos anos finais do ensino fundamental e no ensino médio. Os futuros professores devem ter oportunidades para explorar os tipos de instrumentos de avaliação, tanto formais quanto informais, que são utilizados para avaliar a leitura e a escrita dos alunos. Por exemplo, os futuros professores do ensino fundamental podem realizar inventários informais de leitura com os alunos e usar esse inventário para desenvolver uma percepção da proficiência do aluno em decodificação e compreensão, bem como avaliar a fluência. Esse tipo de oportunidade pode ajudar os futuros professores a entender como os alunos leem, os problemas previsíveis que podem ter com os textos e as informações sobre a melhor maneira de elaborar o ensino para atender às necessidades dos estudantes. Tais oportunidades de investigar atentamente os desempenhos de leitura dos alunos são muito mais raras para os docentes dos anos finais do ensino fundamental e do ensino médio. Com a atual preocupação com a leitura dos adolescentes, esses futuros professores também precisam de oportunidades estruturadas para realizar tais avaliações da leitura com os alunos, a fim de embasar suas práticas pedagógicas.

Da mesma forma, há várias maneiras de avaliar as habilidades de escrita dos alunos nas escolas de ensino fundamental e médio, a partir de avaliações holísticas da escrita, abordagens de pontuação de características primárias, até avaliações de estratégias intelectuais utilizadas na escrita (COOPER; ODELL, 1977). Os futuros professores precisam de oportunidades para experimentar uma variedade de maneiras de avaliar a escrita do aluno e explorar o que eles conseguem aprender a partir de diferentes tipos de avaliações.

Aprender a usar essas ferramentas diferentes para avaliação aprimora a capacidade de os professores ouvirem e analisarem cuidadosamente a aprendizagem dos alunos, permitindo que eles vejam o desempenho em sala de aula como uma oportunidade para avaliação formativa e informal (para discussões sobre avaliação formativa, ver Caps. 2 e 8). Os docentes também precisam aprender a utilizar e desenvolver avaliações que acompanhem a aprendizagem de seus alunos ao longo do tempo, especialmente em áreas que não são bem captadas por testes padronizados.

Q6. Quais são as práticas que caracterizam o ensino de conteúdos específicos? Que práticas e abordagens demonstraram ser eficazes na promoção da aprendizagem dos alunos? Existem práticas particularmente eficazes com grupos específicos de alunos? Que representações, exemplos e analogias são particularmente úteis para ajudar os alunos a compreender conceitos ou ideias específicos?

Esse conjunto final de perguntas tem a ver com o conhecimento sobre o ensino de conteúdo específico. Assim como na avaliação, há um conhecimento sobre o ensino que é relativamente geral – como organizar grupos pequenos de forma efetiva em uma sala de aula, como elaborar o ensino direto, como gerenciar uma sala de aula para que os alunos permaneçam fazendo a tarefa (Ver Cap. 9, "A gestão da sala de aula"). Entretanto, dentro de cada área temática, existem diferenças em como esse ensino pode se desdobrar. Por exemplo, elaborar um trabalho em pequenos grupos em torno de um experimento de laboratório não é o mesmo que elaborar um trabalho em pequenos grupos em torno de uma tarefa de escrita em pares. É provável que os papéis dos membros do grupo sejam diferentes, assim como a natureza da tarefa. Cada área disciplinar também pode ter abordagens distintas para ensinar o conteúdo dessa disciplina, e os professores vão querer explorar como elaborar e orquestrar tais práticas de sala de aula. Por exemplo, no ensino da literatura, há diversas práticas de ensino que podem fazer parte dos repertórios pedagógicos dos professores, como fazer os alunos dirigirem e apresentarem peças de teatro ou participarem de discussões em grupos pequenos ou grandes em torno de um texto literário ou realizarem leituras dramáticas. Da mesma forma, na leitura elementar, os educadores podem estar familiarizados com o ensino de leitura orientada, leitura recíproca ou círculos de literatura. O experimento de laboratório é parte da pedagogia distinta das salas de aula de ciências. As aulas de estudos sociais muitas vezes incorporam debates, eleições simuladas, simulações de eventos históricos, leitura cuidadosa de fontes primárias ou controvérsias acadêmicas estruturadas. Para ensinar o conteúdo da disciplina de forma eficaz, os professores precisam de um repertório pedagógico para o conteúdo específico que ensinam.

Além de um repertório de práticas de ensino específicas para cada disciplina, os professores também precisam considerar a questão das práticas mais eficazes para diferentes grupos de alunos. Um conjunto de práticas pode incluir uma prática pedagógica culturalmente responsiva e como isso se dá em diferentes disciplinas (ver DELPIT, 1995; LADSON-BILLINGS, 1994; MOLL *et al.*, 1992; SECADA; FENNEMA; ADAJIAN, 1995). (Para uma discussão mais aprofundada, ver Cap. 7.) Como se dá a pedagogia culturalmente responsiva na ciência, na matemática, na história ou na língua inglesa? Outro grupo de alunos que pode se beneficiar de um conjunto específico de práticas é o de estudantes da língua inglesa. Existe, por exemplo, uma literatura crescente sobre mecanismos efetivos para a emancipação de estudantes de línguas em matemática e ciências (ver KHISTY, 1995; MOSCHKOVICH, 1999a, 1999b; WARREN; ROSEBERY, 1995). Por exemplo, o projeto *Cheche Konnen* busca explicitamente:

[...] definir uma nova perspectiva sobre a prática científica em sala de aula que admita diversas práticas de construção do sentido, traga

consigo valores mais igualitários e assegure que os estudantes de minoria linguística adquiram os conhecimentos básicos de que eles precisam para ter sucesso na escola e além dela... [Isso exige] um novo tipo de relacionamento entre os estudantes e a ciência, um que seja distintamente diferente do que já foi executado na ciência tradicional da escola (WARREN; ROSEBERY, 1995, p. 324).

Os futuros professores devem ter oportunidades de aprender os tipos de práticas de ensino recomendados para os estudantes da língua inglesa e como essas práticas podem se desenvolver dentro de determinada área de conteúdo da disciplina. Há também uma série de trabalhos sobre maneiras de ensinar e avaliar a escrita para aprendizes da língua inglesa (ver REYES DE LA LUZ, 1991) que podem embasar o trabalho dos professores.

Além dos tipos mais gerais de práticas pedagógicas, há também exemplos, analogias e representações que são particulares ao conteúdo da disciplina. Os educadores desenvolverão muitos destes ao se envolverem com a prática docente. No entanto, examinar diferentes analogias ou exemplos para ensinar conteúdo específico das disciplinas e considerar como diferentes representações podem ser úteis para estudantes com base em seus conhecimentos e experiências anteriores ajuda os futuros professores a entender como construir conexões entre a própria compreensão do conteúdo e a compreensão dos alunos.

Exemplo de resposta: matemática. Como é o caso de quase todo o conteúdo da disciplina, os alunos não estão propensos a desenvolver certos tipos de compreensão a menos que tenham a oportunidade de praticá-los. Os alunos não irão desenvolver a habilidade de comunicar ideias matemáticas de forma escrita ou oral a menos que tenham ampla oportunidade de fazê-lo em sala de aula; eles não se tornarão bons em fazer conexões a menos que trabalhem em problemas que requeiram que essas conexões sejam feitas. Assim, os professores devem desenvolver um repertório de práticas de sala de aula que forneça apoio ao desenvolvimento de importantes conhecimentos matemáticos de seus alunos. Felizmente, muitos dos novos currículos oferecem essas oportunidades e sugerem formas de interação em sala de aula. (Exemplos de alguns desses programas foram dados anteriormente; ver FENNEMA; ROMBERG, 1999, para exemplos adicionais.)

Algumas práticas recomendadas para o ensino de matemática podem ser executadas de uma maneira que as torna ineficazes em sala de aula. Um exemplo é a "aprendizagem cooperativa", que se tornou uma abordagem de propaganda do ensino na década de 1990. Para muitos educadores, isso significava simplesmente que os alunos trabalhavam juntos em pequenos grupos. Estudos em salas de aula logo revelaram que muitas conversas em pequenos grupos não tinham foco na matemática, e, quando essas conversas não tinham foco, a aprendizagem da matemática não ocorria. Em suma, é preciso trabalhar para garantir que essa técnica – com grupos de alunos envolvidos significativamente com o conteúdo matemático – seja implementada com sucesso. Os professores precisam aprender a estruturar o trabalho em grupo de modo a ter sucesso (ver COHEN; LOTAN, 1995; SLAVIN, 1990a). O mesmo vale para todas as outras técnicas.

Exemplo de resposta: língua inglesa/artes da linguagem. Na área das artes básicas da linguagem, há uma série de práticas comuns para o ensino da leitura, como leitura orientada, círculos de literatura e ensino recíproco. Embora algumas delas, como o ensino recíproco, sejam bem definidas e tenham o suporte de uma forte base de pesquisa, outras, como os círculos de literatura, estão muito mais abertas à interpretação e à variabilidade de execução. Da mesma forma, na área da escrita, há práticas como oficinas de escritores, grupos de revisão pelos colegas e miniaulas que são comumente utilizadas para ensinar a escrita, embora a execução dessas práticas em sala de aula possa diferir de forma ampla. No ensino da literatura, a discussão em sala de aula é provavelmente a prá-

tica mais prevalente. Formas de discussão que constroem e ampliam a reflexão do aluno mostraram ter uma relação positiva com o desempenho dele na área da literatura (NYSTRAND *et al.*, 1997). No entanto, assim como na matemática, a maneira como as discussões são organizadas e facilitadas tem influência no que os alunos aprendem. Por exemplo, Nystrand *et al.* (1997) descobriram que a compreensão das ideias de alunos pelos professores, em discussões literárias em grande grupo, estava positivamente relacionada ao desempenho desses alunos. Discussões literárias em pequenos grupos tiveram resultados que variaram bastante. Para todas essas práticas, a diversidade entre as práticas que têm o mesmo nome é enorme. Os futuros professores precisam de oportunidades de ver exemplos comuns e concretos de formas de ensino, de preferência por meio de vídeo, a fim de desenvolver sua compreensão de como essas práticas podem ser utilizadas efetivamente para promover a aprendizagem dos alunos. Os futuros professores também podem se beneficiar da compreensão de algumas das características-chave de práticas de ensino eficazes, como a compreensão do discurso em grupo, que são essenciais para a aprendizagem dos alunos. Por fim, os educadores precisam entender como tais práticas representam as teorias de aprendizagem, bem como a compreensão da disciplina.

As implicações para o currículo de formação de professores

Muito do ensino depende efetivamente da compreensão do pensamento do aluno – ou, melhor ainda, de antecipar e preparar essa compreensão antes que ela ocorra. Na verdade, o *design* de muitas lições de língua japonesa exemplares inclui, naturalmente, não apenas as perguntas que devem ser feitas aos alunos, mas uma lista das respostas corretas e incorretas típicas que eles fornecem e informações sobre como o educador pode tirar proveito de tais respostas. Esse tipo de *conhecimento do conteúdo da disciplina para o ensino*, ou conhecimento de conteúdo pedagógico, é um aspecto importante do tipo de conhecimento que os programas de preparação de professores podem proporcionar e que os programas de desenvolvimento profissional apropriadamente estruturados podem continuar a promover. Essa perspectiva, no entanto, levanta questões sobre a preparação de especialistas no conteúdo da disciplina, que normalmente são professores dos anos finais do ensino fundamental e do ensino médio, e sobre a preparação de professores dos anos iniciais que devem ensinar em vários campos. Abordaremos esses problemas na discussão a seguir.

A FORMAÇÃO PROFISSIONAL EM CONTEÚDO DA DISCIPLINA COMO UMA OPORTUNIDADE PARA INVESTIGAR AS PERGUNTAS CENTRAIS

Se as questões apresentadas sobre o ensino do conteúdo da disciplina no **Quadro 6.1** forem tomadas como generativas, então deve ser possível elaborar experiências ricas de aprendizagem para os docentes em torno dessas questões. Retornaremos agora a essas questões e exploraremos os tipos de atividades que os educadores de professores e responsáveis pelo desenvolvimento profissional podem desenvolver.*

No curso de formação de professores, os alunos confrontam a definição do conteúdo da disciplina sujeito ao *design* do currículo, analisam os materiais curriculares e elaboram as atividades em sala de aula. Por exemplo, em algumas aulas sobre métodos, os alunos utilizam o trabalho de Grant Wiggins em *design* reverso para criar unidades curriculares (WIGGINS; MCTIGHE, 1998). Wiggins e

McTighe (1998) recomendam a elaboração de unidades curriculares em torno de uma questão que é essencial tanto para o conteúdo da disciplina quanto para os alunos. Por exemplo, a pergunta "como a ficção pode ser verdade?" aborda questões centrais dentro do estudo literário. A geração de perguntas essenciais, portanto, força os futuros professores a pensar sobre as próprias definições do conteúdo da disciplina, o que é central e o que é periférico no estudo de um conteúdo. Da mesma forma, os futuros professores podem analisar livros didáticos para ver como eles definem e representam o conteúdo da disciplina e como essas definições, por sua vez, correspondem à compreensão dos educadores. Tais atividades estão enraizadas em práticas de ensino e, portanto, preparam futuros professores para o trabalho que farão como profissionais, ao mesmo tempo que invocam seu conteúdo em desenvolvimento e conhecimento de conteúdo pedagógico.

Ao lidarem com a questão "por que ensinar o conteúdo disciplinar?", os professores em formação podem analisar documentos sobre padrões e materiais curriculares para a fundamentação teórica explícita e implícita do conteúdo das disciplinas escolares. Eles podem estudar algumas controvérsias curriculares com o objetivo de compreender as motivações subjacentes das posições tomadas. Por exemplo, em uma aula de métodos de ensino da língua inglesa, os futuros educadores podem receber vários artigos que defendem objetivos bastante diferentes para o ensino da língua inglesa e, em seguida, devem desenvolver a própria fundamentação teórica para o ensino da língua inglesa nas escolas públicas. Da mesma forma, os futuros professores podem explorar controvérsias como as que estão incorporadas nas "guerras matemáticas" de várias maneiras, incluindo a visita a *sites* de grupos que são a favor e contra a reforma. Eles podem pensar em diferentes perspectivas sobre o conteúdo, imaginando tópicos de estudos sociais sob o ponto de vista de um antropólogo, um cientista político e

---

* Os exemplos desta seção foram extraídos da disciplina EMST 224A, "A natureza do raciocínio matemático e resolução de problemas", ministrada na University of California, Berkeley, e da ED 262A-C, "Currículo e instrução em língua inglesa", ministrada na Stanford University.

um historiador. Ao observarem nas escolas, os professores em formação também podem conversar com os educadores experientes sobre as próprias crenças em relação aos objetivos do ensino do conteúdo de sua disciplina. Entender que objetivos diferentes podem existir também ajuda os futuros docentes a navegar pela política departamental, na qual essas diferenças frequentemente aparecem. Os professores praticantes podem continuar a lidar com esse conjunto de questões, fazendo parte de comitês de elaboração curricular e contribuindo com documentação de padrões ou declarações de filosofia do departamento ou da escola. A preparação para a avaliação da certificação do National Board for Professional Teaching Standards também exige que os educadores retornem a esse conjunto de perguntas sobre os objetivos do ensino do conteúdo da disciplina.

Talvez um dos sítios mais frutíferos para a educação profissional esteja no conjunto de perguntas sobre a compreensão e o desempenho dos alunos em um conteúdo específico da disciplina. Muitas das atividades, tanto nas aulas de métodos quanto nas experiências de campo, podem ser elaboradas de modo a ajudar os professores em formação a explorar a questão da compreensão do aluno. Por exemplo, em uma aula de língua inglesa do curso de formação, o futuro professor tem tarefas que se concentram no desenvolvimento do conhecimento dos docentes sobre seus alunos. Os futuros educadores entrevistam primeiro um estudante do ensino médio sobre suas experiências como leitor e escritor, tanto dentro quanto fora da escola, para irem além das próprias experiências no conteúdo da disciplina e investigarem o que os outros talvez tenham experimentado. Já que os futuros professores de língua inglesa geralmente são pessoas que gostam de ler e escrever, com frequência eles são surpreendidos pelas reações negativas que muitos de seus alunos têm em relação a essas atividades. Mais tarde, esses professores examinam um conjunto de trabalhos de colegas de aula e

tiram algumas conclusões sobre o que os alunos já sabem sobre a escrita e sobre o que estão enfrentando. Mais tarde na mesma aula, eles avaliam a compreensão de um aluno sobre a literatura usando três abordagens diferentes. Em sua análise, eles precisam tirar algumas conclusões sobre o que esse aluno entende a respeito da literatura e a utilidade e as limitações de cada estratégia de avaliação. Analogamente, em uma aula de matemática do curso de formação, os futuros professores fazem uma avaliação-padrão (talvez um teste dado em uma das turmas que estão observando ou algo semelhante) e perguntam individualmente aos alunos se eles estariam dispostos a serem filmados conforme trabalham com os problemas em voz alta. Muitas vezes, o que os alunos dizem ao trabalharem com os problemas tem apenas uma semelhança com o que salta aos olhos; os futuros professores veem aspectos do pensamento do aluno que eram até então invisíveis.

Todas essas atribuições baseiam-se e ampliam o desenvolvimento do conhecimento de conteúdo pedagógico dos docentes. Ao fazerem uma avaliação cuidadosa de um aluno, os futuros professores estão começando a desenvolver um conhecimento da compreensão dos alunos com base em casos, examinando um único aluno em profundidade e desenvolvendo as ferramentas com as quais eles podem continuar sua compreensão. Uma das principais funções da formação de professores é fornecer aos futuros docentes as ferramentas para aprender com a experiência. Educadores de professores não podem ensinar tudo o que eles precisam saber como profissionais; mas, concentrando sua atenção em questões-chave relacionadas ao ensino e à aprendizagem dentro de um conteúdo da disciplina e equipando-os com as ferramentas para continuar suas investigações, é possível ajudá-los a continuar aprendendo.

Esses tipos de atividades têm base em práticas docentes centrais (BALL; COHEN, 1999). Ensinar envolve ajudar os alunos a desenvolver a compreensão. Isso significa descobrir, por meio de avaliações formais e informais, o conhecimento que os alunos trazem para a tarefa. Todos os professores devem elaborar pré-avaliações para aprender mais sobre o que os alunos já fazem e não entendem sobre um conteúdo. Os educadores também devem analisar o trabalho dos alunos, de olho no que isso revela sobre sua compreensão. Embora os professores em formação raramente tenham a oportunidade de se envolver em um tipo de análise aprofundada de um único aluno, o que a tarefa de pré-avaliação requer que os futuros educadores façam, eles acabam por se envolver em diversas formas de pesquisa-ação nas quais poderiam usar aquelas ferramentas e selecionar alguns alunos para uma análise aprofundada.

Para cada um dos conjuntos de perguntas do **Quadro 6.1**, há conjuntos de atividades e práticas que ajudam os docentes a investigar essas questões. As atividades concebidas para professores em formação têm seu análogo nos tipos de atividades com os quais os professores de sala de aula podem se envolver, cumprindo a advertência de Dewey (1938, p. 49) de que "[...] só por extrair o significado completo de cada experiência no presente, estamos preparados para fazer a mesma coisa no futuro [...]". Essas atividades também fornecem aos futuros docentes as ferramentas necessárias para continuar aprendendo ao longo de suas carreiras. Como Feiman-Nemser (2001a, p. 1019) sugere:

> O estudo da prática docente requer habilidades de observação, interpretação e análise. Os professores em formação conseguem começar a desenvolver essas ferramentas analisando o trabalho dos alunos, comparando diferentes materiais curriculares, entrevistando os alunos para descobrir o que pensam, estudando como os professores trabalham com os mesmos objetivos e observando o impacto de suas aulas nos alunos. Realizadas na presença de outros, essas atividades podem incentivar normas para o discurso profissional, como respeito à evidência, abertura a questionamento, valorização de perspectivas alternativas, busca de uma compreensão comum e padrões compartilhados.

O CULTIVO DO CONHECIMENTO DE CONTEÚDO PEDAGÓGICO NA FORMAÇÃO DE PROFESSORES DOS ANOS INICIAIS

A questão da preparação do conteúdo específico da disciplina a ser ensinado torna-se mais complexa quando consideramos a preparação de professores dos anos iniciais do ensino fundamental, tanto na área de conhecimento de conteúdo da disciplina quanto na de conhecimento de conteúdo pedagógico.[*] Em primeiro lugar, argumentamos que os professores dos anos iniciais precisam de uma base sólida em relação às maneiras de conhecer as disciplinas, de preferência dentro de uma disciplina que esteja intimamente ligada ao currículo das escolas de ensino fundamental. Embora nem todos concordem com essa postura, e pouca pesquisa nos ajudaria a resolver essa questão, acreditamos que a capacidade de responder aos tipos de perguntas aos quais nos propomos depende, em parte, da oportunidade de nos aprofundarmos em um campo de pesquisa e de entender como as questões são geradas e buscadas dentro de um campo. Ainda que um punhado de disciplinas de pesquisa nas artes liberais possa transmitir alguns dos conteúdos necessários para o ensino nos anos iniciais, é improvável que tal abordagem ajude os futuros docentes a desenvolver os modos de pensar em qualquer disciplina em particular; tal pesquisa forneceria uma "retórica de conclusões, em vez de uma retórica de investigação", como Schwab (1964) sugere. Acreditamos que uma fundamentação teórica da investigação em determinada disciplina ajudará os futuros professores a criar para seus alunos salas de aula orientadas para a investigação. Acreditamos também que os professores dos anos iniciais, não menos do que os professores dos anos finais do ensino fundamental e do ensino médio, precisam de uma forte educação nas artes liberais,

---

[*] N. de R.T.: No sentido de como ensinar melhor o conteúdo da disciplina.

que introduza os alunos a diferentes formas de pensar e ao conhecimento e à compreensão que trazem os fundamentos para o currículo do ensino fundamental. Argumentamos, então, tanto pela profundidade como pela amplitude da preparação em conteúdo da disciplina – profundidade em uma área de conteúdo particular que está relacionada ao currículo dos anos inicias e à amplitude das artes liberais.

Essas recomendações focam o conhecimento do conteúdo da disciplina em vez do conhecimento de conteúdo pedagógico. Embora as questões que propomos para o conhecimento de conteúdo pedagógico sejam tão importantes para a docência em ensino fundamental quanto para a em ensino médio, os professores precisam lidar com a forma de elaborar o componente específico do currículo profissional de modo a refletir o fato de que eles ensinam várias disciplinas.

Uma abordagem seria preparar os docentes do ensino fundamental para serem especialistas nas disciplinas, sobretudo nos anos finais. Para desenvolver esse tipo de "compreensão profunda do conteúdo básico" (MA, 1999), os professores dos anos finais precisam da oportunidade de se concentrar profundamente no ensino e na aprendizagem dentro de um número menor de áreas dentro das disciplinas.

Uma posição alternativa seria sustentar que certas áreas de conteúdo têm alta prioridade, ou seja, as áreas de conteúdo que são vistas como fundamentais para o sucesso acadêmico em todo o currículo: alfabetização e matemática. A formação de professores poderia, então, dar maior atenção a essas duas áreas, ajudando educadores em formação a desenvolver conhecimentos de conteúdo pedagógico, incluindo um profundo conhecimento dos padrões de conteúdo e currículos de cada um dos anos, e familiaridade com os entendimentos comuns e os mal-entendidos dos alunos. A formação de professores pode continuar a dar oportunidades para aprender a ensinar ciências, estudos sociais e artes; após uma introdução a essas áreas de conteúdo, os futuros educadores podem optar por se especializar em uma delas. Tal posição traria consequências para a forma como se trabalha nas escolas de anos iniciais, já que os diretores precisariam se certificar de que professores com especialidades em todas as áreas de conteúdo seriam parte do corpo docente. Esse conhecimento distribuído também afetaria a organização do trabalho dos educadores. Espera-se que todos os professores ensinem alfabetização e matemática aos alunos na própria sala de aula, mas eles podem ensinar sua área de especialização (p. ex., ciências ou artes) a uma gama maior de alunos na escola ou ajudar os colegas em sua equipe daquele ano escolar a planejar o ensino em sua área de especialidade.

Outra possibilidade seria criar mais oportunidades dentro do componente de artes liberais da formação de professores para os futuros docentes começarem a pensar tanto nas maneiras de raciocinar dentro de diferentes disciplinas quanto nas implicações pedagógicas de diferentes conteúdos das disciplinas. Dentro de um currículo de artes liberais, os futuros educadores podem aprender física em aulas que modelam uma abordagem orientada para a investigação do ensino de física e história em disciplinas que enfatizam o uso de fontes primárias (WILSON; MCDIARMID, 1996). Essas disciplinas já existem; o desafio seria aproveitar seu poder para a educação de futuros educadores. Se há especialistas em conteúdo da disciplina que dão consultoria e auxiliam no ensino, se os professores se unem e compartilham experiências distribuídas, ou se alguma outra combinação é estabelecida, o resultado é claro: devemos garantir aos nossos alunos que seus professores desenvolvam os tipos de conhecimento de conteúdo pedagógico que permitirão um ensino de forma mais eficaz.

Ensinando aprendizes diversos

7

James Banks
Marilyn Cochran-Smith
Luis Moll
Anna Richert
Kenneth Zeichner
Pamela LePage
Linda Darling-Hammond
Helen Duffy
com Morva McDonald

N as escolas de hoje, os professores devem estar preparados para ensinar uma população diversa de alunos. Naturalmente, a diversidade é a natureza da espécie humana, e os alunos são e sempre foram diferentes entre si de várias formas. No entanto, as escolas nem sempre tiveram a missão de dar suporte às conquistas de todos os alunos, e as tarefas das crianças em escolas e salas de aula, durante muitos períodos da história, promoveram a segregação em vez de incentivar a inclusão e a aceitação de grupos heterogêneos.

Nos últimos anos, as salas de aula estadunidenses se transformaram rapidamente. Há pouco mais de 30 anos, em 1972, os estudantes de outras etnias, ou não brancos,* constituíam 22% da população escolar; em 2000, essa proporção aumentou para 39% (NATIONAL CENTER FOR EDUCATION STATISTICS, 2002a). Em 2035, os demógrafos projetam que esses estudantes constituirão a maioria da população estudantil nos Estados Unidos (HODGKINSON, 2001; UNITED STATE BUREAU OF THE CENSUS, 2000). O número

de crianças estudantes de inglês como segunda língua nas escolas também aumentou drasticamente nos últimos anos, mais que dobrando, de cerca de 1,5 milhão em 1985 para cerca de 3,2 milhões em 1995 e continuando a crescer desde então (VILLEGAS; LUCAS, 2002a). A diversidade na gama de habilidades acadêmicas dentro das salas de aula também cresceu, porque as escolas incluíram mais alunos com necessidades especiais nas salas de aula tradicionais. De 1998 a 1999, 13% dos estudantes participaram da educação especial, e quase metade deles (47%) passou 80% ou mais de seu tempo em ambientes de educação geral, um aumento acentuado em relação a apenas uma década antes (NATIONAL CENTER FOR EDUCATION STATISTICS, 2002b).

Assim, todos os professores devem estar preparados para levar em conta as diferentes experiências e necessidades acadêmicas de uma ampla gama de alunos enquanto planejam e ensinam. As recomendações nesta seção baseiam-se em pesquisas que indicam que, quando os docentes utilizam o conhecimento sobre as origens sociais, culturais e linguísticas de seus alunos ao planejarem e colocarem o ensino em prática, o desempenho acadêmico dos alunos aumenta (ver AU, 1980;

---

* N. de R.T.: Nos Estados Unidos, o termo *colored people* refere-se aos afro-americanos, latino-americanos, porto-riquenhos e, de modo genérico, a todos aqueles que não são oficialmente classificados como "brancos".

GANDARA, 2002; GARCIA, 1993; LEE, 1995; PHILIPS, 1972). Além disso, quando os professores conseguem lidar com as necessidades de aprendizagem associadas a diferenças e déficits cognitivos, o desempenho acadêmico das crianças também aumenta (PALINCSAR; BROWN, 1987; REYNOLDS; WALBERG; WEISSBERG, 1999). Esses tipos de conhecimento conseguem aumentar o conhecimento do educador sobre o conteúdo de formas importantes. Por exemplo, um estudo do ensino da matemática e de ciências descobriu que o desempenho dos alunos era maior para aqueles cujos professores tinham um diploma no campo em que estavam ensinando, *além de* terem preparação em educação multicultural, educação especial e desenvolvimento da língua inglesa (WENGLINSKY, 2002). Este capítulo estende as recomendações oferecidas em outros capítulos desta publicação de modo a considerar as realidades de salas de aula diversas, em que a integração dos conhecimentos sobre desenvolvimento, da aprendizagem, da linguagem e das práticas pedagógicas deve ser feita pelo professor.

As recomendações deste capítulo estão fundamentadas no pressuposto de que, para dar suporte à democracia, os educadores devem procurar eliminar as disparidades de oportunidades educacionais entre todos os alunos, especialmente aqueles que são atendidos de forma insatisfatória pelo nosso sistema atual. Além disso, para que todos os cidadãos estejam preparados para participar de uma democracia, as crianças devem experimentar a democracia nas escolas. Portanto, os professores precisam ter o conhecimento, as habilidades e as atitudes para criar salas de aula democráticas e implementar um currículo culturalmente responsivo e inclusivo (GAY, 2000).

Além disso, os professores precisam estar cientes – e preparados para influenciar – das condições estruturais que determinam a alocação de oportunidades educacionais dentro de uma escola: os tipos de disciplinas, currículo e práticas docentes que são oferecidos a diferentes alunos, os tipos de agrupamentos de alunos que são criados, as maneiras como os alunos são atribuídos aos professores e o tipo de normas e expectativas que rege seu tratamento e o tratamento de suas famílias. Os educadores também precisam estar cientes dos valores, normas e experiências da família e da comunidade para que possam ajudar a mediar o "cruzamento de fronteira" entre a casa e a escola (DAVIDSON; PHELAN, 1999) que muitos estudantes devem gerenciar. Tudo isso influencia o desempenho dos alunos e o acesso a oportunidades educacionais, tanto quanto as iniciativas de cada professor em sala de aula.

Neste capítulo, focamos o que os novos professores devem entender e conseguir fazer para melhorar o desempenho acadêmico de todos os seus alunos. Consideramos aspectos da diversidade, incluindo cultura e origens raciais/étnicas, linguagem, *status* social e desafios de aprendizagem associados a excepcionalidades. Como Banks (1993, p. 5) observa, todos esses fatores – e suas interações – são importantes para os professores que querem construir uma: "[...] prática pedagógica da equidade [...]". Incorporamos aspectos da base de conhecimento sobre desenvolvimento, aprendizagem e diferenças de aprendizagem (ver Caps. 2 e 3), bem como a pedagogia de conteúdo da disciplina, avaliações e gerenciamento de sala de aula (ver Caps. 6, 8 e 9) com conhecimento sobre cultura e suas influências na aprendizagem (CAZDEN; MEHAN, 1989; HEATH, 1983). Discutimos também o que os professores precisam saber para construir uma prática pedagógica, um currículo e avaliações culturalmente adaptáveis e receptivas ao aluno (GAY, 2000; VILLEGAS;E LUCAS, 2002a; PALINCSAR *et al.*, 2001) e trabalhar com as comunidades e pais (MOLL; GONZÁLEZ, 2004). Por fim, este capítulo discute os tipos de experiências da preparação de professores que podem fazer os futuros docentes ensinarem com maior eficácia alunos diversos (NIETO, 1999; VILLEGAS; LUCAS, 2002a; Wolfberg *et al.*, 1999; ZEICHNER, 1993a).

OS DESAFIOS DO ENSINO DE ALUNOS DIVERSOS

As três vinhetas a seguir retratam professores e alunos em escolas públicas dos Estados Unidos. Embora necessariamente incompletas, elas fornecem uma noção da complexidade do ensino nas escolas diversas de hoje. Em particular, essas vinhetas apontam para algumas tomadas de decisões exigidas dos professores e para os vários contextos, às vezes conflitantes, que influenciam essas decisões. Elas também revelam como as demandas das escolas atuais exigem que repensemos a formação tradicional de professores, bem como o currículo e o ensino desde a educação infantil até o ensino médio.

A senhora Cowen e a colocação de um aluno na educação especial

Ella Cowen dá aulas para o jardim de infância há cinco anos em Boston, Massachusetts, onde a maioria das crianças de sua turma é afro-americana e asiática. Hoje ela irá participar de uma reunião do Plano de Educação Individualizado (IEP) por causa de Julie Lee, que se junta a sua turma apenas três vezes por semana por duas horas. Julie passa a maior parte do tempo em uma turma de educação especial no final do corredor. Ela foi diagnosticada com atraso no desenvolvimento aos 3 anos de idade e recebeu intervenção precoce. Hoje, uma equipe de profissionais está tentando decidir sobre uma colocação adequada para Julie para o próximo ano. Ela deve repetir o jardim de infância? Ela deve continuar na educação especial? Ela deve ser promovida e colocada em uma sala de aula inclusiva de 1º ano? Os pais adotivos de Julie acreditam que ela tem graves atrasos na linguagem e gostariam de mantê-la na educação especial. Cowen, no entanto, suspeita que Julie foi diagnosticada em um momento no qual ela simplesmente precisava se adaptar a um novo país, a novos pais e a

um novo idioma. Nos últimos meses, Julie teve um progresso notável, e Cowen acredita que a menina tenha potencial para um trabalho mais desafiador. A senhora Cowen não tem certeza se uma colocação na educação especial seria apropriada e conhece as pesquisas que mostram que a retenção de grau raramente aumenta o desempenho e pode ter outros efeitos colaterais infelizes. Mas e se Julie precisar de serviços de educação especial que não ocorrerão em uma sala de aula convencional? Como pode Cowen saber diferenciar entre comportamentos associados a diferenças culturais, aprendizagem de línguas e contexto e desafios associados a deficiências específicas? Que tipo de trabalhos de aula ela deve levar para a reunião como evidência de suas recomendações? Que tipo de plano de ensino atenderá melhor às necessidades de Julie no próximo ano? Quais são as expectativas dos pais, Cowen se pergunta, e como ela pode ser respeitosa e profissional?

O senhor Levy e o artigo de um aluno sobre imigração

O senhor Levy é um professor que leciona estudos sociais na Fairfax High School* há 15 anos. Morando perto de Washington D.C., ele ama ensinar sobre o governo e é considerado um bom professor. Recentemente, ele pediu a seus alunos que escrevessem um artigo sobre as causas do desemprego nos Estados Unidos. O primeiro rascunho de Roger Davenport dizia respeito ao próprio professor. Levy ficou surpreso ao descobrir que Roger culpou a imigração pela taxa de desemprego e pelo que ele descreveu como mais e mais "dessas pessoas" entrando em "nosso país". No artigo, Roger argumentou que muitas pessoas estavam sendo autorizadas a entrar no país e

---

* N. de R.T.: Escola de ensino médio.

estavam tomando os empregos dos americanos. Ele explicou que o governo estava deixando não só muitos trabalhadores não qualificados entrarem como também pessoas da área de tecnologia da informação (TI) altamente qualificadas provenientes de outros países, como, por exemplo, a Rússia. Ele culpou a imigração ilegal pelos problemas de emprego e falou sobre as dificuldades de lidar com "pessoas que vêm de barco". Também explicou que muitos imigrantes estavam tirando bolsas de estudo dos americanos porque as pessoas sentiam pena deles.

O senhor Levy pensou bastante sobre como responder ao artigo, especialmente considerando o fato de que o próprio avô judeu havia emigrado da Europa, na década de 1940, para evitar a perseguição religiosa. Ele deve simplesmente dizer a Roger que precisava desenvolver um argumento melhor com base em evidências históricas e conhecimento mais preciso da política de imigração e das populações de imigrantes? Ele deve fazer um apelo pessoal e moral? Ele deve bater de frente com o racismo implícito naquele artigo? Essa é uma questão particular para discutir apenas com Roger ou suas ideias representam grandes equívocos que precisam ser abordados em sala de aula? Se sim, como ele deve abordar o tópico? Ele deve dar uma palestra bem-fundamentada sobre a economia da imigração para garantir que os alunos recebam informações precisas? Ou ele deve desenvolver uma atividade em que os alunos investiguem o assunto e cheguem às próprias conclusões?

Senhora Carrington: o ensino de Shakespeare a estudantes da língua inglesa como segunda língua

A senhora Carrington é uma professora que está realizando estágio na John Burroughs Middle School* em San Leandro, Califórnia. Sua turma de língua inglesa tem 28 alunos que falam cinco idiomas diferentes do inglês, entre os quais espanhol, tagalog, mandarim e cantonês. As crianças são afro-americanas, samoanas, europeias, chinesas, filipinas, cambojanas e latinas. Alguns alunos vão a pé para a escola, enquanto outros utilizam o transporte público, e, embora muitos optem por não comer o almoço fornecido gratuitamente, a maioria poderia usufruir dessa refeição ou de almoço com valor reduzido.

As escolhas de Carrington sobre o que e como ensinar são fortemente limitadas pelas estruturas curriculares do distrito e pelos testes de proficiência exigidos pelo Estado em cada grande área disciplinar que são aplicados todos os anos, na primavera, para todas as crianças do 3º ao 8º ano. Carrington é obrigada a ensinar uma unidade sobre sonetos de Shakespeare, embora seus alunos tenham demonstrado pouco interesse em qualquer tipo de poesia, quanto mais em sonetos elisabetanos.

Nas lições anteriores, a senhora Carrington usou a música moderna para despertar o interesse das crianças pela poesia, que funcionou bem para chamar a atenção delas. Nesse ponto, ela não quer que as crianças percam o interesse. Ela se pergunta se deve desviar-se do currículo obrigatório e ensinar a poesia moderna para manter o interesse ou continuar com o currículo obrigatório e tentar conectar-se às suas experiências para mantê-los engajados nos textos obrigatórios. Se sim, que estratégias ela deve utilizar para preencher a lacuna entre as crianças e Shakespeare? Alguns de seus colegas sugeriram o uso de tecnologia, o que parece uma boa ideia, porque muitos alunos se destacam no uso do computador e já respondem bem ao áudio. Mas que tipo de atividade seria mais efi-

---

* N. de R.T.: Escola dos anos finais do ensino fundamental.

caz: uma busca na internet, algum *software* educacional, um *site* de Shakespeare com som e vídeo interativos? Quais estratégias envolvem efetivamente as crianças e dão suporte ao conteúdo acadêmico?

Como essas vinhetas indicam, os professores das escolas públicas de hoje, sejam eles iniciantes, sejam eles veteranos altamente experientes, enfrentam novos desafios. As aulas da maioria dos educadores do século XXI – diferentemente daquelas ministradas há 50 anos – são muito diversas em termos culturais, linguísticos, raciais e econômicos dos alunos. Assim, os educadores devem ter as ferramentas para investigar as culturas, os grupos e os indivíduos representados em suas salas de aula. Além disso, como a amplitude dos níveis de habilidade e experiência nas salas de aula de hoje aumentou muito, e muitos alunos que tradicionalmente seriam segregados de outros alunos em turmas de educação especial agora estão incluídos nas salas de aula em geral, os professores precisam ter mais conhecimento sobre a natureza das diferenças e dos déficits na aprendizagem.

O imperativo demográfico

A expressão "o imperativo demográfico" é usada para argumentar que educadores de professores e outros devem atuar de modo a diminuir as disparidades entre oportunidades e resultados que se encontram profundamente enraizadas no sistema educacional norte-americano. O argumento para o imperativo demográfico em geral inclui estatísticas sobre a população estudantil cada vez mais diversa, a força de ensino ainda relativamente homogênea e "[...] a divisão demográfica [...]" (GAY; HOWARD, 2000, p. 1), sobretudo as disparidades marcantes nas oportunidades educacionais, nos recursos e nas realizações entre grupos de alunos que diferem entre si em termos raciais, culturais e socioeconômicos.

Uma força de ensino homogênea. Embora as estatísticas apontem para a crescente di-

versidade das escolas dos Estados Unidos, a composição do corpo docente é muito menos diversa. Os dados federais mais recentes das Schools and Staffing Surveys (Pesquisas de Escolas e Pessoal; 1999 a 2000) indicam que os professores de outras etnias compõem cerca de 16% da força de ensino do país – um aumento de apenas 10% em relação a 1986 (NATIONAL CENTER FOR EDUCATION STATISTICS, 2003) –, mas, ainda assim, muito menos que os 40% de alunos de escola pública que são de outras etnias. Embora os docentes iniciantes incluam uma proporção um pouco maior de professores de outras etnias (21% daqueles com menos de três anos de experiência), parece claro que levará algum tempo até que a população de indivíduos entrando e permanecendo na prática docente assemelhe-se à população de alunos na maioria das escolas.

Mais importante do que simples diferenças em contextos raciais ou linguísticos, há também diferenças marcantes nas biografias e experiências da maioria dos educadores e seus alunos. A maioria dos professores norte-americanos é composta por americanos europeus de origem de classe média que falam apenas inglês. Muitos de seus alunos são minorias raciais e étnicas, vivem na pobreza e falam uma primeira língua diferente do inglês. Logo, a maioria dos docentes não tem os mesmos referenciais culturais e pontos de vista de seus alunos (AU, 1980; HEATH, 1983; LEE, 1993). A importância de conectar um novo aprendizado a experiências anteriores e a natureza intrinsecamente cultural de aprender e conhecer (ver Caps. 2 e 3) sugerem que os professores precisarão de conhecimento para entender os históricos e experiências dos alunos, a fim de estruturar experiências de aprendizagem significativas – para todos eles. Mesmo que um educador tenha uma origem racial ou étnica semelhante à de seus alunos, isso não garante a todos os alunos o acesso a oportunidades educacionais (FOSTER, 2001; MONTECINOS, 1994). De fato, todos os professores precisam desenvolver competência cultural para ensinar efetivamente os alunos com um contexto diferente do seu.

A divisão demográfica: diferentes resultados e recursos educacionais. Existem discrepâncias acentuadas nos resultados educacionais e nas condições de aprendizagem dos alunos que variam de acordo com raça, cultura, idioma, *status* socioeconômico e diferenças de aprendizagem. Com 1 em cada 4 crianças vivendo na pobreza, os Estados Unidos têm a maior taxa de pobreza infantil entre os países democráticos ocidentais, com a porcentagem de crianças afro-americanas e hispânicas vivendo em pobreza muito acima da média, com 42 e 40%, respectivamente. Os níveis de aproveitamento dos estudantes afro-americanos e hispânicos nas avaliações de matemática e leitura do National Assessment of Educational Progress (NAEP) são consistente e marcadamente inferiores aos níveis dos alunos brancos, assim como as taxas de conclusão do ensino médio. Villegas e Lucas (2002a) concluem que "a lacuna consistente entre a minoria racial/étnica e os estudantes pobres e seus pares brancos de classe média... é um indicativo da inabilidade do sistema educacional de ensinar efetivamente os estudantes não brancos da maneira que as escolas tradicionalmente são estruturadas" (p. 9).

Embora exista um longo histórico de pesquisa que demonstra as muitas maneiras como a pobreza contribui para o baixo aproveitamento ao reduzir o acesso a cuidados de saúde no pré-natal e na infância, a habitação segura e uma variedade de oportunidades de aprendizagem fora da escola, uma educação desigual e inadequada também colabora para esses resultados. Muitos estudos documentam grandes disparidades na alocação de recursos (p. ex., equipamentos, suprimentos, instalações físicas, livros, acesso à tecnologia de computadores, acesso a professores qualificados e tamanho de turma) a escolas que atendem alunos brancos e afluentes em comparação àquelas que atendem estudantes de baixa renda e não brancos. Análises recentes de dados preparados para financiamentos escolares no Alabama, na Califórnia, em Nova Jersey, em Nova York, na Louisiana e no Texas constataram que, para cada medida tangível – de professores qualificados ao acesso à tecnologia e ofertas curriculares –, as escolas que atendem a um maior número de estudantes não brancos tendem a receber recursos muito menores do que as escolas que atendem principalmente brancos (DARLING-HAMMOND, 2004; NATIONAL CENTER FOR EDUCATION STATISTICS, 1998, 2001a, 2001b, 2001c). Em 2001, por exemplo, estudantes das escolas predominantemente minoritárias da Califórnia eram cinco vezes mais propensos a ter professores não certificados do que aqueles de escolas predominantemente brancas (SHIELDS *et al.*, 2001) e tinham menos acesso a todas as categorias de recursos de ensino, inclusive livros didáticos, suprimentos e computadores, do que alunos de escolas que serviam predominantemente a estudantes brancos e de classe média (OAKES; SAUNDERS, 2002).

Essas diferenças nos resultados têm consequências cada vez mais graves para os estudantes e para a sociedade. Aqueles que não têm sucesso na escola estão se tornando parte de uma crescente classe baixa, desligados do envolvimento produtivo na sociedade. Além das correlações cada vez mais fortes entre o sucesso educacional e a renda (NATIONAL CENTER FOR EDUCATION STATISTICS, 2000a), o êxito escolar está cada vez mais relacionado à capacidade de se envolver em qualquer tipo de emprego produtivo. Enquanto o aluno que abandonara o ensino médio em 1970 tinha duas chances em três de conseguir um emprego, em 1998, apenas 44% dos alunos em deserção recente do ensino médio estavam na força de trabalho e empregados (NATIONAL CENTER FOR EDUCATION STATISTICS, 2000a). Essas proporções são geralmente ainda menores para os alunos de outras etnias. Além disso, 30% dos jovens hispânicos entre 16 e 24 anos e 14% dos jovens afro-americanos da mesma idade haviam abandonado a escola (NATIONAL CENTER FOR EDUCATION STATISTICS, 2000a). Para alunos diagnosticados com déficits de aprendizagem, até 60% abandonam a escola antes de se formarem no ensino médio (LEVIN; ZIGMOND; BIRCH,

1985; NATIONAL CENTER FOR EDUCATION STATISTICS, 2000a). Em uma época na qual a economia exige que mais cidadãos alcancem níveis mais altos de educação, essas tendências, que não melhoraram há mais de uma década, são profundamente preocupantes.

Tratamento diferencial de alunos nas escolas. A alocação diferencial de professores hábeis parece desempenhar um papel particularmente importante nesses resultados díspares. Por exemplo, vários estudos constataram que o conhecimento especializado do professor (medido pelo *status* da certificação e pelos resultados dos testes, educação e nível de experiência) é um determinante significativo dos resultados dos alunos (BETTS; RUEBEN; DANENBERG, 2000; FERGUSON, 1991a; FERGUSON; LADD, 1996; FETLER, 1999; GOLDHABER; BREWER, 2000; STRAUSS; SAWYER, 1986). Esses e outros estudos sugeriram que grande parte da diferença no aproveitamento escolar encontrada entre alunos mais e menos favorecidos se deve aos efeitos de oportunidades escolares substancialmente diferentes, em particular ao acesso muito desigual a professores e à prática docente de alta qualidade (BARR; DREEBEN, 1983; DREEBEN; GAMORAN, 1986; DREEBEN; BARR, 1987; OAKES, 1990).

No entanto, os professores, por si só, não são responsáveis por todas as oportunidades educacionais que fazem a diferença na aprendizagem dos alunos. As maneiras como as escolas são organizadas para o ensino, que currículos elas oferecem a quem, quais docentes são designados a quais alunos, como as famílias estão envolvidas e se e como os educadores são incentivados a colaborar são aspectos importantes em relação à qualidade da oportunidade que os alunos recebem. Há evidências substanciais, por exemplo, de que a diferenciação curricular ou o sistema de *tracking** influenciam o desempenho dos alunos

e que, em qualquer nível de aproveitamento, os alunos que são *tracked up,*** ou expostos a um currículo mais rigoroso, aprendem mais do que os alunos com a mesma capacidade que foram *tracked down,**** ou recebem um curso de estudos menos desafiador (GAMORAN, 1990; HALLINAN, 2003; HOFFER, 1992; SLAVIN, 1990b). As diferenças no acesso ao conteúdo da disciplina de alta qualidade estão associadas a raça e classe social e contribuem para diferenças no desempenho (DREEBEN; GAMORAN, 1986; JONES, 1984; JONES; BURTON; DAVENPORT, 1984; MOORE; SMITH, 1985; PELAVIN; KANE, 1990).

Os pesquisadores descobriram que os estudantes colocados em turmas com desempenho inferior são normalmente expostos a um currículo mais limitado e orientado para a memorização e, em última análise, têm pior desempenho do que aqueles alunos de aptidão similar que são colocados em programas acadêmicos ou turmas que não seguem o sistema de *tracking* (GAMORAN, 1990; GAMORAN; MARE, 1989; OAKES, 1992). A interação do professor com os alunos nas turmas mais inferiores foi considerada menos motivadora e menos favorável, assim como com menos demanda no raciocínio e em respostas de ordem superior (GOOD; BROPHY, 1994). Da mesma forma, a apresentação do conteúdo é frequentemente menos clara e menos focada em objetivos cognitivos de ordem superior (OAKES, 1985). Essas interações também são menos orientadas academicamente e mais propensas a se concentrarem em críticas comportamentais, em especial para estudantes de minorias (ECKSTROM; VILLEGAS, 1991).

Algumas evidências sugerem que os próprios professores são *tracked*, ou seja, aqueles considerados mais competentes e experientes, ou aqueles com o *status* mais alto, são designados aos *tracks***** principais (OAKES,

---

* N. de R.T.: Sistema que classifica e designa os alunos para as turmas de acordo com seu desempenho acadêmico, de modo que todos os alunos de determinada turma apresentem o mesmo nível de desempenho (alto, médio ou fraco).

** N. de R.T.: Classificados para turmas de alunos com alto desempenho.

*** N. de R.T.: Classificados para turmas de alunos com baixo desempenho.

**** N. de R.T.: No sentido de turmas, classes.

1986; TALBERT, 1990). É mais provável que os alunos dos *tracks* inferiores recebam professores despreparados, sem licenciatura, inexperientes e fora de sua área (NATIONAL COMMISSION ON TEACHING AND AMERICA'S FUTURE, 1996). Resultados discrepantes também podem resultar de diferenças no tamanho das turmas, bem como de textos, materiais e equipamentos disponíveis para os alunos em diferentes disciplinas e *tracks*.

Além disso, algumas pesquisas sugerem que a raça e o *status* socioeconômico podem determinar as designações para as *tracks* mesmo após as notas e a pontuação dos testes serem controladas (GAMORAN, 1992; OAKES, 1992, 1993). Há evidências de que as decisões sobre esse agrupamento influenciam não apenas o desempenho, mas também como os alunos se relacionam de forma interpessoal: quando os alunos são agrupados em turmas ou programas que os separam por raça e língua, especialmente quando têm *status* diferentes dentro da escola, formam menos relações positivas entre grupos (KHMELKOV; HALLINAN, 1999). E, quando os grupos de alunos são mais segregados, o clima racial é menos positivo dentro das salas de aula e das escolas (BRADDOCK; SLAVIN, 1993). Todavia, quando estudantes de diferentes origens são colocados juntos em salas de aula e trabalham juntos em grupos cooperativos bem-administrados, as relações inter-raciais podem melhorar (SLAVIN, 1995), assim como o desempenho (JOHNSON; JOHNSON, 1989; SLAVIN, 1990a).

Os dirigentes da escola tomam muitas decisões organizacionais que têm consequências amplas para os resultados dos alunos, e os educadores devem estar cientes das consequências dessas decisões para que possam ajudar a moldar ambientes escolares produtivos. Os dirigentes da escola também precisam estar cientes de como as normas e os valores que eles tomam como certos em acordos escolares estão alinhados àqueles que os alunos vivenciam em seus lares e de como as decisões escolares podem diminuir ou exacerbar as diferenças que podem existir entre a casa e a escola.

Muitos pesquisadores identificaram as maneiras como as normas culturais ou de subgrupo dos alunos podem diferir daquelas da escola. Espera-se que essas normas escolares governem o comportamento acadêmico e social dos alunos (assim como seu *status* social), e o grau em que o comportamento dos alunos está alinhado a essas normas tem muito a ver com seu sucesso acadêmico e social, bem como seu tratamento pelos funcionários da escola (COMER *et al.*, 1996b; CUSICK, 1973; HEATH, 1982, 1983). Se as normas e os valores que pertencem ao lar ou à comunidade de um aluno divergem significativamente daqueles que pertencem à escola, o aluno vivencia conflitos, e a forma como esse conflito é resolvido tanto pelo aluno quanto pela escola tem muito a ver com o fato de o aluno ter sucesso.

Por exemplo, como descrevemos nos Capítulos 3 e 4, diferentes normas culturais podem fazer educadores e famílias se comunicarem de maneiras que, inadvertidamente, causam mal-entendidos. Além das normas linguísticas, existem normas de envolvimento com escolas e funcionários que diferem entre as comunidades, com alguns pais sentindo que devem ser parceiros ativos na educação de seus filhos (e tendo tempo para fazê-lo) e outros que sentem que suas iniciativas podem transmitir desconfiança aos funcionários da escola, a quem eles veem como responsáveis pelo processo. Ainda outros que tiveram experiências escolares ruins podem ter um profundo medo ou desconfiança das escolas como instituições e se sentirem inadequados ou inseguros a respeito de como defender seus filhos (EPSTEIN, 2001).

Além disso, em algumas comunidades, nas quais poucas famílias ou nenhuma concluíram o ensino médio ou frequentaram a faculdade, pode haver pouca informação sobre o processo preparatório para a faculdade e pouca razão experimental para esperar que os alunos busquem tais metas. As escolas esperam que os alunos tenham livros de referência e computadores em casa; lugares tranquilos e isolados e tempo para estudar; cuidados de saúde para si e suas famílias; incentivo ao tempo gasto em atividades acadêmicas; e outros suportes para o desempenho escolar que nem sempre estão presentes quando as famílias se encontram em dificuldades econômicas. Os educadores, tanto de forma individual como coletiva, precisam estar cientes dos contextos em que os alunos aprendem em casa, bem como na escola, a fim de garantir o suporte necessário. A consciência individual do professor e da escola sobre contextos culturais, experiências familiares e normas pode ser construída por meio de visitas domiciliares, estudo da comunidade e iniciativas de envolvimento familiar, que ajudam a moldar políticas escolares que eliminem as diferenças normativas (DELGADO-GAITAN, 1991; VILLEGAS; LUCAS, 2002a).

Os alunos enfrentam diferentes tipos de fronteiras conforme negociam uma variedade de diferenças socioculturais, econômicas, linguísticas e estruturais entre casa e escola, que podem ser preenchidas por iniciativas escolares ou transformadas em abismos nos quais os alunos caem (DAVIDSON; PHELAN, 1999; PHELAN; DAVIDSON; YU, 1998). Se as iniciativas para incluir os pais no processo educacional não forem frequentes, não trouxerem informação sobre questões substantivas que afetam a aprendizagem dos alunos, forem linguisticamente inacessíveis ou ocorrerem em um horário em que os pais que trabalham não conseguem comparecer, as oportunidades para reduzir as principais barreiras ao desempenho dos alunos serão perdidas. Além das políticas escolares que regem o envolvimento dos pais, os desafios dos alunos ao negociar essas fronteiras são exacerbados ou aprimorados por políticas relacionadas a disciplina, inclusão curricular e extracurricular e divulgação de informações sobre faculdades e outras oportunidades (DAVIDSON; PHELAN, 1999).

Alguns desses desafios encontram-se nos sistemas informais que operam nas escolas, paralelamente aos sistemas formais – sistemas que reconhecem e recompensam alguns tipos de alunos e atividades em vez de outros; sistemas que fornecem aos alunos acesso a informações sobre oportunidades extracurriculares ou extraescolares; sistemas que tornam mais ou menos possível ou acolhedor para os pais participarem da vida escolar; e sistemas que direta e indiretamente transmitem normas sobre como os alunos são tratados, o chamado "currículo oculto" da escola (ANYON, 1980). Esses sinais sobre o que e quem importa na escola têm fortes consequências para a sensação de pertencimento, se os alunos se conectam à escola e ao trabalho acadêmico, se acreditam que conseguem ter um bom desempenho e se sentem que vale a pena investir esforços e confiança na escola e em seus membros.

Parte do sistema informal são práticas e sinais que determinam o tratamento que os alunos recebem na escola. Além das diferenças nos recursos, alguns estudos descobriram, por exemplo, que os professores geralmente têm mais atitudes negativas sobre a habilidade, a linguagem, o comportamento e o potencial das crianças negras do que das crianças brancas e que a maioria dos estudantes negros tem menos interações com seus educadores do que os estudantes brancos (IRVINE, 1990). Outros estudos descobriram que crianças não brancas são mais propensas a serem punidas por ofensas que estudantes brancos cometem sem consequências e que estudantes negros, particularmente do sexo masculino, são mais propensos a serem suspensos da escola do que estudantes brancos (FINE, 1991; NIETO, 1999; CARTER; GOODWIN, 1994).

As pesquisas também sugerem que homens e mulheres tendem a ter experiências diferentes na escola, e essas experiências podem afetar seu potencial para o sucesso acadêmico. É menos provável que as mulheres sejam chamadas por seu primeiro nome, sejam feitas a elas menos perguntas complexas e abstratas, recebam menos elogios ou *feedback* construtivo e recebam menos instruções sobre como fazer as coisas por elas mesmas (JONES; WHEATLEY, 1990; SADKER; SADKER, 1995). Embora as meninas sejam direcionadas com mais frequência a programas superdotados do que os meninos no ensino fundamental, no ensino médio, menos meninas permanecem em programas de superdotação; isso é particularmente verdadeiro para mulheres afro-americanas e hispânicas (UNITED STA-TES DEPARTMENT OF EDUCATION OFFICE FOR CIVIL RIGHTS, 1999; AMERICAN ASSO-CIATION OF UNIVERSITY WOMEN, 1999).

Em contrapartida, os meninos recebem mais atenção do professor do que as meninas, inclusive mais atenção negativa, e podem ser mais duramente disciplinados do que as meninas por violarem as mesmas regras (MID--ATLANTIC EQUITY CENTER, 1999; NATIO-NAL CENTER FOR EDUCATION STATISTICS, 2000b), e os homens, em especial os afro-americanos, são colocados de forma desproporcional na educação especial, muitas vezes erroneamente (UNITED STATES DEPARTMENT OF EDUCATION OFFICE FOR CIVIL RIGHT, 1999). Se quisermos criar escolas onde todos os alunos tenham oportunidades de aprender, os professores devem estar alertas para esses tipos de disparidades e conscientes de como fornecer ambientes de sala de aula que sejam física e psicologicamente seguros para qualquer aluno.

Respostas ao imperativo demográfico. Durante os últimos 15 anos, organizações profissionais e instituições encarregadas da preparação de professores responderam de várias maneiras a esse imperativo demográfico. Atualmente, entre as várias organizações profissionais relacionadas com a preparação, o licenciamento e a certificação de professores, existe um consenso sobre a necessidade de conteúdo relacionado a contextos socioculturais e áreas importantes de conhecimento e habilidade do professor durante sua preparação. Em 1972, a American Association of Colleges for Teacher Education formou a primeira de várias comissões sobre educação multicultural para ajudar a analisar a preparação de educadores para uma sociedade diversa. Em 1976, o National Council for the Accreditation of Teacher Education (NCATE) acrescentou a educação multicultural e o ensino para a diversidade aos seus padrões, exigindo que as instituições que buscam credenciamento mostrem evidên-cias de que incorporam tal conteúdo em seus programas. Em 1993, 16 das 17 diretrizes curriculares nacionais aprovadas pelo NCATE tinham incorporado diretrizes multiculturais, e 40 Estados exigiam que escolas ou programas de formação de professores incluíssem o estudo de grupos étnicos, diversidade cultural, relações humanas ou educação multicultural/bilíngue em seus programas.

Durante a última década, programas de preparação de professores por todos os Estados Unidos revisaram disciplinas, currículo, experiências de campo e políticas para dar atenção aos contextos sociais, à diversidade e à educação multicultural. Além disso, o Multicultural Education Consensus Panel (BANKS *et al.*, 2001), patrocinado pelo Center for Multicultural Education da University of Washington e pelo Common Destiny Alliance da University of Maryland, identificou 12 princípios essenciais para o ensino e a aprendizagem em uma sociedade multicultural que são derivados da pesquisa e da prática. De forma consistente com sínteses anteriores e pesquisas relacionadas (LADSON-BILLINGS, 1995; VILLEGAS, 1991; ZEICHNER, 1993a), o primeiro princípio descreve o que os professores precisam conhecer e aprender a ensinar efetivamente, inclusive identificando as próprias atitudes em relação a diferentes grupos culturais, adquirindo conhecimento sobre os históricos e culturas de diversos grupos, familiarizando-se com diversas perspectivas dentro de diferentes comunidades étnicas e culturais, entendendo as maneiras como as instituições e a cultura popular podem perpetuar estereótipos e traduzindo esse conhecimento em práticas de sala de aula que proporcionam a todos os alunos acesso ao rigor acadêmico.

O que os professores precisam saber: a construção de uma prática culturalmente receptiva

É óbvio que a competência técnica dos professores na prática docente e na gestão de sala de aula, bem como seu conhecimento do conteúdo da disciplina, são fatores que influenciam fortemente se os docentes terão sucesso em ajudar os alunos a aprender. No entanto, competência técnica em habilidades de ensino (como liderar discussões e gerenciar grupos), conhecimento sólido do assunto e conhecimento de como ensinar são essenciais, mas não suficientes, para o ensino eficaz. As atitudes e as expectativas dos docentes, bem como seu conhecimento de como incorporar as culturas, as experiências e as necessidades de seus alunos à prática docente, influenciam significativamente o que os alunos aprendem e a qualidade de suas oportunidades de aprendizagem. Neste relatório, não é possível descrever todas as estratégias que podem ajudar os professores a trabalhar com crianças diversas. Em vez disso, fornecemos exemplos das abordagens encontradas nas últimas três décadas para melhorar o ensino para crianças que tradicionalmente foram atendidas de forma insatisfatória pelo nosso sistema.

Pesquisas sobre ensino culturalmente responsivo. Para construir uma prática culturalmente responsiva, os professores precisam ter um amplo conjunto de estratégias de ensino para trabalhar com crianças diversas. Eles precisam saber como examinar as próprias premissas culturais para entender como elas moldam os pontos de partida para sua prática. Eles também precisam saber como investigar os antecedentes de seus alunos para conectar o que aprendem a sua tomada de decisão instrucional, tornando-se, de certo modo, antropólogos que procuram compreender de forma explícita as práticas culturais de seus alunos (GUTIÉRREZ; ROGOFF, 2003). Como Gay (1993, p. 293) argumenta, um professor precisa estar preparado para ser um "agente cultural" que:

> [...] compreende sistemas culturais completamente diferentes, é capaz de interpretar símbolos culturais a partir de uma estrutura de referência para outra, consegue mediar incompatibilidades culturais e sabe como construir pontes ou estabelecer ligações entre culturas de modo a facilitar o processo de ensino.

Iniciativas para reduzir a distância entre a cultura dos alunos e as normas muitas vezes não examinadas dos professores são um aspecto importante do ensino culturalmente responsivo. Há muitas maneiras como diferentes concepções sobre a natureza da comunicação significativa exacerbam essas lacunas (ver também os Caps. 3 e 4.) Por exemplo, Philips (1972) descobriu que as estruturas participativas usadas na reserva indígena de Warm Springs eram substancialmente diferentes daquelas empregadas na escola. Em casa, os pais raras vezes tomavam a iniciativa de questionar seus filhos como um modo de ensiná-los, e a verbalização entre adultos e crianças era relativamente rara. Logo, os estudantes indígenas relutavam em participar das discussões em sala de aula, porque precisavam falar para a turma e o professor ditava o discurso. Da mesma forma, Heath (1982) descobriu que os padrões interativos entre adultos e crianças eram bastante diferentes em casa e na escola para crianças afro-americanas em Trackton. Os pais dessas crianças geralmente não faziam perguntas estilizadas do tipo "resposta conhecida", que é comum na escola (p. ex., "Que cor é essa folha?" e "Que cor era o alecrim do campo?"). Por conseguinte, as crianças muitas vezes não respondiam a perguntas aparentemente óbvias feitas por seus professores ou davam respostas que eles consideravam insatisfatórias. Quando os docentes modificavam seus estilos de interação com os alunos para fazer perguntas mais autênticas, eles conversavam mais e se envolviam mais profundamente nas lições.

As iniciativas de criar conexões culturais entre a escola e as comunidades das crianças muitas vezes levaram a um melhor desempenho. Por exemplo, Au (1980) descobriu que, quando os educadores incorporavam estruturas participativas em suas lições que eram similares às "*talk stories*"* na cultura havaiana, o aproveitamento da leitura de crianças havaia-

---

* N. de T.: *Talk story* é uma expressão havaiana que significa "jogar conversa fora", ou seja, tem a ver com uma conversa informal.

nas de 2º ano aumentou significativamente. Tharp (1982) estudou a compreensão de leitura no Programa de Primeira Infância de Kamehameha, no Havaí. Ele descobriu que um programa de leitura orientado para a compreensão culturalmente relevante que usa métodos ativos de ensino pode ser mais eficaz do que um programa focado mais em sub-habilidades discretas que usa métodos de ensino que não incorporam a cultura dos estudantes.

Lee (1995) investigou os efeitos do uso da tradição afro-americana do *signifying* com o objetivo de andaimar* habilidades de ensino da compreensão para estudantes afro-americanos. Ela descobriu que, quando os professores incorporavam esse conhecimento cultural ao ensino, os alunos faziam comentários mais longos e sofisticados sobre os textos. Em uma avaliação que durou quatro anos do Projeto High School Puente na Califórnia, Gandara (2002) descobriu que estudantes mexicanos e latinos que participaram de um rigoroso programa de preparação acadêmica, que incorporou pesquisa e redação com base na comunidade, aconselhamento acadêmico e oportunidades de interação com os líderes da comunidade, se inscreviam e frequentavam as universidades com quase o dobro do índice daqueles que não participaram do programa. Em um estudo longitudinal sobre o uso de "recursos de conhecimento" de alunos no ensino em sala de aula, Moll e González (2004) observaram que o desempenho acadêmico dos estudantes latinos se fortalece quando o conhecimento de sua comunidade é levado em conta.

Outra pesquisa examinou as práticas de professores bem-sucedidos de estudantes de outras etnias e aprendizes da língua inglesa como segunda língua para descobrir o que esses educadores fazem. Essa pesquisa sugere que professores eficientes de estudantes não brancos formam e mantêm conexões com seus alunos dentro de seus contextos so-

ciais. Eles estão familiarizados com os padrões de fala da comunidade e muitas vezes incorporam elementos de tais padrões de comunicação, como "chamada e resposta", mesmo quando ensinam utilizando o inglês-padrão. Para alunos de diferentes origens linguísticas, eles permitem que os estudantes façam uso de vários idiomas enquanto ensinam o idioma de destino e tratam seus alunos como indivíduos e membros de culturas específicas, pedindo a eles que compartilhem quem são e o que sabem com a turma de várias maneiras (COCHRAN-SMITH, 1995; GARCIA, 1993; IRVINE, 2003; MURRELL, 2002; NIETO; ROLON, 1997; STRICKLAND, 1995).

Irvine (1990), Ladson-Billings (1994) e Garcia (1993) resumiram a pesquisa descobrindo que professores eficazes de estudantes não brancos – que incluem professores brancos e membros de grupos minoritários – vinculam conteúdo de sala de aula às experiências dos alunos, focam a criança como um todo e acreditam que todos os seus alunos podem ter sucesso. Eles utilizam uma abordagem direta e ativa ao ensino: demonstram, modelam, explicam, escrevem, dão *feedback*, revisam e enfatizam habilidades de ordem superior, enquanto evitam a dependência de aprendizagem ou punição excessivas e mecânicas. Eles veem a relação professor-aluno como humana e equitativa e caracterizada por um senso de comunidade e equipe. Suas salas de aula normalmente enfatizam a cooperação em vez da competição e apresentam estratégias de aprendizagem cooperativas e discurso e participação iniciados pelos alunos.

O conhecimento para a construção de uma prática culturalmente responsiva. Os professores que "pensam pedagogicamente" sobre a diversidade são capazes de construir uma prática que seja academicamente desafiadora e responsiva aos alunos. Construir uma prática culturalmente responsiva requer que os docentes criem uma ampla base de conhecimento que cresce e se transforma conforme os alunos, contextos e assuntos mudam. O conhecimento sobre si e sobre os outros (alunos, pais, comuni-

---

* N. de R.T.: Referente à estratégia de ensino de *scaffolding,* que é utilizada para desafiar os alunos a mover-se, progressivamente, em direção a uma maior compreensão de um conteúdo/uma habilidade.

dade) é uma base essencial para a construção, avaliação e modificação do currículo e da prática pedagógica para que seja responsiva aos alunos. Nas salas de aula de professores culturalmente responsivos, os métodos de ensino e avaliação, o currículo e o clima de sala de aula trabalham juntos para dar suporte ao desempenho acadêmico de todos os alunos.

Os professores em nossas vinhetas de abertura demonstram os desafios de desenvolver uma prática que atenda às necessidades de diversas populações de estudantes, em especial quando essa diversidade está constantemente em fluxo e as consequências das diferenças entre os alunos são cruciais para determinar os resultados deles. Além de tirar proveito de seu conhecimento sobre o desenvolvimento infantil, a conscientização da senhora Cowen (ver "A senhora Cowen e a colocação de um aluno na educação especial") de que ela está trabalhando em vários contextos na avaliação das necessidades e da colocação de Julie é fundamental. Expectativas da escola e do lar, mandatos legais estaduais, bem como um senso moral do que pode servir a essa aluna em particular, embasam sua recomendação sobre a colocação de Julie, assim como sua observação cuidadosa do desempenho da menina em sala de aula. Os educadores são frequentemente os primeiros profissionais a se conscientizar dos desafios de aprendizagem vivenciados pelas crianças em suas salas de aula. Essas percepções podem ser tão simples quanto notar que uma criança não consegue enxergar o quadro-negro ou reconhecer que ela está tendo problemas significativos com o processamento auditivo e a recuperação de informações.

Esse tipo de "detecção de problemas" deve ser acompanhado de cuidado e sensibilidade. Um professor deve ter algum conhecimento sobre crianças e padrões típicos de desenvolvimento, bem como sobre diferenças consideradas normais. Ele deve conhecer bem seus alunos, porque até mesmo crianças pequenas podem encontrar maneiras de esconder o que consideram fraquezas. Ao mesmo tempo, as crianças desenvolvem-se de modos diferentes,

e um atraso em uma área pode gradualmente desaparecer com o tempo. Se um professor sugere a uma criança que ela pode ter um déficit de aprendizagem, ele pode desencorajá-la ou constrangê-la a ponto de ela acreditar que o déficit ou a educação especial trazem consigo um estigma, além de perturbar inicialmente os pais se eles não estiverem conscientes dos desafios atuais de aprendizagem.

Além disso, como ilustra a vinheta de Cowen, os professores devem estar cientes das pesquisas que mostram que crianças não brancas e aquelas que são novos estudantes da língua inglesa como segunda língua são muitas vezes identificadas como crianças que apresentam certos déficits. Ao mesmo tempo, devido a atribuições inapropriadas de algumas dificuldades a barreiras linguísticas ou de "privação cultural", tais alunos podem deixar de ser encaminhados para serviços de educação especial em outros casos. Várias avaliações em sala de aula e padronizadas são necessárias para obter uma visão mais completa dos pontos fortes e necessidades dos alunos para embasar as decisões relacionadas ao ensino. O conhecimento sobre a história individual de Julie, o conhecimento da senhora Cowen sobre o desenvolvimento da criança e da linguagem e sobre a grande quantidade de estudantes da língua inglesa como segunda língua na educação especial, bem como sua capacidade de avaliar o trabalho dos alunos, juntam-se para embasar essa importante recomendação profissional. Também é importante saber como a senhora Cowen trabalhou com Julie para encontrar e desenvolver seus pontos fortes e manter exemplos de seus trabalhos para orientar sua avaliação, o que embasa tanto seu ensino quanto essa recomendação de colocação.

O senhor Levy (ver "O senhor Levy e o artigo de um aluno sobre imigração") viu-se confrontado com as atitudes e a desinformação de um aluno, Roger, sobre novos imigrantes quando leu o artigo dele, que relacionava o desemprego à imigração e "àquelas pessoas" que estavam tirando empregos de indivíduos que "pertenciam" aos Estados Unidos. Ao refletir sobre como responder a Roger, Levy teve que considerar muitos fatores, entre eles a falta de conhecimento do aluno sobre imigração (uma questão de conteúdo da disciplina) e suas atitudes e crenças sobre "os outros". Levy também teve que decidir a prática pedagógica que ele utilizaria para abordar Roger, dado os muitos outros alunos da turma que eram imigrantes e que tinham vários tipos de conhecimento e experiências com o desemprego.

A senhora Carrington (ver "Senhora Carrington: o ensino de Shakespeare a estudantes da língua inglesa") teve que conhecer muito sobre seus alunos ao embarcar no caminho desafiador de ensinar sonetos de Shakespeare – uma exigência do currículo estadual. Seu desafio dizia respeito a como fornecer acesso ao texto de Shakespeare, considerando as diferenças linguísticas e culturais entre seus 28 alunos. Tanto para o senhor Levy quanto para a senhora Carrington, o trabalho deve começar por aprender sobre seus alunos: quem eles são, o que sabem e quais significados e pontos fortes trazem para a escola. Como os capítulos anteriores desta publicação deixam claro, todos os alunos precisam de estruturas para conectar o que sabem de suas vidas fora da escola à sua vida e ao trabalho na escola. A senhora Carrington precisava não apenas de uma profunda compreensão de seus alunos, mas também de uma compreensão do conteúdo em relação aos alunos – por exemplo, linguagem ou temas que poderiam tornar Shakespeare difícil para esse grupo específico de alunos e temas que poderiam torná-lo envolvente e cada vez mais compreendido.

Os professores precisam ser capazes de entender as culturas e as diferenças dos alunos sem se tornarem vítimas dos estereótipos culturais que podem resultar de uma compreensão superficial dos alunos e de suas experiências. É esse tipo de conhecimento superficial, e os estereótipos potencialmente prejudiciais que podem resultar disso, que Cazden e Mehan (1989) advertem quando observam que pode ser perigoso tentar transmitir um conhecimento simplificado sobre uma lista de diferentes culturas para futuros professores. Em vez disso, os futuros educadores devem aprender a aprender com seus alunos e membros das comunidades em que ensinam, tomando emprestadas estratégias da antropologia e da sociologia. Embora seja necessário algum conhecimento dos históricos culturais, os docentes precisam ter acesso às experiências particulares dos alunos com quem trabalham para embasarem suas decisões.

A importância de se conectar com os alunos e suas comunidades para fins de informação e suporte mútuos sugere uma orientação "recíproca e interativa" para a prática. Em tal prática, alunos e educadores trabalham juntos para construir significado a partir do conteúdo, em vez de ensinarem um conjunto descontextualizado de habilidades que são passadas de professor para aluno. O modelo interativo colaborativo sugere que o currículo e as práticas pedagógicas estejam conectados de maneira direta e intencional à vida das crianças (CUMMINS, 1986; DELPIT, 1995; DELGADO-GAITAN, 1991; NIETO, 2000; OLSEN; MULLEN, 1990; MOLL 1988). Para esse resultado, os docentes precisam saber como gerar e manter um diálogo genuíno com os alunos, para que eles possam aproveitar o que os alunos sabem e se preocupar e monitorar seu engajamento e sucesso. A seguinte vinheta com um professor de sucesso do 6º ano ilustra o tipo de interação que permite que as experiências dos alunos se tornem uma parte oficial do currículo da sala de aula. A vinheta demonstra não só uma gama de estratégias pedagógicas, mas também como um conhecimento sobre avaliação, aprendizagem e desenvolvimento embasa as escolhas do professor.

Um caso de uma prática docente culturalmente responsiva

Na turma do 6º ano de Ann Lewis, os alunos estavam ouvindo enquanto um deles lia em voz alta. A turma estava estudando *Charlie Pippin*, de Candi Dawson Boyd. O romance é sobre uma garota afro-americana de 11 anos que tenta ganhar a aprovação de seu pai, um veterano condecorado da Guerra do Vietnã que enterrou todos os seus sentimentos sobre a guerra dentro dele. A garota se sente alienada do pai e quer encontrar uma maneira de reaproximar-se dele. Havia 29 alunos na turma (20 afro-americanos). Quando o aluno que estava lendo terminou, um menino afro-americano, Jerry, perguntou: "Ela [a protagonista da história] vai ficar com 11 anos neste livro?".

A senhora Lewis respondeu com uma pergunta: "E em *Driving Miss Daisy*? O personagem principal ficou com a mesma idade?".

Alunos (em uníssono): "Não!"

Ann: "Como vocês sabem?"

Jerry: "Porque ela estava usando uma daquelas coisas de caminhar quando ela ficou velha."

Ann: "Um andador?"

Jerry: "Sim, e então ela estava naquela casa onde ficam os velhos."

Ann: " Você consegue ver isso sem o vídeo?"

Calvin (outro menino afro-americano): "Sim, você consegue ver quando está lendo. Então vamos ver quantos anos Charlie tem no livro!... [Referindo-se à protagonista], ela tem sentimentos que seu pai não entende, e ele tem sentimentos que ela não entende."

Ann: "Você conhece alguém que já se sentiu assim?"

Calvin: "Eu!"

Ann desenhou um diagrama de Venn para representar semelhanças e diferenças entre Calvin e a personagem da história. "Você tem o próprio vídeo de sua vida inteira em sua cabeça. Toda vez que você lê, pode obter uma imagem de como a história se conecta com sua vida. Vocês querem voltar para a história?"

Alunos (em uníssono): "Sim!"

Um terceiro garoto começou a ler. Quando ele terminou, a senhora Lewis disse: "Feche seus olhos. Vamos colocar o seu vídeo". Então, ela releu uma seção do livro descrevendo a mãe na história. E perguntou: "Como você relaciona isso com a sua vida?". Uma das garotas afro-americanas comentou: "É como quando beijo minha mãe".

Os alunos então se revezavam lendo as passagens do livro. Para alguns, esse foi o primeiro "livro de capítulos" que eles leram na escola. Alguns dos leitores mais lentos tiveram problemas com algumas palavras. A senhora Lewis os encorajou e instigou outros alunos a ajudar. "Lembre-se, somos todos uma equipe aqui. Precisamos nos ajudar mutuamente". Quando Charlene (uma garota afro-americana) fez uma pergunta sobre uma briga que a personagem principal teve com seu pai, a senhora Lewis sugeriu que os alunos dramatizassem para facilitar a compreensão. Dois estudantes tiveram um pouco de dificuldade com a dramatização de papéis. Dois outros tentaram e receberam uma salva de palmas do resto da turma.

Depois da dramatização, Ann perguntou: "O que sabemos sobre o pai de Charlie?". A aula explodiu de emoção – muitos queriam contribuir. A senhora Lewis começou a desenvolver um "mapa mental de características do personagem" no quadro... Ela encheu o quadro com as respostas dos alunos e gritou: "Isso foi perfeito! Vocês são uma turma perfeita! Se você é perfeito, levante a mão!". Vinte e nove mãos estavam no ar.

Ao longo dos próximos meses, *Charlie Pippin* se tornaria a peça central de uma ampla gama de atividades. Um grupo de estudantes iniciou um grupo de pesquisa sobre a Guerra do Vietnã. Um membro do grupo que assumiu uma posição de liderança era uma menina vietnamita muito quieta, cujos pais haviam lutado na guerra. Ela trouxe fotografias, mapas, cartas, até mesmo um membro da família para falar com a turma sobre o Vietnã. No livro, a personagem principal fazia *origami* para vender para seus colegas de classe. A senhora Lewis ensinou seus alunos a fazer *origami*. Ela os apresentou ao livro *Sadako e os mil pássaros de papel*. Um segundo grupo de estudantes pesquisou a proliferação nuclear.

Embora [muitos dos alunos da senhora Lewis] tivessem tido problemas anteriores, inclusive baixo desempenho acadêmico, evasão escolar, suspensão, recomendação de colocação na educação especial e pelo menos uma ameaça de expulsão, a turma dela representava uma oportunidade de um novo começo acadêmico.

Um dos principais alunos da senhora Lewis, um garoto chamado Larry, tinha uma história particularmente preocupante. Ainda que ele fosse baixo e ligeiramente musculoso, era a criança mais velha da turma. Ele havia reprovado várias vezes e tinha 13 anos em uma turma composta por alunos de 11 anos. Ele ficara traumatizado com um tiroteio que acertara sua tia favorita. Outros professores da escola se referiam a ele como "um acidente pronto para acontecer". Ninguém o queria em suas salas de aula. A senhora Lewis se referia a Larry como um "pedaço de cristal".

"Ele é forte e bonito, mas frágil. Tenho que construir um lugar seguro para ele e avisá-lo que nós – a turma e eu – estaremos aqui para ele. A escola o colocou na gaveta da cozinha. Quero que ele esteja lá em cima no armário de porcelana onde todos possam vê-lo."

No final do ano letivo, Larry foi eleito presidente do 6º ano da escola. Ele estava envolvido na mediação de conflitos entre colegas e estava tirando A e B em todas as disciplinas. Enquanto Larry representava um exemplo especial de realização, a sala de aula era um lugar especial para todas as crianças, incluindo as nove não afro-americanas (elas eram latinas, habitantes das ilhas do Pacífico e vietnamitas). O trabalho foi desafiador e emocionante. Presumia-se que os alunos tivessem algum nível de letramento, o que formava a base para o aumento da competência. Ler, escrever e falar eram atividades comunitá-rias das quais a senhora Lewis acreditava que todos os alunos pudessem participar – e eles participaram.

Fonte: Extraído de Ladson-Billings (1994, p. 107-112).

A sala de aula de Ann Lewis demonstra uma variedade de estratégias pedagógicas que os professores culturalmente responsivos utilizam para envolver os interesses dos alunos e dar suporte a sua aprendizagem e seu desenvolvimento. Ela também ilustra aspectos importantes do currículo e da avaliação que apoiam essas estratégias.

Prática pedagógica. Uma primeira olhada na sala de aula de Ann Lewis mostra como a interação e a colaboração, que são centrais para uma abordagem recíproca, produzem uma grande quantidade de conversas a respeito do que os alunos leem e pesquisam sobre assuntos relacionados, dentro e fora do texto atual. A senhora Lewis claramente sabe como criar oportunidades para os alunos se engajarem em um diálogo colaborativo que dê suporte às relações dentro das quais o ensino e a aprendizagem ocorrem, ao mesmo tempo que também fornece suporte ao crescimento cognitivo dos alunos. Há muitas maneiras de criar oportunidades para os alunos se engajarem em trocas verbais e por escrito significativas em sala de aula, tais como redação de diários e textos dissertativos, ensino recíproco, trabalho em grupo cooperativo e tutoria entre pares, etc. (para exemplos, ver GARCIA, 1993; IRVINE; ARMENTO, 2001; NIETO, 2000; VILLEGAS; LUCAS, 2002b; WEINER, 1999).

No entanto, como as vinhetas deste capítulo indicam, conhecer um conjunto de práticas não é suficiente. Os professores também precisam saber quando e como utilizar abordagens específicas para alcançar seus objetivos sob uma variedade de circunstâncias diferentes (MOLL, 1988; NIETO, 2000; NIETO; ROLON, 1997; REYES DE LA LUZ, 1992; VALDÉS, 1996; WEINER, 1999). Por exemplo, na vinheta do senhor Levy, vimos-no ponderando seu próximo passo instrutivo: uma lição individual? Uma palestra sobre a economia da imigração? Uma atividade para incentivar o questionamento e a descoberta dos alunos? A decisão entre essas opções de ensino requer não apenas o conhecimento dos interesses de seus alunos, mas uma avaliação cuidadosa de suas habilidades e o conhecimento de qual estratégia de ensino pode efetivamente levá-los ao próximo nível de compreensão.

Nesse curto segmento da sala de aula de Ann Lewis, vemos que ela utiliza várias estratégias diferentes para envolver seus alunos com o material. À primeira vista, a sala de aula parece uma que seria reconhecível para muitos: os alunos ouviam enquanto um aluno lia o texto em voz alta. Quando a leitura terminou, outro aluno levantou uma questão sobre a leitura que criou uma oportunidade para Ann Lewis ativar e aproveitar o conhecimento prévio dos alunos. Em vez de responder diretamente à pergunta de Jerry, ela respondeu com uma pergunta própria, pedindo aos alunos que fizessem conexões com seu conhecimento anterior pensando em outro personagem que conheciam de um filme. Com a contribuição de outro aluno, ela é capaz de demonstrar que os alunos podem utilizar pistas que os ajudam a visualizar o que leem e a se conectar às suas experiências com o texto.

Ela amplia e explicita essa estratégia de leitura usando um dos personagens do livro e um diagrama de Venn como uma ferramenta visual para os alunos observarem semelhanças e diferenças entre um dos personagens e um aluno da turma. Fazer isso demonstra aos alunos uma maneira como os leitores experientes se conectam com a literatura e dá um meio visual de representar esse conhecimento. Quando um aluno faz outra pergunta sobre uma disputa que a personagem principal tem com seu pai, a senhora Lewis, mais uma vez, não responde simplesmente à pergunta. Em vez disso, os alunos fazem uma dramatização para entender o conflito com mais clareza. Depois da dramatização, os alunos constroem seu conhecimento da personagem principal em

vez de ter a resposta entregue a eles. Isso muda a responsabilidade de gerar conhecimento do professor para os alunos e para o professor coletivamente. A senhora Lewis não desapareceu do processo; ela habilmente deu suporte aos alunos em assumir maior controle sobre a aprendizagem e modelou estratégias que eles podem utilizar para responder às próprias perguntas no futuro.

Os movimentos pedagógicos da senhora Lewis nessa breve seleção ilustram o uso de diversas estratégias, que oferecem muitas oportunidades para os alunos se envolverem com o material e que expandem as probabilidades de que estudantes que aprendem de diferentes maneiras possam entender: os alunos leram em voz alta, eles ouviram, conversaram, produziram representações visuais e dramatizaram. A senhora Lewis precisava saber não apenas as escolhas pedagógicas que ela tinha e como utilizá-las com sucesso; ela também precisava saber quais abordagens provavelmente alcançariam objetivos específicos com esse grupo de alunos.

A senhora Lewis também demonstra conhecimento sobre o desenvolvimento do letramento. Sabemos pela vinheta que esse é o primeiro livro de capítulos que alguns dos alunos leram. A senhora Lewis entende que, para alguns leitores inexperientes, é difícil visualizar o que leem no texto. Quando Jerry faz uma pergunta sobre a protagonista do livro, a senhora Lewis suspeita que ele precise se lembrar de utilizar pistas do texto para ajudar a visualizar e conectar o que ele sabe a sua leitura. Os movimentos instrucionais que ela faz partem dessa sugestão da pergunta de Jerry e explicitamente fornecem algumas estratégias que os alunos podem utilizar para ler textos complexos: visualizar o texto, fazer comparações e fazer previsões. A senhora Lewis também sabe que, se os alunos utilizarem essas estratégias com o suporte de seus pares, eles estarão mais propensos a empregar as estratégias de forma independente no futuro, então ela pratica as estratégias em conjunto como um grande grupo.

Currículo. Professores culturalmente responsivos precisam saber como desenvolver um currículo que leve em conta as compreensões e perspectivas de diferentes grupos, ao mesmo tempo que atenda ao desenvolvimento de habilidades cognitivas de alto nível (BANKS, 1993, 2003). Isso envolve a seleção de material que inclua as contribuições e perspectivas de diferentes grupos (DELPIT, 1995; LADSON-BILLINGS, 2002) e que seja responsivo ao contexto cultural particular em que se ensina (IRVINE; ARMENTO, 2001; KNAPP; SHIELDS, 1991; SLEETER; GRANT, 1999; VILLEGAS, 1991). Para construir um currículo que crie conexões para seus alunos, os professores precisam ter amplo conhecimento do conteúdo da disciplina, para que possam confeccionar um currículo que inclua várias representações abordando as experiências anteriores de diferentes grupos de alunos (LEE, 1993; MCDIARMID, 1994).

O conhecimento de Ann Lewis sobre o material curricular também permite que ela se baseie nos interesses dos alunos, ao mesmo tempo que leva os estudantes a um trabalho acadêmico mais sofisticado. Ela precisaria de uma consciência de variados recursos multiculturais para selecionar o romance que leriam juntos. Ao selecionar o romance, a senhora Lewis precisou considerar não apenas seu potencial para o interesse do aluno, mas a dificuldade do livro – alguns alunos seriam desafiados, e outros achariam a leitura fácil – e seus objetivos para os alunos como leitores, bem como os padrões distritais para aquele ano escolar. O livro que ela selecionou não é aquele que muitos dos alunos conseguiriam ler por conta própria, mas, com a ajuda dela e dos colegas, eles conseguiram ler o livro juntos. A senhora Lewis selecionou o livro à luz de seu conhecimento das zonas de desenvolvimento proximal (ZDPs) dos alunos nessa área. Com seu *scaffolding* cuidadoso, o livro instiga os alunos a ler em um nível mais alto do que eles conseguiriam sozinhos. Outro aspecto de sua prática pedagógica é representado por sua atenção explícita à leitura. Ela sabe o que os leitores experientes fazem quando encontram textos desafiadores e compartilha explicitamente essas estratégias com os alunos.

Além disso, a vinheta mostra que ela usa a emoção e o envolvimento dos alunos no romance e os transforma em projetos de pesquisa, permitindo que os alunos elaborem as próprias perguntas. No processo, ela não apenas os ensina a pesquisar, mas cria um lugar para os alunos compartilharem e aprenderem com os recursos tradicionais e as histórias uns dos outros (e, de fato, promove oportunidades para os alunos aprenderem sobre as próprias histórias mais profundamente). Ao encorajar uma aluna cujos pais haviam lutado na guerra do Vietnã a compartilhar alguns artefatos do período – mapas, fotografias e coisas semelhantes – e convidar um membro da família para conversar com a turma, a senhora Lewis conectou seu trabalho escolar com o ambiente doméstico, enriquecendo o conhecimento cultural e histórico de todos os seus alunos.

Avaliação. O desenvolvimento e a modificação das estratégias de avaliação para que sejam sensíveis às diferenças das crianças também podem melhorar a aprendizagem dos alunos (DARLING-HAMMOND, 1996; GOODWIN, 1997a). Isso requer conhecimento de uma série de avaliações e do que cada uma delas revela sobre a aprendizagem do aluno (ver Cap. 8). A vinheta da senhora Cowen, por exemplo, demonstra sua conscientização sobre uma variedade de ferramentas que lhe proporcionam uma visão mais completa dos pontos fortes de Julie e das áreas que precisam de desenvolvimento. Além disso, o conhecimento que a senhora Cowen tem sobre desenvolvimento a ajuda a articular precisamente em qual área ela vê o progresso de Julie. A senhora Cowen também revela que tem uma visão complexa do desempenho do aluno que vai além de uma única medida.

A senhora Lewis claramente tinha metas específicas para ler o romance em que sua turma estava trabalhando em conjunto e desafiou todos os alunos a alcançar essas metas. Antes de selecionar o romance, ela precisava avaliar os pontos fortes, as habilidades e os interesses de seus alunos como leitores e as áreas em que precisavam trabalhar. Assim, ela usou o conhecimento adquirido de suas avaliações deles como leitores para embasar não apenas sua seleção de textos, mas também seus objetivos para ensinar o texto.

Outra característica importante na prática da senhora Lewis foi sua articulação explícita de estratégias disponíveis para os leitores. Ensinar explicitamente essas estratégias torna mais provável que os alunos as utilizem em suas futuras leituras. Se ela não tivesse sido capaz de articulá-las, ela poderia ter esperado apenas que os alunos descobrissem essas estratégias acidentalmente. Alguns alunos poderiam ter feito isso, enquanto outros nunca as teriam descoberto. Delpit (1995) defende esse ponto com bastante força, observando que, especialmente para os alunos cuja cultura de origem é diferente daquela da escola, a desmistificação das expectativas da escola e das estratégias de aprendizagem é fundamental.

As atitudes e expectativas dos professores: a importância das disposições

Outro aspecto da prática docente culturalmente responsiva é a capacidade de desenvolver os pontos fortes que os alunos trazem para a escola. Para tirar proveito dos pontos fortes dos alunos, os professores precisam ser capazes de avaliar quais conhecimentos e crenças os alunos trazem para a sala de aula, avaliar como aprendem em diferentes domínios e estruturar condições que facilitem seu desempenho acadêmico (AU, 1980; MEHAN et al., 1996; THARP, 1982). Ao se preparar para uma reunião do IEP sobre sua aluna, vimos como a senhora Cowen reflete sobre as habilidades que viu Julie demonstrar na sala de aula. A observação cuidadosa da senhora Cowen lhe permitiu ver além do diagnóstico inicial de educação especial para uma compreensão diferenciada de vários aspectos da aprendizagem de Julie. Da mesma forma, a senhora Lewis consegue enxergar o potencial de liderança de seu aluno Larry e cria experiências para ele que geram mais esforço, motivação e sucesso. A aprendizagem dos alunos é facilitada quando os professores os veem como aprendizes que têm experiências, ideias e recursos domésticos e comunitários que podem ser empregados para ajudá-los a dominar novos conhecimentos e habilidades (MOLL et al., 1992; MOLL; GONZÁLEZ, 2004).

O desenvolvimento de uma consciência sociocultural. As vinhetas apresentadas neste capítulo apontam para pesquisas que indicam que há algumas crenças e atitudes que são críticas para os professores serem eficazes com todos os alunos, entre as quais respeito por qualquer aluno e suas experiências, confiança em suas habilidades de aprender, disposição para questionar e modificar as próprias práticas, se elas não tiverem sucesso em determinado momento, e um compromisso de continuar buscando novas soluções para problemas de aprendizagem (ver DELPIT, 1995; GAY, 2000; IRVINE; ARMENTO, 2001; LADSON-BILLINGS, 1994, 1995; MURRELL, 2002; THARP et al., 2000; VILLEGAS, 1991; VILLEGAS; LUCAS, 2002b). Além de fortalecer os pontos fortes dos alunos, o desenvolvimento de uma "consciência sociocultural" permite que os professores percebam que a visão de mundo com a qual eles cresceram não é universal, mas é muito influenciada por suas experiências de vida e aspectos de sua cultura, raça, etnia e classe social (BANKS, 1998; HARDING, 1991; VILLEGAS; LUCAS, 2002a). A percepção do senhor Levy de que a história de imigração da própria família é um fator que molda sua resposta ao trabalho de Roger demonstra um aspecto dessa consciência sociocultural (TATUM, 1997; WILLIS; LEWIS, 1998). Os educadores estão mais conscientes de como eles interagem com seus alunos – e de quais são suas escolhas – quando desenvolvem autoconhecimento, em particular uma consciência de si mesmos como seres culturais, bem como uma consciência das formas como sua cultura molda suas visões. Os educadores que desenvolvem essa consciência não apenas estão cientes de que existem várias perspectivas, mas também podem criar oportunidades para os alunos articularem suas visões e descobrirem maneiras como suas experiências e cultura popular moldam essas visões.

Quando os futuros professores desenvolvem uma maior consciência sociocultural, isso se torna um veículo para o desenvolvimento de uma atitude mais afirmativa e positiva em relação aos alunos. Os educadores começam a entender melhor como suas interações com seus alunos e com o mundo em geral são influenciadas por sua localização social e cultural, assim como a de seus alunos. Bernstein (1972, p. 149) resumiu bem quando disse: "Se a cultura do professor é tornar-se parte da consciência da criança, então a cultura da criança deve primeiro estar na consciência do professor [...]".

Com base nas experiências e no conhecimento de seus alunos, os docentes podem criar contextos sociais mais personalizados e motivadores para o ensino. Professores veteranos, como a senhora Cowen e o senhor Levy, percebem a importância de continuar aprendendo sobre seus alunos ao longo de suas carreiras. A senhora Lewis canaliza com maestria a empolgação gerada por um romance que seus alunos leem em conjunto, permite que eles busquem uma variedade de interesses gerados pelo romance e extrai uma variedade de recursos ao fazê-lo. No processo, ela cria oportunidades para os alunos compartilharem seus conhecimentos entre culturas, desenvolvendo também uma conscientização intercultural ou sociocultural nos alunos. Quando os futuros professores desenvolvem uma maior consciência sociocultural, eles conseguem se tornar um veículo para engendrar uma atitude mais afirmativa e positiva em relação aos alunos e uma base para a construção do currículo.

É muito importante que os professores não façam suposições rápidas sobre as crianças. É fácil rotular uma criança desmotivada quando ela está perdida e incapaz de se conectar ao ensino ou é pouco desafiada e mostra-se entediada. É tentador rotular uma criança que se encontra simplesmente confusa com instruções sobre como completar uma tarefa. Os educadores devem acreditar que é possível desenvolver e adaptar o ensino para envolver todas as crianças, ajudá-las a aprender e se tornarem membros responsáveis de uma comunidade de sala de aula. Eles também devem saber como fornecer orientações claras e organizadas – usando várias formas de comunicação para que os alunos processem informações de maneira diferente – e tarefas bem-organizadas que forneçam muitos pontos de entrada para que os alunos *consigam* aprender. Para ensinar bem a todas as crianças, os professores devem adaptar seus currículos e ensino para que seus alunos participem de um trabalho significativo.

Essas preocupações em ratificar ambientes e oportunidades de aprendizagem significativos também funcionam no âmbito escolar. Há evidências de que, quando as escolas adotaram uma filosofia e um conjunto de práticas abrangentes com base no entendimento do desenvolvimento e das experiências das crianças – ratificando os alunos, oferecendo um currículo forte para todos e promovendo o desenvolvimento individual, bem como relações intergrupais – conexões com a escola e interações positivas entre adultos e crianças –, um melhor desempenho pôde ser fortalecido (COMER; HAYNES; JOYNER, 1996a; KHMELKOV; HALLINAN, 1999; NEWMAN; WEHLANGE, 1995; NIETO, 2002; SLAVIN, 1995).

Sem uma agenda explícita para desenvolver tais normas e procurar maneiras de reconhecer e dar suporte a todos os alunos, oferecer a todos os indivíduos e grupos um currículo rico e significativo e construir relações positivas entre eles, muitas escolas inadvertidamente (e às vezes conscientemente) distribuem oportunidades para a aprendizagem e o sucesso de forma injusta. Professores que procuram sozinhos mudar essas normas dentro de suas salas de aula serão muito menos eficazes do que se trabalharem dentro de um contexto que reforce suas iniciativas. Logo, os educadores precisam estar cientes de como os sistemas formais e informais da escola operam para construir oportunidades e saber como participar de processos de mudança em âmbito escolar que chamam a atenção para as necessidades organizacionais e ajudam a desenvolver uma cultura de suporte por toda a escola.

O ensino de crianças com necessidades especiais: a construção de uma prática inclusiva

As ideias de *salas de aula culturalmente responsivas* e *salas de aula inclusivas* não são de forma plena as mesmas, mas são semelhantes. Mais especificamente, ambos os termos sugerem que as escolas e os professores precisam proporcionar salas de aula que deem suporte às crianças e aceitem as diferenças. Em ambas as concepções, os pontos fortes das crianças são enfatizados e as diferenças são consideradas parte positiva de um ambiente de aprendizagem, porque permitem que as crianças compartilhem e vivenciem perspectivas diversas. No passado, as crianças com necessidades especiais eram ensinadas de forma isolada em salas de aula de educação especial, e a educação especial estava associada principalmente a uma orientação deficitária. Hoje, embora a educação especial ainda esteja intimamente ligada a um modelo médico, uma vez que as crianças são "diagnosticadas" com certas deficiências, a maioria dos educadores compreende que as diferenças de aprendizagem existem ao longo de um vasto *continuum*, que os seres humanos tipicamente desenvolvem forças compensatórias – muitas vezes formidáveis – de modo a permitir que eles expandam sua aprendizagem, mesmo que tenham algumas áreas de dificuldade, e que o ensino estratégico pode fazer uma grande diferença no que os alunos alcançam. Além disso, muitos acreditam que a visualização da deficiência como um tipo de condição insuperável é uma noção socialmente construída que é prejudicial para as crianças e que deve ser questionada (MCDERMOTT, 1996).

Outros equívocos que ainda perduram incluem o equacionamento da educação especial com modelos comportamentais de ensino, com foco apenas na aquisição de habilidades mecânicas, ou com um modelo legalista, que se concentra em rótulos e procedimentos que devem ser seguidos. Neste capítulo, apresentamos um modelo inclusivo que reflete uma visão ampla da diversidade, que reconhece que os alunos têm experiências diversas e complexas, pontos fortes e identidades que incluem interesses e talentos, bem como etnia, gênero, *status* social, experiências familiares e diferenças de aprendizagem, entre outros. Esses conjuntos complexos de experiências exigem que os alunos sejam ensinados como indivíduos por professores que sejam observadores e identificadores em sua abordagem e que também estejam cientes dos padrões mais gerais de aprendizagem a serem considerados ao avaliarem e planejarem o ensino. Muitas vezes, os professores que estão preparados para ensinar os alunos com necessidades especiais tornam-se docentes mais habilidosos para todos os outros alunos, porque desenvolvem habilidades de diagnóstico mais profundas e um repertório mais amplo de estratégias que são úteis para muitos alunos que aprendem de maneiras diferentes.

Para ensinar os alunos com necessidades especiais de forma eficaz, os professores precisam entender a natureza de vários déficits, variando de dificuldades de aprendizagem de leves a moderadas – por exemplo, dislexia, discalculia, afasia do desenvolvimento ou problemas de percepção – a outras condições mais graves, como atraso no desenvolvimento, retardo mental, deficiência auditiva, deficiência visual, autismo, transtornos emocionais e comportamentais, problemas de fala e linguagem, deficiências físicas (mobilidade) e transtorno de déficit de atenção/ hiperatividade (TDAH). Os educadores devem estar cientes de que certas condições, como paralisia cerebral e autismo, estão associadas a um espectro e podem ser muito leves (dificilmente perceptíveis) a muito graves. Para deficiências comuns (p. ex., déficits de processamento auditivo ou visual), os professores devem, no mínimo, ter um repertório básico de estratégias e adaptações que possam ajudar os alunos a obter acesso ao material que estão ensinando de maneira apropriada.

Além disso, o educador deve ter alguma compreensão do processo de eligibilidade* e colocação** e de como trabalhar com outros profissionais e pais nesses processos. Embora não seja necessário que os professores iniciantes conheçam os detalhes de todos os diversos testes altamente especializados utilizados para fins de avaliação para todos os diferentes tipos de deficiência, eles devem ser capazes de conversar com os pais sobre como seu filho será avaliado, considerando as dificuldades de aprendizagem que o professor relatou. Eles devem ser capazes de se comunicar com colegas profissionais sobre os resultados das avaliações e os serviços a serem oferecidos. Eles precisam saber onde encontrar informações adicionais – pesquisas ou colegas profissionais – sobre diagnósticos, deficiências e serviços específicos, quando for necessário trabalhar com uma criança e sua família. Eles devem estar preparados para lidar com pais que têm reações variadas às notícias sobre seus filhos. Por exemplo, um pai pode ficar chateado e argumentar que o filho não tem dificuldades de aprendizagem, enquanto outro pai pode utilizar meios legais para obter recursos para o filho que não estão disponíveis.

Os professores também precisam saber como contribuir e implementar os IEPs para os alunos em suas salas de aula e devem estar cientes de que o processo do IEP foi desenvolvido como forma de garantir que as crianças tenham acesso às melhores oportunidades educacionais possíveis dentro de ambientes menos restritivos e que os pais tenham o devido processo garantido. Os docentes devem

compreender os direitos dos alunos e ter conhecimento prático das leis e políticas associadas ao acesso à educação, como a Individuals with Disabilities Education Act (IDEA, Lei de Educação de Indivíduos com Deficiências), para que possam prestar atenção ao espírito dessas políticas.

O que os professores precisam saber sobre o ensino de crianças com necessidades especiais

Para ensinar as crianças com diferenças de aprendizagem, é importante que os professores tenham uma compreensão profunda do desenvolvimento da criança, da aprendizagem e do desenvolvimento da linguagem, bem como de estratégias sofisticadas para ensinar conteúdo, gerenciar a sala de aula e avaliar *como* as crianças aprendem e *o que* estão aprendendo – aspectos do ensino que tratamos em outros capítulos desta publicação. Nesta seção, abordamos como os educadores podem utilizar esse conhecimento e o conhecimento específico sobre as necessidades distintas de aprendizagem para levar as crianças adiante em seu progresso. Por exemplo, crianças identificadas com déficits de aprendizagem muitas vezes precisam de ensino adaptativo e suporte em várias áreas de desenvolvimento (ver Cap. 3), entre as quais fala e linguagem, motricidade grossa e fina, cognição e desenvolvimento social e emocional. Neste capítulo, seria impossível falar sobre todas as adaptações de ensino para ajudar as crianças com desafios especiais de aprendizagem, de modo que fornecemos alguns exemplos de estratégias particularmente importantes que ilustram os princípios-chave de ensino utilizados com alunos de diferentes idades com déficits de aprendizagem. Os professores de educação geral não costumam conhecer todas as técnicas adaptativas disponíveis para crianças com déficits, mas devem ter algum entendimento sobre princípios importantes de ensino, bem como informações sobre onde encontrar essas adaptações e estratégias especiais quando precisarem delas.

---

* N. de R.T.: No sentido de conhecer os programas e recursos dos quais os alunos estão aptos a participar.

** N. de R.T.: No sentido de conhecer as diferentes ofertas de programas interventivos: salas de recursos e laboratórios de aprendizagem dos quais os alunos estão aptos a participar.

Exemplo 1: crianças pequenas com atraso social, na fala e na linguagem. Crianças pequenas com atrasos na fala e na linguagem têm dificuldade de se conectar com os colegas e desenvolver relações significativas. Isso pode interferir no desenvolvimento social e emocional. Muitas crianças com problemas sociais, particularmente crianças com transtornos do espectro autista, enfrentam graves desafios para aprender a brincar e socializar com os colegas. Elas experimentam problemas na transmissão e interpretação de pistas de comunicação social que dificultam a coordenação de atividades sociais com outras crianças ou a participação em um jogo com seus colegas. As tentativas de socialização são muitas vezes sutis, obscuras ou mal cronometradas e confundidas como sinais de desvio ou interesse social limitado. Muitas crianças passam muito tempo sozinhas, buscando atividades repetitivas e pouco imaginativas. Sem a intervenção apropriada, elas correm alto risco de serem excluídas da cultura de seus pares e de não aprenderem as habilidades de comunicação das quais precisarão ao longo da vida (WOLFBERG *et al.*, 1999). O conhecimento dessas questões de aprendizagem e desenvolvimento – e de estratégias que possam neutralizar tais problemas – é fundamental para que os professores deem suporte adequado à aprendizagem social dos alunos, às suas habilidades interpessoais e às suas capacidades simbólicas. Uma dessas estratégias inclui envolver as crianças em um grupo integrado para brincar. Essa estratégia cria grupos de brincadeiras com crianças com e sem necessidades especiais e utiliza princípios de aprendizagem cognitiva para envolvê-las em brincadeiras com *scaffolding* que permite a assistência "especializada" de colegas mais habilidosos para ensinar estratégias de comunicação e de como brincar (WOLFBERG, 2003).

Muitos professores experientes da pré-escola utilizam símbolos de comunicação aumentada (símbolos de imagens que permitem que crianças que não saibam ler ou falar comuniquem-se apontando para uma sequência de imagens) a fim de desenvolverem materiais que ajudem todas as crianças com e sem deficiências a aprender habilidades de linguagem. Esses docentes utilizam os modelos de grupos para brincar para ajudar as crianças a aprender a interagir e desenvolver habilidades sociais e de comunicação, para se tornarem cidadãos atenciosos em suas comunidades de aprendizagem (ver "Modelo de grupo integrado para brincar").

O modelo de grupo integrado para brincar

Os grupos integrados para brincar são elaborados para dar suporte a crianças de diversas idades e habilidades com transtornos do espectro autista (jogadores novatos) em experiências de brincadeiras mutuamente desfrutadas com pares típicos e irmãos (jogadores experientes) dentro da escola, em casa e na comunidade. A intervenção busca maximizar o potencial de desenvolvimento de cada criança, bem como o desejo intrínseco de brincar, socializar e formar relações significativas com os pares por meio de um sistema de suporte cuidadosamente adaptado, descrito como "participação guiada" (ROGOFF, 1990). Esse sistema monitora as iniciações do brincar pelas crianças; desenvolve-se a partir delas, que recebem assistência por meio de brincadeiras dirigidas e modeladas, bem como de dicas verbais e visuais; e mergulha jogadores novatos em seu nível de desenvolvimento em experiências do brincar mais avançadas com jogadores experientes mediante participação parcial. Um foco igualmente importante é ensinar o grupo de pares a ser mais receptivo, responsivo e que inclua crianças que se relacionam e brincam de maneiras diferentes (WOLFBERG, 2003). Pesquisas mostram que as crianças aprendem e se desenvolvem de uma forma diversa por meio de experiências compartilhadas no brincar (VYGOTSKY, 1978, 1986). Além disso, os pares desempenham um pa-

---

Resultados para jogadores iniciantes

- Interação social e brincadeiras com os pares mais frequentes e sustentadas – diminuição do jogo isolado
- Avanços no jogo representativo, no desenvolvimento/jogo apropriado à idade – diminuição do jogo estereotipado
- Avanços na atividade simbólica relacionada (escrita e desenho)
- Melhoria das habilidades de comunicação social
- Melhoria das habilidades de linguagem em crianças verbais
- Gama mais diversificada de interesses pelos jogos
- Maior grau de envolvimento social espontâneo (iniciação e responsividade) com os pares
- Aumento do afeto – expressão emocional
- Puro prazer – "fator da diversão"
- Formação de relações recíprocas – amizades com os pares

Resultados para jogadores experientes

- Maior consciência, tolerância, aceitação de diferenças individuais
- Maior empatia, compaixão e paciência pelos outros
- Maior autoestima, confiança, senso de orgulho com as realizações
- Maior senso de responsabilidade em cooperar e incluir outros
- Capacidade de adaptação aos diferentes interesses de brincar das crianças e formas de se relacionar e comunicar
- Puro prazer – "fator da diversão"
- Formação de relações recíprocas – amizades com pares improváveis

Fonte: Com base nos resultados de Gonsier-Gerdin (1993), O'Connor (1999), Wolfberg (1988, 1994), Wolfberg *et al.* (1999), Wolfberg e Schuler (1992, 1993) e Zercher *et al.* (2001).

---

pel distinto na promoção da socialização e no desenvolvimento das crianças, que não podem ser replicados pelos adultos (HARTUP, 1979, 1983; WOLFBERG *et al.*, 1999). Com o intuito de testar a eficácia do modelo de grupos integrados para brincar, os acadêmicos realizaram vários estudos empíricos sobre crianças com e sem deficiência (ver resumo a seguir). Em muitos desses estudos, houve evidências de que as crianças obtiveram ganhos a partir do brincar social e simbólico enquanto participavam de grupos para brincar e adquiriram melhor comunicação e habilidades simbólicas nas áreas de linguagem oral, escrita e desenho.

Exemplo 2: crianças mais velhas com dificuldades de aprendizagem. Contrariando as crenças anteriores de que os alunos com dificuldades de aprendizagem precisam de atividades repetitivas e de memorização para aprender, os pesquisadores constataram que o ensino estratégico – ajudar os alunos a aprender abordagens para resolver problemas ou produzir trabalho – é altamente benéfico para indivíduos com necessidades especiais. Isso inclui auxiliar os alunos a desenvolver algumas das próprias estratégias de aprendizagem e retenção, inclusive ajuda de memória (p. ex., dispositivos mnemônicos) e estratégias organizacionais (análise de tarefas, mapas mentais e esboços). Também inclui estratégias altamente eficazes para melhorar a metacognição. Assim como o ensino estratégico utilizado nos grupos integrados para brincar, discutidos anteriormente, os pesquisadores descobriram que os alunos com deficiência e sem deficiência de aprendizagem se beneficiam do ensino estratégico em muitos assuntos acadêmicos, inclusive na escrita (ver "Ensinando estratégias metacognitivas para a escrita a alunos com dificuldades de aprendizagem").

Ensinando estratégias metacognitivas para a escrita a alunos com dificuldades de aprendizagem

Estudos sobre aprendizagem constataram que os alunos são mais capazes de aprender habilidades complexas quando conseguem pensar "metacognitivamente", isto é, pensar sobre o próprio pensamento e desempenho, de modo a monitorá-lo e modificá-lo. Vygotsky (1978) sugeriu que falar sobre as coisas, internamente ou em voz alta, de fato ajuda as pessoas a aprender, por meio da organização e do gerenciamento de seu processo de pensamento. De fato, estudos sobre autores constataram que eles se envolvem em um diálogo interno, ou seja, eles falam consigo mesmos – às vezes até murmurando em voz alta – sobre público-alvo, objetivo, forma e conteúdo. Eles perguntam e respondem a eles mesmos sobre para quem estão escrevendo, por que, o que sabem e como as ideias são organizadas enquanto planejam, redigem, editam e revisam. Eles orientam seu pensamento com estratégias metacognitivas que os ajudam a escrever de forma objetiva.

Essas pesquisas básicas levaram a estratégias de ensino da escrita que ajudam os professores iniciantes a aprender como se engajar nesse tipo de autocomunicação e automonitoramento conforme vão avançando por processos semelhantes. Em determinado estudo, professores de alunos com e sem deficiência de aprendizagem do 4º e 5º anos aprenderam como implementar essas estratégias em suas salas de aula, analisando textos, modelando o processo de escrita, orientando os alunos enquanto escreviam e fornecendo oportunidades de escrita independente ao longo de um ano. As análises foram conduzidas para um grupo de intervenção de 32 alunos e um grupo-controle de 31 alunos semelhantes selecionados de um grupo de 500 alunos em sete escolas urbanas que participavam de uma pesquisa mais ampla. Em cada grupo, metade dos alunos apresentava déficit de aprendizagem, e a outra metade não. O estudo constatou que os grupos cujos professores receberam treinamento especial se envolveram em estratégias metacognitivas mais autorreguladoras e foram mais capazes de explicar seu processo de escrita. Essa habilidade foi relacionada de forma positiva e significativa a medidas de desempenho acadêmico em leitura e escrita. Embora houvesse diferenças significativas no conhecimento de escrita de alunos com déficits de aprendizagem e de alunos sem déficits de aprendizagem dentro do grupo-controle, os alunos com déficits de aprendizagem cujos professores tiveram treinamento especial foram capazes de descrever e utilizar as estratégias de escrita – como a habilidade de organizar, avaliar e revisar seus artigos de maneira apropriada –, assim como os alunos de educação regular no grupo-controle. Às vezes, os alunos com déficits de aprendizagem que receberam esse ensino de estratégia até superaram os alunos do ensino regular.

Fonte: Englert, Raphael e Anderson (1992).

Exemplo 3: crianças em idade escolar com déficits de leitura. Existem também tipos específicos de estratégias de ensino que podem ajudar os alunos com déficits de aprendizagem específicos, como a dislexia. Em uma análise de pesquisas sobre o ensino de leitura para alunos com déficits de leitura, o relatório do Preventing Reading Difficulties in Young Children (Prevenindo Dificuldades de Leitura em Crianças Pequenas) do National Research Council (1998) constatou que uma estratégia de ensino útil para trabalhar com crianças na idade dos anos iniciais do ensino fundamental com dificuldades de leitura é o treinamento em consciência fonêmica (ver WILLIAMS, 1980). As habilidades de reconhecimento de palavras de leitores gravemente incapacitados podem ser melhoradas de forma substancial por meio de treinamento complementar intensivo, que inclui ensino explícito em consciência de fonemas e padrões letra-som ou treinamento no uso de padrões ortográficos comuns e analogias para identificar palavras desconhecidas (LOVETT *et al.*, 1994). Análises recentes em uma amostra expandida indicam que as duas condições de treinamento são igualmente eficazes para crianças mais velhas (5º e 6º anos) e mais novas (2º e 3º anos) com déficits de leitura (LOVETT; STEINBACH, 1997).

Esses estudos indicam, em primeiro lugar, que o treinamento intensivo, mesmo em períodos relativamente curtos, pode melhorar de forma substancial as habilidades de leitura de palavras de crianças com déficits de leitura graves e que esses resultados positivos são mantidos ao longo de meses ou anos após o término do treinamento. Em segundo lugar, é claro que os programas de treinamento orientados para a fonologia não são o único tipo de intervenção que pode facilitar o reconhecimento de palavras, embora essa abordagem produza o ganho mais intenso em consciência fonêmica e decodificação fonológica quando combinado com treinamento em outras habilidades de leitura. Os professores que trabalham com alunos que têm dificuldade com a leitura precisam ser capazes de avaliar a dificuldade desses alunos e estar cientes da variedade de possíveis intervenções e do que as pesquisas dizem sobre quais abordagens beneficiariam mais os alunos.

Exemplo 4: acomodações gerais. Existem vários tipos diferentes de adaptações que os professores têm a sua disposição. Os educadores precisam saber como ensinar estratégias específicas para crianças, como utilizar materiais adaptativos para ajudar crianças com dificuldades de fala e linguagem a socializar com outras crianças e como podem se concentrar em estratégias de ensino específicas (como treinamento de consciência fonêmica) para auxiliar crianças com déficits de leitura. De maneira mais geral, os docentes também precisam saber como criar adaptações do trabalho que planejam para alunos com necessidades específicas, as quais podem incluir os seguintes tipos:

Tamanho. A duração ou a parte de uma tarefa, demonstração ou desempenho que são esperados dos alunos. Por exemplo, reduzir o tamanho do trabalho a ser escrito ou falado, as referências necessárias ou o número de problemas.

Tempo. O tempo flexível necessário para a aprendizagem do aluno. Por exemplo, customizar um cronograma para a conclusão de um projeto, permitir mais tempo para a realização de testes.

Nível de suporte. A quantidade de assistência para o aluno. Por exemplo, os alunos trabalham em grupos, com colegas ou mentores.

Input. As estratégias de ensino utilizadas para facilitar a aprendizagem. Por exemplo, uso de vídeos, programas de computador, viagens de campo e recursos visuais para dar suporte à aprendizagem ativa.

Dificuldade. Os níveis de habilidade, níveis conceituais e processos envolvidos na aprendizagem. Por exemplo, fornecer calculadoras, facilitar a tarefa de modo que o resultado seja o mesmo, mas com graus variados de concretude e complexidade.

Output. As maneiras como os alunos conseguem demonstrar compreensão e conhecimento. Por exemplo, para demonstrar compreensão, os alunos escrevem uma música, contam uma história, elaboram um pôster ou realizam uma experiência.

Grau de participação. O grau em que o aluno está envolvido ativamente nas tarefas. Por exemplo, em uma peça de teatro, um aluno consegue desempenhar um papel que tem mais ação física do que numerosas falas para memorizar.

Metas modificadas. As expectativas de resultados adaptados dentro do contexto de um currículo de educação geral. Por exemplo, em uma atividade de linguagem escrita, o aluno pode se concentrar mais em escrever algumas letras e copiar palavras do que em escrever frases ou parágrafos inteiros.

Currículo substituto. O ensino e os materiais significativamente diferenciados para atingir as metas identificadas de um aluno. Por exemplo, em uma aula de língua estrangeira, um aluno pode desenvolver um *script* que use linguagem autêntica e conhecimento cultural de um período de tempo determinado, em vez de ler parágrafos ou instruções.

Fonte: Cole *et al.* (2000).

Algumas das estratégias para trabalhar com alunos com necessidades especiais devem ser usadas com todas as crianças. Por exemplo, todos os professores devem utilizar recursos visuais, planejar exemplos concretos e fornecer atividades práticas para alunos que tiveram pouca experiência anterior em um domínio. Os educadores precisam conhecer o leque de adaptações comuns existentes, saber como implementá-las e saber em que circunstâncias são mais eficazes.

O que os professores precisam saber sobre o desenvolvimento de uma prática inclusiva

O desenvolvimento de uma prática inclusiva vai além da compreensão da política de educação especial e da identificação de estratégias de ensino específicas que ajudam os alunos com deficiências. Os professores também devem saber como desenvolver uma comunidade de suporte na sala de aula, em que todos os alunos se sintam seguros com o professor e uns com os outros. Isso envolve habilidades sofisticadas no gerenciamento de sala de aula. Por exemplo, é importante que os docentes sejam capazes de elaborar trabalhos em grupo nos quais crianças com habilidades variadas possam trabalhar juntas de maneira produtiva. Isso requer identificar os pontos fortes dos alunos com necessidades especiais de forma a permitir que eles contribuam e ajudem outros alunos a aprender como trabalhar em um grupo heterogêneo que dá suporte a contribuições de todos os membros (COHEN; LOTAN, 1995; JOHNSON, 1985; JOHNSON; JOHNSON, 1989).

Para implementar salas de aula inclusivas, os professores precisam ser capazes de observar, monitorar e avaliar as crianças para obter um *feedback* preciso sobre a aprendizagem e o desenvolvimento de seus alunos. Assim, eles precisam ter habilidades de investigação sistemática, inclusive a capacidade de observar não apenas uma única criança em interação com diferentes tarefas, mas também as interações entre os alunos (ver a história de Akeem no Cap. 8). Considerando o contexto da sala de aula, as interações entre as crianças, a natureza individual dos desafios de aprendizagem e a vida da criança fora da escola, os professores precisam determinar o porquê de as crianças estarem respondendo ou se comportando de certas maneiras. Então, eles precisam ser capazes de desenvolver intervenções, acompanhar mudanças e revisar suas estratégias conforme necessário.

Como mencionado anteriormente, os professores também devem prestar atenção às diferenças culturais e linguísticas, bem como às diferenças em como os alunos aprendem e interagem uns com os outros. Na maioria das vezes, isso requer que os docentes trabalhem ativamente em direção ao desenvolvimento de comunidades de sala de aula, nas quais os alunos não apenas sejam aceitos, mas sejam valorizados por suas diversas experiências dentro e fora da sala de aula. Os professores precisam encontrar maneiras de trazer essas experiências para a sala de aula. Para o estabelecimento de uma comunidade inclusiva, os alunos precisam se sentir seguros, não apenas com o professor, mas também com os colegas. Estabelecer esse tipo de comunidade pode ser difícil e requer alguma habilidade. Por exemplo, o educador deve ser capaz de desenvolver atividades que não sejam excessivamente competitivas. Se um professor encoraja as crianças a falar sobre suas deficiências e suas origens, precisa saber como direcionar essas conversas e dar suporte a essas crianças que estão divulgando informações. Os educadores também podem precisar dar instruções diretas sobre como as crianças devem interagir com seus pares. De fato, algumas crianças precisam aprender como ser empáticas.

O estabelecimento de uma prática inclusiva também exige que os professores trabalhem em estreita colaboração com outros profissionais. As habilidades colaborativas necessárias são complexas, exigindo às vezes que o docente vá além de apenas "ser educado" com outros professores e profissionais para que eles possam se comunicar sobre questões educacionais sérias que requerem debate e podem criar conflitos. Elas podem abranger aspectos relativos a alunos individuais e se estão sendo adequadamente colocados ou tratados na escola em relação às práticas escolares mais amplas, como *tracking* ou currículo diferenciado, políticas de colocação de estudantes, políticas de currículo ou ensino ou à qualidade dos serviços prestados em educação especial ou em outras esferas do programa escolar. Os educadores precisam saber como levantar questões e problemas de maneira profissional, buscar informações apropriadas sobre o desempenho dos alunos e práticas escolares e levar essas informações à mesa para discussão, bem como sugerir estratégias para esclarecer metas e agir de fato. Eles precisam saber ouvir atentamente, de modo a entender diferentes posições e pontos de vista, buscar consenso e identificar diferenças nas maneiras de levar a conversa adiante e tomar medidas para a resolução de conflitos. Na próxima seção, trataremos em mais detalhes sobre como os programas de formação de professores podem ajudá-los a desenvolver tanto as habilidades quanto as disposições necessárias para ter sucesso ao trabalharem com diversas crianças e a criar ambientes escolares que deem suporte à igualdade e ao progresso de todos os alunos.

AS IMPLICAÇÕES PARA A FORMAÇÃO DE PROFESSORES

Adquirir os tipos de conhecimento que descrevemos neste capítulo – autoconhecimento, conhecimento cultural e linguístico, conheci-mento pedagógico embasado culturalmente, conhecimento sobre a natureza das diferenças de aprendizagem, conhecimento de métodos de ensino e materiais adequados a diferentes tipos de necessidades de aprendizagem e conhecimento das relações entre casa e escola – é um empreendimento complexo. A comunidade da formação de professores respondeu ao desafio de ajudar futuros docentes a adquirir essa base de conhecimento de várias maneiras, incluindo ofertas de ensino e curriculares que colocam os candidatos a professores em contato mais próximo com os alunos e as comunidades que eles servem. Novas estruturas de programas e processos de recrutamento para alunos e docentes também fortalecem as oportunidades de os docentes expandirem seus conhecimentos e experiências culturais.

O desafio de ensinar alunos diversos começa no momento em que os professores planejam maneiras de conectar seus alunos aos conteúdos que pretendem ensinar. Para que essa conexão ocorra, os docentes devem conhecer seus alunos – quem eles são, com o que se importam, que idiomas falam e que costumes e tradições são valorizados em seus lares. Isso sugere que a formação de professores precisa incluir uma variedade de oportunidades para eles aprenderem sobre seus alunos e as comunidades de onde eles vêm. Ao mesmo tempo, eles devem saber como continuar aprendendo sobre seus alunos, pois estes continuarão mudando a cada aula que ensinam e a cada ano. Relacionado a isso, encontra-se o que os educadores precisam saber sobre si mesmos – quem são, como suas experiências escolares moldam suas maneiras de conhecer e estar na escola e como isso, por sua vez, tende a influenciar o que eles acreditam e em quais objetivos eles se baseiam para fazer seu trabalho. As práticas pedagógicas da formação de professores que enfatizam todos esses três domínios de conhecimento – conhecimento dos alunos, conhecimento de si mesmo e conhecimento de como continuar aprendendo a ensinar – são sugestões de como podemos começar a ponderar as implicações de levar em consideração os "alunos diversos" quando se pensa sobre aprender a ensinar.

Aprendendo sobre alunos e comunidades

Neste capítulo, sugerimos que conhecer os alunos é importante para ensiná-los bem, assim como acreditar que todos os alunos são capazes de aprender e alcançar altos níveis de sucesso acadêmico. O desafio de conhecer bem os alunos e continuar acreditando em seu potencial se fortalece conforme os professores desenvolvem o conhecimento e as habilidades que permitem ter sucesso no ensino de crianças de origens diversas. Há várias práticas pedagógicas promissoras na formação de professores que surgiram a fim de prepará-los para atingir esse objetivo. Que tipos de atividades os educadores de docentes podem elaborar de modo a preparar professores para enfrentar o desafio e a oportunidade combinados de ensinar a população estudantil diversa de nossa nação?

No livro *Educating culturally responsive teachers* (*Educando professores culturalmente responsivos*), Villegas e Lucas (2002a) descrevem quatro tipos de experiências de campo que podem ajudar os futuros educadores a entender os contextos da escola e da comunidade nas quais eles fazem estágio e adquirir habilidades para se tornarem agentes de transformação. Elas incluem visitas guiadas à escola e à comunidade; oportunidades de aprendizagem em serviço em escolas e outras organizações comunitárias; estudos de alunos, salas de aula, escolas e comunidades; e prática em diversos contextos com professores engajados em uma prática pedagógica para a equidade. Tudo isso requer cuidado na estruturação e na orientação da experiência de aprendizagem, e cada uma oferece as possibilidades de percepções pessoais, aprendizagem profissional e compreensão mais profunda dos aspectos sociais e estruturais das escolas e comunidades que moldam as oportunidades.

Uma maneira de conhecer os alunos é passar tempo com eles e em suas comunidades, prestando muita atenção em quem eles são, o que eles sabem e qual o contexto de suas experiências. Em alguns programas de formação docente, os candidatos a professores participam de várias tarefas e atividades que os levam para as comunidades nas quais seus alunos moram e onde os pais deles trabalham. A "abordagem dos recursos de conhecimento" desenvolvida por Moll e González (2004) é um exemplo. Essa abordagem, que se baseia em métodos etnográficos, tem foco na visita às famílias dos alunos com o propósito de desenvolver relações sociais com seus membros a fim de documentar conhecimentos e capital social para que possa ser integrado ao trabalho da escola (MOLL; GONZÁLEZ, 2004). Por meio de suas investigações, os professores conseguem documentar os recursos de conhecimento encontrados nas residências de seus alunos, incluindo o conhecimento sobre vocações e não vocações, bem como recursos comunitários. Ao se tornarem *experts* na teoria e no método dessa forma de investigação, os educadores conseguem redescobrir esses recursos culturais em seus alunos e incorporá-los ao currículo (GONZÁLEZ *et al.*, 1995; MOLL *et al.*, 1992). Por meio de seu envolvimento com o processo de investigação, os professores aprendem a empregar essa metodologia conforme continuam aprendendo sobre seus alunos nos anos futuros.

Em vez de isoladas em uma experiência ou mesmo em uma disciplina, as oportunidades de os professores novatos passarem tempo nas comunidades em que seus alunos vivem precisam ocorrer de várias maneiras e durante a preparação profissional do professor (BENNETT; OKINAKA; XIO-YANG, 1988; GRANT; KOSKELLA, 1986; MCDIARMID; PRICE, 1990; SLEETER; GRANT, 1988). Esses tipos de oportunidades de aprendizagem também podem ser oferecidos por meio de atribuições de estudo de caso da criança ou do adolescente que exigem que os docentes conheçam as circunstâncias de vida de uma criança em particular (ROESER, 2002), por exemplo, ou trabalhos de campo mais abrangentes que colocam professores para trabalhar em ambientes do bairro ou da comunidade (LADSON-BILLINGS, 2001).

As experiências comunitárias, por si só, não são necessariamente educativas. O que as faz ser assim são as oportunidades para os alunos refletirem e desafiarem as premissas iniciais que levam consigo para o campo. Desmistificar suposições prévias é uma parte importante desse processo de aprender a ensinar crianças que não as suas. Ladson-Billings (2001) enfatiza esse ponto quando observa que, por causa das experiências anteriores de alguns professores, eles às vezes veem seu trabalho pela ótica de "ajudar os menos afortunados", que oferece pouco espaço para: "[...] a necessidade de realmente ajudar as crianças a se tornarem instruídas o suficiente para desenvolver sua independência intelectual, política, cultural e econômica [...]" (LADSON-BILLINGS, 2001, p. 82-83). Portanto, no programa que Ladson-Billings (2001) descreve, os alunos finalizam um trabalho que tem a duração de seis semanas em uma agência comunitária ou um centro de bairro enquanto estão matriculados em duas disciplinas, *Ensino e Diversidade* e *Cultura, Currículo e Aprendizagem*, além de em um seminário destinado a ajudar os estudantes a examinar essas suas experiências comunitárias. Além disso, o trabalho a partir dessa experiência ocorre ao longo do restante do ano do programa, que é estreitamente integrado às ideias de que os educadores precisam conhecer as comunidades onde as escolas estão localizadas, de que precisam desenvolver uma "prática pedagógica humanizadora" e de que a prática docente é "uma profissão inacabada" (p. 109). Assim, o programa procura preparar os professores como aprendizes e inclui a reflexão regular como parte desse processo.

A ocasião para a reflexão guiada ajuda os educadores a dar sentido ao que viram e ouviram e a aprender como utilizar seu conhecimento emergente para elaborar currículos e materiais de avaliação apropriados aos alunos que eles ensinam. Esse tempo para a reflexão guiada também permite que os educadores de professores sejam explícitos sobre os processos envolvidos na aprendizagem a partir da experiência de alguém como fundamentais para o trabalho continuado de aprendizagem dentro da prática docente.

Aprendendo sobre si mesmo

A importância de aprender sobre os alunos é acompanhada pela importância de aprender sobre si mesmo. Atividades ou experiências que colocam os alunos frente a frente com suas crenças e seus pressupostos, tanto sobre eles quanto sobre os outros, e sobre aprendizagem, escolaridade e inteligência são essenciais conforme os professores iniciantes se preparam para ensinar alunos que são diferentes de si mesmos nas escolas que também são diferentes daquelas que frequentaram, em uma sociedade que está se transformando rapidamente a cada dia. Diversas abordagens pedagógicas foram desenvolvidas para fornecer essa oportunidade aos alunos. Por exemplo, autobiografia, narrativa e história de vida são todas metodologias que professores de educação desenvolveram para ajudar futuros docentes a questionar suas crenças sobre si mesmos e sobre os outros (ver GOMEZ; TABACHNICK, 1992).

Um estudo de uma dessas metodologias mostrou como a literatura étnica e a autobiografia podem se tornar um meio para futuros professores conduzirem estudos a respeito da própria vida, permitindo que eles vejam a si mesmos como seres culturais e realizem mudanças em suas crenças sobre letramento, escolarização e identidade cultural (FLORIO-RUANE, 2001). Em outro programa de formação docente, os educadores novatos foram solicitados a escrever uma série de pequenas narrativas sobre as instâncias de aprendizagem nas salas de aula em que lecionam. Eles foram surpreendidos pelos próprios pressupostos e crenças inquestionáveis, que se tornaram evidentes quando eles foram convidados a analisar as narrativas que haviam produzido (RICHERT, 2002). Além disso, algumas narrativas que retratam instâncias de práticas pedagógicas culturalmente responsivas ou que fornecem retratos de alunos dentro e fora de ambientes acadêmicos trazem maneiras de desafiar as premissas que os futuros professores conseguem sustentar. O uso hábil da autobiografia, históricos familiares e narrativas históricas e contemporâneas ajuda os futuros educadores a aprender sobre os próprios pontos de vista, as experiências de seus alunos e o papel da cultura na aprendizagem, no ensino e na escola. Descrevemos como isso pode ser feito no relato da disciplina da formação de professores ministrada pelo professor Holt, que ilustra práticas em vários programas de formação docente (ver "Disciplina da formação de professores ministrada pelo professor Anderson Holt").

Disciplina da formação de professores ministrada pelo professor Anderson Holt

Anderson Holt é professor do programa de formação de professores em uma grande universidade estadual no Centro-Oeste. A demografia da população de educadores em sua universidade reflete a população nacional de alunos e professores da formação docente. Aproximadamente 80% dos alunos de Holt são brancos, e cerca de 75% são mulheres. Muitos dos alunos de Holt frequentaram predominantemente escolas de ensino fundamental e médio brancas e cresceram em áreas rurais ou em pequenas cidades. Suas experiências na grande universidade estadual são a primeira oportunidade que tiveram em suas vidas de interagir com afro-americanos, latinos e índios norte-americanos em situação de igualdade de *status*.

Entre os principais objetivos de Holt em sua disciplina, estão: ajudar os alunos a entender as maneiras como o conceito de raça é construído na sociedade norte-americana, como alguns grupos raciais são privilegiados e outros são prejudicados por categorias raciais estabelecidas e os efeitos perniciosos da abordagem "daltônica"* para lidar com questões raciais e problemas na escola (SCHOFIELD, 2003). Outro objetivo da disciplina de Holt é ajudar os alunos a entender as maneiras como eles são seres étnicos e culturais e os modos significativos como a cultura influencia o ensino e a aprendizagem (IRVINE, 2003; LADSON-BILLINGS, 1994). No início de sua aula multicultural de formação de professores, Holt frequentemente ouve os seguintes comentários de alunos:

"Sou apenas americano. Não tenho um grupo cultural ou étnico."

"Por que temos que falar sobre diferenças étnicas e raciais? Por que todos nós não podemos ser apenas americanos?"

"As crianças não veem realmente as cores e esses tipos de diferenças. Tenho medo de que, se levantarmos essas questões, só estaremos ensinando às crianças sobre elas."

Ajudando alunos da formação de professores a repensar raça, cultura e etnicidade

Embora muitos estudantes em programas de formação de professores vejam a si mesmos como seres monoculturais, que

---

* N. de R.T.: O daltonismo é a ideologia racial que postula a melhor maneira de acabar com a discriminação ao tratar os indivíduos da forma mais igual possível, sem considerar raça, cultura ou etnia. No entanto, o daltonismo por si só não é suficiente para curar feridas raciais em âmbito nacional ou pessoal. É apenas uma "meia-medida" que, no final, funciona como uma forma de racismo. Quando surgem problemas relacionados à raça, o daltonismo tende a individualizar conflitos e falhas, em vez de examinar o quadro maior com diferenças culturais, estereótipos e valores colocados no contexto. Em vez de resultar de uma posição esclarecida (embora bem-intencionada), o daltonismo vem da falta de consciência do privilégio racial conferido pela brancura. As pessoas brancas podem se dedicar ao daltonismo sem culpa, porque geralmente desconhecem como a raça afeta as pessoas não brancas e a sociedade norte-americana como um todo. Fonte: Williams (2011).

são daltônicos e sem raça, evidências sugerem que perspectivas "daltônicas" frequentemente mascaram preconceitos velados sobre questões raciais/étnicas de grupos minoritários. Por exemplo, em um importante estudo etnográfico de uma escola, Schofield (2003) constatou que educadores que afirmavam ser daltônicos suspendiam alunos do sexo masculino afro-americanos a taxas altamente desproporcionais e não conseguiam integrar conteúdo multicultural no currículo. O daltonismo foi utilizado para justificar a perpetuação da discriminação institucionalizada dentro da escola.

Os estudantes de formação de professores precisam entender, por exemplo, as maneiras como a declaração "Eu não sou étnico; sou apenas americano" posiciona outras culturas como não americanas. Uma declaração bem-intencionada, como "Eu não vejo cor", não legitima identificações raciais que geralmente definem as experiências de pessoas não brancas e são utilizadas para justificar a perpetuação da discriminação. Se os educadores não "enxergam" a cor e as maneiras como o racismo institucionalizado privilegia alguns grupos e desfavorece outros, eles são incapazes de tomar medidas para eliminar a desigualdade racial nas escolas.

Em sua disciplina introdutória de formação de professores, Holt incorpora leituras, atividades, palestras e discussões destinadas a ajudar os alunos a "desaprender o racismo" e a ler o "texto racial" da sociedade dos Estados Unidos (COCHRAN-SMITH, 2000). As tarefas incluem um artigo de reflexão pessoal sobre o livro *We can't teach what we don't know: white teachers, multicultural schools* (*Não conseguimos ensinar o que não sabemos: professores brancos, escolas multiculturais*) (HOWARD, 1999), além de um projeto de histórico familiar. Em seu livro, Howard (1999) descreve sua jornada pessoal como uma pessoa branca em lidar com questões raciais e se tornar um educador eficaz. Em seus artigos reflexivos, os alu-

nos de Holt descrevem suas reações ao livro de Howard e como isso os faz repensar sua jornada pessoal relacionada à raça e suas ideias sobre raça. Howard torna o racismo explícito para a maioria dos alunos de Holt pela primeira vez em suas vidas.

Em seu projeto de histórico familiar, os alunos são convidados a fornecer um breve relato da jornada de sua família e a prestar atenção explícita às maneiras como raça, classe e gênero influenciaram suas vidas pessoais e familiares. Embora o projeto de histórico familiar seja uma tarefa popular, muitos estudantes têm dificuldade em descrever maneiras como a raça influenciou suas histórias pessoais e familiares, porque a raça é, em grande parte, invisível para eles (MCINTOSH, 1997). O gênero é muito mais visível para as alunas da turma de Holt. Mais estudantes do sexo feminino do que do sexo masculino são capazes de relacionar o gênero com sua família e histórias pessoais de maneira significativa.

Desafiando a metanarrativa

Uma série de atividades na disciplina de Holt destina-se a ajudar os alunos a examinar a metanarrativa dos Estados Unidos, a construir entendimentos e narrativas que descrevam o desenvolvimento da história e da cultura dos Estados Unidos de modo a incorporar as histórias e culturas dos diversos tipos raciais, culturais, étnicos e grupos linguísticos da nação. Essas atividades incluem leituras históricas, discussões e eventos de encenação. As perspectivas nesses relatos históricos são principalmente aquelas dos grupos estudados, e não as de pessoas de fora, porque os alunos já tiveram muito mais experiência com perspectivas externas do que com as vozes das próprias pessoas (ver BANKS, 2003; TAKAKI, 1993). Para funcionar efetivamente em salas de aula culturais, raciais e diversificadas, os estudantes da formação de professores precisam entender as experiências e perspectivas de várias comunidades e como raça, cultura e etnia estão relacionadas às estruturas sociais, econômicas e políticas da sociedade norte-americana (NIETO, 1999; OMI; WINANT, 1994).

Os vídeos que retratam as perspectivas dos grupos étnicos não brancos em eventos históricos e contemporâneos complementam as leituras históricas na disciplina de Holt. Esses vídeos incluem *The shadow of hate: a history of intolerance in America* (*A sombra do ódio: uma história da intolerância na América*; GUGGENHEIM, 1995), que narra como vários grupos dentro dos Estados Unidos, que inclui irlandeses, judeus e afro-americanos, foram vítimas de discriminação. Um dos exemplos mais contundentes de discriminação no vídeo é a descrição da maneira como Leo Frank, um nortista judeu que vive em Atlanta, tornou-se vítima de antissemitismo e hostilidade racial quando foi acusado de assassinar uma garota branca que trabalhava em uma fábrica de lápis da qual ele era sócio.

O caso de Leo Frank oferece aos alunos uma oportunidade de entender as maneiras como raça é uma construção social e contextual e como o significado de raça mudou historicamente e continua a mudar até hoje (JACOBSON, 1998). Leo Frank era considerado judeu e não branco em 1915 em Atlanta. Holt apresenta uma palestra que dá aos alunos um panorama do livro de Brodkin (1998) que descreve o processo pelo qual os judeus (e outras etnias brancas, como irlandeses e italianos) se tornaram brancos na América, assimilando os principais comportamentos norte-americanos, ideologias e perspectivas, incluindo atitudes institucionalizadas em relação a grupos não brancos (ver também IGNATIEV, 1995; MORRISON, 1992). Os alunos da turma de Holt ficam surpresos ao saber como o significado de raça mudou ao longo do tempo e que a ideia de que os brancos são um grupo racial é um desenvolvimento histórico bastante recente.

Um vídeo que lida com uma questão nativa americana contemporânea é utilizado para ajudar os alunos a entender as maneiras como o passado e o presente dos Estados Unidos estão conectados. *In whose honor?* (*Em homenagem a quem?*; ROSENSTEIN, 1997) narra a luta de Charlene Teters, uma estudante nativa americana, para acabar com o uso de um chefe nativo americano como mascote de um time de futebol na Universidade de Illinois em Champaign-Urbana. A equipe se chama The Fighting Illini, em homenagem ao chefe Illiniwek. Durante o intervalo, um estudante se veste de chefe Illiniwek e dança. Teters considera o chefe e a dança um sacrilégio e humilhante para os nativos americanos. O vídeo descreve a ação social tomada por Teters para acabar com a tradição, bem como a forte oposição do conselho de administração e ex-alunos que querem manter a tradição profundamente amada. Isso leva a uma consideração de como a construção da imagem do índio na sociedade norte-americana é controlada pelas principais instituições, inclusive a grande mídia. Por meio de questionamento e discussão, Holt ajuda os estudantes a relacionar a construção da imagem dos povos nativos do Caribe como índios, feita por Cristóvão Colombo, a construção da imagem dos Astecas como selvagens, feita por Hernán Cortéz, a construção da imagem do Ocidente como um deserto, feita por Frederick Jackson Turner, e a seleção do Chefe Illiniwek como um mascote. Eles consideram quais grupos têm o poder de definir e institucionalizar suas concepções dentro das escolas, qual é a relação entre conhecimento e poder e quem se beneficia (e quem perde com) das maneiras como os nativos americanos e outras pessoas não brancas foram e são frequentemente definidos na sociedade dos Estados Unidos.

Uma jornada inacabada

A disciplina de Holt é elaborada para ajudar seus alunos, futuros professores, a entender melhor raça, cultura e etnicidade e como esses fatores influenciam o processo de ensino e aprendizagem. Holt procura comunicar o respeito que ele tem por seus alunos e, ao mesmo tempo, encoraja-os a desafiar veementemente suas crenças, suas atitudes, seus valores e suas alegações de conhecimento profundamente arraigados. A disciplina é um começo do que Holt espera que seja uma jornada vitalícia para seus alunos. Uma disciplina com um objetivo transformador pode ter uma influência apenas limitada sobre o conhecimento, as crenças e os valores dos alunos que foram expostos ao conhecimento e às perspectivas gerais da maior parte de sua educação anterior. Assim, os alunos são obrigados a cursar uma segunda disciplina sobre educação multicultural na universidade estadual onde Holt ensina. Além disso, outros membros do corpo docente da formação de professores estão tentando integrar conteúdo étnico, cultural e racial nas disciplinas de fundamentos e métodos. O objetivo é fazer os educadores aprender a compreender e envolver com sucesso os alunos que irão encontrar e a trabalhar em seu nome para que haja uma educação eficaz e justiça social.

Fonte: Banks (2001c).

Aprendendo sobre como aprender com o ensino

Embora as disposições e os compromissos sejam claramente importantes, os professores não continuam acreditando que "todas as crianças conseguem aprender" a menos que tenham desenvolvido conhecimentos e habilidades que permitam ter sucesso no ensino de crianças diversas. Como descrito no Capítulo 11, ler e escrever casos é uma estratégia para

desenvolver as capacidades dos futuros professores em identificar problemas, enquadrar problemas em contextos complexos de ensino, desenvolver estratégias de ensino e aprender com as próprias experiências (KLEINFELD, 1990, 1991; MERSETH, 1996; SHULMAN, 1987). Vários educadores desenvolveram casos escritos e em vídeo que levantam questões de cultura e aprendizagem para professores, permitindo que eles se tornem mais conscientes não apenas das próprias crenças e perspectivas, mas também das estratégias que atingem seus alunos (BANKS, 1993; KLEINFELD, 1998). Por exemplo, o programa Teachers for Alaska, da University of Alaska Fairbanks, faz uso de casos para explorar as preocupações do ensino multicultural em contextos locais. Os casos desse programa oferecem aos alunos uma prévia das situações que eles podem vir a encontrar em suas carreiras docentes; fornecem descrições de estratégias que educadores de sucesso utilizam para lidar com essas situações difíceis; e ajudam os novatos a desenvolver ferramentas para lidar com os "[...] dilemas confusos que demandam toda a imaginação, recursos intelectuais e tato ao comando de um professor [...]" (KLEINFELD, 1998, p. 145). (Ver "O uso de casos para dar suporte à aprendizagem a partir da prática em contextos multiculturais".) Embora tais casos possam ser extremamente valiosos, eles precisam ser elaborados com grande cuidado, para evitar o risco de estereotipar de modo inadvertido alunos ou situações ou atribuir os comportamentos dos alunos que podem ter outras origens a características culturais ou outros aspectos (DARLING-HAMMOND; SNYDER, 2000).

O uso de casos para dar suporte à aprendizagem a partir da prática em contextos multiculturais

O programa Teachers for Alaska da University of Alaska Fairbanks substituiu a sequência tradicional de disciplinas básicas e disciplinas de métodos seguidas por estágio supervisionado por um programa organizado em torno de blocos curriculares, em que cada um deles enfatiza o estudo de um caso que está relacionado tematicamente com o assunto a ser ensinado. Os casos consistem de histórias reais de situações enfrentadas por professores nas salas de aula e em comunidades culturalmente diversas das aldeias do Alasca. Eles são modelados com base na abordagem de "dilemas" do ensino de método de caso utilizado pela Harvard Business School para preparar profissionais para a ação em contextos complexos e incertos (CHRISTENSEN; HANSEN, 1987). Esses casos introduzem os alunos às

> [...] questões complexas do ensino em aldeias remotas – as animosidades latentes entre pessoas locais e pessoas de fora que são mais bem pagas, regras culturais desconhecidas que novos professores poderiam involuntariamente violar, a organização do poder nas comunidades das aldeias, as injustiças que o sistema educacional colocou sobre os habitantes e também as injustiças colocadas em professores externos [...] (KLEINFELD, 1998, p. 142).

Os casos de ensino consistem de duas partes. A primeira parte apresenta o problema dramático dentro de uma rede de questões relacionadas. Por exemplo, um caso começa com uma briga de sala de aula entre um estudante esquimó e um estudante de origem anglicana. Conforme o caso se desenvolve, o professor percebe que a briga está relacionada à observação do estudante anglo sobre o trabalho do aluno esquimó ("D menos, hein?"). Mais tarde, o professor descobre que a interpretação dessa observação feita pelo aluno esquimó atinge o cerne da sua identidade: "Ele pensa que sou burro porque sou nativo". O caso também desenvolve questões contextuais, como o estresse da fadiga cultural, a hostilidade da comunidade local e a falta de suporte da administração escolar. No caso, o professor considera tais

questões pedagógicas e éticas como: O que é um sistema justo de atribuição de notas em uma aula de língua inglesa na qual alguns alunos são filhos de "profissionais externos" e falantes nativos de língua inglesa, enquanto outros são crianças falantes de Yupik, cujos pais caçam para sobreviver? Quais opções de notas alternativas podem ser consideradas? Como a competência pode ser sustentada e reconhecida? O caso apresenta problemas de ensino não pelos exercícios cuidadosamente resolvidos padronizados, mas pelas questões difíceis a serem exploradas. A tarefa crítica para os alunos em sua discussão de casos é, primeiro, entender o leque de considerações e, a partir da compreensão, determinar o que mais explorar.

A segunda parte do caso mostra como os educadores experientes lidam com as questões levantadas na primeira parte. A vantagem da parte dois é que ela apresenta estratégias específicas que os candidatos podem considerar para o próprio uso. No exemplo anterior, por exemplo, o professor revisa seu sistema de atribuição de notas com metas para cada aluno e atribui notas aos alunos quanto ao seu sucesso em atingir suas metas individuais. Ele cria um quadro de avisos intitulado "O tema é a excelência" para postar o trabalho dos alunos, fotografias deles fazendo lição de casa e artigos sobre seus pais do jornal local. Junto com outros colegas professores, ele organiza uma campanha de relações comunitárias com um cartaz de sucesso mostrando uma mãe esquimó com um bebê sobreposto a uma sala de aula de estudantes. A legenda diz: "NÓS ENSINAMOS... as crianças que vocês amam". Durante o programa, os alunos escrevem um caso com a própria experiência de estágio supervisionado. Muitos desses casos se tornam parte do currículo do programa no ano seguinte. Eles fornecem uma base para avaliar se os alunos conseguem entender seu trabalho em um contexto multicultural e para desenvolver estratégias produtivas que atinjam seus alunos.

A abordagem baseada em casos, combinada com uma parte teórica cuidadosamente estruturada e experiências clínicas, faz toda a diferença para a aprendizagem dos candidatos. As avaliações do programa Teachers for Alaska mostram uma melhoria mensurável nas habilidades de ensino intercultural dos alunos, desde o ponto de entrada até a graduação. Em uma avaliação recente, no final de seu primeiro semestre no *campus* e novamente depois de seus alunos ensinarem experiências nas aldeias, observadores treinados documentaram exemplos de lições ministradas a alunos culturalmente diversos. Em sua entrada no programa, 28% dos candidatos levaram em consideração os referenciais culturais dos estudantes. Na metade do programa, 62% já tinham conseguido isso. No final do programa, 83%. Outras medidas, como o uso de estratégias ativas de ensino, mostraram modificações semelhantes (KLEINFELD, 1998). Examinar e praticar o ensino no contexto cultural e comunitário parece fortalecer a capacidade dos professores de levar em conta seus alunos.

Em seus estágios clínicos, os educadores em formação teoricamente terão a oportunidade de observar em primeira mão a escolarização que busca enfrentar as barreiras de longa data criadas pelo sistema de *tracking*, pelo ensino deficiente, por um currículo restrito e pelos sistemas que não trazem resultado. Se os futuros educadores passarem por um estágio de longo prazo nas escolas, onde podem trabalhar em colaboração com outros professores em sala de aula e em toda a escola, como é o caso de muitas parcerias escolares de desenvolvimento profissional, eles conseguirão aprender a fazer parte de uma equipe que trabalha para transformar os contextos para ensinar e aprender (para exemplos de tais parcerias, ver DARLING-HAMMOND, 1994; GUADARRAMA; RAMSEY; NATH, 2002). Vá-

rias dessas escolas parceiras, por exemplo, trabalhando com a California State University em Fullerton, criaram uma abordagem colaborativa para preparar professores de educação especial e professores de educação regular envolvidos com a inclusão. Ao criarem localidades que buscam demonstrar práticas exemplares para a educação especial e que reestruturam as maneiras como os alunos são educados, essas parcerias demonstraram um aumento constante no desempenho dos alunos, ao mesmo tempo que educam professores novos e veteranos para serem especializados em inclusão e agentes de mudança escolar (GLAESER *et al.*, 2002).

No entanto, parece óbvio que as desigualdades não são resolvidas da noite para o dia. Alguns programas se concentram em aparelhar futuros educadores com habilidades para avaliar o que está funcionando e o que não está funcionando com grupos de alunos em suas escolas como base para o planejamento e a implementação de mudanças. Ao explorarem as iniquidades em seu contexto de ensino por meio de pesquisa-ação, os professores também conseguem aprender a examinar de forma crítica as estruturas, as práticas e os resultados escolares atuais quando visitam e estudam escolas e avaliam políticas e reformas escolares (ver DARLING-HAMMOND; FRENCH; GARCIA LOPEZ, 2002; GEBHARD *et al.*, 2002).

Os estudos escolares frequentemente envolvem futuros professores na investigação de questões específicas – às vezes geradas pelo próprio conteúdo da disciplina e outras vezes pelos próprios candidatos – por meio da coleta sistemática de informações, da observação das interações na sala de aula e outras partes da escola, da análise de dados estatísticos, do exame de artefatos ou registros e da entrevista de alunos, pais e funcionários. Os estudos escolares podem examinar questões políticas que estão sendo discutidas (p. ex., adoção ou implementação de currículo, ciclos, políticas de envolvimento familiar, políticas de aprendizagem de idiomas); práticas de agrupamento e como elas afetam diferentes alunos, professores e práticas; alocações de recursos inter e intraescolares; políticas e práticas das disciplinas; ou outros tópicos. Esses estudos ampliam a compreensão de diferentes perspectivas, fornecem habilidades para coletar e interpretar dados e desenvolvem o conhecimento dos candidatos sobre como as organizações escolares operam – e como eles podem ser influenciados a mudar. Contudo, como Villegas e Lucas (2002a, p. 143) observam em relação ao processo de tais estudos, a reflexão guiada é essencial:

> Sem ela, os professores do *preservice* podem interpretar problemas que eles observam como deficiências que vêm de dentro dos alunos, suas famílias e suas comunidades, enquanto negligenciam o modo como as condições desiguais nas escolas e na sociedade contribuem para esses problemas [...].

Considerações sobre o *design* dos programas

É importante mencionar, sob o escopo das abordagens pedagógicas, que mudanças estruturais nos programas de formação de professores são necessárias para dar espaço aos tipos de experiências de aprendizagem que estamos destacando aqui. Mais oportunidade e tempo passado nas comunidades onde ensinam possibilitam que os educadores aprendam sobre essas comunidades. Os estágios supervisionados dos alunos que são cuidadosamente escolhidos para fazer os professores trabalhar com veteranos experientes, habilidosos e comprometidos também são importantes para esse trabalho. É difícil aprender a ensinar bem imaginando como seria um bom ensino ou postulando o oposto do que se viu. Em vez disso, a colocação com cautela dos educadores em formação em estágios junto a professores cooperantes que estão ensinando de maneira culturalmente receptiva e, depois, a estruturação desses estágios de campo de modo a se conectarem com disciplinas que ajudem os educadores a entender essas experiências são essenciais para fornecer oportunidades de aprendizagem aos professores em formação

que estão realizando esse trabalho. Muitas relações escolares de desenvolvimento profissional foram criadas para que futuros educadores não apenas aprendam a ensinar com profissionais fortes, mas também trabalhem em um contexto escolar que cria estruturas formais e informais para promover a equidade (ver DARLING-HAMMOND, 1994; GUADARRAMA; RAMSEY; NATH, 2002). Nesses contextos, os candidatos geralmente são capazes de vivenciar muitos aspectos do funcionamento escolar e aprender com muitos profissionais além da sala de aula, incluindo os aspectos da escola como educação especial ou serviços de suporte linguístico, o processo de governança escolar, atividades extracurriculares, etc. Dessa forma, eles têm a oportunidade de observar o que as escolas fazem quando estão comprometidas em servir bem a todos os seus alunos e quando se engajam em autorreflexão e aperfeiçoamento contínuos.

Outro fator estrutural que afeta a capacidade de um programa de fornecer os tipos de oportunidades de aprendizagem que destacamos diz respeito aos procedimentos de admissão e contratação que moldam a própria comunidade de aprendizagem. Uma base essencial para o currículo de qualquer escola, desde a pré-escola até a pós-graduação, é o conhecimento e o conjunto de experiências daqueles que são membros da comunidade de aprendizagem. Quando um grupo diversificado de pessoas se reúne para ensinar e aprender umas com as outras, elas se tornam recursos umas para as outras. As oportunidades de conversas aprofundadas, os exemplos de prática docente, as perguntas e outros ensejos de aprender e crescer são aprimorados conforme pessoas com experiências anteriores diversas se unem. É por essa razão que estudiosos e praticantes enfatizam o recrutamento de mais membros de outras etnias no corpo docente em programas de formação de professores, bem como o recrutamento de indivíduos que ensinaram com sucesso em contextos que servem a alunos diversos. Da mesma forma, ter uma população diversa de candidatos a professores contribui para o clima de aprendizagem para o desenvolvimento de uma prática pedagógica culturalmente responsiva. Quanto mais diversa for a variedade de experiências e perspectivas anteriores entre os participantes, mais generativo será o trabalho de aprender a ensinar.

Contudo, apenas proporcionar mais diversidade e experiência entre a população de catedráticos e alunos não é uma solução mágica para as necessidades que os programas de formação docente enfrentam ao prepararem professores para ensinar de maneira culturalmente receptiva. Como já discutimos, os programas devem desenvolver um currículo e uma prática pedagógica que ajudem as pessoas a aprender como aprender com essas oportunidades quando indivíduos de origens diversas se reúnem para estudar a prática docente. Aprender a aprender juntos faz parte desse trabalho desafiador. Um exemplo é aprender a confrontar de forma ativa estereótipos sobre os traços de alunos e professores de vários grupos, a fim de corrigir a tendência de "excepcionalizar" pessoas não brancas bem-sucedidas e manter expectativas mais baixas para a maioria. Com isso, aprendemos a examinar ativamente como as práticas em sala de aula e na escola como um todo funcionam para melhorar ou minar as conquistas de diferentes grupos de alunos (LADSON-BILLINGS, 2001). Os professores precisam de suporte no desenvolvimento do compromisso de ensinar todas as crianças em padrões elevados. Ao manterem a crença de que todos os alunos podem aprender e de que a inteligência não é algo imutável ou fixo, os professores estão prontos para desenvolver a sensibilidade cultural e a competência intercultural que criarão a base sobre a qual eles podem debruçar a aprendizagem sobre seus alunos na duração de suas carreiras profissionais.

Embora já se tenha feito um trabalho considerável para desenvolver práticas pedagógicas que preparem os professores para atender às necessidades da população amplamente diversa de alunos, há, ao mesmo tempo, muito trabalho a ser feito. Novas abordagens pedagógicas são necessárias, assim como uma inclusão mais ampla dessas iniciativas nos programas em todo o país. Da mesma forma, iniciativas contínuas precisam ser tomadas para criar programas em que elas não sejam disciplinas autônomas, mas experiências integradas ao longo de todo o programa de preparação profissional. Pesquisas mostram o impacto limitado de disciplinas únicas e independentes sobre os conhecimentos, atitudes e práticas dos futuros professores (BENNETT; OKINAKA; XIO-YANG, 1988; GRANT; KOSKELLA, 1986; MCDIARMID; PRICE, 1990; SLEETER; GRANT, 1988). Da mesma forma, experiências individuais únicas em comunidade não são suficientes para superar anos de condicionamento prévio. Em última análise, a meta deve ser a elaboração de programas que façam a atenção à diversidade, à equidade e à justiça social ter importância central, de modo que todas as disciplinas e experiências de campo para os futuros professores sejam conduzidas com esses objetivos fundamentais em mente.

Avaliações*

8

Lorrie Shepard
Karen Hammerness
Linda Darling-Hammond
Frances Rust
com Joan Baratz Snowden, Edmund Gordon, Cris Gutierrez, Arturo Pacheco

A avaliação dos alunos é uma parte fundamental do processo de aprendizagem. Uma geração atrás, se os professores conseguissem dar testes que correspondessem aos objetivos de aprendizagem, isso era considerado suficiente. Hoje em dia, pesquisas em ciência cognitiva mostram que as avaliações formativas, utilizadas para descobrir o que um aluno entende ou não, podem ser uma ferramenta importante para direcionar o ensino de modo a levar a aprendizagem adiante. As *avaliações formativas* são definidas como aquelas realizadas com o objetivo de melhorar o ensino ou a aprendizagem. Para serem eficazes, os professores devem conseguir utilizar várias estratégias e ferramentas de avaliação com habilidade, como observação, conversa com alunos, portfólios, tarefas de desempenho, avaliações prévias de conhecimento, rubricas,** *feedback* e autoavaliação dos alunos. Mais importante, eles devem ter uma compreensão profunda do processo de avaliação formativa e entender sua estreita relação com as estratégias de *scaffolding*. Eles devem ser capazes de utilizar percepções a partir das avaliações para planejar e revisar seu ensino e fornecer *feedback* que ajude os alunos a melhorar de forma explícita.

Os professores também permanecem com suas responsabilidades tradicionais de dar notas e reportar aos pais sobre o progresso dos alunos. As *avaliações somativas* são aquelas geralmente realizadas no final de uma unidade de ensino ou curso de estudo com a finalidade de atribuir notas ou, então, certificar, de alguma outra forma, a proficiência do aluno. Em contraste com o que ocorria no passado, os princípios para práticas eficazes de atribuição de notas, derivados de resultados de pesquisa nas

---

* Partes deste capítulo foram adaptadas com permissão de SHEPARD, L. A. Classroom assessment. In: BRENNAN, R. L. (ed.). *Educational measurement*. 4th ed. Westport: Rowman & Littlefield, 2006.

** N. de R.T.: Uma rubrica de avaliação é uma ferramenta que indica as expectativas específicas para determinada tarefa. As rubricas são frequentemente apresentadas em formato de tabela e podem ser usadas tanto pelos professores (para avaliar) quanto pelos alunos (para planejar a tarefa). A utilização de rubricas costuma melhorar o desempenho dos alunos, uma vez que permite que o professor possa explicitar de modo claro o que se espera deles. Na terminologia educacional, rubrica significa "um guia de pontuação". A rubrica contém critérios de avaliação, definições de qualidade para esses critérios e uma estratégia de pontuação.

áreas de motivação, cognição e medição, sugerem que os alunos devem ter a oferta de diversas maneiras de demonstrar sua proficiência e devem ser julgados em relação às expectativas de desempenho em vez de serem comparados com outros alunos.

As salas de aula de hoje são muito afetadas por avaliações externas de responsabilização, que geralmente têm consequências de alto risco* para escolas, professores e alunos. Os docentes devem ser informados a respeito dos resultados das pesquisas sobre os efeitos positivos e negativos da testagem de alto risco. Eles devem saber como essas descobertas se relacionam com os programas de testes específicos em seu Estado e distrito e devem ser capazes de avaliar como esses testes se alinham aos padrões de conteúdo e às metas curriculares significativas. Embora os professores tenham a responsabilidade de garantir que os alunos estejam preparados para as demandas específicas de importantes testes externos, eles não devem restringir o currículo de maneira que prejudique a abrangência e a profundidade da compreensão dos alunos.

Este capítulo está organizado em quatro seções principais. As três primeiras descrevem os usos das avaliações descritas anteriormente. Cada uma dessas seções apresenta pesquisas que documentam o efeito de várias práticas de avaliação na aprendizagem do aluno, com recomendações correspondentes para o conhecimento e as habilidades necessárias para os educadores iniciantes. A quarta seção enfoca os modelos de avaliação atualmente em uso em alguns programas sólidos de formação de professores.

---

* N. de R.T.: No inglês, *high-stakes testing*. Teste que oferece consequências para o avaliado, avaliador ou escola. O teste é assim classificado por apresentar as seguintes características: é uma avaliação única e definida; tem uma linha clara traçada entre aqueles que passam e aqueles que falham; e oferece consequências diretas por passar ou falhar (algo "em jogo", por exemplo, ser aprovado ou reprovado em determinado ano escolar, estar apto ou não a receber a carteira de motorista).

Antes de prosseguir, no entanto, é necessária uma advertência. As práticas de avaliação ideais descritas neste capítulo baseiam-se em pesquisas e são consistentes com as práticas de professores conhecedores e especializados. No entanto, esses ideais não refletem necessariamente práticas de avaliação comuns. Em particular, a maioria dos educadores praticantes pode ter conhecimento limitado de estratégias de avaliação formativa e pode pensar que as avaliações se dão principalmente para fins de atribuição de notas. Em certo sentido, então, os educadores novatos podem se sentir mais à vontade desenvolvendo repertórios curriculares, de ensino e de avaliação conceitualmente coerentes do que os professores experientes, para quem tais práticas exigiriam mudanças substanciais. Quando relevante, identificamos conceitos errôneos associados à prática atual que teriam que ser superados para que as práticas de avaliação com base em pesquisas prosperem.

AVALIAÇÕES FORMATIVAS

Para que os professores sejam efetivos no apoio à aprendizagem, eles devem verificar constantemente a compreensão dos alunos. Além disso, devem transmitir aos alunos a importância de eles mesmos assumirem a responsabilidade de refletir sobre e monitorar seu progresso de aprendizagem. Uma análise histórica realizada por Black e Wiliam (1998) constatou que as iniciativas concentradas na melhoria das avaliações formativas produziram ganhos maiores do que meio desvio padrão, o que seria equivalente a elevar a pontuação de um estudante mediano do percentil 50 para o 85. Em outras palavras, as avaliações formativas, efetivamente implementadas, podem fazer tanto ou mais para melhorar o aproveitamento do aluno do que quaisquer intervenções de ensino mais importantes, o ensino de leitura intensiva, a tutoria individual, e assim por diante.

Nesta seção, apresentamos um modelo de avaliação formativa seguido de várias estratégias e ferramentas específicas que os docentes utilizam como parte das rotinas de ensino cotidianas. Esses processos de avaliação recursiva são essenciais para a avaliação contínua e para a melhoria do ensino, bem como para aprimorar a aprendizagem dos alunos. As avaliações formativas podem envolver métodos informais, como observação e questionamento oral, ou o uso formativo de medidas mais formais, como testes tradicionais, portfólios ou avaliações de desempenho.

Um exemplo de avaliação formativa na sala de aula

Um exemplo vívido do valor desse tipo de avaliação formativa é dado pelo relato de Akeem, um aluno de 3º ano que ingressou na sala de aula de Susan Gordon, em uma escola de ensino fundamental em Nova York, depois de ter sido expulso por ter atirado uma mesa em um professor em outra escola (DARLING-HAMMOND; ANCESS; FALK, 1995). Nas primeiras semanas na escola, Akeem teve explosões temperamentais, fez esforços frequentes para perturbar as aulas e se mostrava de tempos em tempos mal-humorado ou agressivo. Susan Gordon imediatamente concentrou esforços na iniciativa de avaliar os pontos fortes de Akeem, bem como identificar suas dificuldades. Com o preenchimento de um conjunto de registros observacionais que a ajudaram a determinar o progresso na alfabetização e no numeramento de Akeem, ela documentou exatamente quando e em que circunstâncias as explosões dele ocorriam. Ela também documentou cuidadosamente os momentos em que Akeem parecia mais à vontade, focado e produtivo. Ela descobriu que o mau comportamento dele costumava ocorrer quando certos tipos de tarefas acadêmicas surgiam: as ações de Akeem pareciam elaboradas para desviar a atenção do fato de que ele não conseguia ler bem ou escrever com facilidade. Ao mesmo tempo, ela descobriu que ele estava muito interessado e tinha habilidade em desenhos complexos e criativos e demonstrou paixão e força na construção e no *design* de modelos arquitetônicos.

Susan Gordon incentivou Akeem a trabalhar em centros de aprendizagem práticos que aproveitavam suas habilidades artísticas e para construir máquinas e maquetes. Como as avaliações detalhadas de sua leitura e escrita identificaram áreas específicas com as quais ele tinha dificuldade, ela conseguiu desenvolver um plano que ajudaria a fornecer a ele algumas instruções focadas tendo essas necessidades em mente. Ela encontrou livros para ele e desenvolveu tarefas de escrita que se baseavam em seus interesses, ao mesmo tempo que ensinava sistematicamente novas estratégias de leitura. Aos poucos, em conjunto com essas atividades e avaliações, Akeem começou a vivenciar um maior sucesso escolar. Ele elaborou desenhos arquitetônicos e histórias em quadrinhos sofisticadas que, mais tarde, transformou em livros; ele foi reconhecido pelos colegas por suas habilidades artísticas e mecânicas e começou a ganhar *status* na sala de aula; juntou-se às atividades de sala de aula com crescente entusiasmo; e, não por acaso, aprendeu a ler e a escrever. Akeem foi capaz de terminar o ensino fundamental com um sólido histórico acadêmico e assiduidade quase perfeita e ganhou uma vaga em uma escola especializada nas artes.

Esse tipo de relato ilustra como coletar e diagnosticar evidências sobre a aprendizagem e o comportamento dos alunos à luz de um conhecimento mais amplo de ambos. Mostra-nos também como diagnosticar as necessidades de aprendizagem e como elaborar um conjunto de estratégias de ensino que atenda a essas necessidades. Como o caso da Akeem demonstra, as percepções sobre avaliação formativa são uma parte essencial do currículo e da prática pedagógica eficazes.

Um modelo de avaliação formativa

Sadler (1989) forneceu o modelo mais amplamente aceito de avaliação formativa. Ele apontou que é insuficiente para os professores simplesmente dar *feedback* sobre as respostas estarem certas ou erradas. Em vez disso, para facilitar a aprendizagem, é igualmente importante que o *feedback* esteja vinculado de forma explícita a padrões claros de desempenho e que os alunos recebam estratégias para melhorarem. Esse modelo de avaliação formativa é explicado em um relatório recente sobre avaliações de sala de aula de ciências por Atkin, Black e Coffey (2001). Eles enquadram o processo de avaliação da aprendizagem a partir das seguintes questões-chave:

- Para onde você está tentando ir?
- Onde você se encontra agora?
- Como você pode chegar lá?

Ao responder à pergunta de avaliação (Onde você se encontra agora?) em relação à meta de ensino (Para onde você está tentando ir?) e abordar especificamente o que é necessário para atingir a meta (Como você pode chegar lá?), o processo de avaliação formativa dá suporte direto à melhoria.

Definir metas claras para a aprendizagem do aluno envolve mais do que postar um objetivo de ensino para que os alunos vejam. Também requer a elaboração dos critérios pelos quais o trabalho do aluno será julgado. Como o professor e o aluno conseguirão saber se um conceito foi bem compreendido? Como a capacidade do aluno de defender um argumento será avaliada? Em seguida, a etapa de avaliação deve ocorrer durante o processo de aprendizagem, enquanto o aluno está trabalhando em tarefas que incorporam diretamente a meta de aprendizagem pretendida. Essa avaliação, no meio da aprendizagem, poderia acontecer por meio de questionamento do aluno durante o trabalho em grupo, no retroprojetor quando os alunos explicam à turma como eles resolveram um problema ou examinando o trabalho escrito. Na terceira e última etapa, deve ser dado *feedback* que forneça percepções tanto ao professor quanto ao aluno sobre como preencher essa lacuna. Por exemplo, quando um aluno ainda está confuso sobre um conceito fundamental, o professor pode adotar uma abordagem diferente para o problema ou revisitar algum conhecimento que seja pré-requisito. Se o raciocínio em um trabalho estiver mal desenvolvido, o educador pode pedir ao aluno que o

revise depois de considerar o que está faltando em relação aos critérios de avaliação.

Esse modelo de avaliação formativa é mais do que uma etapa de coleta de dados. É um modelo de suporte à aprendizagem que é elaborado de modo a fazer um aluno avançar dentro de sua zona de desenvolvimento proximal (ZDP; ver Caps. 2 e 3). Como previsto por Vygotsky (1978), a ZDP é a região, em um *continuum* de aprendizagem imaginário, entre o que uma criança consegue fazer independentemente e o que a mesma criança consegue fazer com assistência. Wood, Bruner e Ross (1976) desenvolveram ainda mais a ideia do *scaffolding* para caracterizar o suporte, na forma de orientação, mentoria, dicas e encorajamento, que os adultos fornecem na ZDP para permitir (e, de fato, desafiar) que o aprendiz execute em um nível de desempenho que, de outra forma, ele não teria conseguido alcançar. A etapa de avaliação no modelo de avaliação formativa (Onde você se encontra agora?) fornece a percepção necessária para permitir um suporte eficaz. O modelo formativo completo, que inclui o esclarecimento dos objetivos e a identificação dos meios para chegar lá, é essencialmente sinônimo de *scaffolding* instrucional. De fato, a versão das avaliações formativas, totalmente elaborada por Sadler (1989), exige que os docentes e os alunos tenham uma compreensão e propriedade compartilhadas da meta de aprendizagem e, em última análise, que os alunos possam automonitorar a própria melhoria. Isso corresponde ao objetivo do *scaffolding*, que é promover que o aprendiz internalize e assuma responsabilidades (THARP; GALLIMORE, 1988).

No mundo real, os professores raramente têm tempo para sessões individuais de tutoria ou avaliações dinâmicas que permitiriam o ensino via *scaffolding* para um aluno durante todo um ciclo de aprendizagem. E, com certeza, planejar o ensino para uma sala de aula inteira cheia de estudantes cujas ZDPs são altamente variadas é um desafio. No entanto, rotinas de sala de aula podem ser estabelecidas para garantir que os elementos básicos de avaliação formativa e *scaffolding* estejam presentes e funcionando na forma de interações de ensino comuns. Uma das razões pelas quais o discurso em sala de aula recebeu tanta atenção nas pesquisas sobre a reforma do ensino é que os padrões de interação em grupo, especialmente os alunos questionando e explicando seu raciocínio, podem desenvolver a aprendizagem sem exigir tempo individual do professor. Além disso, se os alunos tiverem aprendido a trabalhar de forma independente e em grupos, o tempo do docente pode ser utilizado com mais eficiência para ajudá-los individualmente apenas nos momentos em que o aluno não consegue ir adiante. Cobb, Wood e Yakel (1993) descrevem discussões de grupo inteiro e estruturadas, nas quais os alunos são capazes não apenas de esclarecer sua compreensão de conceitos matemáticos, mas também de praticar as normas sociais e os modos de falar nessa disciplina. Hogan e Pressley (1997) demonstram da mesma forma interações em salas de aula de investigação científica em ciências nas quais os alunos aprendem a fornecer evidências para dar suporte a uma posição e também para criticar as conclusões infundadas de seus colegas – uma valiosa forma de *feedback*. Tais demonstrações públicas de raciocínio em desenvolvimento também oferecem a oportunidade perfeita para as avaliações formativas.

Logo, as avaliações formativas deveriam, em teoria, estar perfeitamente integradas ao ensino. Nas páginas seguintes, elaboramos os elementos específicos do processo de avaliação formativa que têm uma extensa base de pesquisa. Começamos com o foco no conteúdo, porque avaliações não fazem sentido se não envolvem o que mais queremos que os alunos aprendam. Em seguida, consideramos as progressões de aprendizagem, porque, dentro dos domínios de conteúdo da disciplina, os professores também devem ter uma ideia funcional das progressões de aprendizagem típicas a fim de que saibam em que estão ajudando os alunos e também como intervir quando a compreensão deixa de ocorrer. Por fim, consideramos aspectos específicos das interações

avaliação-ensino, acessando o conhecimento prévio, explicitando os critérios, fornecendo *feedback*, e assim por diante. Nenhum desses processos, no entanto, precisa interromper o ensino; em vez disso, as avaliações devem continuamente alimentar a aprendizagem contínua. Mesmo que se tenha tempo para um questionário formal, os resultados podem ser utilizados para o diagnóstico do ensino a fim de decidir quais conceitos ainda precisam de mais discussão e trabalho. E os alunos podem vir a entender que essas avaliações têm como objetivo a aprendizagem.

A importância do conteúdo: a seleção de tarefas de ensino e de avaliação que incorporam as metas de aprendizagem

As avaliações não conseguem promover a aprendizagem se forem baseadas em tarefas ou questões que desviem a atenção dos objetivos reais do ensino. Historicamente, os testes tradicionais muitas vezes direcionam mal o ensino, quando eles se concentram no que é mais fácil de medir do que naquilo que é importante aprender. O ensino em sala de aula deve envolver os alunos em atividades de aprendizagem que sejam, na medida do possível, exemplos dos objetivos reais de aprendizagem. Por exemplo, se quisermos que os alunos consigam ler livros, jornais e poemas, eles devem, de fato, fazer essas coisas e não receber materiais simulados, exceto se for para adequá-los à idade. Da mesma forma, se quisermos que os alunos consigam raciocinar e utilizar o conhecimento científico nas ciências, eles devem receber a oportunidade de descobrir como as coisas funcionam, realizando investigações e desenvolvendo explicações nas próprias palavras que conectem suas experiências com as teorias de livros didáticos. As avaliações, então, devem ser conduzidas como parte de atividades de aprendizagem significativas. Geralmente, isso significa que as tarefas de ensino e avaliação se fundem em uma só.

Uma característica que define a reforma baseada em padrões é o desenvolvimento de padrões curriculares que servem para revigorar e elevar o que significa conhecer e demonstrar proficiência em cada uma das disciplinas. Por exemplo, o Curriculum and Evaluation Standards for School Mathematics (Currículo e Padrões de Avaliação para a Matemática Escolar) do National Council of Teachers of Mathematics (NCTM) (1989) estabelece expectativas, enfatizando a resolução de problemas, a comunicação, o raciocínio matemático e a dedução de conexões que vão muito além do domínio de habilidades e conceitos básicos. Não é surpresa que a reforma das avaliações foi uma parte igualmente importante do movimento em direção aos padrões, devido à necessidade de abordar essas metas mais ambiciosas.

O termo *alinhamento* é utilizado para especificar a correspondência desejada entre avaliações e padrões curriculares. Infelizmente, o significado de alinhamento ficou um pouco enfraquecido quando as editoras de testes provaram que todos os seus itens de múltipla escolha podiam ser combinados com as categorias dos padrões de conteúdo de um Estado, mesmo que, ao todo, os Estados utilizem apenas um subconjunto restrito dos padrões pretendidos. Shepard (2003) sugeriu que o termo *incorporação* poderia ser mais bem utilizado para caracterizar o alinhamento mais completo e substantivo que ocorre quando as tarefas, os problemas e os projetos nos quais os alunos estão envolvidos representam o alcance e a profundidade do que os alunos devem entender e ser capazes de fazer.

Como ilustrado por Wiggins e McTighe (1998), conceber avaliações que incluam os padrões e objetivos do ensino é fundamental para a boa prática docente, não apenas para medir resultados. Em vez do planejamento do ensino que se concentra em atividades interessantes, Wiggins e McTighe (1998) utilizam um processo de "*design* retrógrado" que começa com as metas, então pergunta o que seria uma evidência convincente ou demonstrações de aprendizagem e, por fim, planeja atividades que os alunos consigam desempenhar. Com a compreensão como meta do ensino, Wiggins e McTighe (1998) enfatizam a necessidade de explicar como seriam as evidências dessa compreensão. Tais descrições de desempenho, por sua vez, impulsionam as oportunidades para os alunos desenvolverem e praticarem essas habilidades que, de outra forma, poderiam se perder caso a "compreensão" tivesse sido deixada apenas como a meta declarada da unidade. Por exemplo, há evidências da compreensão dos alunos se eles conseguem explicar, interpretar, aplicar conhecimentos, avaliar perspectivas, demonstrar empatia e revelar seu autoconhecimento. E cada uma dessas facetas pode ser mais elaborada para deixar claro o que os alunos conseguem realizar como prova de sua compreensão. Um estudante que compreende consegue explicar, o que significa "[...] fornecer razões complexas, perspicazes e confiáveis – teorias e princípios, baseados em boas evidências e argumentos – para explicar ou esclarecer um evento, fato, texto ou ideia; fornecendo um relato sistemático, usando modelos mentais úteis e vívidos [...]" (WIGGINS; MCTIGHE, 1998, p. 66).

Em suma, os professores devem ter conhecimento dos padrões de conteúdo de cada uma das disciplinas e saber selecionar atividades de ensino e tarefas de avaliação formais e informais que incorporem padrões de conteúdo. Para muitos educadores experientes, o foco em padrões significou afastar-se do conhecimento rotineiro e das habilidades utilizadas isoladamente para um foco maior na compreensão conceitual das ideias centrais e na capacidade dos alunos de resolver problemas e formular um argumento. Os professores iniciantes devem ser capazes de elaborar ou selecionar tarefas de avaliação que investiguem a compreensão conceitual dos alunos e reflitam importantes objetivos de aprendizagem.

As progressões da aprendizagem

Uma compreensão das progressões da aprendizagem, ou dos *continua* de aprendizagem, é importante para monitorar e dar suporte à aprendizagem e ao desenvolvimento ao longo do tempo. Embora a maioria dos professores tenha algum senso intuitivo do que vem a seguir (ou eles não seriam capazes de ajudar os alunos a se sair melhor), até os mestres poderiam se beneficiar de modelos mais formalmente desenvolvidos de como a aprendizagem se desdobra dentro de um domínio curricular, assim como as variações naturais e desvios do padrão típico. Progressões empiricamente validadas podem permitir um *scaffolding* do ensino mais perspicaz; no entanto, as progressões nunca devem ser interpretadas como algo em marcha ou uma sequência absoluta de pré-requisitos.

O *mapa de progresso* no "mapa de progresso para contagem e ordenação" é um exemplo de uma progressão de aprendizagem do programa Australia's Developmental Assessment (Avaliação de Desenvolvimento na Austrália). O progresso de um aluno na compreensão de conceitos numéricos pode ser mapeado ou traçado nesse *continuum*, que fornece uma imagem do crescimento individual em um cenário de expectativas estabelecidas normativamente. Em contraste com os relatórios de avaliação, que se parecem mais com uma lista de objetivos de cada ano escolar, os mapas de progresso têm implicações mais diretas para o ensino, pois fornecem simultaneamente uma ilustração dos pontos fortes e fracos e uma maneira de olhar para o futuro de cada faceta do domínio. Por exemplo, um estudante do 4º ano pode ser especialista no uso de frações decimais e pode até estar pronto para utilizar porcentagens para fazer comparações – uma expectativa do 5º ano que decorre e amplia a compreensão de decimais e valor posicional. Ao mesmo tempo, no entanto, esse mesmo aluno ainda pode estar com dificuldades em relação ao tamanho relativo das frações comuns, trabalhando, assim, mais próximo do nível do 3º ano. Conhecendo esses pontos fortes e fracos, o ensino direcionado não se concentraria apenas no desenvolvimento de um melhor entendimento das frações, mas também se basearia no entendimento do aluno sobre as frações decimais ao fazê-lo.

Mapa de progresso para contagem e ordenação

A seguir, é apresentada a parte inferior de um mapa de progresso de contagem e ordenação. O mapa mostra exemplos de conhecimentos, habilidades e compreensão na sequência em que geralmente se espera que eles se desenvolvam do 1º ao 5º ano. Esse tipo de mapa é útil para acompanhar o progresso de uma criança ao longo do tempo. As avaliações que utilizam tarefas concebidas para explorar desempenhos específicos no mapa podem fornecer um "instantâneo" que mostra onde um aluno está localizado no mapa, e uma série de tais avaliações é útil para avaliar o progresso de um aluno ao longo de vários anos.

1. Conta grupos de objetos para responder à pergunta: "Quantos existem?".

   Faz ou desenha um grupo de determinado tamanho (responde corretamente a: "Dê seis ursos para mim").

   Faz estimativas sensatas do tamanho de pequenos grupos até 10.

   (Para 7 botões, 2 ou 15 não seria uma estimativa sensata, mas 5 seria.)

   Conta pulando de 2 em 2 ou de 3 em 3 usando uma linha numérica, tabela numérica de 1 a 100 ou contagem mental (2, 4, 6, ...)

   Utiliza números para decidir qual é maior, menor, de mesmo tamanho (se ele tem 7 ratos em casa, e eu tenho 5, então ele tem mais).

   Utiliza os termos "primeiro", "segundo", "terceiro" (fui o segundo a terminar meu almoço).

2. Conta para frente e para trás de qualquer número inteiro, inclusive pulando de 2 em 2, 3 em 3, 10 em 10.

   Utiliza valor posicional para distinguir e ordenar números inteiros (escreve quatro notas de 10 dólares e três moedas de 1 dólar como $ 43).

Estima o tamanho de um grupo (até cerca de 20).

Utiliza linguagem fracionária (metade, terço, quarto, quinto, décimo) de forma apropriada para descrever e comparar as coisas.

Mostra e compara frações unitárias (um terço de uma xícara de açúcar).

Descreve e registra equivalentes fracionários simples (a metade da *pizza* que sobrou é igual a dois quartos juntos).

3. Conta em quantidades fracionárias comuns.

(Dois e um terço, dois e dois terços, três, três e um terço.)

Utiliza notação decimal até duas casas decimais (utiliza 1,25 m para representar 1 m e 25 cm; $ 3,05 para três moedas de $ 1 e uma moeda de 5 centavos; 1,75 kg para 1.750 kg).

Reagrupa o dinheiro para o menor número possível de notas e moedas.

(11 × $ 5 + 17 × $ 2 + 8 × $ 1 reagrupados como 1 × $ 50 + 2 × $ 20 + $ 5 + $ 2)

Utiliza materiais e diagramas para representar quantidades fracionárias (dobra uma fita em cinco partes iguais, sombreia três partes para mostrar três quintos).

Expressa generalizações sobre números fracionários de forma simbólica

(um quarto = dois oitavos e 1/4 = 2/8).

4. Conta em quantidades de frações decimais (0,3; 0,6; 0,9; 1,2; ...).

Compara e ordena frações decimais

(ordena dados de peso de bebês com duas casas decimais).

Usa o valor posicional para explicar a ordem das frações decimais (qual livro da biblioteca vem em primeiro lugar – 65,6 ou 65,126? Por quê?).

Lê escalas calibradas em múltiplos de 10.

(Lê 3,97 em uma fita métrica marcada em centésimos, rotulada em décimos.)

Usa os símbolos =, < e > para ordenar números e fazer comparações (6,75 < 6,9; 5 × $ 6 > 5 × $ 5,95).

Compara e ordena frações (um quarto é menor que três oitavos).

5. Usa proporções unitárias da forma uma parte para X partes (a proporção de licor para água era de um para quatro).

Entende que frações comuns são utilizadas para descrever proporções de partes para o todo (dois em cinco estudantes vão de bicicleta para a escola. Na escola de 550 alunos, 220 vão de bicicleta).

Utiliza porcentagens para fazer comparações diretas (26 bolas de 50 tentativas é de 52%; 24 de 40 tentativas é de 60%, então é melhor).

Utiliza equivalências comuns entre decimais, frações e porcentagens (um terço de desconto é melhor que 30% de desconto).

Utiliza potências numéricas e raízes quadradas de números inteiros para descrever as coisas. (Encontre o comprimento do lado do quadrado de área 225 cm quadrados como uma raiz quadrada de 225.)

Fonte: The Australian Education Council (1994, p. 26, 40, 56, 70, 86).

Um dos obstáculos para o desenvolvimento de progressões de aprendizagem úteis para o ensino tem sido a maneira retalhada em que os sistemas de avaliação em larga escala foram desenvolvidos ao longo do tempo. As avaliações estaduais e nacionais, originalmente destinadas a monitorar tendências de larga escala, muitas vezes tiveram foco nas expectativas de cada ano para anos-chave (p. ex., 4, 8, 12). Mais recentemente, com o aumento de requisitos para testes individuais, os Estados preencheram os anos intermediários e as expectativas curriculares interpoladas. No entanto, essas expectativas, em especial quando os "padrões de ordem mundial" são definidos em currículos nunca antes implementados, não refletem necessariamente a trajetória de desenvolvimento dos alunos reais. Ao mesmo tempo, existe o perigo de que confiar em meios normativos para estabelecer progressões irá materializar expectativas curriculares fora de moda. Por exemplo, quando a National Assessment of Educational Progress (NAEP; Avaliação Nacional do Progresso Educacional) tentou, pela primeira vez, estabelecer escalas verticais nas ciências, parecia que os conceitos científicos teriam que ser dominados na ordem biologia-química-física. No entanto, essa aparente progressão era meramente um artefato do tradicional sequenciamento das disciplinas do ensino médio – originalmente alfabéticos, não baseados no que os cientistas acreditam sobre formas produtivas de sequenciar conceitos e desenvolver habilidades.

Embora as progressões de ordem mundial determinadas de forma subjetiva possam ser excessivamente ambiciosas, as progressões determinadas de forma empírica podem estabelecer expectativas que são muito baixas, porque elas "fazem uma média" dos resultados do ensino fracassado. Por exemplo, com base em dados empíricos, os Testes de Diagnóstico Aritméticos da Keymath utilizam itens na forma de 4 1/4 × 5 como um exemplo da aritmética que se espera que os alunos dominem durante o 9º ano. É necessário um processo de desenvolvimento baseado tanto em pesquisas quanto no julgamento de especialistas, que inclui a validação dos *continua* propostos no contexto de currículos bem-implementados. Até hoje, o trabalho mais fundamentado e instrucionalmente relevante foi realizado na área de letramento emergente, com documentação do desenvolvimento típico em leitura, escrita e ortografia. Por exemplo, a sequência na **Tabela 8.1** ilustra a progressão típica do crescente domínio das crianças sobre o princípio fonêmico subjacente à ortografia.

Professores novatos dos anos iniciais do ensino fundamental devem estar familiarizados com as progressões de aprendizagem nos primeiros anos do desenvolvimento da alfabe-

Tabela 8.1

Estratégias na escrita de crianças

Estratégia proeminente	Descrição	Exemplo
Pré-fonêmica	As letras são usadas para escrever palavras, mas as relações de símbolos sonoros não estão relacionadas à palavra-alvo.	"c" para "hat"
Fonêmica inicial	Alguns fonemas são representados por letras, tipicamente fonemas mais importantes em uma palavra.	"dr" para "dear"
Fonética	Tentativas são feitas para representar a maioria dos sons em palavras, geralmente o nome da letra que mais se assemelha ao som.	"wns" para "once"
Associações simples	Vogais e consoantes simples são representadas corretamente, mas padrões complexos não são.	"bid" para "bird"
Extensões estratégicas	Com vogais e consoantes complexas, as tentativas refletem padrões complexos da língua inglesa, embora não as convenções da língua.	"bote" para "boat"
Convencional		

Fonte: Hiebert; Raphael (1998).

tização e da matemática e ser capazes de planejar estratégias de ensino e de intervenção que ajudem os alunos a dar os próximos passos. Os docentes de todos os níveis devem entender como as "habilidades", como testes de hipóteses, raciocínio a partir de evidências e explicação do pensamento, são desenvolvidas ao longo do tempo e ser capazes de utilizar rubricas para avaliar e orientar esse desenvolvimento. Para ajudar a própria aprendizagem sobre trajetórias de aprendizagem, bem como para uso na comunicação com pais e alunos, os professores devem coletar trabalhos de alunos em intervalos-chave ao longo do ano letivo como meio de traduzir padrões de conteúdo estático em modelos de crescimento esperado.

A avaliação do conhecimento prévio

O conhecimento prévio é essencial para a aprendizagem. Na verdade, o processo de aprendizagem pode ser pensado como o que se faz para conectar e reintegrar uma nova compreensão ao conhecimento existente. O conhecimento prévio inclui a aprendizagem formal, como uma criança em idade pré-escolar aprendendo a regra de não atravessar a rua sem olhar para os dois lados, mas também inclui uma infinidade de explicações implícitas e autodidatas sobre como o mundo funciona. Essas intuições ou teorias autodidatas podem, às vezes, facilitar novos aprendizados, como quando explicações científicas são facilmente compreendidas porque "fazem sentido" e concordam com nossa experiência anterior. Teorias intuitivas também podem ser fonte de equívocos sérios que dificultam um novo aprendizado e são relativamente imunes a uma modificação de ensino, a menos que os alunos recebam uma maneira estruturada de lidar com as inconsistências entre suas intuições e as evidências que as contradizem.

Estratégias de ensino eficazes utilizam o conhecimento prévio dos alunos como um recurso. Além disso, ao utilizarem rotinas de ativação do conhecimento no início de novas lições e unidades de estudo, os professores ajudam os alunos a desenvolver o hábito de perguntar,

diante de uma nova tarefa de aprendizagem ou solução de problemas: "O que já sei que pode me ajudar a resolver isso?". Muitas atividades de conhecimento prévio, como conversas instrucionais (THARP; GALLIMORE, 1988) e técnicas de K-W-L* (OGLE, 1986), não são vistas como avaliações por si só, nem por alunos, nem por professores. No entanto, elas geram dados valiosos para avaliar o ensino, como quando os docentes encontram lacunas no conhecimento pressuposto ou descobrem que os alunos sabem muito mais sobre um tema do que o previsto. Dada a evidência de pesquisa sobre a necessidade de abordar conceitos errôneos quando eles ocorrem, reconhecer de forma explícita as avaliações desses equívocos como a razão para atividades de ensino subsequentes poderia ser uma maneira de aumentar a conscientização dos alunos de que as avaliações servem ao propósito da aprendizagem.

O conhecimento prévio é mais do que um conjunto de fatos que um estudante acumulou em seu lar e nos anos escolares anteriores. O conhecimento prévio também inclui padrões de linguagem e formas de pensar que os alunos desenvolvem por meio de seus papéis sociais e experiências culturais. Diferenças nas práticas culturais às vezes podem ser interpretadas erroneamente pelos professores como evidência de "déficits". Por exemplo, as crianças brancas de classe média estão mais acostumadas a receber perguntas descontextualizadas, como "Que cor é essa?", do que crianças de outros grupos sociais (HEATH, 1983). As regras implícitas de interação podem dificultar que os docentes percebam os pontos fortes dos alunos fora do próprio grupo social, a menos que tenham meios de extrair esses pontos fortes de uma maneira culturalmente responsiva. Por exemplo, Moll *et al.* (1992) utilizam "recursos de conhecimento" como uma maneira de descrever o conhecimento familiar que as crianças trazem consigo para a escola. Esse conheci-

---

* K-W-L refere-se a uma técnica na qual os professores ajudam os alunos a pensar sobre o que sabem (*Know*), o que querem saber (*Want to know*) e, mais tarde, o que aprenderam (*Learn*).

mento pode ser baseado, por exemplo, em atividades de agricultura, carpintaria, medicina, religião, puericultura e gestão orçamental, que podem ser utilizadas para dar suporte ao conhecimento escolar.

Como já observamos, os professores iniciantes precisam entender o papel do conhecimento prévio em permitir, e às vezes impedir, novos aprendizados. Eles precisam conhecer estratégias para extrair conhecimento prévio de forma a possibilitar que estudantes de diferentes grupos étnicos e culturais tragam recursos relevantes. Essa é uma forma importante de avaliação.

Critérios explícitos e o uso de rubricas

O modelo de avaliação formativa requer que o professor e o aluno tenham uma compreensão compartilhada das metas de aprendizagem. Além disso, para realmente terem utilidade na aprendizagem, as metas não podem ser vagas e amorfas, e sim ser razoavelmente específicas. Frederiksen e Collins (1989) utilizam o termo *transparência* para expressar a ideia de que os alunos devem ter uma compreensão clara dos critérios pelos quais seu trabalho será avaliado. Entender e internalizar os padrões de excelência em uma disciplina – isto é, o que faz um bom trabalho de história ou uma boa explicação matemática – ajuda os alunos a desenvolver a consciência metacognitiva do que precisam atingir enquanto escrevem ou solucionam problemas. De fato, aprender as regras e os modelos de uma disciplina é parte da aprendizagem dessa disciplina, não apenas um meio de justificar a atribuição de notas.

Professores novatos devem ser capazes de desenvolver rubricas que comuniquem aos alunos as características essenciais de um bom trabalho em linguagem adequada à idade. Rubricas devem capturar o que é mais importante para a *qualidade* do trabalho, e não apenas o que é mais fácil de contar ou quantificar. Wiggins (1993) observou, por exemplo, que era difícil fazer os professores de língua inglesa usarem o quão "interessante" era um trabalho

(assim como o quão organizado) como base para as notas, porque era mais difícil dar uma nota a um trabalho como "interessante" de forma confiável. No entanto, produzir trabalhos que sejam interessantes e convincentes deve, em última instância, ser o objetivo da elaboração do ensino. Os professores novatos devem ser capazes de utilizar o trabalho do aluno para identificar os *continua* de aprendizagem e desenvolver descritores de desempenho para cada ano escolar que comuniquem claramente as características distintas de cada ano.

Feedback

Uma das descobertas mais antigas da pesquisa psicológica (THORNDIKE, 1968) é a de que o *feedback* facilita a aprendizagem. Sem *feedback* sobre erros conceituais ou com um *feedback* ineficiente, o aluno provavelmente continuará a cometer os mesmos erros. Em uma extensa metanálise de 131 estudos controlados, Kluger e DeNisi (1996) relataram um tamanho médio do efeito ou ganho devido ao *feedback* de 0,40. Eles também reconheceram uma variação significativa no estudo, com cerca de um terço dos estudos mostrando efeitos negativos. Na tentativa de identificar características de *feedback* mais associadas a efeitos positivos, Kluger e DeNisi (1996) descobriram que a aprendizagem tem maior probabilidade de ser estimulada quando o *feedback* se concentra nas características da tarefa e enfatiza as metas de aprendizagem. Essa descoberta importante da literatura sobre *feedback* é consistente com nosso argumento anterior de rubricas que permitam que o desempenho seja julgado em relação a critérios bem-definidos (em vez de em comparação com outros alunos) e concorda com os resultados da literatura motivacional discutida mais tarde no contexto das práticas de atribuição de notas.

De acordo com evidências de pesquisas, é um erro dar um falso elogio em uma tentativa de motivar os alunos e aumentar a autoestima. Ao mesmo tempo, o *feedback* negativo e direto, do tipo "seja o que Deus quiser", pode prejudicar a aprendizagem e a disposição dos alunos para fazer uma tentativa subsequente. Portanto, uma compreensão das consequências motivacionais do *feedback* é tão importante quanto conhecer seus objetivos cognitivos. O modelo de avaliação formativa, consistente com a literatura cognitiva, mostra que o *feedback* é mais eficaz quando se concentra em qualidades particulares do trabalho de um aluno em relação aos critérios estabelecidos, identifica pontos fortes e fracos e fornece orientação sobre o que fazer para melhorar. Além disso, os docentes devem estabelecer um clima de confiança e desenvolver normas de sala de aula que permitam uma crítica construtiva. Isso significa que o *feedback* deve ocorrer estrategicamente durante todo o processo de aprendizagem (não no final, quando o ensino sobre esse tópico estiver concluído); o professor e os alunos devem ter um entendimento compartilhado de que o objetivo do *feedback* é facilitar a aprendizagem; e isso pode significar que as notas devem ser suspensas durante a fase formativa. Considerando que, com frequência, os docentes não conseguem atender cada aluno individualmente, as práticas de sala de aula devem permitir que os alunos mostrem seu raciocínio para que o professor esteja ciente disso e que os alunos aprendam a se tornar críticos cada vez mais eficazes do próprio trabalho e do trabalho do outro.

Professores novatos devem ser capazes de analisar o trabalho dos alunos e identificar padrões de erros e lacunas que mais precisam ser abordados (e não cada erro individual). Em um estudo de intervenção, Elawar e Corno (1985, p. 166) descobriram que os educadores melhoraram drasticamente a eficácia do *feedback* ao se concentrarem nestas questões: "[...] Qual é o erro-chave? [...]", "[...] Qual é a razão provável pela qual o aluno cometeu esse erro? [...]" e "[...] Como posso orientar o aluno a evitar o erro no futuro? [...]". Os professores também devem entender a teoria de como o *feedback* aprimora a aprendizagem para que eles possam desenvolver rotinas de sala de aula que verifiquem a compreensão dos alunos e garantam que eles não sejam deixados sozinhos para persistirem em maus hábitos ou equívocos.

O ensino e as avaliações para a transferência

Transferência refere-se à capacidade de utilizar o conhecimento em novos contextos. A transferência é obviamente uma meta de aprendizagem. De que adianta ter o conhecimento se ele não consegue ser acessado ou aplicado? No entanto, estudos das habilidades dos alunos em utilizar informações relevantes, mesmo de uma lição recentemente bem-sucedida, são notoriamente decepcionantes. A transferência é inibida quando os alunos aprendem por memorização e passam por rotinas mecânicas para resolver problemas sem pensar. Os exemplos são vários, desde o reagrupamento (ou pedir emprestado) por memorização na aritmética do 2º ano até soluções de problemas *plug and chug** em física universitária. Entretanto, pesquisas com novatos e *experts* e estudos sobre transferência nos mostram que a transferência tem maior probabilidade de ser sustentada quando a aprendizagem inicial se concentra na compreensão dos princípios subjacentes, quando as relações de causa e efeito e seus motivos são explicitamente levados em conta e quando os princípios de aplicação estão diretamente envolvidos.

O ensino para a transferência requer que a instrução inicial se concentre na compreensão. Também significa trabalhar de forma visível para ampliar a compreensão dos alunos. Por exemplo, deveria ser comum – assim que os alunos aparentemente dominaram um novo tipo de problema ou uma maneira de resolver um problema – que os professores fizessem uma nova pergunta que não somente se conectasse, mas estendesse esse conhecimento. As duas tarefas na seção "Tarefas de avaliação que ilustram 'encontre uma regra' e transferência próxima" são do livro *Measuring up: prototypes for mathematics assessment* (*Medições: protótipos para as avaliações de matemática*) do Mathematical Sciences Education

---

* N. de R.T.: Uma técnica na qual os valores são inseridos de modo a obter uma resposta sem que sejam necessárias habilidades para a resolução de problemas.

Board (1993). Elas são tarefas exemplares em vários aspectos. Em primeiro lugar, elas ilustram que boas tarefas de avaliação podem ser intercambiáveis com boas tarefas de ensino. Em segundo lugar, o sequenciamento de perguntas dentro de cada parte claramente dá suporte ao desenvolvimento da compreensão de um princípio subjacente. Em terceiro lugar, a parte 2 pode ser entendida como uma tarefa de transferência próxima que pode ser utilizada para garantir que os alunos consigam generalizar o que aprenderam na parte 1. No entanto, eles terão que pensar um pouco sobre as características exclusivas da nova tarefa. Eles não podem simplesmente decorar a regra da parte 1 e aplicá-la à parte 2. Uma razão pela qual os *experts* têm melhores habilidades de transferência que os novatos é que eles são capazes de reconhecer as características iguais e diferentes de problemas resolvidos anteriormente ao solucionarem um novo problema. Portanto, é importante que os alunos aprendam a refletir especificamente sobre como podem utilizar o que já sabem. Nesse sentido, as estratégias envolvidas com o ensino para a transferência, especialmente a transferência distante, também se encaixam com as estratégias utilizadas para avaliar o conhecimento prévio.

Tarefas de avaliação que ilustram "encontre uma regra" e transferência próxima

Parte 1

Todas as pontes na parte 1 são construídas com barras amarelas representando vãos e barras vermelhas representando suportes, como a ponte mostrada aqui. Esta é uma ponte de dois vãos como a que você acabou de construir. Note que as barras amarelas têm 5 cm de comprimento.

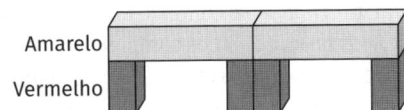

Amarelo
Vermelho
Figura 8.1

1. Agora, construa uma ponte de três vãos.
   a. Quantas barras amarelas você usou?
   b. Qual o comprimento da sua ponte?
   c. Quantas barras vermelhas você usou?
   d. Quantas barras você usou ao todo?

2. Tente responder a estas perguntas sem construir uma ponte de cinco vãos. Se você quiser, construa uma ponte de cinco vãos para verificar suas respostas.
   a. Quantas barras amarelas você precisaria para uma ponte de cinco vãos?
   b. Qual seria o comprimento da sua ponte?
   c. De quantas barras vermelhas você precisaria?
   d. De quantas barras você precisaria ao todo?

3. Sem construir uma ponte de 12 vãos, responda às seguintes perguntas.
   a. De quantas barras amarelas você precisaria para uma ponte de 12 vãos?
   b. Qual seria o comprimento da sua ponte?
   c. De quantas barras vermelhas você precisaria?
   d. De quantas barras você precisaria ao todo?

4. De quantas barras amarelas e vermelhas você precisaria para construir uma ponte de 28 vãos? ____ barras amarelas e ____ barras vermelhas. Explique sua resposta.

5. Escreva uma regra para descobrir o número total de barras de que você precisaria para construir uma ponte se soubesse quantos vãos a ponte tem.

6. De quantas barras amarelas e barras vermelhas você precisaria para construir uma ponte com 185 cm de comprimento? ____ barras amarelas e ____barras vermelhas. Explique sua resposta.

Parte 2

As pontes para esta parte são construídas como esta ponte de dois vãos:

As barras pretas têm 7 cm de comprimento, e as barras verdes têm 3 cm de comprimento. Observe que os suportes são *compartilhados* entre vãos, exceto nas extremidades.

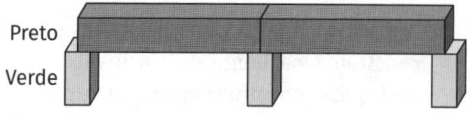

Preto

Verde

Figura 8.2

1. Construa uma ponte de três vãos desse mesmo tipo, com barras pretas e verdes.

    a. Quantas barras pretas você usou?

    b. Qual o comprimento da sua ponte?

    c. Quantas barras verdes você usou?

    d. Quantas barras você usou ao todo?

2. Tente responder a estas perguntas sem construir uma ponte de cinco vãos. Se você quiser, construa uma ponte de cinco vãos para verificar suas respostas.

    a. De quantas barras pretas você precisaria para uma ponte de cinco vãos?

    b. Qual seria o comprimento da sua ponte?

    c. De quantas barras verdes você precisaria?

    d. De quantas barras você precisaria ao todo?

3. Sem construir uma ponte de 13 vãos, responda às seguintes perguntas.

    a. De quantas barras pretas você precisaria para uma ponte de 13 vãos?

    b. Qual seria o comprimento da sua ponte?

    c. De quantas barras verdes você precisaria?

    d. De quantas barras você precisaria ao todo?

4. De quantas barras pretas e verdes você precisaria para construir uma ponte de 56 vãos?____barras pretas e ____barras verdes. Explique sua resposta.

5. Escreva uma regra para descobrir o número total de barras de que você precisa-

ria para construir uma ponte se soubesse quantos vãos a ponte tem.

6. De quantas barras pretas e verdes você precisaria para construir uma ponte com pelo menos 429 cm de comprimento? ____barras pretas e ____barras verdes. Explique sua resposta.

Fonte: Mathematical Sciences Education Board (1993).

Professores novatos devem entender o conceito de transferência e saber como evitar combinações limitadas de ensino-avaliação que encorajem a aprendizagem por memorização. A capacidade de planejar tarefas de transferência é um componente importante da exigência mais geral de que os professores consigam selecionar e desenvolver tarefas que incorporem importantes objetivos de aprendizagem. Eles também precisam ser capazes de avaliar a compreensão inicial antes de trabalhar com as extensões, porque a transferência pode não acontecer se o aluno ainda estiver com dificuldade nos conceitos iniciais. O entendimento dos docentes sobre transferência e generalização do conhecimento também será pertinente quando, posteriormente, forem considerados a preparação adequada para testes de alto nível e testes externos e os problemas de um ensino excessivamente voltado para testes.

Autoavaliação do aluno

Envolver os alunos na crítica do próprio trabalho serve tanto a objetivos cognitivos quanto motivacionais. Em última análise, o hábito da autoavaliação leva ao automonitoramento do desempenho, que é a meta do *scaffolding* no ensino, bem como a meta do modelo de avaliação formativa de Sadler (1989). O processo de autoavaliação baseia-se nos benefícios de critérios explícitos, exigindo que os alunos reflitam e apliquem critérios no contexto do próprio trabalho. Ao fazê-lo, os alunos compreendem e entendem o que os critérios significam de maneira mais profunda do que se simplesmente os lerem em uma lista. Mais amplamente, esse tipo de prática com suporte – isto é, em que os alunos aprendem estratégias para monitorar a própria aprendizagem – ajuda a desenvolver as habilidades metacognitivas dos alunos. Ao mesmo tempo, a autocrítica pode aumentar a responsabilidade dos alunos pela própria aprendizagem e tornar a relação entre professor e aluno mais colaborativa. Isso não significa que os professores renunciem à responsabilidade, mas, compartilhando-a, conseguem obter maior senso de propriedade por parte dos alunos, menos desconfiança e mais reconhecimento de que as expectativas não são excêntricas ou estão fora de alcance. Além disso, os alunos começam a internalizar essas expectativas, de modo que não pertençam mais apenas ao professor.

Em estudos de caso de duas localidades da Austrália e da Inglaterra, Klenowski (1995) constatou que os alunos que participaram da autoavaliação se interessaram mais pelos critérios e pelo *feedback* substantivo do que pelas próprias notas. Os alunos também relataram que tinham que ser mais sinceros sobre o próprio trabalho, além de serem justos com os outros alunos, e tinham que estar preparados para defender as suas opiniões em termos de evidências. Os dados de Klenowski (1995) sustentam a afirmação de Wiggins (1992, p. 30) de que envolver estudantes na análise do próprio trabalho constrói o senso de propriedade do processo de avaliação e "[...] torna possível esperar dos alunos padrões mais elevados porque os critérios são claros e razoáveis [...]". Em um estudo experimental por White e Frederickson (2000), os alunos aprenderam a utilizar critérios de investigação científica para avaliar o próprio trabalho. Como parte do protocolo, os alunos do grupo experimental tinham que escrever uma justificativa cada vez que se autoavaliavam, apontando para as características de seu trabalho que sustentavam suas avaliações. Além disso, os alunos utilizaram os critérios para dar *feedback* aos colegas quando os projetos foram apresentados oralmente em sala de aula. Em comparação com o grupo-controle, os alunos que participaram da autoavaliação elaboraram projetos muito mais bem avaliados pelos professores (nos critérios compartilhados).

Além disso, os alunos inicialmente com baixo desempenho mostraram ganhos substanciais em uma medida do entendimento conceitual.

Os professores novatos devem compreender os princípios básicos da teoria cognitiva e motivacional que explicam por que a autoavaliação funciona no intuito de melhorar a aprendizagem. (Os resultados das pesquisas sobre os efeitos das avaliações na motivação dos alunos são abordados na próxima seção.) Os professores também devem conhecer algumas estratégias simples para incluir a autoavaliação e as avaliações por pares como parte normal do ensino em sala de aula. Por exemplo, a "cadeira do autor" é uma prática de letramento em que os alunos aprendem explicitamente as normas para ouvir e dar *feedback* aos colegas sobre um texto (ROUTMAN, 2000). Conversar com os alunos individualmente também pode ser um meio de verificar se eles estão desenvolvendo a capacidade de autoavaliação. Os estudos de Klenowski (1995) e White e Frederiksen (2000) mencionados anteriormente envolveram uma etapa de autoavaliação que se tornou parte do ensino normal. É importante ressaltar que o propósito de envolver os alunos na autoavaliação não é dar uma nota, mas obter uma visão que possa ser utilizada para aprender mais.

A avaliação do ensino

O modelo de avaliação formativa enfoca a aprendizagem do aluno. Um uso igualmente importante das avaliações em sala de aula é a avaliação e a melhoria do ensino. Ao mesmo tempo que os professores reúnem evidências sobre a compreensão do aluno, eles também devem considerar quais práticas de ensino funcionam ou não e quais novas estratégias são necessárias. Os Assessment Standards for School Mathematics (Padrões de Avaliação da Matemática Escolar) do National Council of Teachers of Mathematics (1995) identificaram três tipos de decisões de ensino que estão embasados nos dados das avaliações: decisões momento a momento, planejamento de curto prazo e planejamento de longo prazo. Quando a avaliação e o ensino encontram-se efetivamente interligados, as percepções a partir da avaliação podem ser utilizadas em tempo real para ajustar o ensino. Por exemplo, se vários alunos estão cometendo o mesmo tipo de erro, pode ser útil parar e dedicar algum tempo aos equívocos subjacentes. Enquanto as avaliações formativas se concentram no que o aluno consegue fazer para melhorar, a avaliação paralela do ensino pergunta se os alunos tiveram oportunidade adequada para aprender. Isso leva à consideração de como o ensino pode ser alterado ou ampliado para que oportunidades adequadas sejam fornecidas a cada aluno de modo que ele domine os conceitos ou habilidades.

Os professores que refletem sobre sua prática utilizam os dados de forma sistemática para fazer julgamentos sobre os aspectos específicos das estratégias de ensino que podem estar dificultando a aprendizagem. Eles procuram explicações sobre o sucesso ou o fracasso da aprendizagem e, especialmente, sobre decisões de ensino que podem ser sua causa. Por exemplo, eles podem fazer perguntas como: "Existem certas tarefas que parecem absorver grande parte do pensamento dos alunos, por serem de alto interesse e permitirem diversas soluções?", "Existem atividades que envolvam a maioria dos meninos, mas deixam as meninas estagnadas em seus lugares?" e "Estudantes de inglês como segunda língua têm dificuldade com tarefas quando não há tempo suficiente para conversar sobre o conhecimento prévio relevante ou para esclarecer as expectativas?". Em uma análise clássica da própria prática docente, Mazur (1997) descobriu que os alunos conseguiam resolver problemas como o número 2 em "A avaliação da compreensão conceitual", mas não problemas como o número 1 a seguir. Sua análise estendida do motivo pelo qual os alunos conseguiam resolver problemas algorítmicos, mas não conceituais, e do que ele estava fazendo para estimular sua busca por receitas (incluindo o formato de seus testes) levou Mazur (1997) a revisar completamente sua prática docente para se concentrar em estratégias de aprendizagem mais ativas.

A avaliação da compreensão conceitual

1. Um circuito em série consiste de três lâmpadas idênticas conectadas a uma bateria, como mostrado aqui. Quando a chave S for fechada, os seguintes aumentam, diminuem ou permanecem o mesmo?

a. As intensidades das lâmpadas A e B.

b. A intensidade da lâmpada C.

c. A corrente consumida da bateria.

d. A queda de tensão em cada lâmpada.

e. A potência dissipada no circuito.

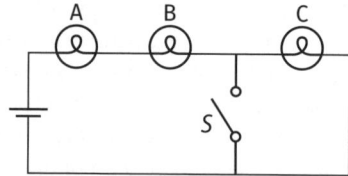

Figura 8.3

2. Para o circuito mostrado, calcule (a) a corrente no resistor 2 Ω e (b) a diferença de potencial entre os pontos P e Q.

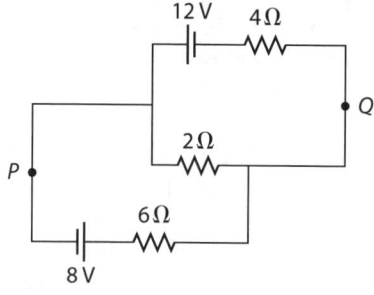

Figura 8.4

Questão conceitual (superior) e convencional (inferior) sobre o assunto de circuitos DC.

Fonte: Mazur (1997).

Quando os professores utilizam dados de avaliação para modificar seu ensino, eles também estão dando um exemplo importante para os alunos. Shepard (2000, p. 12) argumentou que:

> [...] se quisermos desenvolver uma comunidade de alunos – na qual os alunos naturalmente buscam *feedback* e criticam o próprio trabalho –, é razoável que os professores modelem esse mesmo compromisso de utilizar dados de forma sistemática conforme eles se aplicam ao próprio papel no processo de ensino e aprendizagem.

Os professores novatos devem entender os propósitos conjuntos de avaliação para melhorar tanto o ensino como a aprendizagem. Eles devem saber como utilizar os dados das avaliações no planejamento instrucional e ser capazes de se comunicar com os alunos sobre as modificações que estão fazendo com base no *feedback* recebido de trabalho, perguntas ou comentários dos alunos.

Um repertório de ferramentas de avaliação

Embora os professores experientes estejam mais aptos a utilizar uma ampla variedade de estratégias de avaliação, até os professores iniciantes deveriam estar familiarizados com diversas ferramentas de avaliação e saber como elas se encaixam nas rotinas de ensino. Ferramentas de avaliação incluem questionamento oral dos alunos, observação, produtos de trabalho escritos, apresentações orais, entrevistas, projetos, portfólios, provas e testes. Essas estratégias podem ser formais, em que os alunos sabem que estão sendo avaliados, ou informais, em que a coleta de dados de avaliação é feita inteiramente dentro do contexto do ensino contínuo. Como sugerido anteriormente, não há necessidade de um equacionamento exato entre avaliações informais-formativas, nem entre avaliações formais-somativas. Embora esses pares sejam os mais comuns na prática tradicional, eles não são necessários. De fato, as iniciativas para mudar a cultura da sala de aula para se concentrar mais na aprendiza-

gem e menos em notas sugerem que menos tarefas recebam notas e que ocasiões de avaliação mais formais sejam utilizadas claramente como meio de melhorar o desempenho subsequente, com oportunidades de revisão embutidas.

O uso flexível de diversas formas de avaliação é importante por vários motivos. Primeiro, a meta de capturar aprendizagem importante é utilizar uma grande variedade de formatos. Segundo, a disponibilidade de vários formatos torna mais viável integrar as avaliações ao ensino. Terceiro, diversas fontes de evidências protegem contra os vieses inerentes a qualquer forma de mensuração. Como não é possível ver dentro da cabeça de um aluno e medir diretamente sua compreensão, dependemos de vários meios indiretos, por exemplo, como ele explica ou aborda um problema. Cada forma indireta de avaliar tem os próprios vieses ou artefatos, que são característicos da estratégia de avaliação, e não do que realmente estamos tentando avaliar. Por exemplo, um aluno pode ter problemas de linguagem oral ou escrita que inibem a demonstração de sua compreensão matemática, mas, quando solicitado a mostrar o que sabe com símbolos ou materiais manipulativos, ele consegue.

De preferência, o avaliador procura convergência entre as fontes de evidência para poder avaliar o nível de compreensão do aluno. No entanto, os professores também conseguem aprender a partir do padrão das diferenças, em especial se um aluno apresentar consistentemente o mesmo padrão de pontos fortes e fracos ao longo do tempo. Logo, torna-se importante que o professor aproveite os pontos fortes do aluno no desenvolvimento da compreensão conceitual, sem ignorar as áreas dos pontos fracos. De fato, ter percepções na área de matemática permite que um aluno primeiro concorde com a explicação de outro aluno para, então, em seguida, começar a verbalizar as próprias explicações e, por fim, desenhar figuras ou representações gráficas e desenvolver proficiência na escrita de explicações. Observe que várias formas de avaliação também ajudam no ensino para transferência. Embora os especialistas em conteúdo da disciplina imaginem que desenvolveram tarefas que medem o mesmo construto subjacente, evidências empíricas sugerem que o formato faz uma grande diferença na rapidez com que os alunos conseguem resolver problemas. Como vimos na literatura de transferência, os alunos que aprenderam e aplicaram conceitos em vários contextos são mais capazes de generalizar seus conhecimentos para novos contextos.

Os professores novatos devem saber utilizar uma variedade de estratégias de avaliação para apreender objetivos importantes de aprendizagem e dar suporte ao processo de aprendizagem. Eles devem compreender as entrevistas individuais de avaliação e tutoria e saber, de forma realista, como criar oportunidades para esse mesmo tipo de percepção a partir de interações em sala de aula e trabalhos escritos.

Preocupações com equidade

As avaliações, assim como o ensino, tornam-se ineficazes se não respondem às diferenças nas experiências e no conhecimento cultural das crianças. Várias das estratégias de avaliação discutidas anteriormente exigem de forma clara que o lar das crianças, a comunidade e as experiências escolares prévias sejam levados em conta. Por exemplo, enquanto as progressões de aprendizagem ajudam a prever os próximos passos da aprendizagem, as trajetórias de desenvolvimento em alguns campos podem ser diferentes para os estudantes da língua inglesa como segunda língua daquelas para os falantes monolíngues do inglês. Da mesma forma, os alunos do 3º ano que ainda estão com dificuldades com a leitura não devem ser ensinados usando apenas materiais de leitura do 1º ano, mesmo que estejam lendo textos em nível de 1º ano. Os materiais que eles utilizam precisam ser elaborados para construir seu conhecimento de conteúdo em nível de ano escolar e explorar seus interesses e experiências.

A avaliação do conhecimento prévio é uma das estratégias mais importantes para garantir que os alunos tenham oportunidades iguais de aprender. Ironicamente, a validade das iniciativas para avaliar o conhecimento prévio é afetada pela base de conhecimento do aluno e pelas práticas culturais. Utilizar listas de verificação de habilidades ou um pré-teste que seja igual ao teste de final de unidade provavelmente subestima o conhecimento relevante de membros menos sofisticados da turma, porque eles serão incapazes de fazer a tradução entre o vocabulário do pré-teste e o próprio conhecimento intuitivo adquirido em outros contextos. Discussões abertas ou conversas são mais propensas a extrair uma versão mais coerente do entendimento conceitual inicial dos alunos e o raciocínio por trás de suas explicações (YACKEL; COBB; WOOD, 1991).

Diversos modos de avaliação também são importantes como uma parte contínua do ensino para garantir oportunidades iguais de aprendizagem. Os professores devem familiarizar-se com experiências relevantes e padrões discursivos em comunidades diversas para que as crianças que chegam à escola com experiências muito diferentes sejam capazes de demonstrar sua competência em vez de parecerem deficientes porque não estão familiarizadas com o modo de questionamento do professor (HEATH, 1983).

Juntando tudo

No passado, o treinamento em avaliações para candidatos à formação de professores concentrava-se em aprender a elaborar e atribuir notas a diferentes tipos de testes, especialmente testes discursivos e testes de múltipla escolha. Hoje, os candidatos a professores estão sendo solicitados a fazer algo muito mais complexo. Conforme documentado no Capítulo 9, a gestão efetiva da sala de aula depende fundamentalmente de um currículo significativo e de uma prática pedagógica envolvente. Além disso, os processos de avaliação formativa descritos aqui devem integrar o currículo e a prática docente. Testes formais e tarefas de ensino nas quais as avaliações estão embutidas devem capturar importantes objetivos de aprendizagem, porque eles se tornam o currículo executado, e os processos de interação (*feedback* por escrito, conversas com alunos, questionamento oral, alunos comentando sobre o trabalho uns dos outros e autoavaliação) devem ter como objetivo o aprendizado. Assim, as práticas de avaliação formativa contribuem, mas também requerem suporte, para uma mudança maior em direção ao desenvolvimento de uma comunidade de aprendizes.

Sistemas de avaliação idealizados são frequentemente vistos por professores novatos e veteranos como muito assustadores. Ironicamente, uma vez que elas são incorporadas às rotinas de sala de aula, essas estratégias não são onerosas e não eliminam o tempo de ensino, mas pesquisas sobre a reforma consideraram o processo de mudança extremamente demorado (PUTNAM; BORKO, 1997; PUTNAM; BORKO, 2000, SHEPARD, 1995). Essas descobertas sugerem que é importante que os professores tenham acesso a experiências clínicas em que docentes mentores estejam usando estratégias como portfólios de escrita e revisão de escrita* ou currículos de matemática baseados na reforma, tipicamente estruturados em torno de problemas estendidos para alunos resolverem e discutirem. Eles precisam ganhar experiência com avaliação formativa que já está integrada ao ensino. Algumas estratégias de avaliação formativa são uma parte tão perfeita do ensino que não há necessidade de limitar seu uso. Isso é verdade, por exemplo, quando os alunos estão explicando seus pensamentos para a turma ou para um grupo pequeno. Outros métodos, como os aspectos formais das notas dos portfólios ou a realização de avaliações individuais, tomam o escasso recurso de tempo do professor e devem ser utili-

---

* N. de R.T.: No inglês, *writing conference*. Estratégia de revisar (conferir) a escrita, em que o professor auxilia o aluno a analisar mais detalhadamente sua produção. O professor faz perguntas que ajudam o aluno a olhar para a própria escrita de modo crítico: "O que mais quero ou preciso dizer?", "O que posso adicionar?", "Isso faz sentido?" e "Como posso mudar isso para melhorar?".

zados estrategicamente – embora, como a história sobre Akeem ilustrou, se utilizados de forma eficaz, podem produzir ganhos importantes para crianças em âmbito individual. Assim, o tempo que uma estratégia de avaliação pode tirar de outros tipos de interação professor-aluno deve ser considerado "valioso" se as percepções obtidas ajudarem o educador a trabalhar com os alunos de forma mais eficaz. Por exemplo, avaliações individuais com apenas 2 a 3 alunos podem muitas vezes ajudar o professor a entender como os alunos estão pensando, o que será relevante para muitos outros estudantes da turma.

AVALIAÇÕES SOMATIVAS E ATRIBUIÇÃO DE NOTAS

Avaliações formativas e somativas têm finalidades diferentes. Uma permite a aprendizagem, e a outra documenta o desempenho. Para que uma sustente a outra, as avaliações formativas e somativas devem encontrar-se conceitualmente alinhadas. Elas devem representar de forma eficiente metas importantes de aprendizagem e utilizar a mesma ampla gama de tarefas e tipos de problemas para explorar a compreensão dos alunos. No entanto, as avaliações somativas não devem ser meras repetições de tarefas formativas anteriores. Em vez disso, elas devem culminar em *performances* que convidam os alunos a exibir o assunto de domínio e a utilizar seus conhecimentos de maneiras que generalizam e se aprofundam no que veio antes. Avaliações somativas podem ser consideradas marcos importantes nos mesmos *continua* de aprendizagem que sustentam as avaliações formativas.

Nesta seção, consideramos primeiramente os objetivos das avaliações somativas e o que pode se aprender com elas, acompanhados de um resumo das pesquisas sobre as práticas atuais de atribuição de notas. Em seguida, apresentamos as preocupações com a qualidade substantiva das avaliações em sala de aula. Depois de analisarmos os resultados empíricos relevantes a partir da literatura sobre essas medições e sobre psicologia cognitiva e psicologia motivacional, esboçamos as práticas de atribuição de notas que se espera que sejam válidas para relatar o desempenho e propiciar a aprendizagem do aluno. Mais importante, abordamos a relação entre as práticas de avaliação somativa e formativa. Uma lista das melhores práticas de atribuição de notas não produz automaticamente um sistema compatível com uma comunidade de aprendizagem e com o modelo de avaliação formativa. No entanto, se entendermos que a teoria ou o modelo subjacente de avaliação deve ser aquele que apoia a competência em desenvolvimento dos alunos, então as práticas de avaliação formativa e somativa podem ser coerentes e sustentar-se mutuamente.

O contexto para as avaliações somativas

A maioria dos professores não gosta de avaliar seus alunos e dar notas (BROOKHART, 1993; NAVA; LOYD, 1992). No entanto, existem algumas evidências dos benefícios cognitivos das avaliações somativas que devem ser considerados com descobertas mais preocupantes da literatura motivacional. Significativamente, os alunos parecem estudar mais e aprender mais se esperam ser testados. Conforme resumido por Crooks (1988), os benefícios da testagem podem ser explicados por três fatores. Primeiro, a testagem de acompanhamento (*follow-up*) envolve os alunos em revisão e reaprendizagem, que funcionam como uma forma limitada de prática distribuída. Segundo, a própria experiência de testagem envolve os alunos no processamento mental do conteúdo, embora isso dependa muito da qualidade das perguntas do teste. Terceiro, qualquer que seja o efeito, o teste direciona a atenção para os tópicos e habilidades testados, o que tem implicações para o estudo subsequente.

A teoria cognitiva também sugere que os alunos se beneficiam da oportunidade de demonstrar competência e trabalhar para aumentar a proficiência, conforme definido por critérios que são mutuamente compreendidos pelo professor, aluno e comunidade (PELLEGRINO; BAXTER; GLASER, 1999). Conforme descrito anteriormente, fornecer aos alunos uma compreensão clara das metas torna-as mais alcançáveis e ajuda os estudantes a aprender o significado dos critérios, no contexto do próprio trabalho, bem como a desenvolver a consciência metacognitiva do que precisam fazer para melhorar. A internalização do que significam os critérios em determinada disciplina não significa apenas aprender as regras de atribuição de notas – significa, literalmente, aprender a própria disciplina.

Embora não haja estudos sistemáticos de circunstâncias em que os alunos recebem apenas *feedback* das avaliações formativas sem avaliação somativa, a teoria cognitiva não tem como prever que a aprendizagem melhora se não forem aplicadas avaliações somativas. De fato, do ponto de vista cognitivo, o melhor sistema seria aquele em que avaliações formativas e somativas estivessem alinhadas com metas de aprendizagem conceitualmente orientadas e em que avaliações somativas fossem utilizadas como marcos de desempenho (talvez reconhecidos por familiares e amigos) após períodos de aprendizagem de sucesso fornecidos pelas avaliações formativas.

O público-alvo das notas

Há três públicos-alvo importantes das notas: os pais, os usuários externos, como empregadores e os diretores do departamento de admissão das faculdades, além dos próprios alunos. As evidências sobre que tipo de informação os pais acham útil são limitadas. Shepard e Bliem (1995) descobriram que 77% dos pais de alunos do 3º ano que foram amostrados deram maior valor às conversas com o professor sobre o progresso de seu filho. Entre esses pais, 60% disseram que ver amostras do trabalho de seus filhos foi útil; 43% acharam boletins úteis; e apenas 14% estavam interessados em notas de testes padronizados. Em entrevistas, os pais explicaram que falar com o professor era mais importante pelo conhecimento em primeira mão dos pontos fortes e fracos específicos de seus filhos no contexto do currículo da sala de aula. Uma generalização adicional dessa pesquisa tem implicações significativas para as práticas de atribuição de notas: os pais querem comparações normativas. No entanto, em vez de pedirem informações sobre um teste referenciado pela norma, eles parecem querer que os professores digam como o filho está se saindo em relação às expectativas do ano escolar. Essa substituição de padrões de cada ano escolar por comparações referenciadas por normas é importante no contexto dos relatórios baseados em padrões e, como veremos, por causa das consequências desmotivadoras das práticas normativas de atribuição de notas.

Os alunos se tornam o principal público-alvo para as notas, porque o que os outros dizem sobre suas conquistas desempenha um papel importante nas interações de aprendizagem. Quando os alunos chegam ao ensino médio, há uma expectativa de que as notas tenham significado para o público externo. Por exemplo, uma nota de A ou B em língua inglesa significa que o aluno consegue escrever um texto dissertativo de forma organizada, e uma Grade Point Average (GPA)* de 3,0 significa que um aluno do 3º ano está bem preparado para a faculdade.

Em contraste, é muito mais difícil realizar avaliações formais de crianças pequenas, e elas são muito menos necessárias. Portanto, a importância das notas para crianças pequenas deve ser muito diferente daquela para alunos do ensino médio. Na seção "Diretrizes para a avaliação apropriada de crianças de 3 a 8 anos", reproduzimos os princípios de avaliação da declaração sobre práticas curriculares e de avaliação apropriadas para crianças de 3 a 8 anos, publicadas pela National Association for the Education of Young Children (Associação Nacional para a Educação de Crianças Pequenas; NAEYC). Es-

ses princípios enfatizam que as avaliações de crianças pequenas devem ter base em observações realizadas durante as atividades rotineiras da sala de aula e devem ser utilizadas para propósitos formativos e relatos aos pais. A NAEYC concluiu que, para as crianças nos anos inicias, "[...] o método de relato aos pais não [deve] depender de notas numéricas, mas [deve] fornecer informações mais significativas e descritivas na forma narrativa [...]" (NATIONAL ASSOCIATION FOR THE EDUCATION OF YOUNG CHILDREN, 1990, p. 15).

Diretrizes para a avaliação apropriada de crianças de 3 a 8 anos

1. O currículo e as avaliações são integrados ao longo do programa; as avaliações são congruentes e relevantes para as metas, os objetivos e o conteúdo do programa.

2. As avaliações resultam em benefícios para a criança, tais como a realização de ajustes necessários no currículo ou mais ensino individualizado e melhorias no programa.

3. O desenvolvimento e a aprendizagem das crianças em todos os domínios – físico, social, emocional e cognitivo – e suas disposições e sentimentos são avaliados de maneira informal e rotineira pela observação das atividades e interações das crianças, ouvindo-as enquanto falam e utilizando os erros construtivos delas de modo a entender sua aprendizagem.

4. As avaliações fornecem aos professores informações úteis para cumprir com êxito suas responsabilidades: dar suporte à aprendizagem e ao desenvolvimento das crianças, planejar visando aos indivíduos e grupos e se comunicar com os pais.

5. As avaliações envolvem a observação regular e periódica da criança em uma

---

* N. de R.T.: *Grade Point Average* (GPA), ou média das notas numéricas, é calculada considerando-se determinado período de tempo, normalmente dos anos finais do ensino fundamental até o ensino médio. Varia em uma escala de 0 a 4, ou seja, um 3,0 significa um B.

grande variedade de circunstâncias representativas de seu comportamento no programa ao longo do tempo.

6. As avaliações baseiam-se principalmente em procedimentos que refletem a vida no curso da sala de aula e das atividades típicas das crianças. As avaliações evitam abordagens que colocam as crianças em situações artificiais, impedem as habituais experiências de aprendizagem e o desenvolvimento na sala de aula ou desviam as crianças dos seus processos naturais de aprendizagem.

7. As avaliações dependem do desempenho demonstrado durante atividades reais, não planejadas, por exemplo, atividades reais de leitura e escrita, e não apenas testes de habilidades (TEALE, 1988).

8. As avaliações utilizam uma variedade de ferramentas e processos, incluindo, mas não somente, coleções de trabalhos representativos das crianças (obras de arte, histórias que elas escrevem, gravações de suas leituras), registros de observações sistemáticas por professores, registros de conversas e entrevistas com crianças, resumos dos professores sobre o progresso das crianças como indivíduos e como grupo (GOODMAN; GOODMAN; GOOD, 1989).

9. As avaliações reconhecem a diversidade individual dos alunos e permitem a existência de diferenças nos estilos e taxas de aprendizagem. As avaliações levam em consideração a habilidade das crianças na língua inglesa, seu estágio de aquisição da linguagem e se elas tiveram tempo e oportunidade para desenvolver proficiência em sua língua nativa e também na língua inglesa.

10. As avaliações dão suporte ao desenvolvimento e à aprendizagem das crianças; não ameaçam sua segurança psicológica ou seus sentimentos de autoestima.

11. As avaliações dão suporte à relação entre pais e filhos e não prejudicam a confiança dos pais na capacidade de seus filhos ou de si mesmos, nem desvalorizam a língua e a cultura da família.

12. As avaliações demonstram os pontos fortes e o progresso geral das crianças, o que as crianças conseguem fazer, não apenas as respostas erradas ou o que elas não conseguem ou não sabem.

13. As avaliações são um componente essencial do papel do professor. Como os educadores conseguem fazer uso máximo dos resultados das avaliações, o professor é o principal avaliador.

14. As avaliações são um processo colaborativo que envolve crianças e professores, professores e pais, escola e comunidade. Informações obtidas com os pais sobre as experiências de cada criança em seus lares são utilizadas para planejar o ensino e avaliar a aprendizagem das crianças. As informações obtidas a partir das avaliações são compartilhadas com os pais em uma linguagem que eles consigam entender.

15. As avaliações estimulam as crianças a participar das autoavaliações.

16. As avaliações abordam o que as crianças conseguem realizar de forma independente e o que conseguem demonstrar com assistência, neste último, mostrando a direção do seu crescimento.

17. As informações sobre o crescimento, o desenvolvimento e a aprendizagem de cada criança são sistematicamente coletadas e registradas em intervalos regulares. Informações como amostras do trabalho da criança, descrições de seu desempenho e relatos são utilizadas para planejar o ensino e se comunicar com os pais.

18. Existe um processo regular para o compartilhamento periódico de informações entre professores e pais sobre o

crescimento, o desenvolvimento e o desempenho das crianças. O método de relatar aos pais não se baseia em conceitos de letras ou notas numéricas; ele fornece informações mais significativas e descritivas na forma narrativa.

Fonte: NATIONAL ASSOCIATION FOR THE EDUCATION OF YOUNG CHILDREN (1990, p. 14-15).

Pesquisas sobre a prática atual

Brookhart (1994) identificou 19 estudos publicados após 10 anos de sua análise que examinaram as práticas de atribuição de notas dos professores. Os métodos de estudo variaram de pesquisas com educadores a estudos de caso. Sustentado por resultados altamente consistentes em todos os estudos, Brookhart (1994) identificou as seguintes generalizações:

1. Os professores se esforçam para serem justos com os alunos, inclusive informando-os de antemão quais serão os componentes das notas (BRISCOE, 1991; BROOKHART, 1993; STIGGINS; FRISBIE; GRISWOLD, 1989).

2. Medidas de desempenho, especialmente testes, são os principais componentes das notas, mas esforço e habilidade também são considerados (AGNEW, 1985; FRARY; CROSS; WEBER, 1993; FRIEDMAN; MANLEY, 1991; GRISWOLD; GRISWOLD, 1992; GULLICKSON, 1985; MANKE; LOYD, 1990, 1991; NAVA; LOYD, 1992; PILCHER-CARLTON; OOSTERHOF, 1993; STIGGINS; FRISBIE; GRISWOLD, 1989; TERWILLIGER, 1987; WOOD *et al.*, 1990).

3. Existe um efeito do ano escolar nas práticas de atribuição de notas. Professores dos anos iniciais do ensino fundamental utilizam evidências e observações mais informais. Nos anos finais e no ensino médio, as medidas de desempenho em atividades do tipo papel e lápis e outras escritas compõem uma porção muito maior da nota (BATESON, 1990; GRISWOLD; GRISWOLD, 1992; GULLICKSON, 1985; NAVA; LOYD, 1992; WILSON, 1990).

4. Existe uma variação individual entre as práticas de atribuição de notas dos professores. Diferentes educadores percebem o significado e o propósito das notas de maneira distinta e consideram os fatores de desempenho e não desempenho também de modo diferente (BROOKHART, 1993; FRARY; CROSS; WEBER, 1993; NAVA; LOYD, 1992; PILCHER-CARLTON; OOSTERHOF, 1993).

As práticas identificadas nas descobertas 1 e 3 – que os professores tentam ser justos, comunicam os padrões de atribuição de notas e utilizam evidências mais informais nos anos iniciais – são consistentes com os padrões profissionais com base em pesquisas. No entanto, as descobertas 2 e 4, sobre o uso de fatores de esforço e habilidade para ajustar as notas de desempenho, criam dilemas para a atribuição de notas, porque esses fatores são difíceis de medir com precisão, podem criar desigualdades ou estimular os alunos à dissimulação, confundindo o público-alvo sobre o significado dessas notas. Cizek, Fitzgerald e Rachor (1995/1996) argumentaram que os professores utilizam uma gama diversificada de fatores para o não desempenho de modo que se cria um "viés de sucesso", o que acaba aumentando as notas dos alunos.

Na tentativa de explicar a grande lacuna entre prática e teoria, Brookhart (1994) propõe vários argumentos para essa prática. Os educadores tendem a ver o esforço como parte de "ganhar" uma nota; os hábitos de trabalho estão intimamente relacionados ao *feedback* de que os alunos necessitam sobre como fazer melhor; e a participação é essencial para o relacionamento do aluno com o professor como mentor. Embora seja essencial entender as opiniões dos educadores e as realidades práticas das salas de aula, as crenças intuitivas dos professores sobre o que é justo e motivador para os alunos nem sempre são sustentadas por evidências de pesquisa. Também devemos levar em consideração se os docentes estão usando as "notas de esforço" para gerenciar o comportamento do aluno, o que não é o mesmo que criar um ambiente de aprendizagem que seja *motivador*. Em um estudo de caso de métodos de avaliação dos professores (LORSBACH *et al.*, 1992, p. 310), uma grande descoberta foi que "[...] tarefas e sistemas de pontuação agregada frequentemente recompensam a conclusão de tarefas e a motivação para aprender em vez de medir o que o aluno sabe [...]". Os educadores, às vezes, parecem estar operando dentro de uma metáfora de "escola é trabalho" (MARSHALL, 1988), criando um sistema elaborado para acompanhar o trabalho dos alunos, mas sem enfatizar sempre a qualidade ou o conteúdo desse trabalho.

O conteúdo e o formato

Abordamos a questão do conteúdo das avaliações previamente no contexto das avaliações formativas e iremos retomá-la quando considerarmos o efeito de testes externos sobre o ensino e a aprendizagem em sala de aula. O conteúdo dos testes – o que é testado e como é testado – e o conteúdo das tarefas avaliadas para determinado ano escolar comunicam os objetivos do ensino aos alunos e concentram sua atenção e seus esforços. Observe que a mera atribuição de pontos para os trabalhos não garante a atenção se a qualidade do trabalho nunca for examinada (ver LORSBACH *et al.*, 1992).

Em 1983, Fleming e Chambers analisaram 8.800 questões de testes, do ensino fundamental ao ensino médio, e descobriram que quase 80% estavam no nível mais baixo da taxonomia de Bloom – o nível do *conhecimento*. Resultados semelhantes foram encontrados uma década depois em uma pesquisa representativa em âmbito nacional por Madaus *et al.* (1992). Os pesquisadores descobriram que 53% dos professores do ensino médio e 73% dos professores de matemática dos anos iniciais relataram o uso de testes de livros didáticos pelo menos uma vez por mês. Com base em uma análise de conteúdo, Madaus *et al.* (1992)

apontaram que apenas 3% dos itens nesses testes finais de livros didáticos obtiveram amostras de conhecimento conceitual de alto nível e que cerca de 5% obtiveram amostras das habilidades de raciocínio de alto nível de qualquer tipo. Os 95% restantes dos itens obtiveram amostras de recordação da informação, computação e uso de algoritmos e fórmulas em problemas de rotina semelhantes aos que os alunos haviam trabalhado no livro didático. Uma porcentagem maior de professores relatou elaborar os próprios testes, mas, quando tais testes foram examinados em estudos de campo, Madaus *et al.* (1992) notaram que eles eram adaptações próximas de testes de livros didáticos. Mais recentemente, Cizek, Fitzgerald e Rachor (1995/1996) relataram uma descoberta surpreendente de que os educadores novatos tinham maior probabilidade de desenvolver as próprias avaliações do que os professores experientes, que tendiam a confiar em testes preparados comercialmente. Essa descoberta pode ser o resultado de mais atenção às avaliações na formação de professores, que passou por mudanças nos padrões de preparação no início dos anos de 1990, bem como do fato de que docentes iniciantes têm mais acesso a materiais baseados na reforma e tipos de problemas com o advento da reforma fundamentada em padrões.

Como enfatizamos anteriormente, a reforma na área das avaliações integra a reforma educacional, devido à necessidade de envolver os alunos em tarefas autênticas de modo a desenvolver, utilizar e ampliar seus conhecimentos. Trabalhos mais significativos visando à compreensão conceitual não apenas fornecem melhores dados de avaliação sobre o desempenho dos alunos, também têm benefícios cognitivos e motivacionais. Em um estudo anterior, Marton e Saljo (1976) descobriram que as diferentes abordagens dos alunos às tarefas de aprendizagem poderiam ser categorizadas como abordagens *profundas* ou *superficiais*. Abordagens profundas envolvem uma busca ativa por significado, princípios subjacentes e estruturas que conectam diferentes conceitos.

Abordagens superficiais focam principalmente a memorização de fatos isolados, sem procurar conexões entre esses fatos. Embora outros fatores afetem a tendência dos alunos de utilizar abordagens profundas ou superficiais, especialmente o interesse e a motivação, suas percepções sobre as demandas de avaliações antecipadas tiveram clara influência na escolha da estratégia. Tais descobertas de pesquisa foram corroboradas por estudos subsequentes que examinaram a ligação entre o formato das avaliações e as estratégias de estudo de universitários (CROOKS, 1988).

Por essas razões, muitos pesquisadores e educadores têm trabalhado para desenvolver avaliações de desempenho mais bem pensadas, que exigem e promovem uma análise e uma aprendizagem mais profundas do que os itens "fechados", que medem principalmente a memorização e o reconhecimento. Os especialistas em conteúdo da disciplina valorizam tarefas de ensino conceitualmente ricas, porque captam o que é mais importante para os alunos aprenderem. Os cognitivistas preferem tarefas desafiadoras, porque elas envolvem os alunos no raciocínio e dão suporte à generalização, no caso do uso de tarefas de transferência como parte normal do ensino. Em uma síntese das pesquisas sobre motivação que teve foco na prática, Stipek (2002) explicou que tarefas autênticas também aumentam a motivação do aluno para aprender. Tarefas que exigem pensamento de ordem superior e resolução ativa de problemas são intrinsecamente mais interessantes do que memorizar ou aplicar procedimentos simples. Por exemplo, Mitchell (1993) descobriu que as crenças dos alunos sobre o significado real do que eles estavam aprendendo eram um forte preditor de seu interesse e prazer na aula de matemática. Tarefas desafiadoras aumentam a motivação intrínseca, elevando a sensação de competência dos alunos. Newman (1992), por exemplo, descobriu que os alunos classificam melhor as aulas que os fazem pensar muito e exigem que eles participem ativamente nas tarefas de raciocínio e aprendizagem.

As notas e a motivação

As evidências mais devastadoras que mostram os efeitos negativos de muitas práticas de atribuição de notas e de escolarização provêm da literatura motivacional. É com surpresa que, em uma análise abrangente das pesquisas sobre motivação infantil, Wigfield, Eccles e Rodriguez (1998) relatam que muitos aspectos da organização da sala de aula têm efeitos negativos tão enraizados que as crenças sobre a competência das crianças, as metas de desempenho, o interesse nas disciplinas escolares e a motivação intrínseca para aprender tudo isso diminuem conforme os alunos avançam nos anos do ensino fundamental.

Com relação às práticas de atribuição de notas, as questões mais importantes têm a ver com o papel das notas como recompensas (ou punições), com as orientações aos alunos em relação aos objetivos de desempenho ou aprendizagem e com a utilização de padrões de avaliação normativa *versus* de domínio do conteúdo.* Esses fatores, em conjunto com outros aspectos, como o *locus* de causalidade** e os sentimentos de competência dos alunos, interagem de forma complexa. Aqui, resumimos apenas os padrões mais significativos e consistentes.

O uso de notas como recompensa contribui para o que Lave e Wenger (1991, p. 112) denominaram de "[...] comoditização da aprendizagem [...]". Quando não há valor cultural para aumentar a habilidade e a participação de alguém em uma iniciativa, a única razão para participar é obter conhecimento superficial o suficiente para ser exibido para as avaliações. Ao analisarem estudos experimentais, os pesquisadores descobriram que o uso

---

* N. de R.T.: A *Mastery-Based Learning* (MBL; Aprendizagem Baseada no Domínio do Conteúdo) refere-se a sistemas de instrução, avaliação, classificação, comunicação parental e relatórios acadêmicos que são baseados na demonstração da compreensão ou do domínio dos conhecimentos e habilidades que os alunos devem aprender conforme progridem em sua educação.

** N. de R.T.: Extensão na qual os alunos percebem seu desempenho como causado por fatores externos ou internos a eles.

de recompensas externas pode realmente minar o interesse intrínseco dos alunos por uma tarefa (DECI; RYAN, 1985; LEPPER, 1983), e, conforme resumido por Stipek (1996), as recompensas funcionam de modo a diminuir a motivação intrínseca quando são tidas como controladoras e quando não estão diretamente relacionadas a um bom desempenho. Em consistência com as descobertas positivas das pesquisas sobre *feedback*, as recompensas ou os elogios que transmitem informações positivas sobre competência têm maior probabilidade de aumentar a motivação intrínseca.

Talvez as consequências negativas mais graves das práticas tradicionais de atribuição de notas tenham surgido do uso de comparações normativas. Conforme Ames (1984) sugeriu, as estruturas de aulas competitivas tornam as comparações sociais e os julgamentos sobre as habilidades mais importantes. Em uma série de estudos, Butler (1987, 1988) e Butler e Nisan (1986) apontaram que as notas atribuídas de forma normativa resultaram em menor interesse, menor disposição para persistir e menor desempenho em comparação com os alunos que receberam *feedback* substantivo. Em um estudo clássico, Harackiewicz, Abrahams e Wageman (1987) descobriram que as avaliações baseadas em normas sociais reduziam o interesse em uma tarefa, enquanto as baseadas na obtenção de um padrão predeterminado aumentavam esse interesse. A conclusão geral de Stipek (1996), a partir dessa literatura, foi a de que as avaliações, especialmente de tarefas difíceis, tendem a minar o interesse intrínseco. No entanto, a exceção que ela identificou é notável e antecipa nossas recomendações para práticas de atribuição de notas:

> Avaliações substanciais que fornecem informações sobre competências e orientação para iniciativas futuras, e avaliações baseadas no domínio do conteúdo, e não em normas sociais, no entanto, parecem não ter esses efeitos negativos e podem até aumentar o interesse intrínseco nas tarefas acadêmicas (STIPEK, 1996, p. 99).

Os achados sobre os efeitos das recompensas estão intimamente relacionados às pesquisas sobre orientações às metas dos alunos. Dweck (1986) fez uma distinção entre crianças com metas de domínio de conteúdo e aquelas com metas de desempenho. Essas disposições são independentes das habilidades acadêmicas dos alunos. Alunos com metas de domínio de conteúdo são intrinsecamente motivados. Eles buscam tarefas desafiadoras e aproveitam as oportunidades para desenvolver novas competências. Eles são menos propensos a ter medo de avaliações, porque veem o professor como um recurso. Quando os alunos orientados para o domínio do conteúdo se deparam com uma tarefa difícil, é provável que persistam, mantenham uma atitude positiva e procurem estratégias de solução. Uma orientação ao domínio também foi denominada *orientação para a tarefa* por teorias relacionadas. Em contraste, os alunos com uma orientação para o desempenho são motivados extrinsecamente. Eles estão mais preocupados em parecer competentes do que ser competentes e tendem a evitar situações em que possam parecer incompetentes. Teorias relacionadas referem-se a estruturas que induzem uma orientação para o desempenho como ambientes que envolvem o ego. Quando se deparam com uma tarefa difícil, os alunos orientados para o desempenho geralmente comentam sobre sua falta de habilidade, agem de maneira entediada ou ansiosa e exibem uma deterioração acentuada na *performance*. Dweck (1986) chegou a chamar esses comportamentos de "desamparo aprendido". Por causa do medo de avaliação, os alunos nessa categoria podem tentar esconder do professor sua falta de compreensão.

É importante ressaltar que as orientações para o domínio *versus* para a meta não são atributos fixos do aluno; elas podem ser criadas ou traçadas em diferentes graus pelo ambiente de aprendizagem e foram experimentalmente induzidas (ELLIOT; DWECK, 1988). Em um estudo com universitários, Benware e Deci (1984) encontraram níveis muito diferentes de compreensão conceitual no grupo que foi informado de que seria testado no final do estudo *versus* o grupo que foi informado de que precisaria ensinar o material para outros. Ames (1992) e Stipek (1996) identificaram as seguintes práticas de sala de aula como aquelas que promovem uma orientação para a aprendizagem entre os estudantes:

- Fornecem diversas oportunidades para demonstrar o domínio do conteúdo.

- Adaptam o ensino ao conhecimento, à compreensão e à experiência pessoal dos alunos.

- Proporcionam oportunidades para os alunos participarem na tomada de decisões e assumirem a responsabilidade pela própria aprendizagem.

- Enfatizam o esforço, a aprendizagem e o trabalho duro em vez da execução ou obtenção da resposta certa.

- Tratam erros e deslizes como parte normal da aprendizagem.

- Avaliam o progresso e o domínio dos alunos, em vez de apenas os resultados, e oferecem aos alunos a oportunidade de melhorar.

- Reservam tempo suficiente para que diferentes alunos concluam seu trabalho.

Quando e como atribuir notas

Dados os efeitos negativos conhecidos da atribuição de notas, uma questão crítica é: "Com que frequência aplicar avaliações somativas?". Especialistas em medição defendem a frequente atribuição de notas a tarefas para coletar dados suficientes a fim de garantir a confiabilidade. Os cognitivistas almejam que os alunos tenham prática com os critérios que serão utilizados para avaliar desempenhos culminantes. No entanto, o modelo de avaliação formativa e as pesquisas sobre motivação argumentam que a atribuição de notas pode prejudicar a orientação para a aprendizagem dos alunos. Portanto, para tornar as avaliações formativas verdadeiramente *para* a

aprendizagem, os professores podem precisar adiar as notas ou utilizar somente as avaliações dos alunos e, quando necessário, dar notas para ajudar os alunos a manter o foco no *feedback* substantivo. Certamente, os professores devem evitar a interrupção e o julgamento da qualidade da aprendizagem que ainda está em andamento apenas por meio de uma nota. É evidente que a questão da confiabilidade é importante. E os alunos não devem ser classificados com base em apenas um ou dois testes formais isolados. No entanto, se as avaliações somativas estiverem incorporadas nas progressões da aprendizagem, a confiabilidade dos eventos aos quais se atribuíram notas será sustentada por outras evidências do desenvolvimento de competência de cada aluno ao longo desse *continuum* subjacente.

As avaliações somativas e as notas nelas baseadas devem representar o desempenho. Entretanto, de forma compatível com a análise de Stipek (1996) das pesquisas sobre motivação mencionadas anteriormente, as avaliações de desempenho devem ser baseadas em padrões de domínio do conteúdo, e não em normas sociais. As notas com base no desempenho devem estar alinhadas de forma mais transparente com o *feedback* nos mesmos padrões utilizados nas avaliações formativas e se comunicam melhor com o público externo. Em salas de aula heterogêneas, a atribuição de notas em termos de padrões de domínio exige sistemas de suporte para alunos com diferentes habilidades. Isso deve incluir estratégias como o ritmo diferencial de aprendizagem e o momento certo para as avaliações de referência; a identificação e avaliação de metas intermediárias atingíveis; e o *scaffolding* diferencial. Se levado a sério, o compromisso de que as notas representam o desempenho pode significar reduzir ou eliminar vários elementos de atribuição de notas de conformidade, como pontos extras de crédito em tarefas não relacionadas, pontos pela entrega de notas e rascunhos preliminares, pontos pelos deveres de casa que nunca receberam nota, e assim por diante. Os efeitos de tarefas que ajudam os alunos a aprender devem ser avaliados, em última instância, na culminação de avaliações em que essa aprendizagem deve se manifestar. Ao mesmo tempo, outras formas de ajudar os alunos a ter foco na aprendizagem, em vez de se preocuparem apenas com as notas, seriam permitidas quando proporcionam oportunidades para os alunos desenvolverem e demonstrarem o domínio do conteúdo. Isso incluiria revisões rotineiras e atribuição de novas notas aos trabalhos de modo a atender aos padrões, tarefas e testes de substituição de nota e o descarte das notas dos testes quando a aprendizagem tiver sido verificada por avaliações subsequentes. A chave é o foco na aprendizagem final.

AVALIAÇÕES EXTERNAS EM LARGA ESCALA

Avaliações nacionais, estaduais e distritais são utilizadas para coletar dados para responder às perguntas dos legisladores, que se encontram a alguma distância das salas de aula. Teoricamente, a coleta de informações para monitorar tendências do desempenho dos alunos é tão problemática quanto o relatório de frequência escolar. No entanto, devido à atenção do público e às consequências associadas às notas de desempenho, os testes externos podem ter um profundo impacto sobre o que acontece dentro das salas de aula. Embora os professores tenham raras vezes o poder de determinar o conteúdo e o formato das avaliações externas, eles normalmente controlam as decisões de ensino que conseguem aumentar os efeitos positivos e mitigar os efeitos negativos desses testes externos.

Nesta seção, primeiro resumimos o que os professores precisam saber sobre os objetivos dos testes externos e sobre a relação entre o objetivo do teste e o formato do teste e sua validade. Em seguida, avaliamos as pesquisas sobre os efeitos positivos e negativos dos testes de alto risco. *Alto risco* é o termo utilizado para se referir a testes de responsabilização que têm graves consequências para escolas, professo-

res ou alunos. Considerando o que se sabe sobre os efeitos da testagem, é possível recomendar práticas de ensino que protejam contra a distorção do currículo e, ao mesmo tempo, garantam que os alunos recebam a preparação adequada para os testes. Estratégias relacionadas, baseadas em uma análise de domínio dos testes de alto risco, também podem ser utilizadas para garantir a interpretação válida dos resultados dos testes. Por fim, consideramos usos importantes dos resultados de avaliações em larga escala para avaliar o currículo e melhorar o ensino.

Objetivos, formato e validade das avaliações em larga escala

As avaliações em larga escala servem a finalidades distintas das avaliações em sala de aula. Elas são utilizadas para monitorar as tendências de desempenho ao longo do tempo, para avaliar programas educacionais ou para responsabilizar os distritos, escolas e professores. Em alguns Estados, elas servem para relatar o desempenho individual dos alunos ou para determinar a formatura no ensino médio ou a promoção de um ano escolar a outro. Os professores conseguem ser mais eficazes em lidar com avaliações em larga escala se souberem qual o propósito delas, bem como quais podem ser suas limitações. Por exemplo, dados da NAEP são úteis para documentar a lacuna de desempenho entre grupos majoritários e minoritários nos Estados Unidos, bem como o progresso feito nos últimos 30 anos para preencher essa lacuna. Dados de avaliações estaduais podem ser utilizados para identificar escolas que obtiveram o sucesso mais bem sustentado na tentativa de melhorar o desempenho de alunos de baixo nível socioeconômico e para identificar as escolas com maiores necessidades de melhoria. Mais importante ainda para os professores, os testes estaduais que revelam um bom trabalho de representação de estruturas curriculares e metas conceituais de aprendizagem podem ser empregados para avaliar o próprio currículo e o ensino, de modo a identificar os aspectos que são mais ou menos eficazes.

Os padrões de testes técnicos da American Educational Research Association *et al.* (1999) exigem que os testes sejam desenvolvidos e avaliados para o uso específico a que se destinam. Um teste elaborado e validado para uma finalidade pode não ser válido para outros fins. Como as avaliações em larga escala são utilizadas para responder a questões gerais sobre políticas, o formato das avaliações deve ser customizado para atender a essa finalidade. Por exemplo, os procedimentos de teste devem ser padronizados para garantir a comparabilidade dos resultados de desempenho entre escolas ou para diferentes grupos de alunos ao longo do tempo. As comparações seriam inválidas se uma escola fizesse o teste em março e outra em maio, ou se um grupo de alunos recebesse ajuda de seus professores, mas outro grupo trabalhasse de forma independente. O objetivo dos dados comparativos também exige que o conteúdo do teste seja relativamente amplo, mesmo que isso signifique que o nível do teste seja muito fácil para alguns alunos ou muito difícil para outros. Em contraste, as avaliações em sala de aula só são válidas se estiverem focadas nos pontos fortes e fracos específicos dos alunos. Pellegrino, Chudowsky e Glaser (2001) referiram-se a essas tensões como as inevitáveis concessões no formato das avaliações.

Devido às consequências associadas aos resultados dos testes, as avaliações em larga escala devem atender a padrões mais rigorosos quanto à precisão técnica em comparação a qualquer avaliação em sala de aula. Nas salas de aula, os professores avaliam em uma base contínua e se dão ao luxo de revisar suas decisões conforme novas percepções são obtidas sobre o desenvolvimento da compreensão dos alunos. Por razões práticas, as avaliações externas também devem ser eficientes e econômicas. Já que elas não estão intimamente ligadas à instrução em curso, elas devem tomar o mínimo de tempo possível do ensino regular. O desejo de eficiência, no entanto, muitas vezes exacerba a falta de autenticidade nos tipos de problemas e tarefas escritas utilizados em avaliações de larga escala. Algumas características das avaliações em larga escala atuais, como a confiabilidade das notas da escola, são essenciais para garantir que as avaliações atendam ao objetivo de permitir comparações entre localidades. Outros recursos, como a utilização em excesso de formatos de perguntas de múltipla escolha, são uma saída para restrições de custo e desejos de eficiência em uma era na qual o governo aumentou substancialmente a quantidade de testes necessários. Os professores devem saber examinar quais características das avaliações em larga escala são essenciais para seu objetivo e quais são as características que recebem críticas fundadas. Eles não podem requisitar que as avaliações estaduais compartilhem todas as características das avaliações eficientes de sala de aula, mas poderiam exigir que as avaliações estaduais se tornem mais parecidas com os melhores exemplos existentes de avaliação em larga escala.

Knowing what students know (*Saber o que os estudantes sabem*; PELLEGRINO; CHUDOWSKY; GLASER, 2001) foi um relatório histórico de um comitê da National Academy of Sciences. Os autores reuniram as descobertas da ciência cognitiva e da pesquisa de medição para fazer recomendações a fim de melhorar os sistemas de avaliação. Eles identificaram várias alternativas, como avaliações embutidas no currículo, que tornariam possível fazer um trabalho melhor de representação da complexidade da aprendizagem do aluno e ainda garantir a comparabilidade dos dados. Para o futuro, eles imaginaram um sistema de avaliação mais equilibrado, no qual as avaliações em sala de aula e em larga escala funcionariam de forma mais coerente e solidária. A coerência entre os dois níveis de avaliação exigiria que ambos compartilhassem o mesmo modelo subjacente de aprendizagem. Isso significa que, além de estarem vinculados às mesmas estruturas curriculares, os dois níveis de avaliação também devem ter em comum toda a gama de demandas cognitivas, tarefas e meios similares para obter proficiência do aluno, padrões comuns para julgar a qualidade do trabalho do aluno e os mesmos *continua* ou referências subjacentes que representam como a proficiência dos alunos deve se desenvolver ao longo do tempo.

Conforme discutiremos mais adiante, os professores precisam ser capazes de analisar o próprio Estado ou teste de prestação de contas do distrito em relação a esse ideal. As melhores avaliações estaduais incluem tarefas que se alinham aos padrões curriculares profissionais e representam metas de aprendizagem ambiciosas. A reflexão sobre a prática docente e a análise das estratégias de ensino para melhorar o desempenho do aluno em tarefas exemplares devem aumentar, e não restringir, a aprendizagem dos alunos. Todavia, alguns testes estaduais utilizam apenas perguntas fechadas sobre um intervalo limitado de conteúdo. Conforme discutiremos na seção a seguir, os professores devem ser cautelosos ao permitir que essas avaliações conduzam a maior parte do ensino na sala de aula.

Pesquisas sobre efeitos da testagem

Quando a reforma educacional baseada em padrões teve início, no final da década de 1980, um de seus princípios definidores era o de que as avaliações de responsabilização deveriam ser melhoradas para levar a mudança instrucional em uma direção positiva em vez de negativa. Ao resumirem pesquisas sobre os efeitos dos testes de responsabilização de habilidades básicas, Resnick e Resnick (1992) concluíram que os avaliadores obtêm o que avaliam, não o que não avaliam, e, portanto, devem elaborar avaliações tendo em mente aqueles que os educadores ensinam. Da mesma forma, em sua concepção de reforma escolar sistêmica, Smith e O'Day (1990, p. 243) argumentaram que a pressão sobre os professores para adequar seu ensino à forma e ao conteúdo de testes padronizados "[...] poderia ser produtiva se testes fossem elaborados para medir o pensamento complexo e a resolução de problemas e, assim, servir para mover o currículo e o ensino na direção do desenvolvimento dessas habilidades [...]". Em resposta a essas ideias, muitos programas de testes estaduais foram revisados no início dos anos de 1990 para incluir tipos de problemas mais abertos e refletir metas de aprendizagem mais desafiadoras.

Em consonância com a intenção original da reforma baseada em padrões, vários estudos mostraram que esses tipos de avaliações em larga escala podem influenciar o ensino de maneiras comprovadamente positivas. Por exemplo, em um estudo inicial sobre testagem que incluía tarefas mais abertas, os professores relataram que estavam fazendo seus alunos escrever mais textos dissertativos por causa do novo teste escrito estadual e que a escrita de seus alunos havia melhorado (SHEPARD; DOUGHERTY, 1991). Em um estudo do Kentucky's Instructional Results Information System (KIRIS), que incluía um portfólio de escrita e matemática e tarefas de desempenho, Koretz, Barron e Stecher (1996) descobriram que, de acordo com os objetivos do programa, quatro quintos dos professores relataram aumentar a ênfase ou o tempo de ensino dedicado à resolução de problemas, à comunicação matemática e à escrita. Mais recentemente, Stecher e Chun (2001) pesquisaram professores estaduais de Washington que relataram aumentos substanciais na quantidade de tempo gasto ensinando probabilidade e estatística e os processos matemáticos representados pelas metas de aprendizagem estaduais e pelas avaliações orientadas para o desempenho, como analisar informações, tirar conclusões e verificar resultados, construir soluções, relacionar conceitos à vida real, organizar e interpretar informações, e assim por diante.

Alguns dos programas de avaliação inovadores encetados pelos Estados no início dos anos de 1990 foram substituídos por testes de aparência mais tradicional, já que as demandas por pontuações individuais dos alunos e a testagem em todos os anos escolares entraram em choque com os custos associados a avaliações confiáveis de desempenho. Embora alguns Estados e distritos continuem a implementar avaliações que medem a escrita, o raciocínio e o desempenho dos alunos, em outros Estados, a ideia expressa em *Knowing what students know* (PELLEGRINO; CHUDOWSKY; GLASER, 2001, p. 248) – de que "[...] avaliações em larga escala podem servir aos propósitos de aprender ao sinalizar metas importantes para educadores e estudantes [...]" – continua a ser mais uma esperança do que uma realidade.

Existem algumas evidências limitadas de que as reformas baseadas em padrões, junto a outras reformas no financiamento escolar, na formação de professores e no desenvolvimento profissional, contribuíram para melhorias no desempenho dos alunos. Em um livro que analisou as mudanças nas pontuações estaduais na NAEP, Grissmer *et al.* (2000) concluíram que as iniciativas de reforma provavelmente foram responsáveis por ganhos nas pontuações de matemática no Texas e na Carolina do Norte durante a década de 1990, porque esses ganhos foram maiores do que se poderia esperar com base em mudanças na população ou variáveis de recursos. É interessante observar que estudos de pesquisas entram em conflito sobre o que tem maior influência: os padrões ou os testes curriculares. Em Washington, Stecher e Chun (2001, p. 22) descobriram que os professores "[...] prestam mais atenção ao WASL [os testes estaduais] do que às EALRs [metas de aprendizagem] que os testes devem refletir [...]", enquanto no Colorado os professores atribuíram com mais frequência mudanças positivas em suas salas de aula (como maior ênfase nas habilidades de raciocínio de alto nível) aos padrões estaduais, e não ao teste CSAP (TAYLOR *et al.*, 2003).

Os efeitos positivos da testagem de alto risco no ensino, no entanto, também são acompanhados por efeitos negativos, que muitas vezes podem ter uma magnitude maior. A descoberta de pesquisa mais difundida, tanto nos Estados Unidos como no exterior, é a de que os testes de alto risco estreitam o currículo (HEUBERT; HAUSER, 1999; PELLEGRINO; CHUDOWSKY; GLASER, 2001; UNITED STATES OFFICE OF TECHNOLOGY ASSESSMENT, 1992). Esse estreitamento ocorre ao se reduzir o tempo dedicado a disciplinas não testadas e ao reformular o ensino nas

disciplinas testadas, de modo que se assemelhem mais aos formatos dos testes. Nas escolas de anos iniciais do ensino fundamental, por exemplo, os professores relatam de forma consistente que eliminaram ou reduziram a quantidade de ciências e estudos sociais que ensinam (STECHER; CHUN, 2001; TAYLOR *et al.*, 2003). Em uma pesquisa nacional com 12 mil professores, Pedulla *et al.* (2003) indicaram que a extensão do estreitamento do currículo estava diretamente associada ao grau de risco relacionado aos resultados das avaliações. Quanto mais alto o risco, maior o foco exclusivo no conteúdo testado.

Dependendo dos riscos e do formato dos testes, as iniciativas de "ensinar o teste" também tiveram efeitos distorcidos no ensino, particularmente nas maneiras como a leitura, a escrita e a matemática são ensinadas. Em vez de gastar de 1 a 2 horas para se certificar de que os alunos se sentiam confortáveis com os formatos de itens, a maioria dos professores dos anos iniciais do ensino fundamental, na pesquisa de Pedulla *et al.* (2003), relatou ter passado mais de 20 horas em atividades específicas de preparação para testes. Eles praticavam com itens semelhantes aos do teste, usavam materiais comerciais de preparação para testes feitos sob medida para o teste estadual e davam aos alunos testes antigos fornecidos pelo Estado. Em comparação com 43% dos professores em Estados com risco moderado, 70% dos docentes em Estados classificados como "de alto risco" pelos pesquisadores relataram o uso dessas estratégias durante todo o ano letivo, não apenas no mês ou nas semanas antes do teste.

Os estudos de entrevistas com professores revelam ainda mais o porquê de a aprendizagem ser prejudicada se os formatos de testagem se tornarem o modelo para o ensino regular. Por exemplo, ser capaz de identificar a ideia principal de uma passagem de texto é um aspecto importante da compreensão textual, mas ela é mais bem incentivada se os alunos discutirem o que eles leram e formularem um resumo, em vez de praticar a escolha do título mais adequado a partir de uma lista de múltipla escolha. Na área da escrita, a prática de questões descontextualizadas e de modo repetitivo de modo a aderir à rubrica estadual pode fazer os alunos produzirem textos dissertativos sem graça, em contraste com as práticas de sala de aula, em que a escrita melhora devido ao interesse dos alunos e é utilizada para ajudá-los a adquirir novos conhecimentos e desenvolver suas ideias (HILLOCKS, 2002; STRICKLAND *et al.*, 2001). Os docentes também reconhecem que a adesão a um currículo orientado a testes acaba demandando uma cobertura superficial, que promove a exclusão de unidades detalhadas e baseadas em conteúdo do ensino ou a abordagem breve delas, mesmo que alguns alunos estejam perdidos no processo (CLARKE *et al.*, 2003).

Evidências empíricas mostram uma forte conexão entre práticas instrucionais de ensino do teste e a inflação das pontuações desses testes. Os alunos que foram treinados para um teste específico, particularmente aquele baseado no conhecimento de fatos específicos e tipos de problemas, não desenvolvem uma compreensão profunda e não são capazes de generalizar esse conhecimento ou utilizá-lo mesmo em contextos intimamente relacionados. Um estudo de Koretz *et al.* (1991) encontrou um declínio substancial no desempenho dos alunos nos Estados de alto risco quando eles foram testados novamente em testes independentes que cobriam o mesmo conteúdo que os testes "ensinados". De maneira mais geral, os ganhos acentuados nas pontuações de avaliações estaduais, como as do Texas, não foram confirmados pelos ganhos nas avaliações nacionais (KLEIN *et al.*, 2000). Os efeitos negativos dos currículos orientados para testes para a aprendizagem dos alunos são especialmente preocupantes, porque se aplicam mais aos alunos pobres e minoritários, os mesmos grupos que as políticas de reforma baseadas em padrões visam ajudar. Quando Madaus *et al.* (1992) compararam salas de aula de alta e baixa minoria, eles descobriram que professores com altos percentuais de alunos de minorias relatavam com mais frequência a pressão de seus distritos para aumentar os resultados, bem como práticas de ensino orientadas para

testes, como o ensino de tópicos conhecidos por estarem no teste e o fornecimento de prática de teste durante todo o ano letivo.

O que se torna evidente a partir da pesquisa sobre os efeitos dos testes é que os educadores são os mediadores que determinam a quantidade de testes externos que irão reformular o currículo. Assim, os professores têm a responsabilidade de entender que um aumento nos resultados dos testes nem sempre é o mesmo que melhorar a aprendizagem e devem reconhecer como as escolhas instrucionais fazem a diferença na promoção de ganhos reais ou esporádicos. Na próxima seção, consideramos estratégias para a elaboração de testes que evitam a distorção do currículo e mantêm um compromisso com a aprendizagem e o desempenho reais dos alunos.

O CURRÍCULO EQUILIBRADO E A PREPARAÇÃO ADEQUADA PARA TESTES

Bons professores naturalmente querem que seus alunos se saiam bem em testes de responsabilização, não apenas pela importância dos resultados dos testes, mas também pela forma como os próprios alunos se sentem enquanto os estão realizando. Como os educadores podem preparar seus alunos para se certificarem de que serão capazes de fazer o melhor possível sem sucumbir às práticas de ensinar para o teste conhecidas por limitarem a aprendizagem? Os padrões éticos no campo da testagem e medição pressupõem que uma quantidade limitada de prática com diferentes formatos dos testes é legítima e até desejável para garantir que os alunos não sejam impedidos de demonstrar seus conhecimentos por causa da falta de familiaridade com os tipos de perguntas feitas ou os modos de resposta. A maioria das editoras de testes comerciais inclui testes práticos com baterias para crianças nos anos iniciais que podem não ter experiência prévia em escolher entre opções de múltipla escolha ou preencher folhas de respostas separadas.

Pesquisas mostram que a prática com diferentes formatos de teste melhora o desempenho, mas esse efeito é pequeno, a menos que o mesmo teste seja repetido (HOPKINS, 1998). Além disso, o benefício da prática vem de fazer *um* teste prático; o desempenho não continua aumentando no mesmo grau em cada novo teste subsequente. Devido a essa evidência, grandes empresas de testes, como a ETS, fabricante do Scholastic Aptitude Test (SAT),* fornecem testes liberados para serem utilizados como materiais de prática. A intenção é deixar todos no mesmo patamar de igualdade, ou seja, que todos os participantes tenham familiaridade adequada com o formato do teste, restrições de tempo, e assim por diante.

A prática com formatos de teste, como tarefas matemáticas abertas ou escrever a partir de uma questão, deve ser fornecida no contexto das metas de ensino às quais elas se conectam. E, considerando o que sabemos sobre a falta de transferência quando apenas um tipo de problema é utilizado, os professores devem garantir o desenvolvimento de uma compreensão mais robusta, concentrando-se nos princípios subjacentes e continuando a examinar – fazendo perguntas novamente de uma outra maneira e procurando extensões e aplicações (SHEPARD, 1997). Ao mesmo tempo, os docentes devem abordar a prática dos testes com cuidado, tendo em mente as mensagens implícitas transmitidas aos alunos sobre a natureza do conteúdo da disciplina e os propósitos da aprendizagem. Em uma análise de testes de prontidão para leitura, por exemplo, Stallman e Pearson (1990) concluíram que as características de demanda dos testes eram, em muitos casos, incompatíveis com o que as crianças deveriam conseguir fazer como leitores.

Os professores podem não perceber que a ocorrência de uma melhoria no desempenho dos alunos a longo prazo é mais provável ao ensinar conceitos e habilidades de forma aprofundada do que ao percorrer uma lista de tópicos que podem estar no teste ou testar repetidamente os alunos em itens específicos ou tipos de itens. Por exemplo, análises descobriram que a frequência do uso de tarefas escritas por educadores para avaliar o progresso do aluno na leitura correlaciona-se positivamente com o desempenho do aluno nos testes da NAEP, ao passo que a frequência do uso de testes de múltipla escolha ou de respostas curtas para avaliar a leitura correlaciona-se negativamente com o desempenho do aluno (NATIONAL CENTER FOR EDUCATION STATISTICS, 2001c).** Além disso, estudos recentes mostram que os alunos que fazem parte de um currículo focado no raciocínio matemático e na resolução de problemas se dão bem em testes tradicionais de habilidades básicas tanto quanto alunos que fazem parte de um currículo de habilidades básicas mais estreitamente alinhado ao teste, e eles também se dão muito melhor em avaliações de conceitos e resolução de problemas (ver RIORDAN; NOYCE, 2001; SCHOENFELD, 2002; SENK; THOMPSON, 2003).

A quantidade de tempo gasto na prática de testes específicos deve ser limitada a algumas horas e tentar transmitir aos alunos uma abordagem de bom senso estratégico. Livros de medição (AIRASIAN, 1996; MCMILLAN, 2001) sugerem diretrizes como as seguintes:

- Preste muita atenção e siga as instruções.
- Certifique-se de que entendeu a pergunta antes de respondê-la.
- Não se preocupe se algumas perguntas forem muito difíceis, você pode pular perguntas difíceis e voltar a elas se tiver tempo.
- Aprenda a eliminar respostas erradas em múltipla escolha e, se necessário, chute entre as opções restantes.
- Organize as respostas discursivas antes de escrevê-las.

---

* N. de R.T.: *Scholastic Aptitude Test* (SAT) é um exame unificado de admissão para a graduação muito usado pelas universidades norte-americanas. O teste avalia conhecimentos e habilidades de raciocínio crítico do aluno por meio de três áreas: matemática, leitura e escrita. No Brasil, há o Exame Nacional do Ensino Médio (Enem), que é semelhante ao SAT.

** National Assessment of Educational Progress (2019).

Segundo os educadores, os pais são uma fonte significativa de pressão, pois os obrigam a focar em elevar os resultados dos testes. A mesma estratégia de mapeamento de domínio do conteúdo que pode ser utilizada para manter o ensino focado na aprendizagem do aluno também pode ser empregada como uma ferramenta para se comunicar com os pais. Um diagrama de Venn que mostra os resultados dos testes como um subconjunto do currículo de leitura ou matemática do professor pode ser utilizado como pano de fundo para relatar resultados de testes com outras (e talvez mais importantes) evidências do progresso do aluno. Quanto mais o sistema de avaliação do professor for capaz de documentar a compreensão dos alunos e seu trabalho conforme eles se relacionam com as expectativas, menos ênfase haverá em testes externos para estabelecer padrões ou medir o progresso.

O uso dos resultados para melhorar o ensino

Os professores devem saber utilizar os resultados de avaliações em larga escala para realizar melhorias apropriadas no currículo e no ensino. Conforme discutimos anteriormente, as ferramentas de avaliação formativa são mais úteis para melhorar o ensino do que as avaliações em larga escala, porque estão disponíveis com mais frequência e estão diretamente ligadas às decisões instrucionais. No entanto, as avaliações externas podem fornecer informações importantes, especialmente se estiverem alinhadas com estruturas curriculares desafiadoras. Como Wiggins (1998) apontou, bons professores têm a capacidade de se autoavaliarem, mas ainda há pontos cegos e falta de referências externas.

Avaliações estaduais e outras avaliações em larga escala são utilizadas com mais frequência para mostrar que existe um problema, mas os educadores geralmente devem decidir sozinhos o que fazer com os resultados ruins desses testes. Ironicamente, os livros didáticos de teste e medição dizem aos professores em formação como os testes são elaborados e

o significado das pontuações estatais e percentuais, mas não como melhorar o ensino a partir das respostas aos resultados dos testes. Os Assessment Standards for School Mathematics (Padrões de Avaliação para a Matemática Escolar) (NATIONAL COUNCIL OF TEACHERS OF MATHEMATICS; 1995), desenvolvidos pelo National Council of Teachers of Mathematics (NCTM; 1989), fornecem talvez a melhor estrutura para considerar como uma equipe escolar ou um professor individual podem utilizar dados de avaliação para examinar seu programa de ensino. Em particular, a visão do NCTM exige o uso de diversas fontes de dados – combinando evidências de avaliações externas e em sala de aula – e a desagregação de dados para rastrear o desempenho de subgrupos importantes.

A lei No Child Left Behind (NCLB; Nenhuma Criança Deixada para Trás)* exige que o progresso seja mapeado para subgrupos identificados por raça e etnia, almoço gratuito ou por preço reduzido e educação especial a estudantes de inglês como segunda língua. Da mesma forma, também é importante que os professores considerem se existem diferenças aparentes entre os gêneros ou no progresso entre os alunos com menor e maior desempenho. Entretanto, o progresso meramente gráfico não será útil, a menos que o julgamento profissional seja utilizado para explicar as causas das diferenças no acompanhamento construtivo e de desempenho para assegurar que ocorra um ensino mais forte.

A maioria dos programas de avaliação em larga escala fornece análises de conteúdo para

---

* N. de R.T.: Principal lei de educação geral dos Estados Unidos que abrangeu o ensino fundamental e o ensino médio, de 2002 a 2015. O objetivo da lei era fornecer oportunidades educacionais iguais para alunos desfavorecidos. A lei No Child Left Behind (NCLB) foi substituída, em 2015, por Every Student Succeeds Act (Todo Estudante Tem Sucesso), que surgiu com o intuito de responder a algumas críticas feitas à NCLB. Entre as críticas, as que mais se destacaram apontavam que a NCLB confiava demais em testes padronizados, e as escolas enfrentavam punições severas quando os alunos não conseguiam alcançar proficiência nos testes estaduais.

permitir o exame dos principais tópicos e habilidades cognitivas dentro de cada área de conteúdo. Os pontos fortes e fracos são os principais aspectos a serem observados em busca de melhorias necessárias nesses programas. Por exemplo, em uma análise das pontuações do ITBS para uma escola de Chicago, Chen *et al.* (2000) descobriram que alunos do 7º e do 8º ano estavam tendo resultados relativamente melhores em itens de teste de significado factual do que em itens de significado inferencial e de atribuição de valor. Assim, eles suspeitaram que as práticas de ensino não estavam dando oportunidade ao pensamento de ordem superior. Em outro exemplo, a equipe de avaliação do Estado da Carolina do Norte utilizou dados da NAEM Mathematics Assessment para identificar tópicos dos itens de teste, como o Teorema de Pitágoras, em que os alunos estaduais estavam se saindo mal em comparação a amostras nacionais (STANCAVAGE; ROEBER; BOHRNSTEDT, 1993).

Uma percepção adicional também pode ser obtida ao se examinar os trabalhos dos alunos. Esse exame pode se dar diretamente nas avaliações estaduais, e os professores podem ter acesso a ele em sessões de avaliação ou oficinas de desenvolvimento profissional, ou ele pode ser obtido a partir de avaliações subsequentes da sala de aula com a intenção de ajudar a entender as razões das dificuldades com as avaliações externas. Murnane e Levy (1996) documentaram como os professores em Vermont apresentaram muito mais conhecimento sobre o currículo, a prática docente e o raciocínio dos alunos ao avaliarem colaborativamente os portfólios estudantis do sistema de avaliação estadual nas sessões de avaliação que ocorrem durante o verão. Wood e Schmidt (*apud* SHEPARD, 2003) fornecem dois estudos de caso relevantes sobre como os dados de avaliação estadual foram utilizados para melhorar o ensino de ciências em Delaware. No primeiro caso, os professores que avaliaram as respostas dos alunos do 8º ano em uma tarefa sobre o clima descobriram que a maioria dos alunos acreditava que as frentes meteorológicas sempre se moviam do oeste

para o leste e, portanto, não conseguiu responder às perguntas sobre a brisa oceânica na Costa Leste. No segundo caso, os professores líderes de uma sessão de planejamento reconheceram, mas não conseguiram explicar por que a pontuação em âmbito estadual de um problema gráfico simples era alarmantemente baixa. Quando vivenciaram esse tipo de item com os próprios alunos, o nível de desempenho foi tão baixo quanto o do Estado como um todo, o que levou a um reexame do que os alunos estavam entendendo e a uma mudança subsequente na estratégia de ensino.

É evidente que o desafio mais difícil é saber o que fazer quando os perfis de pontuação são baixos ou altos em toda a sua extensão. Um padrão comum em escolas de baixo desempenho é os professores citarem o histórico familiar de alunos e os recursos precários como justificativas para um desempenho ruim. Assim como os "recursos de conhecimento" (MOLL *et al.*, 1992) são uma importante ferramenta de avaliação formativa que pode ajudar os professores a superar uma abordagem deficitária para a aprendizagem das crianças, existem estratégias externas de avaliação que ajudam a focar estratégias de ensino eficazes que não culpam as circunstâncias das crianças pelos resultados. No campo das avaliações em larga escala, sempre houve controvérsia entre duas práticas extremas de relatórios: uma simplesmente ordena as escolas, o que sempre faz as escolas ricas parecerem ter os melhores professores; a outra ajusta os resultados para diferenças no *status* socioeconômico, mas esse método estabelece implicitamente padrões mais baixos para crianças pobres. Uma estratégia de harmonização cria escolas de comparação que têm características demográficas semelhantes, mas estabelece como padrão de comparação o desempenho de 10% das melhores escolas em cada categoria (Just for the Kids).* Esse método de comparação pode servir para me-

---

* Just for the Kids usa as 10 melhores escolas de cada categoria, mas modificamos nossa recomendação como os 10% do topo das melhores escolas para maior estabilidade estatística.

lhorar as expectativas de desempenho, e, ao mesmo tempo, os estudos das principais escolas de cada categoria podem fornecer evidências confiáveis de abordagens de ensino que são eficazes com grupos específicos de alunos. As comparações com escolas situadas de maneira semelhante também criam um desafio maior para as escolas de alto desempenho e podem estimular um importante reexame do currículo se as avaliações do Estado são um reflexo de metas de aprendizagem desafiadoras.

O ENSINO SOBRE AVALIAÇÃO PARA PROFESSORES EM FORMAÇÃO

Os educadores de professores desenvolveram algumas abordagens pedagógicas que parecem particularmente promissoras para ajudar os novos docentes a desenvolver uma compreensão das ideias centrais abordadas neste capítulo. Nesta seção, nos concentramos em quatro dessas abordagens pedagógicas: análise dos trabalhos e da aprendizagem dos alunos; participação na elaboração das avaliações; exame da motivação e da aprendizagem e como elas se relacionam com as avaliações; e o trabalho com padrões para elaborar e avaliar avaliações para responsabilização. Concluímos com um exemplo de como as experiências clínicas dos alunos podem ser elaboradas para espelhar e reforçar ideias importantes sobre as avaliações desenvolvidas na parte teórica do programa.

Para ilustrar algumas das tarefas com as quais os professores novatos podem se envolver para desenvolver e demonstrar sua compreensão das avaliações, recorremos ao trabalho do projeto Performance Assessment for California Teachers (Avaliação de Desempenho para Professores da Califórnia; PACT), que é uma associação de 15 faculdades de formação de professores.* O PACT desenvolveu uma avaliação de

desempenho chamada "Evento de Ensino", que é substancialmente modelada a partir do portfólio do National Board for Professional Teaching Standards e atualmente está sendo testada em todas as faculdades. Essas avaliações, concluídas perto do final do período de formação, requerem que os professores planejem e ensinem uma unidade de ensino, incluindo o desenvolvimento de um plano de avaliação, e analisem a aprendizagem de seus alunos em relação ao seu ensino. Descrevemos as tarefas do PACT que investigam o conhecimento das avaliações dos educadores e discutimos exemplos de componentes e tarefas das disciplinas que são utilizados em um dos programas de formação de professores do PACT para ajudar os docentes a desenvolver essas habilidades de avaliação.

A análise do trabalho e aprendizagem dos alunos

Uma estratégia cada vez mais utilizada na formação de professores e no desenvolvimento profissional para ajudar os docentes a examinar a aprendizagem dos alunos – e refletir sobre o ensino associado a essa aprendizagem – é a *análise do trabalho do aluno*. Os educadores de professores podem envolver os professores em formação na análise de amostras de trabalhos (p. ex., redação, projetos, relatórios laboratoriais, equações matemáticas e explicações) e da aprendizagem dos alunos (p. ex., vídeos de discussões estudantis) para avaliar a aprendizagem do aluno ou de um grupo de alunos. O propósito desse tipo de análise é ajudar os novos educadores a desenvolver uma compreensão de como tais avaliações de aprendizagem podem embasar suas escolhas de ensino. Conforme observamos anteriormente, há evidências de que os professores sentem que podem melhorar sua prática quando revisam coletivamente o trabalho dos alunos para analisar o que foi aprendido por diferentes alu-

---

* Os colégios e escolas de educação que participam do PACT até o momento desta redação incluem os *campi* da California State University de Sacramento, San Diego, San Francisco e San Jose; Mills College; Stanford University; University of Southern California; e todos da University of California (Berkeley, Davis, Irvine, Los Angeles, Riverside, Santa Barbara, San Diego e Santa Cruz).

nos, descobrir equívocos ou dificuldades e refletir sobre currículo ou adaptações de ensino que possam ser necessárias para produzir uma compreensão melhor por parte dos alunos. Esses processos de revisão também permitem que os educadores apliquem padrões nas avaliações desse trabalho, comparem suas avaliações e desenvolvam sua capacidade de examinar os aspectos do pensamento e da expressão do aluno de forma justa e clara sobre o que significa um desempenho proficiente.

As avaliações PACT fornecem dois exemplos de tal atribuição, um focado explicitamente nas avaliações formativas e outro em avaliações somativas, que as instituições participantes podem utilizar como âncoras para seu ensino sobre avaliação no que se refere ao planejamento e à tomada de decisões instrucionais. A primeira delas, adaptada de uma tarefa utilizada em alguns dos portfólios do National Board for Professional Teaching Standards, examina o trabalho de dois alunos ao longo do tempo, com foco em como sua aprendizagem está se desdobrando em relação ao ensino que vivenciam. Os professores precisam demonstrar que conseguem avaliar os pontos fortes, os pontos fracos, o processo de aprendizagem e as necessidades instrucionais de cada aluno e refletir sobre como o ensino contribuiu para o progresso exibido em várias amostras de trabalho. Para fazer isso, eles precisam utilizar seus conhecimentos de aprendizagem e desenvolvimento, bem como os princípios de avaliação, incluindo como fornecer *feedback* e acompanhamento úteis e apropriados para garantir que o *feedback* seja posto em prática (ver "A análise do trabalho individual dos alunos ao longo do tempo").

A análise do trabalho individual dos alunos ao longo do tempo

Como parte das avaliações do PACT, os professores em formação são convidados a escolher dois alunos de sua turma que representem desafios educacionais diferentes. Pelo menos um deles deve ser um estudante de inglês como segunda língua. Os professores em formação devem fornecer três amostras do trabalho de cada aluno que representem o progresso da aprendizagem. Para cada aluno, eles devem escrever um comentário que aborde as seguintes questões:

1. Descreva o aluno como pessoa e como aprendiz. Quais são seus pontos fortes e sua abordagem para a aprendizagem, os níveis de conhecimento e habilidades, as necessidades acadêmicas, os objetivos individuais de aprendizagem e outras características relevantes?

2. Discuta o que cada amostra de trabalho ilustra sobre o desenvolvimento de habilidades e compreensão do aluno. O que o aluno foi capaz de fazer? Em que áreas o aluno teve dificuldade?

3. Descreva o progresso da aprendizagem que você pode ver nas amostras. Há aspectos da aprendizagem do aluno que você observou que não estão bem representados nessas avaliações específicas?

4. Descreva como você avalia cada resposta. Qual o *feedback* que você deu para o aluno?

5. Discuta o que você acredita que deu suporte ou impediu o progresso do aluno. Houve modificações específicas feitas para dar suporte ao sucesso do aluno?

6. Por fim, discuta o que você fez ou fará como professor para desenvolver o que o aluno já realizou e dar suporte à aprendizagem contínua dele.

Fonte: Reimpresso com permissão do PACT Consortium.

Avaliar o trabalho do aluno dessa forma ajuda os docentes a desenvolver uma avaliação de como a aprendizagem se desdobra ao longo do tempo, como os alunos aprendem e como eles respondem às instruções do professor. Também pode fortalecer o compromisso e a capacidade dos docentes de tomar como sua responsabilidade o desenvolvimento da compreensão e proficiência dos alunos ao longo do ano letivo, em vez de meramente atribuir notas. Da mesma forma, pode desenvolver as habilidades dos professores para planejarem estratégias de ensino que respondam às necessidades de aprendizagem em evolução dos alunos.

O portfólio do PACT também inclui uma tarefa mais somativa, na qual os candidatos avaliam os resultados de uma avaliação da turma inteira associada ao segmento de aprendizagem que eles ensinaram e documentaram por escrito e em vídeo (ver "A análise de uma amostra de aprendizagem da turma inteira"). O envolvimento nesse tipo de análise do trabalho do aluno vinculado a uma unidade específica de ensino pode ajudar os novos professores a avaliar a variedade de compreensões que os alunos podem apresentar na sala de aula e identificar alguns dos desafios típicos com os quais os alunos podem se deparar ao tentarem entender ideias-chave de sua disciplina. Os candidatos têm a oportunidade de considerar até que ponto seus objetivos foram atingidos e, ao analisarem o ensino associado a essa evidência de aprendizagem, o que pode ter contribuído para esses resultados. Com base nessa compreensão, os professores em formação podem ser ajudados a pensar em como responder pedagogicamente a esses desafios de aprendizagem e considerar como eles irão revisar ou mudar de foco seu ensino em resposta ao que aprenderam ao analisar o trabalho e a aprendizagem dos alunos.

A análise de uma amostra de aprendizagem da turma inteira

Como outra parte das avaliações do PACT, os candidatos a professores são convidados a reunir dados de uma turma inteira para uma avaliação formal que era parte do segmento de aprendizagem que ensinavam (p. ex., trabalhos de casa ou outros trabalhos, testes, projetos, registros, diários, apresentações, etc.). Eles devem resumir o desempenho da turma inteira e fornecer amostras das respostas de três alunos a essa avaliação que

ilustrem (1) o que os alunos geralmente entendiam e (2) com o que vários alunos ainda tinham dificuldade.

Então, os candidatos escrevem um comentário que usa dados – evidências de sua análise – para discutir o desempenho da turma como um todo. Eles identificam um ou mais objetivos de aprendizagem medidos pelas avaliações nas quais eles focam sua análise e criam um resumo do desempenho dos alunos da turma inteira em relação ao(s) objetivo(s) de aprendizagem. Para o resumo, eles discutem o que aprenderam sobre o desempenho da turma como um todo ao olharem para o trabalho coletado (p. ex., o que a maioria dos alunos parece entender bem? Que mal-entendidos, confusões ou necessidades eram aparentes para alguns ou para a maioria dos alunos?). A última parte da tarefa exige que os professores em formação considerem o impacto de sua análise nas próximas escolhas para o ensino. Eles concluem com uma discussão sobre o que essa análise sugere para os próximos objetivos de ensino para a turma como um todo e para cada aluno individualmente.

O formato das avaliações

Outra abordagem pedagógica que os educadores de professores acham útil para ajudar os professores em formação a entender algumas das ideias centrais deste capítulo é envolvê-los no projeto de avaliação como parte de sua aprendizagem sobre o projeto de ensino. Em vez de planejar atividades para aulas ou unidades separadamente à avaliação, os candidatos elaboram um plano de avaliação como parte de uma unidade ou plano de currículo. Eles aprendem a "mapear ao inverso" (WIGGINS; MCTIGHE, 1998) a partir do que eles esperam realizar para o projeto de avaliações culminantes que medirão essas metas e o desenvolvimento ou a identificação de avaliações formais e informais em andamento para examinar o conhecimento inicial dos alunos e o progresso contínuo. A execução da ideia de "mapeamento inverso" reforça a noção de que todas as atividades devem se conectar e criar entendimento, e as avaliações devem medir e refletir de forma intencional o progresso em direção a essas metas. Os candidatos também são convidados a considerar um plano de avaliação que examinará de modo adequado o progresso dos alunos em relação a esses objetivos e manterá a motivação e o esforço para a gama de alunos de sua turma (ver "Uma tarefa do 'plano de avaliação'").

Uma tarefa do "plano de avaliação"

Nesta tarefa, os professores em formação são solicitados a desenvolver um plano de avaliação para uma unidade de ensino. O plano deve incluir uma descrição das avaliações informais e formais que serão utilizadas para avaliar a aprendizagem dos alunos e ajustar sua prática, incluindo o tipo, o formato e o propósito de cada avaliação; uma descrição do que eles esperam que as avaliações revelem sobre a aprendizagem do conteúdo pelos alunos, as habilidades e a linguagem acadêmica; que tipo de *feedback* eles fornecerão; e como as avaliações embasarão sua prática docente. Os professores em formação também são solicitados a descrever quaisquer arranjos planejados para os alunos que tenham necessidades educacionais especiais e como esses arranjos atendem às necessidades deles. Por fim, eles devem incluir uma discussão sobre seu plano de avaliação, acompanhada por uma justificativa do que eles estão enfatizando e por que, como isso se relaciona com seus objetivos e atividades na unidade e como eles vão lidar com a atribuição de notas de uma forma que sustente a motivação e o esforço para os alunos de sua turma.

Envolver os candidatos na elaboração de uma unidade impregnada de avaliações pode ajudar os professores em formação a pensar sobre a importância de incluir uma variedade apropriada de avaliações somativas e formativas ao longo de toda a unidade; também pode auxiliá-los a adquirir experiência no desenvolvimento e na seleção de um repertório de avaliações possíveis, cada qual com possibilidades, vantagens e desvantagens para desenvolver e esclarecer diferentes aspectos da compreensão do aluno.

Em particular, os educadores de professores podem pedir aos docentes em formação que articulem as razões de suas escolhas – ou seja, por que certas avaliações são apropriadas e com que finalidade – para estes começarem a pensar sobre o que desejam avaliar e por que eles utilizarão o que vierem a aprender para embasar sua prática.

Alguns educadores de professores descobriram que é importante dedicar algum tempo à concepção e à crítica de instrumentos que os candidatos usam com frequência para avaliar a aprendizagem dos alunos na sua área de conteúdo. Por exemplo, em uma disciplina sobre avaliações, os docentes em formação aprendem sobre o formato e os objetivos de várias estratégias de avaliação diferentes, como a criação de rubricas, avaliações de desempenho e testes do tipo papel e lápis. Os professores começam introduzindo algumas ideias centrais, como as conexões entre avaliação e ensino, e a relação entre avaliação e crescimento e desenvolvimento individual do aluno (assim como diferenças individuais). Eles também abordam os conceitos de *confiabilidade, padronização, validação* e *praticidade* (ou RSVP, como eles chamam), ideias que a classe continua a enfocar ao longo das várias atividades e experiências. Os professores, então, elaboram uma série de atividades para ajudar os professores em formação a aprender sobre diferentes formas de avaliação. Os estudantes aprendem, em particular, como criar uma rubrica que reflita a habilidade e a compreensão adequadas do desenvolvimento, o que significa uma linguagem adequada em rubricas e como garantir que a rubrica realmente esteja relacionada e meça os objetivos da tarefa. Os estudantes examinam diferentes rubricas e comparam aspectos eficazes e menos eficazes do formato, da linguagem e do propósito de cada uma – respondendo a perguntas como: "A rubrica captura as características essenciais de um bom desempenho em sua disciplina?".

Os professores também pedem aos professores em formação que completem uma avaliação de desempenho no próprio conteúdo da disciplina, que pode ser dada aos alunos (i.e., completar um difícil trabalho de laboratório, participar de um debate ou escrever um texto dissertativo), e depois os professores em formação são convidados a criticar a tarefa. Os professores em formação são solicitados a considerar se a avaliação realmente mediu (ou não) os aspectos que deveria medir, que tipos de conhecimento foram avaliados e o quão eficaz ela foi. Em seguida, eles são solicitados a modificar as avaliações para abordar quaisquer preocupações ou deficiências que identificaram ao elaborá-las, para que elas sejam mais apropriadas, eficazes e precisas para os alunos. Por fim, os alunos também passam algum tempo aprendendo sobre o formato de testes do tipo papel e lápis e como escrever questões de redação efetivas e claras – mais uma vez, prestando muita atenção à linguagem de avaliação, aos propósitos das avaliações e ao projeto de experiências sólidas de aprendizagem.

O ensino de conceitos-chave sobre motivação e aprendizagem em relação às avaliações

Além de analisarem amostras do trabalho dos alunos e criarem um formato para as avaliações, os educadores de professores descobriram que é extremamente importante ajudar os futuros docentes a compreender os princípios básicos de aprendizagem relacionados à avaliação, como motivação e metacog-

nição. Por exemplo, em uma disciplina sobre aprendizagem, os docentes de uma universidade acharam útil ajudar os professores em formação a entender os conceitos de motivação intrínseca e extrínseca à luz da elaboração de *feedback* e rubricas. Eles se concentram no conceito de "critérios claros" e em como isso ajuda no desenvolvimento da compreensão. Durante a disciplina, os professores compartilham os princípios fundamentais do *feedback*. Por exemplo, eles discutem as maneiras como o princípio de "fornecer *feedback* positivo específico antes de uma crítica construtiva" é importante não apenas porque ajuda a estimular a motivação dos alunos (auxiliando-os a ter um sentimento de realização em seu trabalho atual), mas também porque contribui para a consciência metacognitiva dos alunos sobre o progresso de sua aprendizagem atual (os alunos tornam-se mais capazes de identificar seus pontos fortes, os níveis atuais de compreensão e, em seguida, as lacunas e áreas que necessitam de desenvolvimento). Eles também discutem como o princípio de "dar sugestões específicas e fundamentadas" é mais útil do que fazer comentários mais gerais para os alunos, pois isso permite que os estudantes se envolvam em um processo de pensamento focado em objetivos particulares de aprendizagem e características específicas de um bom trabalho, de modo a entender em termos concretos como eles podem melhorar. Os professores seguem esses princípios de *feedback* ao responderem ao trabalho de professores em formação (para uma descrição da tarefa do caso de currículo, ver Cap. 5) para que os próprios professores possam avaliar e ter a experiência de como o *feedback* apropriado pode motivar os alunos e levar a uma aprendizagem maior.

Os professores também envolvem os alunos a pensar sobre o formato de rubricas para avaliar o próprio trabalho durante o curso. Por exemplo, durante uma tarefa para escrever um caso de currículo, os educadores em formação leem uma série de casos escritos por candidatos de anos anteriores e por professores experientes. Os educadores em formação, então, geram uma lista das características dos "bons casos", o que leva à criação de uma rubrica por toda a turma a ser utilizada com o próprio caso escrito. Os educadores em formação sentem que a experiência de criar uma rubrica (durante a qual os alunos passam tempo discutindo a linguagem apropriada para ela, as características do bom trabalho e a relação entre a rubrica e o caso real) permite que os alunos reflitam sobre o próprio trabalho em relação a uma rubrica e às características de um bom trabalho e ajuda-os a cumprir mais explicitamente os critérios da tarefa. Isso também é útil para internalizar a justificação teórica e as características subjacentes de tais ferramentas de avaliação que eles precisarão entender para criar rubricas para os próprios alunos.

Padrões, avaliações e responsabilização

Por fim, os educadores de professores desenvolveram algumas abordagens pedagógicas que parecem particularmente eficazes para ajudar os novos professores a compreender a relação entre o próprio currículo e seus padrões e testes padronizados, bem como grandes ideias como testes referenciados por normas* e critérios.** Alguns programas de formação de professores envolvem os docentes em uma técnica chamada de "mapeamento de domínios". Começando com as estruturas curriculares estaduais ou padrões de conteúdo nacionais, eles desenham um diagrama de Venn ou constroem uma tabela para ilustrar qual subparte do currículo desejado é coberta pelo teste e qual não é. Ou seja, essa

atividade os ajuda a reconhecer quais partes de cada cadeia de conteúdo são representadas por testes desenvolvidos pelo Estado ou por empresas e quais partes não são. Os candidatos conseguem ver, por exemplo, que, se um teste consegue cobrir a parte mais fácil de medir cada cadeia de conteúdo em um domínio, isso não significa que o domínio tenha sido representado adequadamente. Dizer o que foi deixado de fora ajuda a esclarecer as limitações do teste na forma de um guia curricular. Com base nessa análise explícita, os educadores em formação conseguem planejar conscientemente as unidades de estudo e a alocação de tempo do ensino de maneiras que mantenham a atenção ao conteúdo testado de forma proporcional.

Além disso, alguns professores descobriram que é eficaz estimular os futuros docentes a completar um subconjunto de itens de teste reais em testes padronizados típicos em sua disciplina, a fim de entender melhor os testes, as funções cognitivas que eles utilizam e os tipos de aprendizagem que eles avaliam. Em seguida, eles pedem aos educadores em formação que avaliem a clareza dos itens, identifiquem quaisquer mal-entendidos típicos associados a alguns dos itens e reconheçam algumas das habilidades envolvidas no teste que podem ser úteis para os alunos adquirirem. Eles também pedem aos professores em formação que examinem a natureza e o tipo de conhecimento que está sendo avaliado pelos testes, bem como para considerar os tipos de conhecimento e compreensão que não são representados e avaliados pelos testes. Em geral, esses tipos de atividades conseguem ajudar os educadores em formação a entender a utilidade e as limitações de testes específicos e considerar as escolhas inerentes ao projeto de teste e suas consequências para o tipo de aprendizagem que é medido e incentivado. Esse entendimento embasa o formato dos testes em sala de aula dos candidatos e ajuda a garantir que eles continuem a ter foco na elaboração e na condução das avaliações baseadas em conceitos.

---

* N. de R.T.: Teste utilizado para avaliar o desempenho do aluno em grandes áreas do conhecimento (leitura, matemática, escrita) e compará-lo com uma população de referência.

** N. de R.T.: Teste utilizado para avaliar o desempenho do aluno em habilidades ou conceitos específicos que compõem o currículo.

JUNTANDO TUDO: EMBUTINDO AS AVALIAÇÕES NO PROCESSO DE APRENDER A ENSINAR*

Todas as tarefas e experiências já descritas provavelmente serão mais eficazes quando fizerem parte de um programa que integre e desenvolva de forma estratégica a compreensão dos professores em formação sobre as ideias centrais a respeito da aprendizagem, da avaliação e do desenvolvimento, tanto na teoria quanto na prática. Nesta seção final, descrevemos um programa que efetivamente ajudou seus professores a desenvolver uma compreensão das avaliações com base na teoria e na prática por meio da integração da parte teórica com o trabalho clínico. Na University of Southern Maine, estagiários do Extended Teacher Education Program (Programa Estendido de Educação de Professores; ETEP) encontram essas ideias não apenas em suas disciplinas, mas também profundamente enraizadas nas salas de aula nas quais eles realizam sua prática docente. Por exemplo, Tom Taylor, estagiário do ETEP no distrito escolar de Gorham, aprende a ensinar em uma sala de aula de um ex--aluno recém-graduado do ETEP, na qual muitas das concepções sobre as quais ele está aprendendo no ETEP estão a sua frente. A University of Southern Maine tem uma longa relação de desenvolvimento profissional com o distrito e a escola onde Tom está aprendendo a ensinar e trabalha de forma colaborativa com esse distrito para desenvolver um sistema de avaliações de desempenho que fazem parte do ambiente de política distrital e escolar e da cultura profissional. Assim, a aprendizagem de Tom sobre as avaliações é previsível e coerente em suas disciplinas universitárias, assim como em seu estágio escolar.

O primeiro estágio de Tom: a sala de aula de um graduado do ETEP

À primeira vista, a cena na sala de aula parece comum – uma sala de aula de um ano inicial

escolar bastante típica: os alunos estão sentados em mesas individuais com cadeiras separadas; a sala é forrada com materiais de ensino; e uma professora, a senhora Kopp, está de pé ao lado de sua mesa segurando um livro aberto. Beth, uma das alunas, está na frente da sala, falando baixo sobre um livro e, ocasionalmente, se referindo a um diorama que fez para ilustrá-lo. Os outros 25 alunos são, na maioria, atenciosos e calmos.

Quando ela conclui seu relatório, a primeira impressão de "típico" começa a mudar. Sem avisar, vários alunos levantam as mãos imediatamente. Beth chama Jeff, sentado no fundo da sala, e, sorrindo, ele pergunta: "Em uma escala de 1 a 10, como você avaliaria este livro?". Beth rapidamente responde: "Dez". Jeff imediatamente rebate: "Por quê?". Alguns alunos murmuram. (Os observadores mais tarde descobrem que o "1 a 10 e o porquê" é uma pergunta de Jeff durante as "conversas sobre o livro" mensais.) Outro aluno pede a Beth para dar mais detalhes sobre o enredo, e ela o faz. Referindo-se a uma folha de papel de tamanho médio (na qual os critérios para apresentações estão listados), outro sugere que mais contato visual com o público seria útil. Ainda outro comentário era de que ela não falava alto o suficiente para ser ouvida no fundo da sala. Enquanto ouve esses comentários de seus colegas, Beth parece à vontade e não sentir vergonha.

Um segundo adulto gentilmente pergunta a ela o que gostou especificamente no livro. É o senhor Blackstone, um professor de crianças com necessidades especiais cujos cinco alunos fazem parte dessa aula. Mais tarde, os observadores ficam surpresos ao saber que Beth é uma delas. O senhor Blackstone elogia seu diorama. Vários estudantes rapidamente apontam que o visual é, de fato, um "triorama", não um diorama. Nesse ponto, a senhora Kopp adverte os alunos sobre não falar fora de sua vez. A apresentação de Beth termina com os alunos aplaudindo.

A senhora Kopp pergunta a outro aluno, Austin, se ele está pronto para fazer seu rela-

---

* Grande parte desta seção foi adaptada de Whitford, Ruscoe e Fickel (2000).

tório. Dizendo "sim", Austin se posiciona confiantemente em um banco na frente da sala, o que o torna mais visível para os que estão atrás dele. Ele fala com uma voz clara e firme e com entusiasmo sobre seu livro, mantendo contato visual com a plateia a todo momento. Na conclusão de seu relatório, as mãos de talvez um terço dos alunos voam para cima. Sorrindo, Austin chama Jeff, que faz sua pergunta: "1 a 10 e por quê?". Em seguida, Austin chama outro aluno, que pergunta: "A que gênero você acha que esse livro pertence?". Austin responde: "Bem, é um livro de aventuras e também um suspense". O questionador, assentindo, parece satisfeito. É quando os observadores percebem que, além de fazerem perguntas, as crianças estão também atribuindo pontos às apresentações, utilizando os critérios impressos na folha de papel. Um terceiro adulto fica em pé e lembra os colegas de se certificarem de entregar suas "rubricas" – a folha de papel. Este é Tom Taylor, um estagiário do ETEP, que trabalhará com esses professores e alunos durante todo o dia, todos os dias, até o recesso de Natal em dezembro. Tom recolhe as guias de pontuação enquanto os alunos as seguram em mãos levantadas.

No final do ano, pequenos grupos de alunos trabalham em projetos relacionados a uma unidade sobre regiões dos Estados Unidos. Sua atividade culminante para essa unidade é uma apresentação oral para a classe elaborada para persuadir o senhor Taylor, agora encenando um empresário italiano imigrante, a se estabelecer e iniciar seus negócios na região de seu grupo. Os educadores de Gorham chamam esse tipo de atividade de avaliação culminante de "exposição", porque é uma forma de os alunos demonstrarem ou exporem o que aprenderam durante o estudo da unidade.

Esses vislumbres do primeiro estágio de Tom demonstram várias maneiras como algumas das ideias centrais expressas neste capítulo são fundamentais para o funcionamento dessa sala de aula – e, portanto, fazem parte de sua experiência em aprender sobre avaliação como estagiário do ETEP. A primeira característica que podemos notar é a ênfase nas avaliações de desempenho dos alunos e na crítica pública desse desempenho por meio de critérios compartilhados – algo que é prática comum nesse distrito escolar. Dois guias de pontuação distritais são utilizados rotineiramente, um para apresentação oral e outro para redação. Eles são utilizados nas salas de aula por professores e alunos, bem como por pais e outros membros da comunidade não escolar que servem como juízes durante as exposições distritais. As exposições estudantis ocorrem a cada primavera, quando todos os alunos de 3º, 6º, 8º e 11º* anos demonstram publicamente seus conhecimentos sobre um tópico predeterminado pelo distrito. Um objetivo é fazer a exposição de cada aluno ser avaliada por pelo menos dois adultos de fora da escola.

Em segundo lugar, o trabalho dos alunos (e dos próprios professores) é organizado em torno de metas e padrões explícitos para os quais todos os alunos trabalham e por meio dos quais todos os alunos são avaliados. Os educadores de Gorham chamam esses padrões de "resultados de Gorham", e esses resultados refletem uma filosofia sobre ensino e aprendizagem que enfatiza abordagens específicas para a aprendizagem que os alunos devem desenvolver. Esses resultados, ou "hábitos mentais", afirmam que se espera que os alunos sejam aprendizes autodirigidos, trabalhadores colaborativos, pensadores complexos, produtores de qualidade e colaboradores da comunidade. Na mesa de cada aluno, é colado um conjunto de metas com as quais eles concordaram em trabalhar durante o ano letivo. Essas metas, estabelecidas durante as conferências de pais, professores e alunos realizadas no início do ano e frequentemente conduzidas pelos alunos, são estruturadas em torno dos cinco resultados de Gorham. Ao longo do ano, em portfólios individuais, os alunos acumulam evidências sobre as metas, junto a outros exemplos de seu trabalho. Os educadores

---

* N. de R.T.: Correspondente ao 2º ano do ensino médio brasileiro.

em formação em Gorham aprendem a ensinar nesse ambiente orientado para avaliações utilizando essas ferramentas e estratégias.

O espelhamento de ideias sobre avaliações no programa ETEP-Gorham

Tom e seus colegas do ETEP vivenciam muitas dessas ideias centrais sobre avaliações, desenvolvimento e aprendizagem refletidas na teoria e em seus trabalhos. Por exemplo, não só os alunos nas salas de aula de Gorham, mas também os estagiários do programa ETEP-Gorham se acostumam com as avaliações de desempenho. Eles participam de pelo menos três exposições formais e públicas de seus conhecimentos: primeiro, quando compartilham seu "projeto breve" de orientação chamado "All About Gorham" com professores novos naquele distrito em agosto; segundo, quando eles exibem suas unidades interdisciplinares para docentes e administradores em abril; e, por fim, quando apresentam seus portfólios formalmente para uma comissão de cinco membros composta por administradores, professores distritais e instrutores do ETEP em maio. E, assim como alunos e educadores nas salas de aula de Gorham criam guias de pontuação ou rubricas para projetos específicos de sala de aula, que são utilizados para avaliar seu trabalho e o trabalho de outros, os estagiários do ETEP também elaboram guias de pontuação e rubricas para o próprio trabalho. Embora as avaliações de desempenho sejam realizadas de forma rotineira com os alunos da Gorham, elas também são uma parte central das experiências dos estagiários do ETEP conforme aprendem a avaliar e melhorar os próprios conhecimentos e práticas.

Assim como os alunos concluem as metas implementadas em torno dos resultados distritais, os estagiários do ETEP finalizam uma avaliação de portfólio semelhante, do tipo "metas e evidências". Como parte da conclusão do Mestrado em Ensino e Aprendizagem da USM, a fase final do ETEP envolve a preparação de um portfólio organizado em torno dos cinco resultados de Gorham. Por exemplo, o portfólio da senhora Kopp apresentou evidências de sua prática docente – materiais curriculares, trabalho dos alunos, reflexões sobre postagens em seu diário – para mostrar como cada um dos temas de Gorham foi abordado em sua prática docente. Entre outras coisas, ela mostrou como monitora e avalia sua prática atual usando o trabalho do aluno para avaliar seu ensino. Assim, há um paralelo entre o que é enfatizado no distrito escolar de Gorham e o que é enfatizado no ETEP: a concepção das avaliações e da compreensão como um desempenho, o papel da autoavaliação, a importância do conteúdo nas avaliações, a estreita relação entre objetivos e avaliação e evidência e o papel do aprendiz em tornar explícita a própria aprendizagem. O que torna a experiência dos estagiários do ETEP particularmente importante são as conexões entre as ideias que encontram em seu curso e em seu trabalho clínico. Juntos, o trabalho clínico e o teórico reforçam a compreensão sobre avaliações e seu papel na aprendizagem e no desenvolvimento, dão substância ao que parecem ser na prática e, em última análise, tornam possível aos graduados do ETEP integrar essa compreensão sobre avaliação em suas futuras salas de aula.

Pesquisas sobre os efeitos das avaliações formativas (BLACK; WILIAM, 1998) mostram seu potencial para melhorar de forma significativa a aprendizagem dos alunos. No entanto, pesquisas sobre a prática atual de sala de aula continuam sugerindo que a atribuição de notas é o foco principal das avaliações em vez de se avaliar visando à melhoria. A maioria dos candidatos a professores não consegue confiar nas próprias experiências para elaborar modelos de práticas de avaliação eficazes; e, em contraste com o exemplo de Gorham descrito anteriormente, muitos não conseguem confiar nos modelos que observam em suas experiências de campo. Portanto, os programas de formação de professores devem fornecer novas teorias e evidência de pesquisas e tarefas especificamente estruturadas que ofereçam aos candidatos oportunidades de práticas bem-fundamentadas para que obtenham essa experiência. Mais especificamente, os candidatos a professores precisam de experiência na identificação, elaboração e avaliação de tarefas de avaliação que utilizem a compreensão conceitual. Eles precisam de oportunidades para focarem nas avaliações como uma etapa do ensino, para que possam ver como os *insights* a partir das avaliações levam às próximas etapas tanto para os alunos quanto para si mesmos. Eles

também precisam ter prática com procedimentos de atribuição de notas e filosofias que reflitam com precisão metas importantes de aprendizagem, mas evitem os aspectos desmotivadores das práticas tradicionais de atribuição de notas. Por fim, em uma época de testes de responsabilização de alto risco, os candidatos a professores precisam ser capazes de analisar os testes suficientemente bem para ajudarem os alunos a adquirir familiaridade suficiente com os formatos de teste e, ao mesmo tempo, preservar a integridade das decisões de ensino na sala de aula, mantendo o foco de seu tempo e de seu esforço na aprendizagem, e não na aplicação de testes.

9

A gestão da sala de aula

Pamela LePage
Linda Darling-Hammond
Hanife Akar
com Cris Gutierrez, Evelyn Jenkins-Gunn, Kathy Rosebrock

Há muito tempo, os candidatos à docência avaliam o conhecimento sobre a gestão de sala de aula como um dos tópicos mais cruciais a serem aprendidos no *preservice** da formação de professores, embora, muitas vezes, um dos mais ignorados (BURNARD, 1998; MARTIN, LINFOOT; STEPHENSON, 1999; SILVESTRI, 2001; STALLION; ZIMPHER, 1991). Diferentemente das percepções errôneas comuns, a gestão de sala de aula não é simplesmente o processo de organizar as mesas, recompensar o bom comportamento e escolher as consequências para a má conduta. A gestão de sala de aula abrange muitas ações integradas à prática docente, por exemplo, desenvolver relações, estruturar comunidades de sala de aula respeitosas nas quais os alunos possam trabalhar de forma produtiva, organizar trabalho produtivo em torno de um currículo significativo, ensinar o desenvolvimento moral e a cidadania, tomar decisões sobre tempo e outros aspectos do planejamento do ensino, motivar com sucesso as crianças a aprender e encorajar o envolvimento dos pais. Os objetivos da gestão de sala de aula incluem desempe-

nho acadêmico, desenvolvimento social e emocional, colaboração e construção do caráter. A gestão de sala de aula inclui também a aplicação prática e a integração de grande parte do conhecimento básico descrito neste livro. A gestão hábil da sala de aula possibilita a ocorrência de um bom trabalho intelectual.

As maneiras como esses diversos aspectos do ensino e do planejamento se reúnem em uma sala de aula bem-administrada são vistas na observação, apresentada a seguir, de uma professora no primeiro ano após se formar no Developmental Teacher Education Program (Programa de Desenvolvimento da Formação de Professores) da University of California, Berkeley (ver "Uma sala de aula que dá suporte à aprendizagem produtiva").

Uma sala de aula que dá suporte à aprendizagem produtiva

Mary Gregg leciona em uma sala de aula temporária na Wilson Elementary School em um distrito urbano na área de San Francisco Bay. Os 850 alunos da Wilson, a maioria falante de uma língua minoritária, constituem a maior população de alu-

---

* N. de T.: Um curso ou programa de estudos que os candidatos a professores devem completar e ser certificados antes de começar a ensinar formalmente.

nos elegíveis ao Título I* no distrito. A sala de aula de Mary, uma pequena sala com teto baixo e ventiladores muito barulhentos, tem uma mesa para ela e seis mesas retangulares para alunos com seis cadeiras em cada. Mary tem 32 alunos no 1º ano (14 meninas e 18 meninos). Entre eles, 25% são crianças não brancas; a maioria é composta por imigrantes recentes do sudeste da Ásia, alguns afro-americanos e latinos e sete europeus americanos.

Apesar do pequeno tamanho da sala, Mary promove um ambiente de aprendizagem ativa com seus alunos. Ela cobriu as paredes do chão ao teto com trabalho dos alunos – gráficos de matemática, histórias de experiência em grupo e colagens. Pendurados no teto, de modo que os adultos têm que se abaixar ou desviar dos trabalhos, há móbiles de ciência e uma variedade de gráficos com o título "O que sabemos e o que queremos saber". Em um canto, há uma área de leitura organizada com livros e um tapete.

Ao meio-dia, metade de sua turma deixa a sala para participar da aula de ciências com uma classe bilíngue, enquanto metade da turma bilíngue vem ficar com ela. Ela organiza os alunos em grupos mistos de língua e gênero e apresenta a atividade de ciências que ela criou. A sala está cheia de materiais necessários para a aula. Há copos em grandes caixas plásticas, duas caixas cheias de água salgada, duas caixas com água da torneira, pequenos sacos com ursos de plástico, diferentes tipos de pastilhas de cerâmica, moedas de 25 centavos,

pedras e clipes para papel. O objetivo é ver quantos objetos são necessários para afundar o copo nos diferentes tipos de água.

Os alunos conduzem experimentos, registram em *post-its* amarelos quantos objetos são necessários para afundar o copo e colocam os *post-its* em um pedaço grande de papel que ela dividiu em duas colunas, água salgada e água da torneira. Antes de iniciar a atividade, Mary lê as etiquetas e pede aos alunos que também leiam. Ela solicita aos alunos que mencionem as características interessantes da língua e da ortografia. Duas crianças animadamente apontam: "Essa é a mesma escrita estranha que vimos nesta manhã". Enquanto organiza os grupos, ela dá instruções para os alunos irem às mesas designadas e se sentarem sobre as mãos. Ela explica que eles não conseguirão colocar as mãos na água se estiverem sentados sobre elas. Essa é uma das muitas "técnicas de gestão" que Mary utiliza para garantir aos alunos a oportunidade de se envolverem no trabalho. Entre as outras, há um "tratado de paz" pendurado no teto que lista um conjunto de regras criado e assinado pelos alunos. O tratado inclui as seguintes promessas na sala 31: "ajudar a tornar a nossa sala um lugar de aprendizagem e amizade", "não vamos implicar com ninguém", "não vamos brigar na escola", "não vamos bagunçar a sala", "seremos pacíficos e bons", "vamos ouvir", "não vamos dizer palavrões", "ficaremos quietos", "não vamos lutar com armas", "não vamos tocar na planta de ninguém", "não vamos dar chutes de caratê" e "não vamos empurrar".

Quando se dá a atividade científica, a gestão parece invisível. Há, é claro, alguns respingos e lançamentos de coisas na água, mas, conforme a aula avança, a professora se envolve com decisões de gestão logística imediatas. Por exemplo, todos devem ter a chance de ir à mesa para escolher objetos para serem colocados nos copos. Depois de escolher a primeira pessoa a ir,

---

* N. de R.T.: Os princípios básicos do Título I afirmam que as escolas com grandes concentrações de estudantes de baixa renda receberão fundos suplementares para auxiliar no cumprimento das metas educacionais dos alunos. Os estudantes de baixa renda são determinados pelo número de alunos matriculados no programa de almoço gratuito ou com desconto. Para que uma escola inteira se qualifique para os fundos do Título 1, pelo menos 40% dos alunos devem se inscrever no programa de almoço gratuito ou com desconto.

Mary a coloca na tarefa. Muito rapidamente, é a vez da segunda pessoa, e os alunos não sabem como escolher quem deve ir na próxima vez. No começo, Mary diz "Você escolhe", então prevê um problema – "É a minha vez. Não; é a minha vez" – e redireciona os alunos com um movimento anti-horário para ir ao redor da mesa.

No final do experimento, ela reúne a turma para discutir as informações registradas. Os alunos geram as próprias hipóteses e, em seguida, com incentivo da professora, relacionam suas hipóteses com os dados. Quando a linguagem se torna mais abstrata, ela pede aos alunos que venham para a frente da sala e demonstrem seus conceitos científicos com os materiais que todos haviam usado. Esse é um aspecto que, na Califórnia, é chamado de Specially Designed Academic Instruction in English (SDAIE, Instrução Acadêmica Especialmente Elaborada em Inglês), uma abordagem pedagógica focada em aumentar as oportunidades de aprendizagem dos estudantes da língua inglesa como segunda língua.

Mary habilmente usa uma série de outras estratégias ao longo do dia para manter seus alunos trabalhando pacífica e objetivamente. Tais estratégias incluem frequentemente elogiar aqueles que estão se comportando; parar e esperar até que ela tenha a atenção de todos; questionar se todos conseguem ouvir; marcar estrelas no quadro quando o grupo está atento e apagar estrelas para chamar a atenção para a necessidade de ficar quieto; terminar ou estender uma atividade com base na disposição e na capacidade dos alunos de se concentrarem ("Tenho tempo para mais um. A turma está pronta para mais um?"); e reorientar positivamente o comportamento disruptivo. Para chamar todo o grupo, ela pede que os alunos "se sentem em suas estrelas" (há estrelas marcadas no tapete do grupo para ajudar os alunos a localizar um lugar para se instalarem durante os horários das reuniões de grupo). Outros aspec-

tos do ensino de Mary envolvem grupos cooperativos que permitem a comunicação, o ensino entre pares e o desenvolvimento de habilidades de interação em grupo; testes de desempenho, portfólios e diários; atividades práticas e de concentração, como o desenvolvimento de produtos, simulações e projetos de pesquisa; uso extensivo de recursos visuais, como *slides*, pôsteres, fitas e *realia* (p. ex., aquários de sala de aula, terrários, viagens de campo); inclusão de membros da comunidade como condutores de linguagem e cultura; integração da primeira língua e de cultura em atividades de classe; e técnicas de *scaffolding* bem-desenvolvidas para acomodar diversos níveis de proficiência na língua dentro de uma única sala de aula.

Fonte: Adaptado de Snyder (2000).

A capacidade de Mary de organizar sua sala de aula é evidente, mas há outros aspectos importantes de gestão de sala de aula que estão sendo demonstrados nessa observação. Por exemplo, Mary elabora tarefas que permitem aos alunos explorar importantes ideias curriculares de maneiras adequadas ao desenvolvimento, usando materiais práticos que proporcionam uma experiência concreta dos conceitos que estão estudando. Ela organiza os materiais e atividades para que todas as crianças possam ter sucesso e entender. Ela dá suporte à capacidade dos alunos de categorizar suas descobertas, desenvolvendo um gráfico comparativo e fornecendo ferramentas para coletar e preencher os dados. Em suas maneiras e estratégias, ela demonstra um respeito evidente pelas experiências das crianças, por seus trabalhos, por suas famílias e por suas comunidades. Ela criou uma comunidade solidária, na qual as crianças se consideram responsáveis por suas ações. Por meio da construção do "tratado de paz" da turma, ela está ensinando os alunos a serem bons cidadãos e a colaborar. Mediante planejamento curricular ponderado e pedagogia com foco em atender às necessidades das crianças, Mary enfatiza a prevenção de falhas em vez da intervenção (SNYDER, 2000).

Como a sala de aula de Mary, este capítulo apresenta uma visão abrangente da gestão de sala de aula e analisa pesquisas que sugerem (1) por que o conhecimento de gestão de sala de aula é importante, (2) o que os futuros professores precisam saber sobre gestão de sala de aula e (3) como a formação dos professores pode ajudar os candidatos a docentes a adquirir as habilidades essenciais para se tornarem gestores de sala de aula eficazes.

AS BASES TEÓRICAS DA GESTÃO DA SALA DE AULA

A gestão da sala de aula é amplamente definida como ações tomadas para criar e manter um ambiente de aprendizagem que dê suporte a metas de ensino (BROPHY, 1988). Com o intuito de estarem preparados para criar e manter um ambiente de aprendizagem eficaz, os professores devem ter uma variedade de conhecimentos e habilidades que permitam de forma efetiva a estruturação do ambiente físico da sala de aula, o estabelecimento de regras e procedimentos, o desenvolvimento de relações com as crianças e a manutenção da atenção e do envolvimento nas atividades acadêmicas.

Nos últimos 20 anos, a gestão da sala de aula sofreu uma mudança de paradigma: de um foco na intervenção – o reconhecimento e a punição do mau comportamento – para um foco na prevenção por meio do desenvolvimento de comunidades de sala de aula nas quais normas são estabelecidas e rotinas acadêmicas promovem trabalho construtivo (BROPHY, 1988; WEINSTEIN, 1999).

Evidências dessa mudança de paradigma podem ser vistas nas metáforas usadas para descrever a gestão de sala de aula. Metáforas anteriores descrevem essa gestão sob uma perspectiva autoritária ou industrial que via os professores como gestores ou técnicos e escolas como fábricas (BULLOUGH, 1994; GLASSER,

1990; LASLEY, 1994; MCLAUGHLIN, 1994). Os educadores reforçavam o comportamento dos alunos com compensação tangível em troca de bom comportamento, como recompensar os trabalhadores por produzirem bons produtos. Metáforas posteriores descrevem os professores em termos de qualidades de liderança e habilidades eficazes de ensino e motivação (MCLAUGHLIN, 1994; WEINSTEIN *et al.*, 1994). A metáfora do "gerente" foi substituída por uma metáfora de "orquestração" destinada a refletir um ambiente centrado no aluno que enfatiza o contexto social para tarefas acadêmicas (RANDOLPH; EVERTSON, 1994).

As bases iniciais para recomendações de gestão da sala de aula incluíam as teorias comportamentais de condicionamento e reforço de Pavlov, sugerindo a importância de fornecer estímulos específicos para produzir comportamentos desejáveis. Atualmente, pesquisas sobre abordagens comportamentais enfatizam abordagens que destacam o bom comportamento e usam punições com parcimônia, dadas as descobertas sobre os efeitos perversos de medidas punitivas para a gestão do comportamento (MAYER, 1995; MAYER; LEONE, 1999).

Por exemplo, em uma situação em que uma professora faz uma pergunta a um grupo de crianças e elas gritam a resposta aleatoriamente, a professora pode ser aconselhada a elogiar a aluna que está levantando a mão, dizendo: "Obrigada, Jane, gostei disso. Você levantou a mão quando queria falar. Não consigo ouvir a resposta certa quando todo mundo grita ao mesmo tempo". Nesse exemplo, a professora está elogiando Jane não apenas para recompensá-la por seu bom comportamento, mas também para encorajar seus colegas a imitar esse comportamento. Tal tipo de reforço positivo ainda é usado nas salas de aula hoje e pode ser útil. Novos educadores devem entender o papel que a gestão do comportamento desempenha na gestão de sala de aula. Mas, nas salas de aula contemporâneas, há várias razões pelas quais os professores também devem olhar além do behaviorismo. Em primeiro lugar, uma ênfase no comportamento de controle muitas vezes leva a uma resistência em vez de adesão (LEWIS, 2001), deixando de desenvolver a automanutenção do comportamento positivo a longo prazo. Em segundo lugar, os analistas encontraram evidências de que o uso excessivo de recompensas e sanções extrínsecas pode minar a motivação intrínseca e, por fim, afetar o desenvolvimento moral, porque não ajuda as crianças a desenvolver a responsabilidade própria e uma bússola moral interna (ver KOHN, 1996a; RYAN; DECI, 2000). Em terceiro lugar, os docentes precisam mais do que controles comportamentais para administrar uma sala de aula de forma eficaz: o mau comportamento pode ser resultado de atividades mal planejadas, *scaffolding* e modelagem* inadequados (deixando as crianças sem saber o que fazer) ou atenção insuficiente ao desenvolvimento de normas e rotinas de participação na sala de aula.

Parece haver uma relação entre a habilidade dos docentes em gerenciar um conjunto de atividades complexas na sala de aula e sua capacidade de ensinar materiais intelectualmente desafiadores. Como as tarefas necessárias para a resolução de problemas são mais difíceis de gerenciar do que as tarefas rotineiras associadas à aprendizagem mecânica, a falta de conhecimento sobre como gerenciar uma sala de aula orientada para a investigação pode levar os professores a recorrer a táticas passivas que "emburrecem" o currículo (CARTER;

---

* N. de R.T.: Estratégia de ensino que possibilita ao aluno observar os processos de pensamento do professor. O professor explicita sua forma de pensar/raciocinar sobre determinado conteúdo por meio de perguntas investigativas feitas aos alunos. A partir das trocas professor-aluno e das respostas dadas aos questionamentos, novas perguntas são lançadas pelo professor, que vai mediando a aprendizagem dos alunos e oferecendo um modelo de como agir diante de diferentes situações-problema (modelagem). A ideia por trás do uso dessa estratégia é a de que o aluno, diante de uma situação-problema, possa usar o princípio de organização do pensamento "modelado" pelo professor, conforme se torna mais autônomo em seu processo de aprendizagem.

DOYLE, 1987). Em um estudo recente de quatro escolas de ensino médio, McNeil (2000) confirma que as expectativas intelectuais podem ser reduzidas quando os docentes "ensinam defensivamente", escolhendo métodos de apresentação e avaliação que simplificam o conteúdo e reduzem as demandas dos alunos em troca de ordem na sala de aula e cumprimento mínimo das tarefas.

É importante que os professores entendam os fundamentos teóricos que dão base à gestão da sua sala de aula e às estratégias de ensino, porque o educador eficaz precisa de um sistema de gestão que seja consistente com seu sistema instrucional. Por exemplo, se a meta do professor é estabelecer uma paixão intrínseca por aprender e desenvolver aprendizes autônomos, seria contraproducente construir sistemas de monitoramento pesados e enfatizar recompensas extrínsecas para a motivação. Se o professor pedir aos alunos que colaborem, a criação de um sistema de incentivos competitivos e classificação com referência normativa (ver Cap. 8) pode causar problemas de comportamento, pois as crianças recebem mensagens contraditórias.

Este capítulo é baseado em pesquisas contemporâneas sobre práticas que dão suporte à participação, ao esforço e à aprendizagem. Esta pesquisa ilustra que a gestão de sala de aula se baseia tanto no desenvolvimento de relacionamentos e na orquestração de uma comunidade de aprendizagem produtiva quanto na determinação de consequências para o comportamento inadequado. O capítulo baseia-se no pressuposto de que os educadores devem compreender várias abordagens para a gestão comportamental e estar preparados para escolher estratégias apropriadas para cada criança, considerando o contexto. Ele descreve o que os professores deveriam saber para administrar bem as salas de aula, incluindo:

1. A criação de currículo significativo e o envolvimento pedagógico para sustentar a motivação.

2. O desenvolvimento de comunidades de aprendizagem solidária.

3. A organização e a estruturação da sala de aula.

4. A reparação e a restauração do comportamento de forma respeitosa.

5. O estímulo do desenvolvimento moral.

O capítulo termina com seções que mencionam as pesquisas em alguns programas de gestão de sala de aula e fornecem percepções sobre como esse material pode ser ensinado em programas de formação de professores.

A CRIAÇÃO DE UM CURRÍCULO SIGNIFICATIVO E UM ENSINO MOTIVADOR

A pedagogia envolvente

Para desenvolver e manter um ambiente de aprendizagem eficaz, as crianças devem estar interessadas e envolvidas nas atividades de aprendizagem apresentadas em sala de aula. Os professores devem escolher tarefas que sejam adequadas ao desenvolvimento e intelectualmente significativas e certificar-se de que as crianças consigam entender seu ensino. O professor deve fornecer *scaffolding* apropriado para que as crianças não fiquem frustradas pelo material ser muito difícil ou entediadas pelo material ser muito básico. Vimos muitos exemplos disso no ensino de Mary Gregg, quando ela envolveu os alunos em uma investigação prática intrinsecamente interessante com materiais concretos e depois permitiu que eles coletassem, exibissem e interpretassem os dados. Ela usou o trabalho em grupo para fazer os alunos aprenderem com seus colegas e utilizou demonstrações para tornar os conceitos compreensíveis para os alunos com o inglês como segunda língua.

Sua abordagem ilustra as descobertas da pesquisa resumidas por Brophy (1987) e Lepper (1988), que concluem que o interesse de um aluno durante as atividades acadêmicas aumenta quando os professores (1) enfatizam razões intrínsecas para aprender em vez de ressaltar notas ou outras recompensas; (2) relacionam material à vida e às experiências dos alunos ou aos eventos atuais; (3) oferecem escolhas sobre o que, onde, como ou com quem o trabalho é feito; (4) atribuem tarefas que são variadas e que incluem novos elementos; (5) fornecem problemas para os alunos resolverem que são realistas e desafiadores; e (6) apresentam trabalhos que envolvam criar um produto ou fornecer alguma forma concreta de realização.

Para sustentar essas recomendações, em um estudo recente de 10 turmas de ciências do 5º e 6º anos em quatro escolas diferentes, Blumenfeld, Puro e Mergendoller (1992) constataram que nas salas de aula de ciências onde os alunos relatavam níveis mais altos de motivação para aprender, professores enfatizavam compreensão conceitual e tornavam o material mais concreto e interessante, fornecendo exemplos e relacionando-os às experiências de seus alunos ou aos eventos atuais. Eles também atribuíam tarefas variadas e encorajavam os alunos a trabalhar cooperativamente em grupos. Eles concluíram que quatro fatores caracterizavam as práticas dos educadores nas salas de aula onde os alunos relatavam altos níveis de envolvimento cognitivo: (1) os professores criavam uma variedade de oportunidades para aprender, (2) os professores pressionavam os alunos a pensar por meio de *feedback* e participação, (3) os professores usavam *scaffolding* para dar suporte às tentativas de compreensão dos alunos e (4) as avaliações dos professores enfatizavam a compreensão e a aprendizagem em vez da conclusão do trabalho, da comparação de desempenho ou de respostas corretas.

O suporte para a motivação intrínseca

Muitas pessoas pensam que a motivação é algo inerente ao indivíduo, e não algo que os professores possam influenciar. Os educadores devem saber que os alunos se mostram motivados para aprender quando têm tarefas interessantes, expectativas de que podem ter sucesso e suporte apropriado para a aprendizagem (BLUMENFELD; PURO; MERGENDOLLER, 1992) e também como construir essas condições. Pesquisas demonstram que as crianças são motivadas a aprender quando têm confiança em suas habilidades (BANDURA, 1997; ECCLES; WIGFIELD; SCHIEFELE, 1998; PINTRICH; DE GROOT, 1990; SCHUNK, 1991; STIPEK, 1996) e um bom relacionamento com o professor (GOODENOW, 1993; ROESER; MIDGLEY; URDAN, 1996; RYAN; POWELSON, 1991). A motivação intrínseca para a aprendizagem também deriva do fato de que os seres humanos normalmente querem entender o mundo, ter controle sobre suas vidas e ser autodirigidos.

Os alunos são intrinsecamente motivados quando se dão conta de que são a causa do próprio comportamento, enquanto os alunos que são extrinsecamente motivados são encorajados por fontes externas (STIPEK, 2002). Os teóricos da motivação oferecem evidências de que os seres humanos estão naturalmente dispostos a desenvolver habilidades e se envolver em atividades relacionadas à aprendizagem. Os indivíduos parecem aprender melhor quando se veem envolvidos no comportamento de aprendizagem pelas próprias razões geradas internamente, porque querem aprender, em vez de por evitar punições ou ganhar recompensas (STIPEK, 2002).

Há fortes evidências de que, quando as crianças recebem recompensas externas de forma excessiva, em especial para fins de controle, com frequência atribuem seus comportamentos a fatores externos e perdem o senso de autodeterminação, bem como o interesse em envolver-se com a tarefa novamente. Além disso, a qualidade da tarefa pode diminuir sob condições de motivação extrínseca (BREWER; DUNN; OLSZEWSKI, 1988; LEPPER; KEAVNEY; DRAKE, 1996; PINTRICH; SHUNK, 1996; RYAN; DECI, 2000;). No entanto, a relação não é totalmente direta. Na década de 1970, um número substancial de pesquisas que investigaram o impacto do *feedback* verbal positivo e negativo na motivação intrínseca revelou padrões complexos de motivação aumentada ou diminuída associados a estruturas de recompensa (DECI, 1971, 1972, 1978;

LEPPER; GREENE, 1978). Há evidências de que, quando mudanças de comportamento são buscadas, recompensas extrínsecas positivas podem ajudar as crianças a se esforçar para os fins desejados. Quando habilmente utilizadas, e depois reduzidas ou eliminadas, essas recompensas podem ser usadas para desenvolver a autoeficácia e a autodeterminação – fatores que aumentam a motivação intrínseca (CAMERON, 2001).

Stipek e MacIver (1989, p. 81) argumentam que "O desafio para o professor é criar tarefas e contextos de aprendizagem que transfiram os alunos da motivação extrínseca para a motivação intrínseca [...]". Para promover a motivação intrínseca, Spaulding (1992) sugere que o "controle percebido" e a "competência percebida" são importantes. Os professores precisam aprender como criar ambientes acadêmicos nos quais os alunos se percebam como competentes e dotados de certo autocontrole e devem usar estratégias de *scaffolding* para ajudar seus alunos a superar as dificuldades ou os obstáculos que enfrentam (BROPHY, 1981; BURDEN, 2000; SPAULDING, 1992).

Deci (1971, 1972, 1978) defende que os efeitos das recompensas dependem não apenas da percepção e interpretação do receptor, mas também da intenção e da maneira da pessoa que apresenta essas recompensas. A partir de sua pesquisa, Deci (1971, 1972, 1978) concluiu que os alunos que acreditam que recompensas ou elogios tangíveis os estão controlando perdem o interesse na tarefa. Entretanto, aqueles que percebem que o *feedback* dá informações sobre seu progresso e desempenho têm seu interesse pela tarefa aumentado, e seu *locus* de causalidade permanece interno. Isso indica a importância de os professores aprenderem como usar *feedback* concreto e específico sobre o desempenho da tarefa, em vez de elogios generalizados ou recompensas desconectadas, como adesivos ou doces, por completar tarefas. Se o professor está tentando criar tarefas e contextos de aprendizagem que transfiram os alunos da motivação extrínseca para a intrínseca, então as recompensas extrínsecas devem ser verbais, baseadas na interação social, e também inesperadas (RYAN; DECI, 2000). Em outras palavras, as recompensas se tornam informativas e úteis quando estão interligadas ao desempenho ou progresso real (HARACKIEWICZ; SANSONE, 2000).

A prática pedagógica culturalmente responsiva

Por fim, para que os educadores desenvolvam estratégias adequadas às necessidades de seus alunos e para que os alunos se sintam competentes e no controle, os educadores devem conhecer e respeitar os estudantes. Há evidências de que muitos docentes atribuem caracterizações imprecisas do comportamento e da capacidade acadêmica aos alunos com base na raça e na etnia (IRVINE, 1990; KAPLAN; GHEEN; MIDGLEY, 2002). Esse tipo de viés leva a expectativas negativas – que podem desencadear comportamentos que os professores desejam evitar (KAPLAN; GHEEN; MIDGLEY, 2002). Os alunos até mesmo já esperam sofrer preconceitos (SHEETS; GAY, 1996), o que influencia seus comportamentos. Os docentes precisam entender como suas atitudes em relação a seus alunos podem moldar significativamente as expectativas que eles têm para a aprendizagem e o tratamento desses alunos e para o que os alunos acabam aprendendo (IRVINE, 1990; VALDÉS, 1996). Atitudes assertivas, por exemplo, demonstraram sustentar as conquistas dos estudantes (LADSON-BILLINGS, 1994; LUCAS; HENZE; DONATO, 1990; NIETO, 1999).

Os educadores que respeitam as diferenças culturais estão mais aptos a acreditar que os alunos de grupos não dominantes são aprendizes capazes, mesmo quando essas crianças entram na escola com maneiras de pensar, falar e se comportar que diferem das normas culturais preponderantes. Os professores transmitem essas atitudes, expondo os alunos a um currículo intelectualmente rigoroso e assistindo-os para que o dominem; ensinando aos alunos estratégias que eles possam usar para monitorar e gerenciar a própria aprendizagem; incentivando os alunos a se destacar; e

desenvolvendo os recursos individuais e culturais que os estudantes trazem para a escola. Estratégias como essas, que transmitem respeito aos alunos para afirmar suas diferenças, tornam-se a base para relações significativas e resultados acadêmicos favoráveis (GAY, 2000; IRVINE, 1990; LADSON-BILLINGS, 1994; LUCAS; HENZE; DONATO, 1990).

Além do desenvolvimento de comportamentos não discriminatórios e antirracistas, envolver-se em práticas pedagógicas culturalmente responsivas também exige que os professores compreendam as opiniões e preferências de aprendizagem que as crianças podem trazer para a escola (GAY, 2000; MARTIN; VAN GUNTEN, 2002), incluindo, por exemplo, como os alunos se comunicam em suas comunidades e se alguns se sentem mais confortáveis com abordagens comunitárias do que individualistas. Com base em uma análise da literatura, Villegas e Lucas (2002a, 2002b) observaram que professores culturalmente responsivos reconhecem que existem várias formas de perceber a realidade; têm visões afirmativas de alunos de diversos contextos; acreditam que devem e podem trazer mudanças para tornar as escolas mais justas; conhecem a vida de seus alunos e incorporam experiências socioculturais à sala de aula; e sabem como as crianças constroem conhecimento e fornecem situações para promover tal construção. Ao conhecerem bem as crianças e estarem sintonizados com a diversidade, os professores conseguem desenvolver um ensino que seja envolvente e adequado ao desenvolvimento para crianças com diferentes temperamentos, origens e culturas.

O DESENVOLVIMENTO DE COMUNIDADES DE APRENDIZAGEM

A comunidade escolar e da sala de aula

Muitos estudiosos contemporâneos argumentam que estabelecer relacionamentos e desenvolver uma comunidade é tão crítico para a gestão de sala de aula quanto ter ambientes de sala de aula livres de perturbação (ver BROPHY; ALLEMAN, 1998). Em comunidades colaborativas, "[...] os membros se sentem valorizados, pessoalmente conectados uns aos outros e comprometidos com o crescimento e a aprendizagem de todos [...]" (BROPHY; ALLEMAN, 1998, p. 56). Pesquisas sugerem que docentes e alunos que trabalham juntos em comunidades de suporte apresentam níveis mais elevados de autocompreensão, comprometimento, desempenho e pertencimento (SERGIOVANNI, 1994) e que crianças que sentem um senso de pertencer à escola têm menos probabilidade de manifestar problemas de disciplina. Em uma análise recente, Parke *et al.* (1998) destacaram um recente estudo transversal com 12 mil adolescentes que mostrou que a conectividade escolar tem benefícios muito amplos e significativos, entre os quais níveis mais baixos de uso de álcool e maconha, de comportamento sexual precoce, de sofrimento emocional, de suicídio e de comportamento violento (RESNICK *et al.*, 1997).

A pesquisa também sugere que existe uma forte ligação entre o desempenho social e o acadêmico e que estar em uma comunidade de sala de aula forte afeta o desempenho acadêmico. Um estudo com seis escolas de anos iniciais do ensino fundamental que mediu o "senso de comunidade" das salas de aula constatou que os alunos que experimentaram um alto senso de comunidade mostraram motivação acadêmica e desempenho significativamente maiores; afeição maior pela escola; maior empatia e motivação para ajudar os outros; e maior capacidade para resolver conflitos (BATTISTCH *et al.*, 1991). A abordagem dos pesquisadores para ajudar os professores a desenvolver essas salas de aula mostrou benefícios significativos. Em um estudo mais recente, Battistch *et al.* (1995) apontaram que, embora as escolas que atendem alunos de baixa renda apresentem níveis mais baixos de comunidade do que escolas que atendem crianças privilegiadas, as escolas de baixa renda que desenvolveram altos níveis de comunidade também reduziram as lacunas no desempenho e nas atitudes em relação à es-

cola normalmente encontradas entre alunos oriundos de camadas mais e menos favorecidas. Esses estudiosos concluem que um alto senso de comunidade ajuda a "nivelar o campo de jogo" para as crianças pobres.

Uma comunidade eficaz de aprendizagem em sala de aula desenvolve relações respeitosas não apenas entre professores e alunos, mas também entre os próprios alunos. Em tal comunidade, as crianças são ensinadas a desenvolver a competência social. Pesquisas indicam que a competência social geralmente produz crianças mais felizes e academicamente bem-sucedidas. Em um estudo recente, Welsh *et al.* (2001) examinaram a direção dos efeitos da relação entre competência social e competência acadêmica ao longo do tempo. Os resultados indicaram que níveis mais baixos de aceitação social na pré-escola foram preditivos de baixo desempenho acadêmico, revelado em testes padronizados nos ensinos fundamental e médio (PARKE *et al.*, 1998), e que um padrão de influência bidirecional emergiu entre competência social e acadêmica do 2º para o 3º ano.

O desenvolvimento de uma comunidade de aprendizagem ajuda os educadores a administrar a sala de aula não apenas porque as crianças se sentem mais conectadas, mas porque fornece um ambiente para estimular oportunidades de aprendizagem e maior assistência na aprendizagem. Em tais salas de aula, os professores ajudam os alunos a construir conhecimento por meio da interação social em processos de aprendizagem ativa, em que eles se envolvem em investigações colaborativas orientadas com seus pares. As salas de aula que promovem e aproveitam esses tipos de interação social podem produzir aprendizagem mais eficaz. Assim, criar essas salas de aula é um dos principais objetivos da gestão de sala de aula (BROPHY; ALLEMAN, 1998).

Pesquisadores contemporâneos basearam-se nas ideias de Lev Vygotsky sobre a aprendizagem como um processo social e desenvolveram princípios de práticas pedagógicas efetivas baseados na pesquisa de uma ampla variedade de salas de aula (ver THARP *et al.*,

2000). Essas pesquisas sugerem que a aprendizagem é aprimorada quando docentes e alunos trabalham em "atividade produtiva conjunta", que ocorre quando *experts* e novatos se envolvem em atividades conjuntas (como ocorre nas famílias e comunidades) e têm a oportunidade de falar sobre seu trabalho. Nesse contexto, os professores compartilham decisões a respeito da seleção de tópicos e responsabilidades sobre como proceder, ajudando os alunos a aprender a se engajar no diálogo, na negociação e no compromisso. Tharp *et al.* (2000) constataram que a aprendizagem é acelerada quando os docentes tornam o ensino significativo ao conectá-lo às experiências e aos interesses dos próprios alunos, criando tarefas e aplicações envolventes e mostrando como as ideias estão relacionadas, e quando as atividades são cognitivamente desafiadoras, exigindo pensamento e análise, em vez de meramente memorização e recordação. Eles sugerem que a base desse tipo de ensino é dialógica, implementada por meio de troca e discussão em torno de um objetivo acadêmico específico em "conversas instrutivas". Tais conversas não apenas guiam o trabalho e o processo de pensamento, elas também ajudam os alunos a desenvolver competência na linguagem do ensino, incluindo uma compreensão de como os membros das disciplinas acadêmicas usam linguagem específica para descrever, categorizar e estudar.

Muitas pesquisas demonstraram que os alunos em ambientes de aprendizagem cooperativa normalmente têm um desempenho melhor do que aqueles em situações competitivas ou individualistas em termos de raciocínio, geração de novas ideias e soluções, de quão bem eles transferem o que aprendem de uma situação para outra, bem como em medidas de testes tradicionais (COHEN, 1994; JENSEN; JOHNSON; JOHNSON, 2002; SLAVIN, 1990a). Johnson e Johnson (1989) avaliaram mais de 500 pesquisas experimentais e correlacionais conduzidas em iniciativas educacionais cooperativas, competitivas e individualistas e encontraram grandes efeitos no desempenho de estratégias cooperativas de aprendizagem (para uma revisão desses estudos, ver JOHNSON; JOHNSON, 1989).

Para que o trabalho em grupo tenha impacto, no entanto, os docentes devem ser ensinados a elaborar efetivamente o ensino colaborativo. O trabalho em grupo eficaz exige que os educadores criem tarefas verdadeiramente interdependentes, estabeleçam objetivos claros, organizem de modo efetivo as discussões, monitorem as atividades para reforçar a maneira como os alunos podem ajudar uns aos outros e facilitem avaliações frequentes de como o trabalho está progredindo. Os professores também podem reconhecer informalmente a força ou a habilidade de um aluno em particular para que outros possam contar com esse aluno para obter assistência. Cohen e Lotan (1995) chamam isso de "atribuição de competência". Em suas pesquisas em sala de aula, eles constataram que identificar os pontos fortes dos alunos publicamente pode aumentar as taxas de participação de alunos com *status* baixo. Um clima de confiança em sala de aula, em que os alunos têm oportunidades para compartilhar seus pontos de vista sem medo de errar, é essencial para promover interações saudáveis de aluno para aluno.

A comunidade além da sala de aula

Para ser mais eficaz, a orientação para a comunidade deve ir além da sala de aula. As crianças se beneficiam de uma comunidade coesa, especialmente quando todos os membros da equipe da escola trabalham com a comunidade para criar uma visão compartilhada do desenvolvimento e da aprendizagem da criança (COMER *et al.*, 1996b). É importante que o diretor e outros administradores mostrem liderança no desenvolvimento de uma comunidade escolar, mas os docentes também podem assumir a liderança no desenvolvimento de uma comunidade escolar atenciosa na qual os funcionários colaborem e compartilhem ideias. Professores em comunidades coesas superam a fragmentação e as interações superficiais para desenvolver relacionamentos fortes, tanto uns com os outros quanto com as famílias que eles servem.

O envolvimento dos pais é especialmente importante para uma comunidade escolar forte. Há uma quantidade substancial de evidências empíricas que mostram que a participação familiar bem-estruturada na educação aumenta o sucesso acadêmico dos alunos, melhora o comportamento escolar e reforça as habilidades de autorregulação mais fortes e a orientação para o trabalho (BAKER, 1997; CHAVKIN, 2000; MOLES, 1987; MORRIS; TAYLOR, 1998). Uma conexão entre pais, professores e escolas contribui para a aprendizagem do aluno (EPSTEIN, 2001), bem como atitudes e comportamentos positivos (CARPENTER-AEBY; AEBY, 2001; LEE *et al.*, 1994; SIMON, 2001). Em um estudo longitudinal que envolveu 11 mil pais de crianças de mais de mil escolas de ensino médio com diversas populações estudantis, Simon (2001) constatou que o envolvimento dos pais influenciava positivamente as notas dos alunos, o número de créditos disciplinares concluídos, a presença, o comportamento e a preparação escolar, independentemente da história da criança. O estudo apontou que, quando os alunos se comunicavam com os pais sobre o planejamento escolar e universitário, eles tinham maior probabilidade de comparecer às aulas e estar preparados.

No entanto, a maioria pais não está envolvida em muitas escolas. Moles (1993) descobriu que existem três principais obstáculos ao envolvimento dos pais na escolarização: (1) conhecimento insuficiente dos professores sobre habilidades e estratégias para colaborar efetivamente com os pais; (2) oportunidades restritas de interação devido às políticas da escola; e (3) barreiras psicológicas e culturais que possam existir entre professores e famílias na comunidade. O desenvolvimento de um relacionamento com os pais pode ser complicado: pesquisas revelam que a comunicação entre pais e docentes geralmente se concentra nos problemas acadêmicos, no mau comportamento ou nas atitudes negativas dos alunos, o que dificulta o desenvolvimento de relações positivas entre pais e professores (EPSTEIN, 2001). Quando as interações entre pais e docentes não eram baseadas em algum problema, um estudo realizado por Hanafin e Lynch (2002) constatou que o envolvimento dos pais era tipicamente limitado a dar e receber informações sobre seus filhos, fazer consultas restritas e envolver-se no fornecimento de ajuda suplementar.

Algumas escolas encontraram maneiras efetivas de encorajar a comunicação e a conexão entre pais e professores, utilizando práticas que vão desde visitas domiciliares, ligações telefônicas positivas para casa, conexões *on--line* para deveres de casa e compartilhamento de informações, conferências entre pais e educadores, exposições de trabalho estudantil e a participação dos pais nas atividades escolares, entre muitas outras estratégias (para uma extensa análise dos programas de participação dos pais, ver MATTINGLY *et al.*, 2002).

Não é difícil convencer os educadores novatos de que o envolvimento dos pais é importante; a dificuldade está em preparar os professores para trabalhar com diversas personalidades adultas no contexto da escolarização. Alguns pais devem ser encorajados a participar, enquanto outros não são reticentes e podem ter ideias fortes sobre como seus filhos devem ser educados. Alguns têm um estilo gentil e tranquilo, enquanto outros são assertivos e litigiosos quando resolvem problemas para seus filhos. Alguns pais têm acesso às escolas e tempo para se envolver; outros acham as escolas intimidantes e têm horários que não permitem visitas escolares frequentes. Alguns falam inglês e são versados no jargão educacional; outros têm mais dificuldade de se comunicar sobre as necessidades educacionais de seus filhos. Os educadores também diferem em seus temperamentos e suposições sobre o papel dos pais. Muitos podem acreditar que sua função envolve apenas trabalhar com as crianças, e não com suas famílias. Se quiserem ser maximamente eficazes, é importante que os professores compreendam a importância de aprender a lidar com pais, administradores e outros membros da comunidade para atender às necessidades das crianças.

Por fim, os educadores precisam saber como encontrar maneiras de trabalhar com os pais para melhorar a aprendizagem das crianças. Os professores devem estar cientes da literatura recente que fornece estratégias sobre como trabalhar com os pais e como estabelecer programas bem-sucedidos de participação dos pais (ver EPSTEIN *et al.*, 2002; LIEBER, 2002), incluindo situações em que estes não concordam com os educadores (ver COLLINS; DOWELL, 1998). Também é importante que os professores novatos compreendam as experiências das crianças fora da escola. Por exemplo, de acordo com Elkind (1994), a forma como os pais criam filhos mudou significativamente nos últimos 30 anos. No passado, muitos acreditavam que as crianças deveriam obedecer aos pais sem questionar. Agora, no entanto, muitas crianças têm mais voz, e os pais passam muito tempo negociando com seus filhos. As experiências das crianças são transferidas para a escola, onde elas esperam que os adultos se comportem de maneira semelhante à dos pais. É importante que os professores conheçam os pais ou os responsáveis pelas crianças para descobrir se e como suas estratégias de gestão, disciplina e ensino estão alinhadas com as crenças destes em casa, bem como para descobrir como negociar diferentes crenças e estilos de interação.

A organização da sala de aula

A gestão de sala da aula é muitas vezes equivocadamente equacionada apenas com a organização de rotinas de sala de aula e a abordagem ao mau comportamento. As preocupações relevantes sobre currículo, prática pedagógica, motivação e desenvolvimento comunitário estão quase sempre ausentes. Por essa razão, propositadamente não apresentamos essa visão limitada no início do capítulo. No entanto, isso não significa que o conhecimento e as habilidades para organizar e estruturar salas de aula não sejam importantes ou necessárias. Uma organização e uma estrutura eficientes da sala de aula são cruciais para manter um ambiente de aprendizagem ordenado e eficaz. Um arranjo ordenado da sala de aula otimiza o tempo de aprendizagem, enquanto o planejamento inadequado causa interrupções e atrasos (EMMER *et al.*, 1984). A organização da sala de aula sustenta principalmente o movimento ordenado, poucas distrações e o uso eficiente do espaço disponível (EMMER *et al.*, 1984).

As pesquisas iniciais feitas por Kounin (1977) revelaram uma série de maneiras como o comportamento do professor afeta o comportamento e a aprendizagem dos alunos. Kounin (1977) filmou 80 salas de aula diferentes que foram definidas como ordenadas ou desordenadas. Suas observações e análises culminaram na conclusão de que os gestores eficazes de sala de aula frequentemente monitoravam os comportamentos e as interações de maneiras que permitiam que os educadores resolvessem os problemas antes que eles surgissem. Bons professores, dizia ele, tinham "olhos atrás da cabeça" – um estado de alerta para o que está ocorrendo –, o que ele chamou de "consciência". Os anos de pesquisa possibilitaram a Kounin (1977) criar um conjunto de princípios para a disciplina preventiva. Ele observou que certas ações do professor poderiam impedir a dinâmica e a suavidade de uma lição. Por exemplo, ele constatou que, quando um professor termina uma atividade, inicia outra e depois retorna à primeira atividade, ele interrompe o fluxo. Os educadores também interrompem o fluxo quando são afastados da atividade por questões não importantes ou quando ensinam em um ritmo lento, por exemplo, explicando as instruções em detalhes quando as crianças já compreenderam. Ele introduziu conceitos de ensino, técnicas e estratégias que aumentaram o nível de atividade na tarefa e deram espaço a uma sala de aula satisfatoriamente gerida e sem problemas.

A organização efetiva da sala de aula não só tem impacto no comportamento dos alunos, mas também afeta seu desempenho acadêmico (ver EVERTSON, 1989, 1997; MOLES, 1990). Por exemplo, a relação entre tempo de ensino e aprendizagem é, em parte substancial, mediada por práticas de gestão de sala de aula. O conhecido Beginning Teacher Evaluation Study (Estudo de Avaliação do Professor Iniciante) foi um dos primeiros estudos a notar que há uma grande variabilidade entre escolas e salas de aula no que se refere à quantidade de tempo que os alunos passam aprendendo o currículo. Além disso, a quantidade de tempo de ensino gasto é frequentemente associada ao desempenho do aluno (FISHER *et al.*, 1980).

O tempo de aprendizagem é otimizado por meio de estratégias que mantêm o fluxo das atividades, minimizam as interrupções que ocorrem durante as transições e ajudam os alunos a desenvolver responsabilidade por suas ações. A pesquisa revela que os professores que iniciam o ano letivo implementando um conjunto de regras e procedimentos são gestores de sala de aula mais eficazes (SANFORD; EMMER; CLEMENTS, 1983; WEINSTEIN, 1996). Por exemplo, Evertson *et al.* (1983) conduziram observações aprofundadas em 27 salas de aula dos anos iniciais do ensino fundamental em oito escolas e descobriram que educadores que eram claros sobre regras e rotinas nas primeiras semanas do ano letivo tinham menos problemas de mau comportamento do que professores que não esclareceram isso no início (EVERTSON, 1997). Os dados desse estudo foram usados para identificar gestores de sala de aula eficazes e ineficazes. Os melhores gestores analisavam de forma rotineira os procedimentos e expectativas exigidos dos alunos, incluíam instruções sobre regras e procedimentos, analisavam as necessidades dos alunos para obter informações sobre como participar das atividades em aula, mantinham seus alunos à vista e lidavam com problemas rapidamente. Estudos subsequentes mostraram que bons gestores também eram mais consistentes, desenvolviam um sistema de responsabilização do aluno, comunicavam-se com eficácia e preservavam seu tempo de ensino.

A partir desses tipos de estudos observacionais, Evertson (1989) identificou seis tipos principais de rotinas ou procedimentos que são importantes para os professores considerarem na definição de uma sala de aula que funciona bem. Eles incluem (1) o ambiente físico da sala; (2) as transições dentro e fora da sala; (3) os procedimentos durante o trabalho em grupo; (4) os procedimentos gerais, como distribuição de materiais ou brincadeiras na pracinha; (5) os procedimentos específicos para determinadas rotinas de sala de aula, como atendimento ou colocação de trabalhos de casa no quadro; e (6) os procedimentos ou rotinas associados à tarefa iniciada pelo aluno e orientada pelo professor. Ser claro sobre arranjos produtivos em cada uma dessas áreas permite que os docentes administrem suas salas de aula sem problemas, minimizando interrupções e, em troca, maximizando o tempo de aprendizagem dos alunos (BURDEN, 1999; EMMER *et al.*, 1984; JONES; JONES, 1990).

Novos professores também precisam considerar que diferentes arranjos de sala de aula facilitam diferentes tipos de ensino. Por exemplo, o ambiente físico da sala de aula determina o papel do docente e dos alunos e se o trabalho é mais competitivo ou colaborativo. Ele tem influência nas relações de poder entre os alunos e entre o professor e os alunos (ROSENHOLTZ; SIMPSON, 1984a, 1984b). Nas últimas décadas, muitos educadores começaram a utilizar estratégias de aprendizagem mais cooperativas em suas salas de aula e organizaram as salas para acomodar esse tipo de aprendizagem, com mesas organizadas para trabalho em grupo, em vez de mesas em fileiras. Determinado arranjo de classes pode facilitar certos tipos de aprendizagem, mas não prevê que essa aprendizagem irá ocorrer de maneira efetiva. O importante é que os arranjos do espaço físico se encaixem nos planos de ensino e permitam que o trabalho corra bem. Esses arranjos podem mudar diária ou semanalmente, dependendo dos tipos de atividades em que os alunos estão envolvidos e do que o professor está tentando realizar.

Quando os educadores escolhem determinados tipos de atividades de aprendizagem, eles precisam considerar como organizar outros planos de aula para dar suporte às estratégias que escolheram utilizar. Por exemplo, os professores novatos às vezes têm a concepção equivocada de que as salas de aula ativas nas quais os alunos estão envolvidos em atividades e grupos de pesquisa são "menos estruturadas" e exigem menos planejamento e organização do que salas de aula com ensino para todo o grupo liderado pelo professor. Na verdade, as salas de aula baseadas em atividades são altamente estruturadas e levam muito tempo para serem planejadas e organizadas. A qualidade da aprendizagem depende do preparo e da elaboração substancial de materiais, do planejamento de estruturas de atividades e do gerenciamento hábil do fluxo de trabalho.

Em suma, para organizar e estruturar os ambientes de sala de aula de forma eficaz, os docentes devem ser capazes de elaborar um *layout* físico adequado para a sala de aula, desenvolver regras e procedimentos, otimizar o tempo de aprendizagem, desenvolvendo transições suaves entre as atividades, estabelecer um ritmo apropriado para a aprendizagem e envolver as crianças na criação de um espaço democrático no qual elas tenham um senso de propriedade e autonomia.

A reparação e o restabelecimento do comportamento do aluno

Quando os candidatos a professores são questionados sobre a ansiedade que sentem em relação a sua futura sala de aula, a maioria expressa preocupação em lidar com mau comportamento ou perturbações em potencial dos alunos (MARTIN; LINFOOT; STEPHENSON, 1999). Novos professores muitas vezes procuram o "caminho certo" para lidar com vários comportamentos disruptivos. Se implementadas as outras características do ensino que descrevemos anteriormente, o mau comportamento deve ser ocasional. Quando os alunos se comportam de maneira contraproducente com os objetivos e normas da sala de aula, os docentes precisam saber, primeiro, que há muitas estratégias para escolher e, segundo, que suas decisões devem ser baseadas em vários fatores, que incluem a situação e as necessidades particulares de aprendizagem do aluno, a história

comportamental dele, o contexto da turma, a gravidade do problema e a política escolar.

É essencial que os professores pensem sobre como responder a várias interrupções com base na causa subjacente e na gravidade (e talvez na frequência e duração) do comportamento. Charles (2001) descreve cinco tipos de mau comportamento que devem ocasionar diferentes tipos de respostas: *agressão*, que inclui violência física e verbal; *imoralidade*, como trapaça; *interrupções da aula*, que envolvem atos que são contra as regras ou rotinas estabelecidas; *desafio* à autoridade ou oposição às expectativas do professor; e "*matar tempo*" ou ser indiferente às tarefas. Por exemplo, se um professor tiver que confrontar um ou mais alunos que estão "matando tempo", as intervenções devem ser o mais discretas possível e preservar o apego dos alunos ao professor e à sala de aula (WEINSTEIN; MIGNANO, 1993). Alguns métodos não intrusivos incluem o uso de linguagem corporal, aproximando-se da criança, mantendo contato visual ou chamando o nome da criança em voz alta (WEINSTEIN, 1996). Da mesma forma, os docentes podem escolher uma intervenção mais discreta, como o uso de mensagens em primeira pessoa, por exemplo, "Fico preocupado quando vejo que nem todos estão trabalhando em sua tarefa ainda". Essas mensagens também podem ser chamadas de "mensagens de responsabilização", porque deixam a responsabilidade do comportamento com o aluno e evitam rotulá-lo ou desencadear um impacto negativo da intervenção (GORDON, 1974).

Se o problema for mais sério, como aquele que envolve agressão contra outros alunos, o professor pode desenvolver um plano de intervenção mais substancial, como conceber e implementar um programa para resolução de conflitos. Johnson e Johnson (1994) constataram que, mesmo nos anos iniciais do ensino fundamental, os alunos que aprendem e põem em prática habilidades de resolução de conflitos tornam-se mais inclinados a resolver problemas entre si antes que esses problemas aumentem. Além disso, Tyrrell, Scully e Halligan (1998) verificaram que um ambiente pacífico pode ser estabelecido quando a comunidade trabalha em conjunto para criar um programa de resolução de conflitos. Os propósitos de tais programas frequentemente visam promover os valores de compaixão, respeito e valorização das diferenças dos outros, construindo caráter e fortalecendo a prática da resolução pacífica do conflito. Em especial, os alunos que são frequentemente agressivos beneficiam-se em aprender habilidades específicas para administrar conflitos de forma pacífica, o que difere do que aprenderam anteriormente em casa ou com colegas.

Em outro estudo sobre os efeitos do treinamento em resolução de conflitos e aprendizagem cooperativa em uma escola de ensino médio alternativa na cidade de Nova York, Deutsch (1992) constatou efeitos positivos no desempenho acadêmico e no desenvolvimento social das crianças. A formação do aluno em aprendizagem cooperativa envolveu cinco princípios: (1) interdependência positiva; (2) interações face a face; (3) responsabilidade individual; (4) habilidades interpessoais e de pequenos grupos; e (5) processamento (i.e., análise do funcionamento do grupo com o objetivo de melhoria). O treinamento em resolução de conflitos ensinou escuta ativa, mensagens em primeira pessoa, reformulação de questões conflituosas, críticas a ideias, e não a pessoas, diferenciação das necessidades *versus* posições subjacentes, distinção entre situações de conflito negociáveis e não negociáveis, desenvolvimento de soluções do tipo "todos ganham" e estilos de negociação destrutivos e construtivos. Os resultados mostraram que os alunos melhoraram na administração de conflitos e experimentaram maior suporte social, melhores relações, maior autoestima, aumento do controle pessoal e desempenho acadêmico mais elevado.

Embora existam muitas opções na gestão do comportamento dos alunos, os professores também precisam aprender sobre escolhas ineficazes. Pesquisas sugerem que o abuso de autoridade tende a reforçar um sentimento de fraqueza, passividade, subordinação e vitimi-

zação entre crianças (LEWIS, 2001). Por exemplo, em um estudo que envolveu 21 escolas de ensino fundamental e 21 escolas de ensino médio, Lewis (2001) constatou que a disciplina coercitiva inibia o desenvolvimento da responsabilização dos alunos e os distraía de seus trabalhos escolares. Conforme descrito na seção a seguir, o sucesso de diferentes planos disciplinares se deu de maneiras distintas, e essas diferenças estão associadas com a medida em que várias abordagens estão em consonância com as pesquisas sobre o desenvolvimento moral e cognitivo das crianças, a motivação e a aprendizagem.

Com base em uma análise da literatura de pesquisa, Brophy (1998) argumenta que os professores que abordam a gestão da sala de aula como um processo de desenvolvimento e manutenção de ambientes de aprendizagem eficazes têm maior probabilidade de sucesso do que educadores que enfatizam seu papel como figuras de autoridade ou disciplinadores. Um estudo recente que sustenta essa conclusão comparou uma amostra de 88 "professores do ano" com um grupo de 92 outros professores que foram pareados por gênero, anos de serviço, anos escolares ministrados e maior nível educacional (AGNE; GREENWOOD; MILLER, 1994). Os autores constataram que os "professores do ano" eram significativamente mais humanitários do que outros em suas relações com crianças. Esses professores enfatizavam "[...] confiança, aceitação, amizade, respeito, autodisciplina, clima democrático, flexibilidade, autodeterminação dos alunos e atitudes não punitivas e não moralistas [...]" (AGNE; GREENWOOD; MILLER, 1994, p. 149).

Programas de gestão da sala de aula

Existem vários programas que foram elaborados para fornecer aos professores orientações sobre como eles podem criar planos de resolução de conflitos (ver BODINE; CRAWFORD, 1998; GORDON, 1974; TEGLASI; ROTHMAN, 2001), organizar comunidades de aprendizagem (FREIBERG, 1999; KOHN, 1996b; SERGIOVANNI, 1994) e desenvolver estratégias sistemáticas para a disciplina (CURWIN; MENDLER, 2000; FAY; FUNK, 1998). Os educadores precisam de uma base profissional de conhecimento, tanto para avaliar programas que possam ser sugeridos como para desenvolver os próprios programas.

As abordagens para a gestão da sala de aula variam conforme elas são baseadas no que Burden (2000) descreve como estratégias de baixo, médio ou alto controle. Métodos que são fundamentados principalmente no behaviorismo são em geral considerados de alto controle, pois enfatizam recompensas externas e punições para moldar o comportamento. Por exemplo, o programa Assertive Discipline (Disciplina Assertiva; CANTER; CANTER, 2002) foi identificado como de alto controle. Nesse programa, os autores enfatizam os direitos do professor de reforçar os comportamentos desejados e estabelecer as consequências. Os métodos de baixo controle baseiam-se mais na psicologia cognitiva e na crença filosófica de que os alunos têm a responsabilidade primária de controlar o próprio comportamento e de que, com orientação, eles têm capacidade de tomar decisões acertadas. Os pensamentos, sentimentos e preferências da criança são levados em conta quando se lida com ensino, gestão de sala de aula e disciplina. A abordagem Teaching with Love and Logic (O Ensino com Amor e Lógica; FAY; FUNK, 1998) foi identificada como de baixo controle. Nessa abordagem, os autores defendem o controle compartilhado com os alunos, mantendo os autoconceitos dos estudantes e equilibrando consequências com empatia.

As abordagens de controle médio são baseadas na crença filosófica de que o desenvolvimento vem de uma combinação de forças inatas e externas. Assim, o controle do comportamento do aluno é uma responsabilidade conjunta do aluno e do professor. O modelo Discipline with Dignity (Disciplina com Dignidade; CURWIN; MENDLER, 2000) foi identificado como uma abordagem de controle médio. Nessa abordagem, os autores sugerem que os educadores estabeleçam contratos sociais e en-

sinem os alunos a fazer escolhas responsáveis. Existem muitos outros programas desenvolvidos por vários educadores que os professores podem avaliar e utilizar (para uma breve descrição de muitos desses programas e seus fundamentos teóricos, ver BURDEN, 1999; CHARLES, 2001; para pesquisas sobre os resultados de vários programas, ver MOLES, 1990).

Há muita controvérsia sobre quais métodos são mais eficazes, não apenas para fins de desempenho e gestão, mas também para promover a cidadania e a responsabilidade a longo prazo. Pesquisas atuais sugerem que os métodos de baixo a médio controle são mais eficazes do que os métodos de alto controle, não apenas para regular o comportamento, mas também para melhorar o desempenho (BROPHY, 1998; KOHN, 1996b; LEWIS, 2001).

Por exemplo, uma avaliação do modelo de sala de aula orientado para a comunidade chamado de Discipline with Dignity constatou que, com base em medidas replicadas de resultados de alunos, os participantes desenvolveram um melhor autoconceito, alcançaram níveis mais altos de desenvolvimento moral, demonstraram maior senso de ética ao tomarem uma decisão, estabeleceram melhores relações aluno-educador e aluno-aluno e passaram mais tempo de qualidade na escola e nas salas de aula (MCEWAN; NIMMO; GATHERCOAL, 1998). Essa abordagem abrangente para a gestão democrática da sala de aula é de controle médio e fornece aos educadores uma base para o ensino da cidadania todos os dias por meio de interações aluno-professor. O modelo Discipline with Dignity procura criar uma linguagem comum baseada no princípio dos direitos e responsabilidades humanos, enfatizando que é responsabilidade profissional do educador criar um ambiente equitativo que proporcione a cada aluno a oportunidade de ter sucesso.

Da mesma forma, um programa chamado Consistency Management and Cooperative Discipline (Gestão de Consistência e Disciplina Cooperativa) expande o papel de liderança na sala de aula do professor para os alunos. De acordo com avaliações de terceiros desse programa, os pesquisadores constataram que houve aumento na assiduidade de alunos e educadores; redução nos encaminhamentos para ação disciplinar;* e ganhos no clima de sala de aula, no tempo para aprender e no desempenho dos alunos a longo prazo (FREIBERG, 1999).

Entretanto, estudos de abordagens de alto controle descobriram que, com o tempo, o mau comportamento dos alunos pode realmente aumentar, conforme eles abandonam cada vez mais a própria responsabilidade por sua aprendizagem e seu comportamento (MAYER, 1995; MAYER; LEONE, 1999). Além disso, o uso de abordagens cada vez mais punitivas pelos professores cria resistência e oposição dos alunos à aprendizagem e à escola, exacerbando o tratamento discriminatório dos estudantes (LEONE *et al.*, 2000; TOWNSEND, 2000). Essas descobertas são consistentes com os achados empíricos decididamente mistos sobre os efeitos de programas como o Assertive Discipline no comportamento dos alunos (EMMER; AUSSIKER, 1990; RENDER; PADILLA; KRANK, 1989). Programas que dependem fortemente de recompensas físicas e punições crescentes, ao mesmo tempo que não enfatizam a discussão sobre o comportamento ou os esforços para criar comunidades, tendem a externalizar a responsabilização, em vez de ajudar os alunos a tomar iniciativas na criação de um ambiente de sala de aula construtivo.

As abordagens de baixo e médio controle podem ser mais desejáveis, uma vez que estão associadas a um ensino de alta qualidade e uma maior motivação intrínseca para os alunos, mas a maioria concorda que elas exigem mais habilidade do professor para serem implementadas (EPSTEIN; SHELDON, 2002). Assim, os programas de formação de educadores devem incorporar estratégias efetivas de desenvolvimento pedagógico geral, juntamente a esforços para ensinar técnicas específicas de gestão da sala de aula.

---

* N. de R.T.: Refere-se a quando um professor encaminha um aluno à diretoria da escola por meio de um formulário escrito para que alguma ação disciplinar seja tomada.

O desenvolvimento moral

Além de possbilitar que os alunos se envolvam em aprendizagem acadêmica significativa e se comportem de maneira pró-social, os professores também são estimulados a dar suporte às crianças em seu desenvolvimento moral. Noddings (1997, p. 28) argumentou que uma missão moralmente defensável para as escolas no século XXI "[...] deveria produzir pessoas competentes, carinhosas, amorosas e amáveis [...]". Quando os educadores estão focados em controlar as crianças e as salas de aula, pode ser difícil para eles verem que as crianças podem ser ensinadas a ser bons cidadãos e que uma perspectiva moral pode impactar positivamente em suas salas de aula. O desenvolvimento psicossocial e moral raramente faz parte do currículo formal, e, dado o que se espera dos professores hoje em dia, eles têm muito pouco tempo para fazer uso de momentos de ensino e outras oportunidades de apresentar lições morais. Isso é lamentável, porque a gestão comportamental está intimamente ligada ao desenvolvimento social, moral, ético e emocional. Como Butchart (1998) observa, disciplina é um empreendimento moral, e qualidades morais são aprendidas por meio de ações morais e reflexão.

Como discutimos anteriormente na seção sobre comunidades de aprendizagem, quando as crianças são ensinadas a se dar bem com os outros, fazer escolhas morais, cuidar dos outros e ser bons cidadãos, não é apenas mais fácil para os professores administrarem a sala de aula e produzirem crianças confiantes; eles também ajudarão as crianças a se desenvolver academicamente (BATTISTICH *et al.*, 1995; MCEWAN, 1996; PARKE *et al.*, 1998; SCHAPS, 1998).

O desenvolvimento moral é muitas vezes mal-entendido em parte porque as pessoas têm opiniões diferentes sobre o que significa ser moral. LePage e Sockett (2002) descrevem essas confusões como decorrentes de quatro fontes principais. Primeira, muitos acreditam que a moralidade deve derivar de crenças religiosas. Segunda, muitos acreditam que expressar um ponto de vista moral é apenas expressar uma opinião, e uma opinião é, por definição, subjetiva. Terceira, alguns acreditam que a moral é relativa, diferente de sociedade para sociedade ou de idade para idade, de modo que qualquer forma de condenação moral de outra sociedade não pode ser validada. E quarta, muitos equiparam a moralidade a categorias muito limitadas de experiência humana, por exemplo, comportamento sexual.

Este não é o lugar para refutar todas essas confusões em detalhe, mas simplesmente para dizer que, como acontece com muitos equívocos sérios, há um núcleo de verdade em cada uma delas. Em primeiro lugar, embora aqueles com crenças religiosas atraiam implicações para seus atos (morais) e ações de suas crenças religiosas, as pessoas não precisam ser religiosas para serem morais. Em segundo lugar, embora seja essencial que uma pessoa moral aja pela própria vontade (em vez de sob ordens), isso não significa que as crenças morais que a pessoa tem ou que as opiniões expressas por ela sejam inteiramente idiossincráticas. Em terceiro lugar, embora seja verdade que existam dissimilaridades entre muitas sociedades sobre certas coisas, há muitas áreas nas quais há congruência moral (p. ex., cuidar dos membros da família ou dizer a verdade). Se nos concentrarmos em nossas visões morais individuais, corremos o risco de ignorar o caráter moral de uma comunidade e as semelhanças entre tais comunidades (ETZIONI, 1996). Por fim, pensar no comportamento moral como se referindo apenas a questões sexuais privadas ou interpessoais é ignorar as questões morais comunitárias de honestidade, justiça, coragem, confiança, lealdade, e assim por diante.

O pensamento educacional é influenciado por essas confusões, por exemplo, quando os professores sentem que não deveriam ousar "impor seus valores" às crianças. Embora os educadores com frequência se preocupem com essa importante questão, as pesquisas mostram que o público favorece fortemente o ensino de valores cívicos básicos na escola (FARKAS *et al.*, 1998). A maioria concorda que a docência é uma profissão cuidadora que se preocupa não apenas em educar as crianças, mas também em melhorar nossa sociedade. E

é certamente verdade que o trabalho dos professores apresenta escolhas morais que precisam de consideração, experimentação e reflexão constantes (JACKSON; BOOSTROM; HANSEN, 1998; SOCKETT, 1993).

Nas salas de aula de hoje, a confusão sobre o que significa ser moral é muitas vezes apresentada em várias perspectivas sobre educação do caráter. Alguns acreditam que a educação do caráter deve se concentrar em ensinar as crianças a obedecer às regras, conviver com os outros e ser bons cidadãos em uma sala de aula. Outros acreditam que a educação do caráter deve se concentrar em ensinar as crianças a serem pensadores autônomos que questionam a injustiça e adotam uma postura crítica em relação à cidadania. De fato, alguns desses defensores acreditam que ensinar as crianças a simplesmente "seguir as regras" pode ser prejudicial (ver KOHN, 1997). Outros ainda acreditam que a educação do caráter deve se concentrar em ensinar às crianças as virtudes – ser responsável, carinhoso, honesto, confiável, e assim por diante. Os professores novatos devem compreender as diferentes perspectivas sobre moralidade e educação do caráter para que possam tomar decisões fundamentadas nas próprias estratégias, com base em filosofias e perspectivas bem-examinadas sobre o desenvolvimento moral das crianças.

Os professores novatos também precisam entender os diferentes domínios do desenvolvimento emocional, moral, ético e psicossocial e como o desenvolvimento em cada uma dessas áreas afeta o desenvolvimento em outras. Por exemplo, já que os alunos são capazes de desenvolver empatia emocional pelos outros, considerando experiência ou ponto de vista, eles também estão mais bem preparados para se envolver em pensamentos morais e éticos sobre as responsabilidades dos indivíduos uns com os outros e com a comunidade ou um grupo. Além disso, os docentes podem usar essa empatia e o pensamento moral em desenvolvimento para ensinar interações sociais produtivas e estimular o crescimento no campo psicossocial.

Um equívoco muitas vezes cometido pelos professores novatos é o de que o desenvolvimento psicossocial, moral e emocional não tem impacto no desenvolvimento intelectual – assim, os educadores devem escolher entre ensinar tópicos acadêmicos e ensinar sobre o caráter. Esses dois tópicos não só podem ser interligados instrucionalmente, mas, de acordo com Kohlberg (1981), o desenvolvimento moral e o desenvolvimento cognitivo estão intimamente ligados. Conforme os alunos aprendem como os outros pensam e sentem, eles aumentam sua capacidade de enxergar sob diversas perspectivas, uma habilidade que se transfere para outros domínios acadêmicos e interpessoais.

É necessário que os professores saibam que há muitas pesquisas sobre os processos de desenvolvimento moral e aspectos relacionados ao desenvolvimento intelectual que auxiliam a desenvolver estratégias para estimular os alunos nesses domínios (ver BELENKY *et al.*, 1996; DAMON, 1990; GILLIGAN, 1982; JACKSON; BOOSTROM; HANSEN, 1998; KOHLBERG, 1981; NODDINGS, 1992; PIAGET, 1999; SOCKETT, 1993). Os professores devem ter familiaridade com os estágios de desenvolvimento moral e ter algum conhecimento dessa pesquisa que possa fornecer uma base inicial, conforme continuam seu desenvolvimento profissional.

A moralidade pode ser ensinada?

Dois equívocos comuns entre os professores novatos são o de que a moralidade não pode ser ensinada e de que deve ser responsabilidade exclusiva dos pais. Existem pelo menos duas maneiras de incentivar ou ensinar o desenvolvimento moral nas escolas. Uma utiliza uma abordagem de comunidades morais, que envolve a criação de ambientes onde as crianças fazem escolhas morais e se envolvem em ações morais – algo que fariam em qualquer situação – com orientação do professor para pensar sobre as implicações de suas decisões para os outros. A segunda abordagem envolve ensinar diretamente a educação do caráter.

Kohlberg (1981) afirmava desde cedo que a educação moral exigia mais do que a reflexão individual. Precisava incluir experiências para os alunos operarem como agentes morais. Portanto, Kohlberg (1981) desenvolveu a Just Community Approach (JCA; Abordagem da Comunidade Justa). A JCA baseia-se em duas tradições diferentes da teoria da educação moral. A primeira é a tradição psicológica exposta por Dewey e Piaget, que propunham que as escolas deveriam tornar-se democracias que alimentam o desenvolvimento moral, proporcionando às crianças oportunidades para a tomada de decisão de forma cooperativa. A segunda é a tradição sociológica articulada por Durkheim, que defendia que as escolas deveriam se tornar comunidades que incentivam a socialização moral, construindo normas e apego grupais fortes. Em um estudo JCA, Jennings e Kohlberg (1983) constataram que um programa de JCA para infratores jovens levou a níveis significativamente mais altos de raciocínio moral (usando um inventário de desenvolvimento de estágio moral) do que um programa de modificação de comportamento ou de análise transacional. A extensão da mudança no desenvolvimento moral medida nesses jovens era equivalente à extensão da mudança medida quando os programas de educação moral do desenvolvimento para alunos não delinquentes do ensino médio haviam sido avaliados no passado.

De maneira semelhante, em um estudo longitudinal, Schaps (1998) avaliou os resultados de uma intervenção destinada a melhorar as relações e o "senso de comunidade" nas salas de aula. Ele constatou que conforme o "senso de comunidade" das crianças aumentava, sua preocupação com os outros também aumentava. Especificamente, o estudo mostrou um aumento em consciência empática, valores democráticos, habilidades de resolução de conflitos pró-sociais, comportamento altruísta, motivação intrínseca, prazer em ajudar os outros a aprender, atitudes positivas em relação aos grupos externos e comportamentos interpessoais positivos nas aulas. Em outro estudo em cinco escolas, pesquisadores constataram que escolas que desenvolveram uma orientação comunitária em apoio à aprendizagem demonstraram ganhos no comportamento pró-social e no desempenho acadêmico (SCHAPS, 1998).

Os professores podem se beneficiar do conhecimento de programas de educação de caráter, como o Character Counts (O Caráter Conta) e o Kids for Character (Crianças para o Caráter). A maioria utiliza estratégias semelhantes, fornecendo literatura, vídeo, programas de computador e outras formas de narrativa para apresentar contos morais que podem ser analisados em sala de aula. Muitos desses programas oferecem estudos de casos, por exemplo, de crianças agindo moral ou imoralmente em determinadas situações. Espera-se que as crianças produzam narrativas, dramatizações ou discussões sobre os casos. O Facing History and Ourselves (2019; Encarando a história e a nós mesmos) é um exemplo de programa de ensino médio voltado para o desenvolvimento moral. Por mais de 25 anos, o programa Facing History and Ourselves envolve professores e alunos de diversas origens em um exame do preconceito e da discriminação, a fim de promover o desenvolvimento de uma cidadania mais humana e informada. Ao estudarem o desenvolvimento histórico do Holocausto e outros exemplos de violência coletiva, os alunos fazem a conexão essencial entre a história e as escolhas morais que enfrentam na própria vida. Ao examinar a história em todas as suas complexidades, incluindo seus legados de preconceito e discriminação, resiliência e coragem, o programa encoraja os jovens a se envolver em discussões e debates críticos sobre sua comunidade e sua nação. Um estudo dos resultados concluiu que os alunos participantes do programa mostraram maior maturidade de relacionamento e diminuição no envolvimento em brigas, atitudes racistas e identidade insular étnica relativa aos alunos do grupo-controle (SCHULTZ; BARR; SELMAN, 2001), indicando que o desenvolvimento moral e os comportamentos pró-sociais associados podem, na verdade, ser ensinados.

AS IMPLICAÇÕES PARA A FORMAÇÃO DE PROFESSORES

No passado, quando os educadores eram questionados sobre como aprenderam a gerenciar suas salas de aula, muitos afirmaram ter aprendido na prática. Por exemplo, em um estudo que envolveu 126 professores de 21 escolas de ensino médio escolhidas aleatoriamente no Centro-Oeste, Merrett e Whendall (1993) constataram que apenas 18% dos professores alegaram que aprenderam habilidades de gestão durante o treinamento inicial, enquanto 82% aprenderam tais habilidades na prática. Esses docentes acreditavam que um curso com foco no gerenciamento do comportamento no *preservice* teria ajudado a reduzir o nível de mau comportamento dos alunos, além do próprio estresse. A maioria dos participantes desse estudo acreditava que seus colegas perdiam muito tempo com ordem e controle, e 38% achavam que também faziam o mesmo.

Isso está começando a mudar conforme os programas de preparação incorporam uma atenção mais explícita a todos os elementos do planejamento pedagógico e de gestão de sala de aula descritos aqui. Por exemplo, uma pesquisa com docentes de Kentucky descobriu que mais de 80% dos professores iniciantes que se formaram nas faculdades de educação de Kentucky – onde as reformas estaduais da educação de professores foram realizadas no início dos anos de 1990 – pareciam bem preparados para praticamente todos os aspectos de seus trabalhos, inclusive a gestão da sala de aula (KENTUCKY INSTITUTE FOR EDUCATION RESEARCH, 1997). Uma pesquisa de 1998 com 3 mil professores iniciantes na cidade de Nova York constatou que a maioria dos professores preparados em programas de formação docente se sentia adequadamente preparada para as muitas tarefas de ensino relacionadas à gestão da sala de aula, enquanto aqueles que não tinham preparação ou ingressavam no ensino por meio de programas alternativos classificaram-na como uma área em que se sentiam mais inadequadamente treinados (DARLING-HAMMOND; CHUNG;

FRELOW, 2002). Da mesma forma, mais de 70% dos formandos da California State University se sentiam bem preparados para todos os aspectos de seus trabalhos, inclusive a gestão da sala de aula. Aqueles que fizeram estágio supervisionado (pouco mais da metade do total) se sentiam mais bem preparados – e foram considerados mais bem preparados pelos diretores – do que aqueles que completaram a certificação por meio de um programa de estágio ou os que tiveram que lecionar de foma emergencial, sem estágio supervisionado (CALIFORNIA STATE UNIVERSITY, 2002a, 2002b). Outro estudo apontou que, enquanto estavam lecionando, professores contratados de forma emergencial tinham urgência por informações sobre a gestão de sala de aula nas disciplinas que estavam cursando na formação docente, mas, muitas vezes, não conseguiam entender as fortes conexões entre o planejamento de um currículo eficaz e o comportamento dos alunos (SHIELDS *et al.*, 2001).

Quando se trata de gestão, os professores, em seu primeiro ano de prática docente, precisam estar tão bem-informados quanto os professores em seu quinto ano. Se os docentes lidam com maus comportamentos de forma inadequada e ineficaz, eles podem causar sérios danos ao bem-estar psicológico das crianças, bem como ao próprio senso de competência, o que muitas vezes acarreta o abandono da profissão. Em uma pesquisa que incluiu 243 professores de ensino médio de 15 escolas selecionadas aleatoriamente, Brouwers e Tomic (2000) constataram que educadores que não confiavam em suas habilidades de gestão de sala de aula eram confrontados por sua incompetência todos os dias e rapidamente "se esgotavam". Eles encontraram uma relação significativa entre exaustão emocional e baixos níveis de autoeficácia percebida na gestão da sala de aula. O estudo de Luczak (2004) sobre educadores iniciantes pesquisados nas Schools and Staffing Surveys federais confirmou que o desgaste inicial do professor está fortemente relacionado à preparação do professor em geral e ao treinamento em gestão da sala de aula em

particular. Martin, Linfoot, Stephenson (1999) apontaram que os docentes que não tinham confiança em suas habilidades de gestão de sala de aula eram mais propensos a encaminhar as crianças para outro departamento da escola, menos propensos a trabalhar com profissionais não acadêmicos e menos propensos a utilizar estratégias focadas de forma positiva em resposta ao comportamento.

Brophy (1988) sugere que, além do conhecimento sobre conteúdo da disciplina, práticas pedagógicas e alunos, os professores inicialmente precisam de três tipos de conhecimento para se tornarem gestores eficazes da sala de aula: conhecimento procedural, que diz respeito aos princípios da gestão da sala de aula; conhecimento processual, que aborda a implementação desses princípios; e conhecimento condicional, que se refere a quando eles devem ser implementados e por que razão. Outros argumentam que o sucesso na gestão da sala de aula também depende do desenvolvimento de disposições em relação às crianças e ao ensino, entre as quais disposições de respeito e cuidado; disposições para investigar a vida das crianças e pensar de modo a compreender melhor sua experiência; e disposições para a educação que valorizam o amplo desenvolvimento das crianças nos domínios social e acadêmico (KAPLAN; GHEEN; MIDGLEY, 2002; MARTIN; VAN GUNTEN, 2002; MCALLISTER; IRVINE, 2002; TOBIN; JOHNSON, 1994; WINITZKY, 1992).

Conforme os educadores de professores ajudam os docentes novatos a aprender a administrar com sucesso as salas de aula, três importantes elementos de preparação devem ser considerados. Primeiro, os educadores precisam de experiência prática para trabalhar com crianças, sob a orientação de profissionais especializados, conforme aprendem sobre gestão de sala de aula. Em segundo lugar, a experiência prática precisa ser complementada por práticas pedagógicas úteis de sala de aula que conectem a teoria à prática. Em terceiro lugar, os educadores de professores devem ser modelos de uma boa gestão de sala de aula.

As estratégias para preparação de professores para gestão de sala de aula

No início deste capítulo, descrevemos uma observação da sala de aula de Mary Gregg durante seu primeiro ano de prática docente (SNYDER, 2000). É importante se perguntar que tipo de programa pode preparar uma professora tão habilidosa tão cedo em sua carreira. Mary estudou no Developmental Teacher Education (DTE) Program na University of California, Berkeley. O DTE é um programa de especialização de dois anos que inclui um ano focado substancialmente em teoria e observação, seguido por um segundo ano de experiência clínica intensiva em paralelo com disciplinas relacionadas.

O DTE inclui vários recursos de elaboração que contribuem para os altos níveis de habilidade dos candidatos (SNYDER, 2000). Entre outros tópicos, o programa enfatiza a relação da teoria do desenvolvimento com a prática docente por meio de um conjunto de quatro disciplinas relacionadas que se estendem ao longo de dois anos completos. Os candidatos desenvolvem uma prática sofisticada conforme as disciplinas são sequenciadas em um currículo em espiral para oferecer oportunidade de considerações repetidas sobre questões relacionadas ao ensino em níveis mais altos de compreensão ao longo dos dois anos. Os candidatos fazem cinco estágios supervisionados cuidadosamente selecionados de modo que experimentam diversos cenários nos quais as questões da prática docente podem ser abordadas e orientadas por uma variedade de modelos de ensino. Esses estágios são selecionados de modo a simular as práticas ensinadas pelo programa, com profissionais especializados em cada um deles. Um seminário semanal desse estágio supervisionado com uma organização complexa e flexível promove a integração entre teoria e prática, resolução de problemas em pequenos grupos e interação entre alunos do 1º e do 2º ano. A supervisão clínica individual é fornecida por uma equipe altamente experiente. Embora a introdução ao ensino seja gradual, a quantidade de supervisão permanece relativamente constante nos cinco estágios.

Esses recursos são importantes das seguintes maneiras: como a gestão de sala de aula é uma arte prática embasada pela teoria, um extenso estágio supervisionado em salas de aula bem-elaboradas e adequadas ao desenvolvimento fornece uma base sólida para entender como os professores podem envolver os alunos na aprendizagem significativa e gerenciar salas de aula para esse fim. O fato de as salas de aula atenderem populações estudantis muito diversas permite que os candidatos a professores aprendam a trabalhar com êxito com crianças e famílias cujas origens podem ser diferentes das suas. Da mesma forma, como integra aprendizagem sobre crianças, aprendizagem em geral, currículo e ensino, e revisita as principais preocupações, o DTE permite que a prática dos candidatos "crie raízes", tornando-se mais ponderada e reflexiva, além de mais competente no terreno da sala de aula. O fato de os docentes estarem bem-enraizados na pesquisa sobre ensino fundamenta o trabalho prático com o qual os candidatos se envolvem. O programa DTE sugere que, com o intuito de ensinar efetivamente conhecimento proposicional, procedural e condicional, bem como disposições, os professores tiram proveito da experiência prática do trabalho com crianças, atividades de sala de aula que vinculam a teoria à prática e experiência pessoal de boa gestão de sala de aula em seus estágios e nos próprios programas de preparação.

Experiência prática – o trabalho com crianças. A preparação para a gestão de sala de aula normalmente envolve experiências clínicas que incluem observação e modelagem com reflexão guiada. Embora a experiência seja importante, aprender sozinho a partir de tentativa e erro não é o mesmo que aprender por meio de práticas supervisionadas por um professor colaborador que possa demonstrar como organizar atividades produtivas de aprendizagem e responder a problemas previsíveis e inesperados que surgem nas salas de aula. É importante que os educadores em formação tenham experiência prática com crianças antes de assumir a responsabilidade por uma sala de aula (ver Cap. 10). A qualidade da modelagem e as oportunidades de praticar habilidades são fundamentais. Como Burnard e Yaxley (1997) apontam, a aprendizagem de habilidades de gestão de sala de aula por meio da observação de professores mentores durante o aprendizado de observação tem duas falhas principais. Em primeiro lugar, os professores mentores nem sempre têm habilidades eficazes de gestão de sala de aula. Alguns ainda estão envolvidos no método de tentativa e erro; outros adaptaram estratégias que não são altamente eficazes para o comportamento de gestão *e* a aprendizagem de suporte. Em segundo lugar, muitos educadores em formação não recebem a oportunidade em seus estágios de usar várias estratégias em circunstâncias difíceis, de modo que não têm confiança quando estão sozinhos em uma sala de aula.

Escolher mentores fortes e estruturar o estágio para permitir a responsabilidade dos graduados são elementos importantes para aprender a gerenciar a sala de aula com sucesso. Começar um estágio supervisionado no início do ano letivo permite que os professores em formação observem como as rotinas de sala de aula são estabelecidas; como os docentes aprendem sobre os alunos, suas famílias e suas comunidades; e como o planejamento curricular está de acordo com os procedimentos de gestão de sala de aula. Permanecer tempo suficiente para ser capaz de assumir elementos da prática docente permite que os docentes em formação pratiquem a implementação de técnicas de gestão em primeira mão e resolvam problemas de sala de aula com o professor mentor antes de assumirem uma sala de aula de forma independente.

Os futuros professores também podem se beneficiar de modelos fortes, tanto em locais clínicos quanto nas disciplinas, sobre como trabalhar com os pais. Pode-se pedir a eles, como alguns programas fazem, para entra-rem em contato com os pais por meio de ligações telefônicas positivas e conferências ou visitas domiciliares usando modelos e protocolos que demonstram como tornar essas conversas produtivas. Entender que esses tipos de conexões fora da sala de aula podem trazer uma contribuição importante para o esforço e a cooperação dos alunos dentro da sala de aula é uma realização importante para os novos professores, que, do contrário, podem imaginar que suas habilidades de ensino se aplicam em grande parte somente dentro dos limites da sala de aula.

A reflexão sobre gestão por meio de atividades de aula. Brophy (1988) argumenta que é importante desenvolver habilidades de gestão de sala de aula mediante abordagem do aprendizado da observação envolvendo modelos, mentoria e *scaffolding*. No entanto, ele também argumenta que essa abordagem precisa ser complementada com ensino didático em conceitos e habilidades básicas, observações estruturadas em sala de aula e o uso de materiais de caso e exercícios de simulação. Hoje, esses tipos de materiais incluem simulações interativas baseadas em vídeo e computador, como o programa multimídia interativo *Classroom Management*, desenvolvido pelo Vanderbilt Cognition and Technology Group (SMITHEY, 1996). O programa fornece pesquisas sobre questões-chave de gestão de sala de aula vinculadas a exemplos em vídeo de professores que praticam o que a narrativa em hipertexto está descrevendo, além de tarefas de elaboração de planos para abordar essa questão específica em futuras salas de aula de educadores em formação, com base em descobertas de pesquisa, no que eles viram em uma sala de aula real e no que eles acreditam ser uma gestão eficaz. Por meio do uso do programa, os professores em formação podem visitar uma ampla variedade de docentes e observar as maneiras como eles organizam suas salas de aula para o ensino, as diferentes maneiras como conduzem o ensino e os métodos que usam para lidar com o comportamento dos alunos. Em reflexões e análises, os educadores em formação são desafiados a superar seus conhecimentos "derivados" e desenvolver o próprio conhecimento sobre o ensino de modo a criar ambientes de aprendizagem que sejam positivos e bem-administrados.

Por meio desses e de outros casos e exercícios em sala de aula, os professores conseguem aprender a refletir criticamente sobre sua prática docente. A habilidade de um professor de refletir sobre suas experiências é uma aptidão disposicional importante para o sucesso da gestão de sala de aula (JADALLAH, 1996; MCALLISTER; IRVINE, 2002; WINITZKY, 1992). Winitzky (1992) estudou como os docentes refletem sobre sua prática para entender seu ensino, constatando que a forma como os candidatos a professores organizam seus conhecimentos de gestão de sala de aula influencia sua capacidade de refletir sobre a gestão da sala de aula. Educadores com estruturas mais organizadas e complexas para enquadrar seus conhecimentos foram mais capazes de refletir sobre eventos em sala de aula em todos os níveis, desde o técnico até o moral. Uma carga teórica sobretudo voltada para o tratamento de sala de aula, especialmente se ela incorpora o quadro abrangente descrito aqui, pode dar aos professores um mapa conceitual ou esquema para entender o que eles estão experimentando e tentando realizar na sala de aula. Pode haver um benefício especial em cursar essa disciplina, enquanto futuros professores estão fazendo o estágio supervisionado, de modo que a teoria consegue ser imediatamente conectada à prática.

Por meio da prática reflexiva, os docentes podem ir além da etapa de tentativa e erro rapidamente. Engajar-se em pesquisa-ação sobre problemas específicos pode ajudá-los a aprender a usar técnicas sistemáticas de pesquisa que ultrapassam a reflexão intuitiva. Professores que têm disposições reflexivas são menos propensos a culpar crianças ou pais por falta de progresso. Eles são mais propensos a se envolver em autoavaliação crítica para modificar suas estratégias. Quando uma estratégia não funciona com uma criança, eles aprendem a passar para a próxima estratégia (VALLI, 1989; ZEICHNER; LISTON, 1996). Um professor reflexivo não comunica a uma criança, a um dos pais ou a outros colegas que uma criança é inacessível. A falta de sucesso significa que, para essa criança em particular, dadas tais estratégias, sob o contexto em questão, os planos não tiveram sucesso. Portanto, o professor precisa desenvolver novos planos.

A seguir, apresentamos um exemplo de como os educadores de docentes vincularam a pesquisa de professores a uma simulação usando a técnica do teatro de leitores para analisar um caso envolvendo questões de gestão de sala de aula. Nesse estudo, os professores do ensino médio refletiram sobre suas experiências como instrutores em um programa de suspensão na escola (ISS; *in-school suspension*), para onde as crianças foram levadas quando foram expulsas das salas de aula (SEVCIK; ROBBINS; LEONARD, 1997). Esses educadores perceberam que muitas crianças enviadas à ISS eram encaminhadas por causa de linguagem obscena, e as mesmas crianças eram enviadas repetidas vezes. Obviamente, punir crianças mandando-as para a ISS não estava produzindo efeito algum na melhoria do comportamento. Assim, como parte de seu estudo de pesquisa, os professores trabalharam para entender por que as crianças optaram por usar a linguagem obscena, apesar das consequências, e como poderiam eliminar mais efetivamente esse comportamento. Nesse pequeno trecho do diálogo real de uma discussão em grupo, um dos professores está perguntando a um dos alunos (John) por que ele foi enviado à ISS nesta ocasião específica:

PROFESSOR: Lembro-me de ler sua resposta, aquela em que cutucaram sua cabeça ou bateram na sua cabeça ou algo assim. O que aconteceu?

JOHN: Sim, eu estava... Eu estava com minha cabeça deitada assim... e Eugene – acho que foi Eugene – me bateu nas costas com bastante força.

CHRIS: Bateu na parte de trás da cabeça dele, muito, muito forte.

JOHN: E eu pulei e disse: "Quem foi o m* que fez isso?". A senhora Turner disse: "Sai agora para o corredor!". Eu disse: "Bem, quem me bateu na parte de trás da cabeça?". Ela começou a se descontrolar... "Não importa quem te acertou na parte de trás da cabeça".

KRYSTAL: E, John, ele ficou tipo "filha da p*" e saiu.

PROFESSOR: E com quem você estava falando?

JOHN: Com a senhora Turner quando ela fez isso, porque...

PROFESSOR: Porque ela lhe disse que suas palavras eram inapropriadas?

JOHN: Não, porque...

CHRIS: Quando houve um problema, ela não resolveu o problema. Ela se recusou a resolver problemas na sala de aula. Como quando algo acontece...

MARK: Ela nos manda sair para o corredor...

JOHN: Sim, ela manda os caras para fora no corredor, mas ela não ia dizer nada para uma garota.

Os pesquisadores usaram esse tipo de trecho para ajudar os professores a levantar questões sobre os vários elementos da situação (SEVCIK; ROBBINS; LEONARD, 1997). Por exemplo, esse diálogo pode ser lido de maneira simplista. Alguns podem argumentar que John chamou a professora de um palavrão e que deveria ser suspenso – fim da história. Outros podem questionar se a professora foi injusta em sua resposta ou tendenciosa contra esse aluno em particular. Havia alguma maneira de a professora ter abordado a perturbação inicial sem agravar o problema? Poderia esse incidente ter sido evitado em primeiro lugar? O que o diálogo diz sobre o relacionamento dos alunos com essa professora em particular, não apenas seu relacionamento com John, mas também com as outras crianças do grupo que estavam ajudando John a descrever o incidente? O que sabemos sobre como essa escola trata más condutas? Sabemos que, quando as crianças

agem de certas maneiras, elas são "mandadas embora". Como isso ajuda no desenvolvimento da decisão moral ou da cidadania das crianças? O que os alunos estão aprendendo com a ISS e os métodos de gestão de disciplina da escola?

De modo a preparar os professores para pensar sobre a gestão de sala de aula (amplamente concebida), esse projeto de pesquisa em particular foi usado em um programa de mestrado na George Mason University (SOCKETT *et al.*, 2002) como um exercício para estimular discussões sobre questões de gestão da sala de aula. Pediu-se aos docentes que lessem em voz alta o diálogo de transcrição em aula, assumindo vários "papéis". Depois que as transcrições são lidas em voz alta, a turma é convidada a analisar os dados juntos. Muitos temas são discutidos, não apenas sobre as estratégias usadas, mas também sobre as opiniões dos alunos sobre a linguagem obscena, como eles respondem aos professores e como eles veem a sala de aula e a comunidade escolar. Os docentes também são convidados a discutir o que significa ser moral, não apenas para os alunos, mas também para os professores envolvidos no estudo e para eles mesmos. Os professores também leem o relatório publicado (SEVCIK; ROBBINS; LEONARD, 1997) e discutem as conclusões dos pesquisadores. Entre elas, está o reconhecimento de que o uso de linguagem obscena por crianças é complexo. Palavras particulares são usadas em vários momentos para propósitos específicos, dependendo do contexto: existem regras e normas que governam o uso de linguagem obscena.

Essa atividade também estimula o desenvolvimento de disposições, permitindo que os docentes confrontem seus preconceitos. Muitas vezes, quando o diálogo é lido, muitos dos candidatos a professores rotulam imediatamente as crianças como minorias étnicas de áreas urbanas pobres ou com dificuldades de aprendizagem (porque um dos professores da ISS é um professor de educação especial). Na verdade, a maioria das crianças no estudo era branca e de uma área suburbana de classe média – não diagnosticadas com deficiências.

Os candidatos a docentes também são solicitados a discutir a estratégia dos professores da ISS para lidar com o mau comportamento. Essa estratégia é chamada de "método de investigação" da intervenção comportamental. Nessa estratégia, pede-se às crianças que pensem nas razões de seu comportamento, articulem essas razões e justifiquem seu comportamento com pouca ou nenhuma interferência de adultos. Parte do objetivo é fazer as crianças lidarem com a lógica de suas ações. Os pesquisadores constataram que, ao final de suas entrevistas com grupos focais, as crianças, que não foram proibidas de falar palavrões durante as entrevistas do grupo focal, diminuíram significativamente o uso de linguagem obscena no final do estudo.

A modelagem dada por educadores de professores. Por fim, ao se ensinar sobre gestão da sala de aula, também é importante que os educadores de professores forneçam modelos de boas práticas. Muitas vezes, os professores são solicitados a modelar os comportamentos e regras que impõem às crianças, desde "chegar à aula no horário" até objetivos ainda mais significativos, como "respeitar os direitos uns dos outros". Grande parte da literatura sobre essa questão explora o quão complexo é "praticar o que pregamos" (WIEST, 1999).

Os educadores de professores também trabalham duro para "praticar o que pregam" (ver KROLL; LABOSKEY, 1996; LEHMAN, 1991; PHILLIPS; HATCH, 2000). Além de utilizarem métodos de ensino ativos ao pedirem aos alunos que apliquem tais métodos, os professores devem realizar um cuidadoso planejamento de modo a otimizar o tempo de aprendizagem, estruturar transições apropriadas, desenvolver a comunidade, ser organizados e dar atividades envolventes, significativas e bem-estruturadas. Questionar os docentes sobre as escolhas que eles fazem e as estratégias que eles utilizam na gestão das próprias salas de aula é uma maneira de ensinar por meio de modelagem e reflexão. Além disso, os educadores de professores precisam modelar práticas morais e uma abordagem cuidadosa. Isso pode parecer óbvio, mas fornecer um modelo moral entre os professores pode ser complexo. Por exemplo, não é incomum que os educadores façam vista grossa para outros membros do corpo docente ou administradores que não estejam tratando adequadamente alunos, funcionários ou colegas. Se se espera que os educadores imponham normas profissionais aos seus colegas em prol das crianças, então os educadores de professores devem estar dispostos a fazer o mesmo. Oferecer modelos é importante, porque os professores são mais propensos a adotar certas estratégias pedagógicas se tiverem experimentado os benefícios dessas próprias estratégias em seus ambientes de aprendizagem (ERTMER, 2003; PHILLIPS; HATCH, 2000).

Durante anos, a gestão de sala de aula deixou perplexos professores novos e experientes. Habilidades deficientes em gestão de sala de aula fizeram muitos docentes abandonarem o emprego e partirem para outras carreiras. Essa não é uma consequência inevitável da nova prática docente. É claro que professores como Mary Gregg, a professora em seu primeiro ano apresentada no início do capítulo, podem aprender estratégias que os ajudarão a organizar e administrar uma sala de aula de forma eficaz para evitar a maioria dos comportamentos difíceis, se não todos, e, quando eles o fizerem, podem gerar uma aprendizagem significativa desde seus primeiros dias como docentes.

Como os professores aprendem e se desenvolvem

10

Karen Hammerness
Linda Darling-Hammond
John Bransford
com David Berliner, Marilyn Cochran-Smith, Morva McDonald, Kenneth Zeichner

A maneira como os professores aprendem e se desenvolvem como profissionais é uma questão que tem intrigado os educadores de professores e pesquisadores por muitos anos. Como os professores aprendem a se beneficiar e usar sua compreensão do conteúdo da matéria, da aprendizagem, do desenvolvimento, da cultura, da linguagem, da pedagogia e da avaliação ao lidarem com os problemas concretos da prática docente? Como eles aprendem a equilibrar as necessidades individuais da diversidade de alunos com as exigências do currículo e os objetivos da turma como um todo? Como eles aprendem a tornar-se membros de uma comunidade profissional que trabalha em conjunto para melhorar a aprendizagem do aluno? Como professores educadores ajudam futuros professores a aprender como conduzir os diversos desafios da sala de aula e da escola?

Este capítulo analisa as teorias clássica e contemporânea, bem como pesquisas sobre a aprendizagem e o desenvolvimento de professores. Nossa discussão está dividida em quatro seções principais. Na primeira, retornamos a um tema mencionado no Capítulo 1 e discutido em mais detalhes no Capítulo 2: especificamente, a *expertise* adaptativa que dá suporte à aprendizagem ao longo da vida (HATANO; INAGAKI, 1986). Claramente, conhecimento, habilidades e atitudes necessários para o ensino ideal não conseguem ser desenvolvidos de forma plena em programas de *preservice*. Em vez disso, os candidatos à formação de professores precisam estar preparados para a aprendizagem ao longo da vida. Isso é especialmente verdadeiro em sociedades como a nossa, nas quais as expectativas em relação aos padrões acadêmicos e à educação equitativa são constantemente aprimoradas conforme o mundo se transforma. Um exemplo disso é repensar o que é mais importante no ensino: precisamos ensinar uma gama mais ampla de línguas estrangeiras e mais sobre as relações internacionais, já que o mundo fica menor? É necessário ensinar o cálculo de raízes quadradas em uma era de calculadoras? Outro exemplo seria repensar como ensinar e avaliar. As planilhas podem se tornar uma ferramenta poderosa para ajudar os alunos a entender o poder da álgebra? As tecnologias de ensino a distância podem melhorar a compreensão global? Quais estratégias são mais eficazes para ensinar novos estudantes da língua inglesa em matemática, leitura e outras áreas?

Com o intuito de ter sucesso na preparação de docentes eficientes, a formação de professores deve estabelecer as bases para a aprendizagem ao longo da vida. No entanto, o conceito de aprendizagem ao longo da vida deve tornar-se algo mais do que um clichê. Dado o período relativamente curto disponível para preparar os professores e o fato de que nem tudo pode ser ensinado, decisões devem ser tomadas sobre quais conteúdos e estratégias são mais eficazes na preparação de novos candidatos para que eles possam aprender com a própria prática, bem como sobre as percepções de outros professores e pesquisadores.

Neste capítulo, exploramos a teoria e a pesquisa relevantes para a tarefa de ajudar os docentes a se tornarem profissionais *experts* adaptativos. Especial atenção é dada a três problemas amplamente documentados ao aprender a ensinar. Primeiro, aprender a ensinar exige que os novos professores reflitam sobre (e compreendam) a aprendizagem de maneiras bem diferentes daquilo que aprenderam com a própria experiência como estudantes. Lortie (1975) chamou isso de problema do "aprendizado da observação" para se referir à aprendizagem que ocorre em virtude de ter sido um aluno por 12 anos ou mais em contextos tradicionais de sala de aula. Essas experiências têm um efeito importante em preconceitos sobre ensino e aprendizagem que novos professores trazem para a tarefa de se tornarem profissionais.

Segundo, ajudar os docentes a aprender a ensinar de forma mais eficaz exige que eles desenvolvam não apenas a capacidade de "pensar como um professor", mas também de colocar o que sabem em prática – o que Kennedy (1999) denominou "problema da execução". Os docentes precisam não apenas entender, mas também *fazer* uma grande variedade de coisas, muitas delas simultaneamente. Enfrentar esse desafio requer muito mais do que simplesmente fazer os alunos memorizarem fatos e procedimentos ou até mesmo discutirem ideias. Como Simon (1980) observa, há uma grande diferença entre "saber" e "saber por que e como".

Terceiro, a preparação do professor envolve "o problema da complexidade". Professores geralmente trabalham com muitos alunos ao mesmo tempo e têm que lidar com diversos objetivos acadêmicos e sociais que exigem trocas a cada momento e a cada dia (JACKSON, 1974). Embora alguns aspectos do ensino possam ser rotineiros, muito do que os docentes fazem ainda é influenciado por uma modificação nas necessidades dos alunos e eventos inesperados em sala de aula. E muitas outras

decisões relacionadas à prática docente não podem ser rotinizadas, porque dependem das respostas dos alunos e dos objetivos específicos buscados em dado momento. Ajudar futuros professores a aprender a pensar sistematicamente sobre essa complexidade é muito importante. Eles precisam desenvolver hábitos mentais metacognitivos para orientar decisões e reflexões sobre a prática de modo a dar suporte à melhoria contínua.

Algumas abordagens relacionadas a aprender a ensinar não respondem adequadamente a esses problemas. Por exemplo, apresentar aos professores de maneira geral estratégias que podem ser utilizadas em sala de aula, sem exemplos e modelos, não costuma levar a uma profunda compreensão ou execução. A implementação de rotinas pode ser útil e liberar a atenção dos docentes para outros aspectos de seu trabalho. No entanto, oferecer apenas rotinas não ajuda os professores a desenvolver habilidades diagnósticas e de ensino para lidar com alunos que precisam de abordagens diferentes ou suporte adicional para aprender com sucesso.

A terceira seção deste capítulo examina pesquisas sobre o desenvolvimento da *expertise* na prática docente e suas implicações para o ensino. Discutimos evidências que sugerem que o desenvolvimento dos professores é influenciado pela natureza da preparação que receberam inicialmente e mostramos como modificações em alguns programas de educação docente parecem influenciar o que os professores são capazes de fazer no início de suas carreiras. A seção final apresenta uma estrutura para considerar o conhecimento, as habilidades e as disposições necessárias para uma prática docente eficaz e para ajudar os educadores a aprender por toda a vida.

OS PROFESSORES COMO *EXPERTS* ADAPTATIVOS

Carter (1990, p. 307) observa que "[...] o modo com o qual a questão de aprender a ensinar é abordada depende muito de como se concebe o que precisa ser aprendido e como essa aprendizagem pode ocorrer [...]". Isso é consistente com os argumentos de Wiggins e McTighe (1998) de que a elaboração de oportunidades efetivas de aprendizagem precisa começar com uma ideia clara do que queremos que as pessoas saibam e sejam capazes de fazer. Também é consistente com a literatura de resolução de problemas, que sugere que as formas como as pessoas inicialmente abordam problemas têm grandes efeitos em suas estratégias de solução, porque diferentes abordagens abrem diferentes "espaços problemáticos" para as pessoas explorarem (ver BRANSFORD; STEIN, 1993; NEWELL; SIMON, 1972).

Conforme discutido no Capítulo 2, o desenvolvimento da *expertise* adaptativa fornece um padrão-ouro apropriado para a formação de um profissional. A Figura 2.1 ilustra a hipótese de que existem duas dimensões de *expertise*: eficiência e inovação (SCHWARTZ; BRANSFORD; SEARS, 2005). No ensino, essas dimensões podem refletir a capacidade do professor de utilizar de forma eficiente uma técnica de sala de aula específica – como o ensino recíproco conduzido em pequenos grupos para atividades de leitura – por um lado e, por outro lado, sua habilidade de desenvolver um conjunto de novas estratégias para um novo estudante de língua inglesa para o qual as rotinas existentes não estão tendo sucesso. Uma característica importante dos *experts* adaptativos reside em sua habilidade de equilibrar essas duas dimensões.

A *expertise* ao longo da dimensão da *eficiência* envolve maiores habilidades para executar tarefas específicas sem ter que dedicar muitos recursos de atenção para alcançá-las (ver ATKINSON; SCHIFFRIN, 1968; LABERGE; SAMUELS, 1974). Professores *experts* são capazes de realizar uma variedade de atividades sem precisar parar e pensar em como fazer. Exemplos disso incluem como gerenciar uma sala de aula enquanto os alunos estão trabalhando em grupos, como dar instruções e distribuir materiais enquanto mantêm a atenção de todos, como prever a variedade de respostas que os alunos podem dar a uma questão específica sobre um conceito em matemática, história, ciências, e assim por diante. Professores *experts* também são capazes de perceber padrões de atividade de sala de aula que, para um novato, muitas vezes parecem um caos desorganizado (ver "Um estudo da *expertise* do professor").

Um estudo da *expertise* do professor

Professores *experts* e iniciantes percebem coisas muito diferentes quando assistem a vídeos de aulas. Por exemplo, ao examinarem o mesmo fragmento de vídeo, os *experts* conseguem detectar padrões de atividade e fazer inferências rapidamente sobre o que está acontecendo na sala de aula, enquanto os iniciantes enxergam uma atividade que é confusa e não padronizada. Eis um exemplo:

EXPERT 6: No monitor da esquerda, a anotação dos alunos indica que eles já viram folhas de exercício como essas e tiveram apresentações como essa antes. É razoavelmente eficiente nesse ponto, porque eles estão acostumados com o formato que estão usando.

EXPERT 7: Não entendo por que os alunos não conseguem encontrar essas informações sozinhos, em vez de ouvir alguém, porque se você observar os rostos da maioria deles, eles começam prestando atenção ao que está acontecendo pelos primeiros 2 ou 3 minutos e, depois, simplesmente se distraem.

EXPERT 2: Não ouvi o sinal, mas os alunos já estão em suas mesas e parecem estar fazendo uma atividade importante, e esse é o tempo que levo para decidir que eles devem ser um grupo acelerado, porque eles entraram na sala e começaram algo em vez de apenas sentar e socializar.

APRENDIZ 1: Não sei dizer o que estão fazendo. Eles estão se preparando para a aula, mas não sei dizer o que estão fazendo.

APRENDIZ 3: Ela está tentando se comunicar com eles aqui sobre algo, mas eu, com certeza, não saberia dizer do que se trata.

OUTRO APRENDIZ: É muito para assistir.

Fonte: Adaptado de Sabers, Cushing e Berliner (1991).

A aprendizagem durante toda a vida, ao longo da dimensão da *inovação*, normalmente envolve ir além das rotinas existentes e, muitas vezes, exige que as pessoas repensem ideias-chave, práticas e até valores a fim de mudar o que estão fazendo. Esses tipos de atividades podem ser extremamente carregados de emoção, e a capacidade de considerar mudanças sem se sentir ameaçado é uma habilidade importante. A definição irônica de inovação de Land (ver NIERENBERG, 1982) como "o repentino cessar da estupidez" pode ser útil para manter o senso de humor em meio à necessidade de uma mudança fundamental.

Acredita-se que os processos de eficiência e inovação sejam complementares em âmbito global, embora às vezes possam parecer antagônicos em âmbito local. Eles são complementares quando níveis adequados de eficiência abrem espaço para a inovação. Por exemplo, suponha que um aluno em sala de aula dê uma resposta a um problema de matemática que seja novidade para um professor em particular. Se o professor for capaz de prever e compreender eficientemente a gama de outras respostas dadas pelos alunos da turma, torna-se possível pensar de forma criativa sobre a nova resposta e descobrir como e por que o aluno a gerou. Com experiência e ensino, os problemas novos, não rotineiros, tornam-se problemas rotineiros (i.e., problemas que já foram resolvidos antes ou são muito semelhantes aos resolvidos anteriormente). No entanto, se toda a gama de respostas gerada pelos alunos parecer nova para o professor, ele ficará sobrecarregado e incapaz de lidar com isso. Assim, a aprendizagem sobre concepções comuns e concepções errôneas a respeito de tópicos específicos em um campo dá suporte para a resolução de problemas por parte do professor,

permitindo que ele seja mais eficiente em seu planejamento e mais eficaz em suas respostas aos alunos (ver Caps. 2 e 6).

Um exemplo da tentativa de uma professora de lidar com o que, para ela, foi uma resposta nova de um aluno a um problema de matemática é ilustrado na seção "A capacidade de inovar: lidando com uma resposta intrigante".

A capacidade de inovar: lidando com uma resposta intrigante

Uma professora do 2º ano pediu aos alunos que resolvessem 3 + 3. Um menino, a quem chamaremos de Jimmy, respondeu animadamente que a resposta era 8. Depois de pedir a ele para repensar e, ainda ouvindo a mesma resposta, a professora levantou três dedos em cada mão e pediu a Jimmy para contá-los. Desta vez, ele chegou à resposta "6". "Ótimo", disse a professora, "então quanto é 3 + 3?". Jimmy novamente disse "8", deixando a professora perplexa.

Por fim, descobriu-se que Jimmy era altamente visual e considerara "8" como a resposta porque um 3 e um 3 invertido formavam visualmente um 8. Inicialmente, foi preciso um tempo considerável para a professora entender as razões da resposta de Jimmy (o que foi muito mais adequado do que simplesmente dizer "Você está errado" e não o ajudar a entender o porquê).

Quando o professor entende o raciocínio de Jimmy, torna-se muito mais fácil (mais eficiente) diagnosticar respostas semelhantes de outros alunos que também possam ter uma tendência a pensar visualmente sobre esses tipos de problemas. Acrescentar essas informações ao repertório de problemas familiares (de rotina) dos professores ajuda-os a se tornarem mais preparados para lidar com uma série de novos problemas de aprendizagem incomuns (não rotineiros) que poderão ocorrer posteriormente.

Eficiência e inovação são antagônicas quando uma bloqueia a outra. Por exemplo, uma rotina bem-consolidada para ensinar frações, genética ou outro conteúdo pode acabar limitando a capacidade do professor de ajudar os alunos a desenvolver uma compreensão detalhada do conteúdo se o professor não tiver um comando flexível e explicações alternativas (ver NATIONAL RESEARCH COUNCIL, 2005). Sob essas condições, as tentativas de "desaprender" um conjunto eficiente de rotinas e aprender novas abordagens podem ser difíceis e emocionalmente dolorosas. De fato, durante o processo de aprendizagem de novas estratégias, os docentes podem inicialmente tornar-se menos eficientes do que antes, pois abandonam as técnicas que eram confortáveis e bem praticadas por eles. Nesses casos, é importante ajudar as pessoas a entender que "abandonar" ideias e rotinas consolidadas ou incorporar novas informações em suas práticas – escolher o que abandonar e o que manter ou modificar – é uma grande parte do que significa ser um aprendiz por toda vida e um *expert* adaptativo. Para um *expert* adaptativo, descobrir a necessidade de mudar não é percebido como fracasso, mas, em vez disso, como sucesso e um aspecto inevitável e contínuo do ensino eficaz (ver COGNITION AND TECHNOLOGY GROUP AT VANDERBILT, 1997; WINEBURG, 1998).

ESTRATÉGIAS DE ENSINO E EFICIÊNCIA *VERSUS* INOVAÇÃO

As estratégias de ensino variam de acordo com o grau em que enfatizam as dimensões de inovação *versus* eficiência. Por exemplo, alguns educadores defendem estratégias de ensino altamente roteirizadas (ver SAWYER, 2004). O objetivo é reduzir a variabilidade na implementação e produzir resultados que sejam melhores do que poderia se esperar de um subgrupo significativo de professores se eles fizessem tudo sozinhos. Essas tentativas de desenvolver abordagens mais roteirizadas para a prática docente são uma resposta a pelo menos dois fatores: (1) a percepção de baixos níveis de habilidade de ensino por parte dos praticantes, e (2) uma tentativa de criar mais padronização nas experiências dos alunos em salas de aula e escolas.

Outros educadores argumentam que o ensino eficaz precisa ser altamente interativo e variar de acordo com as necessidades de cada aluno. Por exemplo, Gay* sugere que a prática docente efetiva é sensível às necessidades e experiências dos alunos e deve ser vista como um ato criativo. Ball e Cohen (1999, p. 6) também enfatizam o papel da inovação no ensino: "[Nossa] perspectiva vê a capacidade dos professores não como um depósito fixo de fatos e ideias, mas como uma fonte e criação de conhecimento e habilidades necessárias para o ensino". Para esses educadores, a prática docente efetiva ocupa uma posição particularmente alta na dimensão inovação, mas sempre com uma base de eficiência por motivos observados anteriormente. Por essa razão, por exemplo, Sawyer (2004) vê a alternativa da "improvisação disciplinada" em vez do "ensino roteirizado", com ênfase tanto nos elementos disciplinados ou estruturados do ensino quanto na improvisação.

Em cada um desses relatos de prática docente, há um reconhecimento implícito de que ser inovador de forma apropriada requer o desenvolvimento de esquemas e rotinas automatizadas que forneçam eficiência com base suficiente para impedir que docentes fiquem sobrecarregados e percam de vista objetivos importantes. Abordagens altamente roteirizadas são criticadas por não permitirem espaço suficiente para atender às necessidades individuais dos alunos que aprendem de maneiras diferentes. No entanto, materiais curriculares, ferramentas de avaliação e rotinas de sala de aula baseadas em teoria de aprendizagem sólida cuidadosamente ponderada, bem como estratégias de ensino bem-fundamentadas, ajudam os docentes a desenvolver uma

---

* Comunicação pessoal em 12 de março de 2004.

eficiência útil em algumas áreas de seu ensino que criam condições para mais inovação e adaptação.

No entanto, se os educadores apenas aprenderem rotinas automatizadas "decoradas" (p. ex., de maneira estritamente roteirizada), eles não estarão preparados para ser os tipos de *experts* adaptativos que irão resolver problemas que surgem, enquanto continuam a atender às necessidades dos alunos e a melhorar ao longo do tempo (ver COGNITION AND TECHNOLOGY GROUP AT VANDER-BILT, 1997; JUDD, 1908). Embora alguns argumentem que os professores deveriam começar com práticas docentes roteirizadas com o objetivo de tornar esses educadores mais inovadores ao longo do tempo, isso poderia resultar na aprendizagem de uma prática não responsiva a partir da qual eles não sabem, nem esperam, customizar para atender às necessidades dos alunos. Pode também faltar aos professores uma base teórica e ferramentas de reflexão que permitam mudar de rumo quando o que estão fazendo não está funcionando bem.

É importante notar que mesmo a abordagem mais roteirizada do ensino exige algum espaço para inovação – por exemplo, interromper as rotinas de ensino para acomodar um problema inesperado em sala de aula. E, como observado anteriormente, a "improvisação disciplinada" está longe de ser apenas algo sem regras – ela envolve inovação dentro de um conjunto de restrições gerais (p. ex., para garantir que padrões relevantes sejam atendidos) e análise estruturada do processo de inovação para continuar a avaliar e adaptar as estratégias utilizadas. Os *experts* adaptativos buscam a ciência em especial dos contextos sociais mais amplos nos quais operam. Isso os ajuda a se adaptar de maneiras novas e apropriadas: inovar dentro dessas restrições (ver "A inovação dentro das restrições").

A inovação dentro das restrições

A importância da "inovação dentro das restrições" surgiu em uma reunião na Univer-sity of Washington, em Seattle, onde educadores de professores se reuniram com profissionais de escolas para identificar potenciais lacunas no programa de formação de professores. Os profissionais das escolas identificaram uma lacuna potencial que foi particularmente importante, ou seja, que os universitários frequentemente estudam currículo e práticas de ensino "ideais" para o ensino de disciplinas específicas, que incluem leitura, matemática, ciências, história, e assim por diante. Para ajudar os professores em formação a entender as diferenças entre abordagens melhores ou piores, eles frequentemente se deparam com casos de currículos contrastantes – alguns dos quais são muito bons e outros estão longe de ser ideais.

Os profissionais das escolas deram bastante apoio ao objetivo de ajudar os professores em formação a desenvolver uma compreensão profunda de abordagens melhores e piores ao ensino de conceitos e estratégias e concordaram que o uso de casos contrastantes foi importante. No entanto, os profissionais das escolas acrescentaram que os novos professores muitas vezes entram em escolas onde o conteúdo e as práticas curriculares específicas são exigidos pelo distrito escolar. E se esses currículos obrigatórios caírem na faixa "abaixo da ideal" de acordo com o treinamento dos professores em formação? Os novos professores devem deixar seus empregos e lutar para mudar o sistema ou simplesmente cumpri-lo e esquecer seu treinamento anterior? Esses são dilemas que muitos professores novatos irão enfrentar.

Uma vez que essa questão foi identificada, os educadores de professores da reunião em Seattle perceberam a necessidade de reformular seu ensino e se concentrar no objetivo de ajudar os candidatos a professores a pensar sobre os desafios de "ensinar de forma eficaz em um mundo imperfeito". Há sempre restrições nas atividades de qualquer um. Para os professores, em geral há maneiras de aprender a ensinar criativamente dentro dessas restrições. De fato, ser criativo significa ser original e apropriado (ver BRANSFORD; STEIN, 1993). Portanto, as restrições devem sempre ser reconhecidas e levadas em conta.

Nas escolas, o que é "apropriado" é definido pelos padrões profissionais e comunitários e pelas necessidades de alunos específicos. Futuros professores devem aprender a entender as razões de várias restrições em sua escola em especial e em sua comunidade e devem aprender a encontrar maneiras de ensinar de forma eficaz dentro delas. Com o tempo, os professores também precisam entender como trabalhar com os outros na escola e na comunidade e se tornar líderes que possam colaborar para modificar essas restrições do sistema quando elas parecem claramente abaixo do ideal. Ajudar os futuros professores a se ver como potenciais inovadores e agentes de mudança que operam dentro de sistemas que são muito maiores do que suas salas de aula significa que as questões de organização e liderança são importantes para os futuros professores explorarem (ver FULLAN, 1993b; HARGREAVES, 1994; KNAPP; TURNBULL, 1990).

Um aspecto especialmente importante da *expertise* adaptativa envolve a capacidade de aprender com os outros. Isso não é sabidamente difícil quando o que é aprendido simplesmente torna as rotinas de ensino de um professor mais eficientes e elaboradas. No entanto, como observado anteriormente, a aprendizagem ao longo da vida envolve, com frequência, inúmeras mudanças (inovações) que exigem abandonar velhas rotinas, crenças e práticas. Porém, é mais fácil dizer do que fazer. Uma parte importante da visão dos futuros professores deve incluir esforços para ajudá-los a perceber que ser um profissional envolve não apenas "saber as respostas", mas também ter a habilidade e vontade de trabalhar com ou-

tros para avaliar o próprio desempenho, bem como procurar novas respostas quando necessário, tanto na sala de aula quanto na escola como um todo. Dar suporte aos professores para aprenderem a trabalhar em equipes nas quais uns aprendem com os outros é, portanto, extremamente importante. Por exemplo, assistir com colegas a um vídeo de alguém ensinando ou convidar um colega para a sua sala de aula para que dê *feedback* é muito útil, mas também pode ser intimidador. Quando os professores tiverem aprendido a desenvolver sua prática docente dentro desses contextos colaborativos, eles agradecem em vez de refutar esse *feedback*. A propensão a buscar, em vez de evitar o *feedback*, é essencial em várias dimensões. Por exemplo, é importante quando uma equipe da escola pergunta como os alunos estão se desenvolvendo em diferentes salas de aula e áreas do currículo e considera como o currículo escolar, o desenvolvimento profissional ou as estruturas organizacionais deveriam mudar, se necessário. Mesmo que a busca pelo *feedback* possa ser um desafio, os professores que experimentam trabalhar em equipes para considerar tais questões encaram isso como parte do papel profissional e de uma atividade importante e contínua, e não como uma ameaça ao que eles vinham fazendo anteriormente. A verdadeira *expertise* adaptativa para um profissional de ensino envolve uma profunda avaliação do valor de buscar ativamente o *feedback* de diversas fontes, de modo a tomar as melhores decisões para as crianças e continuar aprendendo ao longo da vida.

ALGUNS PRINCÍPIOS DE APRENDIZAGEM PARA FACILITAR O DESENVOLVIMENTO DOS PROFESSORES

O suporte a futuros professores para se tornarem *experts* adaptativos capazes de se engajar em uma aprendizagem eficaz ao longo da vida não é algo que possa ser realizado simplesmente informando o que discutimos nesta publicação. Nesta seção, discutimos a pesquisa e a teoria relevantes para os princípios de aprendizagem mais notáveis para ajudar os docentes em formação a aprender a ensinar e a melhorar suas práticas ao longo de suas vidas.

Organizamos nossa discussão em torno de três grandes princípios de aprendizagem que foram resumidos em vários relatórios da National Academy of Sciences (NATIONAL RESEARCH COUNCIL, 2000, 2005). Esses três princípios complementam a estrutura do How people learn (HPL), que discutimos nos Capítulos 1 e 2 (ver Fig. 1.5). Utilizamos tais princípios para organizar esta discussão porque eles ajudam os leitores a alinhar questões sobre aprender a ensinar com outros preceitos organizadores por trás da aprendizagem baseados em pesquisas sólidas sobre como crianças e adultos aprendem e adquirem competência. Os três princípios são:

1. Futuros professores chegam à sala de aula com preconceitos sobre como o mundo e o ensino funcionam. Esses preconceitos, desenvolvidos em seu "aprendizado de observação", influenciam o que aprendem. Se seu entendimento inicial não for envolvente, eles podem não assimilar os novos conceitos e informações ou podem aprendê-los para fins de um teste, mas revertem para seus preconceitos de fora da sala de aula.

2. Para desenvolver competência em uma área de investigação que permita "executar" o que sabem, os professores devem (i) ter uma base profunda de conhecimento factual e teórico, (ii) compreender fatos e ideias no contexto de uma estrutura conceitual e (iii) organizar o conhecimento de maneira que facilite sua recuperação e a ação sobre ele.

3. Uma abordagem "metacognitiva" sobre o ensino pode ajudar os professores a aprender a assumir o controle da própria aprendizagem, fornecendo ferramentas para a análise de eventos e situações que permitam compreender e lidar com as complexidades da vida em sala de aula.

A importância de abordar preconceitos dos alunos

No Capítulo 2, discutimos a história de Lionni (1970) *Peixe é peixe* como uma ilustração da natureza construtiva do conhecimento. Assim como o peixe tinha preconceitos que afetaram o que aprendeu com o sapo, os futuros professores têm preconceitos que afetam o que aprendem com educadores de professores e com as experiências em sala de aula. Esses preconceitos vêm de anos de observação de pessoas que os ensinaram e do uso dessas informações para fazer inferências sobre o que é uma boa prática docente e o que a faz funcionar.

O sociólogo Lortie (1975) usou o termo *aprendizado de observação* para se referir aos processos pelos quais futuros professores desenvolvem concepções de ensino baseadas nas próprias experiências como alunos. A boa notícia desses aprendizados é que os alunos tiveram bastante experiência em salas de aula, e muitos se inspiram em excelentes professores que os ensinaram. A má notícia é que esses aprendizados podem resultar em graves equívocos sobre o ensino. Como Lortie (1975, p. 62) observa:

> Os alunos não recebem convites para assistir ao desempenho do professor a partir dos bastidores; eles não estão a par das intenções particulares do professor e das reflexões pessoais sobre eventos em sala de aula. Os alunos raramente participam da seleção dos objetivos, das preparações ou das análises posteriores. Assim, eles não são pressionados a conectar as ações desse professor a uma estrutura pedagogicamente orientada.

A dificuldade de induzir uma compreensão profunda das ações somente por meio da observação é ilustrada na seção "Aprendizagem por meio da observação e indução".

Aprendizagem por meio da observação e indução

Amy aprendeu a preparar deliciosos jantares à base de presunto observando sua avó.

Para o 85º aniversário da avó, Amy assou um presunto "exatamente como a avó costumava fazer", e a avó ficou orgulhosa ao lhe assistir.

Um dos segredos que Amy observara era que sua avó sempre cortava um pedaço bastante grande do final do presunto antes de cozinhá-lo. Amy explicou aos filhos que isso permitia que os sucos cozinhassem de uma maneira muito especial. Enquanto a avó observava a neta cortar a ponta do presunto, ela perguntou: "Por que você cortou a ponta do presunto, Amy?". Amy respondeu: "Porque você sempre fez isso, vovó, e seus presuntos sempre foram os melhores". A avó sorriu e explicou: "Eu fazia isso para colocar o presunto no meu forno – ele era muito menor que o seu!".

(Autor desconhecido)

Lortie (1975) conclui que o aprendizado da observação da prática docente leva com frequência a vários equívocos. Um deles é a ideia generalizada de que ensinar é fácil. Assim como os membros da plateia que assistiam ao regente da orquestra a que nos referimos no início do Capítulo 1, os alunos observam as facetas superficiais do ensino, mas não o conhecimento, as habilidades, o planejamento e a tomada de decisões subjacentes. Parte do problema é que o ponto de vista limitado do professor em formação não resulta na aquisição de conhecimento profissional, ou seja, conhecimento que permita a seleção e a implementação de diferentes estratégias que deem suporte à aprendizagem para diferentes propósitos e diferentes alunos. Em vez disso, produz uma tendência a imitar os aspectos mais facilmente observados do ensino. Munby, Russell e Martin (2001, p. 887) acrescentam que, mesmo observando uma boa prática docente ou mesmo experimentando-a, não é fácil obter uma compreensão profunda da complexidade do trabalho:

> Uma boa prática docente tende a reforçar a visão de que ensinar é fácil, porque o conhecimento e a experiência subjacentes são in-

visíveis para os que são ensinados. Uma boa prática docente é similar ao ordenamento e à implementatação de habilidades, de modo que aprender a ensinar é similar à aquisição das habilidades.

Kennedy (1999) aponta outros preconceitos que podem dificultar a aprendizagem para os docentes iniciantes. Por exemplo, muitos dos conceitos e ideias discutidos nos cursos de preparação são noções que já parecem familiares aos alunos – conceitos como aprendizagem em grupo, avaliação e diversidade. Professores do *preservice* muitas vezes já têm crenças claras associadas a esses conceitos e, portanto, tendem a assimilar o que está sendo ensinado a seus esquemas preexistentes. Isso pode dificultar muito o desenvolvimento de um entendimento mais profundo e diferenciado desses conceitos. Por exemplo, a colaboração eficaz requer a utilização de tarefas ou problemas que, de fato, exigem perspectivas diversas, correta alocação de tempo para fazer progresso suficiente, *scaffolding* de habilidades críticas, e assim por diante (ver BROWN; CAMPIONE, 1996). Futuros professores talvez já tenham experimentado trabalhar em grupo, mas não têm a consciência do grau em que as tarefas que foram atribuídas ou os procedimentos que seguiram deram suporte à colaboração. Eles podem, portanto, pensar que compreendem a aprendizagem colaborativa quando, na verdade, não compreendem. Independentemente de terem presenciado experiências ruins de trabalho em grupo mal orientado, mal planejado, ou boas experiências com tarefas colaborativas bem planejadas, eles podem não saber quais elementos fizeram a experiência ser mais ou menos produtiva.

Como observado anteriormente, os docentes iniciantes usam com frequência a mesma linguagem que os educadores de professores, mas querem dizer coisas diferentes do que dizem os educadores. Um método para superar esse problema de superassimilação é utilizar séries cuidadosamente calibradas de casos contrastantes, fundamentados tanto na prática quanto na teoria, que ajudem as pessoas a diferenciar de forma progressiva sua compreensão, em vez de apenas assimilar novas informações a ideias preexistentes (ver SCHWARTZ; BRANSFORD, 1998). No Capítulo 11, discutimos o uso de casos escritos e gravados em vídeo para ilustrar os conceitos de ensino e aprendizagem, de modo a tornar mais vivas as consequências associadas a diferentes tipos de práticas.

Em uma abrangente avaliação de pesquisas sobre a transformação dos professores, Richardson e Placier (2001) documentaram crenças sobre o ensino que professores iniciantes tendem a trazer para suas salas de aula. Muitas crenças consistem em pressupostos não examinados que precisam ser explícitos e explorados. Essas visões tendem a focar as qualidades afetivas dos professores (p. ex., carinhoso), estilos de ensino e crianças individuais, com pouca valorização do papel dos contextos sociais, do conteúdo ou do conhecimento pedagógico (PAINE, 1990; SUGRUE, 1996). Como Paine (1990, p. 20) observa a partir de um estudo de cinco programas de formação de professores, os novatos geralmente trazem: "[...] uma avaliação entusiasta dos fatores de personalidade e um senso subdesenvolvido do papel do conteúdo e do contexto [...]". Richardson e Placier (2001) observam que muitos preconceitos na formação de professores são difíceis de modificar e requerem intervenções demoradas e complexas. Mas, se esses preconceitos não forem abordados, os futuros educadores podem manter crenças problemáticas ao longo de seus programas.

Um importante preconceito que muitos candidatos têm sobre *aprendizagem* é o de que ela é uma "transferência de informação" simples e bastante mecanicista a partir dos textos, que ocorre dos educadores para os alunos, que a adquirem por meio da escuta, da leitura e da memorização (FEIMAN-NEMSER; BUCHMANN, 1989; RICHARDSON, 1996). Observamos, no Capítulo 2, que as teorias construtivistas desempenham um papel importante nas teorias modernas de aprendizagem e ensino e que elas são teorias do conhe-

cimento – não teorias da pedagogia (ensino). Uma grande quantidade de pesquisas estabelece que os indivíduos processam e compreendem novas informações (correta ou incorretamente) à luz de seus conhecimentos e experiências e crenças anteriores e que muitas vezes deixam de lembrar, entender ou aplicar ideias que não têm conexões com suas experiências e algum contexto para dar significado. Embora os teóricos construtivistas reconheçam que há de fato uma "hora certa para dizer"* (SCHWARTZ; BRANSFORD, 1998), essas teorias ajudam a explicar por que tentativas de "transmitir diretamente" novas informações muitas vezes falham e oferecem alternativas que promovem a aprendizagem com muito mais sucesso (ver SCHWARTZ; BRANSFORD; SEARS, 2005). Preconceitos de que o ensino é apenas "transmissão" trazem dificuldades para os educadores de professores que procuram preparar os docentes em formação para ensinar de maneiras que sejam mais compatíveis com o que hoje sabemos sobre como as pessoas aprendem. Esses métodos mais bem-sucedidos são muitas vezes fundamentalmente diferentes de como os professores em formação foram ensinados e, às vezes, de como os próprios educadores aprenderam quando alunos (BORKO; MAYFIELD, 1995).

Estudos sugerem que novatos apresentam muitos preconceitos sobre aprendizagem. Em uma análise da literatura, Wideen, Mayer-Smith e Moon (1998) concluíram que futuros professores não são um grupo indiferenciado, mas, sim, apresentam uma variedade de imagens e entendimentos sobre ensino e aprendizagem. Essas crenças são mais sutis – e se estendem por uma gama mais ampla de possibilidades – do que se havia imaginado. Essas descobertas sugerem que os educadores de professores terão diferentes trabalhos a fazer em relação a diferentes candidatos e alertam contra uma abordagem "que sirva para todos".

---

* N. de R.T.: No original, *times for telling*, traduzido como "hora certa para dizer". No contexto, significa "hora certa para ensinar".

Muitas intervenções de curto prazo mostraram pouca capacidade de modificar os preconceitos (WIDEEN; MAYER-SMITH; MOON, 1998). Em contraste, as abordagens de longo prazo que explicitamente buscaram extrair e trabalhar com as crenças e preocupações iniciais dos professores novatos mostraram algum sucesso. Por exemplo, em um estudo longitudinal de três anos, Gunstone *et al.* (1993) descobriram que as crenças e o entendimento dos docentes sobre ensino e aprendizagem das ciências se modificaram de forma significativa quando eles completaram um programa de *preservice* de um ano, que claramente embasava e abordava suas experiências, preocupações e necessidades. O programa forneceu de forma consciente novas informações e experiências relevantes para essas preocupações em evolução. Descobertas semelhantes em outros campos de ensino também foram relatadas (ver FOSNOT, 1996; GRABER, 1996). Todos esses estudos envolveram casos em que os educadores de professores utilizaram o "aprendizado de observação" de seus alunos como um "trampolim" para iniciar o processo de mudança conceitual e comportamental.

A importância de aprender para entender e executar

A discussão anterior teve foco na importância de levar em conta os preconceitos dos futuros professores sobre a natureza do ensino. Um segundo desafio de aprender a ensinar é o que Kennedy (1999) denominou *problema de execução*. Se é difícil ajudar os educadores iniciantes a aprender a "pensar como um professor", é ainda mais complicado auxiliá-los a aprender a colocar suas intenções em prática. Os docentes devem aprender a refletir sobre os dilemas difíceis e a tomar e implementar decisões rapidamente; colocar seus planos em ação de forma eficaz, bem como alterar esses planos para circunstâncias imprevistas, enquanto eles ensinam; e responder às crianças e representar bem o material que estão ensinando. Esse desafio está relacionado ao segundo princípio do *How people learn*, discutido pelo National Research Council

(2005), que se concentra em maneiras de ajudar os docentes novatos a desenvolver tipos de compreensão e habilidades organizados que dão suporte à ação efetiva. Esse princípio pode ser descrito da seguinte forma:

> Para desenvolver competência em uma área de investigação, os alunos devem: (a) ter uma base profunda de conhecimento factual, (b) compreender fatos e ideias no contexto de uma estrutura conceitual, e (c) organizar o conhecimento de maneira que facilite a recuperação e a ação (NATIONAL RESEARCH COUNCIL, 2005).

Pesquisas sólidas indicam que as experiências de aprendizagem que dão suporte à compreensão e à ação efetiva são diferentes daquelas que simplesmente dão suporte à capacidade de lembrar fatos ou executar habilidades de modo mecânico (ver DONOVAN; BRANSFORD; PELLEGRINO, 1999; GOOD; BROPHY, 1995, RESNICK, 1987). Além disso, as ações baseadas na compreensão são frequentemente mais eficazes do que aquelas que ocorrem sem a compreensão. Um exemplo é dado na seção "Experiência e compreensão" (uma sequência da história do *Peixe é peixe*).

Experiência e compreensão

Na primeira parte da história discutida anteriormente *Peixe é peixe*, de Lionni (1970), vimos o peixe imaginando pássaros, vacas e pessoas semelhantes a peixes e notamos que isso ilustrava o papel dos preconceitos na construção de novos entendimentos. A história de Lionni (1970) continua com o peixe começando a agir com base no conhecimento que ele acha que aprendeu com o sapo. Em particular, o peixe está tão animado com as descrições do sapo que pula da água para experimentar a vida em terra por si mesmo. Por não saber respirar nem caminhar em terra, o peixe deve ser salvo pelo sapo, que é anfíbio. Essa parte da história de Lionni (1970) ilustra como o conhecimento dos eventos afeta as ações e decisões subsequentes. O peixe não tinha uma compreensão real das diferenças entre a vida na água e em terra.

A experiência desempenhou um papel fundamental em ajudar o peixe a entender alguns aspectos da vida em terra. Felizmente, a experiência foi "supervisionada" pelo sapo, que conseguiu evitar consequências potencialmente desastrosas. No entanto, só a experiência também não é suficiente. Provavelmente, o mal-entendido do peixe teria persistido mesmo se tivesse visto pássaros, vacas e humanos reais, ou fotografias precisas deles. O National Research Council (2005) argumenta o seguinte:

> Alguns conceitos críticos adicionais são necessários: por exemplo, o conceito de adaptação. Espécies que se movem pelo ar, e não pela água, têm um desafio de mobilidade diferente. E as espécies que têm sangue quente, ao contrário daquelas que têm sangue frio, devem manter sua temperatura corporal. Mais explicações certamente são necessárias, mas, se o peixe quiser ver um pássaro como algo diferente de um peixe com penas e asas, e um ser humano como algo diferente de um peixe na posição vertical com roupas, então as penas e as roupas devem ser vistas como adaptações que ajudam a resolver o problema da manutenção da temperatura corporal, e a postura ereta e as asas devem ser vistas como soluções diferentes para o problema da mobilidade fora da água. Informações conceituais, como uma teoria de adaptação, representam um tipo de conhecimento que é improvável de ser induzido a partir de experiências cotidianas. Normalmente, são necessárias várias gerações desses questionamentos de modo a desenvolver esse tipo de conhecimento, e as pessoas em geral precisam de algum tipo de ajuda (p. ex., interações com "outros conhecedores") para compreender conceitos de organização como esse (p. ex., HANSON, 1970).

Fonte: Adaptado de National Research Council (2005).

Nossa discussão anterior sobre o trabalho de Lortie (1975) a respeito do "aprendizado da observação" abordou a dificuldade de induzir níveis importantes de compreensão simplesmente pela observação. No exemplo do *Peixe é peixe*, na seção "Experiência e compreensão", é bastante plausível que o peixe não teria a compreensão profunda da adaptação e mobilidade mesmo se o sapo tivesse tentado explicar esses conceitos. Contudo, depois que experimentou a própria incapacidade para respirar e se mover quando estava em terra, surgiu a "hora certa para dizer", em que novas oportunidades de aprendizagem agora devem ocorrer. No entanto, como discutiremos na seção seguinte, a hora certa e a maneira de dizer devem ser cuidadosamente consideradas.

Porque a sabedoria não pode ser dita. Em seu artigo de 1940, "Porque a sabedoria não pode ser dita", Gragg, da Harvard Business School, começa com esta frase de Balzac: "Então, ele finalmente enriqueceu e pensou em transmitir a seu único filho toda a experiência simples que ele mesmo comprara ao preço de suas ilusões perdidas: uma nobre última ilusão de idade" (ver GRAGG, 1940).

Exceto pela parte de enriquecer, muitos educadores acham que as ideias de Balzac se encaixam muito bem em suas experiências. Os educadores frequentemente tentam preparar as pessoas para o futuro, transmitindo a sabedoria adquirida a partir das próprias experiências. Às vezes, esses esforços são recompensados, mas, muitas vezes, eles têm menos sucesso do que se gostaria, e precisamos entender o porquê. Exemplos desse problema são discutidos na seção "O uso do conhecimento na prática".

O uso do conhecimento na prática

Universitários aprenderam sobre resolução de problemas a partir da perspectiva do modelo IDEAL – um modelo que enfatiza a importância de *I*dentificar problemas, *D*efini-los a partir de pelo menos duas perspectivas, *Explorar* estratégias para solução, *Agir* com base em estratégias e Observar (*Look*) os efeitos (BRANSFORD; STEIN, 1993). Os alunos conseguiram aprender o material; por exemplo, eles conseguiram explicar os propósitos e as etapas do modelo IDEAL e fornecer exemplos de como usá-lo para resolver problemas dados em aula. No entanto, os alunos muitas vezes não conseguiam utilizar o modelo espontaneamente, quando não solicitados a fazê-lo. Por exemplo, a menos que explicitamente solicitado, os alunos muitas vezes não aplicavam o modelo às suas tentativas de formular o próprio tópico para um artigo relacionado a discussões sobre identificação e definição de problemas. Eles conseguiam pensar sobre o modelo, mas tendiam a não "pensar com base no modelo" (BRANSFORD; NITSCH; FRANKS, 1977) ou "pensar com" o modelo (BROUDY, 1977). O modelo não tinha se tornado o que alguns chamam de uma *ferramenta conceitual* (BRANSFORD; STEIN, 1993).

Bereiter e Scardamalia (1989) trazem uma ilustração adicional desse fracasso em utilizar espontaneamente informações importantes. Eles relatam que um professor de psicologia educacional deu a seus alunos um artigo longo e difícil e disse que eles tinham 10 minutos para aprender o máximo que pudessem sobre o artigo. Quase sem exceção, os alunos começaram com a primeira sentença do artigo e leram até onde conseguiram até o tempo acabar. Mais tarde, ao discutirem as estratégias, os alunos reconheceram que sabiam fazer melhor do que simplesmente começar a ler. Todos eles tiveram aulas que os ensinaram a examinar as ideias principais, consultar cabeçalhos de seções, e assim por diante. Mas eles não utilizaram espontaneamente essas estratégias quando isso teria ajudado.

O problema de saber algo, mas não conseguir usá-lo como orientação para suas ações, é onipresente. Muitos anos atrás, Whitehead (1929) alertou sobre os perigos do conhecimento inerte, que envolve o conhecimento que está disponível para as pessoas no sentido de que elas podem falar sobre ele quando explicitamente solicitadas a fazê-lo (p. ex., quando solicitadas a explicar o modelo IDEAL ou estratégias para a leitura de artigos de pesquisa). No entanto, o conhecimento é inerte no sentido de que não orienta o pensamento e as ações de alguém em novos contextos. Whitehead (1929) fez a afirmação provocativa, demonstrada por pesquisas várias décadas depois, de que as práticas educacionais tradicionais tendem a produzir conhecimento que permanece inerte (ver também BEREITER; SCARDAMALIA, 1989; BROWN; CAMPIONE; DAY, 1981; GICK; HOLYOAK, 1980).

O artigo "A sabedoria não pode ser dita", de Gragg (1940), discute problemas com graduados da Harvard Business School nos anos de 1930. Os empregadores diziam que os graduados em Harvard haviam adquirido uma impressionante variedade de conhecimentos e habilidades, mas não estavam "preparados para a ação" (p. ex., não conseguiam tomar decisões úteis em ambientes de negócios). Barrows (1985) observou problemas semelhantes em relação à educação médica. Michael, uma fonoaudióloga, traz uma história particularmente interessante sobre esse problema. Ela trabalhara por vários anos como supervisora clínica de universitários que estavam iniciando um estágio em fonoaudiologia para crianças com atraso de linguagem. Os alunos tinham sido aprovados na disciplina universitária que era pré-requisito sobre teorias da linguagem e suas implicações para a fonoaudiologia, mas quase não havia evidências de que os alunos tivessem tentado utilizar esse conhecimento nas sessões de terapia clínica. Michael concluiu que a disciplina universitária deve ter sido muito mal ensinada.

Mais tarde, Michael foi convidada para ministrar essa disciplina. Ela fez o que achou ser um trabalho altamente competente e ficou satisfeita com o desempenho geral dos alunos em seus testes. Um ano depois, ela encontrou alguns alunos novamente no estágio clínico em fonoaudiologia. Para sua surpresa e seu desânimo, esses alunos também mostraram pouca evidência em aplicar o que haviam aprendido naquela disciplina de linguagem. Muitos se lembraram de fatos quando perguntados explicitamente sobre eles, mas não utilizaram de modo automático esse conhecimento para ajudá-los a resolver problemas na clínica.

Como ela mesma havia ministrado a disciplina de estágio, Michael relutou em concluir que os alunos da faculdade tinham um desempenho ruim por causa do ensino deficiente. Em vez disso, ela foi motivada a explorar problemas com as abordagens tradicionais de ensino e a estudar maneiras de superá-las. Sua tese de doutorado explorou com sucesso novos métodos de ensino que foram elaborados para melhorar o grau em que seus alunos estavam preparados para a ação quando passaram da sala de aula para o laboratório clínico (MICHAEL *et al.*, 1993).

Com o intuito de preparar melhor as pessoas para a ação, várias escolas profissionais (p. ex., faculdades de direito, medicina e administração) usam uma variedade de abordagens, denominadas instruções "baseadas em casos" e "baseadas em problemas" (para uma excelente análise dessa abordagem geral, ver WILLIAMS, 1992). A essência desse tipo de abordagem é organizar o ensino em torno de situações reais que os alunos provavelmente encontrarão mais tarde em suas carreiras ou talvez já tenham encontrado. Nos negócios, por exemplo, um caso pode se concentrar em uma empresa que está com problemas e precisa ser reestruturada. Na medicina, um caso pode envolver um paciente com certos sintomas que precisam ser diagnosticados. No trabalho de Michael sobre terapia da linguagem (discutido anteriormente), o corpo docente ancorou suas instruções em vídeos de *experts* em linguagem que trabalhavam com crianças, e os alunos analisaram esses exemplos a partir de diferentes perspectivas teóricas (p. ex., comportamental, linguística, sociolinguística).

Em todos esses exemplos, os alunos trabalham em casos por um período fixo, estabelecem objetivos de aprendizagem para adquirir novas informações que são necessárias para resolver o problema e, por fim, discutem suas ideias com os colegas e o professor. O ideal é que os alunos passem de casos simples para casos mais complexos. No processo, eles adquirem conhecimento relevante enquanto aprendem a analisar problemas, definir objetivos de aprendizagem e apresentar e discutir suas ideias. Em geral, esses tipos de experiências parecem ajudar os alunos a pensar e agir de forma mais profissional ao lidarem com problemas cotidianos relevantes para suas disciplinas (ver HMELO-SILVER, 2004; MICHAEL *et al.*, 1993). Tais abordagens para o ensino representam tentativas de evitar o lamento de Whitehead (1929) de que muitas formas tradicionais de ensino tendem a produzir conhecimento e habilidades que costumam permanecer inertes quando os alunos deixam a sala de aula e entram no mundo real. Pesquisas como essa sustentam várias práticas pedagógicas para a formação de professores descritas no Capítulo 11.

Desafios da execução na formação de professores. As questões que os docentes enfrentam em relação à execução são semelhantes àquelas encontradas em outros campos profissionais, mas também há diferenças. Os preconceitos sobre ideias educacionais que futuros docentes levam à formação de professores podem ser mais fortes do que os de outros profissionais novatos, devido ao longo aprendizado de observação em escolas de ensino fundamental e médio. Além disso, mesmo quando os educadores novatos desenvolvem ideias sólidas sobre a prática docente, colocá-las em prática é extremamente desafiador, pois os professores fazem muito mais coisas ao mesmo tempo, com muito mais "clientes" reunidos de uma só vez do que a maioria dos outros profissionais. Desenvolver uma presença de autoridade em sala de aula, ter um bom "radar" para observar e interpretar o que muitos alunos diferentes estão fazendo e sentindo a cada momento e ter habilidades para explicar, questionar, discutir, dar *feedback*, elaborar tarefas, facilitar o trabalho e gerenciar a sala de aula – tudo ao mesmo tempo – não é simples.

Vários estudiosos exploraram especificamente os desafios envolvidos na preparação dos *professores* para uma ação efetiva. Schön (1983), por exemplo, sugere que existem alguns tipos de profissões – ele inclui a docência como um exemplo primordial – nos quais grande parte da informação necessária para tomar decisões eficazes de ensino *surge no contexto da prática*. Por exemplo, informações sobre quais ideias os alunos desenvolvem a respeito de um tópico, como estão entendendo ou não o material que está sendo ensinado e como os alunos aprendem melhor emergem no trabalho real da prática docente e orientam o planejamento e o ensino futuros. A maneira como estratégias diferentes funcionam com esse ou aquele *grupo* de alunos, bem como com indivíduos, também emerge no decorrer da execução desses planos e não consegue ser totalmente conhecida antes da hora.

Alguns descrevem a aprendizagem para a compreensão e execução como aprender a "aplicar" o conhecimento na prática. No entanto, nossas discussões anteriores sobre *expertise* adaptativa sugerem que ações eficazes envolvem *mais* do que a capacidade de apenas aplicar rotinas e esquemas previamente adquiridos. A dimensão da eficiência (ver Fig. 2.1) destaca a importância de adquirir e utilizar esquemas e rotinas bem-aprendidos que preparam o contexto para uma ação efetiva sem exigir muita atenção. No entanto, a dimensão da inovação envolve a "improvisação disciplinada" (SAWYER, 2004), na qual novas ideias e ações surgem frequentemente no contexto de interações contínuas. Como discutido anteriormente, o resultado dessa análise é que "aplicação" e "inovação" encontram-se estreitamente entrelaçadas e precisam ser aprendidas ao mesmo tempo, no contexto de um esquema que forneça um meio de reflexão e aprendizagem contínuas.

Se a informação necessária para ensinar bem emerge durante a prática em si, então aprender a pensar e agir de forma profissional é extraordinariamente difícil no início de uma carreira docente, e muitas maneiras de preparar futuros educadores não serão suficientes para guiar suas ações. Por exemplo, se um programa de preparação de professores enfatiza a "aprendizagem por meio dos livros" em vez de oportunidades para praticar e refletir em salas de aula supervisionadas, espera-se que as experiências reais de pós-graduação tenham mais efeito no ensino subsequente do que nas experiências de sala de aula baseadas em livros. E, de fato, os dados mostram que, para o bem ou para o mal, as experiências iniciais de sala de aula dos professores, especialmente nos primeiros 1 a 2 anos, predizem a eficácia do professor de forma consistente (ROWAN; CORRENTTI; MILLER, 2002). Evidências também mostram que essas experiências iniciais em sala de aula são muito diferentes entre candidatos que tiveram uma sólida preparação inicial e aqueles que não tiveram (ver DARLING-HAMMOND; CHUNG; FRELOW, 2002).

Uma inferência desses estudos de aprendizagem é que os educadores de professores precisam garantir que os candidatos tenham oportunidades de praticar e refletir sobre o ensino *enquanto estiverem cursando seus programas de preparação*. Durante o período de preparação e os primeiros anos da prática, os novos educadores precisam de suporte para interpretar suas experiências e expandir seu repertório para que possam continuar aprendendo a se tornarem eficazes, em vez de deduzirem lições erradas de suas primeiras tentativas de ensino. Descobertas a partir de vários estudos sugerem que a maneira como a formação docente é conduzida pode fazer a diferença na capacidade dos professores de praticar o que estão aprendendo. Esses estudos constataram que, quando um estágio é bem supervisionado ou é realizado em conjunto com o curso, os alunos parecem mais capazes de conectar a aprendizagem teórica à prática, ficar mais à vontade com o processo de aprender a ensinar e fazer o que estão aprendendo na prática (CHIN; RUS-SELL, 1995; DARLING-HAMMOND; MACDO-NALD, 2000; KOPPICH, 2000; SNYDER, 2000; SUMARA; LUCE-KAPLER, 1996; WHITFORD; RUSCOE; FICKEL, 2000). Outros estudos sugerem que, quando os educadores aprendem estratégias e ferramentas específicas para o conteúdo e conseguem experimentá-las imediatamente e continuar a aperfeiçoá-las junto a um grupo de colegas em uma comunidade de aprendizagem, eles são mais capazes de executar novas práticas de forma eficaz (COHEN; HILL, 2000; LIEBERMAN; WOOD, 2003).

Metacognição e o problema da complexidade

Um terceiro desafio ao aprender a ensinar é que o ensino é uma tarefa incrivelmente complexa e exigente (LAMPERT, 2001; MCDO-NALD, 1992). Professores eficazes tornam-se cada vez mais cientes das complexidades envolvidas no ensino e aprendem a pensar sistematicamente sobre elas, para que possam avaliar melhor o próprio desempenho. Como McDonald (1992, p. 1) explica:

> O ensino real acontece dentro de um livre triângulo de relações – entre professor, alunos, matéria –, e as pontas desse triângulo se encontram em constante mudança. O que devo ensinar em meio a tudo que devo ensinar? O que devo compreender para que minha compreensão possa permitir a deles? O que eles estão pensando e sentindo – por mim, um pelo outro, pelo que eu estou tentando ensinar? Quão perto devo chegar, quão longe devo ficar? Quanto de embreagem, quanto de acelerador?

Um princípio de aprendizagem extremamente importante para ajudar os educadores a se tornarem *experts* adaptativos capazes de gerenciar a complexidade envolve o conceito de metacognição – ou a capacidade de refletir sobre a própria reflexão. Flavell (1979) descreveu dois aspectos da metacognição: *conhecimento metacognitivo* – ou seja, compreender o próprio pensamento e desenvolver estratégias de planejamento, análise e obtenção de mais conhe-

cimento – e *regulação metacognitiva* – ou seja, ser capaz de definir objetivos de aprendizagem e monitorar o progresso de sua realização (ver também NATIONAL RESEARCH COUN-CIL, 2000). Uma continuação da história *Peixe é peixe* fornece mais informações sobre a natureza e o papel da metacognição na aprendizagem (ver "Desenvolvimento da metacognição nas causas da aprendizagem").

Desenvolvimento da metacognição nas causas da aprendizagem

Embora seja um herói ao salvar a vida do peixe, o sapo recebe notas baixas como professor. Mas o peso da aprendizagem não recai sobre o professor sozinho. Mesmo os melhores esforços de ensino só podem ser bem-sucedidos se o aluno conseguir aproveitar a oportunidade de aprender. Ajudar os alunos a se tornarem eficazes é relevante para o terceiro princípio fundamental: uma abordagem metacognitiva ou de automonitoramento pode ajudar os alunos a desenvolver a capacidade de assumir o controle da própria aprendizagem, definindo objetivos de aprendizagem e monitorando seu progresso para alcançá-las.

O peixe aceitou as informações sobre a vida em terra de forma bastante passiva. Se tivesse analisado e monitorado seu entendimento, poderia ter notado que colocar um chapéu e uma jaqueta seria bastante desconfortável para um peixe e retardaria seu nado da pior maneira possível. Se o peixe estivesse mais empenhado em descobrir o que o sapo queria dizer, poderia ter perguntado por que os humanos iriam se sentir desconfortáveis e comprometer sua mobilidade. Uma boa resposta às perguntas do peixe pode preparar o terreno para aprender sobre as diferenças entre humanos e peixes e, em última análise, a noção de adaptação.

Fonte: Adaptado de National Research Council (2005).

Há bastante literatura de pesquisa demonstrando que os esforços para ajudar os alunos a se tornarem monitores mais ativos da própria aprendizagem facilitam seu desempenho (ver BROWN *et al.*, 1983; NATIONAL RESEARCH COUNCIL, 2005). Dados que mostram os benefícios da reflexão metacognitiva aparecem em trabalhos tanto com crianças como com adultos. A metacognição é um componente especialmente importante da *expertise* adaptativa (NATIONAL RESEARCH COUNCIL, 2000). Pessoas com altos níveis de consciência metacognitiva desenvolvem hábitos mentais que as estimulam a autoavaliar continuamente seu desempenho e modificar seus pressupostos e ações conforme necessário. As pessoas que são menos metacognitivas confiam no *feedback* externo para dizer o que fazer e como mudar.

Os professores eficazes precisam ser especialmente metacognitivos em seu trabalho. Quanto mais aprendem sobre ensinar e aprender, mais conseguem refletir sobre o que estão fazendo bem e sobre o que precisa ser melhorado. Por exemplo, os educadores iniciantes frequentemente se concentram em suas práticas de ensino, e não no que os alunos estão aprendendo. Eles precisam ser capazes de descobrir o que já sabem e o que ainda não sabem sobre como seus alunos estão se saindo e o que fazer sobre isso. Eles também precisam ser capazes de fazer perguntas a si mesmos e aos outros de modo a orientar sua aprendizagem e tomada de decisão. Isso inclui questões sobre as esferas de tomada de decisão que são importantes na interpretação do que está acontecendo na sala de aula – por exemplo, aspectos das experiências dos alunos, representações de conteúdo e contextos sociais que estão em jogo em determinada situação. Além disso, eles precisam ser capazes de analisar atos de ensino, bem como reações e interações que ocorrem, para que consigam refletir sobre esses resultados e adaptar o que fazem.

Ao descrever a complexidade do ensino, Lampert (2001) apresenta alguns dos muitos fatores que um professor deve considerar e algumas das áreas em que as deliberações metacognitivas são críticas para a capacidade de tomar decisões acertadas:

> Uma razão pela qual a prática docente é complexa é que muitos dos problemas que um professor deve abordar de modo a fazer os alunos aprenderem ocorrem simultaneamente, não um após o outro. Devido a essa simultaneidade, vários problemas diferentes devem ser abordados por uma única ação. E as ações de um professor não são tomadas de forma independente; há interações com os alunos, individualmente e em grupo. Um educador atua em diferentes contextos sociais no mesmo período de tempo. Também atua em diferentes períodos de tempo e em diferentes níveis de ideias com indivíduos, grupos e a turma toda para tornar cada lição coerente, conectar uma lição a outra e cobrir um currículo ao longo de um ano. Problemas existem em domínios sociais, temporais e intelectuais, e as ações que precisam ser tomadas para resolver problemas são diferentes em diferentes domínios.
>
> Quando estou ensinando matemática para o 5º ano, por exemplo, ensino uma ideia ou procedimento matemático a um aluno enquanto também ensino esse aluno a ser civilizado com os colegas de turma e comigo, a completar as tarefas dadas e a pensar em si mesmo e em todos os demais da turma como capazes de aprender, não importa qual seja o sexo, a raça ou o *status* econômico. Ao trabalhar para que os alunos aprendam algo como "frações impróprias", sei que também precisarei ensiná-los sobre o significado de divisão, como a divisão se relaciona com outras operações e a natureza de nosso sistema numérico. Enquanto atuo no sentido de conseguir que algum conteúdo em especial seja estudado por determinado aluno em um momento específico, tenho que fazer o trabalho simultâneo de engajar todos os alunos da minha turma na lição como um todo, mesmo que eu esteja prestando diferentes tipos de atenção a grupos de alunos com características diversas. E preciso agir de uma maneira que preserve meu potencial para continuar atuando produtivamente dia após dia, durante todo o ano (LAMPERT, 2001).

O relato de Lampert (2001) sobre as diversas considerações que moldam seu ensino de matemática para alunos do 5º ano sugere pelo menos quatro elementos para refletir sobre a complexidade do ensino. Primeiro, *ensinar nunca é rotina*. Alunos não aprendem no mesmo ritmo ou da mesma maneira. Suas necessidades são diversas e estão sempre se transformando. O "triângulo livre" ao qual McDonald (1992) se refere está em incessante mudança – os professores precisam lidar constantemente com situações que se transformam, necessidades de aprendizagem, desafios, perguntas e dilemas. Em segundo lugar, *o ensino tem diversos objetivos* que geralmente precisam ser abordados de forma simultânea. Como Lampert (2001) explica, por exemplo, ao mesmo tempo que uma professora está ensinando conteúdo, ela está ensinando o desenvolvimento social e intelectual, ajudando os alunos a trabalhar em grupos, além de prestar atenção à maneira como ela interage com a criança que precisa de suporte extra e a criança que precisa ser o centro das atenções. Em terceiro lugar, *o ensino se dá em relação a grupos de alunos muito diversos*. Diferentemente dos problemas individuais enfrentados um de cada vez por médicos, advogados ou arquitetos, os professores precisam encontrar uma maneira de atender às necessidades de um grupo de alunos que são diversificados em termos de necessidades de aprendizagem, pontos fortes, origens, áreas de desafio e variedade de habilidades. Por fim, *o ensino exige que diversos tipos de conhecimento sejam reunidos de maneira integrada*. Por exemplo, os docentes devem integrar constantemente seus conhecimentos sobre desenvolvimento infantil, assuntos, interações em grupo, diferentes culturas e contextos dos alunos, interesses, necessidades e pontos fortes de seus alunos de uma forma que alavanque a aprendizagem de todos eles. Em suma, ajudar novos professores a aprender e refletir sobre a multidimensionalidade e a simultaneidade do ensino (JACKSON, 1974) é claramente importante. E também não é tarefa fácil.

Não só existe grande complexidade dentro da sala de aula como há também um conjunto complicado de fatores do lado de fora que exerce influência sobre docentes e alunos. O modo como a escola é organizada molda as experiências prévias – normas, acesso ao conhecimento e suporte – que os alunos tiveram antes de entrar na sala de aula de determinado professor, bem como suas experiências atuais. Além disso, as condições e relações existentes na comunidade atendida pela escola influenciam a maneira como as crianças são educadas, que recursos estão disponíveis para elas, que grupos semelhantes ou diferentes são atendidos pela escola e que tipos de expectativas e valores elas trazem. Com o intuito de serem eficazes ao longo de uma carreira, os educadores precisam entender e gerenciar esses fatores e, por fim, ter influência sobre eles em nome dos alunos a quem atendem.

O PROCESSO DE DESENVOLVIMENTO DO PROFESSOR

Seria útil se houvesse fases previsíveis no desenvolvimento docente que pudessem orientar os educadores de professores. Como no caso do desenvolvimento infantil (ver Cap. 3), é importante entender as diferentes teorias do desenvolvimento e as contribuições de cada uma.

Progressões desenvolvimentais

Várias teorias de estágio foram propostas para descrever o desenvolvimento de professores (BERLINER, 1994; FEIMAN-NEMSER, 1983; FULLER, 1969; RICHARDSON; PLACIER, 2001; SPRINTHALL; REIMAN; THEIS-SPRINTHALL, 1996), bem como do curso de suas carreiras (HUBERMAN, 1989). Por exemplo, com base em uma análise de 10 estudos sobre as preocupações dos professores, Fuller (1969) propôs que os novos docentes se desenvolvem em fases nas quais eles focam inicialmente si mesmos e em seus ensinamentos – por exemplo, sua capacidade de controlar a sala de aula, o que seus supervisores pensam sobre eles como professores – e depois nas preocupações que são relacionadas com a aprendizagem dos alunos, como elaborar um currículo, encontrar estratégias de ensino eficazes e avaliar a aprendizagem. Essa progressão desenvolvimental – desde preocupações iniciais com o "eu" até um foco gradual em questões relacionadas aos alunos e à aprendizagem dos alunos e, por fim, às condições das escolas e da escolaridade – foi observada em vários estudos.

Algumas descrições da prática em sala de aula sugerem que certos educadores desenvolvem um forte foco no bem-estar e na aprendizagem dos alunos, o qual impulsiona suas decisões de ensino e esforços de autoaperfeiçoamento, enquanto outros ficam bem aquém desse estado, desenvolvendo técnicas de ensino que "funcionam", conforme dão conta de seu dia de trabalho, mas que não resultam em altos níveis de aprendizagem para os alunos ou em altos níveis de preocupação do professor quando a aprendizagem não ocorre. A velocidade e o ponto final dessa progressão parecem relacionados à preparação dos educadores, o que será discutido na próxima seção.

Outras pesquisas concentraram-se no desenvolvimento do conhecimento da prática docente, examinando as diferenças de pensamento entre professores *experts* e novatos (BERLINER, 1986, 1994; CARTER *et al.*, 1988; LIN, 1999). Essa linha de pesquisa, descrita no início deste capítulo, descobriu, por exemplo, que, quando se solicita que educadores novatos e experientes avaliem vídeos de sala de aula, os novatos tendem a contribuir com observações gerais e superficiais que não têm parte no trabalho intelectual da sala de aula (ver "Um estudo do conhecimento especializado do professor"). Todavia, professores mais experientes contribuem com aspectos específicos da sala de aula que estão diretamente ligados ao trabalho intelectual dos alunos, de modo a gerar observações e hipóteses mais detalhadas sobre o que eles veem, qualificar suas observações e interpretações, ponderar a importância relativa de certos tipos de informação e "[...] levar em conta a complexidade dos problemas que existem nas salas de aula [...]" (CARTER *et al.*, 1988).

Assim como peritos em outros domínios, os *experts* na prática docente rapidamente reconhecem padrões no que observam; veem mais complexidades e trazem muitas fontes de conhecimento sobre como responder a elas; são mais oportunistas e flexíveis em sua prática do que os novatos, respondendo às demandas da situação e à tarefa; e têm um amplo repertório de habilidades que podem acessar e implementar facilmente para alcançar seus objetivos (BERLINER, 2001). Estudos de *expertise* em áreas como física (CHI; FELTOVITCH; GLASSER, 1981; CHI; GLASER; REES, 1982), xadrez (CHASE; SIMON, 1973; DE GROOT, 1965; NEWELL; SIMON, 1972) e história (WINEBURG, 1991, 1998) sugerem características semelhantes em outros campos.

Berliner (1994) propôs que os professores desenvolvem a *expertise* por meio de um conjunto de estágios – de novato a iniciante avançado, competente, proficiente e, por fim, *expert*. Com o passar do tempo, eles aprendem os elementos básicos da tarefa a ser executada e acumulam conhecimento sobre aprendizagem, ensino e alunos para tomar decisões conscientes sobre o que irão fazer, refletindo sobre o que está dando certo com base em sua experiência e, por fim, no nível *expert* (etapa 5), percebem as respostas apropriadas a serem dadas em qualquer situação. Os docentes parecem desenvolver a competência ao longo de um período de 5 a 7 anos, e apenas uma pequena porcentagem de professores continua se desenvolvendo até o nível de *expert* (BERLINER, 2001). Algumas pesquisas, descritas posteriormente, sugerem que os elementos metacognitivos envolvidos no desenvolvimento da *expertise* podem ser trabalhados na formação de professores, permitindo que mais docentes alcancem esse nível de competência e o realizem mais cedo do que seria possível (ver HAMMERNESS; DARLING-HAMMOND; SHULMAN, 2002).

Por fim, alguns pesquisadores examinaram o processo de desenvolvimento de habilidades específicas de ensino. Por exemplo, Joyce e Showers (2002) descreveram como os professores passam por um processo iterativo de aprendizagem, experimentação e reflexão conforme desenvolvem novas habilidades para uso em suas salas de aula. Eles também estudaram como o processo de desenvolvimento da aprendizagem para a prática de novas habilidades pode ser assistido por meio de mentoria qualificada em grupos de apoio de colegas, que permitem aos docentes explorar, desenvolver, fortalecer e refinar habilidades de ensino em conjunto. Tanto o *feedback* quanto a natureza compartilhada do processo parecem estimular a reflexão e um maior desenvolvimento de habilidades. A abordagem desse tipo de processo a partir de uma perspectiva desenvolvimental fortalece tanto a implementação quanto os ganhos de desempenho dos alunos.

As teorias dos estágios de desenvolvimento são úteis para descrever a trajetória do desenvolvimento e a natureza da *expertise* dos professores. No entanto, elas não nos dizem o suficiente sobre as características das experiências de aprendizagem para poder ajudar os educadores a progredir em suas preocupações e adquirir habilidades especializadas (BERLINER, 2001). Além disso, muitas teorias de desenvolvimento que orientam as decisões de formação de professores sugerem que o desenvolvimento docente progride de forma linear, em estágios razoavelmente fixos, dando a entender que o desenvolvimento dos educadores é "invariável, sequencial e hierárquico" (RICHARDSON; PLACIER, 2001). Ainda assim, outras estruturas para descrever o desenvolvimento docente sugerem caminhos mais complexos para aprender a ensinar, bem como diferenças nas preocupações e capacidades dos professores quando eles tiveram diferentes tipos de preparação (ver GROSSMAN 1992; KAGAN, 1992).

Além disso, muitos estudos que descrevem o desenvolvimento docente em termos do que os professores iniciantes "sabem" e "não sabem" fazer foram conduzidos em um momento no qual a maioria dos programas de formação de professores consistia em intervenções relativamente fracas. Assim, eles podem ter subestimado o potencial de novos educadores para

uma prática docente mais sofisticada, especialmente se esses novos professores foram preparados em programas que possam alavancar seu desenvolvimento de forma produtiva. Alguns estudos recentes, destinados a examinar os tipos de formação docente que dão suporte à aprendizagem do professor, sugerem que, sob as circunstâncias certas, com tipos específicos de experiências de aprendizagem, os novos educadores podem desenvolver uma prática mais especializada, mesmo quando iniciantes (DARLING-HAMMOND, 2000b; DARLING-HAMMOND; MACDONALD, 2000; HAMMERNESS; DARLING-HAMMOND; SHULMAN, 2002; KOPPICH, 2000; MERSETH; KOPPICH, 2000; MILLER; SILVERNAIL, 2000; SNYDER, 2000; WHITFORD; RUSCOE; FICKEL, 2000; ZEICHNER, 2000).

Essas descobertas são paralelas a achados recentes no desenvolvimento cognitivo que demonstram que, se as crianças receberem tarefas bem-escolhidas com *scaffolding* apropriado e ambientes de aprendizagem de suporte, elas conseguem aprender muito mais do que o previsto pelas teorias anteriores de desenvolvimento baseadas na biologia (BOALER, 1997; BROWN; CAMPIONE, 1994; LEE, 1995; PALINSCAR; BROWN, 1984; ROGOFF, 1990; VYGOTSKY, 1978). Essa evidência recente de uma sólida prática docente pelos novatos também é particularmente importante, porque os estudos examinaram as características da formação docente que parecem fazer uma diferença substancial para a aprendizagem e o desenvolvimento de professores no *preservice*. Essas características são discutidas mais detalhadamente no Capítulo 11.

Tais pesquisas não indicam que educadores novatos consigam desenvolver imediatamente o tipo de experiência que um professor experiente desenvolve ao longo de anos de experiência. Essa aprendizagem sobre ensino, alunos, cultura, desenvolvimento e conteúdo ocorre ao longo do tempo. Grossman, Smagorinsky e Valencia (1999, p. 18) fizeram a distinção entre "[...] ferramentas de apropriação [...]" e "[...] maestria [...]", sugerindo que, "se maestria significa a habilidade de utilizar uma ferramenta de forma eficaz, então essa compreensão mais plena de um conceito provavelmente levaria anos de prática para ser alcançada [...]". No entanto, essas pesquisas recentes apontam que os educadores novatos conseguem demonstrar uma prática mais habilidosa do que se pensava quando eles experimentam uma preparação mais forte e mais objetiva.

Estudos sobre o desenvolvimento docente trazem evidências para uma possível trajetória de tal desenvolvimento. E, embora a sequência e o momento de determinados estágios possam variar, em especial quando educadores novatos conseguem se beneficiar de uma formação docente particularmente bem-elaborada, as descrições de *expertise* ajudam a embasar grande parte da compreensão sobre a prática realizada. Elas fornecem uma base para a caracterização de algumas das práticas que se espera que os professores comecem a aprender e demonstrar como profissionais habilidosos e atenciosos.

TEORIAS DE DESENVOLVIMENTO DE PROFESSORES EM COMUNIDADES DE PRÁTICA

As concepções atuais sobre aprender a ensinar também estão embasadas nas teorias de aprendizagem de uma comunidade (AU, 2002; COCHRAN-SMITH; LYTLE, 1999a; GROSSMAN; SMAGORINSKY; VALENCIA, 1999; OAKES *et al.*, 2002). Um foco na aprendizagem em comunidades de prática evoluiu a partir de diversas tradições de pesquisa nos Estados Unidos e em outros países. Pode remontar a estudiosos como Kurt Lewin, um psicólogo social; à filosofia educacional de John Dewey; e aos movimentos que exigiam que os professores colaborassem e participassem de pesquisas em suas salas de aula, juntamente com pesquisadores universitários, que estavam em evidência já na década de 1950 (para uma análise dessas tradições, ver ZEICHNER; NOFFKE, 2001). Além disso, esse trabalho se baseou no trabalho de psicólogos cognitivos que se concentraram em particular na natureza da aprendizagem situada e contextualizada dentro dessas comunidades (ver BRUNER, 1996; COLE, 1977; D'ANDRADE, 1981; LAVE; WENGER, 1991; VYGOTSKY, 1978).

Pesquisas sobre o desenvolvimento de professores dentro das comunidades de aprendizagem também enfatizam a importância de um tipo particular de desenvolvimento do conhecimento: o conhecimento que ocorre tanto em contextos de ensino como em contextos profissionais. Cochran-Smith e Lytle (1999a, 1999b) descrevem várias abordagens para o desenvolvimento do conhecimento, incluindo o desenvolvimento *para* a prática, o conhecimento *na* prática e o conhecimento *da* prática. O primeiro deles refere-se aos tipos de conhecimento dos quais os professores podem depender para desenvolver sua prática: conhecimento do conteúdo, pedagogia de conteúdo, teorias de aprendizagem e desenvolvimento e pesquisa sobre os efeitos de várias estratégias de ensino. Esse tipo de conhecimento é a ênfase tradicional da formação docente e é frequentemente visto como um conhecimento a ser transmitido de acadêmicos para professores ou de *experts* para novatos.

A segunda perspectiva enfatiza o conhecimento em ação: o que professores talentosos sabem, conforme explícito em sua prática, suas reflexões e suas narrativas. Parte desse conhecimento certamente se reflete na primeira categoria, quando ela foi objeto de pesquisa formal sobre o ensino. No entanto, a noção de conhecimento *na* prática enfatiza que muito do conhecimento de educadores talentosos é prático, altamente situado e adquirido por meio da reflexão sobre a experiência. Embora o conhecimento de um professor *na* prática, quando estudado por outros professores, possa se tornar um conhecimento *para* a prática, aprender a partir das ações de educadores *experts* conforme fazem escolhas e tomam decisões depende de aprender a "pensar como um professor" – observar alunos, refletir sobre suas necessidades, avaliar opções curriculares e colocar planos em prática.

Por fim, o conhecimento *da* prática destaca a relação entre conhecimento e prática e os aspectos teóricos de ambos, assumindo que "[...] o conhecimento do qual professores precisam para ensinar bem emana das investigações sistemáticas sobre ensino, alunos e aprendizagem, currículo, escolas e escolaridade. Esse conhecimento é construído coletivamente dentro de comunidades locais e mais amplas" (CO-CHRAN-SMITH; LYTLE, 1999a, p. 274). Ele enfatiza o papel do professor na construção de conhecimento e aprendizagem e o crescimento por meio desse processo. E sugere a importância da investigação contínua pelos docentes nas próprias salas de aula e em outras fontes sistemáticas e práticas de conhecimento de modo a abordar problemas críticos da prática. Dentro dessa concepção, comunidades de prática desempenham um papel central no desenvolvimento e na transmissão do conhecimento da prática para a pesquisa, e vice-versa. Tais noções de conhecimento para a prática, desenvolvidas dentro de uma comunidade profissional de professores investigadores, embasam muitas das práticas pedagógicas emergentes na formação docente que demonstraram estar associadas à implementação de novas estratégias de ensino e a uma melhor aprendizagem do aluno (ver COHEN; HILL, 2000; JOYCE; SHOWERS, 2002).

Essas concepções de desenvolvimento dos docentes dentro das comunidades profissionais ressaltam as maneiras como a aprendizagem de professores iniciantes e experientes é semelhante. Como Cochran-Smith e Lytle (1999a, p. 293) explicam:

> [...] ao trabalharem juntos em comunidades, tanto os professores novos quanto os mais experientes apresentam problemas, identificam discrepâncias entre teoria e prática, desafiam rotinas comuns, recorrem ao trabalho de outros para estruturas geradoras e tentam tornar evidente muito daquilo que é dado como certo sobre ensino e aprendizagem.

Essa concepção representa uma imagem do professor como membro de uma comunidade profissional e como aprendiz ao longo da vida, concentrando-se no desenvolvimento compartilhado e profissional de longa duração.

ASPECTOS CRÍTICOS DO DESENVOLVIMENTO DA IDENTIDADE EM PROFESSORES

Além de desenvolverem conhecimentos e habilidades, os docentes estão se aprimorando em muitas outras dimensões. Eles estão se desenvolvendo como profissionais (FEIMAN-NEMSER, 2001a); como estudiosos e praticantes dentro do conteúdo de uma matéria (GROSSMAN; STODOLSKY, 1995; SHULMAN, 1986;); como agentes de mudança (AYERS 1995; DARLING-HAMMOND; FRENCH; GARCIA-LOPEZ, 2002); como criadores e defensores da criança (CUMMINS, 1986); e como agentes morais (FULLAN, 1993b). Conforme os professores desenvolvem uma visão sobre o que eles fazem, o que é uma boa prática docente e o que eles esperam realizar como educadores, eles começam a formar uma identidade que os guiará em seu trabalho (HAMMERNESS, 2006). A construção de uma identidade como professor é uma parte importante para garantir o compromisso com o trabalho e a adesão às normas profissionais da prática docente.

Os programas de preparação reforçam deliberada e inadvertidamente o desenvolvimento de diferentes tipos de identidades de ensino, pois enfatizam vários aspectos do que significa ser um professor e colocam os docentes em diferentes ambientes, onde eles verão exemplos de certos tipos de normas. Embora nem sempre seja considerado de forma explícita, esse aspecto da preparação é extremamente importante, pois as identidades que os professores desenvolvem moldam suas disposições, onde alocam seus esforços, se e como procuram oportunidades de desenvolvimento profissional e as obrigações que eles veem como intrínsecas ao seu papel.

Os docentes também estão desenvolvendo suas identidades como membros de grupos raciais/étnicos e seus pontos de vista sobre membros de outros grupos. Pesquisas sobre o desenvolvimento da identidade racial sugerem que, desde a infância (tão cedo quanto 3 ou 4 anos de idade) até a vida adulta, as pessoas passam por vários estágios para entender sua identidade e cultura racial/étnica e a dos outros (KATZ, 1982; MCALLISTER; IRVINE, 2000; PHINNEY; ROTHERAM, 1987; TATUM, 1997). Tal processo de desenvolvimento da identidade racial influencia a forma como os professores tratam os alunos que ensinam e como eles veem seu papel no enfrentamento das barreiras sociais e institucionais à equidade. Esse processo pode ser facilitado pela formação docente se os educadores de professores entenderem como ele se desdobra e pode ser abordado (CARTER; GOODWIN, 1994).

É claro que as crianças nas salas de aula dos professores também passam por esses estágios. Assim, é igualmente importante observar que os docentes desempenham um papel em especial influente no desenvolvimento da identidade racial/étnica dos alunos e de seus autoconceitos acadêmicos. Como Banks (1998, p. 88) argumenta, "Os professores são ainda mais importantes do que o material que utilizam, pois as maneiras como eles apresentam o material influencia muito a forma como esse material é visto pelos alunos [...]". Conforme os educadores trazem as próprias suposições e crenças (e até mesmo preconceitos e influências) sobre os materiais que utilizam na sala de aula, a maneira como eles interagem com os materiais ou os descrevem para os alunos pode criar uma ótica sob a qual os próprios alunos visualizam esses materiais. Nesse processo, os professores podem reforçar ou neutralizar os preconceitos e estereótipos raciais que os alunos trazem para a escola e mostrar atitudes negativas ou positivas em relação aos alunos de outras etnias. Devido ao papel crítico dos docentes no desenvolvimento da identidade dos alunos, os educadores de professores argumentam que os docentes precisam desenvolver a consciência sobre a própria identidade racial e considerar como podem dar suporte

ao desenvolvimento positivo da identidade racial entre seus alunos (CARTER; GOODWIN, 1994).

Além disso, como afirma Hernández (1989), o ensino é sempre um encontro transcultural, independentemente da etnia ou raça de professores e alunos, porque a cultura embasa todo o processo de ensino e aprendizagem. Os educadores naturalmente trazem os próprios valores culturais, crenças e entendimentos para seu trabalho com crianças, e as crianças sempre trazem os próprios entendimentos culturais e formas de conhecer junto às suas experiências com os professores, com conhecimento e ideias, e umas com os outras.

Um desafio importante é ajudar os professores do *preservice* que pertencem à cultura majoritária a desenvolver uma compreensão de questões e experiências transculturais, como a discriminação. Pesquisas sugerem que muitos professores brancos têm uma consciência limitada a respeito dessas questões (SLEETER, 2001). Estudos qualitativos apontam que muitos desses docentes tiveram poucas experiências interculturais, e essa falta de experiência pode levá-los a aceitar, de modo não intencional ou inconsciente, formas de discriminação racial, étnica, linguística ou cultural (MCINTYRE, 1997; SMITH; MOALLEM; SHERRILL, 1997; VALLI, 1995). Essa experiência limitada também afeta a compreensão de muitos educadores sobre práticas de sala de aula culturalmente apropriadas. Muitos professores do *preservice* têm dificuldade em imaginar como o ensino multicultural pode se dar (GOODWIN, 1994), em parte devido à falta de exemplos de práticas multiculturais nas próprias experiências como alunos e em seus estágios. De fato, por essas mesmas razões, educadores de outras etnias não necessariamente sabem mais sobre práticas pedagógicas relevantes em âmbito cultural do que professores de *preservice* brancos (GOODWIN, 1997b). Conforme descrito no Capítulo 7, os programas de formação podem oferecer oportunidades imprescindíveis para que os candidatos a professores de todas as origens desenvolvam práticas culturalmente relevantes e abordagens pedagógicas que possam atender a uma gama diversificada de alunos (LADSON-BILLINGS, 2001; SLEE-TER, 2001).

UMA ESTRUTURA PARA APRENDER A ENSINAR

Nos últimos anos, vários estudiosos apresentaram estruturas teóricas para aprender a ensinar que incorporam grande parte das pesquisas descritas anteriormente (COCHRAN-SMITH; LYTLE, 1999a, 1999b; FEIMAN-NEMSER, 2001a; GROSSMAN; SMAGORINSKY; VALENCIA, 1999; SHULMAN; SHULMAN, 2004). Além disso, os padrões profissionais para a prática docente, em especial aqueles apresentados pelo New Teacher Assessment and Support Consortium (INTASC) e pelo National Board for Professional Teaching Standards (NBPTS), também se baseiam nessas pesquisas na descrição do que professores iniciantes competentes e professores talentosos precisam saber e ser capazes de fazer para ensinar um conteúdo desafiador a alunos diversos.

Para apresentar uma estrutura para a aprendizagem de educadores, baseamo-nos nesses esforços anteriores. Conforme ilustrado na Figura 10.1, essa estrutura sugere que novos professores aprendem a ensinar em uma comunidade que permita desenvolver uma *visão* para sua prática; um conjunto de *entendimentos* sobre ensino, aprendizagem e crianças; *disposições* sobre como utilizar esse conhecimento; *práticas* que possibilitem agir de acordo com suas intenções e crenças; e *ferramentas* que dão suporte a seus esforços.

Como argumentamos no Capítulo 5, os professores precisam ter uma noção de para onde estão indo e de como vão levar os alunos até lá. Zumwalt (1989) chamou isso de senso de "visão curricular". Essa visão, junto com imagens importantes de boas práticas (FEIMAN--NEMSER, 2001a; SHULMAN; SHULMAN, 2004; ZUMWALT, 1989), pode ajudar novos educadores a refletir sobre seu trabalho, orientar sua prática e dirigir sua aprendizagem fu-

tura (HAMMERNESS, 2006). Feiman-Nemser (2001a, p. 1017) argumenta que essas imagens são críticas para aprender a ensinar:

> Os candidatos a professores devem[...] formar visões do que é possível e desejável no ensino para inspirar e orientar sua aprendizagem e prática profissional. Tais visões conectam valores e objetivos importantes para práticas concretas de sala de aula. Elas ajudam os professores a construir uma base normativa para desenvolver e avaliar seu ensino e a aprendizagem de seus alunos.

O desenvolvimento de uma visão para o ensino é o primeiro passo para abordar o aprendizado da observação e o processo de execução.

Conforme discutimos no Capítulo 6, os estudiosos concordam que os professores precisam ter um profundo conhecimento, ou *entendimento*, de seu conteúdo e de como torná-lo acessível aos outros (SHULMAN; SHULMAN, 2004). Tornar o conteúdo acessível depende, por sua vez, do entendimento dos alunos e de seus conhecimentos e experiências prévios e do entendimento do processo de aprendizagem. Em sua definição de entendimento da disciplina, Boix-Mansilla e Gardner (1997) argumentam que ele inclui o entendimento do conhecimento, dos propósitos, dos métodos e das formas de um conteúdo. Esse modelo sugere que os professores precisam ter um mapa conceitual coerente e rico da disciplina (conhecimento); um entendimento de como o conhecimento é desenvolvido e validado dentro de diferentes contextos sociais (métodos); um entendimento de por que o conteúdo é importante (propósitos); e, por fim, um entendimento de como se pode comunicar o conhecimento desse conteúdo para os outros (forma). Comunicar que o conhecimento depende efetivamente de um entendimento da reflexão, das experiências, do desenvolvimento e dos processos de aprendizagem dos alunos, assim como depende de como o currículo pode ser elaborado e as salas de aula gerenciadas, de modo a permitir que o processo de aprendizagem se desenvolva de forma produtiva.

Figura 10.1 Aprendendo a ensinar em comunidade.

Com o intuito de colocar esses entendimentos em prática, os professores também precisam desenvolver *ferramentas* (GROSSMAN; SMAGORINSKY; VALENCIA, 1999) – recursos conceituais e práticos para uso em sala de aula. Grossman, Smagorinsky e Valencia (1999) fazem a distinção entre ferramentas conceituais e práticas, observando que *ferramentas conceituais* podem incluir teorias de aprendizagem, estruturas e ideias sobre ensino e aprendizagem (conceitos como a zona de desenvolvimento proximal [ZDP] ou ensino culturalmente relevante). Eles sugerem que *ferramentas práticas*

incluem abordagens e estratégias de ensino específicas e recursos, como livros didáticos, ferramentas de avaliação e outros materiais. Essas ferramentas ajudam os docentes a trabalhar de maneira mais inteligente e a executar suas intenções na prática.

Esses entendimentos e ferramentas precisam ser integrados a um conjunto de práticas, ou o que Feiman-Nemser (2001a) denominou um *repertório inicial* de execução de sala de aula. Essas práticas podem incluir uma variedade de atividades de ensino para promover a aprendizagem dos alunos, como explicar conceitos, realizar discussões, elaborar experimentos, desenvolver simulações, planejar debates e organizar oficinas de redação (FEIMAN-NEMSER, 2001a). As práticas também incluem atividades como aprender a elaborar e executar planos de unidade e lições diárias que desenvolvem o entendimento; elaborar e implementar avaliações formativas e somativas; e oferecer *feedback* que seja construtivo e específico. Feiman-Nemser (2001a) aponta que os professores em formação devem aprender não apenas o conteúdo dessas estratégias, mas "quando, onde, como e por que utilizar abordagens específicas".

Além do entendimento ligado a ferramentas e práticas, os educadores precisam desenvolver um conjunto de *disposições* – ou hábitos de pensamento e ação – sobre ensino, crianças e o papel do professor. As disposições de ensino incluem a prontidão para refletir e aprender com a prática, que Cochran-Smith e Lytle (1999a) denominaram de *postura investigativa*. As disposições em relação às crianças incluem determinação e persistência que impulsionam a capacidade de trabalhar com crianças até que elas tenham sucesso (HABERMAN, 1996), incluindo a disposição de assumir a responsabilidade pela aprendizagem das crianças e pela vontade de continuar a buscar novas abordagens de ensino que permitam maior sucesso com os alunos. Ladson-Billings (1994), por exemplo, constatou que a crença de que todas as crianças podem ter sucesso é um atributo particularmente importante de professores bem-sucedidos de crianças afro-americanas. As disposições também podem incluir uma orientação pessoal (HABERMAN, 1996) caracterizada pela valorização da necessidade de boa empatia e relacionamento forte com as crianças, bem como de respeito e cuidado.

Essa estrutura também leva em consideração o entendimento de que aprender a ensinar ocorre dentro das comunidades (COCHRAN-SMITH; LYTLE, 1999a, 1999b). As comunidades profissionais incluem aquelas encontradas nos contextos de sala de aula e clínicas, tais como aquelas em que os colegas e candidatos a

docentes trabalham em seus cursos e no estágio supervisionado. Comunidades profissionais construídas com propósito, que compartilham normas e práticas, exercem importante influência, em especial na aprendizagem. Além disso, os professores aprendem a ensinar em diferentes tipos de comunidades locais e regionais que oferecem diferentes tipos de oportunidades de aprendizagem e prática. Esses contextos – que podem diferir na cultura, no *status* socioeconômico, na diversidade de línguas, nas normas políticas e sociais e em muitos outros fatores – representam desafios distintos para a preparação de docentes. Para que seus candidatos tenham êxito, os programas de preparação de professores devem levar em conta o papel dos contextos comunitários na aprendizagem e no desenvolvimento das crianças e devem responder à diversidade específica das crianças, escolas e comunidades atendidas por seus programas (HABERMAN, 1996).

Esse modelo de aprender a ensinar também convida educadores de professores a examinar se e como essa aprendizagem em ambientes escolares complementa o que é aprendido nos ambientes universitários, e vice-versa (GROSSMAN; SMAGORINSKY; VALENCIA, 1999). Visões de boa prática podem diferir em contextos, e as circunstâncias podem enfatizar ou demonstrar diferentes ferramentas, práticas e até mesmo disposições. Esse modelo ajuda a demonstrar a importância da coerência – ou, no mínimo, ajuda os professores a considerar os possíveis conflitos e diferenças que seus alunos podem encontrar, já que aprendem a ensinar em diferentes contextos.

Por fim, essa estrutura ajuda a pensar sobre como os educadores de professores podem equipar os docentes de maneiras que abordem os três problemas persistentes de aprender a ensinar que identificamos anteriormente neste capítulo. Por exemplo, Feiman-Nemser (2001a, p. 1017) apontou que o desenvolvimento da visão, ou um conjunto de imagens do possível, é um passo crítico na abordagem do problema do aprendizado da observação:

A menos que os educadores de professores envolvam alunos em potencial em um exame crítico de suas crenças iniciais à luz de alternativas convincentes e os ajudem a desenvolver imagens importantes de bons ensinamentos e fortes compromissos profissionais, essas crenças continuarão a moldar suas ideias e práticas.

Da mesma forma, Cochran-Smith e Lytle (1999a, p. 279) salientam que a disposição de assumir uma postura de investigação pode ajudar os professores a lidar com a complexidade do ensino; eles oferecem ilustrações de "[...] colegas trabalhando juntos, trazendo suas perspectivas para investigar as complexidades e desordem do ensino e da aprendizagem [...]".

A partir desse modelo, podemos ver que, em vez de conceituar o processo de desenvolvimento do professor como se movendo em marcha ao longo de uma série de estágios universais (independentemente de contexto ou experiências), os educadores de professores agora enfatizam as inter-relações entre a *aprendizagem* e o *desenvolvimento* dos professores e o *contexto* da aprendizagem dos professores. Por sua vez, educadores estão começando a se concentrar nas características específicas desses contextos e experiências que possam ajudar os professores a desenvolver essas capacidades. Tal perspectiva se assemelha ao desenvolvimento da teoria da aprendizagem nos últimos 20 anos, conforme os psicólogos passaram da busca dos behavioristas por uma relação direta entre estímulo e resposta à exploração dos cognitivistas de como a aprendizagem individual se desdobra, ao foco mais amplo oferecido pela teoria sociocultural sobre os contextos e as condições que promovem a aprendizagem.

Embora alguns pesquisadores tenham interpretado pesquisas anteriores sobre teorias de desenvolvimento – sugerindo que os professores iniciantes não conseguem se concentrar proveitosamente na aprendizagem do aluno ou em questões curriculares até que tenham dominado as rotinas de sala de aula (KAGAN, 1992) –, pesquisas recentes endossam o argumento de Grossman (1992), ou seja, de que novos educadores têm o potencial de dar passos frutíferos nessas questões, mesmo sendo novatos, se tiverem o tipo certo de suporte. No Capítulo 11, são abordadas algumas das características das experiências de aprendizado dos educadores que parecem contribuir para o desenvolvimento das visões, dos entendimentos, das ferramentas, das práticas e das disposições dos professores.

A elaboração de programas de formação de professores

11

Linda Darling-Hammond
Karen Hammerness
com Pamela Grossman, Frances Rust, Lee Shulman

Considerando o que sabemos sobre como os docentes aprendem e se desenvolvem, como podemos criar programas de formação de professores que sejam eficazes para que eles adquiram conhecimentos, habilidades e disposições para alcançar o sucesso? No Capítulo 10, examinamos a natureza da aprendizagem dos professores e identificamos três problemas específicos ao aprender a ensinar: os problemas associados à "aprendizagem da observação", a dificuldade de pôr em prática as intenções de ensino e a enorme complexidade da prática docente, que requer a integração de muitos tipos de conhecimento e habilidades para discernir a melhor maneira de buscar objetivos diversos com alunos que apresentam necessidades diversas.

Neste capítulo, analisamos algumas questões fundamentais sobre a elaboração de currículos e programas, que incluem questões de conteúdo e coerência, bem como preocupações sobre o escopo e a sequência. Em seguida, exploramos alguns dos recursos dos programas que parecem dar suporte à aprendizagem e ao desenvolvimento do professor. Por fim, passamos à abordagem de práticas pedagógicas efetivas e emergentes que são utilizadas na formação de professores, bem como suas implicações para a aprendizagem desses profissionais. Elas envolvem a construção de experiências clínicas, que incluem o está-gio supervisionado e as estratégias como o microensino; a utilização de avaliações de desempenho e portfólios; as análises do ensino e da aprendizagem; os métodos de caso; a investigação profissional; e a autobiografia.

Algumas dessas abordagens foram desenvolvidas especificamente para tratar um ou mais dos "problemas de ensino" descritos anteriormente. Algumas foram elaboradas para ajudar novos professores a desenvolver e praticar habilidades específicas que irão utilizar em sala de aula (a dimensão "eficiência" do nosso esquema de *expertise* adaptativa, descrito no Cap. 10). Outras foram elaboradas para permitir que os docentes façam escolhas sensatas diante da incerteza, inovem e sejam capazes de continuar aprendendo com a prática, ou seja, para que se tornem *experts* adaptativos. Exploramos os usos dessas práticas pedagógicas sob vários propósitos e objetivos da formação de professores. Nós os apresentamos não como uma "lista das 10 melhores" estratégias, mas como exemplos de abordagens que ganharam importância, pois são consideradas formas de satisfazer necessidades específicas ou de resolver dilemas específicos no processo de ensino--aprendizagem.

Diversas linhas de pesquisa foram úteis para delinear características das experiências dos docentes que influenciam em sua aprendizagem. Há muitas décadas, o programa de pesquisa Teacher Education and Learning to Teach (TELT; Formação de Professores e Aprendendo a Ensinar) na Michigan State University examinou as características de diferentes programas de formação de professores que parecem transformar as práticas de ensino e afetar os resultados da aprendizagem dos alunos. Uma série de estudos de caso feita pela National Commission on Teaching and America's Future (NCTAF) com programas exemplares de formação de professores trouxe dados empíricos sobre a natureza das experiências dos docentes em programas de *preservice* considerados de sucesso por graduados e empregadores. Estudos recentes feitos na Michigan University fornecem dados importantes sobre a natureza e as características das experiências de aprendizagem profissional no contexto das reformas educacionais na área da matemática e das ciências, enquanto pesquisadores da Ohio State University examinaram as características de programas de formação de professores de áreas urbanas. Além disso, uma linha de pesquisa da Pennsylvania University e da Wisconsin-Madison University documentou como professores podem gerar conhecimento a respeito da prática de ensino e analisar criticamente os contextos sociais do ensino ao trabalharem em pesquisa docente, pesquisas-ação ou comunidades de investigação.

Esses e outros estudos sugerem que, embora não haja uma única e melhor maneira de organizar as experiências de aprendizagem dos professores em um programa de formação, há algumas considerações em comum no desenvolvimento de programas e um repertório crescente de estratégias a serem utilizadas para isso.

PROBLEMAS NA ELABORAÇÃO DE PROGRAMAS

Coesão e coerência

Há pouco tempo, muitos programas de formação de professores foram criticados por serem excessivamente teóricos, terem pouca conexão com a prática, oferecerem disciplinas incoerentes e não apresentarem um conceito claro e compartilhado sobre o ensino entre os docentes. De fato, a fragmentação conceitual e estrutural é um tema constante nos estudos sobre formação de professores, especialmente aqueles conduzidos nos anos de 1980 (FEIMAN-NEMSER, 1990; FLODEN; MCDIARMID; WERNERS, 1989; GOODLAD; SODER; SIROTNIK, 1990; HOWEY; ZIMPHER, 1989; ZEICHNER; GORE, 1990). Programas que são, em grande parte, uma série de disciplinas não relacionadas, sem uma concepção comum de ensino e aprendizagem, foram considerados agentes de mudança relativamente frágeis para afetar a prática docente entre novos educadores (ZEICHNER; GORE, 1990). Em um grande estudo que abrangeu uma ampla gama de programas, Goodlad (1990) encontrou apenas um pequeno número de programas que oferecia a futuros professores a oportunidade de aprender a ensinar de maneira consistente com uma visão particular de ensino e aprendizagem.

A partir do final da década de 1980, as reformas nos programas de formação de professores começaram a resultar na elaboração de programas que representavam planos mais integrados e coerentes, enfatizando uma visão consistente das boas práticas docentes. Esses programas procuravam criar vínculos mais fortes entre as disciplinas e as experiências clínicas e trabalhos teóricos formais, em parte usando práticas pedagógicas ligadas às práticas de sala de aula (CABELLO; ECKMIER; BAGHIERI, 1995; GRABER, 1996; GROSSMAN, 1994; GROSSMAN; MCDANIEL, 1990; HAMMERNESS; DARLING-HAMMOND, 2002; OAKES, 1996; ROSS, 1989). Essas práticas pedagógicas surgiram quando os programas foram reestruturados em torno de teorias de aprendizagem profissional que sugeriam que os professores precisavam fazer mais do que simplesmente implementar técnicas específicas; eles precisam ser capazes de pensar pedagogicamente, solucionar dilemas por meio do raciocínio, investigar problemas e analisar a aprendizagem dos alunos de modo a desenvolver um currículo apropriado a um grupo diverso de alunos.

Desde então, vários estudos trouxeram evidências empíricas de que os programas de formação de professores que têm visões coerentes de ensino e aprendizagem e integram estratégias relacionadas entre disciplinas e estágios de campo exercem um impacto maior nas concepções e práticas iniciais dos futuros educadores do que aqueles que permanecem com uma série de disciplinas relativamente desconectadas. Em uma série de estudos de sete programas exemplares de formação de professores – programas com os quais graduados e seus empregadores constataram estarem significativamente mais bem preparados do que a maioria dos educadores iniciantes –, uma das características mais marcantes é que eles são particularmente bem-integrados e coerentes: as disciplinas integram trabalhos práticos com trabalhos teóricos para que os professores reforcem e reflitam sobre ideias-chave, e ambos os aspectos do programa são elaborados com base em uma compreensão mais profunda sobre o ensino e a aprendizagem. Esses programas estão fundamentados em um conjunto de grandes ideias que são continuamente revisitadas e, portanto, compreendidas de forma profunda. Além disso, os pesquisadores descobriram que os programas são elaborados a partir de uma visão forte e compartilhada de boas práticas docentes; eles utilizam padrões comuns de práticas que orientam e avaliam o trabalho teórico e prático e demonstram ter conhecimento e crenças em comum a respeito do ensino e da aprendizagem entre o corpo docente universitário e escolar (DARLING-HAMMOND, 1999; para casos, ver DARLING-HAMMOND; MACDONALD, 2000; KOPPICH, 2000; MERSETH; KOPPICH, 2000; MILLER; SILVERNAIL, 2000; SNYDER, 2000; WHITFORD; RUSCOE; FICKEL, 2000; ZEICHNER, 2000).

Esses resultados estão em convergência com os estudos de Howey e Zimpher (1989, p. 242), que, em suas pesquisas sobre formação de professores, viram que programas sólidos

> [...] apresentam uma ou mais estruturas fundamentadas na teoria e na pesquisa além da prática: estruturas que explicam, justificam e criam um consenso em torno de concepções fundamentais como o *papel* do professor, a *natureza* do ensino e aprendizagem e a *missão* da escola nesta democracia [...] Programas embasados em tais estruturas estabelecem prioridades claras em termos de atitudes e comportamentos-chave que são ativados e monitorados em experiências estruturadas repetidas [...] Programas coerentes conceitualmente permitem a liderança necessária e *compartilhada* do corpo docente, enfatizando o papel da coletividade e das responsabilidades individuais do curso. Os programas também contribuem para maior diligência em pesquisa e avaliação para além do nível individual do curso.

Da mesma forma, um estudo feito em nove programas de formação de professores no TELT descobriu que programas mais coerentes, com uma visão forte do tipo de ensino que pretendiam desenvolver e com metas consistentes em todas as disciplinas, foram mais influentes e eficazes no suporte à aprendizagem do educador em formação e, no caso dos programas que ressaltaram as teorias de aprendizagem construtivistas, em ajudar os novos professores a entender a natureza do ensino de populações diversas (TATTO, 1996).

A importância da coerência do programa foi enfatizada nas conclusões de uma análise de 93 estudos empíricos sobre a aprendizagem da prática docente, que analisaram os esforços feitos para modificar as crenças, a compreensão e os comportamentos dos professores novatos a respeito do ensino, da aprendizagem e dos alunos. Os autores concluíram que:

> Nas intervenções de curto prazo, que em todos os casos, com exceção de um ou dois, envolviam uma única disciplina, vimos pouco impacto relatado. Nos estudos de programas de um ano, no entanto, era muito mais comum os pesquisadores relatarem efeitos positivos. A duração da intervenção, por si só, não foi a variável principal. Mais significativo foi o que determinado período de tempo permitiu que os participantes do programa fizessem. Nas intervenções de curto prazo, parecia haver uma tendência de que outros elementos do programa interferiam ou mesmo anulavam

os efeitos da intervenção... o currículo oculto, nesse caso, emana do tipo de fragmentação estruturada a que se referem Gore e Zeichner (1991). *Programas de longo prazo, entretanto, foram eficazes quando os formadores de professores mantiveram um foco e uma mensagem consistentes* (WIDEEN; MAYER-SMITH; MOON, 1998, p. 151, grifo nosso).

O fato de que a coerência deve ser importante não é nada surpreendente. Estudos sobre a aprendizagem sugerem que ela é aprimorada quando os aprendizes se deparam com ideias e habilidades que se reforçam mutuamente em experiências de aprendizagem, sobretudo quando elas são fundamentadas em um conteúdo estrategicamente escolhido e transmitidas por meio de práticas pedagógicas efetivas (BRUNER, 1977, 1990; NATIONAL RESEARCH COUNCIL, 2000). Experiências recorrentes com um conjunto de ideias conceituais, juntamente com repetidas oportunidades de praticar habilidades e modos de análise, dão suporte à aprendizagem mais profunda e ao desenvolvimento da *expertise* (ERICSSON; KRAMPE; TESCH-ROMER, 1993; GICK; HOLYOAK, 1983). É particularmente importante que os alunos consigam utilizar teorias e práticas que os auxiliem a compreender os fenômenos que vivem e observam, em vez de se deparar com mensagens confusas, teorias contraditórias e ideias que são transmitidas de forma superficial. Tatto (1996) argumenta, no entanto, que ter um programa coerente não requer necessariamente que todos os professores pensem da mesma forma, já que a diversidade de pensamento contribui para experiências ricas de aprendizagem. Em vez disso, ela enfatiza que a coerência deve se encontrar no senso comum entre o corpo docente, em torno das normas e expectativas profissionais, bem como na forma como as experiências de aprendizagem são organizadas e conceituadas.

O esforço para desenvolver coerência nas visões, normas e expectativas profissionais tem implicações para as políticas utilizadas para a gestão de programas de formação de educadores. A prática de assessorar o programa com um grande número de instrutores adjuntos que mudavam com frequência não foi encontrada em nenhum dos programas altamente coerentes e impactantes que fizeram parte da pesquisa citada anteriormente. Todos esses programas contavam com membros do corpo docente dedicados e experientes que elaboravam juntos o conteúdo programático e o revisavam com frequência. Embora houvesse instrutores adjuntos empregados na maioria dos programas, eles eram em geral professores da escola que regularmente ministravam ou eram assistentes em disciplinas, ainda assim membros da equipe do corpo docente, e não funcionários temporários que iam e vinham sem envolvimento na vida intelectual do programa. É incrivelmente difícil criar um programa coerente se grande parte do ensino for conduzida por funcionários de meio período com noções diferentes sobre o que é ensinar bem e como chegar lá e que têm poucas oportunidades de se conectar com o que mais está acontecendo no programa.

Além disso, o corpo docente de muitos dos programas citados anteriormente incluía muitos profissionais que já haviam sido professores da pré-escola até o ensino médio antes de se tornarem professores universitários; alguns continuaram a ensinar em escolas, além de realizarem pesquisas sobre ensino. O envolvimento com bolsas de estudos sobre elaboração de currículo, ensino e aprendizagem foi amplamente difundido entre os docentes das universidades e, muitas vezes, estendeu-se também ao corpo docente das escolas. Esse engajamento deu suporte a um diálogo contínuo sobre como melhorar o programa à luz dos resultados que os participantes procuraram e observaram.

Organização do conteúdo: considerações sobre escopo e sequência

Pesquisas sugerem que diversos elementos fazem a diferença na elaboração de um programa de formação de professores, entre os quais:

1. O *conteúdo* da formação de professores – o que é ensinado e como os conteúdos se interligam, incluindo até que ponto os candidatos são auxiliados na aquisição de um *mapa cognitivo* de ensino que permita que eles enxerguem relações entre os domínios do conhecimento da prática docente e conectem teorias úteis às práticas que dão suporte à aprendizagem do aluno.

2. O *processo* de aprendizagem – até que ponto o currículo é desenvolvido de modo a permitir a *prontidão* dos candidatos e se baseia nos materiais e ferramentas de prática, de modo a possibilitar que a compreensão dos professores seja promovida em sala de aula.

3. O *contexto* da aprendizagem – até que ponto a aprendizagem do professor está situada em contextos que permitem o desenvolvimento da prática especializada; tais contextos incluem o domínio do assunto e a comunidade de profissionais que compartilham práticas, disposições e uma base crescente de conhecimento.

O conteúdo das disciplinas

Apesar de muitas pesquisas focarem nos processos de aprendizagem de educadores, as evidências sugerem que *o que* os professores aprendem importa tanto quanto como eles aprendem. Vale ressaltar, primeiramente, que os professores aprendem coisas diferentes em programas de formação diversos (KENNEDY, 1998, 1999); que eles se sentem bem-preparados para aspectos específicos do ensino de forma diferente, dependendo do tipo de rota para o ensino que eles seguiram e o programa que cursaram (DARLING-HAMMOND; CHUNG; FRELOW, 2002; IMBIMBO; SILVERNAIL, 1999); e variam em seu senso de eficácia e efetividade como consequência de suas experiências de aprendizagem (ANDREW, 1990; ANDREW; SCHWAB, 1995; COHEN; HILL, 2000; DENTON; LACINA, 1984; DESIMONE *et al.*, 2002).

Considerando o que se ensina. Esta publicação procura fornecer uma fundamentação teórica para o conteúdo crítico a ser considerado na formação de futuros educadores. Mas as decisões sobre o conteúdo curricular têm importância no que os professores sabem e conseguem fazer? Embora as decisões sobre o que é ensinado na formação de educadores pareçam pouco dignas de observação, elas são importantes.

Uma série de estudos em larga escala encontrou relações entre a eficácia docente e a quantidade de treinamento que os professores receberam nos métodos de ensino da matéria e do conteúdo específico das disciplinas (BEGLE, 1979; DRUVA; ANDERSON, 1983; FERGUSON; WOMACK, 1993; GOLDHABER; BREWER, 2000; MONK, 1994; MONK; KING, 1994). Embora esses estudos não tenham conseguido examinar a natureza desse treinamento, estudos mais recentes analisaram a qualidade desse treinamento, bem como a quantidade. Por exemplo, Wenglinsky (2002) constatou que, além do histórico em conhecimento de conteúdo, os professores de matemática e ciências do ensino médio mais eficientes tinham mais preparação profissional em como trabalhar com diversas populações estudantis (uma combinação entre treinamento em diversidade cultural, ensino de estudantes com nível limitado de inglês e ensino de alunos com necessidades especiais), como desenvolver habilidades de raciocínio de alto nível e como utilizar métodos práticos.

Apesar de alguns estudos relatarem os efeitos da quantidade ou duração do treinamento, outras pesquisas sugerem que a duração das experiências de aprendizagem profissional é menos importante nos efeitos nas práticas docentes do que o conteúdo da experiência de aprendizagem e a prática pedagógica utilizada para ensinar aquele conteúdo (para uma análise, ver KENNEDY, 1998). Outra série de estudos que acompanhou candidatos a professores de oito programas de formação diferentes ao longo do tempo constatou que o conteúdo substancial dos programas fez diferença no que os professores aprenderam, e os professores preparados em programas com diferentes ênfases conteudistas aprenderam a praticar de diferentes formas. Por exemplo, Kennedy (1999) relatou que os professores que participaram de programas "tradicionais" que enfatizavam a gestão e os aspectos técnicos do ensino tendiam a se preocupar mais com gramática, convenções e aspectos prescritivos da escrita do que com as habilidades dos alunos em comunicar suas ideias. Da mesma forma, Desimone *et al.* (2002) constataram que os educadores que participavam do que eles chamavam de programas de desenvolvimento profissional "orientados para a reforma" tendiam a se concentrar mais nas próprias estratégias e nos objetivos dos alunos. Em um estudo que examinou os efeitos do desenvolvimento profissional nas práticas de ensino de 207 professores em 30 escolas, esses pesquisadores descobriram que o conteúdo da experiência de aprendizagem – oportunidades de rever o trabalho do aluno, obter *feedback* sobre o ensino e sua conexão com outras atividades atuais – teve fortes efeitos sobre os docentes que utilizavam essas práticas em suas salas de aula.

Outras pesquisas sugerem que, quando os professores têm oportunidade de interagir com o conteúdo da maneira que eles querem que os próprios alunos o façam (como se envolver em oficinas de redação, obter *feedback* sobre a própria redação, dar críticas), eles estão mais propensos a se engajar com essas práticas em sala de aula (LIEBERMAN; WOOD, 2003). Estudos anteriores sugerem que essas diferenças na prática docente são importantes para o que os alunos aprendem e que certos tipos de formação de professores e práticas associadas parecem mais eficazes na aprendizagem de habilidades básicas, enquanto outras abordagens de ensino e desenvolvimento de educadores parecem mais efetivas em dar suporte à aprendizagem mais transferível de habilidades de ordem superior mais complexas (BROPHY; GOOD, 1986; CRAWFORD; STALLINGS, 1978).

O reconhecimento de que muitas práticas são úteis de maneiras diferentes para diferentes objetivos de aprendizagem fez as concepções do currículo de formação de professores mudarem drasticamente ao longo dos anos. No passado, as ideias a respeito do que os docentes precisavam saber para ensinar eram muito restritas, muitas vezes limitando-se a falar sobre gestão da sala de aula e alguns "truques do ofício", que poderiam incluir a forma de apresentar uma lição ou de dar uma palestra para os alunos. Era dada pouca ênfase à importância de compreender como as pessoas aprendem ou à elaboração do currículo e da avaliação. No entanto, a ênfase crescente à aprendizagem dos alunos – e à responsabilidade dos docentes – estimulou o desenvolvimento de um currículo para professores que envolvesse conhecimentos sobre as influências na aprendizagem, incluindo desenvolvimento infantil, contextos sociais de educação, aquisição da linguagem, propósitos educacionais e aspectos da prática pedagógica, com peças-chave específicas para o ensino, entre as quais o conhecimento de conteúdo e de como ensiná-lo a alunos diversos em diferentes estágios e o *design* do currículo, dos ambientes de sala de aula e das avaliações.

Criando um mapa cognitivo do ensino. Esta publicação organizou a discussão em torno de vários domínios do conhecimento para o ensino. No entanto, existe o perigo de considerar domínios do currículo de forma fragmentada. Pesquisas sugerem que, quando os alunos iniciam com uma visão do todo e são ajudados a ver como as ideias estão conectadas e relacionadas, isso aprofunda a compreensão deles e, então, permite que integrem e utilizem mais do que aprenderam. Estudos de memória e aprendizagem descobriram que os alunos aprendem melhor quando têm uma *estrutura conceitual*, um *mapa cognitivo* ou um *esquema*, o que permite organizar categorias de informação e reconhecer a relação entre conceitos (SINGLEY; ANDERSON, 1989), algo muito mais difícil quando eles se deparam com um conjunto de fatos não relacionados ou uma introdução descontextualizada de habilidades distintas. Os alunos se beneficiam ao se depararem com um currículo focado na estrutura de um assunto –

as ideias, os conceitos e as questões fundamentais de um campo –, observando que, como argumentou Bruner (1977, p. 7), "[...] aprender a estrutura, em suma, é aprender como as coisas se relacionam [...]". Aprender ideias dentro do contexto de uma estrutura conceitual abrangente não apenas ajuda os alunos a entender o "panorama", mas também permite que eles comecem a reconhecer como todas as ideias e teorias individuais se encaixam e se relacionam umas com as outras.

Ter essa estrutura descrita e explicada é útil para a aprendizagem posterior dos candidatos. É claro que, para que isso aconteça, os próprios educadores de professores precisam ter elaborado tal estrutura, tanto intra como interdisciplinas, para que possam estruturar o conteúdo que está sendo ensinado e explicar essa estrutura aos futuros docentes. Levando em conta que, no passado, educadores de professores geralmente não consideravam esse tipo de estrutura conceitual, normas recentes do National Council for Accreditation of Teacher Education (NCATE) e de outras agências de validação requerem o desenvolvimento dessas estruturas, aumentando, assim, a possiblidade de incorporar um entendimento compartilhado de uma "coerência conjunta" pelo corpo docente. Dar um passo adiante formalmente de modo a articular esse mapa conceitual com os próprios candidatos a professores poderia ajudá-los a colocar em prática as ideias com que se deparam.

Uma forma de dar sentido ao panorama para os novatos é por meio de explicação e ilustração. Conforme ilustrado no Capítulo 2, auxiliar os professores em formação na elaboração e no uso de um mapa cognitivo (p. ex., as estruturas oferecidas pelo livro How people learn [HPL]; DONOVAN; BRANSFORD, PELLEGRINO, 1999) pode contribuir para a criação de uma base para a compreensão e a análise do ensino e da aprendizagem. Padrões para o ensino, como aqueles desenvolvidos pelo National Board for Professional Teaching Standards e por órgãos de validação estaduais, também trazem um esquema que pode auxiliar as pessoas a compreender quais dimensões do ensino são importantes e como elas devem se encaixar. Uma maneira importante de ajudar a elaborar um esquema é desenvolver um senso comum a partir de observações guiadas e engajamento na prática sobre o que é ensinar sobre que tipos de conhecimento a atividade exige antes ou enquanto se depara com uma estrutura intelectual para a interpretação dessa prática.

Por isso, muitos programas atualmente enfatizam a importância de fornecer experiência clínica no início e ao longo do programa de formação de professores – para que os futuros educadores desenvolvam um panorama do que o ensino envolve e requer. Isso permite que eles comecem a entender alguns dos desafios e pensamentos envolvidos de modo a compreenderem melhor como as ideias e teorias com as quais se deparam em seus trabalhos teóricos se encaixam no processo de desenvolvimento da prática. Alguns educadores afirmam que fornecer aos novatos essas experiências iniciais de estágio realmente proporciona uma estrutura conceitual para que eles organizem e compreendam melhor as teorias abordadas em seu trabalho acadêmico. Alguns estudos empíricos corroboram essa afirmação, sugerindo maior efetividade em várias medidas de ensino para aqueles com mais experiências clínicas anteriores (DENTON, 1982; DENTON; MORRIS; TOOKE, 1982; HENRY, 1983; ROSS; HUGHES; HILL, 1981; SUNAL, 1980).

Ajudar os candidatos a entender o panorama faz os alunos localizar o que estão aprendendo. Além disso, o entendimento profundo envolve o *retorno às ideias centrais e aos conceitos* repetidas vezes, de modo que, com o tempo, os alunos sejam capazes de compreendê-los profundamente e de avaliar sua relação com outros conceitos, ideias e teorias. A noção de Bruner (1977, p. 13) de um "[...] currículo espiral [...]" sugere que "[...] um aprofundamento contínuo da compreensão [das ideias-chave] provém da aprendizagem para utilizá-las progressivamente em formas mais complexas [...]". Bruner (1977, p. 13) argumenta: "Um currículo, conforme ele se desenvolve, deve revisitar essas ideias básicas repetidamente, se desenrolando até que o estudante tenha compreendido todo o aparato formal que as acompanha [...]".

Pesquisas sobre aprendizagem e transferência dão suporte a essa concepção. Estudos de transferência indicam que, quando ideias são ensinadas em diversos contextos e incluem tanto a atenção aos princípios fundamentais quanto os exemplos de como as ideias são aplicadas (BIEDERMAN; SHIFFRAR, 1987), os alunos mostram-se mais propensos a abstrair as características relevantes e importantes de conceitos-chave e desenvolver um conhecimento mais flexível sobre o tópico em questão (GICK; HOLYOAK, 1983). Esse tipo de aprendizagem é facilitado por um currículo que é coerente e reforçador em todos os cenários e por um projeto iterativo, como descrito anteriormente no Developmental Teacher Education Program na University of California, Berkeley, onde os conceitos de desenvolvimento são revisitados ao longo dos quatro semestres de uma sequência de disciplinas sobre desenvolvimento (ver "O poder de um programa de formação de professores com propósito e coerência").

O poder de um programa de formação de professores com propósito e coerência

Pesquisas recentes sobre importantes programas de formação de professores não sugerem apenas que os novos educadores podem ir mais longe em sua jornada de desenvolvimento como docente de forma mais rápida do que antes se pensava, mas que também é possível que esses novos docentes aprendam muito mais sobre ensino e adquiram mais aspectos importantes na sala de aula do que era esperado. Por exemplo, em um estudo de caso do programa Developmental Teacher Education (DTE) da University of California, Berkeley, Snyder (2000) descreve a sala de aula de uma graduada, que é professora em seu primeiro ano de docência, revisando o currículo com base na percepção da necessidade e dos interesses dos seus alunos do 1º ano (ver Cap. 9). Ela conseguiu reciclar um "currículo engessado" para que ele engajasse os alunos na investigação científica clássica, em que eles registraram dados, geraram e avaliaram hipóteses e, a partir desses dados e hipóteses, chegaram a uma conclusão. Ela também conseguiu criar e colocar em prática grupos cooperativos que uniam a diversidade racial, linguística e étnica de seus alunos e que encorajavam a liderança das crianças e as habilidades interpessoais; estruturou trabalhos para os diferentes níveis de proficiência dos alunos; e gerenciou a sala de aula com maestria para que as crianças terminassem seus trabalhos e pudessem focar no trabalho intelectual do momento.

Snyder (2000) expõe minuciosamente a conexão entre as habilidades e as abordagens dessa professora iniciante e as experiências que o programa DTE oferece aos professores em formação. Por exemplo, o programa DTE envolve os educadores em formação em quatro disciplinas básicas, tipo seminários, sobre desenvolvimento humano, nas quais os alunos observam o comportamento das crianças nas salas de aula, avaliam seus níveis de desenvolvimento e oferecem explicações sobre a aprendizagem e a atividade das crianças com base nas teorias do desenvolvimento infantil. Os professores em formação também cursam disciplinas sobre métodos de ensino, que se concentram em envolver ativamente os alunos de ciências e matemática "na prática". Como explica Snyder (2000, p. 108), os vínculos proposatais entre as disciplinas "fundamentais" e as "de metodologia" criam uma experiência cumulativa e consistente para os docentes em formação:

> O conteúdo dos métodos de ensino é apenas metade da história. As experiências simultâneas fornecidas nas disci-

plinas centrais conectam o estudo do desenvolvimento às demandas desenvolvimentais das escolas e disciplinas escolares. Introduzir uma atividade que mantenha o interesse dos alunos é apenas metade da tarefa. A outra metade é identificar o conhecimento-alvo da atividade e como esse conhecimento se relaciona com os entendimentos anteriores e futuros. Para fazer isso bem, é necessária a compreensão do desenvolvimento de habilidades cognitivas dentro de uma área de conteúdo particular, do tipo de atividades que promovem seu desenvolvimento e de como as mesmas habilidades se manifestam em outras áreas do currículo.

Enquanto os professores em formação do programa DTE cursam suas disciplinas, eles "estão sempre em sala de aula simultaneamente". Na verdade, eles têm cinco estágios em diferentes ambientes de sala de aula (para variar os grupos de idade e contexto) durante o período de dois anos em seu programa de mestrado, elaborado para que os professores em formação possam começar a integrar conscientemente o que estão aprendendo em uma variedade de cenários – além de desenvolver uma compreensão rica de como se dá a prática docente.

O processo de aprendizagem

Considerar como introduzir, trabalhar e revisitar conceitos-chave para que eles sejam realmente compreendidos de maneira que possam ser encenados e integrados a uma prática sofisticada não é uma questão simples. Para fazer isso com sucesso, os educadores de professores precisam considerar como desenvolver a prontidão dos candidatos para aprender sobre aspectos particulares da prática docente e como dar vida à teoria na prática e à prática na teoria.

Desenvolvimento da prontidão. O conceito de *prontidão* sustenta abordagens de escopo e se-

quência, que envolvem a identificação de ideias e experiências fundamentais que sustentam a aprendizagem posterior. O ponto de partida para a aprendizagem é sempre o conhecimento prévio, que deve estar ligado, de alguma forma, a novas oportunidades de aprendizagem. Como já observamos, na formação de professores, o conhecimento prévio dos candidatos apresenta tanto problemas quanto possibilidades que derivam do aprendizado da observação pela qual todos passaram. Com o intuito de confrontar e utilizar esse conhecimento prévio e ajudar os candidatos a perceber que os alunos aprendem de maneiras diferentes e têm experiências e perspectivas distintas, muitos programas de formação começam com a experiência pessoal dos candidatos como uma maneira produtiva de desencadear a discussão sobre crenças e suas bases, além de construir um conhecimento mais sistemático. Alguns programas iniciam disciplinas de estudos da prática docente, estimulando os alunos a escrever e compartilhar autobiografias e narrativas educacionais, o que pode ajudar esses alunos a examinar de forma crítica as próprias experiências educacionais e se tornarem prontos para se engajarem no pensamento pedagógico profissional.

Da mesma forma que acontece no desenvolvimento infantil, considerações sobre prontidão não devem ser utilizadas para restringir as experiências de aprendizagem, mas para orientar decisões sobre onde começar e como *scaffold* a aprendizagem para que os alunos *sejam capacitados* a desenvolver habilidades críticas. Assim, por exemplo, embora pesquisas sobre novos professores indiquem que eles não costumam começar focando na aprendizagem do aluno, mas preocupando-se com as próprias ações na sala de aula, os novatos podem ser auxiliados a focar em seus alunos e no processo de aprendizagem por meio das experiências acumuladas de modo objetivo e nos trabalhos teóricos. Muitos programas de sucesso de formação de professores iniciam seu curso de estudos na docência com trabalhos sobre aprendizagem e desenvolvimento – esperando estrear os novos educadores já com foco nos alunos e na aprendizagem. Tais disciplinas iniciais exigem que os professores em formação, desde o início do programa, observem as crianças e coletem informações detalhadas sobre o desenvolvimento e aprendizagem delas, bem como sobre seus contextos de aprendizagem, focando, assim, na experiência e na aprendizagem de cada criança.

Muitas vezes, as avaliações da aprendizagem dos alunos e as análises relacionadas do currículo e do ensino são um gatilho para esse processo de foco na aprendizagem e sua relação com as decisões de ensino. A forte associação entre observações e discussões do comportamento e da aprendizagem das crianças e análises da prática docente também faz os novatos entenderem a relação entre planos curriculares e o que as crianças fazem. Isso os ajuda a perceber que suas preocupações iniciais com controle e gestão de sala de aula serão abordadas tanto pela sua aprendizagem sobre planejamento e ensino eficazes quanto pela implementação de regras ou rotinas de sala de aula.

Por fim, se os educadores de professores quiserem que os novatos desenvolvam raciocínio especializado e habilidades de execução, eles precisam pensar sobre quais são os componentes desse conjunto de habilidades, quais entendimentos e habilidades são a base para outros e quais experiências serão necessárias para ajudar a garantir que os candidatos possam progredir na direção dos objetivos mais amplos do programa. Assim como em outros tipos de aprendizagem cognitiva, são essenciais o esclarecimento de objetivos – articulando em detalhes qual é o desempenho desejado e em que ele consiste –, a modelagem e a demonstração, o *scaffolding*, bem como tornar o pensamento visível e praticar com mentoria. É necessário que se reflita sobre esses processos em todas as disciplinas e experiências de aprendizagem, de modo que o currículo geral para a formação de professores faça sentido e acrescente à prontidão para o ensino.

A aprendizagem sobre a prática na prática.
Um elemento-chave para a aprendizagem bem-sucedida é a oportunidade de aplicar o que está sendo aprendido e refinar isso (NATIONAL RESEARCH COUNCIL, 2000). De fato, os psicólogos cognitivos constataram que a "prática deliberada" – ensaiar de maneira prática e crítica certos tipos de desempenho – é particularmente importante para o desenvolvimento da *expertise* (ERICSSON; KRAMPE; TESCH-ROMER, 1993). Enquanto, no programa de graduação tradicional, o estágio supervisionado era frequentemente colocado no final, como uma espécie de experiência culminante, agora muitos programas estão entrelaçando experiências clínicas cuidadosamente planejadas no início e durante todo o curso. Muitos educadores de professores argumentam que os professores em formação *veem e entendem* a teoria e a prática de maneira diferente se estiverem cursando disciplinas simultaneamente com a prática de campo. Pesquisas sobre os resultados dos esforços de formação de educadores dão suporte à ideia de que experiências de campo cuidadosamente elaboradas podem permitir que novos docentes reforcem, apliquem e sintetizem conceitos que estão aprendendo na teoria (BAUMGARTNER; KOERNER; RUST, 2002; DENTON, 1982; DENTON; MORRIS; TOOKE, 1982; ROSS; HUGHES; HILL, 1981; SUNAL, 1980).

Parece que os novatos que já têm alguma experiência com ensino estão mais preparados para entender as ideias, as teorias e os conceitos abordados em âmbito acadêmico quando se deparam com o trabalho teórico das disciplinas. Por exemplo, em um estudo com 139 alunos de graduação em formação de professores que comparou aqueles com 30 horas de experiência de campo (n = 61) e aqueles que não tiveram experiências de campo prévias (n = 78), Denton (1982) descobriu que aqueles com experiência tiveram desempenho significativamente melhor em suas disciplinas de métodos de ensino do que aqueles sem experiência de campo prévia. O autor concluiu que a experiência de campo prévia parece aumentar a aprendizagem e a compreensão sobre os princípios de como ensinar dentro de uma área de conteúdo. Parece que quando os professores têm oportunidades para experimentar e estudar a relação entre teoria e prática sua aprendizagem é aprimorada.

Não é apenas a disponibilidade de experiência em sala de aula que permite aos professores aplicar o que estão aprendendo. Estudos recentes sobre aprender a ensinar sugerem que fazer a imersão dos docentes nos materiais da prática e trabalhar conceitos específicos usando esses materiais são ações especialmente importantes para a aprendizagem dos professores (BALL; COHEN, 1999; LAMPERT; BALL, 1998). Conforme discutiremos na seção seguinte, exemplos de trabalhos de alunos, artefatos de sala de aula, vídeos de ensino e aprendizagem em salas de aula e casos de ensino e aprendizagem permitem que os professores relacionem os trabalhos teóricos às salas de aula e às crianças. Ball e Cohen (1999) denominaram esse tipo de aprendizagem "aprender *com e a partir da* prática". Embora essa noção enfatize a importância dos professores de *preservice* passarem um tempo substancial aprendendo em salas de aula reais, Ball e Cohen (1999) explicam que "aprender na prática" não significa necessariamente que os educadores precisem estar sempre na sala de aula em "tempo real". Essa aprendizagem também pode acontecer longe das salas de aula reais, desde que o trabalho que esteja sendo feito tenha foco em materiais autênticos de sala de aula:

> Ter "foco na prática" não implica necessariamente situações em tempo real nas salas de aula da escola. Embora a empolgação do imediatismo traga autenticidade, também interfere na oportunidade de aprender. Estar dentro de uma sala de aula restringe oportunidades para o tipo de ensino em curso nessa lição em particular. Além disso, estar assim confinado limita a aprendizagem à pressa da prática instantânea. Melhores oportunidades podem ser criadas usando a documentação estratégica da prática. Cópias de trabalhos do aluno, vídeos de aulas, materiais curriculares e anotações dos professores seriam todas oportunidades candidatas. Utilizar esses recursos poderia classificar o currículo de formação de professores como "na prática", pois eles conseguem concentrar a aprendizagem profissional em materiais extraídos de salas de aula reais que representam problemas óbvios da prática (BALL; COHEN, 1999, p. 14).

A aprendizagem na prática não acontece sozinha, é claro. Embora a importância da experiência de ensino tenha sido reforçada por muitas pesquisas, é essencial reconhecer que a prática, por si só, não resulta em um desempenho perfeito ou até mesmo bom. Oportunidades para conectar a prática à *expertise* devem ser incorporadas às experiências de aprendizagem dos professores. Por exemplo, um estudo recente de educadores experientes que optaram por ingressar em um programa de formação docente após vários anos de ensino constatou que esses professores – longe de sentirem que haviam aprendido tudo o que precisavam saber sobre a prática docente por meio da experiência – relataram que o programa de formação ensinou, pela primeira vez, como elaborar um currículo produtivo, auxiliar alunos com dificuldades e avaliar, refletir e melhorar seu ensino (KUNZMAN, 2002).

Estudos sobre a aprendizagem de professores sugerem que, quando as oportunidades de refletir sobre seu trabalho e conectá-lo à pesquisa e à teoria são incluídas na formação de educadores, os docentes estão mais bem capacitados a identificar áreas que precisam melhorar, considerar estratégias alternativas para o futuro e resolver e raciocinar por meio de dilemas pedagógicos (FREESE, 1999; HAMMERNESS; DARLING-HAMMOND; SHULMAN, 2002; LABOSKEY, 1992). Isso está em consonância com as pesquisas que constataram que a experiência não dirigida não é tão eficaz quanto a investigação atrelada ao ensino que delineia os principais conceitos sobre quais experiências levantam questões e trazem exemplos. Há, como Schwartz e Bransford (1998) descobriram, uma "hora certa de dizer",* que é especialmente eficaz quando une fortes explicações conceituais com exemplos específicos e

---

* N. de R.T.: No original, *times for telling*, traduzido como "hora certa para dizer". No contexto, significa "hora certa para ensinar".

oportunidades para aplicação e análise. Esse e outros estudos constataram que tanto o "dizer" como uma investigação prática pelo próprio aluno são menos eficazes do que os dois juntos. Ou seja, em uma resolução recente dos debates de longa data sobre "instrução direta" *versus* "instrução indireta", a aprendizagem que envolve profunda compreensão e transferência muitas vezes é um produto da integração habilidosa de investigação e explicação. Esse tipo de aprendizagem conceitual também parece dar suporte a que os conceitos estudados sejam aplicados ou colocados em prática.

Muitos estudos a partir de diferentes linhas de pesquisa sobre a aprendizagem dos professores trazem exemplos da importância da explicação conceitual sobre abordagens pedagógicas vinculadas a oportunidades diretas de investigação e aplicação. Em vários estudos experimentais, educadores que vivenciaram preparações direcionadas no *preservice* ou desenvolvimento profissional focados em práticas de ensino eficazes em áreas de conteúdo específicas, incluindo oportunidades imediatas de aplicar o que aprenderam, produziram ganhos de desempenho que são significativamente maiores em comparação àqueles dos professores do grupo-controle (ANGRIST; LAVY, 1998; CRAWFORD; STALLINGS, 1978; EBMEIER; GOOD, 1979; GOOD; GROUWS, 1979; LAWRENZ; MCCREATH, 1988; MASON; GOOD, 1993).

Um desses estudos, que tinha o objetivo de melhorar as estratégias de gestão da sala de aula, designou aleatoriamente professores experientes a um grupo que não recebeu treinamento e a outro que recebeu treinamento em estratégias de gestão de sala de aula com base em pesquisa. As estratégias foram descritas em um texto delineando a abordagem conceitual juntamente com abordagens específicas de sala de aula e foram ministradas por meio de sessões de solução de problemas em pequenos grupos com base em cenários de sala de aula e com suporte de funcionários que pudessem relacionar os problemas aos conceitos estudados. O treinamento ocorreu em dois conjuntos de sessões com um mês de intervalo.

O grupo que recebeu o treinamento demonstrou aumento significativo na utilização das estratégias de gestão e diminuição substancial no mau comportamento dos alunos, bem como aumento no engajamento dos alunos e na aprendizagem durante a tarefa, enquanto nenhuma mudança ocorreu com o grupo-controle (EVERTSON *et al.*, 1983). A experiência, por si só, não tinha ensinado os professores a realizar esses tipos de estratégias. O ponto-chave que os docentes disseram ter possibilitado sua aprendizagem foi a maior conscientização que obtiveram ao serem expostos a uma estrutura conceitual para organizar suas salas de aula e a sugestões concretas, específicas e práticas de *como* aplicar as teorias, que eles poderiam colocar em prática imediatamente. Eles também sentiram que aprenderam com sessões que permitiram compartilhar problemas e estratégias com outros professores dentro do contexto dessa estrutura conceitual, conforme tentavam implementar as novas ideias.

Situar a aprendizagem em contextos produtivos

Por fim, a teoria da aprendizagem moderna deixa claro que a *expertise* se desenvolve dentro de determinados domínios e que a aprendizagem está situada em contextos específicos nos quais ela precisa ser desenvolvida e a partir dos quais deve ser transferida. Enquanto os programas de formação de professores às vezes se concentram em concepções genéricas de conhecimento e desenvolvimento de habilidades, agora parece claro que, para que aconteça, a aprendizagem de educadores deve ser desenvolvida de forma a derivar e se conectar ao conteúdo e aos alunos a serem ensinados. Ao mesmo tempo, os professores precisam aprender a avaliar como os aspectos do que aprenderam em um contexto podem se aplicar a novos cenários ou problemas com os quais eles se deparam.

O tratamento do conteúdo como contexto. Pesquisas recentes em psicologia cognitiva sugerem que a *expertise* se desenvolve dentro de domínios específicos, e não de forma genérica. Por isso, as discussões atuais sobre escopo na formação de professores reconhecem agora a importância da pedagogia do conteúdo (ver BALL; BASS, 2000; GROSSMAN; STODOLSKY, 1995; SHULMAN, 1987). A importância e a natureza da pedagogia do conteúdo tornaram-se mais estimadas ao longo do tempo, especialmente porque as pesquisas sobre aprendizagem e ensino se concentraram em domínios específicos. Essas pesquisas sugerem que muito do que os professores devem aprender sobre a prática docente é específico para diferentes áreas de conteúdo: os futuros educadores precisam de oportunidades para discutir e refletir sobre como os alunos aprendem conceitos de proporção em matemática ou estratégias para compor uma redação persuasiva na disciplina de redação. Para ajudarem os alunos a entender a estrutura da disciplina, os professores precisam examinar quais são os modos-chave de investigação e reflexão naquele campo e quais ideias-chave são fundamentais no seu campo. Eles precisam entender os desafios comuns e os equívocos que os alunos costumam enfrentar ao aprenderem sua matéria, de modo a planejar o currículo e abordar os problemas de aprendizagem.

Também há uma série de estudos que sugere que o desenvolvimento profissional focado em como os alunos aprendem um tópico específico dentro do conteúdo da disciplina é útil para os professores, em especial se o ensino tiver foco em ajudar os alunos a chegar a uma compreensão conceitual mais profunda (COHEN; HILL, 2000; DESIMONE *et al.*, 2002; FENNEMA *et al.*, 1996; MA, 1999). Por exemplo, o estudo de Cohen e Hill (2000), que incluiu 595 professores do ensino fundamental na Califórnia, constatou que os docentes que tiveram oportunidade de aprender sobre determinado currículo de matemática em áreas específicas e que trabalharam juntos em estratégias de ensino para implementar esse conteúdo relataram mudanças em sua prática. Eles também descobriram que essas mudanças estavam associadas a um melhor desempenho dos alunos.

A aprendizagem em comunidades profissionais. Pesquisas indicam que comunidades profissionais nas quais professores compartilham entendimentos sobre a natureza de uma boa prática docente e trabalham juntos para colocá-los em prática criam cenários particularmente propícios para aprender a ensinar. Por exemplo, Desimone *et al.* (2002), no estudo sobre a aprendizagem dos professores citado anteriormente, descobriram que vários elementos diferentes nas experiências de aprendizagem dos educadores tiveram efeitos cumulativos na mudança das práticas desses professores. Não apenas o foco em determinadas práticas de ensino – nesse caso, uso de tecnologia, uso de métodos de ensino para o trabalho com habilidades de ordem superior* e avaliações alternativas dos alunos – aumenta o uso dessas práticas em suas salas de aula, mas o emprego de estratégias de aprendizagem ativas durante o desenvolvimento profissional dos educadores também aumentou o uso dessas práticas. Os efeitos na prática foram mais fortes quando os professores de determinada escola, ano escolar ou departamento participaram como um grupo e também quando a estratégia foi consistente com outras práticas de sala de aula ou da escola, sugerindo a importância de uma abordagem coerente para aprender a ensinar e o poder potencial das comunidades de prática.

Os efeitos de trabalhar dentro de uma comunidade de prática em relação a estratégias de ensino específicas foram observados em outros estudos que analisamos (p. ex., COHEN; HILL, 2000; EVERTSON *et al.*, 1983). Além disso, pesquisas recentes sugerem que oportunidades para participar de "estudo das aulas", em que grupos de professores participam da observação conjunta, análise e avaliação de aulas, podem ser particularmente promissoras como um ambiente em que educadores aprendem com seus colegas (FERNANDEZ, 2002; LEWIS; TSUCHIDA, 1998; STIGLER; HIEBERT, 1999).

---

* N. de R.T.: Habilidades que compreendem operações de raciocínio, pensamento crítico e criativo, habilidades investigativas e tomada de decisões.

Cochran-Smith e Lytle (1993; ver também COCHRAN-SMITH, 1991) enfatizaram o papel que as comunidades de investigação podem desempenhar na aprendizagem do professor de *preservice*. Em sua descrição do Programa START, um programa de especialização em ensino fundamental na Pennsylvania University, eles explicam que a intenção do curso é convidar os professores em formação para um grupo de docentes que são parte de "[...] uma comunidade de aprendizes de escolas e universidades e, essencialmente, de um modo de vida como docentes, enfatizando a reforma e a pesquisa ao longo da vida profissional [...]" (COCHRAN-SMITH; LYTLE, 1993, p. 65). Em vez de agirem como *experts* a serem imitados, o papel dos professores cooperantes é ajudar a iniciar novos educadores na experiência de formular perguntas e envolver-se na investigação de questões de ensino, aprendizagem e escolarização. A documentação do pensamento e das práticas dos graduados sugere que eles aprendem as disposições e estratégias que decorrem dessa experiência.

O papel da investigação é visto como crítico quando o objetivo da formação de professores é uma habilidade vitalícia para aprender *a partir* da prática docente, em vez de uma imagem mais contida de aprender *para* a prática docente que se espera que seja completa dentro de um curto espaço de tempo. Como Cochran--Smith e Lytle (1993, p. 63-64) argumentam:

> A aprendizagem a partir da prática docente deve ser considerada a principal tarefa da formação de professores ao longo da vida profissional. Por "aprender a partir da prática docente" queremos dizer que a investigação deve ser considerada parte integrante da atividade de ensinar e que salas de aula e escolas devem ser tratadas como locais de pesquisa.

Em suma, a pesquisa contemporânea indica que a aprendizagem sobre a prática docente se desenvolve por meio da participação em uma comunidade de aprendizes na qual o conteúdo é encontrado nos contextos em que ele pode ser aplicado. Evidências recentes sugerem que os professores se beneficiam da participação na cultura do ensino – trabalhando com os materiais e as ferramentas da prática docente e examinando os planos de aula e a aprendizagem dos alunos enquanto estão imersos na teoria sobre aprendizagem, desenvolvimento e conteúdo da disciplina. Eles também se beneficiam da *participação na prática* conforme observam o ensino, trabalham em estreita colaboração com professores experientes e empenham-se com os alunos para pôr em prática o que estão aprendendo. E essa aprendizagem é fortalecida quando inserida em uma ampla *comunidade* de profissionais – professores experientes, outros professores em formação, educadores de professores e alunos, para que possam ter acesso a experiências, práticas, teorias e conhecimento da profissão.

Os graduados de alguns programas relatam uma sensação de preparo muito mais significativa do que seus colegas e são mais bem avaliados pelos empregadores, que dizem que procuram esses candidatos porque são mais eficazes na sala de aula desde os primeiros dias de ensino. Um estudo recente de sete desses programas encontrou características comuns entre um grupo de grandes e pequenos programas localizados em faculdades e universidades públicas e privadas. Essas características incluem (DARLING-HAMMOND, 1999):

- Uma visão compartilhada de uma boa prática docente que seja consistente nas disciplinas e no trabalho clínico.

- Padrões bem-definidos de prática e desempenho que são utilizados para orientar a elaboração e a avaliação dos trabalhos teóricos e do trabalho clínico.

- Um currículo central em comum, fundamentado em conhecimentos substanciais sobre desenvolvimento, aprendizagem e pedagogia do conteúdo das disciplinas, ministrado no contexto da prática.

- Experiências clínicas ampliadas (pelo menos 30 semanas) que reflitam a visão do programa de uma boa prática docente, que estejam interligadas com os trabalhos teóricos e que sejam cuidadosamente orientadas.

- Fortes relacionamentos, com base em conhecimentos e crenças comuns, entre universidades e escolas com foco na reforma.

- Uso extensivo de métodos de estudo de caso, pesquisa docente, avaliações de desempenho e exames de portfólio que relacionem a aprendizagem de professores à prática em sala de aula.

Os mesmos tipos de características de programa e ferramentas pedagógicas são observados em outras pesquisas sobre programas sólidos (ver CABELLO; ECKMIER; BAGHIERI, 1995; GRABER, 1996) que documentaram resultados na preparação e no desempenho dos candidatos.

PRÁTICAS PEDAGÓGICAS PARA A PREPARAÇÃO DE PROFESSORES: RESPOSTAS EMERGENTES AOS PROBLEMAS DE APRENDER A ENSINAR

Embora as pesquisas sobre práticas pedagógicas de formação de professores ainda estejam nos estágios iniciais de desenvolvimento (GROSSMAN, 2005), os pesquisadores estão começando a acumular algumas evidências sobre práticas particulares que parecem ajudar os professores a desenvolver visões, entendimentos, práticas e disposições para o ensino, aqui discutidas. Além das ferramentas habituais de educação – leituras e materiais cuidadosamente escolhidos, palestras bem-elaboradas e descrições ou demonstrações de estratégias específicas –, várias práticas pedagógicas surgiram em resposta aos problemas perenes de aprender a ensinar, tais como superar o aprendizado da observação, dar suporte à *performance* e gerenciar a complexidade do ensino. Muitas foram desenvolvidas especialmente para ajudar os novatos a relacionar a teoria à prática, concentrando-se em aprender *na* prática com a ajuda do ensino

direto e da investigação. Essa aprendizagem é cada vez mais apresentada dentro das comunidades de prática – grupos de professores em formação que aprendem juntos, bem como estágios com colegas veteranos dentro de escolas de desenvolvimento profissional e outros ambientes de trabalho compartilhados. Essas comunidades são utilizadas como suporte à aprendizagem e à solução de problemas. Por fim, algumas dessas práticas pedagógicas parecem especialmente úteis para o desenvolvimento da *expertise* adaptativa.

Nenhuma dessas práticas pedagógicas é infalível; cada uma tem pontos fortes e limitações específicas, e todas podem ser bem ou mal-implementadas e, na execução, capturar de maneira diferente elementos-chave que são necessários para torná-las produtivas. Como Grossman (2005) observa, a utilidade que os educadores de professores podem associar a abordagens diferentes depende de como eles veem os objetivos do ensino:

> A multiplicidade de práticas pedagógicas utilizadas na formação de professores reflete, em parte, as diferentes concepções de prática docente existentes. A prática docente é descrita como um conjunto de técnicas ou comportamentos, como uma forma de tomada de decisões clínicas, como uma aprendizagem cognitiva baseada na compreensão da disciplina, como uma relação terapêutica e como um processo de investigação contínua. Cada uma dessas visões da natureza da prática pode levar a uma forma diferente de prática pedagógica na educação profissional. Modelos de treinamento, como o microensino, por exemplo, estão intimamente ligados à visão técnica do ensino, na qual os professores são treinados nas habilidades discretas do ensino. Métodos de caso são defendidos por desenvolverem a capacidade dos professores de tomar decisões embasadas em momentos de incerteza, enquanto outros defendem o uso da pesquisa docente para preparar os professores na adoção de uma postura investigativa em sua prática.

Em seu trabalho sobre modelos de ensino, Joyce e Weil (2003) observaram que diferentes abordagens relacionadas ao ensino estão associadas a diferentes modelos e objetivos de aprendizagem, por exemplo, processamento de informações, aprendizagem social, desenvolvimento pessoal ou treinamento comportamental. A partir dessa perspectiva, os professores podem aprender a escolher estratégias em relação aos seus objetivos ao recorrerem a vários modelos, pois eles equilibram as muitas metas que têm para a aprendizagem e o desenvolvimento dos alunos. Apesar de haver muita evidência de que objetivos diferentes para os alunos são buscados por meio de estratégias distintas, as práticas pedagógicas que discutimos aqui são úteis para vários modelos de ensino, embora o conteúdo do que é modelado, analisado, avaliado ou experimentado mude de uma abordagem para outra.

Começamos com experiências clínicas, incluindo o *estágio supervisionado*, como uma prática pedagógica exclusiva que está cada vez mais ligada aos trabalhos teóricos ao longo de toda a experiência e forma a linha mestra dos programas de formações mais sólidos. Estratégias como o estágio supervisionado e sua contraparte laboratorial, o *microensino*, foram desenvolvidas para lidar com o problema do desempenho. Também abordamos novas maneiras de representar práticas que incluem *avaliações de desempenho estruturadas e portfólios*, para demonstrar habilidades específicas. Em particular, discutimos os tipos de portfólios que demandam que os docentes exibam sua prática e a representem por meio de vídeo, comentários e artefatos, como aqueles criados como parte do National Board for Professional Teaching Standards, alguns portfólios de licenciamento estaduais e a Performance Assessment for California Teachers (PACT). Essas avaliações de desempenho são ainda mais sistemáticas do que o estágio supervisionado em termos do que os professores devem aprender, uma vez que introduzem certas práticas que devem ser demonstradas e são avaliadas em relação aos padrões. Tais avaliações adicionam expectativas analíticas à aprendizagem dos educadores. Eles devem aprender

a dar sentido à prática e aprender com isso, com um foco particular em entender como suas decisões de ensino promovem ou minam a aprendizagem dos alunos.

Em seguida, abordamos outra maneira de examinar as práticas próprias e as dos outros e conectar teoria e prática, por meio de *análises de ensino e aprendizagem* e *métodos de caso*, que procuram tornar o processo do estágio supervisionado mais propositadamente analítico e os trabalhos teóricos baseados na prática. Os métodos de caso são uma maneira de analisar o ensino e a aprendizagem ao lidarem especificamente com a questão de conectar teoria e prática. Há também outras ferramentas para analisar o ensino e a aprendizagem, que incluem vídeos e plataformas multimídia (às vezes, são "casos" de vídeo, demonstrações de técnicas específicas, *sites* para uma investigação mais ampla) e exames estruturados do trabalho do aluno, unidas pela noção de "base comum" para estudar a prática docente.

Outro tipo de texto ou narrativa é a *autobiografia*, utilizada como ferramenta para confrontar o "aprendizado da observação", para trazer uma percepção das próprias motivações e experiências, aprender com a reflexão sobre a experiência e aprender com os outros compartilhando experiências. Conforme discutido no Capítulo 7, "Ensinando aprendizes diversos", esse tipo de experiência pode ajudar os professores a reconhecer que as pessoas aprendem de maneiras diferentes e que muitas tiveram experiências de aprendizagem distintas das que eles têm, ampliando, assim, suas perspectivas.

E, por fim, enquanto as autobiografias e os estudos de caso normalmente olham para o passado, abordamos a *investigação profissional*, que olha para o futuro. Ela permite que os professores utilizem essas ferramentas analíticas para criar novos questionamentos que orientem suas práticas atuais e futuras e permitam ter uma visão mais ampla, até mesmo além da sala de aula. As abordagens investigativas lidam com os problemas de execução (ação), conexões teórico-práticas (pesquisa) e experiência pessoal ou aprendizagem na própria sala de aula.

Em cada uma das seções a seguir, descrevemos brevemente a prática pedagógica e sua fundamentação teórica, as descobertas relevantes a partir de pesquisas e as principais características da prática pedagógica que parecem importantes no suporte à aprendizagem dos professores em formação.

Construção de experiências clínicas

Talvez a prática pedagógica mais difundida na formação de professores seja a do ensino supervisionado de alunos, que há muito tempo é reconhecida como exercendo um profundo impacto nos professores em formação. Muitos docentes afirmaram que os elementos mais importantes em sua educação profissional foram as experiências escolares encontradas no estágio supervisionado (GUYTON; MCIN-TYRE, 1990). No entanto, ao mesmo tempo, as concepções atuais sobre os propósitos do estágio supervisionado, o que ele deve abranger e como ele deve ser construído diferem de forma acentuada de instituição para instituição. Normalmente, o ideal tem sido um estágio no qual os professores em formação têm o suporte de uma mentoria de um professor colaborador especialista na mesma área de ensino que oferece modelagem,* coplanejamento, *feedback* frequente, oportunidades repetidas de praticar e reflexão sobre a prática enquanto o candidato a professor gradualmente assume mais responsabilidade.

----

* N. de R.T.: Estratégia de ensino que possibilita ao aluno observar os processos de pensamento do professor. O professor explicita/demonstra sua forma de pensar para resolver uma tarefa/um problema por meio de perguntas investigativas. A partir das trocas professor-aluno e das respostas dadas aos questionamentos, novas perguntas são lançadas pelo professor, que vai mediando a aprendizagem dos alunos e oferecendo um modelo de como agir diante de diferentes situações-problema (modelagem). A ideia por trás do uso dessa estratégia é a de que o aluno, diante de uma situação-problema, possa usar a forma de organização de pensamento "modelada" pelo professor, conforme se torna mais autônomo em seu processo de aprendizagem.

No entanto, a experiência real do estágio supervisionado é altamente variável dentro de um programa e entre programas, dependendo de como os professores cooperantes são recrutados, se o processo é guiado e a forma como isso ocorre e as expectativas esperadas para o desempenho tanto do professor novato quanto do colaborador. A experiência pode variar da versão mais passiva do estágio supervisionado, em que o futuro educador senta-se em um banco na última fileira de uma sala de aula e simplesmente observa e, talvez, dê notas para uma espécie de "prova de fogo", na qual ele assume uma sala de aula de um professor mais experiente e ensina sozinho, às vezes com treinamento, coplanejamento ou estrutura conceitual insuficientes para orientar o que ele faz na sala de aula. As práticas dos professores colaboradores podem refletir os objetivos do programa e as pesquisas contemporâneas sobre aprendizagem e ensino em graus muito diferentes.

Alguns modelos de estágio, cujo objetivo é fazer futuros educadores se tornarem professores profissionais** com muita rapidez, são elaborados de modo a oferecer e desenvolver as experiências de ensino dos docentes em formação, enquanto outros substituem o estágio supervisionado pela prática independente, em geral com a expectativa de mentoria. De forma similar à variabilidade observada no estágio supervisionado, verificou-se que a mentoria destinada a modelos de estágio se materializava em graus variados, às vezes intensos e outras vezes erráticos, às vezes por professores da mesma área e outras vezes não, às vezes com a oportunidade de modelar e demonstrar e outras vezes sem os novatos terem a chance de ver o que eles estão tentando criar na prática, com diferentes resultados para o desempenho dos candidatos (CALIFORNIA STATE UNIVERSITY, 2002a; SHIELDS *et al.*, 2001).

Práticas muito diferentes surgem de diferentes concepções e tradições, que frequen-

----

** N. de R.T.: *Teacher of Record*, nomenclatura dada ao professor diplomado que está qualificado a ser contratado por uma instituição, diferentemente de um professor em formação.

temente não são examinadas. Os programas têm ideias diferentes sobre o que as experiências clínicas devem realizar, quando e onde devem ocorrer e em que período de tempo, se devem se relacionar com as disciplinas e de que forma, e quantos cenários diferentes determinado professor em formação deve vivenciar. Diferentes estratégias trazem consigo diferentes benefícios e limitações. Por exemplo, ter vários cenários distintos para a prática docente pode permitir que os educadores em formação considerem mais explicitamente que tipos de generalizações podem e não podem ser feitos entre os cenários e como os contextos fazem a diferença na escolha das estratégias e como utilizá-las. Ao mesmo tempo, vários estágios de curta duração reduzem as oportunidades de entender profundamente um grupo de alunos e um tipo de prática e podem dificultar que os professores aprendam como o que veio antes tem influência no que está acontecendo agora na sala de aula. Estágios mais curtos também sobrecarregam as escolas sem os benefícios compensatórios da contribuição que um educador em formação mais experiente (p. ex., que passa um semestre inteiro ou um ano) pode fazer, dificultando, assim, a manutenção de parcerias sólidas para a realização dos estágios.

Não há uma resposta certa para essas concessões, e há muitas maneiras de resolvê-las adequadamente. Qualquer que seja o modelo do estágio supervisionado escolhido, é importante que as experiências clínicas dos futuros professores sejam construídas com uma consideração cuidadosa de como a experiência deve se dar e por quê. Por exemplo, as decisões para elaborar um programa que coloque os alunos em mais de um cenário de estágio supervisionado devem levar em conta tanto os benefícios (experiências com diferentes alunos; exposições a uma variedade de abordagens de ensino; oportunidades de observar vários modelos de boas práticas) como as desvantagens (os professores em formação não conseguem ficar tempo suficiente para conhecer bem as crianças; trabalhar em todo um ciclo de prática; ou ver o início e o fim do

ciclo de aprendizagem de um grupo de aprendizes), de modo que o programa possa otimizar as experiências oferecidas.

Fatores que influenciam o sucesso do estágio supervisionado. As teorias de aprendizagem podem embasar decisões sobre como construir experiências clínicas para os professores. Entre as principais características da aprendizagem cognitiva estão a importância da *clareza sobre os objetivos* da experiência, incluindo o desempenho e as práticas a serem implementadas; a *modelagem* de boas práticas por professores mais experientes, nas quais os docentes *tornam visível seu pensamento*; as *oportunidades frequentes de prática* com *feedback* formativo contínuo e *mentoria*; as múltiplas oportunidades para *relacionar o trabalho em sala de aula ao trabalho no curso universitário*; a *responsabilidade graduada* por todos os aspectos do ensino em sala de aula; e as oportunidades estruturadas para *refletir* (COLLINS; BROWN; HOLUM, 1991). O uso desses princípios pode ajudar a abordar alguns dos desafios inerentes ao aprendizado da observação, tornando o trabalho dos professores *experts* mais "visível" para os novatos, ao mesmo tempo que oferece diversas oportunidades para os novatos praticarem, obterem *feedback* e ganharem mais responsabilidades conforme eles continuam desenvolvendo *expertise*.

Existem algumas evidências de que tanto a quantidade quanto o tempo do estágio supervisionado afetam os resultados. Ao passo que a duração de um estágio supervisionado é escassa – com média de 10 a 12 semanas para muitos programas –, pesquisas recentes sugerem que experiências mais supervisionadas com responsabilidade graduada podem fornecer efeitos positivos na prática e autoconfiança aos candidatos (BAUMGARTNER; KOERNER; RUST, 2002; LABOSKEY; RICHERT, 2002; ORLAND-BARAK, 2002). Por exemplo, alguns estudos indicam que ter uma experiência de ensino mais longa, especialmente quando ocorre com trabalhos teóricos, está associado a resultados mais sólidos para os professores em termos de capacidade de aplicar a aprendizagem na prática (CHIN; RUSSELL, 1995; SUMARA; LUCE-KAPLER, 1996).

Uma descoberta relacionada é a de que os *designs* de programas que incluem mais experiências de prática e estágios supervisionados, integrados com o trabalho teórico, parecem fazer a diferença nas práticas dos professores, na confiança e no comprometimento de longo prazo com o ensino. Por exemplo, Andrew (1990) constatou, em seu estudo de uma amostra comparativa de 144 graduados de um programa de cinco anos e 163 graduados de um programa de quatro anos dentro da mesma instituição, que os graduados do programa de cinco anos, que realizavam um estágio mais extenso integrado ao seu trabalho teórico, em vez de um acréscimo ao final do curso de graduação, tendiam a gastar mais tempo avaliando seus alunos, usavam um repertório mais amplo de estratégias de ensino e consultavam mais os colegas e pais de alunos do que os graduados do programa de quatro anos. Em um estudo relacionado, que analisou os comportamentos de desempenho e liderança de uma amostra aleatória de 1.390 graduados de 11 universidades com programas de formação de professores de quatro e cinco anos, os autores descobriram que graduados de programas de cinco anos que normalmente ofereciam um ano completo de estágio supervisionado, com experiências de estágio anteriores, eram mais propensos a entrar e permanecer no ensino do que aqueles oriundos de programas de quatro anos (ANDREW; SCHWAB, 1995). Os professores dos programas de cinco anos se sentiam mais confiantes em sua prática docente e eram vistos por seus supervisores como mais competentes.

Alguns estudos reuniram dados sobre as relações entre experiências clínicas ampliadas para novos professores e a aprendizagem de seus alunos. Em uma série de estudos com dois grupos de educadores em formação de ensino médio com diferente quantidade de preparação na formação de educadores dentro da mesma instituição, o grupo de professores com experiências de campo mais extensas e mais disciplinas de formação produziu ganhos mais sólidos de seus alunos em pré-testes e pós-testes de aprendizagem dentro das unidades curriculares elaboradas pelos professores em formação (DENTON; LACINA, 1984; DENTON; MORRIS; TOOKE, 1982; DENTON; SMITH, 1983; DENTON; TOOKE, 1981). Algumas pesquisas também sugerem que os professores em formação que têm várias oportunidades de ensinar em uma variedade de salas de aula parecem trilhar seus primeiros anos de prática em um terreno mais sólido do que aqueles com apenas uma experiência clínica limitada, porque eles têm uma "estrutura" mais forte com a qual interpretar conceitos importantes no ensino e na aprendizagem (BAUMGARTNER; KOERNER; RUST, 2002).

A natureza do suporte durante o trabalho clínico parece fundamental para permitir que os professores de *preservice* compreendam sua experiência e aprendam com ela. Assim como a pesquisa cognitiva descobriu que as crianças conseguem aprender mais quando recebem suporte dentro de sua zona de desenvolvimento proximal (ZDP) por pares mais capazes ou por adultos, parece que os educadores aprendem mais quando têm o suporte de profissionais *experts*. Há uma série de estudos que sugerem que a aprendizagem mais importante geralmente não ocorre quando se deixa um professor "afundar ou nadar" em sua experiência de estágio (BRITZMAN, 1991; FEIMAN-NEMSER; BUCHMANN, 1985), mas a orientação e a mentoria, assim como o suporte de seus pares, são importantes para os novatos receberem os exemplos, o treinamento e o *feedback* de que precisam (RODRIGUEZ; SJOSTROM, 1995; SPARKS, 1986). Os novatos frequentemente atestam o importante papel que os supervisores escolares e universitários desempenham no ensino e na aprendizagem da prática docente, embora haja pouca pesquisa sistemática sobre exatamente o que os supervisores mais eficazes fazem. O exemplo a seguir fornece algumas percepções sugestivas da experiência de um mentor bem-sucedido em dar suporte à prática de desenvolvimento de professores em formação e em pensar sobre a prática.

Práticas estratégicas de mentoria

Feiman-Nemser (2001b) examinou a prática de um supervisor exemplar, Pete Frazer, e encontrou várias estratégias-chave que caracterizavam seu trabalho. Frazer descreveu seu papel como: equilibrar a tensão entre a expressão pessoal dos professores em formação e manter um senso de responsabilidade profissional que provém da compreensão das boas práticas. Ele também discutiu várias estratégias:

- "Encontrar aberturas" – observar tópicos frutíferos que não são óbvios para um professor novato, mas que levam a questões-chave sobre as quais todos os professores precisam pensar.

- "Identificar problemas" – ajudar os professores a desenvolver linguagem para estruturar e articular problemas na prática, para que possam obter ajuda e apoio. Ele também os ajuda a entender a relação entre os problemas típicos dos novatos (disciplina e gestão), o currículo e o ensino – por exemplo, como os problemas de disciplina podem realmente surgir quando as tarefas não são claras ou as instruções para as crianças são inadequadas.

- "Examinar o pensamento do novato" – pedir aos professores em formação que articulem cuidadosamente sua lógica e seus pensamentos. Ao fazer isso, Frazer ajuda os novatos a desenvolver uma postura analítica e uma linguagem mais precisa, de modo que possam se explicar para os outros, bem como investigar a própria prática.

Outras estratégias incluem o esforço do supervisor em reconhecer sinais de crescimento por parte dos alunos e manter o foco nos alunos nas salas de aula dos professores, para direcionar a discussão para os alunos e sua aprendizagem.

As fontes de mentoria e *feedback* podem vir de supervisores, instrutores da formação de professores, professores cooperantes, outros professores veteranos e até mesmo outros candidatos. A disponibilidade para ser um modelo é extremamente importante. Por exemplo, Rodriguez e Sjostrom (1995) constataram que a presença de educadores experientes que pudessem ser modelo da pedagogia multicultural era um fator central para saber se os novos docentes iriam promover essa prática pedagógica nas próprias salas de aula. Outro estudo descobriu que o treinamento em um conjunto de técnicas de ensino seguido de treinamento e observação de pares era ainda mais eficaz na geração de mudanças na prática do que o treinamento por si só (SPARKS, 1986). Esse trabalho é consistente com os achados da teoria sociocultural, que sugerem que a aprendizagem a partir dos pares que fornecem *feedback* pode ser valiosa (VYGOTSKY, 1978).

A integração da experiência do estágio supervisionado dentro da instituição também é fundamental no que diz respeito a questões de coerência. Os estágios que são consistentes com a visão da prática docente dentro de um programa são locais de aprendizagem poderosos, assim como aqueles em que há compreensão compartilhada entre professores, professores cooperantes e supervisores universitários sobre os objetivos e as atividades dos estágios supervisionados (KOERNER; RUST; BAUMGARTNER, 2002; LABOSKEY; RICHERT, 2002). Essa compreensão compartilhada pode ser estimulada não apenas pelos meios tradicionais de contato e colaboração, mas também por meio de tecnologias *on-line* que forneçam exemplos de ferramentas de ensino e vídeos de salas de aula, *feedback* e treinamento de docentes escolares e universitários e oportunidades de investigação conjunta (ver "Inovações tecnológicas para dar suporte à mentoria e à relação entre escola e universidade").

Inovações tecnológicas para dar suporte à mentoria e à relação entre escola e universidade

O programa Teaching Tele-Apprenticeship (TTA –Teleaprendizado do Ensino) utiliza o *e-mail* para ir além do típico modelo de aprendizagem presencial (THOMAS *et al.*, 1996). O programa oferece aos professores de *preservice* uma rede *on-line* composta por professores universitários, supervisores e professores mentores. Os educadores em formação utilizam a internet para receber respostas oportunas às suas perguntas e se envolver em discussões mais aprofundadas sobre questões relacionadas ao ensino e à aprendizagem. O objetivo do TTA é utilizar o *networking* para criar um contexto interinstitucional para a aprendizagem de professores. O Inquiry Learning Forum (ILF – Fórum de Aprendizagem por Investigação) também tem como objetivo dar suporte à comunicação entre esses diferentes profissionais, proporcionando uma variedade de contextos nos quais os participantes podem compartilhar ideias (BARAB *et al.*, 2001). O ILF foi desenvolvido em torno da metáfora de uma escola na qual os usuários entram em diferentes "salas" para se engajar em atividades. Na "biblioteca", por exemplo, os participantes podem acessar planos de aula e materiais da unidade. Eles também podem visitar "salas de aula" para ver trechos em vídeo de lições de professores que disponibilizaram esses materiais para outras pessoas. Na sala dos professores, os participantes envolvem-se em discussões sobre estratégias de ensino baseadas em questionamentos. Pesquisas sobre o ILF mostraram que ele é um ambiente produtivo para o desenvolvimento de comunidades de alunos e para unir os mundos da universidade e da sala de aula (BARNETT *et al.*, 2002).

Fonte: Gomez *et al.* (2003).

De fato, pesquisas indicaram que os estágios escolares que não estão alinhados de maneira significativa com a filosofia e a prática do programa de formação de professores podem ser problemáticos para o professor em formação, o professor colaborador e o corpo docente da universidade. Por exemplo, algumas pesquisas documentaram como até mesmo educadores que já têm alguma experiência de ensino e forte conhecimento de conteúdo, além de terem certeza da visão de ensino do programa, apresentam problemas com estágios que não são consistentes com o programa e frequentemente se mostram incapazes de aplicar o que estão aprendendo (LABOSKEY; RICHERT, 2002). Da mesma forma, em um estudo de professores em formação em um programa de formação docente em campo (em que os alunos passam quatro de cinco trimestres em estágios de ensino), Goodman (1985) descobriu que, apesar da ênfase do programa na diversidade, se os professores não tiverem vivenciado ênfase semelhante em seus ambientes de ensino, eles não conseguem superar seus pressupostos leigos sobre o conhecimento, a aprendizagem e as crianças.

Feiman-Nemser e Buchmann (1985) denominaram essa disjunção de armadilha *dos dois mundos*. Os professores em formação, já em posição difícil de pouca autoridade e *status* na sala de aula, não conseguem superar facilmente a desconexão entre as ideias sobre ensino e aprendizagem adotadas em seu programa e aquelas que encontram na sala de aula – deixando-os confusos, culpados e desencorajados sobre sua capacidade de serem educadores bem-sucedidos. Além disso, exemplos negativos – isto é, colocações em que os educadores em formação são encorajados a *não* ensinar da maneira que o professor cooperante faz – parecem não apenas ineficazes, mas podem realmente minar a aprendizagem dos candidatos a docentes (KNOWLES; HOEFLER, 1989; LABOSKEY; RICHERT, 2002).

Esses estudos sugerem que consistência e coerência são importantes para a aprendizagem em uma comunidade: aprender a ensinar com docentes e colegas que passam mensagens de apoio sobre a natureza do ensino, da aprendizagem e dos alunos proporciona uma experiência particularmente sólida de aprendizagem.

Escolas de desenvolvimento profissional. Uma estratégia que busca construir comunidades de prática e um maior grau de coerência entre os trabalhos teóricos universitários e as experiências de estágio supervisionado é a escola de desenvolvimento profissional (PDS; *professional development school*), descendente das escolas-laboratório do início do século XX. As intenções para tais escolas são consistentes com a teoria da aprendizagem que enfatiza a investigação sobre a prática em comunidades de aprendizagem. Nesses locais, novos professores aprendem a ensinar ao lado de educadores mais experientes que planejam e trabalham juntos, e docentes universitários e escolares também trabalham colaborativamente para elaborar e implementar experiências de aprendizagem para professores novos e experientes, bem como para os alunos (HOLMES GROUP, 1990). De maneira ideal, o programa universitário e a escola desenvolvem uma concepção compartilhada de boas práticas docentes que embasam seu trabalho conjunto. Implementar locais onde a prática de última geração é possível tem sido uma das dificuldades na elaboração de experiências clínicas para futuros educadores: muitas vezes, os novatos devem assistir e simular práticas de alta qualidade, especialmente em escolas que atendem estudantes de baixa renda e de etnias diversas, e é necessário não apenas procurar professores que cooperem individualmente, mas desenvolver a qualidade das escolas nas quais os futuros educadores possam aprender de forma produtiva e criar ambientes em que possam ocorrer avanços no conhecimento e na prática. Assim, as PDSs visam desenvolver a prática escolar, bem como a prática individual de novos candidatos a docentes.

As principais características dos modelos escolares de desenvolvimento profissional incluem maior experiência dentro da escola para futuros professores, supervisão e *feedback* mais frequentes e mais estruturados, mais planejamento coletivo e tomada de decisões entre professores na escola, bem como entre docentes universitários e escolares, e participação em pesquisa e investigação sobre ensino e formação de professores por novatos, professores veteranos e pelo corpo docente universitário (ABDAL-HAQQ, 1998; DARLING-HAMMOND, 1994). Essas características foram encontradas na maioria dos grupos de PDSs "altamente desenvolvidas" (TRACHTMAN, 1996). Além disso, os novatos, nessas escolas, tinham uma experiência escolar, em vez de apenas individual, e trabalhavam com equipes escolares em tarefas como elaboração do currículo, reforma escolar e pesquisa-ação. Na maioria desses locais, o corpo docente universitário ministrava disciplinas e organizava o desenvolvimento profissional na escola e também estava envolvido no ensino de crianças.

A partir de 1998, a American Association of Colleges for Teacher Education estimou que havia mais de mil escolas profissionais em 47 Estados em operação em todos os Estados Unidos (ABDAL-HAQQ, 1998). No entanto, como todas as ideias de reforma, os ideais das escolas de desenvolvimento profissional foram implementados de forma desigual, e muitos locais que adotaram o rótulo não criaram fortes relações ou deixaram de adotar o conjunto de práticas previstas para essas escolas (FULLAN, 1995; MANTLE-BROMLEY, 2002). Assim, existem descobertas conflitantes sobre se os professores formados em escolas com esse rótulo estão mais bem preparados (ver RIDLEY; CARLILE; HURWITZ, 2001). No entanto, onde o difícil trabalho de criar essas práticas foi realizado, há evidências de consequências positivas para a preparação do professor, a aprendizagem de professores veteranos, a prática de ensino e a aprendizagem dos alunos.

Em termos de preparação, estudos de PDSs altamente desenvolvidas sugeriram que os educadores que se formam em tais programas se sentem mais inteligentes e bem-preparados para ensinar (GETTYS *et al.*, 1999; SANDHOLTZ; DADLEZ, 2000; STALLINGS; BOSSUNG; MARTIN, 1990; YERIAN; GROSSMAN, 1997). Por exemplo, Yerian e Grossman (1997) compararam três grupos (30 candidatos cada) que aprenderam a ensinar em um programa PDS de nível médio com 40 candidatos que haviam estado em um programa tradicional de formação de professores. Pesquisas e entrevistas indicaram que os formandos do programa PDS se sentiam mais informados sobre a pré--adolescência; mais preparados para ensinar no nível médio; e mais capazes de fazer conexões entre ideias na disciplina e suas experiências clínicas. Em contraste, os graduados do programa tradicional sentiam-se significativamente menos seguros de sua capacidade de dar suporte à aprendizagem dos alunos usando diferentes estratégias de ensino.

Da mesma forma, em um estudo longitudinal de quatro grupos de graduados de um programa baseado em PDS na University of California-Riverside, Sandholtz e Dadlez (2000) constataram que graduados do programa PDS classificaram sua preparação para o ensino e seu senso de autoeficácia como superiores aos dos graduados dos programas tradicionais de preparação de professores na área. Em um estudo de acompanhamento baseado em entrevistas com graduados do programa de PDS onde trabalhara, Freese (1999) constatou que os graduados sentiam que aprender sobre a prática reflexiva ao lado de educadores experientes e manter relações compartilhadas próximas com professores e corpo docente eram fatores que os ajudaram a implementar essa prática reflexiva no próprio ensino.

Apesar de existirem apenas alguns estudos que tentaram avaliar os resultados da participação na PDS para a prática de ensino e o desempenho dos alunos, eles são promissores. Em estudos que entrevistaram empregadores e supervisores, os graduados da PDS eram vistos como mais bem preparados do que outros novos professores (HAYES; WEATHERILL, 1996; MANTLE-BROMLEY, 2002). Professores veteranos que trabalham em PDSs

altamente desenvolvidas relataram mudanças nas próprias práticas e melhorias tanto na sala de aula quanto na escola, como resultado do desenvolvimento profissional, da pesquisa-ação e da mentoria que fazem parte da PDS (CROW *et al.*, 1996; HOUSTON CONSORTIUM OF PROFESSIONAL DEVELOPMENT, 1996; JETT-SIMPSON; PUGACH; WHIPP, 1992; TRACHTMAN, 1996).

Embora ainda haja um número limitado de pesquisas sobre a relação entre as experiências dos professores em PDSs e o impacto em suas práticas de ensino (ZEICHNER; MILLER, 1997), estudos recentes sugerem algumas das promessas de programas que incorporam aprendizagem em comunidades de prática. Estudos de grupos de comparação descobriram que os educadores preparados pela PDS foram mais bem classificados em diversas áreas de ensino, que variam de gestão de sala de aula e usos da tecnologia a habilidades de área de conteúdo (GILL; HOVE, 1999; NEUBERT; BINKO, 1998; SHROYER; WRIGHT; RAMEY--GASSERT, 1996).

Um pequeno conjunto de estudos documentou ganhos no desempenho e na realização dos alunos vinculados diretamente a intervenções curriculares e de ensino resultantes da formação profissional e do trabalho no currículo que as escolas de formação profissional realizaram com seus parceiros universitários (ver FREY, 2002; GILL; HOVE, 1999; GLAESER *et al.*, 2002; FISCHETTI; LARSON, 2002; HOUSTON *et al.*, 1995; JUDGE; CARRIEDO; JOHNSON, 1995; WISEMAN; COONER, 1996). Em um estudo de um grupo de PDS associado a uma universidade do Meio-Oeste dos Estados Unidos, nem todos os programas implementaram os mesmos tipos de trabalho de PDS e nem todos obtiveram ganhos de realização: aqueles cujos alunos obtiveram ganhos de desempenho foram os que implementaram esforços de desenvolvimento profissional de alta qualidade naquela localidade (MARCHANT, 2002).

Embora as pesquisas também tenham demonstrado a dificuldade de execução dessas parcerias, muitas escolas de educação e alguns distritos estão se organizando para preparar todos os futuros professores em tais contextos, tanto porque permitem que eles aprendam a ensinar em comunidades de aprendizagem profissional – e essa preocupação pode ser abordada de forma mais consistente e sistemática por meio de parcerias com PDS – como porque esse trabalho é fundamental para mudar a cultura escolar para que a escola se torne um ambiente mais produtivo para a aprendizagem de todos os alunos e professores (ABDAL-HAQQ, 1998).

Algumas universidades procuram criar relações de PDS em escolas que estejam trabalhando explicitamente em uma proposta de equidade, seja em novas escolas projetadas para dar acesso mais equitativo a currículos de alta qualidade para alunos diversos, seja em escolas nas quais os professores estão confrontando de forma direta o ensino, um currículo inadequado ou fragmentado e sistemas que não respondem (ver DARLING-HAMMOND, 1994; DARLING-HAMMOND; FRENCH; GARCIA-LOPEZ, 2002; GUADARRAMA; RAMSEY; NATH, 2002). Nessas escolas, os educadores em formação ou estagiários são incentivados a aprender e participar de todos os aspectos do funcionamento escolar, desde a educação especial e serviços de apoio para os estudantes, reuniões de pais, visitas domiciliares e atividades comunitárias, até discussões e projetos do corpo docente pensando na melhoria contínua das oportunidades de aprendizagem dos alunos. Esse tipo de participação ajuda os futuros professores a compreender o contexto institucional mais amplo do ensino e da aprendizagem e a desenvolver os conhecimentos e habilidades necessários para uma participação efetiva no trabalho compartilhado em torno da melhoria escolar ao longo de suas carreiras.

A aprendizagem em contextos comunitários.
Alguns educadores de professores também apontam que a aprendizagem em uma comunidade de prática pode realmente envolver várias comunidades, inclusive a comunidade local na qual os alunos e suas famílias moram.

Como descrevemos no Capítulo 7, vários programas de formação de professores incorporaram estágios baseados em comunidades em organizações não escolares para ajudar os futuros professores a obter novas perspectivas sobre as comunidades locais e uma avaliação da vida dos alunos que irão encontrar em suas salas de aula. Esses tipos de estágios fornecem oportunidades importantes além daquelas que o estágio supervisionado proporciona, de modo a preparar qualquer professor para trabalhar com alunos provenientes de origens diversas. Como Zeichner (1996 *apud* GALLEGO, 2001, p. 314) observa:

> Embora os estudantes da formação de professores possam ser alocados em escolas com uma grande população culturalmente diversa de estudantes, muitas dessas escolas estão isoladas e não respondem às suas comunidades locais e, portanto, não fornecem o tipo de contato necessário com a comunidade para superar atitudes negativas em relação a estudantes culturalmente diferentes e suas famílias e comunidades (Zeichner, 1992). De fato, se não há conexões entre a sala de aula, a escola e as comunidades locais, as experiências de campo de sala de aula podem fortalecer os estereótipos das crianças, em vez de estimular que sejam examinados (Cochran-Smith, 1995; Haberman e Post, 1992), e, por fim, comprometem a eficácia dos professores na sala de aula.

Estudos de oportunidades de aprendizagem experiencial com base na comunidade para futuros professores constataram que eles conseguem desenvolver disposições e atitudes positivas em relação às crianças e às famílias que são transferidas para sua prática docente. Por exemplo, Stachowski e Mahan (1998) pesquisaram 109 participantes em projetos de imersão cultural – o projeto American Indian Reservation e o Projeto Overseas – e descobriram que os envolvidos adquiriram percepções importantes sobre o ensino e as diversas culturas, entre elas a de que as pessoas da comunidade podem ser fontes culturais de conhecimento e aprendizagem, um aspecto que Moll *et al.* (1992) descreveram como "recursos de conhecimento".

Bondy e Davis (2000) estudaram os futuros professores que ensinavam jovens que viviam em um bairro de habitação pública local e descobriram que essas experiências desafiavam os educadores a usar maneiras carinhosas para desenvolver relacionamentos com crianças diferentes deles mesmos. Da mesma forma, Boyle-Baise (1998) descobriu que, como resultado das experiências de aprendizagem em serviço,* os professores estavam dispostos a adaptar o currículo e o ensino para atender às necessidades ou aos interesses dos alunos. Uma pesquisa que envolveu 136 professores em período de estágio que participaram de um projeto de aprendizagem em serviço em agências de serviços como parte de uma disciplina no programa de formação de educadores da University of Nebraska-Kearney encontrou um crescimento significativo nas áreas do cuidado, da empatia, da disposição para servir aos outros e de expectativas mais altas para os alunos (POTHOFF *et al.*, 2000).

Como um todo, esses estudos apontam que a experiência clínica em um ambiente comunitário pode ser valiosa na preparação de professores para trabalhar com estudantes de origens diversas. Os resultados de alguns estudos alertam, no entanto, que uma orientação experiente é um elemento crítico para garantir que tais incursões deem suporte à aprendizagem. Sem essa orientação, as experiências em comunidades diferentes das dos docentes podem, na verdade, reforçar hipóteses e crenças estereotipadas sobre crianças diversas (BOYLE-BAISE, 1998; DUESTERBERG, 1998). Como Dewey (1938, p. 25) argumentou, "A crença de que toda educação genuína acontece por meio da experiência não significa que todas as experiências sejam genuínas ou igualmente educativas. Experiência e educação não podem ser equiparadas umas às outras de forma direta. Pois algumas experiências são deseducadoras [...]". Seminários e leituras, com reflexões regulares que geram *feedback* de um mentor atencioso, podem ajudar a tornar

experiências comunitárias genuinamente educativas, de modo que elas expandem, em vez de restringir, as noções que os novatos têm sobre até onde é possível chegar ao ensinar alunos diversos.

Gallego (2001) detalha outra estratégia com potencial para resultar em percepções úteis sobre os alunos e como eles podem ser ensinados. Em um programa que reuniu uma experiência com base na comunidade (programa de desenvolvimento de alfabetização após a escola) e com um estágio escolar, os candidatos tiveram a oportunidade de comparar e contrastar o que aprenderam sobre seus alunos e as possibilidades e restrições de diferentes contextos no suporte ao crescimento dos alunos. Esses contrastes, considerados em reflexões e sessões de discussão, não apenas ofereceram percepções sobre as capacidades dos alunos e seus contextos de aprendizagem, mas também provocaram novas maneiras de pensar sobre estratégias de ensino em ambos os contextos, fortalecendo os repertórios dos professores ao longo do processo.

Alguns programas envolvem futuros educadores em estudos escolares e comunitários para ajudá-los a compreender os contextos para aprender a ensinar e a se tornarem mais preparados para trabalhar tanto como professores culturalmente responsivos quanto como agentes de mudança nesses contextos. As estratégias incluem minietnografias com foco em questões específicas sobre práticas ou condições na comunidade ou potenciais conexões curriculares entre aspectos da vida comunitária e escolar (ver MOLL *et al.*, 1992; SLEETER, 1995; TELLEZ *et al.*, 1994), entrevistas comunitárias (STACHOWSKI; MAHAN, 1998) e estudos que esclareçam desigualdades em vários serviços disponíveis para comunidades socioeconomicamente diferentes (ver MARTIN, 1995) ou nos recursos escolares alocados a diferentes alunos (DARLING-HAMMOND; FRENCH; GARCIA-LOPEZ, 2002).

Cochran-Smith (1995) descreve uma abordagem aos estudos escolares e comunitários que envolve equipes de futuros professores na

---

* N. de R.T.: No original, *service-learning*, no sentido de formação em serviço.

coleta de informações sobre a escola e a comunidade em que estão trabalhando (por meio de relatórios estatísticos, fotografias, jornais comunitários, visitas a centros comunitários, festas de volta às aulas, reuniões entre pais e professores e entrevistas com funcionários da escola, alunos, pais e membros da comunidade). Essas informações coletadas são agrupadas para fornecer uma visão geral da escola e da comunidade, que é apresentada a outras pessoas no curso de formação de professores. Isso ajuda os docentes a conhecer as diferentes perspectivas dos membros da comunidade, as diferenças entre escolas e comunidades e as questões que envolvem as relações entre escolas e comunidades. Com essa visão mais ampla dos contextos da educação, os professores se tornam mais preparados para pensar sobre as maneiras como os contextos da comunidade e as decisões escolares influenciam as oportunidades dos alunos e os próprios papéis.

Estratégias de avaliação de desempenho

Embora experiências clínicas forneçam a oportunidade para a prática, elas são muitas vezes circunstâncias ao acaso que podem não assegurar a oportunidade de encontrar certos tipos de problemas de ensino ou o ímpeto para desenvolver e demonstrar habilidades específicas. Tarefas de desempenho mais estruturadas podem ser utilizadas para proporcionar essas oportunidades e fornecer outra maneira de lidar com o problema da execução, permitindo que os professores demonstrem determinadas práticas e as analisem (com seus efeitos).

Uma tentativa inicial de criar tais oportunidades direcionadas foi a prática do microensino. Esforços mais recentes para engendrar contextos para o desenvolvimento de habilidades importantes evoluíram sob a bandeira das avaliações de desempenho e da prática relacionada ao desenvolvimento de portfólios que exigem a demonstração de certas práticas e a análise dessas práticas e seus efeitos. Essas estratégias operam em diferentes "tamanhos de grãos"* com relação aos elementos do ensino a serem trabalhados, demonstrados, praticados e analisados. Por exemplo, no caso do microensino, as habilidades são normalmente específicas e discretas (p. ex., usando um estilo específico de questionamento), ao passo que no caso das tarefas de desempenho elas são normalmente mais multifacetadas (p. ex., desenvolver um plano de aula ou dar uma palestra que requer a compreensão de uma série de características da pedagogia do conteudista). Os portfólios são ainda mais abrangentes, integrando conhecimentos e habilidades nos vários domínios do ensino (p. ex., planejar, ensinar, estimar, avaliar o trabalho do aluno, refletir e adaptar os planos em resposta a essas descobertas). Por meio de portfólios, os educadores de professores têm como objetivo ajudar os candidatos a docentes a analisar e avaliar materiais do próprio ensino; eles também podem ajudar futuros professores a coletar tais materiais de maneira a estimular análises e reflexões mais profundas.

Microensino. A tática do microensino foi lançada na década de 1960 para ajudar os novatos a dar foco em suas tentativas de aprender habilidades de ensino em áreas distintas a serem abordadas, uma de cada vez. O microensino foi pensado para permitir maior concentração e reduzir a ansiedade dos novatos. Como Gage (1978, p. 47) descreveu:

> Microensino é um ensino reduzido – o ensino é conduzido por apenas 5 ou 10 minutos de cada vez, com apenas 5 ou 10 alunos, e focado em apenas um ou alguns aspectos do papel do professor. O professor tenta, por exemplo, reforçar a participação ou aplicar uma tarefa, em vez de empreender o que um professor faz, em toda a sua complexidade multifacetada, com uma turma de 30 alunos por um período inteiro de ensino.

---

* N. de R.T.: No original, *grain sizes*. No contexto significa que as estratégias são desenvolvidas de acordo com as diferentes demandas do ensino em questão (maiores ou menores).

O microensino era frequentemente conduzido com os colegas de formação de professores e, por vezes, com alunos do ensino fundamental e médio em ambientes de laboratório ou salas de aula. Muitas vezes, incluía a modelagem de práticas a serem aprendidas, oportunidades de planejar e ensinar uma breve lição usando essas práticas, gravação de vídeo e *feedback* e, às vezes, práticas adicionais. Vários estudos constataram que o microensino levou a aumento na capacidade dos candidatos de demonstrar os comportamentos ou a prática desejados nas sessões de microensino, embora a literatura também inclua alguns contraexemplos, que às vezes são explicados por um modelo específico de microensino ou pelo tipo de tentativa de *feedback* (ver comentários de COPELAND, 1982; MACLEOD, 1987). Existem algumas evidências discretas sobre os efeitos no desempenho dos alunos. Por exemplo, em um estudo recente em que o microensino produziu uma maior implementação de comportamentos de ensino associados à clareza instrucional, os alunos obtiveram pontuações mais altas nos testes finais das unidades (METCALF, 1989). Os poucos estudos que avaliaram se os professores conseguiam transferir práticas de microensino para ambientes reais de sala de aula e recorriam a eles com sucesso no contexto de outras atividades produziram resultados mistos (para evidências de transferência bem-sucedida de habilidades desenvolvidas em microensino para uma aula elementar de ciências, ver HARRIS; LEE; PIGGE, 1970, e, para evidências que sugerem pouca correlação entre o microensino que utiliza habilidades de gestão de sala de aula com o objetivo de criar um ambiente positivo para crianças diversificadas em âmbito cultural e, posteriormente, o desempenho em sala de aula como um estagiário na prática docente, ver ANDERSEN; ANTES, 1971,). Andersen e Antes (1971) observaram que, em seu estudo, futuros professores avaliaram a oportunidade de ensinar e receber *feedback* como um ponto forte do microensino, mas a "situação artificial" proporcionada pelo microensino como um ponto

fraco. Ao explicarem a falta de correlação entre avaliações de microensino e avaliações de ensino posteriores, os autores comentaram:

> O microensino é uma técnica que se concentra em um único aspecto do ensino por um tempo limitado com um pequeno número de alunos. Na sala de aula, os estagiários precisaram utilizar todo o complexo de habilidades e técnicas necessárias nesse tipo de situação. Portanto, os resultados podem não resultar da falta de valor do microensino, mas das diferenças entre as duas situações. Essas diferenças estão no número de pessoas e na quantidade de tempo envolvida, bem como na dissimilaridade entre a capacidade de praticar habilidades de forma efetiva sob condições controladas e a capacidade de praticar todo um complexo de habilidades em uma situação variável. Neste estudo, a dificuldade não estava no microensino, mas no valor limitado que parecia ter para o ato geral de ensinar. (ANDERSEN; ANTES, 1971, p. 148-149).

A complexidade do ensino pode ser um dos aspectos da dificuldade de transferência em estratégias como a do microensino. Esforços para garantir alguns dos benefícios do microensino enquanto se reduz a artificialidade da tarefa levaram a tipos mais abrangentes de avaliações de desempenho, descritas na seção seguinte.

Outro fator importante pode ser a extensão em que os alunos desenvolvem uma estrutura analítica para o que estão realizando que esteja disponível a eles quando tentam aplicar estratégias em ação. Vários estudos examinaram alternativas ao microensino que são mais cognitivas do que comportamentais (ver GAGE, 1978). Um estudo intrigante comparou o microensino com o treinamento em discriminação condicional cognitiva. Utilizando uma configuração experimental de atribuição aleatória, Wagner (1973) examinou o desempenho de ensino de universitários que receberam uma breve explicação das técnicas de questionamento com foco no aluno para utilizá-las no microensino, em comparação com outro grupo que recebeu a mesma explicação seguida por treinamento em discriminação condicional e foi solicitado a assistir a vídeos de professores e codificar as respostas desses docentes, com explicações integradas no processo de codificação. Um terceiro grupo recebeu uma breve explicação do objetivo de ensino e ensinou sem o benefício do treinamento em discriminação ou do microensino (que forneceu uma análise do próprio vídeo com *feedback* entre cada tentativa de ensino). Contrariando a sabedoria convencional que enfatiza a importância da prática, os alunos que receberam treinamento conceitual e de discriminação condicional mais fortes, que também incluíam modelos de prática que poderiam ser analisados, tiveram um desempenho significativamente melhor quando foi a vez deles de demonstrar essas técnicas de questionamento do que os alunos que tiveram a oportunidade de experimentar as técnicas duas vezes por meio do microensino com filmagem e *feedback*. O grupo do microensino, que não tinha os dois modelos e a oportunidade de obter uma compreensão conceitual mais profunda do comportamento que eles estavam tentando desenvolver, não demonstrou desempenho diferente do grupo-controle.

Esse estudo inicial trouxe uma indicação de que análises mais próximas das práticas de outros professores podem ser uma oportunidade de aprendizagem potencialmente produtiva para aqueles que buscam desenvolver habilidades pedagógicas específicas. Como discutiremos mais adiante, há uma série de esforços recentes para criar oportunidades para tais análises detalhadas do ensino e, cada vez mais, da aprendizagem também.

Tarefas de desempenho. Muitos programas de formação de professores implementaram tarefas de desempenho específicas que são exigidas dos candidatos (p. ex., planejar e ministrar uma aula, uma palestra, conduzir um seminário socrático, completar e ensinar uma unidade curricular) em torno das quais organizam disciplinas e oportunidades práticas. Além disso, as avaliações para o licenciamento e a certificação de professores começaram a incorpo-

rar elementos de desempenho que exigem dos educadores a conclusão de tarefas específicas, tais como realizar e filmar tarefas específicas em sala de aula (p. ex., conduzir uma discussão em grupo sobre uma obra literária), escrever um comentário e reflexão e, em alguns casos, disponibilizar evidências do trabalho e da aprendizagem dos alunos.

As tarefas de desempenho são frequentemente estruturadas como exibições públicas de conhecimento e prática que são medidas em função de critérios públicos compartilhados, com oportunidades de *feedback*. Um dos sistemas de avaliação de desempenho mais implementados foi criado na Alverno College, que utiliza exibições frequentes de desempenho, comparadas com padrões, como base em grande parte de seu trabalho. As tarefas, que são elaboradas de modo a medir oito habilidades gerais da educação (esperadas de qualquer aluno da faculdade) e cinco habilidades de educação avançada (específicas para estudantes da formação de professores), exigem que os candidatos apliquem seus conhecimentos e habilidades em contextos realistas. Desde seu primeiro dia em Alverno, quando fazem um vídeo de si mesmos dando um breve discurso aos seus colegas (tarefa que será repetida e reavaliada mais tarde) para uma avaliação subsequente, em que um grupo é avaliado enquanto planejam conjuntamente uma lição, os alunos são constantemente avaliados em relação a essas habilidades (ZEICHNER, 2000).

Praticamente, todas as tarefas e avaliações começam com referência aos critérios para o desempenho que está sendo desenvolvido e terminam com uma oportunidade para os candidatos avaliarem o próprio trabalho. O resultado final, julgado por professores cooperantes, supervisores de faculdades, diretores empregadores e avaliações dos candidatos de seu curso preparatório, é um conjunto de graduados altamente autorreflexivos e bem-preparados para práticas sofisticadas de sala de aula (ZEICHNER, 2000).

Além de atos específicos da prática docente, as atividades de desempenho podem avaliar habilidades de planejamento, como a elaboração de lições ou unidades à luz de ideias-chave sobre a elaboração do ensino (como discutido nos Caps. 5 e 8). Esses tipos de atividades de planejamento também podem envolver professores em formação na elaboração, escolha, implementação e análise de avaliações formativas e somativas da aprendizagem do aluno e conseguem avaliar como os candidatos revisam seu ensino baseando-se nas descobertas sobre a aprendizagem do aluno – os tipos de habilidades de ensino que vão muito além da demonstração de comportamentos específicos em sala de aula que caracterizavam as avaliações de desempenho de antes, como o microensino.

Como ocorre com outras estratégias, os benefícios das avaliações de desempenho não são automáticos. Eles dependem da escolha de tarefas que representem habilidades importantes, assim como da integração de tais avaliações em um conjunto bem-desenvolvido de experiências de aprendizagem. As exibições também exigem um conjunto claro e focado de metas que reflitam adequadamente as complexidades das tarefas a serem realizadas e considerem seus resultados para o ensino e a aprendizagem. Elas demandam avaliadores que sejam *experts* nas áreas de trabalho que estão sendo desenvolvidas. Na ausência dessas características, as exibições podem se tornar um mero desempenho sem padrões, uma atividade sem foco que traz pouca orientação ou avaliação para desenvolver altos níveis de habilidade. O destino da formação de professores baseada em competências, como utilizado por muitos programas de formação docente nos anos de 1970, é uma ilustração desse problema em potencial. Embora bem-desenvolvidas em algumas instituições (p. ex., o currículo baseado em habilidades de Alverno era uma consequência do movimento de competência da época), em outras, as técnicas de especificar e observar desempenhos não estavam bem-embasadas na teoria e em padrões de desempenho. Consequentemente, as exibições de comportamento muitas vezes se tornaram pouco mais do que registros de ações que não foram avaliadas de modo satisfatório em termos de sua adequação a determinado propósito ou contexto, ou por suas influências na aprendizagem dos alunos. Avaliações que superam essas dificuldades integram exibições a um conjunto bem-conceituado de padrões; análise dos objetivos, contextos e intenções dos professores; e uma visão do quadro conceitual mais amplo do ensino e aprendizagem para os futuros educadores e seus alunos (DARLING--HAMMOND; SNYDER, 2000).

Um exemplo de uma abordagem abrangente da avaliação de desempenho para professores em *preservice* pode ser visto no Evento de Ensino do projeto Performance Assessment for California Teachers (PACT), descrito em detalhes no Capítulo 8, em que os docentes em formação elaboram uma unidade, ensinam um conjunto de lições dentro dessa unidade e, em seguida, conduzem uma série de avaliações de desempenho relacionadas a esse segmento de ensino. Isso inclui o desenvolvimento de um plano de avaliação para a unidade, com a análise de amostras de trabalho de indivíduos ao longo do tempo e para a turma como um todo em dado momento, a reflexão sobre os resultados de ensino e a revisão dos planos. Uma evidência inicial sobre essa avaliação, bem como a avaliação inicial de professores de Connecticut e o portfólio do National Board for Professional Teaching Standards do qual foi adaptada, sugere que os educadores sentem que aprendem muito participando do processo de desenvolvimento e avaliação desses tipos de tarefas (ATHANASES, 1994; PECHEONE; CHUNG, 2004; PECHEONE; STANSBURY, 1996; SATO, 2000; TRACZ; SIENTY; MATA, 1994; TRACZ *et al.*, 1995). (Embora essas avaliações sejam chamadas de portfólios, nós as incluímos aqui porque elas demandam desempenhos específicos que são pontuados de acordo com critérios padronizados, em vez de permitir a seleção de vários tipos de artefatos por um candidato que monta uma coleção mais personalizada, como os portfólios que descreveremos na próxima seção.)

Parte do motivo pelo qual esses tipos de avaliação de desempenho parecem estimular a aprendizagem é que eles enfocam a reflexão dos professores sobre os padrões profissionais em áreas de conteúdo específicas utilizadas para a pontuação e que os candidatos devem considerar ao avaliar a própria prática. Assim, as práticas de ensino podem ser avaliadas, revisadas e discutidas à luz de alguma linguagem comum e compartilhada sobre ensino e aprendizagem que ajuda a fundamentar e focar o trabalho. Além disso, os padrões servem como critérios públicos por meio dos quais o desempenho pode ser medido.

Portfólios de ensino. Portfólios de ensino representam um caso especial de avaliações de desempenho. Os portfólios são normalmente coleções de materiais e artefatos do trabalho dos professores e em geral incluem declarações sobre a filosofia educacional do professor; descrições das teorias do professor sobre organização e gestão de sala de aula; materiais curriculares (como planos de unidade e lição, tarefas, avaliações e registros diários) e reflexões; artigos; vídeos e comentários sobre ensino; e amostras do trabalho do aluno (com ou sem *feedback* do professor). Eles também podem incluir fotografias, vídeo ou áudio de atividades em sala de aula, desde quadros de avisos e exposições, até aulas gravadas e conferências com alunos (DARLING-HAMMOND; WISE; KLEIN, 1999). Alguns portfólios também incluem documentos que requerem análise adicional por parte do educador, como *blogs* de professores ou periódicos, descrições detalhadas ou análises de lições ou do trabalho do aluno e reflexões sobre os resultados das atividades de ensino. Os portfólios podem incluir documentos que derivam das avaliações de outras pessoas: anotações de um observador da aula, recomendações de professores, colegas ou administradores, avaliações de alunos, e assim por diante (ATHANASES, 1994; BIRD, 1990; HAERTEL, 1991; KING, 1990). Os proponentes sugerem que os portfólios dos professores fornecem oportunidades

para documentação sólida das práticas e para a própria reflexão dos candidatos. Como uma ferramenta de avaliação, eles podem fornecer uma visão abrangente de como os vários aspectos da prática de um professor – planejamento, ensino, avaliação, *design* de currículo e comunicação com colegas e pais – se unem. Como ferramenta de aprendizagem e reflexão, os portfólios podem minimizar o que Shulman e Lotan (1998) denominaram de "amnésia pedagógica" – uma doença endêmica do ensino em todos os níveis. A amnésia pedagógica, caracterizada pela incapacidade de registrar e recordar os frutos da experiência de ensino, é um sintoma da complexidade multidimensional do ensino. Tanta coisa acontece tão rápido que se forma um borrão. Os portfólios ajudam a tornar o ensino visível o suficiente para ser examinado, compartilhado e aprendido. Em alguns programas de formação docente, os professores criam portfólios em mídias digitais, incluindo vídeos curtos de ensino em sala de aula ou de seus alunos trabalhando juntos.

Um número crescente de programas de formação de professores está usando portfólios para ajudar os candidatos a atingir três objetivos centrais: refletir sobre seu crescimento e aprendizagem, demonstrar sua aprendizagem e seu desenvolvimento e buscar emprego após a graduação. Por exemplo, os portfólios costumam ser utilizados para ajudar os futuros docentes a documentar e demonstrar seu crescimento como novos professores. Para esse fim, os futuros educadores são convidados a selecionar trabalhos que representem sua aprendizagem, seu crescimento e suas reflexões sobre seu ensino e sua aprendizagem. Em alguns casos, os portfólios também são utilizados para ajudar os novos professores a demonstrar aos seus instrutores (ou outros) que estão prontos para ensinar e como cumprem determinados padrões. Por exemplo, o portfólio de "metas e evidências" requerido no Extended Teacher Education Program (ETEP) da Southern-Maine University (descrito no Cap. 8) exige que os educadores organizem seus portfólios finais em torno dos cinco "resultados de Gorham", e cada professor em formação apresenta evidências de seus resultados em sua prática de ensino (WHITFORD; RUSCOE; FICKEL, 2000).

Algumas pesquisas ilustram como os portfólios organizados em torno de metas e padrões específicos podem dar suporte ao desenvolvimento de uma estrutura conceitual sobre o ensino, bem como o refinamento de práticas, fornecendo oportunidades estruturadas para que os professores documentem e descrevam seu ensino e sua aprendizagem; articulem e demonstrem seu conhecimento e sua experiência profissional; e reflitam sobre o que, como e por que eles ensinam (BIRD, 1990; KING, 1990; LYONS, 1998). Os defensores argumentam que o portfólio fornece uma estrutura para os professores reunirem materiais importantes e refletir sobre seu significado e a própria aprendizagem. Por exemplo, Richert (1990) descobriu que o uso de portfólios na Mills College, quando desenvolvido e discutido com colegas, ajudava os alunos a relembrar as experiências em sala de aula de forma mais completa e precisa e a centrar suas reflexões no contexto e nos aspectos específicos de seu ensino. Lichtenstein, Rubin e Grant (1992) apontaram que portfólios elaborados para conectar teoria e prática permitiam que professores sistematicamente examinassem e reunissem informações sobre suas práticas de sala de aula, seus alunos e suas escolas e ajudassem a conectar suas disciplinas profissionais baseadas em pesquisa com as demandas da sala de aula.

Em um estudo de candidatos a professores que montaram portfólios de ensino como a atribuição central em seu programa de mestrado, Borko *et al.* (1997) mostraram que os participantes identificaram diversos benefícios nesse processo. O benefício mais frequentemente citado foi o de que o portfólio permitiu identificar seus pontos fortes e limitações como novos professores e determinar formas de melhorar. Alguns candidatos perceberam que o portfólio os ajudava a refletir sobre os alunos individualmente e sobre formas de dar suporte a sua aprendizagem. Esses candida-

tos também notaram que o portfólio os levou a fazer conexões entre a teoria e as práticas de sala de aula. Outros pesquisadores constataram que os candidatos sentem que aprendem com o processo de montagem de um portfólio, mas que os benefícios variam dependendo da orientação e do *feedback* que recebem de instrutores ou supervisores (BORKO *et al.*, 1997; WADE; YARBROUGH, 1996).

É provável que os benefícios dos portfólios dependam de seu *design* e do contexto de aprendizagem em que são utilizados. É razoável esperar que os benefícios descritos anteriormente não ocorram para portfólios que são apenas coleções de trabalhos aleatórios criadas sem padrão, expectativas estruturadas ou oportunidades de reflexão guiadas. Um desafio adicional no uso de portfólios é que os seus três propósitos comuns (i.e., compartilhar crescimento e reflexão; demonstrar competência profissional; e buscar emprego) nem sempre são complementares, e, em muitos programas, um portfólio é utilizado apenas para atender aos três propósitos. No entanto, os diferentes propósitos podem criar tensão nos professores em formação, pois implicam diferentes públicos e critérios para a seleção de materiais. Além disso, a falta de clareza sobre os objetivos também pode resultar em um portfólio que é apenas uma coleção de tudo o que um professor em formação completou em seu programa. Tal portfólio diz aos avaliadores "tudo e nada ao mesmo tempo" sobre o que um candidato a docente aprendeu e entendeu. A montagem de um portfólio que seja rico e significativo para o professor que o confecciona e para os avaliadores que o avaliam requer um aprimoramento cuidadoso da finalidade, dos critérios e da implementação.

ANÁLISE DO ENSINO E DA APRENDIZAGEM

As avaliações de desempenho descritas anteriormente fornecem, entre outros aspectos, oportunidades para os candidatos analisarem e refletirem sobre exemplos de ensino e produtos da aprendizagem do aluno. Essas análises conseguem oferecer meios estruturados e sistemáticos para examinar de perto o processo e os resultados do ensino e da aprendizagem, usando artefatos reais de sala de aula – amostras de trabalho dos alunos, vídeos da prática em sala de aula (e outras abordagens multimídia para capturar aprendizagem e ensino), "casos" de vídeo e materiais curriculares. O uso desses materiais possibilita que os professores em formação e os educadores de professores examinem e analisem conjuntamente um "texto comum". A concepção de uma base comum é uma ideia-chave que une análises de vídeos de ensino, exames de amostras de trabalhos dos alunos e análises de portfólio ou de entradas de avaliação de desempenho. Normalmente, os educadores de professores envolvem os candidatos a docentes no exame de ambos os textos produzidos por *outros* professores e na análise e exploração dos *próprios* materiais – amostras de trabalho de alunos nas próprias salas de aula, currículo em desenvolvimento e vídeos de lições e outros registros de sua prática em evolução como novos educadores.

Análise do ensino

Durante a última década, vários pesquisadores e organizações se empenharam em documentar a prática docente de maneiras mais ricas e dinâmicas, e muitos desses esforços envolvem o uso de vídeos e multimídia, tais como vídeos do ensino de matemática e artefatos associados do trabalho do aluno; planos de professores e reflexões dentro de uma plataforma de hipermídia por Deborah Ball e colaboradores da University of Michigan (LAMPERT; BALL, 1998); o Carnegie Foundation's Knowledge Media Lab, que documenta a prática de ensino de professores talentosos por meio de uma série de materiais da internet organizados em torno de suas estratégias e consultas em sala de aula (CARNEGIE FOUNDATION, c2019); e os vídeos e análises do ensino desenvolvidos por Stigler e Hiebert (1999) como parte do Trends in International Mathematics

and Science Study (TIMMS). Esses esforços para documentar a prática docente levaram a materiais ricos que agora podem ser acessados por educadores de professores para visualização conjunta, revisão e análise por estudantes e seus pares.

Os educadores de professores que estão desenvolvendo práticas pedagógicas para a análise do ensino e da aprendizagem argumentam que o exame de artefatos de ensino traz três vantagens: permite que os novos docentes tenham tempo para refletir, enquanto ainda utilizam os materiais reais da prática; proporciona a novos professores a experiência de pensar e abordar a complexidade da sala de aula; e, em alguns casos, pode ajudar novos professores e educadores de professores a desenvolver um entendimento e uma linguagem comuns sobre o ensino (BALL; COHEN, 1999; FRIEL; CARBONI, 2000; LAMPERT; BALL, 1998).

Em primeiro lugar, embora aprender a ensinar deva se situar dentro dos materiais reais dessa prática, não precisa necessariamente ocorrer apenas em tempo real na "prova de fogo da sala de aula". Essas experiências baseadas em sala de aula não apenas focam a aprendizagem daquela sala de aula em particular, mas também – por causa do ritmo acelerado e da natureza complexa do ensino – dificultam a reflexão e a deliberação (BALL; COHEN, 1999). No entanto, o uso de materiais com base na sala de aula (p. ex., planos de aula, vídeos de ensino, amostras do trabalho de alunos e professores) possibilita que os educadores de professores representem verdadeiros problemas da prática em circunstâncias que permitam análises refinadas. Por meio de repetidas visões ou leituras, os candidatos têm a chance de debater, discutir e revisar as concepções iniciais. Eles abordam o aprendizado da observação, fornecendo exemplos de práticas que os candidatos podem não ter vivenciado ou apresentar dificuldade em imaginar. Um texto compartilhado também pode suscitar diferentes perspectivas (professores em formação podem perceber coisas diferentes e interpretar eventos de maneiras distintas), dando suporte a discussões, argumentações e reflexões que facilitam um entendimento mais profundo do processo de ensino e aprendizagem. Essa maneira de fazer uso desses materiais ajuda os novos professores a desenvolver habilidades de análise cuidadosa e fundamentada e a capacidade de avaliar o ensino e a aprendizagem. Outro emprego desses materiais, impressos ou em vídeo, é a demonstração ou ilustração de ideias-chave ou princípios da prática.

Em segundo lugar, esses materiais captam mais a complexidade e a natureza inconstante da sala de aula. Como eles são registros da prática em salas de aula reais – tanto nas próprias salas de aula dos professores quanto nas de outros professores –, incorporam muitos dos desafios e da natureza multifacetada do ensino e da aprendizagem em sala de aula. Em essência, como os novos educadores precisam entender o que está acontecendo em uma sala de aula em vários níveis e tomar decisões com base em informações de várias fontes, analisar esses artefatos dá a eles a oportunidade de avaliar o ensino e a aprendizagem de maneiras que representem e reflitam sua complexidade. Eles aprendem a compreender as situações a partir de uma variedade de perspectivas – para conseguir analisar um incidente do ponto de vista do desenvolvimento, do ponto de vista do ensino, do ponto de vista curricular, e assim por diante. O uso de exemplos de multimídia e outros artefatos de sala de aula sustenta esse tipo de análise ponderada e complexa.

Por fim, o uso de materiais de salas de aula reais em disciplinas de formação de professores oferece mais oportunidades para futuros professores e educadores de professores desenvolverem uma linguagem comum e compartilharem o entendimento sobre o que estão examinando. Um dos principais desafios enfrentados pelos educadores é que, às vezes, a linguagem, a teoria e os conceitos utilizados na formação de professores são compreendidos por seus alunos de formas muito diferentes (conforme discutido no Cap. 10; ver também KENNEDY, 1999). O uso de artefatos de sala de aula pode ajudar a trazer exemplos concretos

que permitam que novos professores e educadores de professores apontem instâncias particulares e específicas sobre as quais eles imaginam modelar ideias ou teorias e discutam e deliberem esses conceitos com parâmetros em comum. Em vez de usarem a linguagem e a teoria separadas da "prática real", eles conseguem explorar e analisar as ações dos alunos e dos docentes de maneiras que revelem pressupostos implícitos e tornem as ideias mais abertas ao exame e à investigação. Dessa forma, os educadores de professores conseguem ter uma melhor compreensão do que os novos professores estão pensando, capacitando-os a abordar o problema de eventuais equívocos sobre o ensino e a execução (ver "O uso da análise de vídeo para a reflexão e a melhoria da prática docente" para um exemplo de como o vídeo e os computadores têm ajudado a oferecer suporte a essas conexões em um programa de formação de educadores da Northwestern University).

O uso da análise de vídeo para a reflexão e a melhoria da prática docente

No Programa de Certificação Alternativa da Northwestern University (NU-TEACH), a coordenação entre docentes universitários e professores mentores no suporte a novos professores é um objetivo importante. Com esse objetivo, os estagiários completam uma série de tarefas em vídeo que se baseiam em *feedback* explícito de professores mentores, docentes universitários e colegas do programa. No contexto dessas atribuições, trechos em vídeo dos estágios de verão literalmente circulam entre a escola e a universidade, tornando-se um recurso para a aprendizagem e reflexão sobre o ensino e para construir diversas interpretações das práticas de sala de aula. Dessa forma, a tecnologia de vídeo é uma plataforma importante por meio da qual os participantes da formação de professores se tornam mais conectados e mais bem preparados para criar um discurso profissional sobre ensino e aprendizagem. A comunidade NU-TEACH usa vídeo e computadores para dar suporte a análises de ensino e criar fortes conexões entre experiências universitárias e escolares.

Fonte: Gomez et al. (2003).

Embora as versões multimídia mais elaboradas dessas abordagens sejam relativamente recentes, pesquisas realizadas ao longo de muitos anos descobriram que futuros professores aprendem mais sobre estratégias específicas de ensino (CARLSON; FALK, 1990; OVERBAUGH, 1995) e são mais capazes de implementar essas estratégias com os alunos depois de vê-los modelados* por outros professores por meio de vídeo (GOLDMAN; BARRON, 1990; WAGNER, 1973), especialmente quando discussões, leituras e estruturas dão suporte a essas observações de modo a guiar suas análises. Assim, essas novas tecnologias prometem dar suporte à aprendizagem metacognitiva dos professores sobre o ensino e sua prática real.

Análise da aprendizagem

A análise da aprendizagem é uma prática pedagógica ainda mais recente na formação de professores do que a análise do ensino. A análise da aprendizagem pode focar inúmeras questões que surgem no processo de ensino e aprendizagem, desde desafios do envolvimento do aluno, compreensão do aluno e avaliação até questões sobre o enquadramento do conteúdo curricular. Um docente em formação envolvido em uma aula focada em gestão de sala de aula ou estratégias de ensino pode ser solicitado a examinar um vídeo da sala de aula de um professor e se concentrar nas maneiras como o professor envolve e não envolve os alunos, relaciona o assunto aos interesses de seus alunos e avalia a aprendizagem e talvez a tomar nota das respostas dos alunos aos

"movimentos" que o professor faz para dar suporte, aprofundar e desenvolver a compreensão sobre o tópico específico em questão. Um docente em formação envolvido em uma disciplina de aprendizagem ou desenvolvimento pode comparar e contrastar as amostras de trabalho de dois alunos, examinando o trabalho de ambos para determinar o grau de compreensão que os alunos demonstram, os mal-entendidos ou equívocos e propor o suporte que pode ser dado para ajudar os alunos a desenvolver ainda mais seus entendimentos. Os candidatos também podem analisar, comparar e contrastar o trabalho de determinados alunos – por exemplo, estudantes da língua inglesa e falantes nativos de inglês; adolescentes tardios e pré-adolescentes; alunos diversos com necessidades especiais – para ajudá-los a se concentrar nas necessidades e nos pontos fortes de diferentes crianças, bem como nos desafios envolvidos na aprendizagem de cada criança.

Já que uma análise detalhada do ensino e aprendizagem não havia se difundido até os anos de 1990, as pesquisas sobre os efeitos dessa prática pedagógica na aprendizagem dos professores ainda estão nos estágios iniciais. No entanto, há um conjunto de estudos em andamento que documenta o que os educadores aprendem analisando "casos" de vídeo (SHERIN, 2001; SHERIN; HAN, 2002) e que explora o que eles aprendem usando multimídia (LAMPERT; BALL, 1998). Por exemplo, Sherin e Han (2002) examinaram os tópicos discursivos da prática de professores de matemática que participavam de um "clube de vídeo", em que os professores se reuniam mensalmente para discutir vídeos de professores, e encontraram mudanças *no que* os professores discutiam, bem como *na maneira* como eles discutiam. Eles descobriram que, durante um período de 10 meses, os docentes se concentraram cada vez mais em examinar o pensamento dos alunos (em oposição ao próprio ensino e à própria prática pedagógica), e, na sétima reunião, as discussões das concepções de matemática dos alunos representavam 86% do tempo, em comparação a menos de 15% nas

---

* N. de R.T.: Refere-se à estratégia de modelagem. Ver Nota de Revisão Técnica nº 4, neste capítulo.

primeiras reuniões. Além disso, eles notaram que a natureza da discussão dos docentes sobre o pensamento dos alunos mudou ao longo do tempo. As discussões dos professores participantes sobre o pensamento dos alunos se desenvolveram simplesmente declarando o que os alunos disseram (o que caracterizou as discussões do pensamento dos alunos nas primeiras reuniões) para examinar o significado dos comentários e métodos dos estudantes e começar a sintetizar e generalizar comentários sobre a natureza da aprendizagem deles. Por fim, os professores, em vez de oferecerem estratégias de ensino alternativas para alcançar fins gerais que eram independentes da aprendizagem dos alunos (p. ex., fazerem-nos falar mais), passaram a sugerir manobras de ensino ou estratégias que levassem à compreensão dos estudantes.

MÉTODOS DE CASO

Muitas profissões, entre as quais as da área do direito, da medicina e da administração, ajudam os candidatos a preencher a lacuna entre teoria e prática – bem como a desenvolver habilidades de reflexão e análise próxima – envolvendo-os na leitura e na redação de casos. Os defensores dos métodos de caso argumentam que os casos oferecem uma forma única de aprendizagem que dá suporte tanto à aprendizagem sistemática de contextos particulares quanto à teoria mais generalizada sobre ensino e aprendizagem. Os casos permitem a exploração de teorias e dilemas da maneira que ocorrem em salas de aula reais (COLBERG; TRIMBLE; DESBERG, 1996). Shulman (1996, p. 201), por exemplo, argumenta que as práticas pedagógicas de caso são particularmente importantes, uma vez que permitem que os novos professores conectem a teoria à prática:

"Do que se trata este caso?" é uma locução cujo propósito é estimular os estudantes a iniciar o trabalho intelectual que faz dos casos ferramentas poderosas para a aprendizagem profissional. Eles devem aprender a subir e descer, ir para a frente e para trás, entre as singulari-

dades memoráveis dos casos e as importantes generalizações e simplificações de princípios e teorias. Princípios são importantes, mas casos são memoráveis. Somente na interação contínua entre princípios e casos os praticantes e seus mentores conseguem evitar as limitações inerentes à teoria sem prática ou as restrições igualmente sérias da prática vívida sem o espelho do princípio.

Os esforços de redação de casos dos alunos podem motivar a própria aprendizagem, servir como material instrutivo para outros e fornecer "[...] antídotos para os perigos da supergeneralização [...]" (SHULMAN, 1992, p. 3).

Normalmente, os casos são relatos de ensino e aprendizagem que apresentam dilemas, fornecem descrições cuidadosas de contextos e compartilham evidências ou dados sobre resultados de situações de sala de aula. Nos programas de formação docente, os candidatos a professores podem ler e analisar casos, discernindo e raciocinando por meio de dilemas, e propor estratégias para a resolução de problemas. Os candidatos também podem *redigir* casos, aprendendo a representar suas experiências, e analisá-los mediante a ótica da teoria para que eles e outros possam aprender com esses casos. Há uma série de perspectivas que os casos podem adotar: alguns começam com um foco no assunto, avaliando como os professores elaboram o ensino para ajudar os alunos a dominar o conteúdo; alguns se concentram nos alunos, desenvolvendo a capacidade dos educadores de observar e analisar evidências de aprendizagem e desenvolvimento; e ainda outros se concentram na cultura, auxiliando os professores a examinar a vida, o histórico e os contextos dos alunos, auxiliando no preparo dos educadores para entender os desafios inerentes ao ensino de alunos de uma diversidade de históricos e comunidades (DARLING-HAMMOND; SNYDER, 2000).

Conforme ilustrado nos capítulos sobre o desenvolvimento (Cap. 3) e o ensino de aprendizes diversos (Cap. 7), os estudos de caso de crianças e adolescentes podem envolver novos professores na coleta e análise de dados para entender melhor a aprendizagem dos alunos, o progresso do desenvolvimento, as necessidades especiais e as influências de contextos particulares. Os casos podem ser utilizados para estudar o ensino e a aprendizagem não só em sala de aula, mas também na escola e na comunidade. Por exemplo, os estudos de caso de crianças ou adolescentes podem envolver os professores que acompanham os alunos durante todo o dia escolar, esclarecendo o quanto aspectos da organização da escola, das políticas das tarefas, do contexto social e das práticas de ensino afetam o aluno. Essas estratégias podem ajudar os futuros educadores a compreender o ambiente escolar de forma mais ampla e como suas políticas e práticas podem criar ou prejudicar as oportunidades ou atender às necessidades dos alunos. Esses tipos de casos também podem envolver visitas domiciliares, entrevistas com pais e visitas nos bairros para situar os alunos no contexto da família e da comunidade, ajudando, assim, o futuro professor a ter uma visão mais holística das experiências dos alunos e das maneiras como são afetados por essas variáveis (DARLING-HAMMOND; ROESER, 2002; SNYDER, 2000).

Conforme descrevemos no Capítulo 5, "Metas e objetivos educacionais: o desenvolvimento de uma visão curricular para o ensino", as análises de caso de currículo e ensino podem dar foco ao desenvolvimento do ensino e aos dilemas ou "colapsos" que podem ocorrer no ensino de um conceito ou uma ideia em particular. Essas análises podem examinar as intenções dos professores, a aprendizagem dos alunos e a relação (ou, às vezes, a desconexão) entre os dois. Casos de dilema, como os utilizados por Kleinfeld (1998) na University of Alaska, descritos no Capítulo 7, "Ensinando aprendizes diversos", por Levin (2002) na University of North Carolina e por Whitcomb (2002) na University of Denver, são frequentemente citados para ilustrar desafios de longa data na prática docente – como dilemas morais, dificuldades interpessoais ou diferenças culturais – e envolver os professores na deliberação, na solução de problemas e na análise desses desafios. Eles também são empregados para preparar professores para a incerteza e a complexidade do ensino em salas de aula com diversidade.

Muitas lacunas na pesquisa sobre métodos de caso ainda existem (GROSSMAN, 2005; MERSETH, 1999). No entanto, as pesquisas fornecem algumas evidências iniciais de que os casos podem ajudar os alunos a desenvolver habilidades de raciocínio, permitindo que futuros professores identifiquem com mais precisão questões importantes e analisem com mais atenção um dilema educacional (HARRINGTON, 1995; KLEINFELD, 1992). Ao analisar e codificar o primeiro e o último dos quatro rascunhos de caso de 26 alunos do ensino fundamental, Harrington (1995) descobriu, por exemplo, que o raciocínio pedagógico dos professores em formação sobre dilemas se aprofundava ao lerem e interpretarem casos sobre a prática docente; eles se tornaram mais capazes de formular problemas, tiraram lições além de seu ambiente imediato e refletiram sobre seu trabalho a partir de diversas perspectivas. Ela concluiu que "[...] a prática pedagógica com base em casos pode ser utilizada para obter acesso ao raciocínio profissional dos alunos, além de nutrir esse raciocínio [...]" (HARRINGTON, 1995, p. 212).

Em um estudo semelhante, Hammerness, Darling-Hammond e Shulman (2002) realizaram uma análise de conteúdo de 21 casos curriculares escritos por professores em formação, buscando o desenvolvimento do que Berliner (1994) definiu como pensamento *expert* em ensino e aprendizagem. Eles descobriram que, em todos os casos examinados, ao longo de vários rascunhos, os professores em formação exibiam cada vez mais uma série de características dos *experts*: eles se tornaram mais capazes de gerar várias hipóteses e olhar mais sistematicamente para as diferentes influências sobre a aprendizagem; eles ofereciam várias conexões entre a teoria e as práticas dos outros; elaboravam e expandiam a teoria e a pesquisa, muitas vezes em relação à própria prática; compreendiam contingências e eram qualificados em suas observações e generalizações; forneciam detalhes específicos sobre aprendizes e aprendizagem; e analisavam evidências de aprendizagem do aluno. Mesmo os casos mais fracos demonstraram evidências dessas manobras *experts* nos rascunhos finais. Além disso, a análise de vários rascunhos demonstrou que os professores em formação passaram de uma explicação simplista inicial de seu caso para explicações mais sofisticadas, baseadas na teoria, de suas experiências.

Esses e outros estudos sugerem que aprender com a redação de casos pode ser um meio promissor de ajudar os professores a construir conexões ente teoria e prática; movê-los para além das concepções simples ou leigas sobre o ensino, as crianças e a escolarização; e apreciar a natureza complexa do ensino (GOODWIN, 2002; KLEINFELD, 1992; LEVIN, 1995, 2002; ROESER, 2002). No entanto, pesquisas emergentes também indicam que esse tipo de aprendizagem a partir de casos não acontece sem um currículo cuidadosamente elaborado que vincule pesquisa e teoria sobre aprendizagem e ensino ao processo de análise dos candidatos. Alguns estudos encontraram um progresso decepcionante por parte dos candidatos a professores que escreveram casos sem conexões substanciais com a literatura e o *feedback* contínuo dos instrutores (COPELAND; DECKER, 1996; LEVIN, 1995). Eles identificam pelo menos dois tipos de desafios para os educadores de professores que a redação de casos pode não ser capaz de superar se a prática pedagógica não estiver totalmente implementada. O primeiro, o conhecimento limitado de um autor de caso ou uma estrutura de referências mais restrita pode levar a um equívoco sobre a natureza da situação; à falha ao não avaliar todas as variáveis importantes; ou à falta de estratégias suficientes para lidar com essa experiência. Segundo, um autor de caso pode não ser capaz de relacionar a experiência particular e pessoal associada a seu caso com um conjunto mais amplo de princípios para interpretação (DARLING-HAMMOND; SNYDER, 2000).

Alguns estudos descreveram as formas como estratégias de ensino específicas parecem melhorar os resultados mais sólidos da redação de casos para os professores em formação. Por exemplo, o estudo descrito anteriormente por Hammerness, Darling--Hammond e Shulman (2002) descreve com algum detalhe o processo utilizado para trabalhar com casos. Os docentes em formação leram casos escritos por outras pessoas (acadêmicos da área da educação, professores experientes e também alunos da formação de professores), que foram combinados com leituras teóricas sobre aprendizagem e ensino. Ao explorarem essas leituras e acompanharem os casos, os docentes em formação escreveram vários rascunhos, analisando um caso da própria prática docente, no qual examinaram o que os alunos aprenderam e que aspectos do contexto e de sua prática pareciam explicar o que foi aprendido. Em cada rascunho, eles receberam um amplo *feedback* de um instrutor e de um colega, com base em uma rubrica publicamente compartilhada e editada. Os professores em formação também formaram duplas com um parceiro que leu o caso e forneceu *feedback*, incluindo perspectivas alternativas extraídas da literatura e das próprias experiências. Por fim, os docentes em formação participaram de duas "conferências de caso", em que apresentaram seu caso oralmente a um pequeno grupo de colegas e a um facilitador que os ajudou a considerar teorias e conceitos que poderiam lançar luz sobre o caso.

Ao ensinar com casos, é fundamental ajudar os professores em formação a vincular princípios teóricos aos eventos contextualizados sobre os quais eles leem ou escrevem. Em certo sentido, os docentes em formação precisam aprender casos dentro do "esquema do campo" com a chance de ver como os casos representam e se relacionam com o conhecimento sobre ensino, aprendizagem e desenvolvimento, a fim de fazer dos casos uma experiência de aprendizagem efetiva e rica. Os professores em formação precisam receber suporte nessa mudança entre o caso e os princípios. De fato, quando os médicos leem casos, eles não conseguem entender um caso clínico sem considerável conhecimento científico (p. ex., fisiologia, química e biologia e de tratamentos e possíveis resultados), que deve estar ligado ao conhecimento de casos particulares de pacientes específicos com as próprias histórias médicas. Logo, os educadores também precisam ir "de um lado para o outro" entre casos e princípios, assim como ter oportunidades de considerar "do que se trata esse caso?" (SHULMAN, 1996).

Ao analisarem vários estudos que documentam o uso bem-sucedido da redação de casos na formação de professores, Darling-Hammond e Hammerness (2002) identificaram algumas características do ensino que podem ajudar os autores de casos a superar potenciais armadilhas e dar suporte à aprendizagem associada a casos escritos. São elas:

- Conexões entre leituras e discussões sobre aprendizagem, desenvolvimento e prática docente que proporcionem a oportunidade de vincular teoria e prática.
- Orientação para coleta e análise de dados (p. ex., protocolos de observação e entrevistas em casos de crianças, memorandos analíticos, registros e rubricas que guiem a análise).
- Vários rascunhos escritos com base em padrões que estimulem o desenvolvimento de características importantes do caso (p. ex., detalhes sobre alunos e contexto, análise da aprendizagem, bem como o ensino e a inclusão de diversas perspectivas).
- *Feedback* específico e concreto que chama a atenção para os princípios de desenvolvimento, aprendizagem, escolhas de ensino, questões morais, variáveis de contexto e outras preocupações.
- Tempo e controle do tempo – tempo suficiente para permitir que reflexões sobre o caso se desenrolem no momento em que os candidatos estiverem prontos e capazes de considerar as questões colocadas (DARLING-HAMMOND; HAMMERNESS, 2002, p. 133).

Como esses autores apontam:

Sem oportunidades de aprendizagem que desenvolvam percepções, levantem outras perspectivas e criem pontes entre a teoria e a prática, os casos podem contribuir para histórias de ensino interessantes, mas não instrutivas, que reforçam visões idiossincráticas ou desinformadas do ensino. Uma lição-chave [...] é que os casos não se ensinam por si mesmos (DARLING-HAMMOND; HAMMERNESS, 2002, p. 132).

Autobiografia

Como já observamos, os professores em formação têm como bagagem importantes teorias leigas sobre o ensino e a aprendizagem – muitas delas baseadas nas histórias educacionais pessoais (CROW, 1987; HOLT-REYNOLDS, 1992). Essas teorias leigas, ou crenças desenvolvidas sem ensino formal (VYGOTSKY, 1978), muitas vezes foram formadas durante longos períodos de participação e observação de salas de aula (LORTIE, 1975; MEASOR, 1985), bem como em experiências informais de ensino e aprendizagem nas escolas, casas e comunidade (MEASOR, 1985). De fato, muitas pesquisas demonstraram o impacto que as biografias educacionais pessoais dos professores têm sobre seu ensino, seu pensamento sobre seu ensino e seu entendimento sobre a aprendizagem (BRITZMAN, 1986, 1991; CLANDININ, 1985; COLE; KNOWLES, 1993; CROW, 1987; HOLT-REYNOLDS, 1992, 1994; KAGAN, 1992; KNOWLES, 1992).

Por exemplo, Holt-Reynolds (1992) realizou um extenso estudo com base em entrevistas com alunos da formação de professores em uma aula sobre leitura. Suas descobertas demonstraram não apenas a tenacidade dos entendimentos pessoais desses educadores sobre o ensino e a aprendizagem, mas também as maneiras como eles moldaram a forma como os professores responderam, concordaram ou aceitaram o que estavam aprendendo em sua turma. Seus motivos para concordar ou discordar não se baseavam em teoria ou pesquisa educacional, consenso profissional ou experiências como professores. Em vez disso, seus pontos de vista estavam firmemente enraizados nas próprias experiências nas escolas como estudantes, muitas vezes atípicas.

Pesquisas também indicam que, quando essas crenças pessoais sobre o ensino se dão com firmeza, dificuldades podem surgir (COLE; KNOWLES, 1993).

Muitas vezes, os educadores de professores procuram confrontar o aprendizado da observação e estimular a reflexão sobre o ensino e a aprendizagem por meio do uso da autobiografia. Autobiografias são relatos não ficcionais de experiências pessoais em primeira pessoa. Nos programas de formação de professores, os candidatos podem escrever autobiografias que enfocam os eventos de sua educação ou escolarização e que podem se concentrar em incidentes, pessoas ou contextos particularmente formativos que os moldaram como pessoas (e professores) e embasaram a maneira como eles pensam sobre o ensino e a aprendizagem.

Ao longo dos anos, muitos educadores de professores têm sugerido que engajar professores do *preservice* na escrita e análise das próprias experiências educacionais é uma prática pedagógica proveitosa para ajudar a resolver o problema da experiência pessoal não examinada, que pode ser generalizada demais sem uma oportunidade de análise e perspectiva (BAUMGARTNER; KOERNER; RUST, 2002; BULLOUGH; GITLIN, 1995; CARTER; DOYLE, 1996; COLE; KNOWLES, 1993; HOLT-REYNOLDS, 1992; KNOWLES; HOLT-REYNOLDS, 1991; RUST, 1999). Sua crença é a de que, por meio da autobiografia, os docentes em formação são capazes não apenas de tomar conhecimento e de articular o próprio conhecimento sobre o ensino – conhecimento que é frequentemente tácito e não examinado (BARCLAY; WELLMAN, 1986) –, mas também de trazê-lo à tona para exame, reflexão e até mesmo desafio (BULLOUGH; GITLIN, 1995). Já tornar explícito esse tipo de conhecimento histórico pessoal sobre educação permite que os educadores de professores desenvolvam e trabalhem com esse importante conhecimento prévio que seus alunos trazem para seu curso. O argumento da autobiografia baseia-se na teoria psicológica de que a narrativa fornece uma importante forma de conhecimento

(BRUNER, 1990) e de que a autorreflexão guiada pode estimular uma maior percepção e perspectiva, especialmente se as narrativas forem compartilhadas.

As autobiografias podem ter uma variedade de pontos de partida. Algumas enfocam as experiências educacionais passadas do autor – tanto formais quanto informais –, descrevendo em detalhes incidentes educacionais importantes em suas vidas, como experiências-chave de aprendizagem, assim como não aprendizagem; de perplexidade ou desafio; da relação entre escola e cultura; e de desigualdades (HOFFMAN, 1989). Essas autobiografias podem descrever professores, treinadores ou outros adultos particularmente influentes na vida dos candidatos, ou mesmo colegas com quem aprenderam. Às vezes, essas narrativas também enfocam o contexto da escola, o grupo de pares ou uma sala de aula ou, ainda, a relação entre a escola e a própria cultura (CHAMOISEAU, 1997). Ademais, outro tipo de narrativa pode enfatizar a escola do autor ou experiências de vida relacionadas a raça, gênero, etnia, orientação sexual ou religião, a fim de discutir experiências formativas quando crianças ou jovens adultos (BEALS, 1994; FRICKE, 1995; SANTIAGO, 1993; WALKER, 1991).

Autobiografia na New York University

Na New York University, os professores em formação escrevem vários artigos autobiográficos. Como parte de disciplinas que envolvem os alunos na aprendizagem dos principais conceitos de ensino e aprendizagem, as quais são chamadas de "Investigação I" e "Investigação II" na graduação e de "Investigação III" no mestrado, os educadores em formação criam uma "autobiografia de aprendizagem". A autobiografia assume a forma de uma linha do tempo, na qual os professores em formação identificam os principais incidentes em suas experiências como aprendizes. Então, eles escrevem duas narrativas separadas, uma na qual descrevem extensivamente um incidente selecionado em sua aprendizagem, e outra em que descrevem um professor que causou uma impressão significativa sobre eles. Quando analisam suas experiências individuais ou em outros incidentes de aprendizagem, conseguem articular o que os guia como docentes, bem como examinar seus objetivos, motivos e modelos mais de perto.

Há duas maneiras como os educadores de professores tendem a usar autobiografias – primeira, ao engajarem os professores em formação na escrita das próprias autobiografias e, segunda, ao engajá-los na leitura e discussão de autobiografias de outros (o que, às vezes, também envolve os docentes em formação em analisá-las em um grupo de leitura ou outro grupo de leitores). Os educadores de professores frequentemente envolvem-nos em formação na escrita de autobiografias, a fim de explorarem suas experiências educacionais passadas e atuais (Ver Cap. 7 para uma descrição de como essa prática pode ser incorporada em uma disciplina de educação multicultural). Com frequência, os alunos são convidados a construir uma narrativa que forneça descrições detalhadas de suas experiências educacionais passadas – tanto formais quanto informais (BULLOUGH; GITLIN, 1995). Em outros casos, eles criam narrativas autobiográficas que focam a exploração de uma metáfora-chave, tema ou imagem central de suas experiências educacionais – imagens que eles podem querer construir em futuros ensinamentos, como "o ensino como comunidade em construção" ou "a criação de um lar" (CLANDININ, 1986).

Alguns educadores de professores começaram recentemente a documentar em estudos de pequena escala o impacto que essas estratégias parecem ter no pensamento dos docentes em formação (BULLOUGH; STOKES, 1994; CLARKE; MEDINA, 2000; FLORIO-RUANE, 2001; RUST, 1999). Eles enfatizam as percepções que os futuros professores relatam sobre a própria aprendizagem e as experiências em relação uns aos outros e aos seus alunos, ampliando suas perspectivas e destacando a consciência de que suas premissas requerem maior avaliação. Baumgartner, Koerner e Rust (2002, p. 86) descobriram que as histórias autobiográficas "[...] fornecem percepções críticas sobre a reflexão dos professores, que trabalham de forma a permitir que o grupo não apenas entenda as ações do locutor, mas também forneça suporte profissional [...]" para um crescimento adicional. Os autores observam que esses aspectos de reflexão dos docentes em formação raramente emergem no contexto da maioria dos programas de formação de professores, nos quais as interações formais entre docentes e alunos não são suficientes para que as histórias dos alunos surjam e, assim, estejam disponíveis para serem examinadas. Com oportunidades de escrever e depois discutir experiências autobiográficas, os professores em formação podem explorar os pontos em que suas teorias implícitas sobre o ensino se confundem com as de outros educadores ou padrões de prática (BAUMGARTNER; KOERNER; RUST, 2002).

Os formadores de professores também reconhecem alguns desafios importantes relacionados a essa prática pedagógica. Em primeiro lugar, narrativas autobiográficas podem ser criadas, mas permanecerem não desenvolvidas e sem desafios – sem oportunidades de revisitar, explorar e comparar novos entendimentos com entendimentos passados. Os professores em formação precisam de experiências cuidadosamente estruturadas com diferentes formas de ensino, escolarização e cultura, a fim de desafiar, questionar e lutar de modo produtivo contra crenças profundamente arraigadas e experiências passadas. Além disso, se essas narrativas não forem compartilhadas, não há como obter uma perspectiva sobre o leque de experiências, possibilidades de aprendizagem e ensino e contextos escolares existentes. Alguns educadores de professores sugerem que compartilhar autobiografias e revisitar narrativas pessoais ao longo do tempo são particularmente importantes à luz de novas experiências de práticas alternativas.

Em segundo lugar, escritores e leitores da autobiografia podem vir a enfatizar excessivamente o papel do professor, vendo-o como um ator solitário – como a fonte e a única solução para os problemas do ensino (CAZDEN, *apud* BALLENGER, 1999; FLORIO-RUANE, 2001). Florio-Ruane (2001) argumenta que uma maneira de evitar a natureza solitária dessas histórias é lê-las "na companhia de colegas", trazendo, assim, diversas perspectivas para o trabalho e ilustrando a importância de uma comunidade de profissionais – e os conhecimentos localizados em tal comunidade – para entender e compreender os desafios nelas incorporados.

Por fim, os professores que trabalham com autobiografia chamam a atenção para a natureza profundamente pessoal dessa prática pedagógica e para a necessidade de cuidado e respeito pelas revelações íntimas que podem surgir da escrita e da leitura da autobiografia. Outros chamam a atenção para a ética envolvida em pedir aos alunos que revelem pensamentos, experiências e sentimentos privados e sensíveis, às vezes para escrutínio público e, às vezes, com o propósito de mudar e revisar as crenças e concepções dos professores sobre o ensino (CARTER; DOYLE, 1996). Ao utilizarem essa forma pessoal de escrita, os docentes precisam pensar em problemas potenciais (sobretudo em relação à resposta e à avaliação apropriada dessa escrita pessoal) e prestar atenção especial à criação de uma atmosfera de sala de aula que seja respeitosa, segura e apropriada para revelações pessoais dessa natureza.

Investigação e pesquisa-ação

Por fim, como observamos anteriormente, preparar os professores para aprenderem com sua prática docente ao longo de suas carreiras exige ferramentas que desenvolvam as habilidades e práticas de investigação sistemática e intencional, bem como de reflexão crítica. Muitos educadores de professores se concentram no desenvolvimento dessas habilidades, envolvendo-os em formação em pesqui-sas sistemáticas em suas salas de aula e escolas (GORE; ZEICHNER, 1991; PRICE, 2001). Tais experiências não ajudam os professores apenas a lidar com a complexidade da prática, mas também a superar algumas das limitações de seu aprendizado de observação. As definições e concepções de tais pesquisas dirigidas por professores diferem consideravelmente (GORE; ZEICHNER, 1991; REARICK; FELDMAN, 1999). Até mesmo os termos utilizados – *pesquisa docente, pesquisa-ação, pesquisa profissional* e *bolsas de estudo da prática docente* – vêm de diferentes tradições intelectuais e carregam consigo pressupostos distintos sobre o ensino e a pesquisa.[*] Entretanto, a descrição de Cochran-Smith e Lytle (1993) da pesquisa-ação como "investigação intencional, sistemática e rigorosa" fornece uma reprodução útil do caráter e da natureza da pesquisa profissional na formação de professores. Apesar de não examinarem diretamente o trabalho de professores do *preservice*, Cochran-Smith e Lytle (1993) examinaram o impacto de tipos específicos de tais pesquisas sobre a base de conhecimento em relação ao ensino, à aprendizagem e à escolarização. Por exemplo, eles demonstraram como os "estudos em sala de aula" (um gênero bastante típico na pesquisa-ação) podem promover uma crítica sistemática e intelectual dos pressupostos, dos objetivos e das abordagens utilizados em sala de aula, o que pode levar os pesquisadores docentes não somente a reformular questões, mas também a revisar abordagens pedagógicas.

O processo de investigação profissional inclui todos os aspectos de um processo de pesquisa ou investigação: identificar questões de interesse (que podem se concentrar em questões de ensino e aprendizagem; educação e sociedade; ou educação e questões sociais, como gênero, raça ou equidade); buscar essas ques-

---

[*] Ver Gore e Zeichner (1991) para uma discussão e crítica da amplitude das definições de investigação do praticante e para seu argumento da necessidade de conduzir a pesquisa-ação dentro de um quadro de uma filosofia educacional e social claramente desenvolvida.

tões por meio da coleta de dados (que podem incluir observações de crianças, notas de campo observacionais ou de classe ou entrevistas com crianças, pais ou outros professores); e refletir sobre as questões mediante trabalho escrito (diários, memorandos conceituais de pesquisa) e discussão oral com colegas, instrutores e mestres. No entanto, a pesquisa profissional nem sempre é tão linear como isso sugere. Os docentes em formação em geral começam em diferentes pontos desse processo e seguem uma espiral de "planejar, agir, observar e refletir" (ZEICHNER; NOFFKE, 2001). Frequentemente, esses projetos culminam na elaboração de um relatório de pesquisa formal que descreve a natureza da investigação, discute a análise, resume as descobertas e, às vezes, inclui uma reflexão dos resultados da pesquisa para a prática docente – bem como uma discussão do impacto do processo de investigação sobre a prática do professor. No entanto, alguns educadores de professores observam que os professores em formação enfatizam o processo de investigação e o desenvolvimento de habilidades de conduzir pesquisa com base em sala de aula, em vez do produto de pesquisa final (ZEICHNER, 2003). A seção "Pesquisa-ação na University of Maryland", a seguir, descreve a prática pedagógica de um professor utilizando a pesquisa-ação.

Pesquisa-ação na University of Maryland

Price (2001) inicia seu curso semestral sobre pesquisa-ação no outono, quando apresenta a seus alunos conceitos de pesquisa a respeito da prática docente. Na primavera, seus alunos elaboram uma questão de pesquisa que desenvolvem em suas salas de aula. Simultaneamente, ele envolve os alunos na análise de dados de sala de aula (como vinhetas escritas ou vídeos) e no exame do processo de pesquisa, lendo artigos de pesquisa, livros ou trabalhos de outros pesquisadores docentes. Os alunos formam pequenos "grupos de pesquisa"

para dar *feedback* e suporte intelectual aos projetos uns dos outros. Cada professor também mantém um diário de pesquisa que se torna uma fonte de evidência para seu artigo. Tarefas específicas ajudam os alunos a analisar e desenvolver suas pesquisas. Por exemplo, os alunos devem descrever uma "tarefa envolvente" e reproduzir em detalhes as conversas e interações com os alunos. Essa tarefa destina-se a incentivar a análise de aspectos específicos das aulas e a ajudar os candidatos a aprender a trazer evidências para suas alegações.

Ao pesquisar sobre as consequências dessas práticas, Price (2001) utilizou uma variedade de dados qualitativos da disciplina (transcrições de conversas em sala de aula; questionários no início e no final da aula; diários de pesquisa-ação; redação de professores do *preservice* e de seus aprendizes; vídeos de trabalho em sala de aula e entrevistas informais com professores em formação) para examinar a aprendizagem de 11 candidatos a professores, avaliando o processo de pesquisa, o impacto em sua aprendizagem e "[...] como eles viam a relação entre investigação em sala de aula, ensino e mudança educacional [...]" (PRICE, 2001, p. 43). Price (2001) descobriu que seus alunos conseguiam desenvolver e refletir sobre práticas pedagógicas que respondiam às necessidades e aos pontos fortes de seus alunos em particular; entender e avaliar melhor a aprendizagem representada no trabalho dos alunos; e avaliar o ensino não apenas por meio de seu planejamento e organização, mas também focando a aprendizagem dos alunos. Price (2001) também descobriu que o projeto de pesquisa deu a todos os 11 docentes em formação a oportunidade de correr riscos em sala de aula, e todos eles testaram ideias e práticas que tinham foco na aprendizagem e no envolvimento de seus alunos – uma descoberta importante que contradiz a crença generalizada de que os professores em formação não estão preparados para se concentrar na aprendizagem de seus alunos. Ele concluiu que o processo de pesquisa parecia "[...] ter uma influência importante em como eles construíram seu papel como professores e idealizaram seu trabalho como professores [...]" (PRICE, 2001, p. 70).

Os defensores da pesquisa profissional constroem seu argumento sobre uma definição de ensino como prática reflexiva (SCHÖN, 1983), defendendo que os docentes em formação precisam aprender as disposições críticas e habilidades que fundamentam a reflexão; as disposições para uma mente aberta; um senso de responsabilidade e compromisso; e o cuidado e o respeito pelas crianças, bem como as habilidades de observação cuidadosa e análise fundamentada (ZEICHNER; LISTON, 1987). No entanto, os objetivos da pesquisa profissional variam consideravelmente – em parte, dependendo da definição. Alguns formadores de professores concentram-se no benefício de ajudar individualmente os candidatos a professores a se tornarem mais reflexivos e analíticos sobre a própria prática em sala de aula e promover seu crescimento individual como profissionais (WEBB, 1990). Aqueles que enfatizam o desenvolvimento profissional que pode surgir de tais pesquisas frequentemente focam a importância de os professores se engajarem na construção de conhecimento sobre ensino e aprendizagem e em usar esse entendimento para guiar sua prática e sua futura aprendizagem (verCOCHRAN-SMITH; LYTLE, 1993; HOLLINGSWORTH; SOCKETT, 1994).

Por fim, alguns salientam as percepções e compreensões políticas que a pesquisa profissional consegue promover nos professores, permitindo compreender melhor as condições sociais da educação e trabalhar para uma educação mais democrática e emancipatória para todos os alunos por meio de reforma escolar e ação política (GORE; ZEICHNER, 1991; KEMMIS, 1993; NOFFKE; STEVENSON, 1995; PRICE, 2001; ZEICHNER, 1993b). Como Villegas e Lucas (2002a, p. 145) observam:

Ao estudarem as escolas, futuros professores podem aprender sobre a natureza da escola como uma cultura institucional, explorando maneiras como o contexto fora da sala de aula influencia a vida de alunos e educadores. Eles conseguem ver as maneiras como as políticas e práticas escolares podem dar suporte e ao mesmo tempo dificultar os esforços dos professores para serem culturalmente responsivos. Eles conseguem ter uma noção do indivíduo e isolar a natureza do trabalho dos educadores, por um lado, e a necessidade e o potencial da colaboração, por outro. Se eles estudam escolas em que a equidade e a justiça social são prioridades, eles podem aprender maneiras como os professores podem trabalhar coletivamente para fazer mudanças em suas escolas que aumentarão o acesso ao conhecimento para todo e qualquer aluno. Isso possibilita dar a esses alunos a sensação de que os professores conseguem desempenhar papéis de liderança fora da sala de aula.

Na literatura, há a opinião de que a pesquisa profissional pode ajudar os docentes a desenvolver uma disposição para o pensamento reflexivo, analítico e baseado em questionamentos (o que COCHRAN-SMITH; LYTLE, 1999a, 1999b denominam *postura de investigação*) junto com as habilidades importantes de coleta de dados, observação, análise e reflexão.

Embora alguns pesquisadores e educadores tenham examinado os resultados das investigações dos professores (BEYER, 1996; BISSEX; BULLOCK, 1987; COCHRAN-SMITH; LYTLE, 1993), os trabalhos sobre os resultados da pesquisa profissional desses educadores participantes são um tanto exploratórios. Um pequeno número de pesquisadores e formadores de professores estudou a aprendizagem dos alunos da formação de professores em *preservice* em disciplinas de pesquisa-ação (ver GORE; ZEICHNER, 1991; PRICE, 2001; TABACHNIK; ZEICHNER, 1999; VALLI, 2000), muitas vezes como forma de pesquisar sobre o próprio ensino e a aprendizagem de seus alunos. Conforme observado, Price (2001) descobriu que o processo aumentou a confiança dos candidatos e os levou a buscar mudanças em suas salas de aula, as quais eles esperavam que continuassem assim após tornarem-se novos educadores. No entanto, esse e outros estudos (p. ex., GORE; ZEICHNER, 1991; VALLI, 2000) constataram que, apesar de o trabalho dos candidatos em pesquisa-ação aumentar sua conscientização sobre questões específicas de sala de aula e ajudá-los a ter mais foco no aluno, relativamente poucos conseguiram traduzir suas descobertas em considerações de nível escolar ou estratégias de melhoria organizacional.

Destacando algumas das possibilidades e desafios dessa prática pedagógica, Gore e Zeichner (1991) analisaram os relatos escritos dos projetos de pesquisa realizados por 18 de seus professores em formação e avaliaram as autoavaliações de aprendizagem que estes fizeram. Os professores em formação relataram que o processo de pesquisa permitiu que eles se tornassem mais atenciosos e decididos sobre sua prática docente; que os ajudou a se tornarem mais conscientes das próprias práticas e das lacunas entre suas crenças e essas práticas; e que os auxiliou a ter consciência da reflexão e da aprendizagem de seus alunos. No entanto, esses autores também expressaram preocupações por observarem que apenas um pequeno número de professores em formação manifestou preocupações relacionadas a questões morais e políticas, e poucos fizeram conexões entre seu tópico específico de investigação e os assuntos ou contextos mais amplos em que sua investigação específica ocorreu.

Eles argumentam que essa prática pedagógica pode ser ajudada por alguma autoinvestigação por meio de autobiografias de professores em formação, a fim de melhor prepará-los para mais tarde investigar mais criticamente as escolas e a escolarização, bem como estimular mais envolvimento dos professores em formação com uma "comunidade de professores", todos envolvidos na pesquisa docente. Há outras evidências de que colocar educadores em formação com pesquisadores docentes mais experientes pode ajudar os futuros professores a desenvolver mais facilmente uma perspectiva de ensino orientada para a investigação (ver CLIFT *et al.*, 1990; COCHRAN-SMITH, 1991; NATH; TELLEZ, 1995). Esse trabalho reforça o argumento de que práticas pedagógicas como pesquisa profissional e autobiografia podem ser mais poderosas e efetivas se combinadas – e também chama a atenção para o fato de que todas essas práticas pedagógicas podem se fortalecer quando tiverem o suporte de posicionamentos clínicos e experiências que reflitam e reforcem conceitos, ideias e abordagens do curso universitário.

Esses tipos de estudos, embora ainda limitados, fornecem algumas indicações do tipo de aprendizagem que pode emergir da pesquisa profissional. Tal investigação pode ajudar os novos professores a se concentrar na aprendizagem e no trabalho dos alunos, examinar criticamente as próprias práticas de ensino em relação às suas crenças e seus compromissos e desenvolver as habilidades de coleta, análise e reflexão de dados.

CONSIDERAÇÕES FINAIS

As práticas pedagógicas da formação de professores que descrevemos – estágio supervisionado, avaliações e portfólios de desempenho, análises de ensino e aprendizagem, métodos de caso, autobiografia e investigação profissional – têm como objetivo dar suporte à capacidade dos professores de aprender *dentro* e *fora* da prática. Cada uma pretende, de diferentes maneiras, trazer visões, ferramentas, práticas, disposições e entendimentos dos novos professores, de uma forma que desenvolva e torne habituais a capacidade de refletir e as habilidades de uma análise mais detalhada. No entanto, a inter-relação dessas práticas pedagógicas entre si também é importante. É possível que elas funcionem melhor se relacionadas umas com as outras, e algumas delas (como a autobiografia) podem ser particularmente úteis no início dos programas, enquanto outras (como a investigação profissional) podem ser mais bem aproveitadas quando os professores em formação tiverem oportunidades de examinar criticamente as próprias experiências de escolarização.

Por essas e outras razões, desenvolver e executar tais práticas pedagógicas não são tarefas fáceis. O ensino dos professores encontra-se certamente entre os tipos mais exigentes de preparação profissional: os educadores de professores devem constantemente modelar práticas; construir experiências sólidas de aprendizagem; dar suporte cuidadoso ao progresso, à compreensão e à prática; avaliar minuciosamente o progresso e o entendimento dos alunos; e ajudar a vincular teoria e prática. A execução desse tipo de ensino dos professores com habilidade requer tempo, esforço e, o mais importante, apoio institucional – e não consegue ser facilmente realizada em um contexto que não seja favorável ou conflitante. Em nosso último capítulo, o Capítulo 12, passamos à discussão dos fatores-chave que influenciam a capacidade das instituições de transformar sua prática e ensinar bem seus professores. Essas preocupações mais amplas de política e mudança organizacional são elementos-chave para determinar o quão bem a formação de professores será capaz de preparar candidatos que, por sua vez, deem suporte a seus alunos em direção a vidas e carreiras produtivas.

Implementando a renovação curricular na formação de professores:
a gestão das mudanças organizacionais e políticas

12

Linda Darling-Hammond
Arturo Pacheco
Nicholas Michelli
Pamela LePage
Karen Hammerness
com Peter Youngs

Os debates sobre qualidade no ensino têm feito parte do panorama da formação de professores há mais de um século. Muitas vezes, esses debates são vinculados a percepções de "crise" nas escolas públicas, como no período seguinte ao lançamento do Sputnik, na década de 1950, e a era da reforma que foi marcada pela publicação de *A nation at risk* (*Uma nação em risco*), em 1983 (NATIONAL COMMISSION OF EXCELLENCE IN EDUCATION, 1983). Duas décadas após o relatório *A nation at risk*, o contexto da reforma permanece controverso, e a retórica da crise continua um estímulo para uma ampla variedade de mudanças políticas. Apesar do fato de que a condição da educação americana possa não ser tão precária quanto se noticia (ver BERLINER; BIDDLE, 1995), não há dúvida de que é necessário melhorar, especialmente as escolas que atendem aos alunos mais desfavorecidos.

Muitos analistas argumentam que as iniciativas de reforma que ignoraram a preparação de professores foram condenadas ao fracasso, pois eles supunham que a mudança poderia ser alcançada sem dar atenção ao conhecimento, às habilidades e às disposições dos principais agentes de mudança, sem os quais pouca transformação é possível (FULLAN, 1991; SARASON, 1990). Sarason (1993) observa que, como no caso da reforma da educação médica, requer-se atenção à preparação profissional por meio de um "modelo de prevenção primária". Em vez de procurar a implementação de reformas que corrijam os problemas de má prática decorrentes de treinamento inadequado, a ênfase na reforma da preparação reconhece que os investimentos nas habilidades dos profissionais podem impedir que aconteçam muitos dos problemas que as reformas buscam, sem sucesso, abordar.

Recentemente, os formuladores de políticas e os agentes de reforma educacionais têm menos probabilidade de desmerecer a formação de professores do que no passado. Como as preocupações com a qualidade da educação americana se uniram à evidência de que a qualidade do professor faz uma diferença importante nos resultados, uma variedade de reformas para criar preparação, certificação e licenciamento mais rigorosos foi lançada. Com essas reformas, a qualidade da preparação parece ter melhorado de forma notável em alguns lugares, como discutimos no Capítulo 11 e descrevemos mais adiante nas seções a seguir. No entanto, os resultados desse ímpeto para a reforma não são diretos. Por um lado, a formação de professores é mais fortemente politizada do que outras áreas do ensino superior, pois está vinculada tanto à percepção pública da qualidade das escolas públicas quanto aos interesses políticos variados dos Estados, das localidades e, cada vez mais, do Governo Federal, bem como de organizações profissionais e comunidades que buscam melhores professores para seus filhos. Além disso, a multiplicidade de políticas que afetam os programas às vezes funciona de maneira contraditória. Por exemplo, as iniciativas estaduais para atualizar padrões resultaram em testes mais díspares e em menos reciprocidade entre os Estados, o que impactou negativamente a mobilidade de docentes de Estados nos quais há excesso para aqueles nos quais há escassez de professores (DARLING-HAMMOND; SYKES, 2003).

Ao mesmo tempo, há um movimento em direção à diminuição dos requisitos para a entrada na prática docente – às vezes vistos como padrões importantes e outras vezes como obstáculos desnecessários –, especialmente para docentes que trabalham em áreas urbanas de alta demanda que enfrentam dificuldades para recrutar e reter professores (NATIONAL COMMISSION ON TEACHING AND AMERICA'S FUTURE, 2003). Esse tratamento bimodal do ensino tem relação com os diferentes níveis de recursos disponíveis para os distritos para recrutar e reter educadores e para servir os estudantes: as escolas que atendem às maiores proporções de estudantes de baixa renda em geral pagam salários significativamente menores do que aquelas que atendem estudantes mais abastados e normalmente também contam com turmas maiores e más condições de trabalho (NATIONAL COMMISSION ON TEACHING AND AMERICA'S FUTURE, 1996). Embora essas escolas provavelmente necessitem de professores com os maiores níveis de conhecimento e habilidade, elas em geral acabam contratando pessoas com o mínimo de treinamento e experiência. Os programas de preparação tradicionais e alternativos que atendem esses distritos muitas vezes se sentem pressionados a enxugar as disciplinas e o treinamento clínico supervisionado, a fim de colocar os candidatos nas salas de aula o mais rápido possível.

Além desses impulsos competitivos, historicamente tem havido pouca coerência no sistema de treinamento em educação e ape-

nas controles profissionais aleatórios. Durante a maior parte do século XX, iniciativas que influenciassem a preparação de professores, o licenciamento, a certificação e o desenvolvimento profissional foram realizadas por uma ampla variedade de agentes e aconteceram em incrível isolamento uns dos outros. Esses agentes incluem legislaturas estaduais, secretarias estaduais de educação, conselhos estaduais específicos para educação superior e educação básica, conselhos de padrões profissionais em uma minoria de Estados, conselhos locais de educação, autoridades locais do distrito escolar, órgãos de certificação de escolas e faculdades e uma ampla variedade de empresas comerciais privadas envolvidas na provisão de desenvolvimento profissional e no desenvolvimento de textos, materiais curriculares e testes para professores. Essas instituições introduzem na arena do ensino padrões implícitos e explícitos do que os docentes devem saber e ser capazes de fazer e que frequentemente são inconsistentes uns em relação aos outros. Seria um paradoxo chamar a instituição da formação de educadores altamente fragmentada dos Estados Unidos que existiu na maior parte da nossa história de um "sistema". Esses impulsos competitivos e as políticas que os acompanham criam um ambiente complexo para programas de formação de professores que buscam melhorar a preparação docente.

Além disso, como já observamos, se o objetivo for fornecer uma educação de qualidade para todos os alunos, não será suficiente oferecer educadores capazes e preparados. Eles também precisam ter acesso a um currículo sólido e a ferramentas que possibilitem aprendê-lo; a suporte tecnológico para a aprendizagem e a investigação; a um tamanho razoável de turmas; a instalações seguras e limpas; e a oportunidades equitativas para se beneficiarem de tudo isso. E, se os professores bem-preparados permanecerem na docência – e, assim, fornecerem uma força de ensino estável para as crianças em todas as comunidades –, eles precisam de suporte que faça a diferença para se manterem na profissão, o que inclui liderança administrativa de apoio, salários adequados e oportunidades contínuas de aprendizagem e participação na tomada de decisões escolares, para que possam colocar em prática o que aprenderam (DARLING-HAMMOND; SCLAN, 1996). Assim, há um conjunto de amplas mudanças sociais e institucionais que também são necessárias para recrutar e reter professores e proporcionar oportunidades de aprendizagem adequadas e equitativas para os alunos.

A NECESSIDADE DE UMA RENOVAÇÃO CURRICULAR NA FORMAÇÃO DE PROFESSORES

Da mesma forma que aconteceu na medicina na virada do século XX, há pouca garantia, em algumas partes dos Estados Unidos, de que *todos* os professores terão acesso aos tipos de conhecimento e desenvolvimento de habilidades que permitam ensinar a diversidade de alunos de suas escolas de forma a responder aos padrões cada vez mais desafiadores que enfrentam. Embora o conhecimento sobre ensino e aprendizagem tenha crescido, as chances de que os educadores tenham acesso a esse conhecimento estão longe de serem certas. Isso se deve a grandes variações na natureza e na qualidade dos programas de formação de professores e ao fato de que, nos Estados Unidos, um número substancial de indivíduos ingressa na prática docente sem concluir a formação de professores. Aqueles que entram sem treinamento ou com menos preparação sistemática normalmente relatam sentir-se muito menos preparados do que aqueles que ingressam com um programa de preparação de *preservice* completado (CALIFORNIA STATE UNIVERSITY, 2002a; DARLING-HAMMOND; CHUNG; FRELOW, 2002). No entanto, há também uma grande variabilidade na preparação que os futuros educadores recebem em diferentes programas (DARLING-HAMMOND; CHUNG; FRE-

LOW, 2002). Existem muitas fontes para essa variabilidade, que incluem pelo menos as que serão apresentadas a seguir.

Variabilidade nos padrões para os candidatos

Durante a maior parte do último século, houve uma variação substancial nos padrões aos quais os professores ingressantes são comparados. Os padrões de licenciamento são visivelmente diferentes de Estado para Estado. Recentemente, no final da década de 1990, alguns Estados que requerem altos padrões exigiam que o professor tivesse graduação na matéria ensinada, além de preparação intensiva para o ensino, incluindo estudos bem-definidos de aprendizagem e ensino e 15 ou mais semanas de estágio supervisionado. Enquanto isso, alguns Estados que requerem padrões mais baixos não exigiam programa coerente de estudos na área a ser ensinada, apenas uma série de disciplinas em licenciatura e algumas semanas de estágio supervisionado. Além das diferenças nesses próprios padrões, houve grande diferença na aplicação deles. Enquanto alguns Estados se recusavam a permitir que os distritos contratassem educadores não qualificados, outros concediam rotineiramente a contratação de candidatos que não cumpriam seus padrões, mesmo se professores qualificados estivessem disponíveis (DARLING-HAMMOND, 2001a, 2004). Por fim, houve variação nos padrões para o ensino de candidatos com a ampla gama de exames de licenciamento decretados em quase todos os Estados durante os anos de 1980 e o início dos anos de 1990. Estes últimos estabelecem padrões muito diferentes de conhecimento e habilidade em termos do que eles avaliam e do nível de desempenho que eles exigem. A natureza e a qualidade dos testes usados nos Estados variaram significativamente, assim como seus pontos de corte, que não podem ser usados para generalizar sobre o conhecimento de professores que são aprovados em exames em diferentes Estados (NATIONAL RESEARCH COUNCIL, 2001).

Variabilidade nos padrões para os programas

A prática docente, diferentemente de outras profissões, não requer certificação profissional universal para as escolas de educação, e analistas sugerem que muitos procedimentos estaduais para a aprovação de programas foram ineficientes para garantir a qualidade. Embora alguns Estados dediquem atenção importante ao contexto e à aplicação de padrões para programas de formação de professores (ver DARLING-HAMMOND; WISE; KLEIN, 1999), e a maioria dos Estados tenha adotado ou adaptado recentemente uma estrutura comum para padrões de licenciamento de educadores iniciantes desenvolvidos pelo Interstate New Teacher Assessment and Support Consortium (INTASC; Consórcio de Avaliação e Suporte de Novos Professor Interestaduais), do qual 30 Estados fazem parte, há muito menos recursos sendo investidos no cumprimento dessas normas. Embora praticamente todos os Estados exijam que os programas ofereçam disciplinas sobre conteúdo e métodos de ensino, ainda há uma variação perceptível na quantidade de estudo necessária, assim como se estão incluídas áreas como teoria da aprendizagem, desenvolvimento da criança e do adolescente, leitura ou desenvolvimento da alfabetização, desenvolvimento de currículo, avaliação ou conhecimento sobre necessidades especiais de aprendizagem, por exemplo, o ensino de crianças com deficiência ou de alunos do inglês como segunda língua. Os requisitos clínicos também variam amplamente. Por exemplo, em 1998, os requisitos estaduais para o estágio supervisionado variavam de oito semanas, em alguns Estados, a 18 semanas, em outros (NATIONAL ASSOCIATION OF STATE DIRECTORS OF TEACHER EDUCATION AND CERTIFICATION, 1998). Um programa de estudos que seria aprovado em um Estado poderia deixar de cumprir os padrões em outro. Além disso, dentro de qualquer Estado, vários programas excedem em muito os requisitos mínimos impostos por suas agências estaduais, enquanto outros mal os cumprem.

Rotas alternativas recém-decretadas para a certificação, introduzidas em mais de 40 Estados norte-americanos durante os anos de 1980, também operam sob padrões amplamente divergentes. Essas rotas foram adotadas como alternativas ao modelo de programa de graduação que muitos Estados anteriormente exigiam como a única base para a aprovação no programa. Algumas rotas alternativas são um modelo de especialização de 1 a 2 anos, incluindo programas de mestrado para o 5º ano que atendam ou excedam os padrões normais do licenciamento. Ao vincularem o conteúdo teórico importante à prática docente ou ao estágio intensamente supervisionados, eles realizam uma preparação de alta qualidade para professores de meio de carreira ou recém-formados que desejam ingressar na prática docente. Devido a sua natureza concentrada e ao *design* rígido, muitos programas integraram a teoria e o desenvolvimento de habilidades de forma mais produtiva do que alguns mais tradicionais.

Outros, no entanto, são alternativas à noção de licenciamento estadual, uma vez que diminuem as expectativas quanto ao conhecimento dos candidatos em estudos pedagógicos e de conteúdo e, às vezes, modificam sua decisão sobre a competência do candidato para ser empregado por um distrito escolar (DARLING-HAMMOND, 2000d). Às vezes, esses modelos oferecem apenas algumas semanas de treinamento que podem não incluir fundamentos como teoria da aprendizagem, desenvolvimento infantil e pedagogia de conteúdo e colocam recrutas nas salas de aula sem um período de prática supervisionada. Os mesmos problemas, no entanto, podem aparecer em programas universitários que são rotulados como "tradicionais", de modo que as categorias de programas não distinguem os programas em termos de sua abrangência ou qualidade.

Além dos requisitos formais, a extensão em que os padrões são realmente aplicados também varia. Embora alguns Estados tenham conseguido manter recursos para a avaliação de programas, muitos vivenciaram grandes reduções nos recursos financeiros do departamento estadual de educação durante as décadas de 1980 e 1990. Com o corte drástico de funcionários destinados a funções como aprovação de programas de formação de professores, as avaliações locais por especialistas raramente ocorrem. Em alguns desses Estados, tanto as faculdades quanto os provedores distritais de programas sentiram-se à vontade para reduzir os próprios padrões e investimentos na formação docente.

Variações no currículo de formação de professores e corpo docente

Por todas as razões que acabamos de descrever, o que os educadores encontram quando tentam se preparar para sua futura profissão pode ser bastante idiossincrático em relação ao Estado, à faculdade e ao programa em que se matriculam, bem como aos instrutores com quem estudam. Além das diferenças associadas aos requisitos específicos de cada Estado, há muitas oportunidades para diferenças e disjunções no curso de estudos disponível para a maioria dos futuros professores. Os futuros educadores geralmente cursam disciplinas nas ciências humanas e nas escolas de educação e passam tempo nas escolas. O que eles estudam varia muito. Diferentemente de outras profissões em que o currículo profissional é razoavelmente comum entre as instituições e tem alguma coerência substantiva, o currículo da formação de professores é muitas vezes idiossincrático para os educadores que ensinam as disciplinas necessárias, que são diferentes de lugar para lugar. Além disso, relativamente poucas faculdades apresentam mecanismos sólidos para coordenar as iniciativas das faculdades de ciências humanas e educação ou de professores universitários ou de escolas (DARLING-HAMMOND, 1997).

Vários estudos nas décadas de 1980 e 1990 documentaram problemas de longa data na formação de professores, resultantes de fraquezas no (não) sistema descrito anteriormente (GOODLAD, 1990; HOLMES GROUP, 1996; HOWEY; ZIMPHER, 1989; ZEICHNER,

1993b). Esses problemas com o *design* tradicional da formação de professores que predominou entre 1950 e 1990 incluem:

Tempo inadequado. Os limites de um curso de graduação de quatro anos dificultavam a aprendizagem de conteúdo, do desenvolvimento da criança, da teoria da aprendizagem e de estratégias eficazes de ensino. A preparação para os anos iniciais do ensino fundamental era considerada fraca em relação ao conteúdo, e a preparação para o ensino médio, insuficiente em relação ao conhecimento da aprendizagem e dos aprendizes.

Fragmentação. Elementos-chave da aprendizagem do professor eram desconectados um do outro. O curso era separado da prática docente; as habilidades profissionais eram segmentadas em disciplinas separadas; as faculdades das ciências humanas eram isoladas dos professores de educação. Os futuros docentes deveriam juntar tudo isso sozinhos.

Métodos de ensino sem inspiração. Para que futuros educadores aprendam o ensino ativo, prático e mental, eles devem ter vivenciado isso por si mesmos. Entretanto, as aulas do tipo palestras tradicionais ainda dominavam grande parte do ensino superior, inclusive nos departamentos em que os professores recebem a maior parte de sua formação, bem como em alguns cursos de formação docente.

Currículo superficial. "Leves pinceladas" era a descrição do currículo. Programas tradicionais enfocavam conteúdo e um pouco de psicologia educacional. Os candidatos não aprendiam profundamente como entender e lidar com problemas reais da prática.

Visões tradicionais da escolarização. Devido às pressões de preparar os candidatos para as escolas, a maioria dos futuros professores aprendia a trabalhar isoladamente, em vez de trabalhar em conjunto, e a dominar quadros-negros e livros didáticos em vez de computadores e mídias digitais (NATIONAL COMMISSION ON TEACHING AND AMERICA'S FUTURE, 1996).

Além disso, muitos acusaram que o **estágio docente** recebeu uma atenção inadequada no *design* do programa. Embora muitas vezes seja uma parte fundamental das experiências dos professores e tenha forte influência no pensamento dos educadores sobre ensino e aprendizagem (GUYTON; MCINTYRE, 1990), o estágio docente é com frequência desvinculado do curso, concebido inadequadamente e não reflete padrões para um bom ensino.

Como discutiremos nas seções a seguir, iniciativas importantes foram feitas para abordar esses problemas em muitos lugares. No entanto, as melhorias não atingiram todos os programas, e os contextos de políticas dentro dos quais a formação de professores opera muitas vezes trabalham contra reformas produtivas, e não a favor delas. Proporcionar a todos os docentes uma formação sólida e eficaz requer tanto a expansão do acesso aos programas quanto maior clareza sobre como melhorar a qualidade em todo o sistema. Exige também maior sofisticação sobre como abordar a mudança organizacional como *desenvolvimento institucional*, em vez de uma série de inovações únicas que não conseguem sobreviver (FULLAN, 1993a). Ademais, impõe maior envolvimento com a comunidade de políticas que exerce influências cada vez mais fortes nos objetivos e nas estratégias dos programas de formação de professores. Antes de falarmos sobre o contexto único dos programas de formação de educadores, vale a pena considerar como outras profissões enfrentaram desafios semelhantes e desenvolveram soluções.

ANÁLOGOS PROFISSIONAIS

Quando Flexner e Pritchett (1910) publicaram seu histórico relatório sobre o *status* da educação médica nos Estados Unidos, ele apontou que havia graves fraquezas estruturais nos modelos prevalecentes de educação médica que existiam até então. A educação e a prática médicas no início do século XX sofriam de uma qualidade incrivelmente desigual e de um acesso diferenciado ao conhecimento, bem como de enorme divisão entre a pesquisa nas novas ciências da medicina e o *status* da prá-

tica. Nas escolas de medicina que emergiram nas décadas anteriores, a parte teórica era frequentemente separada do trabalho clínico, e o currículo era fragmentado, superficial e didático – os mesmos tipos de queixas que perseguiam as faculdades de educação desde que assumiram a tarefa de educar professores na segunda metade do século XX.

A reforma da educação médica

No final do século XIX, a maioria dos estudantes de medicina era educada por meio de aprendizados de observação – essencialmente seguindo um médico experiente em suas rondas pela cidade. Esse médico muitas vezes fora educado de maneira semelhante, se é que recebera algum treinamento. Tal experiência permitia que os estudantes observassem interações com pacientes reais, o curso das doenças e seus tratamentos e mergulhassem na "prática" da medicina. No entanto, muitos praticantes foram mal treinados e tinham pouca consciência dos avanços no diagnóstico e no tratamento das doenças. Logo, o sistema de aprendizes transmitia tanto a desinformação e a ignorância quanto a sabedoria clínica. Escolas médicas de antigamente desenvolveram-se como um complemento aos aprendizados para fornecer uma abordagem mais sistemática para a transmissão do conhecimento. Algumas dessas escolas uniram o trabalho clínico e a prática hospitalar com investigações laboratoriais e trabalho acadêmico.

No entanto, o que Flexner e Pritchett (1910) descreveram como o "início promissor" dessas escolas de medicina não iria durar: escolas médicas começaram a surgir em todo o país, e, de acordo com sua pesquisa, a única exigência aparente era a existência de médicos para atuar como professores e algum espaço para ministrar as aulas. Flexner e Pritchett (1910) criticavam fortemente muitos dos modelos das faculdades de medicina, que se baseavam quase de forma plena em livros didáticos, usando métodos didáticos de ensino e exigindo que os alunos apenas repetissem informações como papagaios. Em tais escolas, os estudantes raramente se envolviam no cuidado e no tratamento completos de um paciente – na realidade, alguns nunca tiveram a oportunidade de ver um cadáver ou examinar um corpo humano real. De fato, mesmo o equipamento médico mais rudimentar não era visível em muitas escolas que Flexner visitava; vários bancos longos e livros didáticos eram as únicas necessidades. Os estudantes raramente acompanhavam os médicos em visitas aos pacientes. A experiência clínica – o aprendizado próximo com um praticante experiente que tinha sido tão importante para aprender a ser médico poucas décadas antes – havia se perdido. Flexner e Pritchett (1910, p. 26) comentaram que parecia que "[...] todo o treinamento que um jovem médico recebia antes de começar sua prática agora tinha que ser adquirido dentro da escola de medicina. E havia uma ampla gama de programas que variavam de 3 semanas a 3 anos. A escola não era mais um complemento – era tudo [...]".

Flexner e Pritchett (1910) poderiam ter defendido o argumento predominante da época de modo a retornar ao modelo de aprendizado de observação – um plano que não só era menos dispendioso, mas também apelava para o bom senso. No entanto, embora tal experiência permitisse aos alunos observar as interações com pacientes reais, Flexner e Pritchett (1910) notaram que tais aprendizados também eram limitados, porque não permitiam que os jovens médicos tirassem proveito de grande parte do conhecimento profissional disponível para eles (conhecimento de outros casos semelhantes; textos escritos com o propósito de ensinar anatomia geral e fisiologia; e pesquisa em tratamento de doenças). Em outras palavras, esse aprendizado, embora valioso em muitos aspectos, não possibilitou que estudantes de medicina tivessem acesso à teoria e à pesquisa sistemáticas.

Assim, Flexner e Pritchett (1910) propuserem que as escolas de medicina fossem alocadas dentro das universidades, onde a teoria e a prática pudessem estar interligadas. Eles defenderam um hospital de ensino sob o controle da faculdade de medicina que vinculava o *trabalho teórico* – fornecendo acesso ao conhecimento de toda a profissão, inovações recentes (como o estetoscópio, o termômetro de autorregistro, a correlação dos sintomas observados com os resultados da análise química e experimentação biológica) – com o *trabalho clínico e laboratorial*, que permitia aos alunos compreenderem o que era a medicina na prática. Flexner e Pritchett (1910, p. 22) citam o primeiro professor de medicina clínica em Harvard: "O estudante deve cursar Exemplos com Estudo antes de poder estar suficientemente qualificado para prescrever para os doentes, pois somente Linguagem e Livros nunca conseguem trazer Ideias Adequadas de Doenças e os melhores métodos de Tratamento [...]".

Flexner e Pritchett (1910, p. 10) não foram dissuadidos pelo argumento de que havia alguns praticantes bem-sucedidos que tinham se saído muito bem sem tal treinamento – eles preferiam aceitar que eles triunfaram apesar de sua educação escassa por meio de "[...] um dom e perseverança incomuns [...]" – e pediram que professores e alunos passassem o mesmo tempo na sala de aula e no laboratório ou na clínica. A consequente reforma generalizada da educação médica ocorreu quando a profissão definiu padrões para treinamento médico e os infundiu nos padrões de certificação de programas profissionais e nos padrões de licenciamento e certificação de candidatos médicos, que precisavam se formar em um programa profissionalmente credenciado para fazerem exames de licenciamento e certificação junto à banca.

Esse mesmo processo, com algumas variações, foi posteriormente seguido por direito, engenharia, enfermagem, psicologia, contabilidade, arquitetura e outras ocupações que se tornaram profissões no século XX. Um conjunto semelhante de estratégias para a preparação de professores, simultaneamente fortalecendo e conectando o treinamento científico e clínico, foi incorporado nos objetivos do Holmes Group (1986), da Carnegie Forum on Education and the Economy, Task Force on Teaching as a Profession (1986) e da National Network for Education Renewal (GOODLAD, 1990, 1994), entre outras iniciativas na reforma da formação de professores. No entanto, a conexão com alavancas de políticas, como licenciamento, validação e certificação, que podem fazer a reforma se espalhar, tem sido muito mais problemática para a prática docente.

Problemas na reforma da formação de professores

Embora a educação tenha lutado com muitas dessas questões muito antes (e obviamente depois) do Relatório Flexner, os paralelos entre a reforma da educação médica e a reforma da formação de professores são impressionantes. Assim como a medicina começou a educar os jovens médicos pela união a praticantes mais experientes, os professores de meados ao final do século XIX começaram a ser educados em "escolas normais", que se concentravam na prática. Os ambientes de ensino das escolas normais variavam, no entanto: algumas escolas normais eram bem-sucedidas em fornecer boa formação pedagógica e construir experiências de aprendizagem que se baseavam no conhecimento de especialistas, bem como na prática em sala de aula (HERBST, 1989; LUCAS, 1997). Todavia, em outras escolas normais, havia pouca atenção à prática pedagógica, e as professoras eram simplesmente obrigadas a ser subservientes, ter "bom caráter" e ser trabalhadoras (CLIFFORD, 1989; RURY, 1989).

Gradualmente, porém, as escolas normais tornaram-se obsoletas conforme a responsabilidade pela formação dos professores se deslocou para as faculdades e universidades. Na década de 1940, poucas escolas normais continuaram existindo; na década de 1950, a maioria das faculdades de educadores evoluiu para departamentos dentro de faculdades e universidades estaduais. Nesse cenário, os praticantes que haviam sido instrutores eram frequentemente substituídos por professores universitários que tinham pouca ou nenhuma experiência de ensino em contextos de ensino fundamental e médio. Muitos daqueles que se

descobriram ensinando professores – professores de inglês ou matemática, por exemplo – não se consideravam "educadores docentes", e a maioria teve pouca preparação para a tarefa de educar professores. Eles ensinavam suas matérias como fariam a qualquer universitário, deixando aos futuros docentes a integração entre o conteúdo das matérias e estudos pedagógicos. Muitos docentes de escolas de educação também não se consideravam educadores de professores. Em vez disso, eles eram especialistas em assuntos como sociologia, psicologia ou leitura. Eles nem sempre percebiam a demanda para descobrir como o que eles sabiam se aplicava ao ensino ou para coordenar seu trabalho com o de outros educadores que trabalhavam com futuros professores. Embora o trabalho clínico tenha continuado a ser uma exigência da maioria dos programas, sua relação com o trabalho na faculdade é frequentemente atenuada por barreiras organizacionais dentro da universidade e entre a universidade e as escolas. E, diferentemente do que ocorre na medicina e em outras profissões desenvolvidas, a formação de professores existe em um ambiente regulatório mais altamente politizado, no qual os padrões de validação, licenciamento e certificação são substancialmente governados por órgãos políticos, e não pela própria profissão. Como consequência, as principais alavancas para mudança são mais complexas e difíceis de gerenciar.

Nos próximos 10 anos, a extensão em que as recomendações curriculares e programáticas do Committee on Teacher Education (CTE) conseguem ser implementadas será fortemente influenciada pelos contextos regulatórios, políticos e institucionais da preparação de professores. Nesse contexto, examinamos as lições da pesquisa sobre os processos de reforma curricular na formação de professores.

Respondendo ao chamado de mudança

Os educadores de professores não ignoraram os pedidos de mudança. Muitas das reformas da formação de professores lançadas na década de 1990 foram desenvolvidas em resposta a essas críticas (HOLMES GROUP, 1990; PATTERSON; MICHELLI; PACHECO, 1999; SOCKETT, 2001; TOM, 1997; VALLI, 1992). Em grande parte por causa das iniciativas de reforma de grupos como o grupo de reitores da Holmes Group e a National Network for Education Renewal (NNER; Rede Nacional para a Renovação Educacional), um número crescente de professores está agora sendo preparado em programas de estudo que incluem um diploma em nível de graduação; teoria mais definida e integrada, por vezes, em nível de pós-graduação; e prática clínica mais extensa, muitas vezes em escolas de desenvolvimento profissional (PDSs) que buscam modelar práticas de ponta. Essas reformas são construídas com base na ideia de que educar novos docentes requer um currículo em que nem a escola, nem a experiência clínica se tornam, nas palavras de Flexner e Pritchett (1910), "tudo" e em que esses dois tipos de aprendizagem estejam bem-integrados.

Estudos recentes indicam que os graduados dos programas de formação de professores com duração de cinco anos, criados por meio de algumas dessas reformas, são classificados pelos diretores e colegas de ensino como mais bem preparados do que aqueles dos programas tradicionais de graduação e são tão confiantes e eficazes em seu ensino quanto os colegas mais graduados. Eles também são significativamente mais propensos a entrar na prática docente e permanecer na profissão depois de vários anos (ANDREW, 1990; ANDREW; SCHWAB, 1995; BAKER, 1993; DENTON; PETERS, 1988; SHIN, 1994).

Além disso, em contraste com os relatos anteriores de opiniões negativas dos professores sobre a formação docente, desde 1990, várias pesquisas com educadores iniciantes que concluíram a formação descobriram que a maioria – mais de 80% – achava que estava mais preparada para a maioria dos desafios de seu trabalho (CALIFORNIA STATE UNIVERSITY, 2002a; GRAY et al., 1993; HOWEY; ZIMPHER, 1989; KENTUCKY INSTITUTE

FOR EDUCATION RESEARCH, 1997). Professores e diretores veteranos que trabalham com os programas atuais de preparação docente, particularmente os programas de cinco anos e aqueles que têm PDSs, também percebem seus colegas mais jovens muito mais preparados do que os alunos de anos anteriores (ANDREW; SCHWAB, 1995; BAKER, 1993; DARLING-HAMMOND, 1994; NATIONAL CENTER FOR EDUCATION STATISTICS, 1996).

Ao mesmo tempo, essas pesquisas também sugerem áreas em que o trabalho contínuo se torna necessário. Em geral, proporções menores de professores recém-preparados relataram sentir-se bem-preparadas para lidar com as necessidades de alunos de educação especial e aqueles com proficiência limitada em inglês do que em outras áreas de ensino. Em média, pesquisas apontaram que cerca de 60 a 70% se sentiram preparados nessas áreas, em comparação com 80 a 90% em outras áreas (DARLING-HAMMOND; CHUNG; FRELOW, 2002; GRAY et al., 1993; HOWEY; ZIMPHER, 1989). Ademais, os graduados de alguns programas relataram sentir-se muito mais preparados do que outros (CALIFORNIA STATE UNIVERSITY, 2002a; DARLING-HAMMOND; CHUNG; FRELOW, 2002).

Embora os programas bem-sucedidos tenham sido documentados (ver Cap. 11), as estratégias utilizadas nesses programas às vezes são difíceis de se sustentar e ainda não se disseminaram. Além disso, aqueles que trabalham nessas reformas observam que, para que os resultados de tais iniciativas sejam duradouros, as escolas e universidades precisam se transformar em conjunto, de modo que ambas trabalhem para a prática de ponta, para que os professores possam usar o que sabem e estar preparados para as escolas como deveriam, em vez de serem constrangidos por práticas antiquadas. Além disso, um *continuum* de oportunidades de aprendizagem para a entrada de professores deve ocorrer além do *preservice*, para que eles e seus colegas possam continuar a desenvolver suas habilidades. Essas tarefas são ainda mais desafiadoras do que "apenas" modificar os programas de preparação em si (DARLING-HAMMOND, 1994; FULLAN, 1993a; GOODLAD, 1994). Nas seções a seguir, examinaremos os fatores associados ao sucesso das iniciativas de transformar a formação de professores, enfocando os contextos institucionais e as estratégias que dão suporte às iniciativas bem-sucedidas, bem como os contextos de políticas que influenciam os padrões aos quais os programas de preparação devem almejar, os recursos disponíveis para eles e os processos de transformação que eles podem enfrentar.

Processos de transformação na formação de professores

Vários programas de formação de professores tradicionais e alternativos comprovaram que é possível projetar, desenvolver e manter programas de preparação docente de alta qualidade, apesar das barreiras associadas aos contextos universitários, regulatórios e de conteúdo programático (ver, DARLING-HAMMOND, 2000d; HOWEY; ZIMPHER, 1989; KORTHAGEN, 2001; NOVAK, 1994; PACHECO, 2000; ROSS; BONDY, 1996; SNYDER, 1999; SOCKETT, 2001; VALLI, 1992). Mais tarde, discutiremos o que a pesquisa sugeriu serem alguns dos aspectos importantes do processo de transformação dentro das instituições, incluindo elementos-chave para mobilizar e sustentar essas reformas.

Como um prelúdio para essa discussão, notamos que há evidências sobre a causa dos fracassos em grande escala anteriores na reforma da formação de professores. Em sua análise dos programas Teacher Corps e Trainers of Teacher Trainers, patrocinados pelo governo, existentes nos anos de 1960 e 1970, Fullan (1993a) identificou cinco razões para o fracasso desses programas em transformar a preparação de professores:

1. Os programas eram baseados em concepções extremamente vagas da mudança desejada e do processo de mudança. "Ter uma ideologia não é o mesmo que ter con-

cepções e ideias sobre o que deve ser feito e como deve ser feito [...]", observa Fullan (1993a, p. 109).

2. As iniciativas se concentravam em indivíduos, e não em instituições.

3. Eles não eram sistêmicos e davam pouca importância às mudanças nas relações interinstitucionais, por exemplo, entre escolas e universidades.

4. Eles ignoravam a base de conhecimentos e habilidades que seria exigida se os professores ensinassem efetivamente uma grande variedade de alunos e transformassem as condições nas escolas que influenciam o que os professores podem fazer.

5. Uma vez que trabalhavam na mudança, a maior parte da iniciativa era direcionada aos sistemas escolares, não às universidades (FULLAN, 1993a, p. 109-110).

Essas percepções sugerem a importância de uma perspectiva sistêmica e institucional sobre mudança que inclua universidades e escolas, uma perspectiva que inclua a atenção para esclarecer as metas de conhecimento e desenvolvimento de habilidades e uma estratégia para implementar um processo de transformação dentro de uma comunidade focada nesses objetivos.

O desenvolvimento de uma comunidade para a preparação de professores

Nos relatos que documentam o processo de transformação, a importância de desenvolver uma missão comum, um senso de objetivo e localidades de atividade compartilhada entre os muitos atores envolvidos na formação de professores é um tema central. Embora a importância de desenvolver uma comunidade profissional nas escolas tenha sido amplamente abordada na literatura de pesquisa (ver DUFOUR; EAKER, 1998; NEWMAN; KING; YOUNGS, 2000; WENGER, 1998; WESTHEIMER, 1998), os acadêmicos e profissionais no ensino superior nem sempre prestaram atenção ao valor da construção de uma comunidade nas universidades e nas escolas.

O estabelecimento de uma comunidade profissional forte na formação de professores depende, muitas vezes, de uma liderança forte, tanto do corpo docente quanto dos reitores e chefes de departamento. Tal liderança exige energia e entusiasmo, bem como habilidade administrativa. Há lições sugeridas por programas bem-sucedidos como os mencionados nesta publicação, muitos deles operando programas de preparação relativamente pequenos, mas também é preciso reconhecer que as grandes escolas enfrentam desafios ainda maiores conforme trabalham para desenvolver uma comunidade profissional (GOODLAD, 1994). Essas escolas contratam um número maior de professores que conseguem trabalhar em estruturas fragmentadas, têm pouca oportunidade de colaboração e talvez tenham agendas conflitantes, o que dificulta a construção da comunidade. Algumas escolas também contratam um grande número de professores adjuntos que vêm e vão, o que prejudica a implementação de um currículo consistente e coerente entre os programas.

As universidades com foco em pesquisa que contam com programas de formação de professores também enfrentam desafios quando os sistemas de incentivo fornecem poucas recompensas para a preparação de docentes. Nessas escolas, a formação de professores nem sempre é considerada uma prioridade quando se trata da alocação de recursos (GOODLAD, 1994). Ambos os tipos de universidades sofrem reviravoltas políticas e sociais quando comitês de busca, comitês de currículo e comitês de estabilidade docente tentam equilibrar as necessidades do departamento, da escola e dos estudantes com a cultura competitiva e individualista da academia tradicional (ver GIROUX; MYRSIADES, 2001; GOOD, 2001).

Programas de formação de docentes localizados em distritos, muitos deles centrados em distritos urbanos, enfrentam os desafios de encontrar tempo e recursos para preparar novatos ao mesmo tempo que enfrentam outras demandas urgentes. Eles também precisam encontrar mentores fortes que possam disponibilizar tempo para treinar iniciantes sem perder o talento da prática docente em sala de aula. Tanto os mentores como os educadores novatos precisam de tempo para planejar colaborativamente uns com os outros e em seus grupos de pares. Em alguns distritos nos quais há alta rotatividade e um fluxo constante de professores inexperientes, o conjunto de talentos de educadores experientes é escasso. Isso coloca pressão tanto nos veteranos quanto nas próprias escolas para encontrar uma maneira de ampliar a *expertise* nas várias funções de ensino, liderança, elaboração do currículo, orientação, avaliação e aprendizagem profissional e criar meios para professores sobrecarregados colaborarem em torno da preparação e das agendas de gestão escolar (SHIELDS *et al.*, 2001).

Os programas de preparação de docentes que dão suporte a fortes comunidades colaborativas muitas vezes fornecem incentivos para o planejamento colaborativo e a prática docente, sustentam e insistem no desenvolvimento de currículos coerentes dentro e entre programas e organizam o desenvolvimento profissional com base em discussões sobre o ensino (ver ROSS; BONDY, 1996). Os programas escolares que criam essas condições normalmente alocam recursos para a colaboração e o planejamento para todos os funcionários, bem como para aqueles diretamente envolvidos no ensino e na orientação de novos professores (DARLING-HAMMOND, 1994; SNYDER, 1999). Os programas universitários que têm uma comunidade forte encontram maneiras de avaliar o ensino, a pesquisa e o serviço que levam em conta o tempo e a energia necessários para participar de uma colaboração construtiva (ver MILLER; SILVERNAIL, 2000). Nesses programas, certos tipos de serviço, como a avaliação dos programas, são recompensados e valorizados (ver HOWEY; ZIMPHER, 1989; KOPPICH, 2000; ROSS; BONDY, 1996). De fato, Howey e Zimpher (1989) afirmam que o amplo programa de formação de professores da Michigan State University (MSU) produz programas eficazes de preparação escolar devido ao fato de o corpo docente da educação criar comunidades colaborativas em escala humana para implementar essa preparação – comunidades que conectam a faculdade de *preservice* e a instituição, bem como o corpo docente de universidades e escolas –, além de utilizar estrategicamente seu compromisso com a pesquisa e o desenvolvimento como um meio de melhorar a formação docente (ver "A utilização de comunidades colaborativas para criar coerência na Michigan State University").

A utilização de comunidades colaborativas para criar coerência na Michigan State University

Um desafio para as grandes instituições de formação de professores é oferecer uma abordagem personalizada e coerente à preparação de um grande número de futuros docentes. Exercendo uma liderança substancial nas iniciativas iniciais do Holmes Group, a MSU assumiu o desafio de transformar seu amplo programa de formação de educadores de modo a tirar proveito do que aprenderam com programas alternativos ou sofisticados. O corpo docente e os chefes de departamento concluíram que os grandes programas existentes eram fragmentados e baseados em conhecimentos superficiais e decidiram que as novas iniciativas deveriam refletir as pesquisas atuais sobre ensino e formação de professores, bem como a noção de vincular as ênfases do programa às principais demandas de educadores e escolas. O período de quatro anos de planejamento e desenvolvimento culminou na criação de cinco programas alternativos de formação de docentes. Quatro desses programas, Aprendizagem Acadêmica, Salas Heterogêneas, Comunidade de Aprendizagem e Múltiplas Perspectivas, foram organizados em torno de temas conceituais. A intenção era romper a visão única da for-

mação de professores e promover programas mais realistas focados em concepções sobre como ensinar.

Como exemplo, o Programa de Múltiplas Perspectivas foi organizado para fornecer um plano sistemático e coerente de experiências de modo a encorajar candidatos a educadores de diversas áreas acadêmicas a se unir para estudar e refletir sobre os problemas de ensino e aprendizagem e a compartilhar seus desenvolvimentos como profissionais. Ao trabalharem juntos como um grupo em suas disciplinas e experiências de campo, os candidatos a educadores tinham inúmeras oportunidades de aprender uns com os outros, com seus professores cooperantes, com o corpo docente da universidade e com os instrutores de campo. O pensamento reflexivo e a prática foram considerados centrais para a orientação do Programa de Múltiplas Perspectivas na formação de docentes.

Avaliações regulares forneceram informações formativas que estimularam uma série de mudanças significativas tanto na estrutura como no processo. Por exemplo, um estudo de três anos dos graduados em seu primeiro ano de ensino envolveu entrevistas com os graduados e observações de suas salas de aula, juntamente com sessões de esclarecimento e entrevistas com o diretor e alguns colegas de cada professor. Os resultados mostraram que todos esses entrevistados sentiram que os graduados, quando comparados aos professores em primeiro ano de ensino advindos do programa-padrão, estavam mais preparados para ensinar, mais confiantes, mais capazes de atender aos resultados dos alunos, mais interativos com educadores experientes e mais capazes de assumir a liderança em atividades de desenvolvimento curricular durante o primeiro ano de ensino. Os diretores concordaram que esses formandos eram "tomadores ponderados de decisões" (HOWEY; ZIMPHER, 1989).

O compartilhamento da responsabilidade na preparação de professores

Os agentes de reforma percebem cada vez mais que os membros do corpo docente da educação não são os únicos profissionais responsáveis pela preparação dos professores. Em muitos casos, os docentes em formação enfrentam o desafio de integrar as experiências aparentemente desconexas entre universidade e escola. De fato, os candidatos ao ensino muitas vezes precisam integrar quatro mundos distintos: o mundo compartimentado das disciplinas de ciências humanas; o mundo pedagógico das faculdades de educação; o mundo da prática escolar, em que as crianças e outros colegas de docência aprendem e trabalham; e o mundo das comunidades das crianças, em que as crianças e suas famílias vivem. Reunir os responsáveis desses mundos para dar suporte à aprendizagem de futuros professores tem sido outro enfoque contínuo das iniciativas de reforma. Alguns chegaram a afirmar que nenhum programa de formação de educadores consegue ter sucesso sem o envolvimento de todos eles: professores de educação, faculdade de ciências humanas, professores em escolas do ensino básico, pais e outros membros da comunidade.

Na maioria das vezes, o corpo docente de ciências humanas realiza a preparação para futuros professores em programas de graduação, mas essa função raramente é reconhecida e desenvolvida. Esses docentes introduzem os educadores em conteúdo fundamental, demonstram o que significa participar de uma disciplina e modelam técnicas de ensino que os docentes imitam. A extensão da influência das faculdades de ciências humanas na formação de professores é especialmente pronunciada, por exemplo, nos maiores Estados norte-americanos, Califórnia e Texas, onde a graduação em educação tinha sido abolida em reformas anteriores. Na Califórnia, toda a formação de educadores fora transferida para o nível de especialização em 1970 (embora as proibições contra a formação de professores de gra-

duação tenham sido removidas em 2000); no Texas, os alunos normalmente são confinados a 18 horas de disciplinas de educação, concluídas no final do curso de graduação ou na pós-graduação. Isso significa que, para professores do ensino fundamental e médio, a maioria das disciplinas é cursada nas áreas de ciências humanas, em que os alunos cursam as disciplinas básicas do bacharelado, desenvolvem habilidades de leitura e redação em nível universitário, aprendem raciocínio e análise crítica e alcançam conhecimento e compreensão do assunto. No entanto, não é incomum descobrir que a maioria das faculdades de ciências humanas sente pouca responsabilidade pela preparação dos professores por meio das disciplinas ministradas por eles.

O trabalho das iniciativas nacionais de reforma, como a NNER, a Arts and Sciences/Teacher Education Collaborative (ASTEC; Artes e Ciências/Formação de Professores Colaborativos), o Project 30, o Renaissance Group e o Holmes Group, se concentra na necessidade de as faculdades de educação e de ciências humanas trabalharem juntas, compartilhando a responsabilidade pela formação de novos professores efetivos. Por exemplo, como parte do Project 30 Alliance, equipes do corpo docente de ciências humanas e educação de cada instituição trabalham na reforma do componente liberal das ciências humanas* da preparação de educadores de modo a abordar cinco temas: compreensão do conteúdo das disciplinas; educação geral e liberal; conhecimento de conteúdo pedagógico; perspectivas humanas multiculturais, internacionais e outras; e recrutamento para a prática docente. O Renaissance Group, assim como os demais, adota princípios operacionais que afirmam a importância da formação dos professores como responsabilidade do *campus* inteiro, uma cultura universi-

---

* N. de R.T.: No original, *liberal arts*. As artes liberais podem se referir a assuntos acadêmicos como literatura , filosofia , matemática e ciências sociais e físicas. A educação em artes liberais pode se referir a estudos gerais em um programa de graduação em artes liberais. Fonte: Wikipedia (2019).

tária que valorize e modele o ensino de qualidade, a criação de parcerias com profissionais praticantes, o uso extensivo de experiências de campo em diversos ambientes, a adesão a altos padrões e responsabilidades, um foco na aprendizagem dos alunos, o uso eficaz da tecnologia e o desenvolvimento de professores como líderes criativos e inovadores. A NNER e o Holmes Group aderem a metas semelhantes e, além disso, enfatizam fortemente a importância das parcerias escola-universidade para que os docentes conectem teoria e prática em seu trabalho clínico e para que a melhoria contínua das escolas esteja estreitamente ligada à melhoria contínua da formação de professores.

As escolas que buscam laços mais estreitos entre o corpo docente de ciências humanas e professores de educação tentaram uma série de estratégias, entre as quais a adoção de disciplinas de conteúdos pedagógicos ministradas em conjunto ou em paralelo, que ajudam os candidatos a pensar com certa rapidez sobre como ensinariam o assunto que estão aprendendo. Seminários de ensino entre docentes de ciências humanas e da faculdade de educação estão sendo usados como locais de comparação e desenvolvimento de ideias compartilhadas sobre os objetivos da compreensão do conteúdo e das estratégias de ensino. As relações nas PDSs proporcionam um local para os especialistas em conteúdo das disciplinas participarem com os educadores docentes do suporte à formação de professores veteranos, bem como da prática de estágio supervisionado de docentes em formação. Ademais, os centros de suporte pedagógico nos *campi* contribuem para o aprimoramento das habilidades de ensino para o corpo docente em todo o *campus*, criando uma maior consciência sobre a integração essencial de preocupações pedagógicas no ensino de conteúdo para docentes atuais e futuros.

Diversas universidades criaram um novo local de atividades que permite a colaboração entre todos os atores importantes que afetam a formação de professores. Por exemplo, Patterson, Michelli e Pacheco (1999) documentam as iniciativas de reforma em três instituições muito diferentes que preparam um grande número de professores – a Montclair State University, em Newark, Nova Jersey, a Brigham Young University, em Utah, e a University of Texas, em El Paso – que envolveram o desenvolvimento de parcerias com empresas, distritos escolares próximos, outros professores da universidade e membros da comunidade, inclusive os pais. Cada uma dessas instituições tomou medidas para colocar em prática o conceito de que a formação de educadores deveria ser compartilhada entre os docentes de educação e de ciências humanas e as escolas.

Cada uma delas também incluiu um papel para a comunidade. Isso permitiu o surgimento de novas questões, por exemplo: "As escolas são extensões suaves da aprendizagem que ocorre primeiro nas famílias e comunidades, ou elas representam uma disjunção na experiência das crianças? As escolas são lugares dos quais os pais e membros da comunidade têm muito orgulho e propriedade, ou são lugares estranhos e hostis? Os professores estão confortáveis e familiarizados com a vida plena das crianças sob seus cuidados ou não estão cientes da experiência diária das crianças e encontram-se desconfortáveis e, às vezes, assustados com as comunidades de onde elas vêm? Os pais e os professores reconhecem seu objetivo comum nas realizações e no bem-estar das crianças ou se aproximam uns dos outros como antagonistas que trabalham com objetivos diferentes?". A busca de contribuições dos pais e membros da comunidade na concepção e na implementação da formação de professores é uma maneira de elaborar respostas mais produtivas para esses tipos de perguntas.

Tais instituições desenvolveram um "centro de pedagogia" para criar um novo espaço onde ocorre a formação de professores. No levantamento de iniciativas semelhantes em todo os Estados Unidos em mais de uma dúzia de faculdades e universidades, uma série de "qualidades" surgiu de modo a caracterizar tais centros. Essas qualidades incluem (PATTERSON; MICHELLI; PACHECO, 1999, p. 206-211):

- Uma parceria entre professores nas escolas de educação básica, ciências humanas e formação de professores baseada em uma história de colaboração, confiança mútua, visão compartilhada, interesses comuns e paridade.

- Conjunto comum de convicções sobre os propósitos das escolas em uma democracia compartilhada pelo corpo docente na formação de professores, nas ciências humanas e nas escolas, e uma visão compartilhada que guia o *design*, a implementação e a avaliação de programas tanto nas escolas quanto na universidade.

- Compromisso com a investigação como atitude primordial para o trabalho do centro.

- Estrutura de governança que permita as operações do centro em busca de sua missão.

- Suporte simbólico e financeiro da liderança existente para a iniciativa de formação de professores.

- Resultados positivos atribuíveis à presença do centro que sejam visíveis e importantes.

O uso da colaboração e da investigação para dar suporte à renovação curricular na Montclair State University

A história da Montclair State University é semelhante à de muitas universidades estaduais (PATTERSON; MICHELLI; PACHECO, 1999). Começou como uma escola normal, e, em vários momentos, a função de preparar os professores era central para seu propósito; em outras ocasiões, o crescimento de programas e departamentos adicionais obscurecia ou desacreditava o trabalho de formação docente. Nos últimos 20 anos, a parte mais importante do processo de renovação da Montclair foi o refinamento e a extensão de uma visão compartilhada da formação de professores entre os diversos atores responsáveis por essa forma-

ção. Na Montclair, a faculdade de educação não é mais a única responsável pela qualidade dos professores que se formam na universidade. Como a faculdade se uniu a parceiros das ciências humanas e das escolas públicas, a escola de educação agora tem missão, papéis e responsabilidades mais realistas. Por meio de discussões, as partes interessadas no programa desenvolveram uma missão em torno da estrutura do pensamento crítico, do acesso ao conhecimento, da educação pedagógica, da administração das melhores práticas e da enculturação em uma democracia política e social. Uma declaração clara de expectativas para os alunos, o "retrato de um professor", surgiu como uma estrutura para recrutamento, admissão, planejamento curricular, decisões sobre certificação e desenvolvimento profissional. Uma atividade central na iniciativa de renovação foi a investigação entre o corpo docente da educação, das ciências humanas e das escolas públicas em práticas pedagógicas, a educação dos educadores e os propósitos das escolas. As muitas formas que essa atividade adotou incluíram: o estabelecimento de grupos de estudo de professores em escolas parceiras e na universidade, a evolução dos subsídios de renovação para dar suporte a estudos mais sustentados e as mudanças nos contextos e projetos de pesquisa a partir de um programa de associados em liderança local. As escolas parceiras dentro de cada distrito eram fontes de recrutamento de docentes clínicos. As escolas que demonstraram um compromisso de educar para uma democracia foram convidadas a se tornarem PDSs.

Uma liderança democrática foi estabelecida dentro do Centro de Pedagogia da Montclair State University, e a universidade redesenhou seu sistema de recompensa dos docentes. As avaliações do corpo docente estavam focadas no (1) ensino, (2) na bolsa de estudos da pedagogia, (3) na bolsa de estudos da descoberta, (4) na integração, ou criação estética, e (5) na bolsa de estudos de aplicação. O sucesso que a Montclair conseguiu foi graças à estabilidade da liderança na universidade, ao estabelecimento de redes, à ênfase em reconectar conhecimento e prática, à conciliação das preocupações com um senso de responsabilidade compartilhada e, mais importante, ao desenvolvimento de uma visão compartilhada entre todas as partes interessadas.

A parceria tríplice e a colaboração entre ciências humanas, educação e docentes escolares aumentam a probabilidade de uma abordagem coerente de preparação que seja mais poderosa conforme suas iniciativas se reforçam mutuamente. Normalmente, o corpo docente da educação deve assumir a liderança na construção do consenso e da visão compartilhada necessária para juntar essas partes. Agências como o National Council for Accreditation of Teacher Education (NCATE) encorajam essa iniciativa ao exigirem que haja tal visão na forma de uma estrutura conceitual que seja compartilhada entre os membros da comunidade de formação de professores. Muitas escolas de educação relataram que o processo de validação foi o estímulo para o desenvolvimento de uma estrutura mais coerente e uma colaboração mais eficaz na formação de professores, bem como a dedicação de mais recursos (NATIONAL COMMISSION ON TEACHING AND AMERICA'S FUTURE, 1996; PATTERSON; MICHELLI; PACHECO, 1999; WILLIAMS, 2000).

A criação de parcerias fortes entre escola e universidade

Além das funções de liderança nas decisões de admissão, ensino de classes fundamentais e pedagógicas, criação e monitoramento de estágios de alunos e monitoramento do processo de aprendizagem, várias escolas de educação também estão desenvolvendo iniciativas de preparação e desenvolvimento profissional contínuo que fortaleçam parcerias com escolas locais. Vários projetos de novos programas, como PDSs, foram adotados por universidades e distritos escolares e são apoiados por líderes escolares preocupados em fortalecer a aprendizagem profissional. Isso permite que o corpo docente da faculdade e o corpo docente do ensino fundamental e médio trabalhem juntos para desenvolver abordagens mais integrativas para a preparação do professor.

Como descrevemos no Capítulo 11, mais de mil parcerias de PDSs surgiram em todo os Estados Unidos como locais para o estágio supervisionado da formação e, às vezes, estágios para professores iniciantes. A esperança é a de que, nesses locais, os novatos irão se deparar com uma prática de ponta sob supervisão intensiva, de modo que aprendam a ensinar efetivamente alunos diversos, em vez de apenas lidar com eles, ou até mesmo abandonar a profissão, como muitos fazem. Essas escolas também oferecem espaços para o desenvolvimento da base de conhecimento para a prática docente, tornando-se sítios nos quais a pesquisa baseada na prática e sensível a ela pode ser realizada de forma colaborativa por professores, educadores de professores e pesquisadores (DARLING-HAMMOND, 1994). Ao criarem contextos que mesclam aprendizagem teórica e prática, as PDSs conseguem transmitir um conjunto comum de expectativas que vinculam preparação e prática. Além disso, elas são uma resposta ao velho problema da transformação da educação: se os educadores docentes preparam os professores para as escolas como elas se encontram no momento, eles não conseguirão ensinar de maneira mais eficaz ou ajudar as escolas a se tornarem mais eficazes do que o *status quo* permite. As PDSs criam um meio de preparar educadores para escolas que atualmente não existem em grande número, combinando o trabalho de educação de *preservice*, desenvolvimento de pessoal e reestruturação escolar (FULLAN, 1993a).

Embora algumas iniciativas das PDSs tenham gerado resultados mais sólidos para os candidatos e seus alunos do que os programas de preparação tradicionais (ver Cap. 11), nem todas tiveram igual sucesso. Muitas surgiram como projetos à margem de cada instituição, em vez de intervirem na base de ambos. Entre os desafios estão a criação de uma visão conjunta para o ensino e uma agenda de mudanças, gerando paridade entre os parceiros, desenvolvendo um trabalho conjunto focado na prática de sala de aula e encontrando maneiras de dar suporte ao trabalho a partir de recursos institucionais em vez de apenas dar dinheiro para isso. Estudos indicam que iniciativas bem-sucedidas requerem um compromisso de longo prazo entre universidades e distritos que percebem um interesse mútuo e trabalham para articular e colocar em prática objetivos comuns baseados no respeito recíproco, em uma visão negociada da prática e em um foco claro sobre o tipo de treinamento, em *preservice* e em serviço, que é necessário para ajudar ambas as partes a desenvolver um suporte mais eficiente para esse tipo de prática (DARLING-HAMMOND, 1994).

Fullan (1993a) descreve um tipo de iniciativa relacionado entre quatro distritos escolares e duas grandes universidades em Toronto, Canadá. Eles iniciaram um novo programa de formação de professores baseado na prática associado a indução, orientação, desenvolvimento profissional e reestruturação escolar. A chave dessa iniciativa era um foco comum na aprendizagem colaborativa, orientando o conteúdo da preparação, no desenvolvimento profissional e na melhoria da escola. Isso trouxe um foco concreto e compartilhado para o trabalho inicial da associação. Além disso, cada parceiro comprometeu-se com um termo de participação renovável de seis anos e investiu 20 mil dólares por ano para gerar um orçamento de base de modo a manter o trabalho em andamento. O trabalho sério nesses tipos de parcerias requer um modelo institucionalmente fundamentado de mudança educacional que difere da maioria das iniciativas transitórias orientadas para projetos do passado.

Parcerias fortes também foram criadas em alguns programas alternativos de certificação de professores. Um dos benefícios de tais programas, quando bem-concebidos, é que eles podem ajudar a integrar a teoria e a prática e proporcionar uma experiência de preparação mais integrada (MILLER; MCKENNA; MCKENNA, 1998; NATIONAL COMMISSION ON TEACHING AND AMERICA'S FUTURE, 1996; ver "O compromisso com a parceria: programa de estágio do distrito escolar de New Haven com a CSU-Hayward").

O compromisso com a parceria: programa de estágio do distrito escolar de New Haven com a CSU-Hayward

Algumas das rotas alternativas de maior sucesso para a certificação de professores são construídas em parcerias fortes. Em 1993, por exemplo, o New Haven Unified School District, um distrito urbano localizado em Union City, Califórnia, a poucos quilômetros de Oakland, uniu-se à California State University at Hayward (CSUH) para elaborar o Single Subject Partnership Program (SSPP; Programa de Parceria de Matéria Única). O SSPP é um programa inovador de *preservice* e estágio baseado em escolas de ensino médio distritais que, simultaneamente, educa os professores e proporciona uma educação de qualidade para os alunos. Seus candidatos são bem-preparados e muito procurados, conforme a seguinte observação:

> [...] Procurei relutantemente por um programa de credenciamento sabendo que eu tinha que cumprir com esse requisito para me tornar professor [...] Nos últimos dois meses, mudei radicalmente de ideia quanto à falta de oportunidades de excelência em educação e treinamento para futuros professores. Considero-me com sorte por fazer parte do programa de New Haven. Estar lá já foi uma experiência gratificante. De fato, os possíveis empregadores consideram seriamente minha candidatura, porque estou estudando em New Haven [...] (SNYDER, 1999, p. 45).

O gerente de recursos humanos da New Haven, Jim O'Laughlin, que esteve envolvido no desenvolvimento do programa, observou que: "A singularidade do nosso programa é baseada na relação única de colaboração que desenvolvemos com a Cal. State Hayward. Ela depende da disposição deles em colaborar e realmente fazer parceria com um distrito escolar na preparação de professores [...]" (SNYDER, 1999, p. 45). O currículo é planejado em conjunto e ministrado por professores universitários e distritais para fornecer uma articulação próxima das atividades do distrito, da escola e da universidade. Devido à integração total da universidade e do distrito no programa de preparação, é difícil distinguir "componentes universitários" de "componentes escolares". Com exceção dos cursos de pedagogia específica de conteúdo, os candidatos a educadores da SSPP permanecem em seu grupo, participando de cursos e experiências de campo dentro do distrito. Isso serve tanto como uma conveniência para os candidatos quanto como uma conexão entre teoria e prática.

Potenciais candidatos à formação de educadores apresentam-se à admissão no programa CSUH na primavera anterior a sua entrada no programa. Os candidatos que têm interesse em um dos estágios locais da CSUH são entrevistados pela equipe da universidade e do distrito escolar. Aqueles que são admitidos começam os estudos em junho e completam várias semanas de oficinas intensivas realizadas pelos professores de New Haven e da CSUH. Eles usam os Padrões da Califórnia para a Profissão Docente para se concentrar nas crianças e em sua aprendizagem em relação ao ensino e ao *design* de ambientes de aprendizagem. Tal trabalho introdutório reflete as fortes relações, conhecimento comum e crenças compartilhadas que existem entre docentes da escola e da universidade. O "verão" termina com os educadores em formação se juntando aos novos professores de New Haven para uma orientação patrocinada pelo distrito, com duração de cinco dias, que inclui o trabalho com professores veteranos no local da escola.

A seleção de estagiários de meio período, que ensinam de 1 a 2 períodos por dia sob supervisão, é feita após pelo menos um mês de trabalho intensivo com o candidato, o que permite uma triagem cuidadosa. Esses estagiários continuam o estágio supervisionado durante outros períodos e cursam disciplinas com os outros candidatos que estão envolvidos no ensino e nos cursos dos alunos. O professor parceiro do estagiário, o líder de equipe do distrito da SSPP e os professores mentores daquele local trabalham com cada estagiário em um processo de planejamento de aulas com suporte e colaboração. Durante o mês de setembro, quando as escolas de New Haven estão em funcionamento, mas a CSUH não está, os candidatos têm seminários após o horário escolar, duas vezes por semana, coplanejados e ministrados por educadores de escolas e universidades. Quando os candidatos começam a frequentar as aulas de métodos de ensino da CSUH, esses seminários locais ocorrem semanalmente.

Além disso, os estagiários são formalmente observados três vezes por semestre pelo diretor local, três vezes pelo líder da equipe distrital, de 2 a 4 vezes pelo professor parceiro e duas vezes por mês pelo supervisor da universidade. As diferentes perspectivas asseguram que o programa não se torne uma aprendizagem idiossincrática, e sim uma educação profissional. A fim de garantirem que os estagiários possam "dar sentido" aos diferentes *feedbacks* (e que recebam o suporte que eles e seus alunos exigem), a New Haven e a CSUH articulam os papéis e as responsabilidades dos principais provedores de suporte em seus programas.

Jim Zarrillo, ex-presidente do Departamento de Formação de Professores da

CSUH, observa sobre essa colaboração universidade-distrito: "A New Haven identifica a preparação do professor como parte de sua razão de ser, tanto quanto ensinar os alunos do 3º ano a escrever em letra cursiva. Esse é o Shangri-La* das parcerias [...]" (SNYDER, 1999, p. 65).

Embora certamente haja diferenças entre os papéis e as responsabilidades dos muitos grupos que respondem pela aprendizagem de educadores (corpo docente da escola, professores da educação, ciências humanas e membros da comunidade), mais instituições estão encontrando maneiras de trabalhar colaborativamente para uma visão compartilhada da educação em uma democracia. Nas seções seguintes, discutiremos mais detalhadamente como os contextos e políticas institucionais podem dar suporte às relações que sustentam a renovação do currículo na formação de educadores.

ENFRENTANDO DESAFIOS E SUPERANDO OBSTÁCULOS

Embora tenhamos destacado alguns programas de sucesso, não sugerimos que a mudança seja fácil. O processo de renovação e transformação apresenta muitos desafios. Considerando que programas sólidos tendem a dar suporte à colaboração, oferecer desenvolvimento profissional para faculdades e ter liderança democrática de apoio (ver HOWEY; ZIMPHER, 1989; PATTERSON; MICHELLI; PACHECO, 1999; ZEICHNER, 2000), os esforços para criar essas condições podem encontrar uma série de dificuldades. Dentro dos distritos escolares, tais dificuldades incluem competição por tempo e recursos escassos que precisam ser dedicados à educação das crianças; conhecimento desigual e falta de normas profissionais compartilhadas entre os funcionários, especialmente aqueles que têm maior dificuldade em recrutar e reter professores e diretores de escola; e falta de recompensas para a aprendizagem profissional. Dentro das universidades, os obstáculos envolvem a ênfase no desempenho individual, em vez de na colaboração; a falta de reconhecimento nas decisões de estabilidade e promoção de atividades de desenvolvimento e avaliação de currículos e programas; as ideologias conflitantes em relação aos meios e aos fins da escolarização e da preparação que não são discutidos ou harmonizados; a falta de suporte para o desenvolvimento profissional do corpo docente; a falta de recursos para a formação de professores; e a falta de apoio a inovações, a menos que sejam conduzidas a partir do topo (ZEICHNER; LISTON, 1987). Em ambos os ambientes institucionais, os líderes às vezes podem achar os processos de mudança complicados, vendo os dissidentes como desleais ou problemáticos, em vez de como prestativos.

É útil que muitos programas bem-sucedidos que enfrentaram esses e outros obstáculos estejam dispostos a avançar e refletir criticamente sobre seus desafios e seus sucessos. Esses programas documentaram as dificuldades que tiveram ao se empenharem em desenvolver programas de preparação de professores de qualidade (ver DELPIT, 1995; JOHNSTON, 1997; ROSS; BONDY, 1996; SOCKETT, 2001; SOOHOO; WILSON, 1994). Por exemplo, Sockett (2001) descreve a resistência à mudança que ele encontrou tanto com a administração da universidade quanto com a faculdade de educação na elaboração de um programa de desenvolvimento profissional não tradicional com base na escola. Johnston (1997) discute a complexidade das colaborações universidade-escola em *Contradictions in collaboration* (*Contradições na colaboração*), escrito em colaboração com colegas do ensino médio. Ross e Bondy (1996) ilustram os problemas da reforma em um contexto político incoerente, descrevendo como seu programa superou um obstáculo enfrentado pelo corpo docente quando o Estado iniciou um programa de indução que incluía o uso de um instrumento de observação que estava em conflito com o co-

---

* N. de T.: Um lugar paradisíaco nas montanhas, citado no romance *Horizonte perdido*, de James Hilton.

nhecimento sobre o desenvolvimento do professor e a prática docente eficaz em diferentes contextos. Desafios na criação de PDSs foram documentados em vários estudos, em conjunto com estratégias para abordá-los (DARLING-HAMMOND, 1994; GUADARRAMA; RAMSEY; NATH, 2002).

Essas e outras descrições ilustram as dificuldades de manter um programa coeso diante de pressões institucionais e políticas externas que criam fortes forças em direção contrária. A longo prazo, não é realista esperar que muitas mudanças sistêmicas resultem de iniciativas heroicas em ambientes hostis. Para que a preparação dos educadores melhore em larga escala, é fundamental considerar como o suporte do ambiente pode ser fortalecido dentro das instituições e nos contextos de políticas locais, estaduais e federais para a obtenção de uma formação de professores sólida.

Suporte institucional para a formação colaborativa de professores

Parcerias de sucesso que dão suporte à preparação de docentes do tipo que descrevemos anteriormente em geral têm o apoio, e muitas vezes a autoridade, de reitores e presidentes de universidades que aceitam a noção de que a responsabilidade pela produção de novos professores eficazes é de toda a universidade, e não somente das faculdades de educação (GOODLAD, 1994). Eles geralmente demonstram esse compromisso por meio da arbitragem rápida das "brigas por terreno" das faculdades e por meio da alocação criteriosa de recursos do corpo docente e do financiamento do programa para dar suporte à colaboração dentro da universidade, bem como à colaboração com o assunto. Ambas as estruturas de incentivo e recursos são fundamentais para esse fim.

Incentivos institucionais

O modelo tradicional da universidade de recompensar a bolsa de estudos, o ensino e o serviço muitas vezes não é flexível o suficiente para contemplar o importante trabalho que se desenvolve nas escolas da educação básica ou a colaboração necessária para criar um currículo coerente. Goodlad (1994) sugere que esse tipo de desenvolvimento de programa é "[...] muito difícil e exigente e oferece poucas recompensas tangíveis. De fato, o envolvimento extenso é perigoso para a carreira de alguém [...]" (GOODLAD, 1994, p. 154). Isso é especialmente verdadeiro quando as instituições enfatizam que a bolsa de estudos é mais importante, ou mais facilmente medida, do que o ensino e o serviço, como é o caso com frequência.

Uma iniciativa para repensar a forma como as universidades pensam sobre os estudos foi realizada por Boyer (1990) em *Scholarship reconsidered* (*Bolsa de estudos reconsiderada*). Boyer (1990) sugeriu que existem diferentes tipos de bolsa de estudos que devem ser encorajados e honrados pelas universidades, entre os quais a bolsa de estudos da descoberta, da integração, da aplicação e do ensino. Ele argumentou que a bolsa de estudos tradicional geralmente se concentra na descoberta e na integração, e não na aplicação. O trabalho que o corpo docente realiza nas escolas, envolvendo-se em pesquisa para a melhoria de programas, trabalhando para melhorar o ensino e avaliando currículos, muitas vezes pode ser concebido como "bolsa de estudos de aplicação". A American Association for Higher Education (Associação Americana para Educação Superior) se engajou em uma iniciativa conjunta para encorajar a reconsideração do significado da bolsa de estudos. Em lugares nos quais ela foi aplicada à educação, os membros do corpo docente foram capazes de se engajar no trabalho de formação de professores e renovação escolar, escrever sobre o trabalho (às vezes com colegas da escola) e avaliá-lo e considerá-lo em direção a renomeação, estabilidade e promoção de educadores. Curiosamente, o corpo docente das ciências humanas abraçou as concepções alteradas em algumas instituições em um ritmo mais alto do que o corpo docente na educação. Os professores de antropologia conseguiram, por exemplo, obter reconhecimento por seu trabalho em museus, e os professores de ciências ambientais, por seu trabalho relacionado à melhoria de hábitats. Nem toda instituição tem uma missão para a qual tal reconsideração é apropriada, mas ela é possível para muitas instituições, e cada vez mais há exemplos de onde isso ocorreu.

A falta de incentivos se aplica tanto a professores universitários quanto a professores escolares. De que maneira a participação na formação de educadores traz recompensas para o corpo docente da escola pública? Certamente, há a recompensa intrínseca de sustentar a profissão e de atrair novos membros para a profissão. Muitos veem isso como uma responsabilidade ética e moral. Contudo, encontrar mais recompensas extrínsecas para o corpo docente nas escolas públicas tem sido elusivo. Além de pequenos benefícios ou de acesso a cursos de pós-graduação, algumas instituições explicitaram o papel do corpo docente de escolas públicas na preparação de professores, tornando-os "professores clínicos" da universidade. Com isso, vêm o acesso aos recursos da universidade e um convite para trabalhar como um colega no time dos docentes nas faculdades de educação e ciências humanas.

Escolas e universidades também podem dar suporte ao corpo docente e incentivar altos padrões ao apoiarem o desenvolvimento profissional do corpo docente. Um dos exemplos mais elaborados de desenvolvimento profissional para a melhoria dos programas de formação de professores, ligado à melhoria das escolas, é o Programa de Associados em Liderança da NNER, uma rede de 21 escolas e universidades parceiras. A partir de 1991, a rede reconheceu a necessidade de estabelecer um programa para desenvolver líderes dentro dos ambientes, com profunda compreensão sobre uma visão em formação de professores, que inclui a renovação simultânea de escolas e escolas de formação. Representantes do corpo docente em educação e ciências humanas e escolas, em números aproximadamente iguais, passaram quatro sessões de cinco dias cada estudando com facilitadores em Seattle. Cada participante completou um "projeto de pesquisa" com foco na aplicação do trabalho feito nacionalmente a um problema local. As réplicas dessa experiência produziram mais de 500 líderes de faculdades em todo os Estados Unidos, fornecendo um valioso recurso humano para o trabalho de desenvolvimento da formação de professores (SIROTNIK, 2001).

Recursos

Os recursos financeiros também são importantes. De acordo com Howard, Hitz e Baker (1998, p. 145),

> [...] a percepção de muitos educadores de professores é a de que o comprometimento de faculdades e universidades com programas educacionais é fraco e o financiamento para a educação fica aquém do de outras disciplinas. Essa percepção foi validada por um estudo nacional em que os dados de gastos com programas de educação foram comparados aos de outras disciplinas acadêmicas [...].

Para cada uma das classificações Carnegie* das universidades, os gastos médios com a educação estavam abaixo dos gastos médios de outras disciplinas (HOWARD; HITZ; BAKER, 1998). Como em estudos anteriores, esse estudo descobriu que os programas de educação geralmente eram financiados perto dos escalões inferiores dos departamentos – mesmo muitos daqueles que não têm que gerenciar o trabalho clínico e a supervisão – e bem abaixo do nível da maioria dos outros programas de preparação profissional (EBMEIER; TWOMBLY; TEETER, 1991; HOWARD; HITZ; BAKER, 1998).

---

* N. de R.T.: A Classificação Carnegie de Instituições de Ensino Superior é uma estrutura para classificar faculdades e universidades nos Estados Unidos. Ela serve principalmente para propósitos educacionais e de pesquisa, em que muitas vezes é importante identificar grupos de instituições comparáveis. A classificação inclui todas as faculdades e universidades credenciadas e de graduação nos Estados Unidos que estão representadas no Centro Nacional de Estatísticas de Educação do Sistema Integrado de Dados da Educação Superior (IPEDS). Fonte: Wikipedia (2019).

Esses diferenciais são uma função do financiamento estadual que é alocado às universidades estaduais e à destinação de recursos institucionais. Além disso, o National Center for Education Statistics (Centro Nacional de Estatísticas da Educação) relata que, em média, os educadores de professores recebem salários mais baixos do que outros docentes de educação, que, por sua vez, recebem salários mais baixos do que os docentes não educadores (NATIONAL CENTER FOR EDUCATION STATISTICS, 1996). Os resultados do financiamento deficitário podem incluir cargas extremamente pesadas de ensino e supervisão para docentes e funcionários, incentivos e suporte inadequados para o trabalho clínico e docente, falta de tempo para colaboração e pesquisa e uma influência deprimente na qualidade geral dos docentes que podem vir a ser recrutados.

A persuasão moral em relação à importância de preparar professores tem sido eficaz em assegurar compromissos mais adequados em alguns *campi*. Aumentos no financiamento para a formação de educadores em universidades de pesquisa – que agora superam os investimentos em formação de professores de outros tipos de universidades (HOWARD; HITZ; BAKER, 1998) – ocorreram durante a época em que houve iniciativas do Holmes Group e de outros para elevar o *status* e a qualidade de programas de preparação nessas instituições. No entanto, tais influências parecem variar significativamente com o mandato de reitores e presidentes, deixando o empreendimento como um todo ainda subaproveitado. As políticas também estão implicadas, já que os Estados geralmente fornecem suporte a faculdades e universidades públicas para programas de ensino superior e atribuem índices de reembolso mais altos para programas em outras profissões do que para programas de formação de professores. Como descreveremos mais adiante, a falta de padrões bem-aplicados para a qualidade do programa – um fator que diferencia o ensino de outras profissões com validação obrigatória – é outra influência deprimente nos recursos.

Uma questão adicional é o problema da colaboração entre escolas e universidades quando os fluxos de financiamento são direcionados separadamente para cada setor para fins específicos que não incluem inovações como PDSs ou outras parcerias. Alguns Estados, no entanto, procuraram resolver essa falta de incentivos. Por exemplo, a Carolina do Norte criou uma lei para financiar parcerias escolares de desenvolvimento profissional lançadas pelas universidades do Estado. Como alguns outros Estados, também exigiu a certificação do NCATE de todas as faculdades e universidades públicas e ajudou a dar suporte aos custos de aquisição dessa certificação, buscando alavancar mudanças por meio de padrões mais elevados e suporte explícito a parcerias.

Nos últimos 20 anos, muitas fundações investiram fundos para dar suporte ao desenvolvimento de escolas de ensino mais poderosas. Mais recentemente, a Carnegie Corporation of New York lançou uma iniciativa intitulada Professores para uma Nova Era, que foi elaborada para desenvolver programas-modelo de formação docente em faculdades e universidades selecionadas. Subsídios de até 5 milhões de dólares para um período de cinco anos destinaram-se a dar suporte a reformas inovadoras. As características centrais do projeto incluem um enfoque no ensino como prática clínica que começa na preparação de professores em *preservice* e continua durante um período de residência de dois anos para graduados; a importância da colaboração formal entre as escolas de educação, o corpo docente de ciências humanas tradicionais e os professores de sala de aula; e a documentação de práticas de ensino e aprendizagem de alunos associados à formação de educadores.

Esses modelos destinam-se a embasar o campo da mesma maneira que a escola médica e o hospital de ensino da John's Hopkins forneceram um modelo para a reforma da educação médica. A disponibilidade de subsídios para mudança a partir de locais e fundações como a National Science Foundation e o Departamento de Educação fez uma grande diferença tanto no desenvolvimento quanto na melhoria dos programas de preparação de professores, apoiando infusões tecnológicas, alterações curriculares e o desenvolvimento de conexões baseadas no campo. Vários programas alternativos sérios também foram criados, desde a época dos programas de mestrado em educação (MAT) nos anos de 1970 até os programas de treinamento de meio de carreira atuais. No entanto, estudos descobriram que muitos desses programas desaparecem em um período relativamente curto (DARLING-HAMMOND; HUDSON; KIRBY, 1989; FULLAN, 1991, 1993a). Para que os modelos bem-sucedidos sejam sustentados nos locais em que foram implantados e potencialmente úteis para outras instituições, o problema da provisão contínua de recursos deve ser tratado por meio de políticas que permitam a manutenção de um treinamento de alta qualidade. Esse suporte contínuo foi incorporado aos sistemas pagadores governamentais e de terceiros, dos quais dependem as escolas médicas e de enfermagem. Políticas semelhantes são necessárias para a formação de professores.

Questões de políticas na melhoria da formação de professores

Visto que a educação adequada é cada vez mais encarada como um direito do estudante, e não uma opção, e como a importância do ensino para o desempenho dos alunos é cada vez mais clara, o acesso garantido dos alunos a professores bem-preparados é uma questão de preocupação crescente. Questões críticas relacionadas a políticas incluem como garantir que os docentes tenham acesso a oportunidades adequadas para aprender, como incentivar a disseminação de abordagens mais produtivas para a preparação de professores e como dar suporte ao avanço contínuo e ao uso do conhecimento no assunto.

Políticas de suporte ao recrutamento de professores e à melhoria da preparação

Na busca desses objetivos, os governos federais e estaduais desempenham um papel direto, estabelecendo e reforçando os direitos

dos estudantes de ensino fundamental e médio aos recursos escolares, incluindo educadores qualificados, e investindo na formação de professores, por exemplo, subsidiando os estudos e aproveitando as melhorias do programa. A relevância desses investimentos para melhorar a formação de docentes é duplicada. Em primeiro lugar, uma das principais razões pelas quais muitos candidatos não têm acesso a uma preparação adequada é que eles não conseguem arcar com os custos da mensalidade ou da oportunidade de ficar sem emprego por um período de tempo. Além disso, esses custos são mais difíceis de serem sustentados quando um candidato está ingressando em uma profissão que não promete grandes salários depois para compensar os empréstimos tomados anteriormente. Enquanto muitos países subsidiam integralmente um extenso programa de formação de professores para todos os candidatos, a quantidade de preparação garantida para educadores nos Estados Unidos é substancialmente reduzida ao que eles conseguem pagar individualmente e ao que os programas estão dispostos e aptos a oferecer, considerando os recursos de suas respectivas instituições.

Além disso, pesquisadores descobriram que as instituições pressionadas a preparar os professores que entraram para o ensino em substituições de emergência muitas vezes precisam diminuir a qualidade da preparação que oferecem, ignorando o estágio supervisionado, áreas-chave de conteúdo e tarefas mais exigentes (SHIELDS *et al.*, 2001). Tanto recrutas como empregadores consideram esse tipo de treinamento menos satisfatório do que uma experiência de suporte mais coerente, que inclui treinamento clínico supervisionado, com uma carga teórica mais bem-organizada (CALIFORNIA STATE UNIVERSITY, 2002a, 2002b; SHIELDS *et al.*, 2001). Um melhor apoio financeiro para os professores em formação também irá dar suporte à qualidade do treinamento que recebem.

Isso pode ser realizado recorrendo-se em grande parte à experiência federal com programas de recursos humanos. Desde 1944, o Governo Federal subsidia treinamento médico e instalações para atender às necessidades de populações carentes de modo a suprir campos específicos, melhorar a qualidade do treinamento e aumentar a diversidade na profissão médica. O Governo Federal também coleta dados para monitorar e planejar as necessidades da equipe médica. Esse compromisso consistente e considerável contribuiu significativamente para o sistema reconhecido em âmbito mundial de treinamento e assistência médica dos Estados Unidos.

Embora o mercado de trabalho para professores também seja vital para o futuro da nação, as iniciativas federais nessa área tendem a ser modestas, fragmentadas e inconsistentes ao longo do tempo. O Governo Federal adotou por um período programas para melhorar a oferta de professores, mas eles não tiveram a importância e a orientação necessárias para abordar os problemas observados. Houve pouco investimento no desenvolvimento de um sistema nacional para monitorar o mercado de trabalho dos educadores, bem como poucas iniciativas para desenvolver a capacidade das instituições de treinamento de melhorar a prática e garantir a oferta de professores em locais e campos de alta demanda. Além disso, não houve nenhuma tentativa séria de estabelecer uma parceria abrangente estadual-federal, como aquelas criadas para atender à escassez específica do campo da saúde e melhorar a qualidade do programa (DARLING-HAMMOND; SYKES, 2003).

Com o intuito de atender a essas necessidades, Darling-Hammond e Sykes (2003) propõem uma abordagem política abrangente que poderia fornecer (1) um programa substancial e contínuo de bolsas de estudos e empréstimos perdoáveis* para dar suporte a indivíduos que

se preparam para ensinar em campos e locais de escassez; (2) investimentos em programas de formação de professores de áreas urbanas e rurais que expandem a disponibilidade de treinamento de alta qualidade em locais de alta necessidade, incluindo o treinamento de candidatos em PDSs que possibilitarão que futuros docentes aprendam a ensinar bem em escolas que atendem populações estudantis diversas; (3) orientação para professores iniciantes para aumentar sua retenção na prática docente; e (4) iniciativas para reduzir as barreiras interestaduais à mobilidade associadas a sistemas de licenciamento fragmentados, falta de portabilidade dos sistemas de previdência privada e falta de informação.

Alguns Estados, como Carolina do Norte e Connecticut, já implementaram elementos dessa abordagem com resultados positivos, dando suporte a iniciativas de bolsas de estudo em grande escala e empréstimos perdoáveis para recrutamento de professores; investimentos em melhorias do programa, incluindo suporte financeiro para PDSs e orientação para iniciantes; e o suporte a salários mais altos e mais equalizados para os docentes, que permitam aos distritos competir no mercado de trabalho por docentes bem-preparados (DARLING-HAMMOND, 2000a). Entretanto, o mercado de trabalho dos professores agora é nacional, e as iniciativas estaduais precisam ser melhoradas por meio de uma ação federal com o propósito de criar uma política nacional de oferta de educadores que atenda também à qualidade.

Políticas profissionais

Alguns pesquisadores argumentam que, embora existam papéis governamentais diretos em suporte à formação de professores, como os descritos anteriormente, o papel mais apropriado para o governo é indireto (ELMORE; FUHRMAN, 1993; THOMPSON; ZEULI, 1999). Esses analistas sugerem que o desenvolvimento do conhecimento da prática docente que é amplamente disponibilizada aos professores para dar suporte ao ensino de alta qualidade não é algo que possa ser facilmente exigido ou apli-

---

* N. de R.T.: Essa é uma forma de empréstimo na qual sua totalidade, ou parte dela, pode ser perdoada ou diferida por um período de tempo pelo credor quando certas condições forem satisfeitas. Por exemplo, os professores podem ter seus empréstimos perdoados se concordarem em trabalhar por um período em áreas menos servidas ou em comunidades de baixa renda. Funciona como um subsídio, pois, na maioria dos casos, o empréstimo é perdoado se todas as condições forem atendidas.

cado em âmbito burocrático. Como o conhecimento é sempre crescente, e sua aplicação apropriada depende de muitos fatores diferentes, muitos acreditam que o processo de desenvolver e transmitir uma base de conhecimento complexa e garantir seu uso apropriado é mais bem gerenciado por membros da própria profissão.

O gênero de formulação de políticas que delega autoridade substancial a uma profissão, ao mesmo tempo que responsabiliza a profissão pelos resultados de suas ações, pode ser chamado de "políticas profissionais". Esse tipo de políticas depende mais da definição de padrões profissionais do que da regulamentação direta do Estado. Ele enfatiza a definição de padrões profissionais a serem usados na solução de problemas, em vez da imposição de prescrições padronizadas para a prática que impedem a capacidade dos professores de lidar com a diversidade. Como Elmore e Fuhrman (1993, p. 86) observam:

> Conforme a igualdade de oportunidades se baseia mais na necessidade de ensino de qualidade, as questões de como aumentar a competência profissional dos educadores tornam-se mais importantes. Garantir a igualdade de oportunidades no contexto de hoje significa melhorar, e não limitar, a natureza profissional do ensino, e, para essa tarefa, as políticas estaduais, tal como concebidas no passado, dificilmente são o melhor instrumento. Precisamos de novas formas de conceber o papel do Estado e das estratégias à disposição dele.

Em profissões organizadas, a principal alavanca para transferência de conhecimento para toda a profissão e sua melhoria contínua é o uso de padrões para orientar a preparação e a prática. A maioria das profissões estabelece e impõe padrões por meio de (1) certificação profissional de programas de preparação; (2) licenciamento estadual, que concede permissão para a prática e é gerenciado mediante conselhos estaduais de padrões profissionais; e (3) certificação avançada, que é um reconhecimento profissional de altos níveis de competência. Em praticamente

todas as profissões, os candidatos devem se formar em uma escola profissional credenciada para fazer exames de licenciamento estadual que testem seus conhecimentos e habilidades. O processo de certificação destina-se a garantir que todos os programas de preparação forneçam uma quantidade razoavelmente comum de conhecimento e de experiências de treinamento estruturado que sejam abrangentes e atualizadas. Os exames de licenciamento destinam-se a garantir que os candidatos tenham adquirido o conhecimento necessário para praticar a profissão com responsabilidade. Os testes geralmente incluem tanto um levantamento de informações especializadas quanto componentes de desempenho que examinam aspectos da prática aplicada ao campo: advogados devem analisar casos e, em alguns Estados, desenvolver resumos ou memorandos de leis para tratar de questões específicas; os médicos devem diagnosticar os pacientes por meio de relatos de caso e descrever os tratamentos que prescreveriam; os engenheiros devem demonstrar que conseguem aplicar certos princípios a situações particulares de um projeto. Esses exames são desenvolvidos por membros da profissão mediante conselhos de padrões profissionais estaduais.

Além disso, muitas profissões oferecem exames adicionais que proporcionam reconhecimento por níveis avançados de qualificação, como a certificação para contadores públicos, a certificação do conselho para médicos e o registro de arquitetos. Esse reconhecimento leva anos a mais de estudo e prática, geralmente em um estágio supervisionado e/ou residência, e é baseado em testes de desempenho que medem maiores níveis de conhecimento e habilidade especializados. Aqueles que atendem a esses padrões estão aptos a realizar certos tipos de trabalho que outros profissionais não estão. Os padrões de certificação embasam os outros conjuntos de normas que regem a validação, o licenciamento e o relicenciamento: eles são usados para garantir que as escolas profissionais incorporem novos conhecimentos em seus cursos e orientem o desenvolvimento profissional e a avaliação ao longo da carreira. Assim, esses padrões avançados podem ser vistos como um mecanismo que impulsiona a base de conhecimento da profissão. Juntos, os padrões de validação, licenciamento e certificação compõem um "tripé" (NATIONAL COMMISSION ON TEACHING AND AMERICA'S FUTURE, 1996) que dá suporte à garantia da qualidade nas profissões maduras.

Esse tripé encontra-se bastante instável no ensino. Até recentemente, não havia um órgão nacional para estabelecer um sistema de certificação profissional. Enquanto isso, os Estados gerenciavam o licenciamento e a aprovação de programas de formação de professores com envolvimento desigual da própria profissão, usando padrões amplamente variáveis e ferramentas de aplicação inconsistentes. Desde a década de 1920, a maioria dos Estados vem licenciando docentes com base principalmente em sua graduação em um programa de formação de professores aprovado pelo Estado. Assim, uma verificação crítica da qualidade existente em outras profissões – um sistema de avaliação de candidatos individuais em comparação a alguns padrões comuns de conhecimento e habilidade – esteve ausente por muitas décadas no ensino. O processo de aprovação do programa, geralmente coordenado pelo departamento de educação estadual, normalmente avaliava: "[...] os tipos de situações de aprendizagem aos quais um indivíduo está exposto e [...] o tempo gasto nessas situações, em vez de [...] o que o indivíduo realmente aprendeu [...]" (GOERTZ; EKSTORM; COLEY, 1984).

A admissão de pessoas na prática docente com base em sua graduação em um programa aprovado pelo Estado foi uma abordagem em grande escala da licenciatura – uma que assumia que a qualidade do programa poderia ser bem-definida e monitorada pelos Estados; que os programas seriam igualmente eficazes com todos os seus alunos; e que a conclusão dos cursos ou experiências exigidos pelo Estado seria suficiente para produzir profissionais competentes. O sistema de aprovação estadual também supunha que os mercados para professores eram locais: que praticamente todos os educadores das escolas de determinado Estado seriam produzidos por faculdades dentro daquele Estado, um pressuposto que se tornou cada vez mais falso ao longo do tempo. Grande parte da contratação de professores despreparados em comunidades que alegam carência é, na verdade, uma função da má distribuição de docentes entre Estados e distritos com excesso e aqueles com níveis mais baixos de oferta (DARLING-HAMMOND; SYKES, 2003).

Um problema com a aprovação estadual da formação de professores, mesmo quando padrões mais sólidos foram desenvolvidos, é que muitas agências estaduais de educação têm recursos orçamentários e humano inadequados para realizar as revisões intensivas do programa que dariam suporte à aplicação de altos padrões (CAMPBELL; SROUFE; LAYTON, 1967; DAVID, 1994; LUSI, 1997). Outro problema é que, mesmo quando as agências estaduais encontram programas fracos, as forças políticas dentro dos Estados dificultam seu fechamento. Os programas de formação de professores trazem receita substancial para as universidades e comunidades locais, e a disponibilidade de um grande número de candidatos ao ensino, não importa o quão mal preparados, mantém os salários relativamente baixos. Como Dennison (1992) observa: "Os critérios geralmente mínimos prescritos pelo Estado permanecem sujeitos a influências políticas locais e estaduais, condições econômicas dentro do Estado e condições históricas que dificultam a mudança". Por várias razões, então, o sistema tradicional de licenciamento de professores baseado na conclusão de disciplinas específicas em programas de estudo aprovados pelo Estado deixou a maioria dos profissionais, membros do público e formuladores de políticas não convencidos de que os padrões de licenciatura separam aqueles que conseguem ensinar com responsabilidade daqueles que não conseguem. Além disso, esse sistema não forneceu um meio consistente para o crescimento e a transmissão de conhecimento no campo ou para a melhoria generalizada dos programas.

Diferentemente do que ocorre com outras profissões, os professores têm pouco controle na criação, promulgação e aplicação de padrões profissionais. Em vez disso, a autoridade para determinar a natureza da formação de professores, os tipos e o conteúdo dos testes de licenciamento e as regulamentações que governam a prática tem sido tipicamente realizada por meio de legislações estaduais, secretarias estaduais de educação e conselhos estaduais de ensino superior, bem como por instituições comerciais privadas (DARLING-HAMMOND, 2001a). Com uma miríade de agências envolvidas na política de professores, o contexto regulatório para a preparação docente em que muitos Estados operam é complexo e muitas vezes contraditório.

Por duas décadas, relatórios importantes que pedem a profissionalização do ensino argumentam que os professores devem se engajar na definição de padrões profissionais para que a prática docente cumpra a promessa de competência que as profissões fazem ao público (CARNEGIE FORUM ON EDUCATION AND THE ECONOMY, TASK FORCE ON TEACHING AS A PROFESSION, 1986; HOLMES GROUP, 1986). Os líderes de formação de professores sugerem que os professores e educadores docentes "[...] devem ter maior controle sobre o próprio destino. Um lugar poderoso onde isso pode ser realizado é na definição de padrões. Os profissionais devem definir padrões elevados, estabelecer expectativas rigorosas e, então, fazer seus pares manterem esses padrões e expectativas [...]" (IMIG, 1992).

Iniciativas da profissão docente para desenvolver e implementar padrões mais significativos para o ensino foram feitas principalmente pelo National Board for Professional Teaching Standards (Conselho Nacional de Padrões de Ensino Profissional), uma organização independente criada em 1987 como a primeira instituição profissional – composta, em sua maioria, por professores de sala de aula – a estabelecer padrões e desenvolver avaliações de desempenho para a certificação avançada de docentes altamente qualificados. Alguns estudos bem-elaborados constataram que, de fato, os padrões e as avaliações do National Board distinguem professores mais eficazes dos menos eficazes, em termos de influência no desempenho dos alunos (BOND *et al.*, 2001; GOLDHABER; ANTHONY, 2004).

O Interstate New Teacher Assessment and Support Consortium (INTASC; Associação de Avaliação e Suporte de Novos Professores Interestaduais), uma associação de mais de 30 Estados, baseou-se nessas iniciativas para desenvolver padrões de licenciamento compatíveis com o Conselho Nacional e avaliações para professores iniciantes, que foram adaptados pela maioria dos Estados. O NCATE incorporou recentemente os padrões de desempenho desenvolvidos pelo INTASC e pelo Conselho Nacional, bem como os novos padrões estudantis desenvolvidos por associações profissionais, como o National Council of Teachers of Mathematics (NCTM; Conselho Nacional de Professores de Matemática).

Esses novos padrões e avaliações são construídos em torno das áreas de conhecimento e habilidade que descrevemos nesta publicação. Eles levam em conta explicitamente os desafios de ensino apresentados pelas demandas de questões ambiciosas e por um corpo discente que é multicultural, multilíngue e que inclui diversas abordagens à aprendizagem. Examinando o ensino à luz da aprendizagem, eles colocam considerações de eficiência no centro da prática. Esses padrões também são baseados no desempenho – ou seja, descrevem o que os professores devem saber, ser e fazer em vez de listar as disciplinas que os professores devem cursar –, procurando, assim, esclarecer os critérios para determinar a competência, dando mais ênfase às habilidades que os educadores desenvolvem do que às horas que passam tendo aulas.

Alguns Estados adotaram esse conjunto de normas em seus sistemas de governança e incentivos para a formação de professores como forma de dar coerência e foco às iniciativas de preparação docente. Por exemplo, a Carolina do Norte reconheceu a National Board Certification (Certificação do Conselho Nacional) em seu cronograma salarial estadual, criou um conselho de padrões profissionais no qual os docentes certificados pela National Board Certification participam, adotou os padrões do INTASC para licenciamento de professores, desenvolvendo avaliações iniciais de educadores com base nesses padrões, e exigiu que todas as faculdades públicas de educação fossem acreditadas pelo NCATE. Esse tipo de abordagem baseia-se na crença de que padrões comuns podem "[...] esclarecer em que aspectos a profissão docente espera que seus membros melhorem [...] Os padrões definidos pela profissão fornecem a base sobre a qual a profissão pode estabelecer sua agenda e suas expectativas de desenvolvimento profissional e responsabilidade [...]" (INGVARSON, 1998, p. 1).

Vários outros Estados adotaram estratégias semelhantes, e muitas faculdades e universidades usaram esses padrões como base para organizar suas iniciativas curriculares (DARLING-HAMMOND, 2001a; PATTERSON; MICHELLI; PACHECO, 1999). No entanto, o desenvolvimento e o uso de padrões derivados de outras profissões para governar o ensino da formação de professores têm sido um pouco controversos (para uma análise, ver DARLING--HAMMOND, 2001a).

Padrões para programas. A questão do credenciamento talvez seja a mais controversa. Embora o credenciamento exigido seja o principal veículo para a transmissão de conhecimento e padrões de prática em todas as escolas em áreas como medicina, direito e engenharia, o credenciamento profissional dos professores é voluntário na maioria dos Estados. Atualmente, 41 Estados têm parcerias com o NCATE, e 15 requerem o uso de padrões do NCATE para aprovação de todas as escolas de educação. No entanto, apenas três exigem que todas as escolas de educação sejam credenciadas profissionalmente. Cerca de metade das escolas de educação dos Estados Unidos – que educa cerca de três quartos dos professores do país – segue o sistema do NCATE. Enquanto os

defensores do credenciamento estão convencidos de que ele é necessário para criar uma base de conhecimento mais comum e para alavancar os recursos necessários para a preparação de qualidade, os oponentes reclamam dos custos e problemas envolvidos nesse credenciamento. Muitas escolas de educação sobrecarregadas veem o credenciamento como outro obstáculo burocrático, pois não têm tempo de implementá-lo de maneira correta. Alguns líderes e professores universitários ressentem-se da falta de autonomia sugerida pela existência de padrões externos, especialmente quando consideram essas exigências do ponto de vista de um departamento de ciências humanas, e não de uma escola profissional acostumada às expectativas únicas que a sociedade exige das profissões.

O credenciamento também apresenta riscos locais: uma proporção substancial de instituições que se voluntariam para o credencioamento do NCATE não consegue atingi-lo plenamente em sua tentativa inicial (cerca de 25% são condicionalmente aprovadas ou desaprovadas). O NCATE tem sido criticado por ter padrões que são muito difíceis de alcançar ou por apresentar padrões muito baixos. Um paradoxo da situação de credenciamento voluntário é que os padrões nunca podem ser elevados além de um nível que a maioria consegue alcançar com uma iniciativa modesta; assim, as instituições acabam decidindo se querem ou não se credenciar. Embora muitas faculdades que decidiram ou foram obrigadas a fazer parte do credenciamento tenham relatado melhorias associadas em seu corpo docente, base de recursos, *design* do currículo e trabalho clínico (ver NATIONAL COMMISSION ON TEACHING AND AMERICA'S FUTURE, 1996; WILLIAMS, 2000), outras acham que o processo consome tempo e não produz grandes mudanças em suas instituições.

Um órgão de credenciamento alternativo, o Teacher Education Accreditation Council (TEAC; Conselho de Acreditação da Formação de Professores), planeja credenciar escolas, faculdades e departamentos de educação com base em seu desempenho em relação aos próprios objetivos, em vez de em padrões profissionais comuns. Em contraste com o corpo diretivo do NCATE, que inclui representantes de 30 associações profissionais de professores, administradores e educadores docentes, o TEAC não inclui representação organizacional da profissão docente. Ele evita os padrões profissionais em favor de um processo de investigação, no qual as instituições se envolvem ao documentarem seu trabalho e seus resultados em relação aos objetivos que são valorizados pela instituição. A esperança daqueles que buscam o TEAC para alavancar ainda mais o aprimoramento da formação de professores é a de que, por meio do processo de autoestudo que defende, o Conselho criará uma pressão por expectativas mais altas e mudanças autoiniciadas. Outros dizem que a falta de padrões externos permite que os programas sejam complacentes ou até mesmo não tenham consciência dos elementos de preparação importantes para a aprendizagem do professor e o sucesso final.

Tanto o NCATE como o TEAC enfatizam o rastreamento dos resultados da formação de educadores, embora abordem o assunto de maneira diferente. Essa ênfase pode ser produtiva, apesar de, como descreveremos mais adiante, a questão de como avaliar os resultados da formação de professores esteja longe de ser resolvida. A questão de longo prazo para a profissão com relação a esses órgãos de credenciamento, bem como às agências estaduais encarregadas de aprovar programas, é como ela criará o tipo de força operante em outras profissões para garantir que os programas que preparam os professores forneçam a eles a oportunidade de aprender o que seus alunos precisam saber.

Padrões para candidatos. O licenciamento é o meio legal pelo qual os Estados estabelecem a competência dos membros de qualquer profissão, inclusive professores. Ele se destina a representar o padrão mínimo para a prática responsável. Na prática docente, os requisitos para o licenciamento geralmente incluem uma medida das habilidades básicas e a capacidade

acadêmica geral, conhecimento sobre ensino e aprendizagem e conhecimento do conteúdo das matérias, bem como alguma experiência de ensino. Em muitos Estados, os candidatos ao ensino devem obter uma nota mínima e/ou atingir uma pontuação mínima nos testes de habilidades básicas, capacidade acadêmica geral ou conhecimentos gerais para serem admitidos na formação de professores ou obterem uma credencial. Além disso, eles devem fazer cursos específicos em educação e concluir uma graduação e/ou ênfase na(s) matéria(s) a ser(em) ensinada(s) e/ou passar em um teste específico do conteúdo da matéria.

Embora os requisitos de licenciamento em muitos Estados tenham-se fortalecido durante os últimos 15 anos, vários Estados ainda não exigem um programa coerente de estudos no assunto a ser ensinado, um conjunto abrangente de disciplinas de educação ou um estágio supervisionado estendido. Além disso, muitos Estados permitem que os professores sejam contratados sem licença ou sob caráter emergencial sem concluir a preparação ou atender a outros requisitos de licenciamento.

Os padrões de acesso ao ensino também variam com base na natureza, no conteúdo e na qualidade dos exames de licenciamento que os candidatos devem prestar. Durante os anos de 2001 a 2002, 37 Estados exigiram que os candidatos à docência passassem por testes de habilidades básicas ou capacidade acadêmica geral, 33 determinaram que eles passassem por testes de conhecimento do conteúdo, e 26 demandaram que passassem por testes de conhecimento pedagógico (YOUNGS; ODDEN; PORTER, 2003). Enquanto outras profissões controlam o conteúdo dos testes de licenciamento, os exames da prática docente são geralmente desenvolvidos por empresas de testes ou agências estaduais com pouca participação de órgãos profissionais formais. Quando solicitada, a opinião dos profissionais geralmente é limitada à revisão de categorias e itens do teste. Além disso, testes de licenciamento são criticados por simplificarem o ensino, enfatizando a gestão da sala de aula sobre as complexidades da tomada de decisão no ensino e tendo um impacto adverso nas minorias raciais (HAERTEL, 1991).

Apesar de a maioria dos testes de professores consistir em avaliações de múltipla escolha de habilidades básicas ou conhecimento do conteúdo, alguns Estados exigem que os professores iniciantes elaborem portfólios específicos de conteúdo da matéria ou outras avaliações de desempenho para obter uma licença para praticar. Essas avaliações, baseadas nas do National Board for Professional Teaching Standards, medem de forma mais autêntica a capacidade dos candidatos de integrar conhecimento de conteúdo, alunos e contexto na tomada de decisões educacionais. Por exemplo, como descrevemos no Capítulo 11, os professores de Connecticut, em seu segundo ano, compilam portfólios que apresentam uma descrição de seu contexto de ensino, um conjunto de planos de aula, dois vídeos de ensino durante a(s) unidade(s), amostras de trabalho estudantil e reflexões por escrito de seu planejamento, ensino e avaliação do progresso do aluno. Cada portfólio concluído revela informações sobre a lógica e a coerência do currículo do professor, a adequação de suas decisões educacionais para os alunos, a gama de estratégias pedagógicas que eles usam efetivamente, a qualidade de suas tarefas, sua habilidade em avaliar a aprendizagem do aluno e sua capacidade de refletir sobre o próprio ensino e realizar mudanças com base na evidência da aprendizagem do aluno (WILSON; DARLING--HAMMOND; BERRY, 2001). Os programas de formação de professores em Wisconsin e na Califórnia tomaram emprestada essa estratégia para incorporar tais portfólios no processo de formação de educadores.

Algumas pesquisas sugerem que o uso de portfólios na licenciatura de professores iniciantes pode dar suporte à renovação de programas de preparação focados em ajudar os candidatos a alcançar habilidades de ensino importantes (TRACZ; SIENTY; MATA, 1994; WILSON; DARLING-HAMMOND; BERRY, 2001). Como as atividades às quais os professores se dedicam encontram-se em torno de tarefas autênticas examinadas a partir da perspectiva de padrões dentro dos contextos do conteúdo e dos alunos, elas criam um cenário no qual o discurso sério a respeito da prática docente pode se desenvolver. Como a evidência dos efeitos do ensino sobre a aprendizagem dos alunos está na base dos exercícios, os candidatos e avaliadores estão continuamente examinando o nexo entre as ações dos professores e as respostas dos alunos. Concentrar-se nos resultados da prática e, ao mesmo tempo, tornar pública a prática docente são ações que geram a base para o desenvolvimento de normas compartilhadas de prática (SHULMAN, 1998).

O processo de Connecticut de implementar portfólios baseados no INTASC para licenciamento de professores iniciantes esclarece como isso ocorre. O sistema de licenciamento de Connecticut é projetado igualmente como um sistema de desenvolvimento profissional e uma atividade de medição, e os educadores estão envolvidos em todos os aspectos de sua construção e implementação, de modo que essas oportunidades sejam amplamente difundidas. Cada avaliação é feita com a assistência de um professor em residência no departamento de educação; comitês consultivos de professores, educadores docentes e administradores orientam o desenvolvimento de padrões e avaliações; centenas de educadores são convocados para fornecer *feedback* sobre os rascunhos das normas; e muitos outros estão envolvidos nas próprias avaliações, como professores colaboradores e mentores de escolas que trabalham com educadores iniciantes no desenvolvimento de sua prática, como avaliadores treinados para dar notas para os portfólios e como professores *experts* que organizam seminários de suporte regional para ajudar os candidatos a aprender sobre os padrões e o processo de desenvolvimento de portfólio. Os indivíduos envolvidos em cada um desses papéis estão engajados em uma preparação organizada em torno do exame de casos e do levantamento de evidências relacionadas aos padrões.

Os desenvolvedores do sistema, Pecheone e Stansbury (1996, p. 172-173), explicam como os padrões são usados em ambientes de desenvolvimento profissional para professores iniciantes e veteranos:

> O sistema de suporte e avaliação estadual deve estar centrado em torno de padrões que se aplicam a diferentes contextos e que abrangem uma variedade de práticas de ensino. O ensino é altamente contextual, no entanto varia com os pontos fortes e fracos dos alunos, os pontos fortes do professor e a disponibilidade de recursos. O programa de suporte precisa ajudar os educadores iniciantes a ver como aplicar princípios gerais em seus contextos de ensino particulares. O *design* que está sendo implementado nos projetos do ensino médio de Connecticut inicia as sessões de suporte modelando princípios selecionados, depois os professores discutem o trabalho que trouxeram (p. ex., uma tarefa do aluno, um vídeo que ilustra o discurso, amostras de trabalho dos alunos) à luz dos princípios apresentados.

Para professores experientes que se tornarão os assessores e provedores de suporte, o inverso é verdadeiro. Eles geralmente compreendem bem as práticas de ensino contextual. Embora estejam familiarizados com os princípios gerais em algum nível, pois mantêm-se a par dos desenvolvimentos em sua especialidade de ensino, eles geralmente não têm ampla experiência em articular os princípios a outros ou em ver sua aplicação em diversos contextos. Um programa de treinamento intensivo para avaliadores e mentores garante entendimentos semelhantes entre os indivíduos e dá oportunidades para articular como esses princípios são aplicados nas salas de aula.

Os professores relatam que o processo de analisar a prática dessa maneira exerce influências transformadoras em seu trabalho. Incorporados na política de avaliação de educadores do Estado, esses processos podem ter efeitos de longo alcance. De acordo com uma estimativa, mais da metade dos docentes de Connecticut serviu como avaliados, avaliadores, mentores ou professores cooperantes, seja nas avaliações de desempenho antigas dos educadores iniciantes, seja nas dos novos portfólios. A projeção era de que, até o ano de 2010, 80% dos professores do ensino fundamental e quase essa porcentagem de professores do ensino médio participariam do novo sistema de avaliação como candidatos, provedores de suporte ou avaliadores (PECHEONE; STANSBURY, 1996).

Em Estados como Indiana, Carolina do Norte ou Maryland, que adotaram recentemente uma abordagem abrangente para reforma profissional baseada em padrões, um *continuum* para o desenvolvimento de professores se forma pela exigência de certificação profissional para programas de formação docente, desenvolvimento e financiamento estadual de parcerias entre PDSs para a preparação de todos os futuros professores, a adoção de padrões e avaliações do INTASC para licenciamento de educadores iniciantes, o estabelecimento de incentivos financeiros e educacionais para professores veteranos para buscar a certificação do Conselho Nacional e incentivos para distritos escolares e faculdades usarem os padrões do Conselho Nacional como base para oportunidades contínuas de desenvolvimento profissional. Esses passos são promissores para a criação de um diálogo que abranja toda a profissão e de um conjunto de experiências ao longo do *continuum* de aprendizagem por toda a vida que poderia transformar drasticamente as formas como os professores analisam e desenvolvem seu ofício. A questão é como casar esses tipos de iniciativas com mecanismos internos de mudança dentro das escolas e universidades.

MOVENDO-SE PARA ALÉM DAS BARREIRAS: ESTRATÉGIAS PARA A RENOVAÇÃO DO CURRÍCULO

Há 15 anos, a American Association of Colleges of Teacher Education (AACTE; Associação Americana de Faculdades de Formação de Professores) publicou um livro chamado *The knowledge base for the beginning teacher* (*A base de conhecimento para o professor iniciante*). Nesse relatório, Barnes (1989, p. 13) afirmou que, embora "[...] não exista uma base de conhecimento única e limitada para a prática docente com a qual todos concordem, o conhecimento no qual os professores educadores podem se basear para a formulação de um currículo eficaz é essencial [...]". Mais de uma década depois, educadores de professores, especialistas e acadêmicos se reuniram nesse comitê para explorar os elementos desse currículo em evolução. Neste estudo, empenhamo-nos em utilizar iniciativas anteriores para oferecer aos educadores docentes, pesquisadores e formuladores de políticas um conjunto de recomendações fundamentadas a respeito de ideias e práticas pedagógicas centrais que possam embasar o currículo de formação de professores. Elas se baseiam no que se sabe atualmente sobre como os alunos aprendem, as influências das práticas de ensino e escolarização, como os docentes aprendem e desenvolvem competências em diferentes contextos e como as práticas de preparação de professores influenciam sua aprendizagem, sua prática, sua permanência na profissão e seu sucesso com os alunos.

O campo da educação pode ser capaz de tirar algumas lições de outros campos profissionais, como medicina, direito e engenharia, que se empenharam na criação de uma base de conhecimento mais coesa e consistente e em representá-la por meio do desenvolvimento do currículo e de práticas pedagógicas em seus campos profissionais. No entanto, a prática docente também é única em seus propósitos e *status* públicos, bem como no tipo de trabalho que os professores realizam em conjunto com os alunos, que são os principais atores. Dada a natureza recíproca e contingente do ensino eficaz, sugerimos que existem três áreas de conhecimento, habilidades e disposições que são críticas para qualquer professor adquirir, que incluem (1) conhecimento dos alunos e de como eles aprendem e se desenvolvem dentro de contextos sociais; (2) concepções de conteúdo e objetivos curriculares: uma compreensão do assunto e das habilidades a serem ensinadas à luz dos propósitos sociais da educação; e (3) uma compreensão do ensino à luz do conteúdo e dos alunos a serem ensinados, com base nas avaliações e com suporte dos ambientes de sala de aula. Descrevemos algumas das abordagens de formação docente que estão surgindo para dar suporte a esse tipo de aprendizagem do professor, que incluem métodos de caso, pesquisa-ação, imersão na comunidade, análise do ensino e da aprendizagem dos alunos e elaboração de portfólio. E discutimos alguns dos problemas que surgem quando os educadores se empenham para desenvolver e fortalecer programas de preparação, bem como algumas das estratégias que foram utilizadas com sucesso.

Entre os fatores que parecem críticos para um processo de transformação que atinja toda a profissão docente, vários parecem particularmente importantes: coerência nos padrões, clareza sobre o currículo e compromisso de agir com base no conhecimento sobre o que parece eficaz, bem como adicionar e compartilhar tais conhecimentos entre os programas e entre os candidatos à prática docente. Como já observamos, embora exista uma base sólida de conhecimento sobre como as pessoas aprendem e se desenvolvem e uma base robusta de conhecimento sobre práticas de ensino que dão suporte à aprendizagem, pesquisas sobre como os docentes aprendem a fazer essas coisas ainda são experimentais. Há evidências crescentes sobre algumas das coisas que bons professores sabem e podem fazer e alguns estudos úteis sobre preparação que são bem-sucedidos na promoção de práticas eficazes. No entanto, há muito mais a aprender se quisermos embasar o desenvolvimento contínuo de programas bem-fundamentados. No futuro, o campo precisa montar estudos mais bem controlados e em larga escala sobre os resultados específicos de uma série de estratégias de preparação para diferentes tipos de candidatos e contextos.

A longo prazo, sugerimos que aqueles que estão preocupados com a capacidade de todos os professores ensinarem de forma efi-

ciente todos os alunos conectem suas preocupações sobre melhorias nas escolas locais e
escolas de educação ao compromisso de criar
ambientes para políticas que fomentem o desenvolvimento de uma preparação poderosa
para o ensino eficaz. Isso exige não apenas o
envolvimento de educadores de professores,
mas também que superintendentes, diretores
e professores unam forças para persistir em
oportunidades sólidas de aprendizagem profissional antes e durante suas carreiras; que
pais e membros da comunidade entendam a
importância crítica do investimento em preparação profissional para os educadores de
seus filhos; que os reitores, docentes e administradores universitários se comprometam
a assegurar que as escolas de educação sejam
fundamentais para o trabalho das universidades e comparáveis em qualidade a outras escolas profissionais; e que os formuladores de
políticas entendam que, para que a educação
pública estadunidense atenda às aspirações
conferidas pela nação, a preparação de excelentes professores é o compromisso central
sem o qual é improvável que outras reformas
sejam bem-sucedidas.

Referências

ABDAL-HAQQ, I. *Professional development schools*: weighing the evidence. Thousand Oaks: Corwin, 1998.

AGNE, K. J.; GREENWOOD, G. E.; MILLER, L. D. Relationships between teacher belief systems and teacher effectiveness. *Journal of Research & Development in Education*, v. 27, n. 3, p. 141-152, 1994.

AGNEW, E. J. The grading policies and practices of high school teachers. *In:* ANNUAL MEETING OF THE AMERICAN EDUCATIONAL RESEARCH ASSOCIATION, 1985, Chicago. *Paper* [...]. Chicago: [s. n.], 1985.

AIRASIAN, P. W. *Assessment in the classroom*. New York: McGraw-Hill, 1996.

ALEXOPOULOU, E.; DRIVER, R. Small group discussion in physics: peer interaction modes in pairs and fours. *Journal of Research in Science Teaching*, v. 33, n. 10, p. 1099-1114, 1996.

ALVERMANN, D.; MOORE, D. Secondary school reading. *In:* BARR, R. *et al.* (ed.). *Handbook of reading research*. New York: Longman, 1991. v. 2, p. 951-983.

AMERICAN ASSOCIATION OF UNIVERSITY WOMEN. *Gender gaps*: where schools still fail our children. New York: Marlowe and Co, 1999.

AMERICAN EDUCATIONAL RESEARCH ASSOCIATION *et al*. *Standards for educational and psychological testing*. Washington: American Educational Research Association, 1999.

AMES, C. Classrooms: goals, structures, and student motivation. *Journal of Educational Psychology*, v. 84, n. 3, p. 261-271, 1992.

AMES, C. Competitive, cooperative, and individualistic goal structures: a cognitive-motivational analysis. *In:* AMES, R.; AMES, C. (ed.). *Research on motivation in education*. Orlando: Academic, 1984. v. 1, p. 177-207.

ANDERSEN, D. W.; ANTES, J. M. Micro-teaching for preparing teachers of culturally diverse children. *Elementary School Journal*, v. 72, n. 3, p. 142-149, 1971.

ANDERSON, L. M. Classroom instruction. *In:* REYNOLDS, M. C. (ed.). *The knowledge base for the beginning teacher*. New York: Pergamon, 1989. p. 101-115.

ANDREW, M. D. Differences between graduates of 4-year and 5-year teacher preparation programs. *Journal of Teacher Education*, v. 41, p. 2, p. 45-51, 1990.

ANDREW, M. D.; SCHWAB, R. L. Has reform in teacher education influenced teacher performance? An outcome assessment of graduates of an eleven-university consortium. *Action in Teacher Education*, v. 17, n. 3, p. 43-53, 1995.

ANGRIST, J. D.; LAVY, V. *Does teacher training affect pupil learning?* Evidence from matched comparisons in Jerusalem Public Schools. Cambridge: National Bureau of Economic Research, 1998. (Working paper 6781).

ANSON, A. *et al*. The Comer School Development Program: a theoretical analysis. *Urban Education*, v. 26, n. 1, p. 56-82, 1991.

ANYON, J. Schools as agencies of social legitimation. *Journal of Curriculum Theorizing*, v. 3, n. 2, p. 86-103, 1981.

ANYON, J. Social class and the hidden curriculum of work. *Journal of Education*, v. 162, n. 1, p. 67-92, 1980.

APPLEBEE, A. N. *Tradition and reform in the teaching of English*: a history. Urbana: National Council of Teachers of English, 1974.

APPLEBY, J. Recovering America's historic diversity: beyond exceptionalism. *Journal of American History*, v. 79, n. 2, p. 419-431, 1992.

ARC CENTER. *The ARC tri-state student achievement study*. [S. l.: s. n.], 2002.

ARIAS, M. B.; CASANOVA, U. *Bilingual education*: politics, practice, and research. Chicago: National Society for the Study of Education, 1993.

ASSOR, A.; CONNELL, J. P. The validity of students' self-reports as measures of performance affecting self-appraisals. *In:* Schunk, D. H.; Meece, J. L. (ed.). *Student perceptions in the classroom*. Hillsdale: Erlbaum, 1992.

ATHANASES, S. Z. Teachers' reports of the effects of preparing portfolios of literacy instruction. *Elementary School Journal*, v. 94, n. 4, p. 421-439, 1994.

ATKIN, J. M.; BLACK, P.; COFFEY, J. *Classroom assessment and the National Science Education Standards*. Washington: National Academies, 2001.

ATKINSON, R. C.; SCHIFFRIN, R. M. Human memory: a proposed system and its control processes. *In:* SPENCE, K. W.; SPENCE, J. T. (ed.). *The psychology of learning and motivation*. New York: Academic, 1968. v. 2.

AU, K. H. Communities of practice: engagement, imagination, and alignment in research on teacher education. *Journal of Teacher Education*, v. 53, n. 3, p. 222-227, 2002.

AU, K. H. Participation structures in a reading lesson with Hawaiian children: analysis of a culturally appropriate instructional event. *Anthropology and Education Quarterly*, v. 1, n. 2, p. 91-115, 1980.

AUGUST, D.; HAKUTA, K. *Educating language-minority children*. Washington: National Academies, 1998.

AUGUST, D.; HAKUTA, K. *Improving schooling for language-minority children*: a research agenda. Washington: National Academies, 1997.

AUSTIN, J. L. *How to do things with words*. 2nd ed. Cambridge: Harvard University, 1975.

AYERS, W. (ed.). *To become a teacher*: making a difference in children's lives. New York: Teachers College, 1995.

BAKER, A. J. Improving parent involvement programs and practice: a qualitative study of teacher perceptions. *School Community Journal*, v. 7, n. 2, p. 27-55, 1997.

BAKER, T. A survey of four-year and five-year program graduates and their principals. *Southeastern Regional Association of Teacher Educators Journal*, v. 2, n. 2, p. 28-33, 1993.

BALANCED ASSESSMENT ADVANCED HIGH SCHOOL ASSESSMENT PACKAGE 1. White Plains: Dale Seymour Publications, 1999d.

BALANCED ASSESSMENT ADVANCED HIGH SCHOOL ASSESSMENT PACKAGE 2. White Plains: Dale Seymour Publications, 1999h

BALANCED ASSESSMENT ELEMENTARY GRADES ASSESSMENT PACKAGE 1. White Plains: Dale Seymour Publications, 1999a.

BALANCED ASSESSMENT ELEMENTARY GRADES ASSESSMENT PACKAGE 2. White Plains: Dale Seymour Publications, 1999e

BALANCED ASSESSMENT HIGH SCHOOL ASSESSMENT PACKAGE 1. White Plains: Dale Seymour Publications, 1999c.

BALANCED ASSESSMENT HIGH SCHOOL ASSESSMENT PACKAGE 2. White Plains: Dale Seymour Publications, 1999g.

BALANCED ASSESSMENT MIDDLE GRADES ASSESSMENT PACKAGE 1. White Plains: Dale Seymour Publications, 1999b.

BALANCED ASSESSMENT MIDDLE GRADES ASSESSMENT PACKAGE 2. White Plains: Dale Seymour Publications, 1999f.

BALL, D. L. With an eye on the mathematical horizon: dilemmas of teaching elementary school mathematics. *Elementary School Journal*, v. 93, n. 4, p. 373-397, 1993.

BALL, D. L.; BASS, H. Interweaving content and pedagogy in teaching and learning to teach: knowing and using mathematics. *In*: BOALER, J. (ed.). *Multiple perspectives on the teaching and learning of mathematics*. Westport: Ablex, 2000. p. 83-104.

BALL, D. L.; COHEN, D. K. Developing practice, developing practitioners: toward a practice-based theory of professional education. *In*: DARLING-HAMMOND, L.; SYKES, G. (ed.). *Teaching as the learning profession*: handbook of policy and practice. San Francisco: Jossey-Bass, 1999. p. 3-32.

BALL, D. L.; COHEN, D. K. Reform by the book: What is – or-might be – the role of curriculum materials in teacher learning and instructional reform? *Educational Researcher*, v. 25, p. 9, p. 6-8, 1996.

BALL, D. L.; FEIMEN-NEMSER, S. Using textbooks and curriculum guides: A dilemma for beginning teachers and teacher educators. *Curriculum Inquiry*, v. 18, n. 4, p. 401-422, 1988.

BALLENGER, C. *Teaching other people's children*: literacy and learning in a bilingual classroom. New York: Teachers College, 1999.

BANDURA, A. (1997). *Self-efficacy*: the exercise of control. New York: Freeman, 1997.

BANKS, J. A. (ed.). *Diversity and citizenship education*: global perspectives. San Francisco: Jossey-Bass, 2004.

BANKS, J. A. Citizenship education and diversity: Implications for teacher education. *Journal of Teacher Education*, v. 52, n. 1, p. 5-16, 2001c.

BANKS, J. A. *Educating citizens in a multicultural society*. New York: Teachers College, 1997.

BANKS, J. A. *et al. Diversity within unity*: essential principles for teaching and learning in a multicultural society. Seattle: Center for Multicultural Education, University of Washington, 2001.

BANKS, J. A. Multicultural education: historical development, dimensions, and practice. *In*: DARLING-HAMMOND, L. (ed.). *Review of research in education*. Washington: American Educational Research Association, 1993. v. 19, p. 3-49.

BANKS, J. A. Multicultural education: historical development, dimensions, and practice. *In*: BANKS, J. A.; BANKS, C. A. M. (ed.). *Handbook of research on multicultural education*. San Francisco: Jossey-Bass, 2001b. p. 3-24.

BANKS, J. A. Teaching multicultural literacy to teachers. *Teaching Education*, v. 4, n. 1, p. 135-144, 1991.

BANKS, J. A. *Teaching strategies for ethnic studies*. 7th ed. Boston: Allyn & Bacon, 2003.

BANKS, J. A. The canon debate, knowledge construction, and multicultural education. *In*: BANKS, J. A. (ed.). *Multicultural education, transformative knowledge, and action*: historical and contemporary perspectives. New York: Teachers College, 1996. p. 3-29.

BANKS, J. A. The lives and values of researchers: implications for educating citizens in a multicultural society. *Educational Researcher*, v. 27, n. 7, p. 4-17, 1998.

BARAB, S. *et al.* Designing and building an online community: the struggle to support sociability in the Inquiry Learning Forum. *Educational Technology Research and Development*, v. 49, n. 4, p. 71-96, 2001.

BARCLAY, C. R.; WELLMAN, H. M. Accuracies and inaccuracies in autobiographical memories. *Journal of Memory and Language*, v. 25, p. 93-103, 1986.

BARNES, D. R. *Practical curriculum study*. Boston: Routledge Kegan Paul, 1982.

BARNES, D.; BARNES, D. R.; CLARKE, S. *Versions of English*. Portsmouth: Heinemann, 1984.

BARNES, H. Structuring knowledge for beginning teaching. *In:* REYNOLDS, M. C.; AMERICAN ASSOCIATION OF COLLEGES FOR TEACHER EDUCATION (ed.). *Knowledge base for the beginning teacher*. Elmsford: Pergamon, 1989. p. 13-22

BARNETT, M. *et al.* Using emerging technologies to help bridge the gap between university theory and classroom practice: challenges and successes. *School Science and Mathematics*, v. 102, n. 6, p. 299-313, 2002.

BARR, R.; DREEBEN, R. *How schools work*. Chicago: University of Chicago, 1983.

BARRON, B. J. S. *et al.* Doing with understanding: lessons from research on problem- and project-based learning. *Journal of the Learning Sciences*, v. 7, n. 3-4, p. 271-311, 1998.

BARROWS, H. S. *How to design a problem-based curriculum for the preclinical years*. New York: Springer, 1985.

BATEMAN, H. V. *et al.* Sense of community in the classroom: relationship to students' academic goals. *In:* ANNUAL MEETING OF THE AMERICAN EDUCATIONAL, 2000, Orlando. *Paper* [...]. Orlando: Research Association, 2000.

BATESON, D. Measurement and evaluation practices of British Columbia science teachers. *Alberta Journal of Education Research*, v. 36, p. 45-51, 1990.

BATTISTCH, V. *et al.* Schools as communities, poverty levels of student populations, and students' attitudes, motives, and performance: a multilevel analysis. *American Educational Research Journal*, v. 32, n. 3, p. 627-658, 1995.

BATTISTCH, V. *et al.* The child development project: A comprehensive program for the development of prosocial character. *In:* KURTINES, W. M.; GERWIRTZ, J. L. (ed.). Handbook of moral behavior and development. New York: Erlbaum., 1991. (Application, v. 3).

BAUER, L.; TRUDGILL, P. *Language myths*. New York: Penguin Books, 1998.

BAUGH, J. *Beyond ebonics*: linguistic pride and racial prejudice. New York: Oxford University, 2000.

BAUGH, J. *Out of the mouths of slaves*: African American language and educational malpractice. Austin: University of Texas, 1999.

BAUMGARTNER, F.; KOERNER, M.; RUST, F. Exploring roles in student teaching placements. *Teacher Education Quarterly*, v. 29, p. 35-58, 2002.

BEALS, M. P. *Warriors don't cry*. New York: Washington Square, 1994.

BEAUCHAMP, G. A. Curriculum theory: meaning, development, and use. *Theory into Practice*, v. 21, n. 1, p. 23-27, 1982.

BECKER, H. J. How are teachers using computers in instruction? *In:* AMERICAN EDUCATIONAL RESEARCH ASSOCIATION, 2001, Seattle. *Paper* [...]. Seatlle: [s. n.], 2001.

BEGLE, E. G. *Critical variables in mathematics education*: findings from a survey of the empirical literature. Washington: Mathematical Association of America, 1979.

BELENKY, M. F. *et al. Women's ways of knowing*: the development of self, voice, and mind. New York: Basic Books, 1996.

BELL, A. Language style as audience design. *Language in Society*, v. 13, n. 2, p. 145-204, 1984.

BENNETT, C.; OKINAKA, A.; XIAO-YANG, W. The effect of a multicultural education course on preservice teachers' attitudes, knowledge, and behavior. *In:* ANNUAL MEETING OF THE AERA, 1988, New Orleans. *Paper* [...]. New Orleans: [s. n.], 1988.

BENWARE, C.; DECI, E. L. Quality of learning with an active versus passive motivational set. *American Educational Research Journal*, v. 21, n. 4, p. 755-765, 1984.

BEREITER, C.; SCARDAMALIA, M. Intentional learning as a goal of instruction. *In:* RESNICK, L. B. (ed.). *Knowing, learning, and instruction*: essays in honor of Robert Glaser. Hillsdale: Erlbaum, 1989. p. 361-392.

BERK, L. E.; WINSLER, A. *Scaffolding children's learning*: Vygotsky and early childhood education. Washington: National Association for the Education of Young Children, 1995. (NAEYC Research into Practice Series, v. 7).

BERLINER, D. C. Expertise: the wonder of exemplary performances. *In:* MANGIERI, J.; BLOCK, C. C. (ed.). *Creating powerful thinking in teachers and students*: diverse perspectives. Fort Worth: Harcourt Brace College Publishers, 1994. p. 161-186.

BERLINER, D. C. In pursuit of the expert pedagogue. *Educational Researcher*, v. 15, n. 7, p. 5-13, 1986.

BERLINER, D. C. Learning about and learning from expert teachers. *International Journal of Educational Research*, v. 35, n. 5, p. 463-483, 2001.

BERLINER, D. C.; BIDDLE, B. J. *The manufactured crisis*: myths, fraud, and the attack on America's public schools. Reading: Addison-Wesley, 1995.

BERNINGER, V. W.; RICHARDS T. L. *Brain literacy for educators and psychologists*. San Diego: Academic, 2002.

BERNSTEIN, B. A critique of the concept "compensatory education." *In:* CAZDEN, C. B.; JOHN, V.; HYMES,

D. (ed.). *Functions of language in the classroom*. New York: Teachers College, 1972.

BETTS, J. R.; RUEBEN, K. S.; DANENBERG, A. *Equal resources, equal outcomes?* The distribution of school resources and student achievement in California. San Francisco: Public Policy Institute of California, 2000.

BEX, T.; WATTS, R. J. *Standard English*: the widening debate. New York: Routledge, 1999.

BEYER, L. E. (ed.). *Creating democratic classrooms*: the struggle to integrate theory and practice. New York: Teachers College, 1996.

BEYKONT, Z. F. (ed.). *The power of culture*: teaching across language difference. Cambridge: Harvard Education Publishing Group, 2002.

BIALYSTOK, E. *Bilingualism in development*: Language, literacy, and cognition. Cambridge: Cambridge University, 2001.

BIEDERMAN, I.; SHIFFRAR, M. M. Sexing day-old chicks: a case study and expert systems analysis of a difficult perceptual learning task. *Journal of Experimental Psychology*: Learning, Memory and Cognition, v. 13, n. 4, p. 640-645, 1987.

BIRD, T. The schoolteacher's portfolio: an essay on possibilities. *In:* MILLMAN, J.; DARLING-HAMMOND, L. (ed.). *The new handbook of teacher evaluation*: assessing elementary and secondary school teachers. Thousand Oaks: Sage, 1990.

BISSEX, G.; BULLOCK, R. (ed.). *Seeing for ourselves*: case-study research by teachers of writing. Portsmouth: Heinemann Educational Books, 1987.

BISWAS, G.; SCHWARTZ, D.; BRANSFORD, J. Technology support for complex problem solving: from SAD environments to AI. *In:* FORBUS, K. D.; FELTOVICH, P. J. (ed.). *Smart machines in education*: the coming revolution in educational technology. Cambridge: The MIT, 2001. p. 71-97.

BLACK J. B.; BOWER, G. H. Episodes as chunks in narrative memory. *Journal of Verbal Learning and Verbal Behavior*, v. 18, p. 309-318, 1979.

BLACK, P.; WILLIAM, D. Assessment and classroom learning. *Assessment and Education*: Principles, Policy and Practice, v. 5, n. 1, p. 7-75, 1998.

BLUMENFELD, P. C.; PURO, P.; MERGENDOLLER, J. R. Translating motivation into thoughtfulness. *In:* MARSHALL, H. H. (ed.). *Redefining student learning*. Norwood: Ablex, 1992. p. 207-239.

BOALER, J. *Experiencing school mathematics*: teaching styles, sex, and setting. Philadelphia: Open University, 1997.

BOALER, J.; GREENO, J. Identity, agency, and knowing in mathematical worlds. *In:* BOALER, J. (ed.). *Multiple perspectives on mathematics and learning*. Westport: Ablex, 2000. p. 171-200.

BODEN, M. A. *Jean Piaget*. New York: Viking, 1980.

BODINE, R. J.; CRAWFORD, D. K. *The handbook of conflict resolution education*: a guide to building quality programs in schools. San Francisco: Jossey-Bass, 1998.

BOIX-MANSILLA, V.; GARDNER, H. What are the qualities of understanding? *In:* WISKE, M. S. (ed.). *Teaching for understanding*: linking research with practice. San Francisco: Jossey-Bass, 1997. p. 161-183.

BOND, L. *et al.* Defrocking the national board: the certification system of the national board for professional teaching standards. *Education Matters*, v. 1, n. 2, p. 79-82, 2001.

BONDY, E.; DAVIS, S. The caring of strangers: insights from a field experience in a culturally unfamiliar community. *Action in Teacher Education*, v. 22, n. 2, p. 54-66, 2000.

BONSANGUE, M. V.; DREW, D. E. Increasing minority students' success in calculus. *New Directions for Teaching and Learning*, v. 61, p. 23-33, 1995.

BOOTH, W. *The company we keep*: an ethics of fiction. Berkeley: University of California, 1988.

BORKO, H. *et al.* Student teaching portfolios: a tool for promoting reflective practice. *Journal of Teacher Education*, 48 (5), 345–357, 1997.

BORKO, H.; MAYFIELD, V. The roles of the cooperating teacher and university supervisor in learning to teach. *Teaching and Teacher Education*, v. 11, n. 5, p. 501-518, 1995.

BOURDIEU, P.; THOMPSON, J. B. *Language and symbolic power*: the economy of linguistic exchanges. Cambridge: Harvard University, 1991.

BOYER, E. *Scholarship reconsidered*. Princeton: Carnegie Commission for the Advancement of Teaching, 1990.

BOYLE-BAISE, M. Community service learning for multicultural education: an exploratory study with preservice teachers. *Equity and Excellence in Education*, v. 31, n. 2, p. 52-60, 1998.

BRADDOCK, J.; SLAVIN, R. E. Life in the slow lane: a longitudinal study of effects of ability grouping on student achievement, attitudes, and perceptions. Baltimore: Johns Hopkins University, 1993.

BRANSFORD, J. D.; BROWN, A. L.; COCKING, R. R. *How people learn*: brain, mind, experience, and school. Washington: National Academies, 1999.

BRANSFORD, J. D.; JOHNSON, M. K. Contextual prerequisites for understanding: some investigations of comprehension and recall. *Journal of Verbal Learning and Verbal Behavior*, v. 11, n. 6, p. 717-726, 1972.

BRANSFORD, J. D.; NITSCH, K. E.; FRANKS, J. J. Schooling and the facilitation of knowing. *In:* ANDERSON, R. C.; SPIRO, R. J.; MONTAGUE, W. E. (ed.). *Schooling and the acquisition of knowledge*. Hillsdale: Erlbaum, 1977. p. 31-55.

BRANSFORD, J. D.; SCHWARTZ, D. L. Rethinking transfer: a simple proposal with multiple implications. *In:* IRAN-NEJAD, A.; PEARSON, P. D. (ed.). *Review of re-*

search in education. Washington: American Educational Research Association, 1999. cap. 24, p. 61-100.

BRANSFORD, J. D.; STEIN, B. S. The IDEAL problem solver. 2nd ed. New York: Freeman, 1993.

BRENNER, B. A communication framework for mathematics: exemplary instruction for culturally and linguistically diverse students. In: MCLEOD, B. (ed.). Language and learning: educating linguistically diverse students. Albany: State University of New York, 1994. p. 233-267.

BREWER, E. W.; DUNN, J. O.; OLSZEWSKI, P. Extrinsic reward and intrinsic motivation: the vital link between classroom management and student performance. Journal of Education for Teaching, v. 14, n. 2, p. 151-170, 1988.

BRISCOE, C. Making the grade: multiple perspectives on a teacher's assessment practices. In: ANNUAL MEETING OF THE AMERICAN EDUCATIONAL RESEARCH ASSOCIATION, 1991, Chicago. Paper [...]. Chicago: [s. n.], 1991.

BRITZMAN, D. Cultural myths in the making of a teacher: Biography and social structure in teacher education. Harvard Educational Review, v. 56, n. 4, p. 442-456, 1986.

BRITZMAN, D. Practice makes practice. Albany: State University of New York, 1991.

BRODKIN, K. How Jews became white folks and what that says about race in America. New Brunswick: Rutgers University, 1998.

BROOKHART, S. M. Teachers' grading practices: Meaning and values. Journal of Educational Measurement, v. 30, n. 2, p. 123-142, 1993.

BROOKHART, S. M. Teachers' grading: Practice and theory. Applied Measurement in Education, v. 7, n. 4, p. 279-301, 1994.

BROPHY, J. Classroom management as socializing students into clearly articulated roles. Journal of Classroom Interaction, v. 33, n. 1, p. 1-4, 1998.

BROPHY, J. E.; GOOD, T. L. Teacher-student relationships. New York: Holt, Rinehart and Winston, 1974.

BROPHY, J. Educating teachers about managing classrooms and students. Teaching and Teacher Education: An International Journal of Research and Studies, v. 4, n. 1, p. 1-18, 1988.

BROPHY, J. Synthesis of research on strategies for motivating students to learn. Educational Leadership, v. 45, n. 2, p. 40-48, 1987.

BROPHY, J. Teacher praise: a functional analysis. Psychological Review, v. 88, n. 2, p. 93-134, 1981.

BROPHY, J.; ALLEMAN, J. Classroom management in a social studies learning community. Social Education, v. 62, n. 1, p. 56-58, 1998.

BROPHY, J.; GOOD, T. L. Teacher behavior and student achievement. In: WITTROCK, M. C.; AMERICAN EDUCATIONAL RESEARCH ASSOCIATION (ed.). Handbook of research on teaching. 3rd ed. New York: Collier Macmillan, 1986. p. 328-375.

BROPHY, S. P. Exploring the implication of an expert blind spot on learning. Nashville: Vanderbilt University, 2001. Unpublished manuscript.

BROUDY, H. S. Types of knowledge and purposes of education. In: ANDERSON, R. C.; SPIRO, J.; MONTANAGUE, W. E. (ed.). Schooling and the acquisition of knowledge. Hillsdale: Erlbaum, 1977. p. 1-17.

BROUWERS, A.; TOMIC, W. A longitudinal study of teacher burnout and perceived self-efficacy in classroom management. Teaching and Teacher Education, v. 16, n. 2, p. 239-253, 2000.

BROWN, A. L. et al. Learning, remembering, and understanding. In: FLAVELL, J. H.; MARKMAN, E. M. (ed.). Handbook of child psychology. 4th ed. New York: Wiley, 1983. (Cognitive Development, v. 3). p. 78-166.

BROWN, A. L. Knowing when, where, and how to remember: a problem of metacognition. In: GLASER, R. (ed.). Advances in instructional psychology. Hillsdale: Erlbaum, 1997b. p. 77-165.

BROWN, A. L. Transforming schools into communities of thinking and learning about serious matters. American Psychologist, v. 52, n. 4, p. 399-413, 1997a.

BROWN, A. L.; CAMPIONE, J. C.; DAY, J. D. Learning to learn: on training students to learn from texts. Educational Researcher, v. 10, p. 14-21, 1981.

BROWN, A. L.; CAMPIONE, J. Guided discovery in a community of learners. In: MCGILLY, K. (ed.). Classroom lessons: integrating cognitive theory and classroom practice. Cambridge: MIT, 1994. p. 229-270.

BROWN, A. L.; CAMPIONE, J. Psychological theory and the design of innovative learning environments: on procedures, principles, and systems. In: SCHAUBLE, L.; GLASER, R. (ed.). Innovations in learning: new environments for education. Mahwah: Erlbaum, 1996. p. 289-325.

BROWN, A. L.; PALINCSAR, A. S.; ARMBRUSTER, B. B. Instructing comprehension-fostering activities in interactive learning situations. In: RUDDELL, R. B.; RUDDELL, M. R.; SINGER, H. (ed.). Theoretical models and processes of reading. 4th ed. Newark: International Reading Association, 1994. p. 757-787.

BROWN, A. L.; REEVE, R. A. Bandwidths of competence: the role of supportive contexts in learning and development. In: LIBEN, L. S. (ed.). Development and learning: conflict or congruence? Hillsdale: Erlbaum, 1987. p. 173-223.

BROWN, H. D. Teaching by principles: an interactive approach to language pedagogy. 2nd ed. White Plains: Longman, 2001.

BROWN, S. J. Knowledge for health care practice: a guide to using research evidence. Philadelphia: Saunders, 1999.

BRUER, J. T. Education and the brain: a bridge too far. Educational Researcher, v. 26, n. 8, p. 4-16, 1997.

BRUNER, J. S. *Acts of meaning*. Cambridge: Harvard University, 1990.

BRUNER, J. S. *The culture of education*. Cambridge: Harvard University, 1996.

BRUNER, J. S. *The process of education*. Cambridge: Harvard University, 1977.

BUCHMANN, M. Role over person: morality and authenticity in teaching. *Teachers College Record*, v. 87, n. 4, p. 527-543, 1986.

BUHLER, K. *Tatsachen und probleme zu einer psychologie der Denkvorgänge*. [*S. l.*: s. n.], 1908. Disponível em: https://altebuecher-neu.de/buecher/B%C3%BChler%20-%20%20Tatsachen%20und%20Probleme%20zu%20einer%20Psychologie%20der%20Denkvorg%-C3%A4nge%20II%20und%20III.pdf. Acesso em: 01 mar. 2019.

BULLOUGH, R. V. Digging at the roots: discipline, management, and metaphor. *Action in Teacher Education*, v. 16, n. 1, p. 1-10, 1994.

BULLOUGH, R.; GITLIN, A. *Becoming a student of teaching*: methodologies for exploring self and school context. New York: Garland, 1995.

BULLOUGH, R.; STOKES, D. K. Analyzing personal teaching metaphors in preservice teacher education as a means for encouraging professional development. *American Educational Research Journal*, v. 31, n. 1, p. 197-224, 1994.

BURDEN, P. R. *Classroom management and discipline*: methods to facilitate cooperation and instruction. New York: Wiley, 1999.

BURDEN, P. R. *Powerful classroom management strategies*: motivating students to learn. Thousand Oaks, CA: Corwin, 2000.

BURNARD, S. *Developing children's behaviour in the classroom*: a practical guide for teachers and students. London: Falmer, 1998.

BURNARD, S.; YAXLEY, H. *Developing children's behaviour in the classroom*: a practical guide for teachers and students. Washington: Falmer, 1997.

BUTCHART, R. E. Punishments, penalties, prizes, and procedures: a history of discipline in U.S. schools. *In*: BUTCHART, R. E.; MCEWAN, B. (ed.). *Classroom discipline in American schools*: problems and possibilities for democratic education. Albany: State University of New York, 1998. p. 19-50.

BUTLER, R. Enhancing and undermining intrinsic motivation: the effects of task-involving and ego-involving evaluation of interest and performance. *British Journal of Educational Psychology*, v. 58, n. 1, p. 1-14, 1988.

BUTLER, R. Task-involving and ego-involving properties of evaluation: effects of different feedback conditions on motivational perceptions, interest, and performance. *Journal of Educational Psychology*, v. 79, n. 4, p. 474-482, 1987.

BUTLER, R.; NISAN, M. Effects of no feedback, task-related comments, and grades on intrinsic motivation and performance. *Journal of Educational Psychology*, v. 78, n. 3, p. 210-216, 1986.

BYRNES, J. P. Formal operations: a systematic reformulation. *Developmental Review*, v. 8, p. 66-87, 1988.

CABELLO, B.; ECKMIER, J.; BAGHIERI, H. The comprehensive teacher institute: successes and pitfalls of an innovative teacher preparation program. *Teacher Educator*, v. 31, n. 1, p. 43-55, 1995.

CALIFORNIA STATE UNIVERSITY. *First system wide evaluation of teacher education programs in the California State University*: summary report. Long Beach: Office of the Chancellor, California State University, 2002a.

CALIFORNIA STATE UNIVERSITY. Preparing teachers for reading instruction (K-12): an evaluation brief by the California State University. Long Beach: Office of the Chancellor, California State University, 2002b.

CAMERON, J. Negative effects of reward on intrinsic motivation: a limited phenomenon. *Review of Educational Research*, v. 71, n. 1, p. 29-42, 2001.

CAMPBELL, R. F.; SROUFE, G. E.; LAYTON, D. H. *Strengthening state departments of education*. Chicago: Midwestern Administration Center, The University of Chicago, 1967.

CANTER, L.; CANTER, M. *Assertive discipline*: positive behavior management for today's classroom. Los Angeles: Canter and Associates, 2002.

CARLSON, H.; FALK, D. Effectiveness of interactive videodisc instructional programs in elementary teacher education. *Journal of Educational Technology Systems*, v. 19, n. 2, p. 151-163, 1990.

CARNEGIE FORUM ON EDUCATION AND THE ECONOMY, TASK FORCE ON TEACHING AS A PROFESSION. *A nation prepared*: teachers for the 21st century. New York, 1986.

CARNEGIE FOUNDATION. c2019. Disponível em: https://www.carnegiefoundation.org/. Acesso em: 01 mar. 2019.

CARPENTER, T. P. *et al*. Using knowledge of children's mathematics thinking in classroom teaching: an experimental study. *American Educational Research Journal*, v. 26, n. 4, p. 499-531, 1989.

CARPENTER-AEBY, T.; AEBY, V. G. Family-school-community interventions for chronically disruptive students: an evaluation of outcomes in an alternative school. *School Community Journal*, v. 11, n. 2, p. 75-92, 2001.

CARTER, K. et al. Expert-novice differences in perceiving and processing visual classroom information. *Journal of Teacher Education*, v. 39, n. 3, p. 25-31, 1988.

CARTER, K. Teachers' knowledge and learning to teach. *In*: HOUSTON, W. R. *et al*. (ed.). *Handbook of research on teacher education*. New York: Collier Macmillan, 1990. p. 291-310.

CARTER, K.; DOYLE, W. Personal narrative and life history in learning to teach. *In:* SIKULA, J.; BUTTERY, T. J.; GUYTON, E. (eds.). *Handbook of research on teacher education.* 2nd ed. New York: Macmillan, 1996., p. 120-142.

CARTER, P. *Teacher quality initiative.* [S. l.]: Chattanooga-Hamilton County Public Education Foundation, 2003.

CARTER, R. T.; GOODWIN, A. L. Racial identity and education. *In:* DARLING-HAMMOND, L. (ed.). *Review of research in education.* Washington: American Educational Research Association, 1994. cap. 20, p. 291-336.

CASE, R. The development of conceptual structures. *In:* DAMON, W. (ed.). *Handbook of child psychology.* New York: Wiley, 1998. v. 2, p. 851-898.

CASE, R. *The mind's staircase:* exploring the conceptual underpinnings of children's thought and knowledge. Hillsdale: Erlbaum, 1992.

CAZDEN, C.; MEHAN, H. Principles from sociology and anthropology. *In:* REYNOLDS, M. C. (ed.). *Knowledge base for the beginning teacher.* New York: Pergamon, 1989. p. 47-57.

CHAMOISEAU, P. *School Days.* Lincoln: University of Nebraska, 1997.

CHANDLER, W. L. *et al.* Prothrombotic coagulation abnormalities preceding the hemolytic-uremic syndrome. *New English Journal of Medicine,* v. 346, n. 1, p. 23-32, 200.

CHAPMAN, J. W.; TUNMER, W. E.; AND PROCHNOW, J. E. Early reading-related skills and performance, reading self-concept, and the development of academic self-concept: a longitudinal study. *Journal of Educational Psychology,* v. 92, n. 4, p. 703-708, 2000.

CHARLES, C. M. *Building classroom discipline.* 7th ed. Boston: Pearson Allyn & Bacon, 2001.

CHASE, W. G.; SIMON, H. A. Perception in chess. *Cognitive Psychology,* v. 1, p. 33-81, 1973.

CHAVKIN, N. F. Family and community involvement policies: teachers can lead the way. *Clearing House,* v. 73, n. 5, p. 287-290, 2000.

CHEN, J.-Q. et al. Turning standardized test scores into a tool for improving teaching and learning: an assessment-based approach. *Urban Education,* v. 35, n. 3, p. 356-384, 2000.

CHI, M. T. H. Knowledge structure and memory development. *In:* SIEGLER, R. S. (ed.). *Children's thinking:* what develops? Hillsdale: Erlbaum, 1978. p. 73-96.

CHI, M. T. H.; FELTOVITCH, P. J.; GLASSER, R. Categorizing and representation of physics problems by experts and novices. *Cognitive Science,* 5, 121–152, 1981.

CHI, M. T. H.; GLASER, R.; REES, E. Expertise in problem solving. *In:* STERNBERG, R. J. (ed.). *Advances in the psychology of human intelligence.* Hillsdale: Erlbaum, 1982. p. 7-76.

CHIN, P.; RUSSELL, T. Structure and coherence in a teacher education program: addressing the tension between systematics and the educative agenda. *In:* ANNUAL MEETING OF THE CANADIAN SOCIETY FOR THE STUDY OF EDUCATION, 1995, Montreal. *Paper* [...]. Montreal: [s. n.], 1995.

CHRISTENSEN, C.; HANSEN, A. *Teaching and the case method.* Boston: Harvard Business School, 1987.

CIZEK, G. J.; FITZGERALD, S. M.; RACHOR, R. E. Teachers' assessment practices: preparation, isolation, and the kitchen sink. *Educational Assessment,* v. 3, n. 2, p. 159-179, 1995/1996.

CLANDININ, D. J. *Classroom practice:* teacher images in action. Philadelphia: Falmer, 1986.

CLANDININ, D. J. Personal practical knowledge: a study of teachers' classroom images. *Curriculum Inquiry,* v. 15, n. 4, p. 361-385, 1985.

CLARK, H. H. *Using language.* Cambridge: Cambridge University, 1996.

CLARKE, C.; MEDINA, C. How reading and writing literacy narratives affect preservice teachers' understandings of literacy, pedagogy and multiculturalism. *Journal of Teacher Education,* v. 51, n. 1, p. 63-76, 2000.

CLARKE, M. et al. *Perceived effects of state-mandated testing programs on teaching and learning:* findings from interviews with educators in low-, medium- and high-stakes states. Boston: National Board on Educational Testing and Public Policy, Boston College, 2003.

CLEARY, L. M.; LINN, M. D. *Linguistics for teachers.* New York: McGraw-Hill, 1993.

CLIFFORD, G. J. Man/woman/teacher: gender, family and career in American educational history. *In:* WARREN, D. (ed.). *American teachers:* histories of a profession at work. New York: Macmillan, 1989. p. 293-343.

CLIFT, R. et al. Restructuring teacher education through collaborative action research. *Journal of Teacher Education,* v. 41, n. 2, p. 52-62, 1990.

COBB, P.; WOOD, T.; YACKEL, E. Discourse, mathematical thinking, and classroom practice. *In:* FORMAN, E. A.; MINICK, N.; STONE, C. A. (ed.). *Contexts for learning:* sociocultural dynamics in children's development. Oxford: Oxford University, 1993. p. 91-119.

COCHRAN-SMITH, M. Blind vision: unlearning racism in teacher education. *Harvard Educational Review,* v. 70, n. 2, p. 157-190, 2000.

COCHRAN-SMITH, M. Color blindness and basket making are not the answers: confronting the dilemmas of race, culture, and language diversity in teacher education. *American Educational Research Journal,* v. 32, n. 3, p. 493-522, 1995.

COCHRAN-SMITH, M. *et al.* (ed.). *Handbook of research on teacher education:* enduring questions in changing contexts. 3rd ed. Boston: Routledge, 2008.

COCHRAN-SMITH, M. Learning to teach against the grain. *Harvard Educational Review*, v. 61, n. 3, p. 279-310, 1991.

COCHRAN-SMITH, M.; LYTLE, S. L. *Inside/outside*: teacher research and knowledge. New York: Teachers College, 1993.

COCHRAN-SMITH, M.; LYTLE, S. L. Relationships of knowledge and practice: teacher learning in communities. *Review of Research in Education*, v. 24, p. 249-306, 1999a.

COCHRAN-SMITH, M.; LYTLE, S. L. The teacher research movement: a decade later. *Educational Researcher*, v. 28, n. 7, p. 15-25, 1999b.

COCHRAN-SMITH, M.; ZEICHNER, K. M. (ed.). *Studying teacher education*: the Report of the AERA Panel on Research and Teacher Education. Washington: American Educational Research Association Consensus Panel on Teacher Education, 2005.

COGNITION AND TECHNOLOGY GROUP AT VANDERBILT. *The Jasper project*: lessons in curriculum, instruction, assessment, and professional development. Mahwah, NJ: Erlbaum, 1997.

COHEN, D. K.; HILL, H. C. Instructional policy and classroom performance: the mathematics reform in California. *Teachers College Record*, v. 102, n. 2, p. 294-343, 2000.

COHEN, E. G. Restructuring the classroom: conditions for productive small groups. *Review of Educational Research*, v. 64, n. 1, p. 1-35, 1994.

COHEN, E. G.; LOTAN, R. A. Producing equal-status interaction in the heterogeneous classroom. *American Educational Research Journal*, v. 32, n. 1, p. 99-120, 1995.

COLBERG, J.; TRIMBLE, K.; DESBERG, P. *The case for education*: contemporary approaches for using case methods. Boston: Allyn & Bacon, 1996.

COLE, A. L.; KNOWLES, J. G. Shattered images: understanding expectations and realities of field experiences. *Teaching and Teacher Education*, v. 9, n. 5/6, p. 457-471, 1993.

COLE, M. An ethnographic psychology of cognition. *In:* JOHNSON-LAIRD, P. N.; WASON, P. C. (ed.). *Thinking*: readings in cognitive science. Cambridge: Cambridge University, 1977. p. 468-482.

COLE, M.; COLE, S. *The development of children*. 2nd ed. New York: Scientific American Books, 1993.

COLE, S. *et al. Adapting curriculum and instruction in inclusive classrooms*: a teacher's desk reference. (2nd ed.). Bloomington: Institute for the Study of Developmental Disabilities, 2000.

COLEMAN, J. S. *et al. Equality of educational opportunity*. Washington: U.S. Government Printing Office, 1966.

COLLINS, A.; BROWN, J. S.; HOLUM, A. Cognitive apprenticeship: making things visible. *American Educator*, v. 15, n. 3, p. 6-11, 38-46, 1991.

COLLINS, A.; BROWN, J. S.; NEWMAN, S. E. Cognitive apprenticeship: teaching the crafts of reading, writing, and mathematics. *In:* RESNICK, L. B. (ed.). *Knowing, learning and instruction*: essays in honor of Robert Glaser. Hillsdale: Erlbaum, 1989. p. 453-494.

COLLINS, M.; DOWELL, M. L. Discipline and due process. *Thrust for Educational Leadership*, v. 28, n. 2, p. 34-36, 1998.

COMER, J. P. *et al.* (ed.). *Rallying the whole village*: the Comer process for reforming education. New York: Teachers College, 1996b.

COMER, J.; HAYNES, N. M.; JOYNER, E. T. The school development program. *In:* COMER, J. P. *et al.* (ed.). *Rallying the whole village*: the Comer process for reforming education. New York: Teachers College, 1996a. p. 1-26.

CONANT, J. B. *The education of American teachers*. New York: McGraw-Hill, 1963.

CONFREY, J. A review of research on student conceptions in mathematics, science programming. *In:* CAZDEN, C. B. (ed.). *Review of research in education*. Washington: American Educational Research Association, 1990. v. 16, p. 3-55.

COOPER, C. R.; ODELL, L. Evaluating writing: describing, measuring, and judging. Buffalo: State University of New York at Buffalo, 1977.

COPELAND, W. D.; DECKER, D. L. Video cases and the development of meaning making in preservice teachers. *Teaching and Teacher Education*, v. 12, n. 5, p. 467-481, 1996.

COPELAND, W. Student teachers' preference for supervisory approach. *Journal of Teacher Education*, v. 33, n. 2, p. 32-36, 1982.

COREY, S. M. Poor scholar's soliloquy. *Childhood Education*, v. 33, p. 219-220, 1944.

CORSON, D. *Language policy in schools*: a resource for teachers and administrators. Mahwah: Erlbaum, 1999.

CRAIK, F. I. M.; LOCKHART, R. S. Levels of processing: a framework for memory research. *Journal of Verbal Learning and Verbal Behavior*, v. 11, p. 67-84, 1972.

CRAWFORD, J.; STALLINGS, J. *Experimental effects of in-service teacher training derived from process-product correlations in the primary grades*. Stanford: Program on Teaching Effectiveness, Center for Educational Research at Stanford, 1978.

CROOKS, T. J. The impact of classroom evaluation practices on students. *Review of Educational Research*, v. 58, n. 4, p. 438-481, 1988.

CROW, N. A. Preservice teachers' biography: a case study. *In:* ANNUAL MEETING OF THE AMERICAN EDUCATIONAL RESEARCH ASSOCIATION, 1987, Washington. *Paper* [...]. Washington: [s. n.], 1987.

CROW, N. *et al.* Masters cooperative program: an alternative model of teacher development in PDS sites. *In:* ANNUAL MEETING OF THE AMERICAN EDUCATIO-

NAL RESEARCH ASSOCIATION, 1996, New York. *Paper* [...]. New York: [*s. n.*], 1996.

CUBAN, L. Curriculum stability and change. *In:* JACKSON, P. W. (ed.). *Handbook of research on curriculum.* New York: Macmillan, 1992. p. 216-247.

CUBAN, L. *How teachers taught:* constancy and change in American classrooms, 1890-1990. 2nd ed. New York: Teachers College, 1993.

CUMMINS, J. Empowering minority students: a framework for intervention. *Harvard Educational Review,* v. 56, n. 1, p. 18-36, 1986.

CURWIN, R. L.; MENDLER, A. N. *Discipline with dignity.* Upper Saddle River: Pearson Education, 2000.

CUSICK, P. *Inside high school:* the student's world. Austin: Holt Rinehart and Winston, 1973.

D'ANDRADE, R. G. The cultural part of cognition. *Cognitive Science,* v. 5, p. 179-195, 1981.

DAMON, W. *The moral child.* New York: Free, 1990.

DARLING-HAMMOND, L. Teacher quality and student achievement: a review of state policy evidence. *Education Policy Analysis Archives,* v. 8, n. 1, p. 1-44, 2000a.

DARLING-HAMMOND, L. (ed.). *Professional development schools:* schools for developing a profession. New York: Teachers College, 1994.

DARLING-HAMMOND, L. (ed.). *Studies of excellence in teacher education.* Washington: American Association of Colleges for Teacher Education, 2000b. 3 v.

DARLING-HAMMOND, L. Educating teachers for the next century: rethinking practice and policy. *In:* GRIFfiN, G. A. (ed.). *The education of teachers.* Chicago: University of Chicago, 1999. p. 221-256.

DARLING-HAMMOND, L. Inequality and access to knowledge. *In:* BANKS, J. A.; BANKS, C. A. M. (ed.). *Handbook of research on multicultural education.* San Francisco: Jossey-Bass, 2001b. p. 465-483.

DARLING-HAMMOND, L. Standard setting in teaching: changes in licensing, certification, and assessment. *In:* RICHARDSON, V. (ed.). *Handbook of research on teaching.* 4th ed. Washington: American Educational Research Association, 2001a. p. 751-776.

DARLING-HAMMOND, L. The right to learn and the advancement of teaching: research, policy, and practice for democratic education. *Educational Researcher,* v. 25, n. 6, p. 5-17, 1996.

DARLING-HAMMOND, L. *The right to learn:* a blueprint for creating schools that work. San Francisco: Jossey-Bass, 1997.

DARLING-HAMMOND, L. What happens to a dream deferred? The continuing quest for equal educational opportunity. *In:* BANKS, J. A.; BANKS, C. A. M. (ed.). *Handbook of research on multicultural education.* 2nd ed. San Francisco: Jossey-Bass, 2004. p. 607-630.

DARLING-HAMMOND, L., AND MACDONALD, M. Where there is learning there is hope: the preparation of teachers at the Bank Street College of Education. *In:*

DARLING-HAMMOND, L. (ed.). *Studies of excellence in teacher education:* preparation at the graduate level. Washington: American Association of Colleges for Teacher Education, 2000.

DARLING-HAMMOND, L.; ANCESS, J.; FALK, B. *Authentic assessment in action:* studies of schools and students at work. New York: Teachers College, 1995.

DARLING-HAMMOND, L.; CHUNG, R.; FRELOW, F. Variation in teacher preparation: how well do different pathways prepare teachers to teach? *Journal of Teacher Education,* v. 53, n. 4, p. 286-302, 2002.

DARLING-HAMMOND, L.; FRENCH, J.; GARCIA-LOPEZ, S. *Learning to teach for social justice.* New York: Teachers College, 2002.

DARLING-HAMMOND, L.; HAMMERNESS, K. Toward a pedagogy of cases in teacher education. *Teaching Education,* v. 13, n. 2, p. 125-135, 2002.

DARLING-HAMMOND, L.; HUDSON, L.; KIRBY, S. N. Redesigning teacher education: opening the door for new recruits to mathematics and science teaching. Santa Monica: Rand, 1989.

DARLING-HAMMOND, L.; SCLAN, E. M. Who teaches and why? Dilemmas of building a profession for twenty-first century schools. *In:* SIKULA, J. P.; BUTTERY, T. J.; GUYTON, E. (ed.). *Handbook of research on teacher education.* 2nd ed. New York: Macmillan, 1996. p. 67-101.

DARLING-HAMMOND, L.; SNYDER, J. Authentic assessment of teaching in context. *Teaching and Teacher Education,* v. 16, n. 5, p. 523-545, 2000.

DARLING-HAMMOND, L.; SYKES, G. Wanted: a national teacher supply policy for education: the right way to meet the 'highly qualified teacher' challenge. *Educational Policy Analysis Archives,* v. 11, n. 33, p. 1-55, 2003.

DARLING-HAMMOND, L.; WISE, A. E.; KLEIN, S. P. *A license to teach:* building a profession for 21st-century schools. Boulder: Jossey-Bass, 1999.

DARWIN, C. *The origin of species by means of natural selection.* New York: Bantam Books, 1999.

DAVID, J. L. *Transforming state agencies to support education reform.* Washington: National Governors Association, 1994.

DAVIDSON, A. L.; PHELAN, P. Students' multiple worlds: an anthropological approach to understanding students' engagement with school. *In:* URDAN, T. C. (ed.). *Advances in motivation.* Greenwich, CT: JAI, 1999. cap. 11, p. 233-273.

DE GROOT, A. D. *Thought and choice in chess.* New York: Basic Books, 1965.

DE LISI, R., AND STAUDT, J. Individual differences in college students' performance on formal operations tasks. *Journal of Applied Developmental Psychology,* v. 1, p. 201-208, 1980.

DECI, E. L. Applications of research on the effects of rewards. *In:* LEPPER, M. R.; GREENE, D. (ed.). *The hi-*

dden costs of reward: new perspectives on the psychology of human motivation. Hillsdale: Erlbaum, 1978. p. 149-176.

DECI, E. L. Effects of externally mediated rewards on intrinsic motivation. *Journal of Personality and Social Psychology*, v. 18, n. 1, p. 105-115, 1971.

DECI, E. L. Intrinsic motivation, extrinsic reinforcement, and inequity. *Journal of Personality and Social Psychology*, v. 22, n. 1, p. 113-120, 1972.

DECI, E. L., AND RYAN, R. M. *Intrinsic motivation and self-determination in human behavior*. New York: Plenum, 1985.

DELGADO-GAITAN, C. Involving parents in schools: A process of empowerment. *American Journal of Education*, v. 100, n. 1, p. 20-46, 1991.

DELPIT, L. D. *Other people's children*: Cultural conflict in the classroom. New York: New, 1995.

DENTON, J. J. Early field experience influence on performance in subsequent coursework. *Journal of Teacher Education*, v. 33, n. 2, p. 19-23, 1982.

DENTON, J. J.; LACINA, L. J. Quantity of professional education coursework linked with process measures of student teaching. *Teacher Education and Practice*, p. 39-64, 1984.

DENTON, J. J.; MORRIS, J. E.; TOOKE, D. J. The influence of academic characteristics of student teachers on the cognitive attainment of learners. *Educational and Psychological Research*, v. 2, n. 1, p. 15-29, 1982.

DENTON, J. J.; PETERS, W. H. *Program assessment report*: curriculum evaluation of a non-traditional program for certifying teachers. Unpublished report. College Station: Texas A&M University, 1988.

DENTON, J. J.; SMITH, N. L. *Alternative teacher preparation programs*: a cost-effectiveness comparison. Eugene: University of Oregon, 1983. (Research on Evaluation Program, Paper and Report Series No. 86).

DENTON, J. J.; TOOKE, D. J. Examining learner cognitive attainment as a basis for assessing student teachers. *Action in Teacher Education*, v. 3, n. 4, p. 39-45, 1981.

DESIMONE, L. M. *et al*. Effects of professional development on teachers' instruction: results from a three--year longitudinal study. *Educational Evaluation and Policy Analysis*, v. 24, n. 2, p. 81-112, 2002.

DEUTSCH, M. *The effects of training in conflict resolution and cooperative learning in an alternative high school*: summary Report. New York: Teachers College International Center for Cooperation and Conflict Resolution, 1992.

DEWEY, J. *Experience and education*. New York: Macmillan, 1938.

DEWEY, J. *The child and the curriculum*. Chicago: University of Chicago, 1902.

DIAZ, R. M.; NEAL, C. J.; AMAYA-WILLIAMS, M. The social origins of self-regulation. *In*: MOLL, L. C. (ed.).

Vygotsky and education: instructional implications and applications of socio-historical psychology. Cambridge: Cambridge University, 1990. p. 127-154.

DOLL, R. C. *Curriculum improvement*: decision making and process. 5th ed. Boston: Allyn & Bacon, 1982.

DONALDSON, M. *Children's minds*. New York: Norton, 1978.

DONOVAN, M. S.; BRANSFORD, J. D.; PELLEGRINO, J. W. *How people learn*: bridging research and practice. Washington: National Academies, 1999.

DRACHSLER, J. *Democracy and assimilation, the blending of immigrant heritages in America*. New York: Macmillan, 1920.

DREEBEN, R.; BARR, R. Class composition and the design of instruction. *In*: ANNUAL MEETING OF THE AMERICAN EDUCATIONAL RESEARCH ASSOCIATION, 1987, [*s. l.*]. Paper [...]. [*S. l.: s. n.*], 1987.

DREEBEN, R.; GAMORAN, A. Race, instruction, and learning. *American Sociological Review*, v. 51, n. 5, p. 660-669, 1986.

DRUVA, C. A.; ANDERSON, R. D. Science teacher characteristics by teacher behavior and by student outcome: a meta-analysis of research. *Journal of Research in Science Teaching*, v. 20, n. 50, p. 467-479, 1983.

DUCHASTEL, P. C.; MERRILL, P. F. The effects of behavioral objectives on learning: a review of empirical studies. *Review of Educational Research*, v. 43, n. 1, p. 53-69, 1973.

DUESTERBERG, L. Rethinking culture in the pedagogy and practices of preservice teachers. *Teaching and Teacher Education*, v. 14, n. 5, p. 497-512, 1998.

DUFFY, G. *et al*. Effects of explaining reasoning associated with using reading strategies. *Reading Research Quarterly*, v. 22, n. 3, p. 347-368, 1987b.

DUFFY, G. G.; ROEHLER, L. R. Teaching reading skills as strategies. *Reading Teacher*, v. 40, n. 4, p. 414-418, 1987.

DUFFY, G. G.; ROEHLER, L. R. Why strategy instruction is so difficult and what we need to do about it. *In*: MCCORMICK, C. B.; MILLER, G.; LEY, M. (ed.). *Cognitive strategy research*: from basic research to educational applications. New York: Springer-Verlag, 1989. p. 133-154.

DUFOUR, R.; EAKER, R. *Professional learning communities at work*: best practices for enhancing student achievement. Bloomington: National Educational Service, 1998.

DWECK, C. S. Motivation. *In*: LESGOLD, A.; GLASER, R. (ed.). *Foundations for a psychology of education*. Hillsdale: Erlbaum, 1989. p. 87-136.

DWECK, C. S. Motivational processes affecting learning. *American Psychologist*, v. 41, n. 10, p. 1040-1048, 1986.

EBMEIER, H.; GOOD, T. L. The effects of instructing teachers about good teaching on the mathematics achievement of fourth grade students. *American Educational Research Journal*, v. 16, n. 1, p. 1-16, 1979.

EBMEIER, H.; TWOMBLY, S.; TEETER, D. J. The comparability and adequacy of financial support for schools of education. *Journal of Teacher Education*, v. 42, n. 3, p. 226-235, 1991.

ECCLES, J. S. *et al*. Development during adolescence: the impact of stage/environment fit on young adolescents' experiences in schools and in families. *American Psychologist*, v. 48, n. 2, p. 90-101, 1993.

ECCLES, J. S. *et al*. The relations between parents' category-based and target-based beliefs: Gender roles and biological influences. *In*: SOCIETY FOR RESEARCH IN CHILD DEVELOPMENT, 1989, Kansas City. *Paper* [...]. Kansas City: [*s. n.*], 1989.

ECCLES, J. S. Expectancies, values and academic behaviors. *In*: SPENCE, J. T. (ed.). *Achievement and achievement motivation*. San Francisco: Freeman, 1983.

ECCLES, J. S.; WIGFIELD, A.; SCHIEFELE, U. Motivation to succeed. *In*: DAMON, W. (ed.). *Handbook of child psychology*. 5th ed. New York: Wiley, 1998. v. 3, p. 1017-1094.

ECKERT, P. *Jocks and burnouts*: social categories and identity in the high school. New York: Teachers College Columbia University, 1989.

ECKSTROM, R.; VILLEGAS, A. M. Ability grouping in middle grade mathematics: process and consequences. *Research in Middle Level Education*, v. 15, n. 1, p. 1-20, 1991.

EDELSON, D. C.; GORDIN, D. N.; PEA, R. D. Creating science learning tools from experts' investigation tools: a design framework. *In*: ANNUAL MEETING OF THE NATIONAL ASSOCIATION FOR RESEARCH IN SCIENCE TEACHING, 1997, Oak Brook. *Paper* [...]. Oak Brook: [*s. n.*], 1997.

EDUCATION TRUST. *Achievement in America*. [*S. l.: s. n.*], 2003.

EISNER, E. *Learning and teaching the ways of knowing*. Chicago: University of Chicago, 1985.

ELAWAR, M. C.; CORNO, L. A factorial experiment in teachers' written feedback on student homework: changing teacher behavior a little rather than a lot. *Journal of Educational Psychology*, v. 77, n. 2, p. 162-173, 1985.

ELBOW, P. *What is English?* New York: Modern Language Association of America, 1990.

ELKIND, D. *Ties that stress*: the new family imbalance. Cambridge: Harvard University, 1994.

ELLIOTT, E. S.; DWECK, C. S. Goals: an approach to motivation and achievement. *Journal of Personality and Social Psychology*, v. 54, n. 1, p. 5-12, 1988.

ELLIS, R. *Second language acquisition*. Oxford: Oxford University, 1997.

ELMORE, R. F. Getting to scale with good educational practices. *In*: FUHRMAN, S. H.; O'DAY, J. A. (ed.). *Rewards and reform*: creating educational incentives that work. San Francisco: Jossey-Bass, 1996. p. 294-329.

ELMORE, R.; FUHRMAN, S. Opportunity to learn and the state role in education. *In*: TRAIMAN, S. L. *The debate on opportunity-to-learn standards*: commissioned papers. Washington: National Governors Association, 1993.

EMMER, E. T. *et al*. *Classroom management for secondary teachers*. Englewood Cliffs: Prentice-Hall, 1984.

EMMER, E. T.; AUSSIKER, A. School and classroom discipline programs. *In*: MOLES, O. C. (ed.). *Student discipline strategies*: research and practice. Albany: State University of New York, 1990. p. 129-165.

ENGLERT, C. S. Exposition: reading, writing, and the metacognitive knowledge of learning disabled students. *Learning Disabilities Research*, v. 5, n. 1, p. 5-24, 1989.

ENGLERT, C.; RAPHAEL, T. Developing successful writers through cognitive strategy instruction. *In*: BROPHY, J. (ed.). *Advances in research on teaching*. Greenwich: JAI, 1989. v. 1.

ENGLERT, C.; RAPHAEL, T.; ANDERSON, L. Socially mediated instruction: Improving students' knowledge and talk about writing. *Elementary School Journal*, v. 92, n. 4, p. 411-449, 1992.

EPSTEIN, J. L. *et al*. *School, family, and community partnerships*: your handbook for action. 2nd ed. Thousand Oaks: Corwin, 2002.

EPSTEIN, J. L. *School, family, and community partnerships*: preparing educators and improving schools. Boulder: Westview, 2001.

EPSTEIN, J. L.; SHELDON, S. B. Present and accounted for: improving student attendance through family and community involvement. *Journal of Educational Research*, v. 95, n. 5, p. 308-318, 2002.

ERICSSON, K. A.; KRAMPE, R.; TESCH-ROMER, C. The role of deliberate practice in the acquisition of expert performance. *Psychological Review*, v. 100, n. 3, p. 363-406, 1993.

ERTMER, P. Transforming teacher education: visions and strategies. *Educational Technology Research and Development*, v. 51, n. 1, p. 124-128, 2003.

ETZIONI, A. *The new golden rule*: community and morality in a democratic society. New York: Basic Books, 1996.

EVERTSON, C. *et al*. Improving classroom management: an experiment in elementary school classrooms. *Elementary School Journal*, v. 84, p. 173-188, 1983.

EVERTSON, C. M. Classroom management. *In*: WALBERG, H. J.; HAERTEL, G. D. (ed.). *Psychology and educational practice*. Berkeley: McCutchan, 1997. p. 251-273.

EVERTSON, C. M. Classroom organization and management. *In*: REYNOLDS, M. C.; AMERICAN ASSOCIATION OF COLLEGES FOR TEACHER EDUCATION (ed.). *Knowledge base for the beginning teacher*. New York: Pergamon, 1989. p. 59-70.

EVERTSON, C. M. Creating conditions for learning: from research to practice. *Theory into Practice*, v. 26, n. 1, p. 44-50, 1987.

EWART, O. M.; BRAWN, M. *Erlebnisse und probleme vorschulischer foerderung*. [S. l.: s. n.], 1978.

FACING HISTORY AND OURSELVES. c2019. Disponível em: https://www.facinghistory.org/. Acesso em: 01 mar. 2019.

FARKAS, S. *et al*. *A lot to be thankful for*: what parents want children to learn about America. New York: Public Agenda Foundation, 1998.

FAY, J.; FUNK, D. *Teaching with love and logic*: taking control of the classroom. Golden: Love and Logic Institute, 1998.

FEIMAN-NEMSER, S. From preparation to practice: designing a continuum to strengthen and sustain teaching. *Teachers College Record*, v. 103, n. 6, p. 1013-1055, 2001a.

FEIMAN-NEMSER, S. Helping novices learn to teach: lessons from an exemplary support teacher. *Journal of Teacher Education*, v. 52, n. 1, p. 17-30, 2001b.

FEIMAN-NEMSER, S. Learning to teach. *In*: SHULMAN, L. S.; SYKES, G. (ed.). *Handbook of teaching and policy*. New York: Longman, 1983. p. 150-171.

FEIMAN-NEMSER, S. Teacher preparation: structural and conceptual analysis. *In*: HOUSTON, W. R.; HABERMAN, M.; SIKULA, J. P. (ed.). *Handbook of research on teacher education*. New York: Macmillan, 1990. p. 212-233.

FEIMAN-NEMSER, S.; BUCHMANN, M. Describing teacher education: a framework and illustrative findings from a longitudinal study of six students. *Elementary School Journal*, v. 89, n. 3, p. 365-378, 1989.

FEIMAN-NEMSER, S.; BUCHMANN, M. Pitfalls of experience in teacher preparation. *Teachers College Record*, v. 87, p. 53-65, 1985.

FELDMAN, D. H. *Beyond universals in cognitive development*. Norwood: Ablex, 1980.

FENNEMA, E. *et al*. A longitudinal study of learning to use children's thinking in mathematics instruction. *Journal for Research in Mathematics Learning*, v. 27, n. 4, p. 403-434, 1996.

FENNEMA, E.; CARPENTER, T.; PETERSON, P. Learning mathematics with understanding. *In*: BROPHY, J. (ed.). *Advances in research on teaching*. Greenwich: JAI, 1989. v. 1, p. 195-221.

FENNEMA, E.; ROMBERG, T. A. *Mathematics classrooms that promote understanding*. Mahwah: Erlbaum, 1999.

FERGUSON, P.; WOMACK, S. T. The impact of subject matter and education coursework on teaching performance. *Journal of Teacher Education*, v. 44, n. 1, p. 55-63, 1993.

FERGUSON, R. F. Paying for public education: new evidence on how and why money matters. *Harvard Journal on Legislation*, v. 28, n. 2, p. 465-498, 1991a.

FERGUSON, R. F.; LADD, H. F. How and why money matters: an analysis of Alabama schools. *In*: LADD, H. F. (ed.). *Holding schools accountable*: performance-based reform in education. Washington: Brookings Institution, 1996. p. 265-298.

FERNANDEZ, C. Learning from Japanese approaches to professional development: the case of lesson study. *Journal of Teacher Education*, v. 53, n. 5, p. 393-405, 2002.

FETLER, M. High school staff characteristics and mathematics test results. *Education Policy Analysis Archives*, v. 7, n. 9, p. 1-23, 1999.

FIELD, D. A review of preschool conservation training: an analysis of analyses. *Developmental Review*, v. 7, p. 210-251, 1987.

FILLMORE, L. W.; SNOW, C. E. What teachers need to know about language. *In*: ADGER, C. T.; SNOW, C. E.; CHRISTIAN, D. (ed.). *What teachers need to know about language*. McHenry: Center for Applied Linguistics, 2002. p. 7-53.

FINE, M. *Framing dropouts*: notes on the politics of an urban public school. Albany: State University of New York, 1991.

FISCHETTI, J.; LARSON, A. How an integrated unit increased student achievement in a high school PDS. *In*: GUADARRAMA, I. N.; RAMSEY, J.; NATH, J. L. (ed.). *Forging alliances in community and thought*: research in professional development schools. Greenwich: Information Age Publishing, 2002. p. 227-258.

FISHER, C. W. *et al*. Teaching behaviors, academic learning time, and student achievement: an overview. *In*: DENHAM, C.; LIEBERMAN, A. (ed.). *Time to learn*. Washington: National Institute of Education, 1980. p. 7-32.

FLAVELL, J. H. Cognitive development: past, present and future. *In*: PARKE, R. D. *et al*. (ed.). *A century of developmental psychology*. Washington: American Psychological Association, 1994.

FLAVELL, J. H. Metacognition and cognitive monitoring: a new area of cognitive development inquiry. *American Psychologist*, v. 34, p. 906-911, 1979.

FLAVELL, J. H. Metacognitive aspects of problem solving. *In*: RESNICK, L. B. (ed.). *The nature of intelligence*. Hillsdale: Erlbaum, 1976.

FLEMING, M.; CHAMBERS, B. Teacher-made tests: windows on the classroom. *In*: HATHAWAY, W. E. (ed.). *Testing in the schools*. San Francisco: Jossey-Bass, 1983. p. 29-38.

FLEXNER, A.; PRITCHETT, H. S. *Medical education in the United States and Canada*: a report to the Carnegie Foundation for the Advancement of Teaching. New York: Carnegie Foundation for the Advancement of Teaching, 1910. (Bulletin Number Four). Disponível em: http://archive.carnegiefoundation.org/pdfs/elibrary/Carnegie_Flexner_Report.pdf. Acesso em: 13 jan. 2019.

FLODEN, R. E.; MCDIARMID, G. W.; WERNERS, N. *What are they trying to do?* Perspectives on teacher educators' purposes. East Lansing: National Center for Research on Teacher Education, Michigan State University, 1989.

FLORIO-RUANE, S. *Teacher education and the cultural imagination.* Mahwah: Erlbaum, 2001.

FOSNOT, C. T. Teachers construct constructivism: the center for constructivist teaching/teacher preparation project. *In:* FOSNOT, C. T. (ed.). *Constructivism*: theory, perspectives, and practice. New York: Teachers College, 1996. p. 205-216.

FOSTER, M. African American teachers and culturally relevant pedagogy. *In:* BANKS, J. A.; BANKS, C. A. M. (ed.). *Handbook of research on multicultural education.* San Francisco: Jossey-Bass, 2001. p. 570-581.

FRARY, R. B.; CROSS, L. H.; WEBER, L. J. Testing and grading practices and opinions of secondary teachers of academic subjects: implications for instruction in measurement. *Educational Measurement*: Issues and Practice, v. 12, n. 3, p. 23-30, 1993.

FREDERIKSEN, J. R., AND COLLINS, A. A systems approach to educational testing. *Educational Researcher*, v. 18, n. 9, p. 27-32, 1989.

FREESE, A. R. The role of reflection on preservice teachers' development in the context of a professional development school. *Teaching and Teacher Education*, v. 15, n. 8, p. 895-909, 1999.

FREIBERG, H. J. (ed). *Beyond behaviorism*: changing the classroom management paradigm. Boston: Allyn & Bacon, 1999.

FREY, N. Literacy achievement in an urban middle-level professional development school: a learning community at work. *Reading Improvement*, v. 39, n. 1, p. 3-13, 2002.

FRICKE, A. *Reflections of a rock lobster*: a story about growing up gay. New York: Consortium Book Sales, 1995.

FRIEDMAN, S. J.; MANLEY, M. Grading practices in the secondary school: perceptions of the stakeholders. *In:* ANNUAL MEETING OF THE NATIONAL COUNCIL ON MEASUREMENT IN EDUCATION, 1991, Chicago. *Paper* [...]. Chicago: [s. n.], 1991.

FRIEL, S.; CARBONI, L. Using video-based pedagogy in an elementary mathematics methods course. *School Science and Mathematics*, v. 100, n. 3, p. 118-127, 2000.

FULLAN, M. *Change forces*: pobing the depths of educational reform. London: Falmer, 1993a.

FULLAN, M. Contexts: overview and framework. *In:* O'HAIR, M. J.; ODELL, S. (ed.). *Educating teachers for leadership and change.* Thousand Oaks: Corwin, 1995. (Teacher education yearbook, v. III). p. 1-10.

FULLAN, M. *Leading in a culture of change.* San Francisco: Wiley, 2001.

FULLAN, M. *The new meaning of educational change.* New York: Teachers College, 1991.

FULLAN, M. Why teachers must become change agents. *Educational Leadership*, v. 50, n. 6, p. 12-17, 1993b.

FULLER, E. *Do properly certified teachers matter?* A comparison of elementary school performance on the TAAS in 1997 between schools with high and low percentages of properly certified regular education teachers. Austin: The Charles A. Dana Center, University of Texas at Austin, 1998.

FULLER, E. Do properly certified teachers matter? Properly certified Algebra teachers and Algebra I achievement in Texas. *In:* AMERICAN EDUCATIONAL RESEARCH ASSOCIATION, 2000, New Orleans. *Paper* [...]. New Orleans: [s. n.], 2000.

FULLER, F. F. Concerns of teachers: a developmental conceptualization. *American Educational Research Journal*, v. 6, n. 2, p. 207-226, 1969.

GAGE, N. L. *The scientific basis of the art of teaching.* New York: Teachers College, 1978.

GAGE, N. L.; BERLINER, D. C. *Educational psychology.* 6th ed. Boston: Houghton Mifflin, 1998.

GALLEGO, M. A. Is experience the best teacher? The potential of coupling classroom and community-based field experiences. *Journal of Teacher Education*, v. 52, n. 4, p. 312-325, 2001.

GALLIMORE, R.; DALTON, S.; THARP, R. G. Self-regulation and interactive teaching: the effects of teaching conditions on teachers' cognitive activity. *Elementary School Journal*, v. 86, n. 5, p. 613-631, 1986.

GAMORAN, A. Access to excellence: assignment to honors English classes in the transition from middle to high school. *Educational Evaluation and Policy Analysis*, v. 14, n. 3, p. 185-204, 1992.

GAMORAN, A. The consequences of track-related instructional differences for student achievement. *In:* ANNUAL MEETING OF THE AMERICAN EDUCATIONAL RESEARCH ASSOCIATION, 1990, Boston. *Paper* [...]. Boston: [s. n.], 1990.

GAMORAN, A.; BERENDS, M. The effects of stratification in secondary schools: synthesis of survey and ethnographic research. *Review of Educational Research*, v. 57, p. 415-436, 1987.

GAMORAN, A.; MARE, R. Secondary school tracking and educational inequality: compensation, reinforcement or neutrality? *American Journal of Sociology*, v. 94, p. 1146-1183, 1989.

GAMORAN, A.; WEINSTEIN, M. *Differentiation and opportunity in restructured schools.* Washington: U.S. Department of Education, 1995.

GANDARA, P. A study of High School Puente: what we have learned about preparing Latino youths for postsecondary education. *Educational Policy Special Issue*: The Puente Project—Issues and Perspectives on Preparing Latino Youth for Higher Education, v. 16, n. 4, p. 474-495, 2002.

GARCIA, E. Language, culture, and education. *In*: DARLING-HAMMOND, L. (ed.). *Review of research in education*. Washington: American Educational Research Association, 1993. v. 19, p. 51-98.

GARDNER, H. *Frames of mind*: the theory of multiple intelligences. New York: Basic Books, 1983.

GARLAND, M. The mathematics workshop model: an interview with Uri Treisman. *Journal of Developmental Education*, v. 16, n. 3, p. 14-22, 1993.

GAY, G. Building cultural bridges: a bold proposal for teacher education. *Education and Urban Society*, v. 25, n. 3, p. 285-299, 1993.

GAY, G. *Culturally responsive teaching*: theory, research, and practice. New York: Teachers College, 2000.

GAY, G.; HOWARD, T. Multicultural teacher education for the 21st century. *Teacher Educator*, v. 36, n. 1, p. 1-16, 2000.

GEBHARD, M. *et al.* "You can't step on someone else's words": preparing all teachers to teach language minority students. *In*: BEYKONT, Z. (ed.). *The power of culture*: teaching across language difference. Cambridge: Harvard Publishing Group, 2002.

GEE, J. P. *An introduction to human language*: fundamental concepts in linguistics. Englewood Cliffs: Prentice Hall, 1993.

GEE, J. P. Decontextualized language: a problem, not a solution. *In*: INTERNATIONAL SYMPOSIUM ON BILINGUAL EDUCATION, 4., 2003, Tempe. *Paper* [...]. Tempe: Arizona State University, 2003a.

GEE, J. P. Forward. *In*: BARTOLOMÉ, L. I. (ed.). *The misteaching of academic discourses*: the politics of language in the classroom. Oxford: Westview, 1998. p. ix-xvi.

GEE, J. P. *Social linguistics and literacies*: ideology in discourses. New York: Falmer, 1990.

GEE, J. P. *What video games have to teach us about learning and literacy*. New York: Palgrave Macmillan, 2003b.

GELMAN, R. Preschool thought. *American Psychologist*, v. 34, p. 900-905, 1979.

GENESEE, F. *Program alternatives for linguistically diverse students*. Washington: Center for Research on Education, Diversity, and Excellence, 1999.

GENTRY, J. R. An analysis of developmental spelling in GYNS AT WRK. *Reading Teacher*, v. 36, n. 2, p. 192-200, 1982.

GETTYS, C. M. *et al.* The professional development school experience evaluation. *In*: MID-SOUTH EDUCATIONAL RESEARCH ASSOCIATION CONFERENCE, 1999, Gatlinburg. *Paper* [...]. Gatlinburg: [s. n.], 1999.

GICK, M. L.; HOLYOAK, K. J. Analogical problem solving. *Cognitive Psychology*, v. 12, p. 306-355, 1980.

GICK, M. L.; HOLYOAK, K. J. Schema induction and analogical transfer. *Cognitive Psychology*, v. 15, p. 1-38, 1983.

GILL, B.; HOVE, A. *The Benedum collaborative model of teacher education*: a preliminary evaluation. Santa Monica: Rand, 1999. (Report prepared for the Benedum Center for Education Reform DB-303-EDU).

GILLIGAN, C. *In a different voice*: psychological theory and women's development. Cambridge: Harvard University, 1982.

GIROTTO, V.; LIGHT, P. The pragmatic bases of children's reasoning. *In*: LIGHT, P.; BUTTERWORTH, G. (Ed.). *Context and cognition*: Ways of learning and knowing. Hillsdale: Erlbaum, 1983.

GIROUX, H. A.; MYRSIADES, K. *Beyond the corporate university*: Culture and pedagogy in the new millennium. Lanham: Rowman and Littlefield, 2001.

GLAESER, B. C. *et al.* Paradigm pioneers: a professional development school collaborative for special education teacher education candidates. *In*: GUADARRAMA, I. N.; RAMSEY, J.; NATH, J. L. (ed.). *Forging alliances in community and thought*: research in professional development schools. Greenwich: Information Age Publishing, 2002. p. 125-152.

GLASSER, W. *The quality school*: managing students without coercion. New York: Perennial Library, 1990.

GOE, L. Legislating equity: the distribution of emergency permit teachers in California, *Education Policy Analysis Archives*, v. 10, n. 42, 2002.

GOERTZ, M. E.; EKSTROM, R. B.; COLEY, R. J. The impact of state policy on entrance into the teaching profession. Princeton: Educational Testing Service, 1984. (Final Report under National Institute of Education Grant No. G83-0073)

GOFFMAN, E. *The presentation of self in everyday life*. Garden City: Doubleday, 1959.

GOLDHABER, D. D.; BREWER, D. J. Does teacher certification matter? High school teacher certification status and student achievement. *Educational Evaluation and Policy Analysis*, v. 22, n. 2, p. 129-145, 2000.

GOLDHABER, D. D.; BREWER, D. J. When should we reward degrees for teachers? *The Phi Delta Kappan*, v. 80, n. 2, p. 134-138, 1998.

GOLDHABER, D.; ANTHONY, E. *Can teacher quality be effectively assessed?* Philadelphia: Center for Policy Research in Education, 2004.

GOLDMAN, E.; BARRON, L. Using hypermedia to improve the preparation of elementary teachers. *Journal of Teacher Education*, v. 41, n. 3, p. 21-31, 1990.

GOMEZ, L. *et al. Exploring the role of technology in pre-service teacher preparation*. Evanston: Northwestern University, 2003.

GOMEZ, M. L.; TABACHNICK, B. R. Telling teaching stories. *Teaching Education*, v. 4, n. 2, p. 129-138, 1992.

GONSIER-GERDIN, J. *Elementary school children's perspectives on peers with disabilities in the context of integrated play groups*: "They're not really disabled. They're like plain kids." Berkeley: University of California, 1993.

GONZALEZ, M. M. Parental distancing strategies: processes and outcomes in a longitudinal perspective. *In:* INTERNATIONAL SOCIETY FOR THE STUDY OF BEHAVIORAL DEVELOPMENT, 1994, Amsterdam. *Paper* [...]. Amsterdam: [s. n.], 1994.

GONZÁLEZ, N. *et al.* Funds of knowledge for teaching in Latino households. *Urban Education*, v. 29, n. 4, p. 443-470, 1995.

GOOD T. L.; GROUWS, D. A. The Missouri mathematics effectiveness project: an experiment in fourth-grade classrooms. *Journal of experimental psychology*, v. 71, p. 355-362, 1979.

GOOD, G. Humanism betrayed: *Theory, ideology, and culture in the contemporary university*. Montreal: McGill-Queen's University, 2001.

GOOD, T. L.; BROPHY, J. E. *Contemporary educational psychology*. 5th ed. White Plains: Longman, 1995.

GOOD, T. L.; BROPHY, J. E. *Looking in classrooms*. 6th ed. New York: HarperCollins College Publishers, 1994.

GOODENOW, C. Classroom belonging among early adolescent students: relationships to motivation and achievement. *Journal of Early Adolescence*, v. 13, n. 1, p. 21-43, 1993.

GOODLAD, J. I. *A place called school*: prospects for the future. New York: McGraw-Hill, 1984

GOODLAD, J. I. *Educational renewal*: better teachers, better schools. San Francisco: Jossey-Bass, 1994.

GOODLAD, J. I. *Teachers for our nation's schools*. San Francisco: Jossey-Bass, 1990.

GOODLAD, J. I.; SODER, R.; SIROTNIK, K. A. *Places where teachers are taught*. San Francisco: Jossey-Bass, 1990.

GOODMAN, J. What students learn from early field experiences: a case study and critical analysis. *Journal of Teacher Education*, v. 36, n. 6, p. 42-48, 1985.

GOODMAN, K.; GOODMAN, Y.; HOOD, W. *The whole language evaluation book*. Portsmouth: Heinemann, 1989.

GOODWIN, A. L. (ed.). *Assessment for equity and inclusion*. New York: Routledge, 1997a.

GOODWIN, A. L. Making the transition from self to other: what do preservice teachers really think about multicultural education? *Journal of Teacher Education*, v. 45, p. 119-131, 1994.

GOODWIN, A. L. Multicultural stories: preservice teachers' conceptions of and responses to issues of diversity. *Urban Education*, v. 32, n. 1, p. 117-145, 1997b.

GOODWIN, A. L. The case of one child: making the shift from personal knowledge to professionally informed practice. *Teaching Education*, v. 13, n. 2, p. 137-154, 2002.

GORDON, T. *T.E.T.*: teacher effectiveness training. New York: P. H. Wyden, 1974.

GORE, J. M.; ZEICHNER, K. M. Action research and reflective teaching in preservice teacher education: a case study from the United States. *Teaching and Teacher Education*, v. 7, n. 2, p. 119-136, 1991.

GRABER, K. C. Influencing student beliefs: the design of a "High Impact" teacher education program. *Teaching and Teacher Education*, v. 12, n. 5, p. 451-466, 1996.

GRAGG, C. I. Because wisdom can't be told. *Harvard Alumni Bulletin*, p. 78-84, 1940.

GRANT, C. A.; KOSKELLA, R. A. Education that is multicultural and the relationship between preservice campus learning and field experiences. *Journal of Educational Research*, v. 79, n. 4, p. 197-204, 1986.

GRAY, L. *et al.* New teacher in the job market: 1991 update. Washington: U.S. Department of Education, 1993.

GREENO, J. G.; PEARSON, P. D.; SHOENFELD, A. H. Implications for the National Assessment of Educational Progress of Research on Learning and Cognition. *In:* GLASER, R.; LINN, R.; BOHRNSTEDT, G. Assessment in transition: Monitoring the nation's educational progress. Stanford: National Academy of Education, 1997. p. 152-215.

GREENOUGH, W. T.; JURASKA, J. M.; VOLKMAR, F. R. Maze training effects on dendritic branching in occipital cortex of adult rats. *Behavioral and Neural Biology*, v. 26, p. 287-297, 1979.

GREENWALD, R.; HEDGES, L. V.; LAINE, R. D. The effect of school resources on student achievement. *Review of Educational Research*, v. 66, n. 3, p. 361-396, 1996.

GRISSMER, D. *et al. Improving student achievement*: what state NAEP test scores tell us. Santa Monica: Rand, 2000.

GRISWOLD, P. A.; GRISWOLD, M. M. The grading contingency: graders' beliefs and expectations and the assessment ingredients. *In:* ANNUAL MEETING OF THE AMERICAN EDUCATIONAL RESEARCH ASSOCIATION, 1992, San Francisco. *Paper* [...]. San Francisco: [s. n.], 1992.

GROSSMAN, P. In pursuit of a dual agenda: creating a middle-level professional development school. *In:* DARLING-HAMMOND, L. (ed.). *Professional development schools*: schools for developing a profession. New York: Teachers College, 1994. p. 50-73.

GROSSMAN, P. L. Research on the teaching of literature: finding a place. In: RICHARDSON, V. (ed.). *Handbook of research on teaching*. 4th ed. Washington: American Educational Research Association, 2001.

GROSSMAN, P. L. Teacher knowledge and professional education: the case of pedagogical content knowledge. *In:* INAUGURAL UNIVERSITI PENDIDIKAN SULTAN

IDRIS (UPSI) INTERNATIONAL TEACHER CONFE-RENCE, 2002, Tanjung Malim. *Keynote address* [...]. Tanjung Malim: [s. n.], 2002.

GROSSMAN, P. L. Why models matter: an alternate view on professional growth in teaching. *Review of Educational Research*, v. 62, n. 2, p. 171-179, 1992.

GROSSMAN, P. L.; SMAGORINSKY, P.; VALENCIA, S. Appropriating tools for teaching English: a theoretical framework for research on learning to teach. *American Journal of Education*, v. 108, n. 1, p. 1-29, 1999.

GROSSMAN, P. L.; STODOLSKY, S. S. Changing students, changing teaching. *Teachers College Record*, v. 102, p. 123-172, 2000.

GROSSMAN, P. L.; STODOLSKY, S. S. Content as context: the role of school subjects in secondary school teaching. *Educational Researcher*, v. 24, n. 8, p. 5-23, 1995.

GROSSMAN, P. L.; THOMPSON, C.; VALENCIA, S. W. Focusing the concerns of new teachers. The district as teacher educator. *In:* HIGHTOWER, A. *et al.* (ed.). *School districts and instructional renewal*: opening the conversation. New York: Teachers College, 2000. p. 129-142.

GROSSMAN, P. Research on pedagogical approaches in teacher education. *In:* COCHRAN-SMITH, M.; ZEICHNER, K. M. (ed.). *Studying teacher education*: the Report of the AERA Panel on Research and Teacher Education. Washington: American Educational Research Association Consensus Panel on Teacher Education, 2005.

GROSSMAN, P. *The making of a teacher*: teacher knowledge and teacher education. New York: Teachers College, 1990.

GROSSMAN, P.; MCDANIEL, J. E. (1990). Breaking boundaries: restructuring teacher education as a collaborative school/university venture. *In:* AMERICAN EDUCATIONAL RESEARCH ASSOCIATION, 1990, Boston. *Paper* [...]. Boston: [s. n.], 1990.

GROUWS, D. (ed.). *Handbook for research on mathematics teaching and learning*. New York: Macmillan, 1992.

GUADARRAMA, I. N.; RAMSEY, J.; NATH, J. L. (ed.). *Forging alliances in community and thought*: research in professional development schools. Greenwich: Information Age Publishing, 2002.

GUGGENHEIM, C. *The shadow of hate*: a history of intolerance in America. Montgomery: Teaching Tolerance, 1995.

GULLICKSON, A. R. Student evaluation techniques and their relationship to grade and curriculum. *Journal of Educational Research*, v. 79, n. 2, p. 96-100, 1985.

GUMPERZ, J. J. *Discourse strategies*. Cambridge: Cambridge University, 1982.

GUNSTONE, R. F. *et al.* (A case study of development in preservice science teachers. *Science Education*, v. 77, n. 1, p. 47-73, 1993.

GUTMANN, A. *Democratic education*. Princeton: Princeton University, 1999.

GUYTON, E.; MCINTYRE, D. J. Student teaching and school experiences. *In:* HOUSTON, W. R. (ed.). *Handbook of research on teacher education*. New York: MacMillan, 1990. p. 514-535.

HABERMAN, M. Selecting and preparing culturally competent teachers for urban schools. *In:* SIKULA, J. P.; BUTTERY, T. J.; GUYTON, E. (ed.). *Handbook of research on teacher education*. 2nd ed. New York: MacMillan, 1996. p. 747-760.

HABERMAN, M.; POST, L. Does direct experience change education students' perception of minority children? *Midwest Educational Researcher*, v. 5, n. 2, p. 29-31, 1992.

HAERTEL, E. H. New forms of teacher assessment. *Review of Research in Education*, v. 17, p. 3-29, 1991.

HALLIDAY, M. A. K. Towards a language-based theory of learning. *Linguistics and Education*, v. 5, p. 93-116, 1993.

HALLINAN, M. Ability grouping and student learning. *In:* RAVITCH, D. (ed.). *Brookings papers on education policy*. Washington: Brookings Institution, 2003.

HAMMERNESS, K. *Seeing through teachers' eyes*: professional ideals and classroom practices. New York: Teachers College, 2006.

HAMMERNESS, K.; DARLING-HAMMOND, L. Meeting old challenges and new demands: the redesign of the Stanford Teacher Education Program. *Issues in Teacher Education*, v. 11, n. 1, p. 17-30, 2002.

HAMMERNESS, K.; DARLING-HAMMOND, L.; SHULMAN, L. Towards expert thinking: how case-writing contributes to the development of theory-based professional knowledge in student-teachers. *In:* ANNUAL MEETING OF THE AMERICAN EDUCATIONAL RESEARCH ASSOCIATION, 2002, Seattle. *Paper* [...]. Seattle: [s. n.], 2002.

HANAfiN, J.; LYNCH, A. Peripheral voices: parental involvement, social class, and educational disadvantage. *British Journal of Sociology of Education*, v. 50, n. 5, p. 35-49, 2002.

HANSEN, L. S. *Project born free*. Minneapolis: University of Minnesota, 1977.

HANSON, N. R. A picture theory of theory meaning. *In:* COLODNY, R. G. (ed.). *The nature and function of scientific theories*. Pittsburgh: University of Pittsburgh, 1970. p. 233-274.

HANUSHEK, E. A.; KAIN, J. F.; RIVKIN, S. G. Do higher salaries buy better teachers? *In:* ANNUAL MEETING OF THE AMERICAN ECONOMIC ASSOCIATION, 1999, New York. *Paper* [...]. New York: [s. n.], 1999.

HARACKIEWICZ, J. M.; ABRAHAMS, S.; WAGEMAN, R. Performance evaluation and intrinsic motivation: the effects of evaluative focus, rewards, and achievement orientation. *Journal of Personality and Social Psychology*, v. 53, n. 6, p. 1015-1023, 1987.

HARACKIEWICZ, J. M.; SANSONE, C. Rewarding competence: the importance of goals in the study of intrinsic motivation. *In:* SANSONE, C.; HARACKIEWICZ, J. M. (ed.). *Intrinsic and extrinsic motivation:* the search for optimal motivation and performance. San Diego: Academic, 2000. p. 82-103.

HARDING, S. G. *Whose science?* Whose knowledge? Thinking from women's lives. Ithaca: Cornell University, 1991.

HARGREAVES, A. *Changing teachers, changing times:* teacher' work and culture in the postmodern age. New York: Teachers College, 1994.

HARRINGTON, H. L. Fostering seasoned decisions: case-based pedagogy and the professional development of teachers. *Teaching and Teacher Education,* v. 11, n. 3, p. 203-214, 1995.

HARRIS, M. J.; ROSENTHAL, R. Mediation of interpersonal expectancy effects: 31 meta-analyses. *Psychological Bulletin,* v. 97, p. 363-386, 1985.

HARRIS, T. R.; BRANSFORD, J. D.; BROPHY, S. P. Roles for learning sciences and learning technologies in biomedical engineering education: a review of recent advances. *Annual Review Biomedical Engineering,* v. 4, p. 29-48, 2002.

HARRIS, W. N.; LEE, V. W.; PIGGE, F. L. Effectiveness of micro-teaching experiences in elementary science methods classes. *Journal of Research in Science Teaching,* v. 7, p. 31-33, 1970.

HARTER, S. Self and identity development. *In:* FELDMAN, S. S.; ELLIOTT, G. R. (ed.). *At the threshold:* the developing adolescent. Cambridge: Harvard University, 1990. p. 352-387.

HARTER, S. Teacher and classmate influences on scholastic motivation, self-esteem, and level of voice in adolescents. *In:* JUVONEN, J.; WENTZEL, K. R. (ed.). *Social motivation:* understanding children's school adjustment. Cambridge: Cambridge University, 1996. p. 11-42.

HARTER, S. The construction and conservation of the self: James and Cooley revisited. *In:* LAPSLEY, D. K.; POWER, F. C. (ed.). *Self, ego, and identity:* integrative approaches. New York: Springer-Verlag, 1988. p. 43-69.

HARTER, S. The development of self-representations. *In:* DAMON, W. (ed.). *Handbook of child psychology.* New York: Wiley, 1998. v. 3, p. 553-618.

HARTUP, W. The peer relations. *In:* HETHERINGTON, E. M. (ed.). *Handbook of child psychology.* New York: Wiley, 1983. (Socialization, personality, and social development, v. 4). p. 103-196.

HARTUP, W. The two social worlds of childhood. *American Psychologist,* v. 34, p. 944-950, 1979.

HARVARD LAW SCHOOL. *Report of the committee on curriculum.* Cambridge: Harvard Law School, 1936.

HASHER, L.; ZACKS, R. T. Automatic and effortful processes in memory. *Journal of Experimental Psychology:* General, v. 108, p. 356-388, 1979.

HATANO, G.; INAGAKI, K. Two courses of expertise. *In:* STEVENSON, H.; AZUMA, H.; HAKUTA, K. (ed.). *Child development and education in Japan.* New York: Freeman, 1986. p. 262-272.

HATANO, G.; OURA, Y. *Commentary:* reconceptualizing school learning using insight from expertise research. *Educational Researcher,* v. 32, n. 8, p. 26-29, 2003.

HAWK, P. P.; COBLE, C. R.; SWANSON, M. Certification: it does matter. *Journal of Teacher Education,* v. 36, n. 3, p. 13-15, 1985.

HAWKINS, D. *I, thou, and it, the informed vision.* Flemington: Agathon, 1974.

HAYES, H. A.; WETHERILL, K. S. A new vision for schools, supervision, and teacher education: the professional development system and model clinical teacher project. *In:* ANNUAL MEETING OF THE AMERICAN EDUCATIONAL RESEARCH ASSOCIATION, 1996, New York. *Paper [...].* New York: [s. n.], 1996.

HAYES, J. R. Individuals and environments in writing instruction. *In:* JONES, B. F.; IDOL, L. (eds.). *Dimensions of thinking and cognitive instruction.* Hillsdale: Erlbaum, 1990. p. 241-263.

HAYNES, N. M. *et al.* It takes a whole village: the SDP school. *In:* COMER, J. P. *et al.* (ed.). *Rallying the whole village:* the Comer process for reforming education. New York: Teachers College, 1996. p. 42-71.

HEATH, S. B. Questioning at home and at school: a comparative study. *In:* SPINDLER, G. D. (ed.). *Doing the ethnography of schooling:* educational anthropology in action. New York: Holt, Rinehart and Winston, 1982. p. 102-131.

HEATH, S. B. *Ways with words:* language, life, and work in communities and classrooms. Cambridge: Cambridge University, 1983.

HEATH, S. B. What no bedtime story means: narrative skills at home and school. *In:* SCHIEFFELIN, B. B.; OCHS, E. (ed.). *Language socialization across cultures.* Cambridge: Cambridge University, 1986. p. 97-124.

HEATH, S. B.; SOEP, E.; ROACH, A. Living the arts through language and learning: a report on community-based youth organizations. *Americans for the Arts Monographs,* v. 2, n. 7, p. 1-20, 1998.

HEGARTY, S. *Newcomers feel toll of teaching is too high.* St. Petersburg: [s. n.], 2001.

HENDRICKSON, G.; SCHROEDER, W. H. Transfer of training in learning to hit a submerged target. *Journal of Educational Psychology,* v. 32, n. 2, p. 5-13, 1941.

HENRY, M. The effect of increased exploratory field experiences upon the perceptions and performance of student teachers. *Action in Teacher Education,* v. 5, n. 1-2, p. 66-70, 1983.

HERBST, J. Teacher preparation in the nineteenth century: institutions and purposes. *In:* WARREN, D. (ed.). *American teachers:* histories of a profession at work. New York: Macmillan, 1989. p. 213-236.

HERNÁNDEZ, H. Multicultural education: a teacher's guide to content and process. Columbus: Merrill, 1989.

HESTENES, D. Toward a modeling theory of physics instruction. *American Journal of Physics*, v. 55, p. 440-454, 1987.

HEUBERT, J. P.; HAUSER, R. M. *High stakes*: testing for tracking, promotion, and graduation. Washington: National Academies, 1999.

HIEBERT, E. H.; RAPHAEL, T. *Early literacy instruction*. Fort Worth: Harcourt Brace College Publishers, 1998.

HILLOCKS, G. *The testing trap*: how state writing assessments control learning. New York: Teachers College, 2002.

HMELO-SILVER, C. E. Problem-based learning: what and how do students learn? *Educational Psychology Review*, v. 16, p. 235-266, 2004.

HODGKINSON, H. Educational demographics: what teachers should know. *Educational Leadership*, v. 58, n. 4, p. 6-11, 2001.

HOFFER, T. B. Middle school ability grouping and student achievement in science and mathematics. *Educational Evaluation and Policy Analysis*, v. 14, n. 3, p. 205-227, 1992.

HOFFMAN, E. *Lost in translation*: a life in a new language. New York: Penguin, 1989.

HOLLINGSWORTH, S.; SOCKETT, H. T. (ed.). *Teacher research and educational reform*: 93rd yearbook of the National Society for the Study of Education. Chicago: National Society for the Study of Education, 1994. pt. 1.

HOLMES GROUP. *Tomorrow's schools of education*. East Lansing: Holmes Group, 1996.

HOLMES GROUP. *Tomorrow's schools*: pinciples for the design of professional development schools: executive summary. East Lansing: Holmes Group, 1990.

HOLMES GROUP. *Tomorrow's teachers*: a report of the Holmes group. East Lansing: Holmes Group, 1986.

HOLT-REYNOLDS, D. Personal history-based beliefs as relevant prior knowledge in course work. *American Educational Research Journal*, v. 29, n. 2, p. 325-349, 1992.

HOLT-REYNOLDS, D. When agreeing with the professor is bad news for preservice teacher educators: Jeneane, her personal history, and coursework. *Teacher Education Quarterly*, v. 21, n. 1, p. 13-35, 1994.

HOPKINS, K. D. *Educational and psychological measurement and evaluation*. 8th ed. Boston: Allyn & Bacon, 1998.

HORN, I. *Learning on the job*: mathematics teachers' professional development in the contexts of high school reform. Berkeley: University of California, Berkeley, 2003.

HOUSTON CONSORTIUM OF PROFESSIONAL DEVELOPMENT. *ATE Newsletter*, n. 7, 1996.

HOUSTON, W. R. *et al. Strength through diversity*: Houston Consortium for Professional Development and Technology Centers. Houston: University of Houston, College of Education, 1995.

HOWARD, G. R. *We can't teach what we don't know*: white teachers, multiracial schools. New York: Teachers College, 1999.

HOWARD, R. D.; HITZ, R.; BAKER, L. A national study comparing the expenditures of teacher education programs by Carnegie classification and with other disciplines. *Action in Teacher Education*, v. 20, n. 3, p. 1-14, 1998.

HOWEY, K. R.; ZIMPHER, N. L. *Profiles of preservice teacher education*: inquiry into the nature of programs. Albany: State University of New York, 1989.

HOWLEY, C. B. Synthesis of the effects of school and district size: what research says about achievement in small schools and school districts. *Journal of Rural and Small Schools*, v. 4, n. 1, p. 2-12, 1989.

HUBERMAN, M. The professional life cycle of teachers. *Teachers College Record*, v. 91, n. 1, p. 31-57, 1989.

HULL, G.; SCHULTZ, K. Literacy and learning out of school: a review of theory and research. *Review of Educational Research*, v. 71, n. 4, p. 575-611, 2001.

HUTCHINS, E.; KLAUSEN, T. Distributed cognition in an airline cockpit. *In*: ENGESTRÖM, Y.; MIDDLETON, D. (ed.). *Cognition and communication at work*. New York: Cambridge University, 1996. p. 15-34.

HYDE, T. S.; JENKINS, J. J. Differential effects of incidental tasks on the organization of recall of a list of highly associated words. *Journal of Experimental Psychology*, v. 82, p. 472-481, 1969.

IGNATIEV, N. *How the Irish became white*. New York: Routledge, 1995.

IMBIMBO, J.; SILVERNAIL, D. *Prepared to teach?* Key findings of the New York city teacher survey. New York: New Visions for Public Schools, 1999. (Policy and Research Series).

IMIG, D. G. *The professionalization of teaching*: relying on a professional knowledge base. St. Louis: AACTE Knowledge-Base Seminar, 1992.

INGVARSON, L. Professional development as the pursuit of professional standards: the standards-based professional development system. *Teaching and Teacher Education*, v. 14, n. 1, p. 127-140, 1998.

INTERNATIONAL READING ASSOCIATION. *Prepared to make a difference*: research evidence on how some of America's best college programs prepare teachers of reading. Newark: International Reading Association, 2003.

IRVINE, J. J. *Black students and school failure*: policies, practices, and prescriptions. New York: Greenwood, 1990.

IRVINE, J. J. *Educating teachers for diversity*: seeing with a cultural eye. New York: Teachers College, 2003.

IRVINE, J. J.; ARMENTO, B. J. *Culturally responsive teaching*: lesson planning for elementary and middle grades. Boston: McGraw-Hill, 2001.

JACKSON, P. W. *Life in classrooms*. New York: Holt, Rinehart and Winston, 1974.

JACKSON, P.; BOOSTROM, R.; HANSEN, D. *The moral life of schools*. San Francisco: Jossey-Bass, 1998.

JACKSON, S.; KRAJCIK, J.; SOLOWAY, E. Model-it: A design retrospective. *In:* JACOBSON, M.; KOZMA, R. (ed.). *Advanced designs for the technologies of learning*: innovations in science and mathematics education. Hillsdale: Erlbaum, 2000.

JACOBSON, M. F. *Whiteness of a different color*: European immigrants and the alchemy of race. Cambridge: Harvard University, 1998.

JADALLAH, E. Reflective theory and practice: a constructivist process for curriculum and instructional decisions. *Action in Teacher Education*, v. 18, n. 2, p. 73-85, 1996.

JENNINGS, W. S.; KOHLBERG, L. Effects of a just community programme on the moral development of youthful offenders. *Journal of Moral Education*, v. 12, n. 1, p. 33-50, 1983.

JENSEN, M.; JOHNSON, D. W.; JOHNSON, R. T. Impact of positive interdependence during electronic quizzes on discourse and achievement. *Journal of Educational Research*, v. 95, n. 3, p. 161-66, 2002.

JETT-SIMPSON, M.; PUGACH, M. C.; WHIPP, J. Portrait of an urban professional development school. *In:* ANNUAL MEETING OF THE AMERICAN EDUCATIONAL RESEARCH ASSOCIATION, 1992, San Francisco. *Paper* [...]. San Francisco: [s. n.], 1992.

JOHNSON, D. W.; JOHNSON, R. T. *Cooperation and competition*: theory and research. Edina: Interaction Book Co, 1989.

JOHNSON, D. W.; JOHNSON, R. T. Effects of conflict resolution training on elementary school students. *Journal of Social Psychology*, v. 134, n. 6, p. 803-817, 1994.

JOHNSON, R. T. Effects of single-sex and mixed-sex cooperative interaction on science achievement and attitudes and cross-handicap and cross-sex relationships. *Journal of Research in Science Teaching*, v. 22, n. 3, p. 207-220, 1985.

JOHNSTON, M. (ed.). *Contradictions in collaboration*: new thinking on school/ university partnerships. New York: Teachers College, 1997.

JONES, L. V. White-black achievement differences: the narrowing gap. *American Psychologist*, v. 39, n. 11, p. 1207-1213, 1984.

JONES, L. V.; BURTON, N. W.; DAVENPORT, E. C. Monitoring the achievement of black students. *Journal for Research in Mathematics Education*, v. 15, p. 154-164, 1984.

JONES, M. G.; WHEATLEY, J. Gender differences in teacher-student interactions in science classrooms. *Journal of Research in Science Teaching*, v. 27, n. 9, p. 861-874, 1990.

JONES, V. F.; JONES, L. S. *Comprehensive classroom management*: motivating and managing students (3rd ed.). Boston: Allyn & Bacon, 1990.

JOUGHIN, G.; GARDINER, D. *A framework for teaching and learning law*. Sydney: Centre for Legal Education, 1996.

JOYCE, B.; SHOWERS, B. *Student achievement though staff development*. 3rd ed. Alexandria: Association for Supervision and Curriculum Development, 2002.

JOYCE, B.; WEIL, M. *Models of teaching*. 7th ed. Boston: Allyn & Bacon, 2003.

JUDD, C. H. The relation of special training to general intelligence. *Educational Review*, v. 36, p. 28-42, 1908.

JUDGE, H.; CARRIEDO, R.; JOHNSON, S. M. *Professional development schools and MSU*. [S. l.: s. n.], 1995.

KAGAN, D. M. Professional growth among preservice and beginning teachers. *Review of Educational Research*, v. 62, n. 2, p. 129-169, 1992.

KALLEN, H. M. *Culture and democracy in the United States*. New York: Boni and Liveright, 1924.

KAMII, C.; HOUSMAN, L. B. *Young children reinvent arithmetic*: implications of Piaget's theory. 2nd ed. New York: Teachers College, 2000.

KAPLAN, A.; GHEEN, M.; MIDGLEY, C. Classroom goal structure and student disruptive behaviour. *British Journal of Sociology of Education*, v. 72, n. 2, p. 191-211, 2002.

KATZ, L. G. All about me: are we developing our children's self-esteem or their narcissism? *American Educator*, v. 17, n. 2, p. 18-23, 1993.

KATZ, P. A. Development of children's awareness and intergroup attitudes. *In:* KATZ, L. G. (ed.). *Current topics in early childhood education*. 4th ed. Norwood: Ablex, 1982. p. 17-54.

KEENEY, T. J.; CANNIZZO, S. R.; FLAVELL, J. H. Spontaneous and induced verbal rehearsal in a recall task. *Child Development*, v. 38, p. 953-966, 1967.

KEMMIS, S. Action research and social movement: a challenge for policy research. *Education Policy Analysis*, v. 1, n. 1, p. 1-8, 1993.

KENNEDY, M. *Form and substance in inservice teacher education*. WI: National Institute for Science Education, University of Wisconsin-Madison, 1998. (Research Monograph, n. 13).

KENNEDY, M. The role of preservice teacher education. *In:* DARLING-HAMMOND, L.; SYKES, G. (ed.). *Teaching as the learning profession*: handbook of policy and practice. San Francisco: Jossey Bass, 1999. p. 54-85.

KENTUCKY INSTITUTE FOR EDUCATION RESEARCH. *The preparation of teachers for Kentucky schools*: a survey of new teachers. Frankfort: Kentucky Institute for Education Research, 1997.

KERN, D. E. *et al. Curriculum development for medical education*: a six step approach. Baltimore: Johns Hopkins University, 1998.

KHISTY, L. L. Making inequality: Issues of language and meanings in mathematics teaching with Hispanic students. *In:* SECADA, W. G.; FENNEMA, E.; BYRD ADAJIAN, L. (ed.). *New directions for equity in mathematics education*. Cambridge: Cambridge University, 1995. p. 279-297.

KHMELKOV, V. T.; HALLINAN, M. Organizational effects on race relations in schools. *Journal of Social Issues*, v. 55, n. 4, p. 627-646, 1999.

KING, B. *Thinking about linking portfolios with assessment center exercises*: example from the teacher assessment project. Stanford: Teacher Assessment Project (TAP), Stanford University, 1990.

KINSELLA, K.; FELDMAN, K. *Structures for active participation and learning during language arts instruction*: high School Teaching Guidebook for Universal Access. [*S. l.*]: Pearson Education, 2003.

KLEIN, S. P. *et al.* What do test scores in Texas tell us? *Education Policy Analysis Archives*, v. 8, n. 49, p. 1-22, 2000.

KLEINFELD, J. Learning to think like a teacher. *In:* SHULMAN, J. H. (ed.). *Case methods in teacher education*. New York: Teachers College, 1992. p. 33-49.

KLEINFELD, J. S. The use of case studies in preparing teachers for cultural diversity. *Theory into Practice*, v. 37, n. 2, p. 140-147, 1998.

KLEINFELD, J. The special virtues of the case method in preparing teachers for minority schools. *Teacher Education Quarterly*, v. 17, n. 1, p. 43-51, 1990.

KLEINFELD, J. Wrestling with the angel: What student teachers learn from writing cases. *In:* ANNUAL MEETING OF THE AMERICAN EDUCATIONAL RESEARCH ASSOCIATION, 1991, Chicago. *Paper* [...]. Chicago: [*s. n.*], 1991.

KLENOWSKI, V. Student self-evaluation process in student-centered teaching and learning contexts of Australia and England. *Assessment in Education*, v. 2, p. 145-163, 1995.

KLIEBARD, H. M. Fads, fashions and rituals: the instability of curriculum change. *In:* TANNER, L. (ed.). *Critical issues in curriculum*. Chicago: University of Chicago, 1988. p. 16-34.

KLUGER, A. N.; DENISI, A. Effects of feedback intervention on performance: a historical review, a meta-analysis, and a preliminary feedback intervention theory. *Psychological Bulletin*, v. 119, n. 2, p. 254-284, 1996.

KNAPP, M. S.; SHIELDS, P. M. *Better schooling for the children of poverty*: alternatives to conventional wisdom: study of academic instruction for disadvantaged students. Washington: U.S. Department of Education, Office of Educational Research and Improvement, Educational Research and Information Center, 1991. (Commissioned papers and literature review, v. 2).

KNAPP, M. S.; TURNBULL, B. J. *Better schooling for the children of poverty*: Alternatives to conventional wisdom. Washington: U.S. Department of Education, Office of Planning, Budget and Evaluation, 1990. (Summary, v. 1).

KNOWLES, J. G. Models for understanding pre-service and beginning teachers' biographies: Illustrations from case studies. *In:* GOODSON, I. F. (ed.). *Studying teachers' lives*. New York: Teachers College, 1992. p. 99-152.

KNOWLES, J. G., AND HOEFLER, V. B. The student--teacher who wouldn't go away: learning from failure. *Journal of Experiential Education*, v. 12, n. 2, p. 14-21, 1989.

KNOWLES, J. G.; HOLT-REYNOLDS, D. Shaping pedagogies through personal histories in preservice teacher education. *Teachers College Record*, v. 93, n. 1, p. 87-113, 1991.

KOHLBERG, L. *The philosophy of moral development*: moral stages and the idea of justice. San Francisco: Harper & Row, 1981.

KOHN, A. Beyond discipline: from compliance to community. Alexandria: Association for Supervision and Curriculum Development, 1996b.

KOHN, A. By all available means: Cameron and Pierce's defense of extrinsic motivators. *Review of Educational Research*, v. 66, n. 1, p. 1-4, 1996a.

KOHN, A. How not to look to teach values: a critical look at character education. *The Phi Delta Kappan*, v. 78, n. 6, p. 429-439, 1997.

KOLKER, A.; ALVAREZ, L.; HOLLIDAY, P. *American tongues*. New York: International Production Center, 1986.

KOPPICH, J. Trinity University: preparing teachers for tomorrow's schools. *In:* DARLING-HAMMOND, L. (ed.). *Studies of excellence in teacher education*: preparation in a five-year program. Washington: American Association of Colleges for Teacher Education, 2000. p. 1-48.

KORETZ, D. M. *et al.* The effects of high-stakes testing on achievement: preliminary findings about generalization across tests. *In:* ANNUAL MEETINGS OF THE AMERICAN EDUCATIONAL RESEARCH ASSOCIATION AND THE NATIONAL COUNCIL ON MEASUREMENT IN EDUCATION, 1991, Chicago. *Paper* [...]. Chicago: [*s. n.*], 1991.

KORETZ, D. M.; BARON, M.; STECHER, B. M. Perceived effects of the Kentucky instructional results information system (KIRIS) Santa Monica: RAND, 1996. No. MR-792-PCT-FF.

KORTHAGEN, F. A. J. *Linking practice and theory*: the pedagogy of realistic teacher education. Hillsdale: Erlbaum, 2001.

KOUNIN, J. S. *Discipline and group management in classrooms*. New York: Holt, Rinehart and Winston, 1977.

KROLL, L. R.; LABOSKEY, V. K. Practicing what we preach: constructivism in a teacher education program. *Action in Teacher Education*, v. 18, n. 2, p. 63-72, 1996.

KUHN, D. et al. *Strategies of knowledge acquisition*. [S. l.]: Society for Research in Child Development, 1995. (Whole No. 245).

KUNZMAN, R. From teacher to student: the value of teacher education for experienced teachers. *Journal of Teacher Education*, v. 54, n. 3, p. 241-253, 2003.

KUNZMAN, R. Preservice education for experienced teachers: what STEP teaches those who have already taught. *Issues in Teacher Education*, v. 11, n. 1, p. 99-112, 2002.

KYMLICKA, W. *Multicultural citizenship*: a liberal theory of minority rights. New York: Clarendon, 1995.

LABERGE, D.; SAMUELS, S. J. Toward a theory of automatic information processing in reading. *Cognitive Psychology*, v. 6, p. 293-323, 1974.

LABOSKEY, V. K. Case investigations: preservice teacher research as an aid to reflection. In: SHULMAN, J. (ed.). *Case methods in teacher education*. New York: Teachers College, 1992, p. 175-193.

LABOSKEY, V. K.; RICHERT, A. E. Identifying good student teaching placements: a programmatic perspective. *Teacher Education Quarterly*, v. 29, n. 2, p. 7-34, 2002.

LADSON-BILLINGS, G. *Crossing over to Canaan*: the journey of new teachers in diverse classrooms. San Francisco: Jossey-Bass, 2001.

LADSON-BILLINGS, G. I ain't writing nuttin: permissions to fail and demands to succeed in urban classrooms. In: DELPIT, L. D.; DOWDY, J. K. (ed.). *The skin that we speak*: thoughts on language and culture in the classroom. New York: New, 2002. p. 107-120.

LADSON-BILLINGS, G. *The dream keepers*: successful teachers of African American children. San Francisco: Jossey-Bass, 1994.

LADSON-BILLINGS, G. Toward a theory of culturally relevant pedagogy. *American Educational Research Journal*, v. 32, n. 3, p. 465-491, 1995.

LAGEMANN, E. C. *Private power for the public good*: a history of the Carnegie Foundation for the Advancement of Teaching. Middletown: Wesleyan University, 1983.

LAMPERT, M. *Teaching problems and the problems of teaching*. New Haven: Yale University, 2001.

LAMPERT, M.; BALL, D. L. *Teaching, multimedia, and mathematics*: Investigations of real practice. New York: Teachers College, 1998.

LASLEY, T. J. Teacher technicians: a "new" metaphor for new teachers. *Action in Teacher Education*, v. 16, n. 1, p. 11-19, 1994.

LAVE, J.; WENGER, E. *Situated learning*: Legitimate peripheral participation. Cambridge: Cambridge University, 1991.

LAWRENZ, F.; MCCREATH, H. Integrating quantitative and qualitative evaluation methods to compare two teacher inservice training programs. *Journal of Research in Science Teaching*, v. 25, n. 5, p. 397-407, 1988.

LEE, C. D. A culturally based cognitive apprenticeship: teaching African American high school students skills in literary interpretation. *Reading Research Quarterly*, v. 30, n. 4, p. 608-630, 1995.

LEE, C. D. *Signifying as a scaffold for literary interpretation*: the pedagogical implications of an African American discourse genre. Urbana: National Council of Teachers of English, 1993.

LEE, S. S. Children's acquisition of conditional logic structure: Teachable? *Contemporary Educational Psychology*, v. 10, n. 1, p. 14-27, 1985.

LEE, V. E. et al. Family structure and its effect on behavioral and emotional problems in young adolescents. *Journal of Research on Adolescence*, v. 43, n. 1, p. 405-437, 1994.

LEE, V. E. et al. The organization of effective secondary schools. In: DARLING-HAMMOND, L. (ed.). *Review of Research in Education*. Washington: American Educational Research Association, 1993. cap. 19, p. 171-267.

LEE, V. E.; SMITH, J. B. *Effects of high school restructuring and size on gains in achievement and engagement for early secondary school students*. Madison: Wisconsin Center for Education Research, University of Wisconsin, 1995.

LEE, V. E.; SMITH, J. B. Effects of school restructuring on the achievement and engagement of middle-grade students. *Sociology of Education*, v. 42, n. 2, p. 164-187, 1993.

LEE, V. E.; SMITH, J. B.; CRONINGER, R. G. Another look at high school restructuring: more evidence that it improves student achievement and more insight into why. Issues in Restructuring Schools. *Newsletter, Center on Organization and Restructuring of Schools, University of Wisconsin*, n. 9, p. 1-9, 1995.

LEHMAN, B. A. Practicing what we preach: a personal perspective on "knowing and doing" in university teacher education classes. *Action in Teacher Education*, v. 13, n. 1, p. 22-27, 1991.

LEMOINE, N. (2002). *Languages, policies, and California identities*: negotiating the new racial landscape in California. Stanford: Center for Comparative Studies in Race and Ethnicity, 2002. Panel moderated by John R. Rickford.

LEONE, P. E. et al. School violence and disruption: rhetoric, reality, and reasonable balance. *Focus on Exceptional Children*, v. 33, n. 1, p. 1-20, 2000.

LEOPOLD, A. *Sand county almanac*. New York: Ballentine Books, 1990.

LEPAGE, P.; SOCKETT, H. *Educational controversies*: toward a discourse of reconciliation. New York: Falmer, 2002.

LEPPER, M. R. Extrinsic reward and intrinsic motivation: implications for the classroom. In: LEVINE, J.

M.; WANG, M. C. (ed.). *Teacher and student perceptions*: implications for learning. Hillsdale: Erlbaum, 1993. p. 281-317.

LEPPER, M. R. Motivational considerations in the study of instruction. *Educational Researcher*, v. 17, n. 5, p. 289-309, 1988.

LEPPER, M. R.; GREENE, D. (ed.). *The hidden costs of reward*: new perspectives on the psychology of human motivation. Hillsdale: Erlbaum, 1978.

LEPPER, M. R.; KEAVNEY, M.; DRAKE, M. Intrinsic motivation and extrinsic rewards: a commentary on Cameron and Pierce's meta-analysis. *Review of Educational Research*, v. 66, n. 1, p. 5-32, 1996.

LERNER, B. Self-esteem and excellence: the choice and the paradox. *American Educator*, v. 20, n. 2, p. 9-13, 41-42, 1996.

LEVIN, B. B. *Case studies of teacher development*: an in-depth look at how thinking about pedagogy develops over time. Hillsdale: Erlbaum, 2002.

LEVIN, E.; ZIGMOND, N.; BIRCH, J. A follow-up study of 52 learning disabled adolescents. *Journal of Learning Disabilities*, v. 18, p. 2-7, 1985.

LEWIS, C. C.; TSUCHIDA, I. A lesson is like a swiftly flowing river: how research lessons improve Japanese education. *American Educator*, v. 22, n. 4, p. 12-17, 50-52, 1998.

LEWIS, R. Classroom discipline and student responsibility: the students' view. *Teaching and Teacher Education*, v. 17, n. 3, p. 307-319, 2001.

LICHTENSTEIN, G.; RUBIN, T.; GRANT, G. Portfolios as professional development. *In*: ANNUAL MEETING OF THE AMERICAN EDUCATIONAL RESEARCH ASSOCIATION, 1992, San Francisco. *Paper* [...]. San Francisco [*s. n.*], 1992.

LIEBER, C. M. *Partners in learning*: from conflict to collaboration. Cambridge: Educators for Social Responsibility, 2002.

LIEBERMAN, A. (ed.). *Building professional culture in schools*. New York: Teachers College, 1988.

LIEBERMAN, A.; WOOD, D. *Inside the national writing project*: connecting network learning and classroom teaching. New York: Teachers College, 2003.

LIGHTBOWN, P. M.; SPADA, N. *How languages are learned*. New York: Oxford University, 1999.

LIN, S. S. J. Looking for the prototype of teaching expertise: an initial attempt in Taiwan. *In*: ANNUAL MEETING OF THE AMERICAN EDUCATIONAL RESEARCH ASSOCIATION, 1999, Boston. *Paper* [...]. Boston: [*s. n.*], 1999.

LIN, X.; LEHMAN, J. D. Supporting learning of variable control in a computer-based Biology environment: effects of prompting college students to reflect on their own thinking. *Journal of Research in Science Teaching*, v. 36, n. 7, p. 837-858, 1999.

LINDFORS, J. W. *Children's language and learning*. 2nd ed. Englewood Cliffs: Prentice-Hall, 1987.

LIONNI, L. *Fish is fish*. New York: Pantheon Books, 1970.

LIPPI-GREEN, R. *English with an accent*: language, ideology, and discrimination. New York: Routledge, 1997.

LORSBACH, A. W. *et al*. An interpretation of assessment methods in middle school science. *International Journal of Science Education*, v. 14, n. 3, p. 305-317, 1992.

LORTIE, D. C. *Schoolteacher*: a sociological study. Chicago: University of Chicago, 1975.

LOS ANGELES UNIfiED SCHOOL DISTRICT; LEMOINE, N. *English for your success*: a language development program for African American children, grades pre-k-8: a handbook of successful strategies for educators. Maywood: Peoples Publishing Group, 1999.

LOUIS, K.; KRUSE, S. (ed.). *Professionalism and community*. Thousand Oakes: Corwin, 1995.

LOVELL, K. Intellectual growth and the school curriculum. *In*: MURRAY, F. B. (ed.). *The impact of Piagetian theory*: on education, philosophy, psychiatry, and psychology. Baltimore: University Park, 1979.

LOVETT, M. W. *et al*. Treating the core deficits of developmental dyslexia: evidence of transfer of learning after phonologically- and strategically-based reading training programs. *Developmental Psychology*, v. 30, n. 6, p. 805-822, 1994.

LOVETT, M. W.; STEINBACH, K. A. The effectiveness of remedial programs for reading disabled children of different ages: does the benefit decrease for older children? *Learning Disability Quarterly*, v. 20, n. 3, p. 189-210, 1997.

LUCAS, C. *Teacher education in America*: reform agendas for the twenty-first century. New York: St. Martin's, 1997.

LUCAS, T.; HENZE, R.; DONATO, R. Promoting the success of Latino language-minority students: an exploratory study of six high schools. *Harvard Educational Review*, v. 60, n. 3, p. 315-340, 1990.

LUCHINS, A. S. Mechanization in problem solving. *Psychological Monographs*, v. 54, n. 6, i95, 1942.

LUCZAK, J. Who will teach in the 21st Century? Beginning teacher training experiences and attrition rates. Stanford University, Stanford, CA, 2004.

LUSI, S. F. *The role of state departments of education in complex school reform*. New York: Teachers College, 1997.

LYONS, N. *With portfolios in hand*: Validating the new teacher professionalism. New York: Teachers College, 1998.

MA, L. *Knowing and teaching elementary mathematics*: teachers' understanding of fundamental mathematics in China and the United States. Mahwah: Erlbaum, 1999.

MA, X.; KISHOR, N. Attitude toward self, social factors, and achievement in mathematics: a meta-analytic review. *Educational Psychology*, v. 9, n. 2, p. 89-120, 1997.

MACDONALD, J. B.; LEEPER, R. R. *Theories of instruction*: papers. Washington: Association for Supervision and Curriculum Development, 1965.

MACLEOD, G. Microteaching: end of a research era? *International Journal of Educational Research*, v. 11, n. 5, p. 531-541, 1987.

MADAUS, G. F. *et al. The influence of testing on teaching math and science in Grades 4-12*: executive summary. Chestnut Hill: Center for the Study of Testing, Evaluation, and Educational Policy, Boston College, 1992.

MANDIN, H. *et al.* Developing a "clinical presentation" curriculum at the University of Calgary. *Academic Medicine*, v. 70, n. 3, p. 186-193, 1995.

MANDIN, H.; DAUPHINEE, W. D. Conceptual guidelines for developing and maintaining curriculum and examination objectives: the experience of the medical council of Canada. *Academic Medicine*, v. 75, n. 10, p. 1031-1037, 2000.

MANKE, M. P.; LOYD, B. H. A study of teachers' understanding of their grading practices. *In:* ANNUAL MEETING OF THE NATIONAL COUNCIL ON MEASUREMENT IN EDUCATION, 1991, Chicago. *Paper* [...]. Chicago: [*s. n.*], 1991.

MANKE, M. P.; LOYD, B. H. An investigation of non--achievement related factors influencing teachers' grading practices. *In:* ANNUAL MEETING OF THE NATIONAL COUNCIL ON MEASUREMENT IN EDUCATION, 1990, Boston. *Paper* [...]. Boston: [*s. n.*], 1990.

MANTLE-BROMLEY, C. The status of early theories of professional development school potential. *In:* GUADARRAMA, I.; RAMSEY, J.; NATH, J. (ed.). *Forging alliances in community and thought*: research in professional development schools. Greenwich: Information Age Publishing, 2002. p. 3-30.

MARCHANT, G. J. Professional development schools and indicators of student achievement. *The Teacher Educator*, v. 38, n. 2, p. 112-125, 2002.

MARGOLIS, W.; ARNONE, A.; MORGAN, R. L. *Official guide to A.B.A.* Newtown: The American Bar Association and Law School Admission Council, 2002.

MARSH, H. W. A multidimensional, hierarchical model of self-concept: theoretical and empirical justification. *Educational Psychology Review*, v. 2, n. 2, p. 77-175, 1990.

MARSHALL, H. H. Work or learning: implications of classroom metaphors. *Educational Researcher*, v. 17, n. 9, p. 9-16, 1988.

MARSTON, R. Q.; JONES, R. M. Medical education in transition. Princeton: Robert Wood Johnson Foundation, 1992.

MARTIN, A. J.; LINFOOT, K.; STEPHENSON, J. How teachers respond to concerns about misbehavior in their classroom. *Psychology in the Schools*, v. 36, n. 4, p. 347-358, 1999.

MARTIN, R. Deconstructing myth, reconstructing reality: transcending the crisis in teacher education. *In:* MARTIN, R. J. (ed.). *Practicing what we teach*: confronting diversity in teacher education. Albany: State University of New York, 1995. p. 65-77.

MARTIN, R. J.; VAN GUNTEN, D. M. Reflected identities: applying positionality and multicultural social reconstructionism in teacher education. *Journal of Teacher Education*, v. 53, n. 1, p. 44-54, 2002.

MARTON, F.; SALJO, R. On qualitative differences in learning: 1-outcome and process. *British Journal of Educational Psychology*, v. 46, pt. 1, p. 4-11, 1976.

MASON, D. A.; GOOD, T. L. Effects of two-group and whole-class teaching on regrouped elementary students' mathematics achievement. *American Educational Research Journal*, v. 30, n. 2, p. 328-360, 1993.

MATHEMATICAL SCIENCES EDUCATION BOARD. *Measuring up*: prototypes for mathematics assessment. Washington: National Academy of Sciences, 1993.

MATTINGLY, D. J. *et al.* Evaluating evaluations: the case of parent involvement programs. *Review of Educational Research*, v. 72, n. 4, p. 549-576, 2002.

MAYER, G. R. Preventing antisocial behavior in the school. *Journal of Applied Analysis*, v. 28, p. 467-478, 1995.

MAYER, M. J.; LEONE, P. E. A structural analysis of school violence and disruptions: implications for creating safer schools. *Education and the Treatment of Children*, v. 22, p. 333-358, 1999.

MAYER, R. E. *Thinking, problem solving, cognition*. 2nd ed. New York: Freeman, 1992.

MAZUR, E. (1997). *Peer instruction*: a user's manual. Upper Saddle River: Prentice Hall, 1997.

MCALLISTER, G.; IRVINE, J. J. Cultural competency and multicultural teacher education. *Review of Educational Research*, v. 70, n. 1, p. 3-24, 2000.

MCALLISTER, G.; IRVINE, J. J. The role of empathy in teaching culturally diverse students: a qualitative study of teachers' beliefs. *Journal of Teacher Education*, v. 53, n. 5, p. 433-443, 2002.

MCDERMOTT, R. P. The acquisition of a child by a learning disability. *In:* CHAIKLIN, S.; LAVE, J. (ed.). *Understanding practice*: perspectives on activity and context. Cambridge: Cambridge University, 1996. p. 269-305.

MCDIARMID, G. W. The arts and sciences as preparation for teaching. *In:* HOWEY, K. R.; ZIMPHER, N. L. (ed.). *Informing faculty development for teacher educators*. Norwood: Ablex, 1994. p. 99-137.

MCDIARMID, G. W.; PRICE, J. *Prospective teachers' views of diverse learners*: a study of the participants in the

ABCD Project. East Lansing MI: National Center for Research on Teacher Learning, 1990.

MCDONALD, J. P. *Teaching*: making sense of an uncertain craft. New York: Teachers College, 1992.

MCEWAN, A. E. Must teachers bear the moral burden alone? *Journal for a Just and Caring Education*, v. 2, n. 4, p. 449-459, 1996.

MCEWAN, B.; NIMMO, V.; GATHERCOAL, P. *Beyond behaviorism*: changing the classroom management paradigm. Boston: Allyn & Bacon, 1998.

MCINTOSH, P. White privilege: unpacking the invisible knapsack. *In:* CYRUS, V. (ed.). *Experiencing race, class, and gender in the United States*. Mountain View: Mayfield Publishing, 1997. p. 194-198.

MCINTYRE, A. *Making meaning of whiteness*: exploring racial identity with white teachers. Albany: State University of New York, 1997.

MCKNIGHT, C. C. *et al.* The underachieving curriculum: assessing U.S. school mathematics from an international perspective. Champaign: Stipes Publishing, 1987.

MCLAUGHLIN, H. J. From negation to negotiation: moving away from the management metaphor. *Action in Teacher Education*, v. 16, n. 1, p. 75-84, 1994.

MCLAUGHLIN, M. W.; TALBERT, J. *Professional communities and the work of high school teaching*. Chicago: University of Chicago, 2001.

MCMILLAN, J. H. *Essential assessment concepts for teachers and administrators*. Thousand Oaks: Corwin, 2001.

MCNEIL, L. *Contradictions of school reform*: educational costs of standardized testing. New York: Routledge, 2000.

MEASOR, L. Critical incidents in the classroom: Identities, choices, and careers. *In:* BALL, S. J.; GOODSON, I. V. (ed.). *Teachers' lives and careers*. Lewes: Falmer, 1985.

MEHAN, H. *et al. Constructing school success*: the consequences of untracking low-achieving students. Cambridge: Cambridge University, 1996.

MERRETT, F.; WHELDALL, K. How do teachers learn to manage classroom behavior? A study of teachers' opinions about their initial training with special reference to classroom behavior management. *Educational Studies*, v. 19, n. 1, p. 91-106, 1993.

MERSETH, K. K. Cases and case methods in teacher education. *In:* SIKULA, J. P.; BUTTERY, T. J.; GUYTON, E. (ed.). *Handbook of research on teacher education*. New York: Macmillan, 1996. p. 722-744.

MERSETH, K. K. Foreword: a rationale for case-based pedagogy in teacher education. *In:* LUNDEBERG, M. A.; LEVIN, B. B.; HARRINGTON, H. L. (ed.). *Who learns what from cases and how?* The research base for teaching and learning with cases. Hillsdale: Erlbaum, 1999. p. ix–xv.

MERSETH, K. K.; KOPPICH, J. Teacher education at the University of Virginia: a study of English and ma-

thematics preparation. *In:* DARLING-HAMMOND, L. (ed.). *Studies of excellence in teacher education*: preparation in a five-year program. Washington: American Association of Colleges for Teacher Education Publications, 2000. p. 49-81.

MESTRE, J. P. Cognitive aspects of learning and teaching science. *In:* FITZSIMMONS AND, S. J.; KERPELMAN, L. C. (ed.). *Teacher enhancement for elementary and secondary science and mathematics*: status, issues and problems. Arlington: National Science Foundation, 1994. p. 3.1–3.53.

METCALF, K. *An investigation of the efficacy of a research-based regimen of skill development on the instructional clarity of preservice teachers*. The Ohio State University, 1989.

METZ, K. E. Reassessment of developmental constraints on children's science instruction. *Review of Educational Research*, v. 65, p. 93-127, 1995.

MICHAEL, A. L. *et al.* The transition from theory to therapy: test of two instructional methods. *Applied Cognitive Psychology*, v. 7, n. 2, p. 139-154, 1993.

MID-ATLANTIC EQUITY CENTER. *Adolescent boys*: statistics and trends. Chevy Chase: Mid-Atlantic Equity Center Gender Equity Resources, 1999.

MILLER, G. Medical history. *In:* NUMBERS, R. L. (ed.). *The education of American physicians*: historical essays. Berkeley: University of California, 1980. p. 290-308.

MILLER, J. W.; MCKENNA, M. C.; MCKENNA, B. A. A comparison of alternatively and traditionally prepared teachers. *Journal of Teacher Education*, v. 49, n. 3, p. 165-176, 1998.

MILLER, L.; SILVERNAIL, D. L. Learning to become a teacher: the Wheelock way. *In:* DARLING-HAMMOND, L. (ed.). *Studies of excellence in teacher education*: preparation in the undergraduate years. Washington: American Association of Colleges for Teacher Education Publications, 2000. p. 67-107.

MINSTRELL, J. Teaching science for understanding. *In:* RESNICK, L.; KLOPFER, L. (ed.). *Toward the thinking curriculum*: current cognitive research: 1989 yearbook of the association for supervision and curriculum development. Washington: Association for Supervision and Curriculum Development, 1989. p. 129-149.

MITCHELL, M. Situational interest: its multifaceted structure in the secondary school mathematics classroom. *Journal of Educational Psychology*, v. 85, n. 3, p. 424-436, 1993.

MOLES, O. C. Collaboration between schools and disadvantaged parents: obstacles and openings. *In:* CHAVKIN, N. F. (ed.). *Families and schools in a pluralistic society*. Albany: State University of New York, 1993. p. 21-52.

MOLES, O. C. *Student discipline strategies*: research and practice. Albany: State University of New York, 1990.

MOLES, O. C. Who wants involvement? Interest, skills, and opportunities among parents and educators. *Education and Urban Society*, v. 19, n. 2, p. 137-145, 1987.

MOLL, L. C. *et al.* Funds of knowledge for teaching: using a qualitative approach to connect homes and classrooms. *Theory into Practice*, v. 31, n. 1, p. 132-141, 1992.

MOLL, L. C. Some key issues in teaching Latino students. *Language Arts*, v. 65, n. 5, p. 465-472, 1988.

MOLL, L. C.; GONZÁLEZ, N. Engaging life: a funds of knowledge approach to multicultural education. *In:* BANKS, J. A.; BANKS, C. A. M. (ed.). *Handbook of research on multicultural education*. 2nd ed. San Francisco: Jossey-Bass. p. 699-715.

MOLL, L. C.; GREENBERG, J. B. Creating zones of possibilities: combining social contexts for instruction. *In:* MOLL, L. C. (ed.). *Vygotsky and education*: instructional implications and applications of socio-historical psychology. Cambridge: Cambridge University, 1990. p. 319-348.

MONK, D. H. Subject area preparation of secondary mathematics and science teachers and student achievement. *Economics of Education Review*, v. 13, n. 2, p. 125-145, 1994.

MONK, D. H.; AND KING, J. A. Multilevel teacher resource effects in pupil performance in secondary mathematics and science: the case of teacher subject matter preparation. *In:* EHRENBERG, R. G. (ed.). *Choices and consequences*: contemporary policy issues in education. Ithaca: ILR, 1994. p. 29-58.

MONTECINOS, C. Teachers of color and multiculturalism. *Equity and Excellence in Education*, v. 27, n. 3, p. 34-42, 1994.

MOORE, D. *et al. Adolescent literacy*: a position statement for the Commission on Adolescent Literacy of the International Reading Association. Newark: International Reading Association, 1999.

MOORE, E. G.; SMITH, A. W. Mathematics aptitude: effects of coursework, household language, and ethnic differences. *Urban Education*, v. 20, p. 273-294, 1985.

MORGAN, M. More than a mood or an attitude: discourse and verbal genres in African American culture. *In:* MUFWENE, S. S. *et al.* (ed.). *African American English*: structure, history and use. London: Routledge, 1998. p. 251-281.

MORRIS, V. G.; TAYLOR, S. I. Alleviating barriers to family involvement in education: The role of teacher education. *Teaching and Teacher Education*, v. 14, n. 2, p. 219-231, 1998.

MORRISON, T. *Playing in the dark*: whiteness and the literary imagination. Cambridge: Harvard University, 1992.

MOSCHKOVICH, J. A situated and sociocultural perspective on mathematic learning in bilingual classrooms. *Mathematical Thinking and Learning*, v. 4, n. 2-3, p. 189-212, 2002.

MOSCHKOVICH, J. N. Understanding the needs of Latino students in reform oriented mathematics classrooms. *In:* ORTIZ-FRANCO, L.; HERNANDEZ, N.; DE LA CRUZ, Y. (ed.). *Changing the faces of mathematics*. Reston: National Council of Teachers of Mathematics, 1999a. p. 5-12.

MOSCHKOVICH, J. Supporting the participation of English language learners in mathematical discussions. *For the Learning of Mathematics*, v. 19, n. 1, p. 11-19, 1999b.

MOSES, R. P.; COBB, C. E. *Radical equations*: math literacy and civil rights. Boston: Beacon, 2001.

MOTT, M. S.; KLOMES, J. The synthesis of writing workshop and hypermedia-authoring: grades 1-4. *Early Childhood Research and Practice*, v. 3, n. 2, 2001. Disponível em: http://ecrp.uiuc.edu/v3n2/mott.html. Acesso em: 28 fev. 2019.

MUELLER, C. M.; DWECK, C. S. Intelligence praise can undermine motivation and performance. *Journal of Personality and Social Psychology*, v. 75, p. 33-52, 1998.

MUFWENE, S. S. *et al.* (ed.). *African American English*. London: Routledge, 1998.

MUNBY, H.; RUSSELL, T.; MARTIN, A. K. Teachers' knowledge and how it develops. *In:* RICHARDSON, V. (ed.). *Handbook of research on teaching*. 4th ed. Washington: American Educational Research Association, 2001. p. 877-905.

MURNANE, R.; LEVY, F. *Teaching the new basic skills*. New York: Free, 1996.

MURRAY, F. B. (ed.). *The teacher educator's handbook*. Washington: American Association of Colleges for Teacher Education, 1996.

MURRELL, P. C. *African-centered pedagogy*: developing schools of achievement for African-American children. Albany: State University of New York, 2002.

NATH, J. M.; TELLEZ, K. A room of one's own: teaching and learning to teach through inquiry. *Action in Teacher Education*, v. 16, n. 4, p. 1-13, 1995.

NATHAN, M. J.; KOEDINGER, K. R.; ALIBALI, M. W. Expert blind spot: when content knowledge eclipses pedagogical content knowledge. *In:* CHEN, L. (ed.). *Proceeding of the Third International Conference on Cognitive Science*. Beijing: USTC, 2001. p. 644-648.

NATHAN, M. J.; PETROSINO, A. J. Expert blind spot among preservice teachers. *American Educational Research Journal*, v. 40, n. 4, p. 905-928, 2003.

NATIONAL ASSESSMENT OF EDUCATIONAL PROGRESS. *Reading assessment*. 2019. Disponível em: https://nces.ed.gov/nationsreportcard/reading/. Acesso em: 12 fev. 2019.

NATIONAL ASSOCIATION FOR THE EDUCATION OF YOUNG CHILDREN. *Guidelines for appropriate curriculum content and assessment in programs serving children ages 3 through 8*. Washington: National Association for the Education of Young Children, 1990.

NATIONAL ASSOCIATION OF STATE DIRECTORS OF TEACHER EDUCATION AND CERTIFICATION. *The NASDTEC manual on the preparation and certification of educational personnel.* 4th ed. Dubuque: Kendall/Hunt Publishing, 1998.

NATIONAL CENTER FOR EDUCATION STATISTICS. *Contexts of elementary and secondary education*: indicator 28: inclusion of students with disabilities in regular classrooms. Washington: U.S. Department of Education, 2002b.

NATIONAL CENTER FOR EDUCATION STATISTICS. *Digest of education statistics, 1999.* Washington: U.S. Department of Education, 2000a.

NATIONAL CENTER FOR EDUCATION STATISTICS. *Inequalities in public school district revenues.* Washington: U.S. Department of Education, 1998.

NATIONAL CENTER FOR EDUCATION STATISTICS. *Internet access in U.S. public schools and classrooms*: 1994-2000. Washington: U.S. Department of Education, 2001c.

NATIONAL CENTER FOR EDUCATION STATISTICS. *Participation in education*: indicator 3: racial/ethnic distribution of public school students. Washington: U.S. Department of Education, 2002a

NATIONAL CENTER FOR EDUCATION STATISTICS. *The condition of education 2000 in brief.* Washington: U.S. Department of Education, 2001a

NATIONAL CENTER FOR EDUCATION STATISTICS. *The condition of education 2001.* Washington: U.S. Department of Education, 2001b.

NATIONAL CENTER FOR EDUCATION STATISTICS. *The condition of education 2003.* Washington: U.S. Department of Education, 2003.

NATIONAL CENTER FOR EDUCATION STATISTICS. *The digest of education statistics, 1996.* Washington: U.S. Department of Education, 1996.

NATIONAL CENTER FOR EDUCATION STATISTICS. *Trends in educational equity of girls and women.* Washington: U.S. Department of Education, 2000b.

NATIONAL COMMISSION OF EXCELLENCE IN EDUCATION. *A nation at risk*: the imperative for educational reform. Washington: U.S. Government Printing Office, 1983.

NATIONAL COMMISSION ON TEACHING AND AMERICA'S FUTURE. *No dream denied*: a pledge to America's children. Washington: National Commission on Teaching and America's Future, 2003.

NATIONAL COMMISSION ON TEACHING AND AMERICA'S FUTURE. *What matters most*: teaching for America's future. New York: National Commission on Teaching and America's Future, 1996.

National Council of Teachers of Mathematics. *Assessment standards for school mathematics.* Reston: National Council of Teachers of Mathematics, 1995.

NATIONAL COUNCIL OF TEACHERS OF MATHEMATICS. *Curriculum and evaluation standards for school mathematics.* Reston: National Council of Teachers of Mathematics, 1989

NATIONAL COUNCIL OF TEACHERS OF MATHEMATICS. *Principles and standards for school mathematics.* Reston: National Council of Teachers of Mathematics, 2000.

NATIONAL READING PANEL (2000). *Teaching children to read*: an evidence-based assessment of the scientific research literature on reading and its implications for reading instruction. Washington: National Institute of Child Health and Human Development, 2000.

NATIONAL RESEARCH COUNCIL. *How people learn*: brain, mind, experience, and school. Washington: National Academies, 2000.

NATIONAL RESEARCH COUNCIL. *How students learn*: history, mathematics, and science in the classroom. Washington: National Academies, 2005.

NATIONAL RESEARCH COUNCIL. *Learning about assessment, learning through assessment.* Washington: National Academies, 1995.

NATIONAL RESEARCH COUNCIL. *Measuring up*: prototypes for mathematics assessment. Washington: National Academies, 1993.

NATIONAL RESEARCH COUNCIL. *Preventing reading difficulties in young children.* Washington: National Academies, 1998.

NATIONAL RESEARCH COUNCIL. *Testing teacher candidates*: the role of licensure tests in improving teacher quality. Washington: National Academies, 2001.

NAVA, F. J. G.; LOYD, B. H. An investigation of achievement and nonachievement criteria in elementary and secondary school grading. In: ANNUAL MEETING OF THE AMERICAN EDUCATIONAL RESEARCH ASSOCIATION, 1992, San Francisco. *Paper* [...]. San Francisco: [s. n.], 1992.

NEUBERT, G. A.; BINKO, J. B. Professional development schools: the proof is in the performance. *Educational Leadership*, v. 55, n. 5, p. 44-46, 1998.

NEW LONDON GROUP. A pedagogy of multiliteracies: designing social futures. *Harvard Educational Review*, v. 66, n. 1, p. 60-92, 1996.

NEWELL, A.; SIMON, H. A. *Human problem solving.* Englewood Cliffs: Prentice Hall, 1972.

NEWMAN, F. M. Higher order thinking and prospects for classroom thoughtfulness. In: NEWMAN, F. M. (ed.). *Student engagement and achievement in American secondary schools.* New York: Teachers College, 1992. p. 62-91.

NEWMAN, F. M.; KING, M. B.; YOUNGS, P. Professional development that addresses school capacity: Lessons from urban elementary schools. *American Journal of Education*, v. 108, n. 4, p. 259-299, 2000.

NEWMAN, F. M.; MARKS, H. M.; GAMORAN, A. *Authentic pedagogy: standards that boost study performance*. Madison: Center on Organization and Restructuring Schools, 1995.

NEWMAN, F. M.; WEHLANGE, G. G. *Successful school restructuring*. Madison: University of Wisconsin, 1995.

NIERENBERG, G. I. *The art of creative thinking*. New York: Simon and Schuster, 1982.

NIETO, S. *Affirming diversity*: the sociopolitical context of multicultural education. 3rd ed. Boston: Pearson, Allyn & Bacon, 2000.

NIETO, S. *Language, culture, and teaching*: critical perspectives for a new century. Mahwah: Erlbaum, 2000.

NIETO, S. *The light in their eyes*: creating multicultural learning communities. New York: Teachers College, 1999.

NIETO, S.; ROLON, C. (1997). Preparation and professional development of teachers: a perspective from two Latinas. *In*: IRVINE, J. J. (ed.). *Critical knowledge for diverse teachers and learners*. District of Columbia: American Association of Colleges for Teacher Education, 1997. p. 89-124.

NODDINGS, N. A morally defensible mission for the schools in the 21st century. *In*: CLINCHY, E. (ed.). *Transforming public education*: a new course for America's future. New York: Teachers College, 1997.

NODDINGS, N. *The challenge to care in schools*: an alternative approach to education. New York: Teachers College, 1992.

NOFFKE, S.; STEVENSON, R. *Educational action research*. New York: Teachers College, 1995.

NORTON, B. *Identity and language learning*: gender, ethnicity, and educational change. New York: Pearson Education, 2000.

NOVAK, J. M. (1994). *Democratic teacher education*: programs, processes, problems, and prospects. Albany: State University of New York, 1994.

NYSTRAND, M. *et al. Opening dialogue*. New York: Teachers College, 1997.

O'CONNOR, T. *Teacher perspectives of facilitated play in integrated play groups*. San Francisco State University, 1999.

O'MALLEY, C. D. *The history of medical education*: an international symposium held. Berkeley: University of California, 1970.

OAKES, J. *Ability grouping, tracking, and within-school segregation in the San Jose unified school district*. Los Angeles: University of California at Los Angeles, 1993.

OAKES, J. Can tracking research inform practice? Technical, normative, and political considerations. *Educational Researcher*, v. 21, n. 4, p. 12-21, 1992.

OAKES, J. *et al.* Research for high-quality urban teaching: defining it, developing it, assessing it. *Journal of Teacher Education*, v. 53, n. 3, p. 228-234, 2002.

OAKES, J. *Keeping track*. New Haven: Yale University, 1985.

OAKES, J. Making the rhetoric real: UCLA's struggle for teacher education that is multicultural and social reconstructionist. *Multicultural Education*, v. 4, n. 2, p. 4-10, 1996.

OAKES, J. *Multiplying inequalities*: the effects of race, social class, and tracking on opportunities to learn mathematics and science. Santa Monica: The RAND Corporation, 1990.

OAKES, J.; SAUNDERS, M. *Access to textbooks, instructional materials, equipment, and technology*: inadequacy and inequality in California's public schools. Los Angeles: University of California at Los Angeles, 2002.

OGLE, D. M. K-W-L: a teaching model that develops active reading of expository text. *Reading Teacher*, v. 39, n. 6, p. 564-570, 1986.

OLSEN, L.; MULLEN, N. A. *Embracing diversity*: Teachers' voices from California's classrooms. San Francisco: California Tomorrow, 1990.

OMI, M.; WINANT, H. *Racial formation in the United States*: from the 1960s to the 1990s. 2nd ed. New York: Routledge, 1994.

ORLAND-BARAK, L. The impact of the assessment of practice teaching on beginning teaching: Learning to ask different questions. *Teacher Education Quarterly*, v. 29, n. 2, p. 99-122, 2002.

ORMROD, J. E. *Educational psychology*: developing learners. 4th ed. Upper Saddle River: Merrill/Prentice Hall, 2003.

OTTO, P. B.; SCHUCK, R. F. The effect of a teacher questioning strategy training program on teaching behavior, student achievement, and retention. *Journal of Research in Science Teaching*, v. 20, n. 6, p. 521-528, 1983.

OVERBAUGH, R. The efficacy of interactive video for teaching basic classroom management skills to pre-service teachers. *Computers in Human Behavior*, v. 11, n. 3-4, p. 511-527, 1995.

PACHECO, A. *Meeting the challenge of high quality teacher education*: why higher education must change. Washington: American Association of Colleges for Teacher Education, 2000. 40th Charles W. Hunt Memorial Lecture.

PAINE, L. *Orientation towards diversity*: what do prospective teachers bring? East Lansing: National Center for Research on Teacher Education, 1990.

PALINCSAR, A. S. *et al.* Making science accessible to all: results of a design experiment in inclusive classrooms. *Learning Disabilities Quarterly*, v. 24, n. 1, p. 15-32, 2001.

PALINCSAR, A. S. Less charted waters: responses to Brown, Collins and Duguid's "Situated cognition and the culture of learning." *Educational Researcher*, v. 18, n. 4, p. 5-7, 1989.

PALINCSAR, A. S.; BROWN, A. L. Reciprocal teaching of comprehension fostering and comprehension-monitoring activities. *Cognition and Instruction*, v. 1, n. 2, p. 117-175, 1984.

PALINCSAR, A. S.; BROWN, D. A. Enhancing instructional time through attention to metacognition. *Journal of Learning Disabilities*, v. 20, n. 2, p. 66-75, 1987.

PALMER, P. J. *The courage to teach*: exploring the inner landscape of a teacher's life. San Francisco: Jossey-Bass, 1998.

PARKE, R. D. *et al*. Social relationships and academic success. *Thrust for Educational Leadership*, v. 28, n. 1, p. 32-34, 1998.

PARKER, F.; RILEY, K. L. *Linguistics for non-linguists*: a primer with exercises. New York: Allyn & Bacon, 1999.

PARKER, W. *Teaching democracy*: unity and diversity in public life. New York: Teachers College, 2003.

PASCARELLA, E. T.; TERENZINI, P. T. *How college affects students*: findings and insights from twenty years of research. San Francisco: Jossey-Bass, 1991.

PATTERSON, R. S.; MICHELLI, N. M.; PACHECO, A. *Centers of pedagogy*: new structures for educational renewal. San Francisco: Jossey-Bass, 1999.

PEALE, E.; LAMBERT, W. The relation of bilingualism to intelligence. *Psychological Monographs*, v. 76, n. 546, p. 1–23, 1962.

PECHEONE, R.; CHUNG, R. Exploring validity and reliability for a performance-based assessment system: the performance assessment for California teachers. *In*: ANNUAL MEETING OF THE AMERICAN EDUCATION RESEARCH ASSOCIATION, 2004, San Diego. *Paper* [...]. San Diego: [s. n.], 2004.

PECHEONE, R.; STANSBURY, K. Connecting teacher assessment and school reform. *Elementary School Journal*, v. 97, p. 163-177, 1996.

PEDULLA, J. J. *et al*. *Perceived effects of state-mandated testing programs on teaching and learning*: findings from a national survey of teachers. Boston: National Board on Educational Testing and Public Policy, Boston College, 2003.

PELAVIN, S. H.; KANE, M. B. *Changing the odds*: factors increasing access to college. New York: College Entrance Examination Board, 1990.

PELLEGRINO, J. W.; BAXTER, G. P.; GLASER, R. Addressing the "two disciplines" problem: linking theories of cognition and learning with assessment and instructional practice. *In*: PEARSON, P. D.; IRAN-NEJAD, A. (ed.). *Review of research in education*. Washington: American Educational Research Association, 1999. v. 24, p. 307-354.

PELLEGRINO, J. W.; CHUDOWSKY, N.; GLASER, R. *Knowing what students know*: the science and design of educational assessment. Washington: National Academies, 2001.

PERKES, V. A. *Junior high school teacher preparation, teaching behaviors, and student achievement*. Ann Arbor: University Microfilms, 1967.

PERKINS, D. N.; SALOMON, G. Are cognitive skills context-bound? *Educational Researcher*, v. 18, p. 16-25, 1989.

PERKINS, D. *Smart schools*: from training memories to educating minds. New York: Free, 1992.

PETERSON, P. L.; CLARK, C. M. Teachers' reports of their cognitive processes during teaching. *American Educational Research Journal*, v. 15, n. 4, p. 555-565, 1978.

PETERSON, P. L.; FENNEMA, E.; CARPENTER, T. Teachers' knowledge of students' mathematics problem-solving knowledge. *In*: BROPHY, J. (ed.). *Advances in research on teaching*. Greenwich: JAI, 1991. (Teachers' Knowledge of Subject Matter as it Relates to their Teaching Practice, v. 2). p. 49-86.

PHELAN, P.; DAVIDSON, A. L.; YU, H. C. *Adolescents' worlds*: negotiating family, peers, and school. New York: Teachers College, 1998.

PHILIPS, S. U. Participant structures and communicative competence: warm Springs children in community and classroom. *In*: CAZDEN, C. B.; JOHN-STEINER, V.; HYMES, D. H. (ed.). *Functions of language in the classroom*. New York: Teachers College, 1972. p. 370–394.

PHILLIPS, M. B.; HATCH, J. A. Practicing what we preach in teacher education. *Dimensions of Early Childhood*, v. 28, n. 3, p. 24-30, 2000.

PHINNEY, J. S.; ROTHERAM, M. J. *Children's ethnic socialization*: pluralism and development. Newbury Park: Sage, 1987.

PIAGET, J. *Judgment and reasoning in the child*. London: Routledge, 1999.

PICHERT, J. C., AND ANDERSON, R. C. Taking different perspectives on a story. *Journal of Educational Psychology*, v. 69, p. 309-315, 1977.

PILCHER-CARLTON, J.; OOSTERHOF, A. C. A case study analysis of parents', teachers', and students' perceptions of the meaning of grades: identification of discrepancies, their consequences and obstacles to their resolution. *In*: ANNUAL MEETING OF THE AMERICAN EDUCATIONAL RESEARCH ASSOCIATION, 1993, Atlanta. *Paper* [...]. Atlanta: [s. n.], 1993.

PINTRICH, P. R.; DE GROOT, E. Motivation and self-regulated learning in middle school classrooms. *Journal of Educational Psychology*, v. 80, p. 123-129, 1990.

PINTRICH, P. R.; GARCIA, T. Regulating motivation and cognition in the classroom: the role of self-schemas and self-regulatory strategies. *In*: SCHUNK, D. H.; ZIMMERMAN, B. J. (ed.). *Self-regulation of learning and performance*: issues and educational applications. Hillsdale: Erlbaum, 1994. p. 329.

PINTRICH, P. R.; SCHUNK, D. H. *Motivation in education*: theory, research, and applications. Englewood Cliffs: Merrill, 1996.

PIPER, T. *Language and learning*: the home and school years. Englewood Cliffs: Merrill/Prentice-Hall, 2002.

POEST, C. *et al.* Challenge me to move: Large muscle development in young children. *Young Children*, v. 45, n. 5, p. 4-10, 1990.

POSNER, G. J.; RUDNITSKY, A. N. *Course design*: a guide to curriculum development for teachers. 2nd ed. New York: Longman, 1982.

POTHOFF, D. *et al.* Preparing for democracy and diversity: the impact of a community-based field experience on preservice teachers' knowledge, skills, and attitudes. *Action in Teacher Education*, v. 22, n. 1, p. 79-92, 2000.

PRICE, J. Action research, pedagogy and change: the transformative potential of action research in pre-service teacher education. *Journal of Curriculum Studies*, v. 33, n. 1, p. 43-74, 2001.

PT3 GROUP AT VANDERBILT. Three AMIGOs: using "anchored modular inquiry" to help prepare future teachers. *Educational Technology Research and Development*, v. 51, n. 1, p. 105-123, 2003.

PULOS, S.; LINN, M. C. Generality of the controlling variables scheme in early adolescence. *Journal of Early Adolescence*, v. 1, n. 1, p. 26-37, 1981.

PUTNAM, R. T.; BORKO, H. Teacher learning: Implication of new views of cognition. *In*: BIDDLE, B. J.; GOOD, T. L.; GOODSON, I. T. (ed.). *International handbook of teachers and teaching*. Boston: Kluwer Academic Publishers, 1997. v. 2, p. 1223-1296.

PUTNAM, R. T.; BORKO, H. What do new views of knowledge and thinking have to say about research on teacher learning? *Educational Researcher*, v. 29, n. 1, p. 41-45, 2000.

QUAINI, F. *et al.* Chimerism of the transplanted heart. *The New England Journal of Medicine*, v. 346, n. 1, p. 5-15, 2002.

RANDOLPH, C. H.; EVERTSON, C. M. Images of management for learner-centered classrooms. *Action in Teacher Education*, v. 16, n. 1, p. 55-64, 1994.

REARICK, M.; FELDMAN, A. Orientations, purposes and reflection: a framework for understanding action research. *Teaching and Teacher Education*, v. 15, n. 4, p. 333-349, 1999.

REDISH, E. F. *Discipline-specific science education and educational research*: the case of physics. Paper prepared for the Committee on Developments in the Science of Learning: An Interdisciplinary Discussion. Department of Physics, University of Maryland, College Park, MD, 1996.

RENDER, G.; PAILLA, J.; KRANK, H. What research really shows about assertive discipline. *Educational Leadership*, v. 47, p. 72-75, 1989.

RESNICK, L. B. *Education and learning to think*. Washington: National Academies, 1987.

RESNICK, L. B.; NELSON-LEGALL, S. Socializing intelligences. *In*: SMITH, L.; DOCKRELL, J.; TOMLINSON, P. (ed.). *Piaget, Vygotsky and beyond*: future issues for developmental psychology and education. London: Routledge, 1998. p. 145-158.

RESNICK, L. B.; RESNICK, D. P. Assessing the thinking curriculum: new tools for education reform. *In*: GIFFORD, B. R.; O'CONNOR, M. C. (ed.). *Changing assessments*: alternative views of aptitude, achievement, and instruction. Boston: Kluwer Academic Publishers, 1992. p. 37-76.

RESNICK, M. D. *et al.* Protecting adolescents from harm: findings from the national longitudinal study on adolescent health. *Journal of American Medical Association*, v. 278, n. 10, p. 823-832, 1997.

REYES DE LA LUZ, M. Bilingual student writers: a question of fair evaluation. *English Journal*, v. 80, n. 8, p. 16-23, 1991.

REYES DE LA LUZ, M. Challenging venerable assumptions: literacy instruction for linguistically different students. *Harvard Educational Review*, v. 62, n. 4, p. 427-446, 1992.

REYNOLDS, A. J.; WALBERG, H. J.; WEISSBERG, R. P. (ed.). *Promoting positive outcomes*: issues in children's and families' lives. Washington: Child Welfare League of America, 1999.

REYNOLDS, M. C. (ed.). *Knowledge base for the beginning teacher*. New York: Pergamon, 1989.

RICE, J. *Teacher quality*: Understanding the effects of teacher attributes. Washington: Economic Policy Institute, 2003.

RICHARDSON, V. (ed.). *Handbook of research on teaching*. 4th ed. Washington: American Educational Research Association, 2001.

RICHARDSON, V. The case for formal research and practical inquiry in teacher education. *In*: MURRAY, F. B. (ed.). *The teacher educator's handbook*. Washington: American Association of Colleges for Teacher Education, 1996. p. 715-737.

RICHARDSON, V.; PLACIER, P. Teacher change. *In*: RICHARDSON, V. (ed.). *Handbook of research on teaching*. 4th ed. Washington: American Educational Research Association, 2001. p. 905-947.

RICHERT, A. E. Narratives that teach: Learning about teaching from the stories teachers tell. *In*: LYONS, N.; LABOSKEY, V. (ed.). *Narrative knowing in teaching*: exemplars of reflective teaching, research and teacher education. New York: Teachers College, 2002. p. 48-62.

RICHERT, A. E. Teaching teachers to reflect: a consideration of programme structure. *Journal of Curriculum Studies*, v. 22, n. 6, p. 509-527, 1990.

RIDGWAY, J. *et al.* *MARS report on the 2000 tests*. San Jose: Mathematics Assessment Collaborative, 2000.

RIDLEY, D. S., CARLILE, B., AND HURWITZ, S. A long-term analysis of PDS and campus-based preservice teacher preparation: are new teachers prepared at a

PDS really better? *In:* ANNUAL MEETING OF THE AMERICAN EDUCATIONAL RESEARCH ASSOCIATION, 2001, Seattle. *Paper* [...]. Seattle: [*s. n.*], 2001.

RIORDAN, J., AND NOYCE, P. The impact of two standards-based mathematics curricula on student achievement in Massachusetts. *Journal for Research in Mathematics Education*, v. 32, n. 4, p. 368-398, 2001.

ROBERTS, R. N.; BARNES, M. L. "Let momma show you how": maternal child interactions and their effects on children's cognitive performance. *Journal of Applied Developmental Psychology*, v. 13, n. 3, p. 363-376, 1992.

RODRIGUEZ, Y.; SJOSTROM, B. Culturally responsive teacher preparation evident in classroom approaches to cultural diversity: a novice and an experienced teacher. *Journal of Teacher Education*, v. 46, p. 304-311, 1995.

ROESER, R. Bringing a "whole adolescent" perspective to secondary teacher education: A case study of the use of an adolescent case study. *Teaching Education*, v. 13, n. 2, p. 155-178, 2002.

ROESER, R. W.; MIDGLEY, C.; URDAN, T. C. Perceptions of the school psychological environment and early adolescents' psychological and behavioral functioning in school: the mediating role of goals and belonging. *Journal of Educational Psychology*, v. 88, n. 3, p. 408-422, 1996.

ROGOFF, B. *Apprenticeship in thinking*: cognitive development in social context. New York: Oxford University, 1990.

ROGOFF, B. *The cultural nature of human development.* New York: Oxford University, 2003.

ROMAINE, S. *The language of children and adolescents*: the acquisition of communicative competence. New York: Blackwell, 1984.

RONNKVIST, A. M.; DEXTER, S. L.; ANDERSON, R. E. Technology support: its depth, breadth and impact in America's schools. Irvine: University of California, 2000.

ROSALDO, R. Cultural citizenship, inequality, and multiculturalism. *In:* FLORES, W. V.; BENMAYOR, R. (ed.). *Latino cultural citizenship*: claiming identity, space, and rights. Boston: Beacon, 1997. p. 27-38.

ROSENHOLTZ, S. J.; SIMPSON, C. Classroom organization and student stratification. *Elementary School Journal*, v. 85, n. 1, p. 21-37, 1984a.

ROSENHOLTZ, S. J.; Simpson, C. The formation of ability conceptions: developmental trend or social construction? *Review of Educational Research*, v. 54, n. 1, p. 31-63, 1984b.

ROSENSTEIN, J.; NEW DAY FILMS. *In whose honor?* American Indian mascots in sports. Harriman: New Day Films, 1997.

ROSS, D. D. First steps in developing a reflective approach. *Journal of Teacher Education*, v. 40, n. 2, p. 22-30, 1989.

ROSS, D.; BONDY, E. The evolution of a college course through teacher educator action research. *Action in Teacher Education*, v. 18, n. 3, p. 44-55, 1996.

ROSS, S. M.; HUGHES, T. M.; HILL, R. E. Field experiences as meaningful contexts for learning about learning. *Journal of Educational Research*, v. 75, n. 2, p. 103-107, 1981.

ROUTMAN, R. *Conversations*: strategies for teaching, learning, and evaluating. Portsmouth: Heinemann, 2000.

ROWAN, B.; CORRENTTI, R.; MILLER, R. J. *What large-scale, survey research tells us about teacher effects on student achievement*: insights from the prospects study of elementary schools. Philadelphia: University of Pennsylvania Graduate School of Education, 2002. No. RR-051.

RUBIN, R. L.; NORMAN, J. T. Systematic modeling vs. the learning cycle: comparative effects of integrated science process skill achievement. *Journal of Research in Science Teaching*, v. 29, p. 715-727, 1992.

RURY, J. L. Who became teachers? The social characteristics of teachers. *In:* WARREN, D. (ed.). *American teachers*: histories of a profession at work. New York: Macmillan, 1989. p. 9-48.

RUST, F. Professional conversations: new teachers explore teaching through conversation, story, and narrative. *Teaching and Teacher Education*, v. 15, n. 4, p. 367-380, 1999.

RUTHERFORD, M. E. *"We can't fight with our fists, words are our power!"* Children in the middle school years learning to write academic prose.University of California-Berkeley, 1995.

RYAN, R. M.; DECI, E. L. Self-determination theory and the facilitation of intrinsic motivation, social development, and well-being. *American Psychologist*, v. 55, n. 1, p. 68-78, 2000.

RYAN, R. M.; DECI, E. L. When paradigms clash: comments on Cameron and Pierce's claim that rewards do not undermine intrinsic motivation. *Review of Educational Research*, v. 66, n. 1, p. 33-38, 1996.

RYAN, R. M.; LYNCH, J. H. Emotional autonomy versus detachment: revisiting the vicissitudes of adolescence and young adulthood. *Child Development*, v. 60, n. 2, p. 340-356, 1989.

RYAN, R. M.; POWELSON, C. L. Autonomy and relatedness as fundamental to motivation and education. *Journal of Experimental Education*, v. 60, n. 1, p. 49-66, 1991.

SABERS, D.; CUSHING, K. S.; BERLINER, D. C. Differences among teachers in a task characterized by simultaneity, multidimensionality, and immediacy. *American Educational Research Journal*, v. 28, n. 1, p. 63-88, 1991.

SACKETT, D. L. *et al.* Evidence based medicine: what it is and what it isn't? *British Medical Journal*, v. 312, p. 71-72, 1996.

SADKER, M.; SADKER, D. M. Failing at fairness: how America's schools cheat girls. New York: Touchstone, 1995.

SADLER, D. R. Formative assessment and the design of instructional systems. *Instructional Science*, v. 18, n. 2, p. 119-144, 1989.

SALZMAN, S. A.; DENNER, P. R.; HARRIS, L. B. Teacher outcome measures: Special study survey. *In*: AMERICAN ASSOCIATION OF COLLEGES OF TEACHER EDUCATION, 2002, New York. *Paper* [...]. New York: [s. n.], 2002.

SANDERS, W. L.; HORN, S. The Tennessee value-added assessment system (TVAAS): mixed-model methodology in educational assessment. *Journal of Personnel Evaluation in Education*, v. 8, p. 299-311, 1994.

SANDERS, W. L.; RIVERS, J. C. *Cumulative and residual effects of teachers on future student academic achievement.* Knoxville: University of Tennessee ValueAdded Research and Assessment Center, 1996.

SANDHOLTZ, J. H.; DADLEZ, S. H. Professional development school trade-offs in teacher preparation and renewal. *Teacher Education Quarterly*, v. 27, n. 1, p. 7-27, 2000.

SANFORD, J. P.; EMMER, E. T.; CLEMENTS, B. S. Improving classroom management. *Educational Leadership*, v. 40, n. 7, p. 56-60, 1983.

SANTIAGO, E. *When I was Puerto Rican.* New York: Vintage, 1993.

SARASON, S. B. *The case for change*: rethinking the preparation of educators. San Francisco: Jossey-Bass, 1993.

SARASON, S. B. *The predictable failure of educational reform*: can we change course before it's too late? San Francisco: Jossey-Bass, 1990.

SATO, M. The National Board for Professional Teaching Standards: teacher learning through the assessment process. *In*: ANNUAL MEETING OF THE AMERICAN EDUCATIONAL RESEARCH ASSOCIATION, 2000, New Orleans. *Paper* [...]. New Orleans: [s.n.], 2000.

SAWYER, R. K. Creative teaching: Collaborative discussion as disciplined improvisation. *Educational Researcher*, v. 33, n. 2, p. 12-20, 2004.

SCARDAMALIA, M.; BEREITER, C. Fostering the development of self-regulation in children's knowledge processing. *In*: SEGAL, J. W.; CHIPMAN, S. F.; GLASER, R. (ed.). *Thinking and learning skills.* Hillsdale: Erlbaum, 1985. p. 563-578.

SCHALOCK, D. Research on teacher selection. *In*: BERLINER, D. C. (ed.). *Review of research in education.* Washington: American Educational Research Association, 1979. v. 7.

SCHALOCK, M. D. Accountability, student learning, and the preparation and licensure of teachers: Oregon's teacher work sample methodology. *Journal of Personnel Evaluation in Education*, v. 12, n. 3, p. 269-285, 1998.

SCHANK, R. C.; ABELSON, R. P. Scripts, plans, goals, and understanding. *In*: INTERNATIONAL JOINT CONFERENCE ON ARTIFICIAL INTELLIGENCE, 4., 1975, Tbilisi. *Papers* [...]. Tbilisi: [s. n.], 1975.

SCHAPS, E. Risks and rewards of community building. *Thrust for Educational Leadership*, v. 28, p. 1, p. 6-9, 1998.

SCHLIEMANN, A. D.; CARRAHER, D. W. Proportional reasoning in and out of school. *In*: LIGHT, P.; BUTTERWORTH, G. (ed.). *Context and cognition*: ways of learning and knowing. Hillsdale: Erlbaum, 1993.

SCHOENFELD, A. H. Making mathematics work for all children: issues of standards, testing, and equity. *Educational Researcher*, v. 31, n. 1, p. 13-25, 2002.

SCHOENFELD, A. H. *Mathematical problem solving.* Orlando: Academic, 1985.

SCHOENFELD, A. H. The math wars. *Educational Policy*, v. 18, n. 1, 2004. Disponível em: https://journals.sagepub.com/doi/10.1177/0895904803260042. Acesso em: 28 fev. 2019.

SCHOFIELD, W. The colorblind perspective in school: causes and consequences. *In*: BANKS, J. A.; BANKS, C. A. M. (ed.). *Multicultural education*: issues and perspectives. 4th ed. New York: Wiley, 2003. p. 265-288.

SCHOLES, R. *Textual power*: literary theory and the teaching of English. New Haven: Yale University, 1985.

SCHÖN, D. A. *The reflective practitioner*: how professionals think in action. New York: Basic Books, 1983.

SCHULTZ, L. H.; BARR, D. J.; SELMAN, R. L. The value of a developmental approach to evaluating character development programmes: an outcome study of "Facing History and Ourselves." *Journal of Moral Education*, v. 30, n. 1, p. 3-27, 2001.

SCHUNK, D. H. Self-efficacy and academic motivation. *Educational Psychologist*, v. 26, n. 3-4, p. 207-231, 1991.

SCHWAB, J. J. The practical 3: translation into curriculum. *School Review*, v. 81, n. 4, p. 501-522, 1973.

SCHWAB, J. Structure of the disciplines: meanings and significances. *In*: FORD, G. W.; PUGNO, L. (ed.). *The structure of knowledge and the curriculum.* Chicago: Rand McNally, 1964. p. 6-30.

SCHWARTZ, D. L. *et al.* Toward the development of flexibly adaptive instructional designs. *In*: REIGELUT, C. M. (ed.). *Instructional design theories and models.* Hillsdale: Erlbaum, 1999. v. 2, p. 183-213.

SCHWARTZ, D. L.; BRANSFORD, J. D. A time for telling. *Cognition and Instruction*, v. 16, n. 4, p. 475-522, 1998.

SCHWARTZ, D. L.; BRANSFORD, J. D.; SEARS, D. Efficiency and innovation in transfer. *In*: MESTRE, J. (ed.). *Transfer of learning*: research and perspectives. Greenwich: Information Age Publishing, 2005.

SCHWARTZ, D. L.; MOORE, J. L. The role of mathematics in explaining the material world: mental models for proportional reasoning. *Cognitive Science*, v. 22, p. 471-516, 1998.

SECADA, W. G.; FENNEMA, E.; ADAJIAN, L. *New directions for equity in mathematics education.* Cambridge: Cambridge University, 1995.

SENK, S. L.; THOMPSON, D. R. (ed.). *Standards-based school mathematics curricula*: what are they? What do students learn? Mahwah: Erlbaum, 2003.

SERGIOVANNI, T. J. *Building community in schools.* San Francisco: Jossey-Bass, 1994.

SEVCIK, A.; ROBBINS, B.; LEONARD, A. The deep structure of obscene language. *Journal of Curriculum Studies*, v. 29, n. 4, p. 455-470, 1997.

SHEETS, R. H.; GAY, G. Student perceptions of disciplinary conflict in ethnically diverse classrooms. *NASSP Bulletin*, v. 80, n. 580, p. 84-94, 1996.

SHEPARD, L. A. Classroom assessment. *In:* BRENNAN, R. L. (ed.). *Educational measurement.* 4th ed. Westport: Rowman & Littlefield, 2006.

SHEPARD, L. A. *Measuring achievement:* what does it mean to test for robust understanding? Princeton: Policy Information Center, Educational Testing Service, 1997.

SHEPARD, L. A. Reconsidering large-scale assessment to heighten its relevance to learning. *In:* ATKIN, J. M.; COFFEY, J.; NATIONAL SCIENCE TEACHERS ASSOCIATION (ed.). *Everyday assessment in the science classroom.* Arlington: NSTA, 2003. p. 121-146.

SHEPARD, L. A. The role of assessment in a learning culture. *Educational Researcher*, v. 29, n. 7, p. 4-14, 2000.

SHEPARD, L. A. Using assessment to improve learning. *Educational Leadership*, v. 52, n. 5, p. 38-43, 1995.

SHEPARD, L. A.; BLIEM, C. L. Parents' thinking about standardized tests and performance assessments. *Educational Researcher*, v. 24, n. 8, p. 25-32, 1995.

SHEPARD, L. A.; DOUGHERTY, K. C. Effects of high-stakes testing on instruction. *In:* ANNUAL MEETINGS OF THE AMERICAN EDUCATIONAL RESEARCH ASSOCIATION AND THE NATIONAL COUNCIL ON MEASUREMENT IN EDUCATION, 1991, Chicago. *Paper* [...]. Chicago: [s.n.], 1991.

SHERIN, M. Developing a professional vision of classroom events. *In:* WOOD, T.; NELSON, B. S.; WARFIELD, J. (ed.). *Beyond classical pedagogy*: teaching elementary school mathematics. Hillsdale: Erlbaum, 2001. p. 75-94.

SHERIN, M.; HAN, S. Y. *Teacher learning in the context of a video club.* [S. l., s. n.], 2002.

SHIELDS, P. M. et al. *The status of the teaching profession 2001.* Santa Cruz: The Center for the Future of Teaching and Learning, 2001.

SHIN, H. Estimating future teacher supply: an application of survival analysis. *In:* MEETING OF THE AMERICAN EDUCATIONAL RESEARCH ASSOCIATION, 1994, New Orleans. *Paper* [...]. New Orleans: [s. n.], 1994.

SHROYER, G.; WRIGHT, E.; RAMEY-GASSERT, L. An innovative model for collaborative reform in elementary school science teaching. *Journal of Science Teacher Education*, v. 7, n. 3, p. 151-168, 1996.

SHULMAN, J.; LOTAN, R. *Groupwork in heterogeneous classrooms*: a casebook. San Francisco: Jossey-Bass, 1998.

SHULMAN, L. S. Course anatomy: the dissection and analysis of knowledge through teaching. *In:* HUTCHINGS, P. (ed.). *The course portfolio*: how faculty can examine their teaching to advance practice and improve student learning. Washington: American Association for Higher Education, 1998. p. 5-13.

SHULMAN, L. S. Just in case: Reflections on learning from experience. *In:* COLBERT, K. T. J.; DESBERG, P. (ed.). *The case for education*: contemporary approaches for using case methods. Boston: Allyn & Bacon, 1996.

SHULMAN, L. S. Knowledge and teaching: Foundations of the new reform. *Harvard Educational Review*, v. 57, n. 1, p. 1-22, 1987.

SHULMAN, L. S. Theory, practice, and the education of professionals. *Elementary School Journal*, v. 98, n. 5, p. 511-526, 1998a.

SHULMAN, L. S. Those who understand: knowledge growth in teaching. *Educational Researcher*, v. 15, n. 2, p. 4-14, 1986.

SHULMAN, L. S. Toward a pedagogy of cases. *In:* SHULMAN, J. H. (ed.). *Case methods in teacher education.* New York: Teachers College, 1992. p. 1-30.

SHULMAN, L. S.; SHULMAN, J. How and what teachers learn: a shifting perspective. *Journal of Curriculum Studies*, v. 36, n. 2, p. 257-271, 2004.

SIEGLER, R. S. *Children's thinking.* 3rd ed. Upper Saddle River: Prentice Hall, 1998.

SIEGLER, R. S.; RICHARDS, D. D. The development of intelligence. *In:* STERNBERG, R. J. (ed.). *Handbook of human intelligence.* Cambridge: Cambridge University, 1982. p. 897-971.

SILVESTRI, L. Pre-service teachers' self-reported knowledge of classroom management. *Education*, v. 121, n. 3, p. 575-580, 2001.

SIMMONS, R. G.; BLYTH, D. A. *Moving into adolescence*: the impact of pubertal change and school context. New York: Aldine de Gruyter, 1987.

SIMON, B. S. Family involvement in high school: predictors and effects. *NASSP Bulletin*, v. 85, n. 2, p. 8-19, 2001.

SIMON, H. A. Problem solving and education. *In:* TUMA, D. T.; REIF, R. (ed.). *Problem solving and education*: issues in teaching and research. Hillsdale: Erlbaum, 1980. p. 81-96.

SINGLEY, K.; ANDERSON, J. R. *The transfer of cognitive skill.* Cambridge: Harvard University, 1989.

SIROTNIK, K. *et al. Renewing schools and teacher education*: an odyssey in educational change. Washington: American Association of Colleges for Teacher Education, 2001.

SIZER, T. *Horace's compromise*: the dilemma of the American high school. Boston: Houghton Mifflin, 1984.

SKJAERVEN, R.; WILCOX, A. J.; LIE, R. T. The interval between pregnancies and the risk of preeclampsia. *The New England Journal of Medicine*, v. 346, n. 1, p. 33-38, 2002.

SLAVIN, R. E. Achievement effects of ability grouping in secondary schools: A best evidence synthesis. *Review of Educational Research*, v. 60, n. 3, p. 471-500, 1990b.

SLAVIN, R. E. *Cooperative learning*: theory, research, and practice. Englewood Cliffs: Prentice Hall, 1990a.

SLAVIN, R. E. Enhancing intergroup relations in schools: cooperative learning and other strategies. *In:* HAWLEY, W. D.; JACKSON, A. W. (ed.). *Toward a common destiny*: improving race and ethnic relations in America. San Francisco: Jossey-Bass, 1995. p. 291-314.

SLEETER, C. E.; GRANT, C. A. *Making choices for multicultural education*: five approaches to race, class, and gender. Columbus: Merrill, 1998.

SLEETER, C. E.; GRANT, C. A. *Making choices for multicultural education*: five approaches to race, class, and gender. 3rd ed. Upper Saddle River: Merrill, 1999.

SLEETER, C. Epistemological diversity in research on preservice teacher preparation for historically underserved children. *In:* SECADA, W. (ed.). *Review of research in education*. Washington: American Educational Research Association, 2001. p. 209-250.

SLEETER, C. White preservice students and multicultural education coursework. *In:* LARKIN, J. M.; SLEETER, C. E. (ed.). *Developing multicultural teacher education curricula*. Albany: State University of New York, 1995. p. 17-29.

SMITHERMAN, G. *Talkin that talk*: language, culture, and education in African America. London: Routledge, 2000.

SMITHERMAN, G. *Talking and testifying*: the language of Black America. Detroit: Wayne State University, 1986.

SMITHEY, M. *Classroom management*. Nashville: Cognition and Technology Group at Vanderbilt., 1996.

SNOW, C.; GRIFfiN, P.; BURNS, S. *Knowledge to support the teaching of reading*: preparing teachers for a changing world. San Francisco: Jossey-Bass, 2005

SNYDER, J. Knowing children: understanding teaching: the developmental teacher education program at the University of California, Berkeley. *In:* DARLING-GHAMMOND, L. (ed.). *Studies of excellence in teacher education*: preparation at the graduate level. Washington: American Association of Colleges for Teacher Education, 2000. p. 97-172.

SNYDER, J. *New Haven Unified School District*: a teaching quality system for excellence and equity. Washington: National Commission on Teaching and America's Future, 1999.

SOCKETT, H. *et al.* Transforming teacher education: lessons in professional development. Westport: Bergin and Garvey, 2002.

SOCKETT, H. T. Leading a transformative innovation: the acceptance of despair. *In:* DEMULDER, E. K.; LEPAGE, P. C.; WOOD, D. R. (ed.). *Transforming teacher education*: lessons in professional development. Westport: Bergin and Garvey, 2001.

SOCKETT, H. *The moral base for teacher professionalism*. New York: Teachers College, 1993.

SOOHOO, S.; WILSON, T. C. Control and contradiction in democratic teacher education: classroom and curriculum approaches. *In:* NOVAK, J. M. (ed.). *Democratic teacher education*: programs, processes, problems, and prospects. Albany: State University of New York, 1994. p. 163-182.

SPARKS, G. M. The effectiveness of alternative training activities in changing teaching practices. *American Educational Research Journal*, v. 23, n. 2, p. 217-225, 1986.

SPAULDING, C. L. *Motivation in the classroom*. New York: McGraw-Hill, 1992.

SPENCER, M. B.; DOBBS, B.; SWANSON, D. P. African American adolescents: Adaptational processes and socioeconomic diversity in behavioral outcomes. *Journal of Adolescence*, v. 11, p. 117-137, 1988.

SPENCER, M. B.; MARKSTROM-ADAMS, C. Identity processes among racial and ethnic minority children in America. *Child Development*, v. 61, p. 290-310, 1990.

SPERLING, M.; FREEDMAN, S. W. Research on the teaching of writing. *In:* RICHARDSON, V. (ed.). *Handbook of research on teaching*. 4th ed. Washington: American Educational Research Association, 2001. p. 370-389.

SPIRO, R. J. *et al.* Cognitive flexibility, constructivism, and hypertext: random access instruction for advanced knowledge acquisition in ill-structured domains. *Educational Technology*, v. 31, n. 5, p. 24-33, 1991.

SPIRO, R. J. *et al.* Knowledge acquisition for application: cognitive flexibility and transfer in complex content domains. Urbana Champaign: Center for the Study of Reading, University of Illinois, 1987. Technical Report No. 409.

SPRINTHALL, N. A. Meeting the developmental needs of pupils: toward effective classroom guidance. *In:* REYNOLDS, M. C. (ed.). *Knowledge base for the beginning teacher*. New York: Pergamon, 1989. p. 233-244.

SPRINTHALL, N. A.; REIMAN, A. J.; AND THEIS-SPRINTHALL, L. Teacher professional development. *In:* SIKULA, J. P. *et al.* (ed.). *Handbook of research on teacher education*: a project of the Association of Teacher Educators. 2nd ed. New York: Macmillan Library Reference, 1996. p. 666-703.

SROUFE, L. A. *et al.* Child development: its nature and course. 2nd ed. New York: McGraw-Hill, 1992.

STACHOWSKI, L. L.; MAHAN, J. M. Cross-cultural field placements: student teachers learning from schools and communities. *Theory into Practice*, v. 37, n. 2, p. 155-162, 1998.

STALLINGS, J.; BOSSUNG, J.; MARTIN, A. Houston teaching academy: partnership in developing teachers. *Teaching and Teacher Education*, v. 6, n. 4, p. 355-365, 1990.

STALLION, B. K.; ZIMPHER, N. L. Classroom management intervention: the effects of training and mentoring on the inductee teacher's behavior. *Action in Teacher Education*, v. 13, n. 1, p. 42-50, 1991.

STALLMAN, A. C.; PEARSON, P. D. Formal measures of early literacy. *In*: MORROW, L. M.; SMITH, J. K. (ed.). *Assessment for instruction in early literacy*. Englewood Cliffs: Prentice Hall, 1990. p. 7-44.

STANCAVAGE, F. B.; ROEBER, E. D.; AND BOHRNSTEDT, G. W. Impact of the 1992 trial state assessment program: a follow-up study. *In*: GLASER, R.; LINN, R.; BOHRNSTEDT, G. (ed.). *The trial state assessment*: prospects and realities: background studies. Stanford: National Academy of Education, 1993.

STECHER, B.; CHUN, T. *School and classroom practices during two years of education reform in Washington state*. Los Angeles: University of California-Los Angeles, 2001. No. CSE-TR-550.

STERNBERG, R. J. *Beyond I. Q.*: toward a triarchic theory of intelligence. Cambridge: Cambridge University, 1985a.

STIGGINS, R. J.; FRISBIE, D. A.; GRISWOLD, P. A. Inside high school grading practices: Building a research agenda. *Educational Measurement*: Issues and Practice, v. 8, n. 2, p. 5-14, 1989.

STIGLER, J. W.; HIEBERT, J. *The teaching gap*: best ideas from the world's teachers for improving education in the classroom. New York: Free, 1999.

STIPEK, D. J. Motivation and instruction. *In*: BERLINER, D. C.; CALFEE, R. C. (eds.). *Handbook of educational psychology*. New York: Macmillan, 1996. p. 85-113.

STIPEK, D. J. *Motivation to learn*: From theory to practice. 4th ed. Boston: Allyn & Bacon, 2002.

STIPEK, D.; MACIVER, D. Developmental change in children's assessment of intellectual competence. *Child Development*, v. 60, p. 521-538, 1989.

STRAUSS, R. P.; SAWYER, E. A. Some new evidence on teacher and student competencies. *Economics of Education Review*, v. 5, n. 1, p. 41-48, 1986.

STRICKLAND, D. S. *et al.* Teaching writing in a time of reform. *Elementary School Journal*, v. 101, n. 4, p. 385-397, 2001.

STRICKLAND, D. *The administration and supervision of reading programs*. New York: Teachers College, 1995.

SUGRUE, T. *The origins of the urban crisis*: race and inequality in postwar Detroit. Princeton: Princeton University, 1996.

SUMARA, D. J.; LUCE-KAPLER, R. (Un)becoming a teacher: negotiating identities while learning to teach. *Canadian Journal of Education*, v. 21, n. 1, p. 65-83, 1996.

SUNAL, D. W. Effect of field experience during elementary methods courses on preservice teacher behavior. *Journal of Research in Science Teaching*, v. 17, n. 1, p. 17-23, 1980.

SWAN, M.; RIDGWAY, J. *Understanding teacher understanding*: tools for a workshop. Nottingham: University of Nottingham, 2002.

TABACHNIK, B. R.; ZEICHNER, K. M. Idea and action: action research and the development of conceptual change teaching science. *Science Education*, v. 83, n. 3, p. 309-322, 1999.

TAKAKI, R. T. *A different mirror*: a history of multicultural America. Boston: Little, Brown, 1993.

TALBERT, J. E. Teacher tracking: Exacerbating inequalities in the high school. Stanford: Center for Research on the Context of Secondary Teaching, Stanford University, 1990.

TAMBURRINI, J. Some educational implications of Piaget's theory. *In*: MODGIL, S.; MODGIL, C. (ed.). *Jean Piaget*: Consensus and controversy. New York: Praeger, 1982.

TATTO, M. T. Examining values and beliefs about teaching diverse students: understanding the challenges for teacher education. *Educational Evaluation and Policy Analysis*, v. 18, n. 2, p. 155-180, 1996.

TATUM, B. D. Lighting candles in the dark: One black woman's response to white antiracist narratives. *In*: CLARK, C.; O'DONNELL, J. (ed.). *Becoming and unbecoming white*: owning and disowning a racial identity. Westport: Bergin and Garvey, 1999. p. 56-63.

TATUM, B. D. *Why are all the Black kids sitting together in the cafeteria?* And other conversations about race. New York: Basic Books, 1997.

TAYLOR, G. *et al. A survey of teachers' perspectives on high-stakes testing in Colorado*: what gets taught, what gets lost. Los Angeles: University of California-Los Angeles, 2003. CSE Technical Report 588.

TEALE, W. H. Developmentally appropriate assessment of reading and writing in the early childhood classroom. *Elementary School Journal*, v. 89, n. 2, p. 173-184, 1988.

TEGLASI, H.; ROTHMAN, L. STORIES: a classroom-based program to reduce aggressive behavior. *Journal of School Psychology*, v. 39, n. 1, p. 71-94, 2001.

TELLEZ, K. *et al.* Social service field experiences and teacher education statistics. *In*: LARKIN, J.; SLEETER, C. E. (ed.). *Developing multicultural teacher education curricula*. Albany: State University of New York, 1994. p. 65-78.

TERWILLIGER, J. S. Classroom evaluation practices of secondary teachers in England and Minnesota. *In:* ANNUAL MEETING OF THE NATIONAL COUNCIL ON MEASUREMENT IN EDUCATION, 1987, Washington. *Paper* [...]. Washington: [*s. n.*], 1987.

THARP, R. *et al. Teaching transformed*: achieving, excellence, fairness, inclusion, and harmony. Boulder: Westview, 2000.

THARP, R. G. The effective instruction of comprehension: results and description of the Kamehameha early education program. *Reading Research Quarterly*, v. 17, n. 4, p. 503-527, 1982.

THARP, R. G.; GALLIMORE, R. Rousing minds to life: teaching, learning, and schooling in social context. Cambridge: Cambridge University, 1988.

THE AUSTRALIAN EDUCATION COUNCIL. *Mathematics*: a curriculum profile for Australian schools. Carlton: Curriculum Corporation, 1994.

THOMAS, L. *et al.* Integrating technology in teacher education programs. *Action in Teacher Education*, v. 17, n. 4, p. 1-8, 1996.

THOMPSON, C. L.; ZEULI, J. S. The frame and the tapestry: standards-based reform and professional development. *In:* DARLING-HAMMOND, L.; SYKES, G. (ed.). *Teaching as the learning profession*: a handbook of policy and practice. San Francisco: Jossey-Bass, 1999. p. 341-375.

THORNDIKE, E. L. *Human learning*. New York: The Century Co, 1968.

TIETZE, W. A structural model for the evaluation of preschool effects. *Early Childhood Research Quarterly*, v. 2, n. 2, p. 133-154, 1987.

TOBIN, J.; JOHNSON, R. A multicultural, multivocal, multimedia approach to teaching classroom management and preservice teachers. *Teaching Education*, v. 6, n. 1, p. 113-122, 1994.

TOM, A. R. *Redesigning teacher education*. Albany: State University of New York, 1997.

TOWNSEND, B. The disproportionate discipline of African American learners: reducing school suspensions and expulsion. *Exceptional Children*, v. 66, p. 381-392, 2000.

TRACHTMAN, R. *The NCATE professional development school study*: a survey of 28 PDS sites. [*S. l.: s. n.*], 1996. Unpublished manuscript – Available from Professional Development School Standards Project, National Council for Accreditation of Teacher Education, Washington, DC 20036.

TRACZ, S. M. *et al.* Improvement in teaching skills: perspectives from National Board for Professional Teaching Standards field test network candidates. *In:* ANNUAL MEETING OF THE AMERICAN EDUCATIONAL RESEARCH ASSOCIATION, 1995, San Francisco. *Paper* [...]. San Francisco: [*s. n.*], 1995.

TRACZ, S. M.; SIENTY, S.; MATA, S. The self-reflection of teachers compiling portfolios for National Certification: work in progress. *In:* ANNUAL MEETING OF THE AMERICAN ASSOCIATION OF COLLEGES FOR TEACHER EDUCATION, 1994, Chicago. *Paper* [...]. Chicago: [*s. n.*]: 1994.

TYRRELL, F.; SCULLY, T.; HALLIGAN, J. Building peaceful schools. *Thrust for Educational Leadership*, v. 28, n. 2, p. 30-33, 1998.

UNITED STATES BUREAU OF THE CENSUS. *Statistical abstract of the United States*: 2000. [*S. l.*]: United States Bureau of the Census, 2000. Disponível em: https://www.census.gov/library/publications/2000/compendia/statab/120ed.html. Acesso em: 01 mar. 2019.

UNITED STATES DEPARTMENT OF EDUCATION OFFICE FOR CIVIL RIGHTS. *Elementary and secondary school compliance reports*. Washington: U.S. Government Printing Office, 1999.

UNITED STATES OFFICE OF TECHNOLOGY ASSESSMENT. *Testing in American schools*: asking the right questions. Washington: U.S. Government Printing Office, 1992.

UNIVERSITY OF MICHIGAN LAW SCHOOL. The law schools look ahead. *In:* CONFERENCE ON LEGAL EDUCATION; ANNUAL SUMMER INSTITUTE SPONSORED BY THE UNIVERSITY OF MICHIGAN LAW SCHOOL, 12., 1959, An Arbor. *Proceedings* [...]. Ann Arbor: University of Michigan Law School, 1959.

VALDÉS, G. *Con respeto*: bridging the distances between culturally diverse families and schools: an ethnographic portrait. New York: Teachers College Columbia University, 1996.

VALDÉS, G. *Learning and not learning English*: Latino students in American schools. London: Teachers College, 2001.

VALDÉS, G.; FIGUEROA, R. A. *Bilingualism and testing*: a special case of bias. Norwood: Ablex, 1994.

VALLI, L. Assessing the reflective practice of student teachers. *In:* DENTON, J. J.; ARMSTRONG, D. G. (ed.). *Shaping policy in teacher education through program evaluation*. College Station: Instructional Research Laboratory, 1989. p. 21-35.

VALLI, L. Connecting teacher development and school improvement: ironic consequences of a preservice action research course. *Teaching and Teacher Education*, v. 16, n. 7, p. 715-730, 2000.

VALLI, L. *Reflective teacher education*: cases and critiques. Albany: State University of New York, 1992.

VALLI, L. The dilemma of race: Learning to be color blind and color conscious. *Journal of Teacher Education*, v. 16, n. 3, p. 120-129, 1995.

VAN LIER, L. *Introducing language awareness*. New York: Penguin, 1995.

VILLEGAS, A. M. *Culturally responsive pedagogy for the 1990s and beyond*. Washington: ERIC Clearinghouse on Teacher Education, 1991. (Trends and Issues Paper, n. 6).

VILLEGAS, A. M.; LUCAS, T. *Educating culturally responsive teachers*: a coherent approach. Albany: State University of New York, 2002a.

VILLEGAS, A. M.; LUCAS, T. Preparing culturally responsive teachers: rethinking the curriculum. *Journal of Teacher Education*, v. 53, n. 1, p. 20-32, 2002b.

VOSNIADOU, S.; BREWER, W. F. *The concept of the earth's shape*: a study of conceptual change in childhood. Urbana Champaign: Center for the Study of Reading University of Illinois, 1989. Technical Report No. 467.

VYGOTSKY, L. S. *Mind in society*: the development of higher psychological processes. Cambridge: Harvard University, 1978.

VYGOTSKY, L. *Thought and language*. Cambridge: MIT, 1986.

WADE, R.; YARBROUGH, D. Portfolios: a tool for reflective thinking in teacher education. *Teaching and Teacher Education*, v. 12, n. 1, p. 63-79, 1996.

WAGNER, A. C. Changing behavior: a comparison of microteaching and cognitive discrimination training. *Journal of Educational Psychology*, v. 64, n. 3, p. 299-305, 1973.

WALKER, D. F.; SOLTIS, J. F. *Curriculum and aims*. 3rd ed. New York: Teachers College, 1997.

WALKER, K. *Peter*. New York: Houghton Mifflin, 1991.

WANG, M. C.; LINDVALL, C. M. Individual differences and school learning. *In*: GORDON, E. W. (ed.). *Review of research in education*. Itasca: Peacock, 1984. v. 2, p. 161-225.

WARREN, B.; ROSEBERY, A. Equity in the future tense: redefining relationships among teachers, students, and science in linguistic minority classrooms. *In*: SECADA, W. G.; FENNEMA, E.; ADAJIAN, L. (ed.). *New directions for equity in mathematics education*. Cambridge: Cambridge University, 1995. p. 279-297.

WATSON, R. T. *et al*. Moving a graveyard: How one school prepared the way for continuous curriculum renewal. *Academic Medicine*, v. 73, n. 9, p. 948-955, 1998.

WEBB, R. *Practitioner research in the primary school*. London: Falmer, 1990.

WEINER, L. *Urban teaching*: the essentials. New York: Teachers College .

WEINSTEIN, C. S. *et al*. Protector or prison guard? Using metaphors and media to explore student teachers' thinking about classroom management. *Action in Teacher Education*, v. 16, n. 1, p. 41-54, 1994.

WEINSTEIN, C. S. Reflections of best practices and promising programs: Beyond assertive classroom discipline. *In*: FREIBERG, H. J. (ed.). *Beyond behaviorism*: changing the classroom management paradigm. Boston: Allyn & Bacon, 1999. p. 147-163.

WEINSTEIN, C. S. *Secondary classroom management*: lessons from research and practice. New York: McGraw-Hill, 1996.

WEINSTEIN, C. S.; MIGNANO, A. J. *Elementary classroom management*: lessons from research and practice. New York: McGraw-Hill, 1993.

WELSH, M. *et al*. Linkages between children's social and academic competence: a longitudinal analysis. *Journal of School Psychology*, v. 39, v. 6, p. 463-482, 2001.

WENGER, E. *Communities of practice*: learning, meaning, and identity. London: Cambridge University, 1998.

WENGLINSKY, H. The link between teacher classroom practices and student academic performance. *Education Policy Analysis Archives*, v. 10, n. 12, p. 1-30, 2002.

WERTIME, R. Students' problems and "courage spans." *In*: LOCKHEAD, J.; CLEMENTS, J. (ed.). *Cognitive process instruction*. Philadelphia: The Franklin Institute, 1979.

WESTHEIMER, J. *Among school teachers*: community, autonomy and ideology in teachers' work. New York: Teachers College, 1998.

WHITCOMB, J. A. Composing dilemma cases: an opportunity to understand moral dimensions of teaching. *Teaching Education*, v. 13, n. 2, p. 125-135, 2002.

WHITE, B. Y.; FREDERICKSON, J. R. Inquiry, modeling and metacognition: making science accessible to all students. *Cognition and Instruction*, v. 16, n. 1, p. 3-117, 1998.

WHITE, B. Y.; FREDERICKSON, J. R. Metacognitive facilitation: an approach to making scientific inquiry accessible to all. *In*: MINSTRELL, J.; VAN ZEE, E. (ed.). *Inquiring into inquiry learning and teaching in science*. Washington: American Association for the Advancement of Science, 2000. p. 33-370.

WHITEHEAD, A. N. *The aims of education and other essays*. New York: Macmillan, 1929.

WHITFORD, B. L.; RUSCOE, G. C.; FICKEL, L. Knitting it all together: collaborative teacher education in Southern Maine. *In*: DARLING-HAMMOND, L. (ed.). *Studies of excellence in teacher education*: preparation at the graduate level. Washington: American Association of Colleges for Teacher Education, 2000. p. 173-257.

WIDEEN, M.; MAYER-SMITH, J.; MOON, B. A critical analysis of the research on learning to teach: making the case for an ecological perspective on inquiry. *Review of Educational Research*, v. 68, n. 2, p. 130-178, 1998.

WIEST, L. R. Practicing what they teach: should teachers "Do as they say"? *Clearing House*, v. 72, n. 5, p. 264-268, 1999.

WIGFIELD, A.; ECCLES, J. S.; RODRIGUEZ, D. The development of children's motivation in school contexts. *In*: PEARSON, P. D.; IRAN-NEJAD, A. (ed.). *Review of research in education*. Itasca: Peacock, 1998. v. 23, p. 51-98.

WIGGINS, G. Assessment: authenticity, context, and validity. *The Phi Delta Kappan*, v. 75, n. 3, p. 200-208, 210-214, 1993.

WIGGINS, G. Creating tests worth taking. *Educational Leadership*, v. 49, n. 8, p. 26-33, 1992.

WIGGINS, G. P. *Educative assessment*: designing assesments to inform and improve student performance. San Francisco: Jossey-Bass, 1998.

WIGGINS, G. P.; MCTIGHE, J. *Understanding by design*. Upper Saddle River: Prentice Hall, 1998.

WIKIPÉDIA. *Carnegie Classification of Institutions of Higher Education*. San Francisco: Wikipédia, 2019. Disponível em: https://en.wikipedia.org/wiki/Carnegie_Classification_of_Institutions_of_Higher_Education. Acesso em: 01 mar. 2019.

WIKIPÉDIA. *Liberal arts education*. San Francisco: Wikipédia, 2019. Disponível em: https://en.wikipedia.org/wiki/Liberal_arts_education. Acesso em: 01 mar. 2019.

WILLIAMS, B. C. Reforming teacher education through accreditation: telling our story. Washington: National Council for the Accreditation of Teacher Education and American Association of Colleges for Teacher Education, 2000.

WILLIAMS, J. P. Teaching decoding with an emphasis on phoneme analysis and phoneme blending. *Journal of Educational Psychology*, v. 72, n. 1, p. 1-15, 1980.

WILLIAMS, M. T. *Colorblind ideology is a form of racism*. 2011. Disponível em: https://www.psychologytoday.com/intl/blog/culturally-speaking/201112/colorblind-ideology-is-form-racism. Acesso em: 06 fev. 2019.

WILLIAMS, S. M. Putting case-based instruction into context: examples from legal and medical education. *The Journal of the Learning Sciences*, v. 2. n. 4, p. 367-427, 1992.

WILLIS, A. I.; LEWIS, K. C. Focus on research: a conversation with Gloria Ladson-Billings. *Language Arts*, v. 75, n. 1, p. 61-70, 1998.

WILSON, R. J. Classroom processes in evaluating student achievement. *Alberta Journal of Educational Research*, v. 36, n. 1, p. 4-17, 1990.

WILSON, S. M.; FLODEN, R. E.; FERRINI-MUNDY, J. *Teacher preparation research*: current knowledge, gaps, and recommendations: a research report prepared for the U.S. Department of Education. Seattle: Center for the Study of Teaching and Policy, 2001.

WILSON, S. M.; MCDIARMID, G. W. Something old, something new: what do social studies teachers need to know? *In*: MURRAY, F. B. (ed.). *The teacher educator's handbook*: building a knowledge base for the preparation of teachers. Washington: American Association of Colleges for Teacher Education, 1996. p. 295-319.

WILSON, S. M.; SHULMAN, L. S.; RICHERT, A. E. 150 different ways of knowing: Representations of knowledge in teaching. *In*: CALDERHEAD, J. (ed.). *Exploring teachers' thinking*. London: Cassell, 1987. p. 104-124.

WILSON, S.; DARLING-HAMMOND, L.; BERRY B. *A case of successful teaching policy*: Connecticut's long-term efforts to improve teaching and learning. Seattle: Center for the Study of Teaching and Policy, 2001.

WINEBURG, S. Historical problem solving: a study of the cognitive processes used in the evaluation of documentary and pictorial evidence. *Journal of Education Psychology*, v. 83, n. 1, p. 73-87, 1991.

WINEBURG, S. Reading Abraham Lincoln: an expert-expert study in the interpretation of historical texts. *Cognitive Science*, v. 22, p. 319-346, 1998.

WINEBURG, S. S.; WILSON, S. M. Models of wisdom in the teaching of history. *The Phi Delta Kappan*, v. 70, n. 1, p. 50-58, 1988.

WINITZKY, N. Structure and process in thinking about classroom management: an exploratory study of prospective teachers. *Teaching and Teacher Education*, v. 8, n. 1, p. 1-14, 1992.

WINKELMAN, W. *et al. Kognitive entwicklung und foerderung von kindergarten und vorklassenkindern*. Kronberg: Scriptor, 1979. v. 2.

WISEMAN, D. L.; COONER, D. Discovering the power of collaboration: the impact of a school-university partnership on teaching. *Teacher Education and Practice*, v. 12, n. 1, p. 18-28, 1996.

WOLFBERG, P. J. *Case illustrations of emerging social relations and symbolic activity in children with autism through supported peer play*. Berkeley: University of California at Berkeley, 1994.

WOLFBERG, P. J. *et al.* Can I Play With You? Peer culture in inclusive preschool programs. *Journal of the Association for Persons with Severe Handicaps*, v. 24, n. 2, p. 69-84, 1999.

WOLFBERG, P. J. *Integrated play groups for children with autism and related disorders. Unpublished master's field study*. San Francisco: San Francisco State University, 1988.

WOLFBERG, P. J. *Peer play and the autism spectrum*: the art of guiding children's socialization and imagination. Shawnee Mission: Autism Asperger Publishing, 2003.

WOLFBERG, P. J., AND SCHULER, A. L. *Integrated play groups project*: final evaluation report. Washington: Department of Education, 1992.

WOLFBERG, P. J.; SCHULER, A. L. Integrated play groups: a model for promoting the social and cognitive dimensions of play in children with autism. *Journal of Autism and Developmental Disorders*, v. 23, n. 3, p. 467-489, 1993.

WOLFRAM, W.; ADGER, C. T.; CHRISTIAN, D. *Dialects in school and communities*. Mahwah: Erlbaum, 1999.

WOOD, D.; BRUNER, J. S.; ROSS, G. The role of tutoring in problem solving. *Journal of Child Psychology and Psychiatry*, v. 17, n. 2, p. 89-100, 1976.

WOOD, P. H. *et al.* Grading and evaluation practices and policies of school teachers. *In*: ANNUAL MEETINGS OF THE NATIONAL COUNCIL ON MEASURE-

MENT IN EDUCATION, 1990, Boston. *Paper* [...]. Boston: [*s. n.*], 1990.

WOOD, T.; SELLERS, P. Assessment of a problem-centered mathematics program: third grade. *Journal for Research in Mathematics Education*, v. 27, n. 3, p. 337-353, 1996.

WRIGHT, S. P.; HORN, S. P.; SANDERS, W. L. Teacher and classroom context effects on student achievement: implications for teacher evaluation. *Journal of Personnel Evaluation in Education*, v. 11, n. 1, p. 57-67, 1997.

YACKEL, E.; COBB, P.; WOOD, T. Small-group interactions as a source of learning opportunities in second-grade mathematics. *Journal for Research in Mathematics Education*, v. 22, n. 5, p. 390-408, 1991.

YELON, S. L.; SCHMIDT, W. H. The effect of objectives and instructions on the learning of a complex cognitive task. *Journal of Experimental Education*, v. 41, n. 3, p. 91-96, 1973.

YERIAN, S.; GROSSMAN, P. L. Preservice teachers' perceptions of their middle level teacher education experience: a comparison of a traditional and a PDS Model. *Teacher Education Quarterly*, v. 24, n. 4, p. 85-101, 1997.

YOUNGS, P.; ODDEN, A.; PORTER, A. C. State policy related to teacher licensure. *Educational Policy*, v. 17, n. 2, p. 217-236, 2003.

YU, S. L.; ELDER, A. D.; URDAN, T. C. Motivation and cognitive strategies in students with a "good student" or "poor student" self-schema. *In:* AMERICAN EDUCATIONAL RESEARCH ASSOCIATION, 1995, San Francisco. *Paper* [...]. San Francisco: [*s. n.*], 1995.

ZEICHNER, K. Action research as a strategy for preparing teachers to work for greater social justice: A case study from the United States. *In:* DINIZ-PEREIRA, J.; ZEICHNER, Z. (ed.). *A pesquisa na formação e no trabalho docente*. Belo Horizonto, Brasil: Autentica, 2003.

ZEICHNER, K. M. Ability-based teacher education: Elementary teacher education at Alverno College. *In;* DARLING-HAMMOND, L. (ed.). *Studies of excellence in teacher education*: preparation in the undergraduate years. Washington: American Association of Colleges for Teacher Education, 2000. p. 1-66.

ZEICHNER, K. M. *Educating teachers for cultural diversity*. East Lansing: Michigan State University, 1993a. NCRTL Special Report.

ZEICHNER, K. M. Traditions of practice in U.S. preservice teacher education programs. *Teaching and Teacher Education*, v. 9, n. 1, p. 1-13, 1993b.

ZEICHNER, K. M.; GORE, J. Teacher socialization. *In:* HOUSTON, W. R. *et al.* (ed.). *Handbook of research on teacher education*. New York: Macmillan, 1990. p. 329-348.

ZEICHNER, K. M.; LISTON, D. P. *Reflective teaching*: an introduction. Mahwah: Erlbaum, 1996.

ZEICHNER, K. M.; LISTON, D. P. Teaching student teachers to reflect. *Harvard Educational Review*, v. 57, n. 1, p. 23-48, 1987.

ZEICHNER, K. M.; MELNICK, S.; GOMEZ, M. L. (ed.). *Currents of reform in preservice teacher education*. New York: Teachers College, 1996.

ZEICHNER, K. M.; MILLER, M. (ed.). *Learning to teach in professional development schools*. New York: Teachers College, 1997.

ZEICHNER, K. M.; NOFFKE, S. E. Practitioner research. *In:* RICHARDSON, V. (ed.). *Handbook of research on teaching*. 4th ed. Washington: American Educational Research Association, 2001. p. 298-332.

ZERCHER, C. *et al.* Increasing joint attention, play and language through peer supported play. *Autism*: The International Journal of Research and Practice, v. 5, n. 4, p. 374-398, 2001.

ZUMWALT, K. The need for a curricular vision. *In:* REYNOLDS, M. C. (ed.). *Knowledge base for the beginning teacher*. New York: Pergamon, 1989. p. 173-184.

LEITURAS RECOMENDADAS

ADLER, S. A. On case method and classroom management. *Action in Teacher Education*, v. 18, n. 3, p. 33-43, 1996.

AITCHISON, J. *The seeds of speech*: language origin and evolution. New York: Cambridge University, 1996.

AKIN, R. On my knees again. *Teacher Education Quarterly*, v. 28, n. 3, p. 7-10, 2001.

ALLEN, J. *et al.* PhOLKS lore: learning from photographs, families, and children. *Language Arts*, v. 79, n. 4, p. 312-322, 2002.

ALLEN, J.; LABBO, L. Giving it a second thought: making culturally engaged teaching culturally engaging. *Language Arts*, v. 79, n. 1, p. 40-52, 2001.

AMERICAN ASSOCIATION OF COLLEGES FOR TEACHER EDUCATION. *Selected data from the 1995 AACTE/NCATE joint data collection system*. Washington: AACTE, 1997.

AMERICAN BAR ASSOCIATION. *Law schools and professional education*: a report and recommendations of the Special Committee for a Study of Legal Education of the American Bar Association. Chicago: The Committee, 1980.

AMREIN, A. L.; BERLINER, D. C. High-stakes testing, uncertainty, and student learning. *Education Policy Analysis*, v. 10, n. 18, p. 1-74, 2002.

ANDERSON, J. R.; REDER, K. M.; COCKING, R. C. Situated learning and education. *Educational Researcher*, v. 25, p. 4, p. 5-11, 1996.

ANDERSON, R. C.; PICHERT, J. W. Recall of previously unrecallable information following a shift in perspective. *Journal of Verbal Learning and Verbal Behavior*, v. 17, p. 1-12, 1978.

APPLE, M. W. *Ideology and curriculum*. 2nd ed. New York: Routledge, 1990.

APPLE, M. W. *Official knowledge*: democratic education in a conservative age. New York: Routledge, 1993.

APPLEBEE, A. N. *Literature in the secondary school*. Urbana: National Council of Teachers of English, 1993.

ARMSTRONG, S.; CHEN, M. *Edutopia*: Success stories for learning in the digital age. San Francisco: Jossey-Bass, 2002.

BAKER, L.; HITZ, R.; HOWARD, R. D. A national study comparing the expenditures of teacher education programs by Carnegie Classification and with other disciplines. *Action in Teacher Education*, v. 20, n. 3, p. 1-14, Fall 1998.

BANKS, J. A. *Cultural diversity and education*: foundations, curriculum, and teaching. 4th ed. Boston: Allyn & Bacon, 2001a.

BANKS, J. A.; MCGEE, C. A. Intellectual leadership and African American challenges to meta-narratives. *In*: BANKS, J. A. (ed.). *Multicultural education, transformative knowledge, and action*: historical and contemporary perspectives. New York: Teachers College, 1996. p. 46-63.

BAPTISTE, H. P.; BAPTISTE, M. L. Competencies toward multiculturalism. *In*: Baptiste, H.P.; BAPTISTE, M. L.; GOLLNICK, D. M. (ed.). *Multicultural teacher education*: preparing teacher educators to provide educational equity. Washington: Commission on Multicultural Education, American Association of Colleges for Teacher Education, 1980. v. 1, p. 44-72.

BARTOLME, L. Beyond the methods fetish: toward a humanizing pedagogy. *Harvard Educational Review*, v. 64, n. 2, p. 173-194, 1994.

BASS, H. *Measuring what counts*: a conceptual guide for mathematics assessment. Washington: National Academies, 1993.

BECKER, H. J. Findings from the teaching, learning, and computing survey: is Larry Cuban right? *Education Policy Analysis Archives*, v. 8, n. 51, p. 1-31, 2000.

BERK, L. E. *Infants, children, and adolescents*. 2nd ed. Boston: Allyn & Bacon, 1996.

BERLINER, D. C. Educational psychology and pedagogical expertise: New findings and new opportunities for thinking about training. *Educational Psychologist*, v. 26, n. 2, p. 145-155, 1991.

BEYER, L. E. Teacher education, reflective inquiry and moral action. *In*: TABACHNICK, B. R.; ZEICHNER, K. M. (ed.). *Issues and practices in inquiry-oriented teacher education*. London: Falmer, 1991. p. 113-129.

BISWAS, G. *et al. Incorporating self-regulated techniques into learning by teaching environments*. [*S. l.*: *s. n.*], 2004.

BLOOM, B. S. *Taxonomy of educational objectives*: the classification of educational goals. New York: Longmans Green, 1956.

BOIX-MANSILLA, V.; MILLER, W. C.; GARDNER, H. On disciplinary lenses and multidisciplinary work. *In*: GROSSMAN, S. W. P. (ed.). *Interdisciplinary curriculum*:

challenges to implementation. New York: Teachers College, 2000. p. 17-38.

BOYLE-BAISE, M. *Multicultural service learning*: educating teachers in diverse communities. New York: Teachers College, 2002.

BOYLE-BAISE, M.; SLEETER, C. E. Community-based service learning for multicultural teacher education. *Educational Foundations*, v. 14, n. 2, p. 33-50, 2000.

BRAMALD, R.; HARDMAN, F.; LEAT, D. Initial teacher trainees and their views of teaching and learning. *Teaching and Teacher Education*, v. 11, n. 1, p. 23-31, 1995.

BRANDON, D. P. Demographic factors in American education. Arlington: Educational Research Service, 1995.

BREDEKAMP, S. E.; COPPLE, C. E. *Developmentally appropriate practice in early childhood programs*. Washington: National Association for the Education of Young Children, 1997.

BROWN, A. L. The development of memory: knowing, knowing about knowing, and knowing how to know. *In*: REESE, H. W. (ed.). *Advances in child development and behavior*. New York: Academic, 1975. v. 10, p. 103-152.

BRUER, J. T. *Schools for thought*: a science of learning in the classroom. Cambridge: MIT, 1993.

BRUNER, J. S. Vygotsky: a historical and conceptual perspective. *In*: WERTSCH, J. V.; CENTER FOR PSYCHOSOCIAL STUDIES (ed.). *Culture, communication, and cognition*: Vygotskian perspectives. New York: Cambridge University, 1985. p. 21-34.

BURANT, T. J.; KIRBY, D. Beyond classroom-based early field experiences: understanding an "educative practicum" in an urban school and community. *Teaching and Teacher Education*, v. 18, n. 5, p. 561-575, 2002.

CALIFORNIA DEPARTMENT OF DEVELOPMENTAL SERVICES. *Changes in the population of persons with autism and pervasive developmental disorders in California's developmental services system*: 1987 through 1998: a report to the Legislature. Sacramento: Department of Developmental Services, 1999.

CALKINS, L.; MONTGOMERY, K.; SANTMAN, D. *A teacher's guide to standardized reading tests*: knowledge is power. Portsmouth: Heinemann, 1998.

CAMERON, J.; PIERCE, W. D. The debate about rewards and intrinsic motivation: protests and accusations do not alter the results. *Review of Educational Research*, v. 66, n. 1, p. 39-51, 1996.

CARNEGIE COUNCIL ON ADOLESCENT DEVELOPMENT. *Turning points*: preparing American youth for the 21st century: the report of the task force on education of young adolescents. Washington: Carnegie Council on Adolescent Development, 1989.

CARNEGIE TASK FORCE ON MEETING THE NEEDS OF YOUNG CHILDREN. *Starting points*: meeting the needs of our youngest children: the report of the Carnegie Task Force on Meeting the Needs of Young Children. New York: Carnegie Corporation of New York, 1994.

CARTER, K.; DOYLE, W. Teachers' knowledge structures and comprehension processes. *In:* CALDERHEAD, J. (ed.). *Exploring teacher thinking.* London: Cassell, 1987. p. 147-160.

CHI, M. T. H. *et al.* Self-explanations: how students study and use examples in learning to solve problems. *Cognitive Science*, v. 13, p. 145-182, 1989.

CHI, M. T. H. *et al.* Eliciting self-explanations improves understanding. *Cognitive Science*, v. 18, p. 439-477, 1994.

CHI, M. T. H.; GLASER, R.; FARR, M. *The nature of expertise.* Hillsdale: Erlbaum, 1991.

CHILDREN'S DEFENSE FUND. *The state of America's children*: Yearbook 2000. Washington: Children's defense Fund, 2000.

CHRISTENSEN, D. The professional knowledge-research base for teacher education. *In:* SIKULA, J. P. *et al.* (ed.). *Handbook of research on teacher education.* 2nd ed. New York: Macmillan, 1996. p. 38-52.

CLANDININ, J.; CONNELLY, M. Narrative, experience and the study of curriculum. *Cambridge Journal of Education*, v. 20, n. 3, p. 241-254, 1991.

COBB, P.; YACKEL, E.; WOOD, T. A constructivist alternative to the representational view of mind in mathematics education. *Journal for Research in Mathematics Education*, v. 23, n. 1, p. 2-33, 1992.

COCHRAN-SMITH, M. Multicultural teacher education: research, practice, and policy. *In:* BANKS, J. A.; BANKS, C.A.M. (ed.). *The Handbook of research on multicultural education.* 2nd ed. San Francisco: Jossey-Bass, 2004. p. 931-978.

CODELL, E. R. (1999b). *Educating esme*: diary of a teachers' first year. Chapel Hill: Algonquin Books, 1999b.

COHEN, D. K.; BALL, D. L. *Instruction, capacity, and improvement.* Philadelphia: Consortium for Policy Research in Education, 1999. (CPRE Research Report Series).

COLLEGE BOARD. *Equality and excellence*: the educational status of black Americans. New York: College Entrance Examination Board, 1985.

COLLINS, A.; BROWN, J. S.; NEWMAN, S. E. *Cognitive apprenticeship*: teaching the craft of reading, writing, and mathematics. University of Illinois, Urbana-Champaign: Center for the Study of reading, 1987. (Technical Report No. 403.)

CONNELLY, F.; CLANDININ, D. J. Telling teaching stories. *Teacher Education Quarterly*, v. 21, n. 1, p. 145-158, 1994.

CORRIGAN, D. The role of the university in community building. *Educational Forum*, v. 62, n. 1, p. 14-24, 1997.

CRESPO, S. Praising and correcting: prospective teachers investigate their teacherly talk. *Teaching and Teacher Education*, v. 18, n. 6, p. 739-758, 2002.

DARLING-HAMMOND, L. How teacher education matters. *Journal of Teacher Education*, v. 51, n. 3, p. 166-173, 2000c.

DE CORTE, E.; VERSCHAFFEL, L.; GREER, B. Mathematics teaching and learning. *In:* BERLINER, D. C.; CALFEE, R. C. (ed.). *Handbook of educational psychology.* New York: Macmillan, 1996. p. 787-806.

DECI, E. L.; KOESTNER, R.; RYAN, R. M. Extrinsic rewards and intrinsic motivation in education: reconsidered once again. *Review of Educational Research*, v. 71, n. 1, p. 1-27, 2001.

DECI, E. L.; RYAN, R. M.; KOESTNER, R. The pervasive negative effects of rewards on intrinsic motivation: response to Cameron. *Review of Educational Research*, v. 71, n. 1, p. 43-51, 2001.

DENNISON, G. M. National standards in teacher preparation: a commitment to quality. *The Chronicle of Higher Education*, A40, 1992.

DERRY, S. J. Beyond symbolic processing: expanding horizons for educational psychology. *Journal of Educational Psychology*, v. 84, n. 4, p. 413-418, 1992.

DERRY, S. J.; LESGOLD, A. Toward a situated social practice model of instructional design. *In:* BERLINER, D. C.; CALFEE, R. C. (ed.). *Handbook of educational psychology.* New York: Macmillan, 1996. p. 787-806.

DEVRIES, R. Implications of Piaget's constructivist theory for character education. *Action in Teacher Education*, v. 20, n. 4, p. 39-47, 1998.

DEWEY, J. *Democracy and education*: an introduction to the philosophy of education. New York: Macmillan, 1977.

DILWORTH, M. E. *Diversity in teacher education*: new expectations. San Francisco: Jossey-Bass, 1992.

DOYLE, D. P.; PIMENTEL, S. Raising the standard: an eight-step action guide for schools and communities. 2nd ed. Thousand Oaks: Corwin, 1999.

DOYLE, W. Classroom organization and management. *In:* WITTROCK, M. C.; AMERICAN EDUCATIONAL RESEARCH ASSOCIATION (ed.). *Handbook of research on teaching.* 3rd ed. New York: Collier Macmillan, 1986. p. 392-431.

DOYLE, W. Classroom management techniques. *In:* MOLES, O. C. (ed.). *Student discipline strategies*: research and practice. Albany: State University of New York, 1990. p. 113-127.

DRUCKMAN, D.; BJORK, R. A. *Learning, remembering, believing*: enhancing human performance. Washington: National Academy, 1994.

DU BOIS, W. E. B. *The souls of black folk.* Millwood: Kraus-Thomson Organization, 1973.

DUFFY, G. G. *et al.* Developing and evaluating measures associated with strategic reading. *Journal of Reading Behavior*, v. 19, n. 3, p. 223-246, 1987a.

DUPONT, H.; GARDNER, O. S.; BRODY, D. *Toward affective development.* Circle Pines: American Guidance Service, 1974.

ECCLES, J. S. The development of children ages 6 to 14. *Future of Children,* v. 9, n. 2, p. 30-44, 1999.

EISNER, E. Curriculum ideologies. *In:* JACKSON, P. W. (ed.). *Handbook of research on curriculum:* a project of the American Educational Research Association. New York: Macmillan, 1992. p. 302-326.

EMMER, E. T. Towards an understanding of the primacy of classroom management and discipline. *Teaching Education,* v. 6, n. 1, p. 65-69, 1994.

EMMER, E. T.; EVERTSON, C. M.; ANDERSON, L. M. Effective classroom management at the beginning of the school year. *Elementary School Journal,* v. 80, n. 5, p. 219-231, 1980.

ERICKSON, E. Eight ages of man. *In:* LAVATELLI, C. S.; STENDLER, F.; Martin, W. E. (ed.). *Readings in child behavior and development.* 3rd ed. New York: Harcourt Brace Jovanovich, 1972. p. 19-30.

ERIKSON, E. H. *Childhood and society.* 2nd ed. New York: Norton, 1963.

FEISTRITZER, C. E. *The making of a teacher:* a report on teacher education and certification. Washington: National Center for Education Information, 1999.

FENWICK, D. T. Managing space, energy, and self: junior high teachers' experiences of classroom management. *Teaching and Teacher Education,* v. 14, n. 6, p. 619-631, 1998.

FERGUSON, R. F. Racial patterns in how school and teacher quality affect achievement and earnings. *Challenge,* v. 2, n. 1, p. 1-35, 1991b.

GAGE, N. L. Hard gains in the soft sciences: the case of pedagogy. Bloomington: Phi Delta Kappa, 1985.

GALLAVAN, N. P.; DAVIS, J. E. Building community with young adolescents: practical economics for the middle school classroom. *Clearing House,* v. 72, n. 6, p. 341-344, 1999.

GATHERCOAL, F. *Judicious discipline.* 3rd ed. San Francisco: Caddo Gap, 1993.

GATHERCOAL, F. *Judicious discipline.* 4th ed. San Francisco: Caddo Gap, 1997.

GAY, G. Preparing for culturally responsive teaching. *Journal of Teacher Education,* v. 53, n. 2, p. 106-116, 2002.

GEE, J. Identity as an analytic lens for research in education. *In:* SECADA, W. (ed.). *Review of research in education.* Washington: American Educational Research Association, 2000-2001. v. 25, p. 99-126.

GEE, J. P. What is literacy? *In:* MITCHELL, C.; WEILER, K. (ed.). *Rewriting literacy:* culture and the discourse of the other. New York: Bergin and Garvey, 1991. p. 3-12.

GENTNER, D. Structure-mapping: a theoretical framework for analogy. *Cognitive Science,* v. 7, p. 155-170, 1983.

GENTNER, D. *et al.* Analogical reasoning and conceptual change: a case study of Johannes Kepler. *Journal of the Learning Sciences,* v. 6, n. 1, p. 3-40, 1997.

GERGEN, K. J. Social construction and the educational process. *In:* STEFFE, L. P.; GALE, J. E. (ed.). *Constructivism in education.* Hillsdale: Erlbaum, 1995. p. 17-40.

GIBSON, J. J.; GIBSON, E. J. Perceptual learning: differentiation or enrichment? *Psychological Review,* v. 62, p. 32-51, 1955.

GILBERTS, G. H.; LIGNUGARIS-KRAFT, B. Classroom management and instruction competencies for preparing elementary and special education teachers. *Teaching and Teacher Education,* v. 13, n. 6, p. 597-610, 1997.

GILHOOL, T. K. The 1980s: teacher preparation programs, handicapped children, and the courts. *In:* REYNOLDS, M. C. (ed.). *The future of mainstreaming:* next steps in teacher education. Reston: Council for Exceptional Children, 1982. p. 15-25.

GIRARD, K. L.; KOCH, S. J. *Conflict resolution in the schools:* a manual for educators. San Francisco: Jossey-Bass, 1996.

GLASERSFELD, E. *Radical constructivism:* a way of knowing and learning. Washington: Falmer, 1995.

GLASSER, W. *Control theory in the classroom.* New York: Harper & Row, 1986.

GOLLNICK, D. M. National and state initiatives for multicultural education. *In:* Banks, J. A.; Banks, C. A. M. (ed.). *Handbook of research on multicultural education.* San Francisco: Jossey-Bass, 2001. p. 3-24.

GOOD, T. L. Teaching effects and teacher evaluation. *In:* SIKULA, J. P. *et al.* (ed.). *Handbook of research on teacher education:* a project of the Association of Teacher Educators. 2nd ed. New York: Macmillan Library Reference, 1996. p. 617-665.

GOOD, T. L.; FINDLEY, M. J. Sex role expectations and achievement. *In:* DUSEK, J. B. (ed.). *Teacher expectancies.* Hillsdale: Erlbaum, 1985. p. 271-294.

GRANT, S. G. *et al.* Juggling two sets of books: a teacher responds to the New York State Global History Exam. *Journal of Curriculum and Supervision,* v. 17, n. 3, p. 232-255, 2002.

GREELEY, K. *"Why fly that way":* linking community and academic achievement. New York: Teachers College, 2000.

GREENFIELD, S. *et al.* The clinical investigation and management of chest pain in an emergency department: quality assessment by criteria mapping. *Medical Care,* v. 15, p. 898-905, 1977.

GREENO, J. G. On claims that answer the wrong questions. *Educational Researcher,* v. 26, n. 1, p. 5-17, 1997.

GROSSMAN, P.; WINEBURG, S.; BEERS, S. When theory meets practice in the world of school. *In:* WINEBURG, S. S.; GROSSMAN, P. L. (ed.). *Interdisciplinary curriculum*: challenges to implementation. New York: Teachers College, 2000. p. 1-16.

GUTIÉRREZ, K.; ROGOFF, B. Cultural ways of learning: individual traits or repertoires of practice? *Educational Researcher*, v. 32, n. 5, p. 19-25, 2003.

GUTMANN, A. Unity and diversity in democratic multicultural education: creative and destructive tensions. *In*: BANKS, J. A. (ed.). *Diversity and citizenship education*: global perspectives. San Francisco: Jossey-Bass, 2004. p. 71-96.

GUTMANN, A.; THOMPSON, D. F. *Democracy and disagreement*. Cambridge: Belknap, 1996.

HABERMAN, M.; POST, L. Does direct experience change education students' perception of minority children? *Midwest Educational Researcher*, v. 5, n. 2, p. 29-31, 1992.

HANEY, W.; MADAUS, G. Effects of standardized testing and the future of the national assessment of educational progress. Chestnut Hill: Center for the Study of Testing, Evaluation, and Educational Policy, Boston College, 1986. Working paper prepared for the NAEP Study Group.

HARTER, S. The development of self-representations. *In*: Damon, W. (ed.). *Handbook of child psychology*. 5th ed. New York: Wiley, 1977. p. 553-618.

HARTUP, W. W. Social relationships and their developmental significance. *American Psychologist*, v. 44, n. 2, p. 120-126, 1989.

HATANO, G.; GREENO, J. G. Commentary: alternative perspectives on transfer and transfer studies. *International Journal of Educational Research*, v. 31, p. 645-654, 1999.

HATANO, G., AND INAGAKI, K. Sharing cognition through collective comprehension activity. *In*: RESNICK, L.; LEVINE, J. M.; TEASLEY, S. D. (ed.). *Perspectives on socially shared cognition*. Washington: American Psychological Association, 1991. p. 331-348.

HEATH, S. B. Shared thinking and the register of coaching. *In*: FINEGAN, D. B. E. (ed.). *Sociolinguistic perspectives on register*. New York: Oxford University, 1994. p. 82-105.

HOGAN, K.; LEY, M. Scaffolding scientific competencies within classroom communities of inquiry. *In*: HOGAN, K. E.; LEY, M. E. (ed.). *Scaffolding student learning*: instructional approaches and issues. Cambridge: Brookline Books, 1997. p. 74-107.

HOOEVER-DEMPSEY, K. V.; WALKER, J. M. T.; JONES, K. P. Teachers involving parents (TIP): results of an in-service teacher education program for enhancing parental involvement. *Teaching and Teacher Education*, v. 18, p. 843-867, 2002.

HOWEY, K. R. *RATE VI*: the context for the reform of teacher education. Washington, DC: American Association of Colleges for Teacher Education (AACTE) Publications, 1994.

HOWSAM, R. B. *Educating a profession*: report of the Bicentennial Commission on Education for the Profession of Teaching of the American Association of Colleges for Teacher Education. Washington: American Association of Colleges for Teacher Education, 1976.

HRYCAUK, M. District weaves a safety net: program comes to the early rescue of young readers. *Journal of Staff Development*, v. 23, n. 1, p. 55-58, 2002.

HUBERMAN, M. *et al*. The lives of teachers. New York: Teachers College, 1993.

IMIG, D.; SWITZER, T. Changing teacher education programs: restructuring collegiate-based teacher education. *In*: SIKULA, J. P.; BUTTERY, T. J.; GUYTON, E. (ed.). *Handbook of research on teacher education*. 2nd ed. New York: Macmillan, 1996. p. 213-226.

INHELDER, B.; PIAGET, J. *The growth of logical thinking from childhood to adolescence*: an essay on the construction of formal operational structures. New York: Basic Books, 1958.

IRVINE, J. J. *Critical knowledge for diverse teachers and learners*. Washington: American Association of Colleges for Teacher Education, 1997.

JACKSON, P. W. Conceptions of curriculum and curriculum specialists. *In*: JACKSON, P. W. (ed.). *Handbook of research on curriculum*: a project of the American Educational Research Association. New York: Macmillan, 1992. p. 216-247.

JADALLAH, E. Constructivist learning experiences for social studies education. *Social Studies*, v. 91, n. 5, p. 221-225, 2000.

JOHNSON, R. T.; JOHNSON, D. W. The effects of cooperative, competitive, and individualistic learning experiences on social development. *Exceptional Children*, v. 49, n. 4, p. 323-329, 1983.

JOHNSON, V. G. Student teachers' conceptions of classroom control. *Journal of Educational Research*, v. 88, n. 2, p. 109-117, 1994.

JONES, F. H. *Positive classroom discipline*. New York: McGraw-Hill, 1987.

JONES, V. F.; JONES, L. S. *Comprehensive classroom management*: creating communities of support and solving problems. 6th ed. Boston: Allyn & Bacon, 2001.

JUAREZ, D. A question of fairness: Using writing and literature to expand ethnic identity and understand marginality. *In*: FRIEDMAN, S. *et al*. (ed.). *Inside city schools*. New York: Teachers College, 1999. p. 111-125.

KAMMEN, M. G. *In the past lane: historical perspectives on American culture*. New York: Oxford University, 1997.

KANN, M. E. Discipline, character, and education. *Teaching Education*, v. 6, n. 1, p. 71-75, 1994.

KING, J.; HOLLINS, E.; HAYMAN, W. *Preparing teachers for cultural diversity*. New York: Teachers College, 1997.

KINSELLA, K. *Content literacy development for college-bound ESL/EFL students*. Baltimore: TESOL, 1998.

Unpublished materials from TESOL Academy, Johns Hopkins University.

KLEINFELD, J. S.; YERIAN, S. *Gender tales*: tensions in the schools. New York: St. Martin's, 1995.

KNAPP, M. S.; SHIELDS, P. M. Reconceiving academic instruction for the children of poverty. *The Phi Delta Kappan*, v. 71, n. 10, p. 753-758, 1990.

KNOBEL, M. *Everyday literacies*: students, discourse, and social practice. New York: Peter Lang, 1999.

KOENIG, L. *Smart discipline for the classroom*: respect and cooperation restored. Thousand Oaks: Corwin, 1995.

KOERNER, M.; RUST, F.; BAUMGARTNER, F. Exploring roles in student teaching placements. *Teacher Education Quarterly*, v. 29, n. 2, p. 35-58, 2002.

KOHLBERG, L.; HERSH, R. H. Moral development: a review of the theory. *Theory into Practice*, v. 16, n. 2, p. 53-59, 1977.

KOHN, A. *Punished by rewards*: the trouble with gold stars, incentive plans, a's, praise, and other bribes. New York: Houghton Mifflin, 1993.

KOLODNER, J. L.; GUZDIAL, M. Theory and practice of case-based learning aids. *In*: JONASSEN, D.; LAND, S. M. (ed.). *Theoretical foundations of learning environments*. Mahwah: Erlbaum, 2000.

KOZOL, J. *Savage inequalities*: children in America's schools. New York: Crown Publishers, 1991.

LARSEN, Y. W. Character education month resolution. *Social Studies Review*, v. 37, n. 1, p. 11, 1997.

LASLEY, T. J.; WAYSON, W. W. Characteristics of schools with good discipline. *Educational Leadership*, v. 40, n. 3, p. 28-81, 1982.

LAVE, J. *Cognition in practice*: mind, mathematics, and culture in everyday life. Cambridge: Cambridge University, 1988.

LEE, C. D. Is October Brown Chinese? A cultural modeling activity system for underachieving students. *American Educational Research Journal*, v. 38, n. 1, p. 97-141, 2001.

LEE, C. D. *The role of culture in academic literacies*: conducting our blooming in the midst of the whirlwind. New York: Teachers College, 2007.

LEE, V. E.; BRYK, A. S. Curriculum tracking as mediating the social distribution of high school achievement. *Sociology of Education*, v. 61, p. 2, p. 78-94, 1988.

LEE, V. E.; SMITH, J. B.; CRONINGER, R. G. How high school organization influences the equitable distribution of learning in mathematics and science. *Sociology of Education*, v. 70, n. 2, p. 128-150, 1997.

LEPPER, M. R.; GREENE, D. Turning play into work: effects of adult surveillance and extrinsic rewards on children's extrinsic motivation. *Journal of Personality and Social Psychology*, v. 28, p. 129-137, 1975.

LEPPER, M. R.; GREENE, D.; NISBETT, R. E. Undermining children's intrinsic interest with extrinsic reward: a test of the "over justification" hypothesis. *Journal of Personality and Social Psychology*, v. 28, n. 1, p. 129-137, 1973.

LEVIN, B. Using the case method in teacher education: the role of discussion and experience in teachers' thinking about cases. *Teaching and Teacher Education*, v. 11, p. 1, p. 63-79, 1995.

LIEBERMAN, A.; MILLER, L. *Teachers caught in the action*: professional development that matters. New York: Teachers College, 2001.

LIMERICK, P. N. *The legacy of conquest*: the unbroken past of the American West. New York: Norton, 1987.

LOGAN, J. *Teaching stories*. New York: Kodansha/Oxford, 1993.

LUNSFORD, A.; CONNORS, R. *The St. Martin's handbook*. New York: St. Martin's, 1989.

LYNCH, J. Parents' self-efficacy beliefs, parents' gender, children's reader self-perceptions, reading achievement and gender. *Journal of Research in Reading*, v. 25, n. 1, p. 54-67, 2002.

MACCALLUM, J. A. Teacher reasoning and moral judgment in the context of student discipline situations. *In*: ANNUAL MEETING OF THE AMERICAN EDUCATIONAL RESEARCH ASSOCIATION, 1991, Chicago. *Paper* [...]. Chicago: [s. n.], 1991.

MASLOW, A. H. *Motivation and personality*. 2nd ed. New York: Harper & Row, 1970.

MASTERS, G. N.; FORSTER, M. *Developmental assessment*: assessment resource kit. Hawthorne: Australian Council on Educational Research, 1996.

MCCOMBS, B. L.; POPE, J. E. (1994). *Motivating hard to reach students*. Washington: American Psychological Association, 1994.

MCINTYRE, D. J.; BYRD, D. M.; FOXX, S. M. Field and laboratory experiences. *In*: SIKULA, J. P.; BUTTERY, T. J.; GUYTON, E. (ed.). *Handbook of research on teacher education*. New York: Macmillan, 1996. p. 171-193.

MCNEIL, L. M. *Contradictions of control*: school structure and school knowledge. New York: Routledge, 1986.

MERCADO, C. The learner: "Race," "ethnicity," and linguistic difference. *In*: RICHARDSON, V. (ed.). *Handbook of research on teaching*. 4th ed. Washington: American Educational Research Association, 2001. p. 668-694.

MERYDITH, S. P. Temporal stability and convergent validity of the behavior assessment system for children. *Journal of School Psychology*, v. 39, n. 3, p. 253-265, 2001.

MICHIE, G. *Holler if you hear me*: the education of a teacher and his students. New York: Teachers College, 1999.

MILLER, A.; FERGUSON, E.; MOORE, E. Parents' and pupils' causal attributions for difficult classroom behaviour. *British Journal of Educational Psychology*, v. 72, n. 1, p. 27-40, 2002.

MILSON, A. J.; MEHLIG, L. M. Elementary school teachers' sense of efficacy for character education. *Journal of Educational Research*, v. 96, n. 1, p. 47-53, 2002.

MITCHELL, L. S. Two lives: the story of Wesley Clair Mitchell and myself. New York: Simon and Schuster, 1953.

MORRELL, E. Toward a critical pedagogy of popular culture: literacy development among urban youth. *Journal of Adolescent and Adult Literacy*, v. 46, n. 1, p. 72-77, 2002.

MORRIS, V. *et al.* Preparing teachers to reach out to families and communities. *Action in Teacher Education*, v. 18, n. 1, p. 10-22, 1996.

MORSE, L.; HANDLEY, H. Listening to adolescents: gender differences in science classroom interaction. *In:* WILKINSON, L. C. *et al.* (ed.). Gender influences in classroom interaction. Orlando: Academic, 1985. p. 37-56.

MORSE, P. S.; IVEY, A. E. *Face to face*: communication and conflict resolution in the schools. Thousand Oaks: Corwin, 1996.

NATIONAL ASSOCIATION FOR THE EDUCATION OF YOUNG CHILDREN AND INTERNATIONAL READING ASSOCIATION. Learning to read and write: developmentally appropriate practices for young children. A joint position statement of the International Reading Association (IRA) and the National Association for the Education of Young Children (NAEYC). *Young Children*, v. 53, n. 4, p. 30-46, 1998.

NATIONAL COUNCIL FOR THE ACCREDITATION OF TEACHER EDUCATION. *Professional standards for the accreditation of schools, colleges and departments of teacher education.* Washington: National Council for the Accreditation of Teacher Education, 2002.

NATIONAL EDUCATION GOALS PANEL. *Data for the national education goals report.* Washington: U.S. Department of Education, 1994. (National Data, v. 1).

NATIONAL RESEARCH COUNCIL. *National science education standards.* Washington: National Academies, 1996.

NEISSER, U. General, academic, and artificial intelligence. *In:* RESNICK, L. (ed.). *The nature of intelligence.* Hillsdale: Erlbaum, 1976. p. 135-144.

NELSON, T. Managing immense storage. *Byte*, v. 13, p. 225-238, 1988.

NEUFELD, V.; NORMAN, G. R. *Assessing clinical competence.* New York: Springer, 1985.

NICOLOPOULOU, A.; COLE, M. Generation and transmission of shared knowledge in the culture of collaborative learning: the fifth dimension, its play-world, and its institutional contexts. *In:* FORMAN, E. A.; MINICK, N.; STONE, C. A. (ed.). *Contexts for learning*: sociocultural dynamics in children's development. Oxford: Oxford University, 1993. p. 283-314.

OAKES, J. Tracking in secondary schools: a contextual perspective. *Educational Psychologist*, v. 21, n. 2, p. 129-154, 1987.

OAKES, J. *Becoming good American schools*: the struggle for civic virtue in education reform. San Francisco: Jossey-Bass, 2000.

OVERTON, W. F.; BYRNES, J. P. Cognitive development. *In:* LERNER, R. M.; PETERSEN, A. C.; BROOKS-GUNN, J. (ed.). *Encyclopedia of adolescence.* New York: Garland Publishing, 1991. p. 151-156.

OWINGS, W. A.; KAPLAN, L. S. Standards, retention, and social promotion. *NASSP Bulletin*, v. 85, n. 629, p. 57-66, 2001.

PALINCSAR, A. S.; RANSOM, K.; DERBER, S. Collaborative research and development of reciprocal teaching. *Educational Leadership*, v. 46, n. 4, p. 37-40, 1989.

PANG, V.; SABLAN, V. Teacher efficacy: how do teachers feel about their ability to teach African-American children? *In:* DILWORTH, M. E. (ed.). *Being responsive to cultural differences*: how teachers learn. Thousand Oaks: Corwin, 1998. p. 39-58.

PETERSON, P. L.; MARX, R. W.; CLARK, C. M. Teacher planning, teacher behavior, and student achievement. *American Educational Research Journal*, v. 15, n. 3, p. 417-432, 1978.

PIAGET, J. *The origins of intelligence in children.* New York: International Universities, 1952

PIAGET, J. Piaget's theory. *In:* CARMICHAEL, L.; MUSSEN, P. H. (ed.). *Carmichael's manual of child psychology.* 3rd ed. New York: Wiley, 1970.

PIAGET, J.; INHELDER, B. *The psychology of the child.* New York: Basic Books, 1969.

PIESTRUP, A. M. *Black dialect interference and accommodations of reading instruction in first grade.* Bethesda: National Institute of Mental Health, 1973. Monograph No 4.

PILARKSI, M. J. Student teachers: underprepared for classroom management? *Teaching Education*, v. 6, n. 1, p. 77-80, 1994.

PINAR, W. *Understanding curriculum*: an introduction to the study of historical and contemporary curriculum discourses. New York: P. Lang, 1995.

PITTMAN, S. I. A cognitive ethnography and quantification of a first-grade teacher's selection routines for classroom management. *Elementary School Journal*, v. 85, n. 4, p. 541-558, 1985.

POINTON, P.; KERSHNER, R. Making decisions about organizing the primary classroom environment as a context for learning: the views of three experienced teachers and their pupils. *Teaching and Teacher Education*, v. 16, n. 1, p. 117-127, 2000.

POWELL, A. G.; FARRAR, E.; COHEN, D. K. *The shopping mall high school.* Boston: Houghton Mifflin, 1985.

PROCTOR, C. D.; GROZE, V. K. Risk factors for suicide among gay, lesbian, and bisexual youths. *Social Work*, v. 39, p. 504-513, 1994.

QUALITY EDUCATION FOR MINORITIES PROJECT. *Education that works*: an action plan for the education of minorities. Cambridge: Quality Education for Minorities Project, Massachusetts Institute of Technology, 1990.

RALPH, E. G. Middle and secondary L2 teachers meeting classroom management challenges via effective teaching research. *Foreign Language Annals*, v. 27, n. 1, p. 89-103, 1994.

RAMÍREZ, M.; CASTAÑEDA, A. *Cultural democracy, bicognitive development, and education*. New York: Academic, 1974.

REESE, C. M. *NAEP 1996 Mathematics Report Card for the Nation and the States*. Findings from the National Assessment of Educational Progress. Washington: U.S. Government Printing Office, 1997. No. NCES-97-488.

REMAFEDI, G. *et al*. The relationship between suicide risk and sexual orientation: results of a population-based study. *American Journal of Public Health*, v. 88, n. 1, p. 57-60, 1998.

RESNICK, L. B.; LEVINE, J. M.; TEASLEY, S. D. (ed.). *Perspectives on socially shared cognition*. Washington: American Psychological Association, 1991.

REYNOLDS, A. J.; WANG, M. C.; WALBERG, H. J. (ed.). *Early childhood programs for a new century*. Washington: Child Welfare League of America, 2003.

RICHARDSON, V.; FALLONA, C. Classroom management as a method and manner. *Journal of Curriculum Studies*, v. 33, n. 6, p. 705-728, 2001.

RIVKIN, S. G.; HANUSHEK, E. A.; KAIN, J. F. *Teachers, schools and academic achievement*. [S. l.: s. n.], 2000.

ROBERGE, J. J. A study of children's abilities to reason with basic principles of deductive reasoning. *American Educational Research Journal*, v. 7, n. 4, p. 583-596, 1970.

ROSCHELLE, J. M. *et al*. Changing how and what children learn in school with computer-based technologies. *Future of Children*, v. 10, n. 2, p. 76-101, 2000.

ROSE, M. *Possible lives*. New York: Penguin Books, 1995.

ROSENZWEIG, M. R.; BENNETT, E. L. Cerebral changes in rats exposed individually to an enriched environment. *Journal of Comparative and Physiological Psychology*, v. 80, p. 304-313, 1978a.

ROSENZWEIG, M. R.; BENNETT, E. L. Experiential influences on brain anatomy and brain chemistry in rodents. *In*: GOTTLIEB, G. (ed.). *Studies on the development of behavior and the nervous system*. New York: Academic, 1978b. (Early influences, v. 4). p. 289-330.

ROSIEK, J. Caring, classroom management, and teacher education: the need for case study and narrative methods. *Teaching Education*, v. 6, n. 1, p. 21-30, 1994.

RUST, F.; FREIDUS, H. *Guiding school change*: the role and work of change agents. New York: Teachers College, 2001.

SANER, H.; ELLICKSON, P. Concurrent risk factors for adolescent violence. *Journal of Adolescent Health*, v. 19, n. 2, p. 94-103, 1996.

SANSONE, C.; HARACKIEWICZ, J. M. *Intrinsic and extrinsic motivation*: the search for optimal motivation and performance. San Diego: Academic, 2000.

SCHAPS, E.; WATSON, M.; LEWIS, C. A key condition for character development: building a sense of community in school. *Social Studies Review*, v. 37, n. 1, p. 85-90, 1997.

SCHAUBLE, L. Belief revision in children: the role of prior knowledge and strategies for generating evidence. *Journal of Experimental Child Psychology*, v. 49, n. 1, p. 31-57, 1990.

SCHOENFELD, A. H. On mathematics as sense-making: an informal attack on the unfortunate divorce of formal and informal mathematics. *In*: VOSS, J. F.; PERKINS, D. N.; SEGAL, J. W. (ed.). *Informal reasoning and education*. Hillsdale: Erlbaum, 1991. p. 311-344.

SCHRAW, G.; OLAFSON, L. Teachers' epistemological world views and educational practices. *Issues in Educational Psychology*, v. 29, n. 2, p. 95-102, 2004.

SCHWAB, J. J. The nature of scientific knowledge as related to liberal education. *In*: SCHWAB, J. J.; WESTBURY, I.; WILKOF, N. J. (ed.). *Science, curriculum, and liberal education*: selected essays. Chicago: University of Chicago, 1978. p. 68-104.

SEIDL, B.; FRIEND, G. Leaving authority at the door: equal-status community-based experiences and the preparation of teachers for diverse classrooms. *Teaching and Teacher Education*, v. 18, n. 4, p. 421-433, 2002.

SELMAN, R. L. *The growth of interpersonal understanding*: developmental and clinical analyses. New York: Academic, 1980.

SHEPARD, L. A. *Measuring achievement*: what does it mean to test for robust understanding? Princeton: Educational Testing Services, 1996.

SLAVIN, R. E. *Educational psychology*: theory into practice. Englewood Cliffs: Prentice-Hall, 1986.

SLAVIN, R. E. *Educational psychology*: theory and practice. 7th ed. Boston: Allyn & Bacon, 2003.

SMITH, D. C. *Essential knowledge for beginning educators*. Washington: American Association of Colleges for Teacher Education, 1983.

SMITH, M. S.; O'DAY, J. *Systemic school reform*. London: Taylor and Francis, 1990.

SMITH, R.; MOALLEM, M.; SHERRILL, D. How preservice teachers think about cultural diversity: A closer look at factors which influence their beliefs towards equality. *Educational Foundations*, v. 11, n. 2, p. 41-61, 1997.

SNYDER, T. D.; HOFFMAN, C. M.; GEDDES, C. M. Digest of Education Statistics, 1997. Washington: U.S. Government Printing Office, 1997. No. NCES-98–015.

SPRINGER, L.; DONOVAN, S. S.; STANNE, M. E. Effects of small-group learning on undergraduates in science, mathematics, engineering, and technology: a metanalysis. *Review of Educational Research*, v. 69, n. 1, p. 21-51, 1999.

STEELE, F. I. *Physical settings and organization development*. Upper Saddle RiverJ: Addison-Wesley, 1973.

STERNBERG, R. J. Teaching critical thinking. Part 1: are we making critical mistakes? *The Phi Delta Kappan*, v. 67, p. 194-198, 1985b.

STEVENS, R. Divisions of labor in school and in the workplace: comparing computer and paper-supported activities across settings. *The Journal of the Learning Sciences*, v. 9, n. 4, p. 373-401, 2000.

TALBERT, J. E.; MCLAUGHLIN, M. W. Understanding teaching in context. *In:* COHEN, D. K.; MCLAUGHLIN, M. W.; TALBERT, J. E. (ed.). *Teaching for understanding*: challenges for policy and practice. San Francisco: Jossey-Bass, 1993. p. 167-206.

TANNER, D.; TANNER, L. N. Curriculum development: theory into practice. 3rd ed. Englewood Cliffs: Merrill, 1995.

TERRILL, M.; MARK, D. L. H. Preservice teachers' expectations for schools with children of color and second-language learners. *Journal of Teacher Education*, v. 51, n. 2, p. 149-155, 2000.

THOMAS, E. R. *Culture and schooling*: building bridges between research praxis and professionalism. West Sussex: Wiley, 2000.

TILLMAN, B. A. (1995). Reflections on case method teaching. *Action in Teacher Education*, v. 17, n. 1, p. 1-8, 1995.

TOMLINSON, T. M. *Motivating students to learn*: overcoming barriers to high achievement. Berkeley: McCutchan Publishing, 1993.

TOUSSAINT, N. A community that values learning. *Thrust for Educational Leadership*, v. 28, n. 1, p. 26-28, 1998.

TYLER, R. W. *Basic principles of curriculum and instruction*: syllabus for Education 360. Chicago: University of Chicago, 1950.

VAILL, P. B. *Learning as a way of being*: strategies for survival in a world of permanent white water. San Francisco: Jossey-Bass, 1996.

VALENZUELA, A. *Subtractive schooling*: U.S. Mexican youth and the politics of caring. Albany: State University of New York, 1999.

VEENMAN, S. Perceived problems of beginning teachers. *Review of Educational Research*, v. 54, n. 2, p. 143-178, 1984.

VERKUYTEN, M. Making teachers accountable for students' disruptive classroom behaviour. *British Journal of Sociology of Education*, v. 50, n. 5, p. 107-122, 2002.

VILLEGAS, A. M. School failure and cultural mismatch: another view. *Urban Review*, v. 20, n. 4, p. 253-265, 1988.

WALKER, D. F.; SOLTIS, J. F. *Curriculum and aims*. New York: Teachers College, 1986.

WALKER, D. F.; SOLTIS, J. F. *Curriculum and aims*. 2nd ed. New York: Teachers College, 1992.

WAYNE, C. *et al.* Prothrombotic coagulation abnormalities preceding the hemolytic-uremic syndrome. *The New England Journal of Medicine*, v. 346, n. 1, p. 23-32, 2002.

WEADE, G.; EVERTSON, C. M. On what can be learned by observing teaching. *Theory into Practice*, v. 30, n. 1, p. 37-45, 1991.

WEINSTEIN, C. S. Preservice teachers' expectations about the first year of teaching. *Teaching and Teacher Education*, v. 4, n. 1, p. 31-41, 1988.

WERTSCH, J. V. *Mind as action*. New York: Oxford University, 1998.

WHITAKER FOUNDATION. Arlington: Whitaker Foundation, 2004. Disponível em: http://www.whitaker.org. Acesso em: 01 mar. 2019.

WIELKIEWICZ, R. M. *Behavior management in the school*: principles and procedures. 2nd ed. Boston: Allyn & Bacon, 1995.

WINEBURG, S. S.; WILSON, S. M. Subject matter knowledge in the teaching of history. *In:* BROPHY, J. E. (ed.). *Advances in research on teaching*. Greenwich: JAI, 1991. (Teachers' knowledge of subject matter as it relates to their teaching practice, v. 2).

WINFIELD, L. F. Teacher beliefs toward academically at risk students in inner urban schools. *Urban Review*, v. 18, n. 4, p. 253-268, 1986.

WINITZKY, N.; KAUCHAK, D. Learning to teach: knowledge development in classroom management. *Teaching and Teacher Education*, v. 11, n. 3, p. 215-227, 1995.

WOODSON, C. G. *The mis-education of the Negro*. 2nd ed. New York: AMS, 1977.

ZEICHNER, K. M.; HOEFT, K. Teacher socialization for cultural diversity. *In:* SIKULA, J. P. *et al.* (ed.). *Handbook of research on teacher education*. 2nd ed. New York: Macmillan, 1996. p. 525-547.

ZEICHNER, K. M.; MELNICK, S. L. *The role of community field experiences in preparing teachers for cultural diversity*. New York: Teachers College, 1996.

ZEICHNER, K. M.; TABACHNICK, B. R. Are the effects of university teacher education "washed out" by school experience? *Journal of Teacher Education*, v. 32, n. 3, p. 7-11, 1981.

Índice onomástico

Índice

IMPRESSÃO:

PALLOTTI
GRÁFICA

Santa Maria - RS | Fone: (55) 3220.4500
www.graficapallotti.com.br